邙山野人 著

東晉十六國風雲
上

图书在版编目（CIP）数据

东晋十六国风云：全2册/邙山野人著. -- 北京：
新世界出版社，2019.3（2023.1重印）
（白话正史）
ISBN 978-7-5104-6709-7

Ⅰ.①东… Ⅱ.①邙… Ⅲ.①中国历史—东晋时代—
通俗读物②中国历史—五胡十六国时代—通俗读物 Ⅳ.
① K237.209 ② K238.09

中国版本图书馆 CIP 数据核字 (2018) 第 298081 号

东晋十六国风云

作　　者：	邙山野人
责任编辑：	董晶晶
责任印制：	王宝根
出版发行：	新世界出版社
社　　址：	北京西城区百万庄大街24号（100037）
发 行 部：	（010）6899 5968　（010）6899 8705（传真）
总 编 室：	（010）6899 5424　（010）6832 6679（传真）
	http://www.nwp.cn
	http://www.nwp.com.cn
版 权 部：	+8610 6899 6306
版权部电子信箱：	nwpcd@sina.com
印　　刷：	天津中印联印务有限公司
经　　销：	新华书店
开　　本：	710mm×1000mm　1/16
字　　数：	550千字　印　张：45
版　　次：	2019年3月第1版　2023年1月第5次印刷
书　　号：	ISBN 978-7-5104-6709-7
定　　价：	96.00元

版权所有，侵权必究
凡购本社图书，如有缺页、倒页、脱页等印装错误，可随时退换。
客服电话：（010）6899 8638

目录

| 引子 | 一场演讲——匈奴人认刘禅当祖宗 ....001 |

卷一 乱世大漩涡	第❶章 司马懿的遗产 007
	第❷章 白痴也能当皇帝 014
	第❸章 淫邪妖后贾南风 019
	第❹章 司马家开始骨肉相残 026
	第❺章 一杯金光灿灿的酒 031
	第❻章 五星经天天下乱 037
	第❼章 宗王轮流坐庄 042
	第❽章 傻皇帝御驾亲征 047

卷二 西晋的灭亡	第❶章 天降单于美髯公 055
	第❷章 匈奴人的建国大业 061
	第❸章 猛人纷纷登场 067
	第❹章 下一个目标：洛阳！ 073

第 ❺ 章	洛阳城攻防战	078
第 ❻ 章	铁血时代的名士之殇	084
第 ❼ 章	铜驼街上铜驼泪	091
第 ❽ 章	西晋王朝的末日	095

卷三 刘石争霸

第 ❶ 章	草根青年石勒的成长史	103
第 ❷ 章	第一个对手：屠霸	109
第 ❸ 章	胡将军南征北战	113
第 ❹ 章	"飞豹"人头落地	118
第 ❺ 章	我的未来不是梦	123
第 ❻ 章	外来的和尚好神通	129
第 ❼ 章	石勒大破鲜卑军	134
第 ❽ 章	千里奇袭克幽州	139
第 ❾ 章	何意百炼刚，化为绕指柔	146
第 ❿ 章	得志便猖狂的刘聪	152
第 ⓫ 章	老天爷掏了黄牌	158
第 ⓬ 章	血雨纷纷乱平阳	163
第 ⓭ 章	前赵、后赵平分秋色	168
第 ⓮ 章	祖逖、石勒惺惺相惜	173

| | 第 ⑮ 章 | 重门之盟今何在？ | 178 |

**卷四
东晋初建**

	第 ❶ 章	五马渡江，一马化龙	187
	第 ❷ 章	王与马共天下	194
	第 ❸ 章	野心勃勃的王敦	201
	第 ❹ 章	晋元帝病急乱投医	208
	第 ❺ 章	王大将军起兵	213
	第 ❻ 章	周札开门迎寇	219
	第 ❼ 章	伯仁因我而死	225
	第 ❽ 章	流民帅郗鉴	231
	第 ❾ 章	晋明帝微行探敌营	237
	第 ❿ 章	平定王敦之乱	243
	第 ⑪ 章	庾亮秉政	249
	第 ⑫ 章	苏峻被逼造反	255
	第 ⑬ 章	陶侃东下	261
	第 ⑭ 章	叛军的败亡	267
	第 ⑮ 章	江州郭默事变	274
	第 ⑯ 章	第一代大佬集体退场	280

卷五 邺中风云	第 ❶ 章	石勒的功过是非	289
	第 ❷ 章	继承人是个大问题	295
	第 ❸ 章	纵欲时代	301
	第 ❹ 章	禽兽父子	308
	第 ❺ 章	史上最残忍的虐杀	315
	第 ❻ 章	又一个八王之乱	322
	第 ❼ 章	杀胡！杀胡！	327
	第 ❽ 章	冉天王威风八面	332
	第 ❾ 章	龙争虎斗战廉台	338

卷六 慕容世家	第 ❶ 章	慕容公子的家谱	349
	第 ❷ 章	慕容部以一敌三	355
	第 ❸ 章	兄弟之间动起刀子	361
	第 ❹ 章	乘冰蹈海	366
	第 ❺ 章	一代军神崭露头角	371
	第 ❻ 章	龙城飞将慕容霸	376
	第 ❼ 章	慕容世家挺进中原	381
	第 ❽ 章	仁者无敌慕容恪	387
	第 ❾ 章	前燕迎来鼎盛时代	392

卷七 三国争锋	第❶章	氐族人加入赌局	401
	第❷章	青年桓温崭露头角	408
	第❸章	西征成汉	414
	第❹章	北伐前的博弈	419
	第❺章	殷浩之败	426
	第❻章	扪虱奇士	433
	第❼章	独眼暴君	440
	第❽章	当苻坚遇上王猛	447
	第❾章	传说中的圣君贤相	453
	第❿章	慕容恪之死	459
	第⓫章	桓温北伐中原	466
	第⓬章	祭由司马，政由桓氏	471
	第⓭章	简文帝遗诏	478
	第⓮章	功名本是身后事	484
	第⓯章	慕容垂出逃	490
	第⓰章	王猛灭燕	497
	第⓱章	一个皇帝的理想主义	503
	第⓲章	虽千万人吾往矣	509
	第⓳章	安石不出，如苍生何	516

第 ⑳ 章	缔造北府兵	523
第 ㉑ 章	谢安的珍珑棋局	530
第 ㉒ 章	史上最离奇的大决战	537

卷八 群雄逐鹿

第 ① 章	慕容垂兴复大燕	545
第 ② 章	关中混战	551
第 ③ 章	日落五将山	557
第 ④ 章	食人部队登场	563
第 ⑤ 章	羌族独霸关中	569
第 ⑥ 章	慕容垂奇计定关东	575
第 ⑦ 章	拓跋鲜卑崛起	582
第 ⑧ 章	腥风血雨参合陂	588
第 ⑨ 章	拓跋珪马踏中州	596
第 ⑩ 章	王子复仇记	602
第 ⑪ 章	情癫大圣慕容熙	608
第 ⑫ 章	金刀太子慕容超	614
第 ⑬ 章	刘裕来了	619
第 ⑭ 章	平原上的移动城堡	624
第 ⑮ 章	最后的匈奴：赫连勃勃	630

| | 第 ⑯ 章 | 拓跋珪之死 | 637 |
| | 第 ⑰ 章 | 天下第一才子 | 644 |

卷九
终结十六国

第 ❶ 章	气吞万里如虎	651
第 ❷ 章	金戈铁马却月阵	657
第 ❸ 章	崔浩的预言	663
第 ❹ 章	髑髅台	669
第 ❺ 章	老英雄谢幕	675
第 ❻ 章	新霸主登场	681
第 ❼ 章	拓跋焘灭夏	687
第 ❽ 章	赌局永不停止	694

东晋十六国风云大事年表 701

引子 一场演讲
——匈奴人认刘禅当祖宗

西晋末年。初冬。

并州左国城的郊外,在众人的注视下,一个身穿华丽冕服的男人登上了高台。

此人身材高大,仪表堂堂,颌下更有三尺美髯随风飘扬。他面容沉毅,目光坚定,自有一股睥睨天下的王者之气。

面对台下的文武百官和数千士兵,此人言辞凛凛,做了一场听来慷慨激昂其实纯属扯淡的演讲。

首先他回顾历史,吹嘘了一番从汉高祖刘邦、汉文帝刘恒、汉武帝刘彻直到后汉光武帝、汉明帝、汉章帝等汉家杰出帝王们的丰功伟绩,然后又声色俱厉地痛骂了王莽、黄巾贼、十常侍、董卓、曹操等搞垮了汉朝江山的乱臣贼子,继而沉痛怀念起汉昭烈帝刘备大业未成就撒手西去、后主刘禅国破家亡等不幸事件,最后感叹老天有眼,到底让洛阳城里的司马氏父子自相残杀生灵涂炭,现在终于等到了光复汉家河山的大好时机!火车

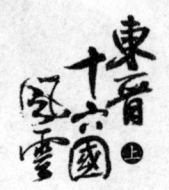

跑得快，全凭车头带；造反没首脑，咋也搞不好！既然大家都认可我的水平和人品，推举我带领大家干革命，本人虽然万分惶恐，怕自己没这个能力，但考虑到大耻未雪社稷无主，我也只好勉为其难，听从你们的建议。

演讲完毕。

台下呼啦啦跪倒一片，众人山呼万岁。

于是此人宣布，立刻效法刘邦，即汉王位，改年号，建政府，大赦天下，尊后主刘禅为孝怀皇帝，还给汉朝的杰出帝王们立了牌位搞了祭祀。

这人如此这般，难道他是汉朝皇族的后裔？

不是。

这人不但不是汉朝皇族的后裔，甚至都不是汉人。

那他是什么人？

一个匈奴人。一个祖辈世世代代都与汉朝为敌的匈奴人。

笑话！一个匈奴人，干吗装模作样认刘禅当祖宗，祭祀汉皇的牌位？

的确很可笑，但这就是历史。许多看似荒诞的情景，都有着它合理的解释。

这场演讲发生在公元304年，一个中国历史上划时代的年份。

该年度最重要的事，就是这个匈奴人认汉人当了祖宗。因为这标志着汉（前赵）政权的开始。此后，又有许许多多少数民族先后拉起人马扯起大旗，在全国各地建立了大大小小十几个政权，直搞得西晋王朝亡了国，只好逃到长江以南做东晋。在这许多少数民族中，最有影响的有五个——匈奴、鲜卑、羯、氐、羌，史称"五胡"。这五个少数民族建立的政权，和几个汉人在北方建立的政权一起，被称作"十六国"。

与此同时，在长江以南站住脚跟的东晋则由五大门阀家族轮流执政，与形同傀儡的司马氏皇帝共同分享政权。五大家族时而勾心斗角兵戎相见，时而又彼此合作共抗北敌。当整个北方山河破碎沦为胡骑纵横的角斗

引子 | 一场演讲

场时，承接周秦汉魏的华夏衣冠最终在南渡后得到了长期延续。

东晋十六国，历时一百三十多年，也打了一百三十多年，你方唱罢我登场，城头变幻大王旗，是中国历史上最为混乱的时期。这一时期，无数种族不同、出身各异的历史人物互争雄长逐鹿九州；阴谋与阳谋纵横，治世与乱世更替，欲望与人性交织，华夏与夷狄竞进；命运之手以血染的皇冠为饵，造就出一场波澜壮阔的旷世赌局。在这场权力的游戏里，弱肉强食是唯一的法则，成王败寇是不变的归宿。

若要问鹿死谁手，且听我娓娓道来。

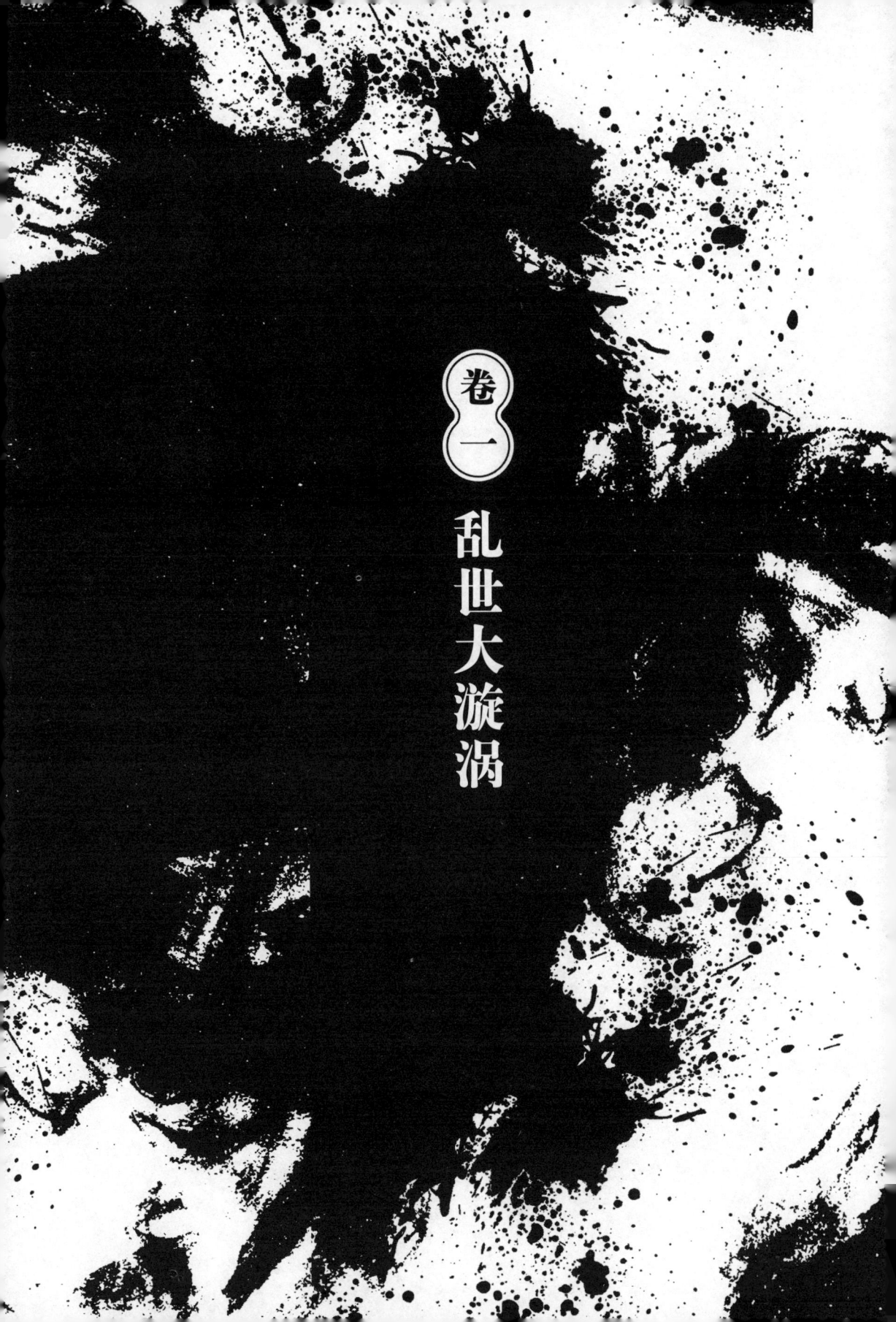

卷一 乱世大漩涡

第 1 章 司马懿的遗产

抽丝剥茧，追根寻源。东晋十六国乱世的根源，还要从三国来寻找。

众所周知，当年魏蜀吴三分天下，最后"分久必合"，被司马氏建立的西晋统一了全国。在西晋王朝的家谱上，排头名的自然是那位跟诸葛亮棋逢对手的司马懿。此公虽然没当过一天皇帝，但在他的手里，司马家族正式掌握了曹魏王朝的实权。司马懿当政十余年，早早地给儿子孙子铺好了路，后来的司马师、司马昭这些"官二代"只要不是废物，只需沿着路标向前走就行了。

到司马昭掌权之时，灭了蜀汉，当了晋王，为了当皇帝，搞得"司马昭之心，路人皆知"，所有皇帝能享受到的待遇礼仪他都享受了，就差一个名分而已。只可惜他乐极生悲，没挺到登基坐殿就因中风而驾鹤西去了。

老子一死，儿子司马炎捡了个现成便宜，才掌权几个月，就逼着可怜兮兮的曹魏末代皇帝曹奂禅位给自己，建立了西晋，定都洛阳。

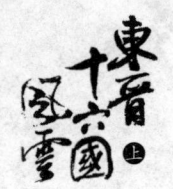

新铺开张,自然要总结经验,以便把买卖做大做强。司马炎的经验是:曹魏公司之所以被管理层司马家族篡了权、顶了牌子,乃是因为董事会里曹家的人太少、出事的时候没人帮忙的缘故。为杜绝此类恶性事件的再次发生,司马炎觉得应该大量增加我司马家的董事——分封宗室诸王。于是即位后在短短的数年时间里,司马炎就总共封了五十七个同姓王、五百多个公侯(司马家族还真是人丁兴旺啊)。朝廷内外到处都是俺司马家的人,看谁还敢动老子的宝座?

我不得不佩服司马炎的主意,因为他成功了!在西晋王朝剩下的岁月里,确实没有任何人能够篡掉司马氏的权。因为起来争权的,就是这些司马家的藩王们。

几千年的中国历史告诉我们,在权力面前,父子、叔侄、兄弟之情都是靠不住的!

其实,司马炎封王也就封了,毕竟历史上从西周到清朝,许多王朝都曾广封宗室诸王,但造反成功的没有几个(燕王朱棣是个例外)。王爷造反,至少要有两大武器,一曰地盘,二曰军权,有地盘才能有人有钱,有军权才能有兵。没有这两样,要去造反争权,那基本上是不可能的。但司马炎为了保证兄弟子侄们能够对自己起到保驾护航的作用,采取了两大措施:

首先是诸侯就国,封到哪儿就去哪儿过日子,别都在京城里挤着。按照晋朝的规定,就国的诸侯可以享用所封地区财政收入的三分之一,而且大国可以置兵五千人,次国三千人,最小的国也有一千五百人。当然,就凭这么点儿钱和兵,造反是大大不够的,不过至少王爷们有了自己的山头。

第二点就更厉害了,那就是从咸宁三年(277年)起,司马炎开始封一些宗王到重要的地区担任都督。都督是当时地方最高的军事长官，相当于军区司令，有的只管一个州，有的能管好几个州，手里至少也有几万人马。如汝南王司马亮镇豫州（辖今河南东南部和安徽西部），楚王司马玮镇荆州（今湖北、湖南），淮南王司马允镇扬、江二州（今浙江、江西、福建和安徽南部）。更重要的是，这些都督往往都是加开府的。所谓"开府"，就是有权设立自己的幕府，幕府中的官属（长史、司马、参军等）也都由都督自己任命。这样，都督们就在军队中有了自己的领导组织和参谋团队。

由于司马炎的这两大措施，出镇地方的王爷们地盘有了，军权也有了，造反的必要条件已经具备。请注意，是必要条件，不是充分条件。造反是一件风险极高的事，成功了怎么都行，不成功就是全家老小死光光，因此条件不充分时是万万玩不得的。那么，为什么说条件不充分？因为司马炎不是傻子，他知道虽然大家都是自己人，但自己人也得防着点儿。为此，他留了几个心眼儿：

第一，在首都洛阳屯驻了不下十万的卫戍部队——中军。地方上的都督虽然手里有兵，但一般没有超过五万的。而洛阳内外的十万中军，属于中央直辖，谁有异动就打谁。

第二，在地方上，让都督与刺史互相制约。都督虽然掌兵，但行政和财政权掌握在一州之长的刺史手里。都督与刺史往往住在同一个城市，互相监督，谁要干点儿什么事，没准对方一个小报告打上去，朝廷就知道了。

第三，都督虽然手里有兵，但发兵必须要打报告等审批；并且朝廷还在军队里派驻有"特使"——军司，负责监督军队和都督。

通过以上三点，司马炎给都督们上了保险，叫他们又有捍卫皇权的能

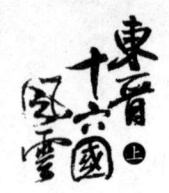

力,又只能听话不造反,真可谓是用心良苦。所以,在司马炎当政的二十多年里,这套都督制度还是行之有效的。在这样的背景下,西晋顺利地在公元280年灭掉了吴国,俘虏了恶棍皇帝孙皓,三国时代结束,天下复归一统。司马炎也因为灭吴的功绩,被后世称为"武帝"。

既然全国统一,天下无事了,那还干什么呢?

晋武帝司马炎答:享受生活。

大凡历史上的开国之君,要么起自贫贱,要么创业艰难,当了皇帝之后总还能体恤民间疾苦,倡导一下艰苦朴素的优良传统。可这位司马公子,名义上是西晋的开国皇帝,实际上却是捡了爷爷和老爸的便宜,从小生在富豪之家,对他来说,享受就是生活的同义词。坐上金銮殿之后,权力至高无上,钱也随便花,吃的喝的穿的住的,都是世界上最好的。既然已经天下一统,哪还有什么值得奋斗的呢?

于是司马炎决定,有生之年要在床笫之间尽享帝王尊荣,在脂粉堆里登上人生巅峰。

泰始九年(273年),司马炎觉得后宫的储备不够用了,于是下诏采选公卿以下人家的女子进宫,并且本着不放过任何一个美女的精神,规定在自己采选结束前,国人都不准结婚。

大概这次海选的结果不能令他满意,于是第二年,他又命良家百姓和将吏的女儿三千人进宫供其挑选。灭了吴国以后,太康二年(281年),时年四十五岁的司马炎自然也想尝尝江南女子的味道,海选实在麻烦,既然吴主孙皓已经选过了,干脆把吴国的三千宫女直接打包接收了事。至此,司马炎后宫里的资源储备已经达到了一万人。

就像小电影多了不知该看哪一部,司马炎每天晚上也十分发愁,不知选哪位佳丽侍寝才好。于是他创造了一种足够风雅的随机选择法:想嘿咻的时候就坐上羊车，信"羊"由缰，让羊儿随便走，走到哪个嫔妃宫女住的地方不走了，OK，恭喜你中奖了！奖品请到朕的怀里自行领取！

这么一来二去，宫里那些为了"雨露恩泽"争风吃醋的女人们赫然发现，原来自己的命运竟是由几只羊来决定的！别看它只是一只羊，羊儿的力量可真是难以想象……于是有些机灵的宫女就开始在羊身上打主意：有事没事在门前种上几棵竹子，竹子上再洒点儿盐水。拉车的羊嘴淡，自然就奔着咸湿的竹子来啦！

咸湿归咸湿，在司马炎的统治下，西晋王朝很是太平了一段时间。只要不打仗，没有天灾人祸，老百姓们的日子总还能够过得下去。那些世家大族们，就更不用说了，钱多得花不完，只好奢侈竞富，拉动内需。其中最著名的，就是晋武帝的舅舅王恺和豪族石崇：王恺家里用糖浆洗碗刷锅，石崇家里就用蜡烛当柴禾烧火（糖与蜡在当时皆是贵重之物）；王恺家门前用四十里绸缎做屏障，石崇就用更贵重的彩缎铺设五十里；晋武帝赏赐给王恺一株两尺多高的珊瑚树，王恺拿出来显摆，石崇说这有什么可看的？拿起铁如意就把珊瑚树打了个粉碎。王恺大怒，石崇说不用生气，我还你好了。于是叫人把自己家的珊瑚拿来。王恺一看，光三四尺高的就有六七棵，个个都比自己的好。

像王恺、石崇这样炫富比富的，在当时的上层社会十分普遍。不过这也难怪，所谓上有所好，下必甚焉。皇帝您老人家都铺张奢侈、好色如命，底下的大官僚、大地主们还能好到哪儿去呢？

于是，在西晋王朝君臣官豪的花天酒地、软玉温香里，日子一天天过去。转眼间，司马炎到了五十来岁，因为常年酒色过度，身体渐渐不行了。

这时，西晋初年的一些名臣贤将如羊祜、杜预已经死了，只有张华还在，但因小人进谗，也得不到武帝重用。当时在司马炎身边掌权的，是皇

　　后杨氏的老爸杨骏，也就是所谓的外戚。此公没什么本事，但野心不小。他利用司马炎病重时常昏迷糊涂的机会，偷偷地把皇帝身边重要的职位都换上了自己的心腹。

　　有一次，司马炎稍微清醒了一点，一看身边多了许多不认识的面孔，很不高兴地对杨骏说："你怎么能这样呢？"但不高兴归不高兴，司马炎都要死的人了，也顾不上这个，他并不想削杨骏的权，只想下诏叫自己的叔叔汝南王司马亮与杨骏一起辅政，在外戚与皇族之间搞个平衡。

　　按照晋朝的制度，皇帝的诏令都是由中书省来拟定颁行的。杨骏自然不愿跟司马亮分吃蛋糕，于是他跑到中书省，说借诏书来看一看，这一借就是刘备借荆州——不打算还了。中书省的长官华廙（音 yì）可吓坏了，圣旨你都敢截藏，这可是灭族之罪！自己身为中书监，肯定脱不了干系。于是他跑到杨骏那里要，但杨骏就是不给。

　　这边两人还在纠缠不清，那边晋武帝司马炎又昏迷起来。杨皇后趁机奏以杨骏辅政，司马炎糊里糊涂地点了点头。这一点头不要紧，杨皇后立刻就召见中书监华廙和中书令何劭，口宣圣旨，封自己的老爸为太尉、太子太傅、都督中外诸军事、侍中、录尚书事。

　　考虑到以后我们会经常与这些官名打交道，有必要暂时中断故事的讲述，先简单解释一下晋朝的中央官制。

　　晋朝政府的核心部门是三省，即尚书省、中书省和门下省。

　　尚书省处理全国政务，长官叫作尚书令，手下有左右仆射为副职、左右丞为助手。下辖六曹，即后来六部的前身，曹的长官称尚书。按理说，尚书省的最高领导应当是尚书令，但晋朝常常安排当朝太傅或太尉来"录尚书事"，称"录公"，总领尚书省的一切事务。由于全国的行政公文都要经由尚书省下颁，因此本省的各长官皆位高权重。

中书省执掌机要事务以及皇帝诏书的制定和颁行，长官有两人，即中书监和中书令，下以侍郎为副职，舍人为助手。中书监、中书令相当于皇帝的机要秘书，是天子心腹，因此时人称之为"凤凰池"。

门下省是皇帝的贴身侍从、顾问机构，长官称侍中，下有散骑常侍为副职，给事黄门侍郎、给事中为助手。门下省各官的主要任务就是给皇上当参谋出主意，陪聊陪玩兼当护驾，可以出入禁宫，还能干预政事，真是又清闲又重要，因此常以亲信之人担任。

除三省外，中央大官还有所谓的"八公"，即太宰、太傅、太保、太尉、司徒、司空、大司马和大将军。这些官名大多是从遥远的上古传下来的，地位最高，位列当朝一品，但不掌握实权，相当于荣誉称号，因此多用来授予年高德劭的功臣贵戚。

好，现在让我们回过头来再看杨骏的官职。

太尉和太子太傅就不说了，荣誉称号，厉害的是后面三个：都督中外诸军事、侍中、录尚书事。"中"指的是宫城之内，"外"指宫城以外的其他京师地区，都督中外诸军事，就是执掌京师全部军队的总长官；侍中和录尚书事的级别之高和重要性刚才已经说过了。也就是说，这三个职位让杨骏掌握了京城洛阳地区的全部兵权和政权。

杨皇后当着华廙、何劭的面，把这份封杨骏为全国政务总管兼京师军队总司令的圣旨给晋武帝司马炎看，司马炎啥也没说。病得就剩一口气了，身边又都是杨骏的人，他还能说什么呢？

公元290年5月16日，晋武帝司马炎崩于含章殿，时年五十五岁。

太子司马衷即皇帝位，尊杨后为皇太后，立妃贾氏为皇后。

第 2 章 白痴也能当皇帝

提起司马衷这个名字,你也许没什么印象,但提起他的帝号——晋惠帝,如果你还不知道,我就要小小地鄙视你一下了。

晋惠帝,历史上著名的白痴皇帝,因史书上记载的两个极品笑话而贻笑千古。

那是他当上皇帝以后的事了。有一次在华林园,晋惠帝听到有蛤蟆叫,叫声十分响亮,就问左右:"此鸣者为官乎,为私乎?"所谓不平则鸣嘛,但蛤蟆究竟是为了公事还是私事而叫,不懂蛤蟆语就不知道了,所以左右只好说:"在官家的地面上鸣就是为官,在私家的地面上鸣就是为私。"

还有一次是后来天下大乱,许多老百姓都饿死了,晋惠帝听说了,脸上露出很萌的表情:"木有饭吃,他们肿么不吃皮蛋瘦肉粥哩?"

但是,既然司马衷是个白痴,他老爸司马炎为什么要传位给他呢?

古代皇权的继承制度,是嫡长子继承制。也就是说,在所有的儿子里面，大老婆生的儿子优先，而在大老婆生的儿子里面，长子优先。司马衷是司马炎的大老婆杨皇后生的第二个儿子，虽然前面有个哥哥，但不到两岁就夭折了，因此，从法统上来说，司马衷继位是毫无争议的。

但法统归法统，若司马衷真的是个智障，将来如何治理国家呢？司马炎不可能不考虑到这一点。

司马衷被立为太子的时候，刚刚九岁。这个时候并没有任何反对意见，一是因为孩子还小，大臣们都没怎么见过，或者虽然见过，以为他笨是笨了点儿，以后还能教育好；二是因为杨皇后正受宠幸，子以母贵，把他立为太子实在很正常。

但这小屁孩儿日益长大，却眼瞅着没什么长进。于是老爸司马炎最先在心里犯了嘀咕，偷偷地跟皇后商量。杨皇后却说："立嫡以长不以贤，这老规矩怎么能改呢？"司马炎也是长子，当年爷爷司马懿却更喜欢自己的弟弟司马攸，此时听了皇后的话，耳根子一软，也就罢了。

到司马衷十四岁的时候，司马炎又选了开国功臣贾充的女儿给他作妃子。几年后，司马衷按照惯例入居东宫。东宫自己有一套行政班子，太子要在此学习如何处理政务，司马衷接触的大臣也就多了起来。这下大臣们都看出来这小子实在是不成器。

有一次，晋武帝司马炎得了重病，朝野里议论纷纷，都觉得万一皇上归西，还是由他弟弟司马攸继位比较合适。晋武帝病好后听说了此事，心里很不是滋味，象征性地处罚了两个多嘴的大臣，意思是：老子心里有数，你们不要干涉朕的家事。经过这件事，大臣们也不好再针对太子说什么了。

可是，皇位继承问题既是家事，又是国事，有些为社稷担忧的大臣还是想方设法要表达自己的意见。一次，武帝大宴群臣，司空卫瓘（音guàn）

假装喝高了，跪到晋武帝的御座前说："臣有事启奏。"司马炎就问有什么事。卫瓘张了张嘴，却不敢明说，只好用手轻抚皇帝的御座说："这个座位……可惜了。"司马炎一听就明白了，可他假装没听懂，问道："爱卿，你不是真喝高了吧？"卫瓘一听也明白了，从此在太子之事上不再吭声。

但不是每个人都像卫瓘这样知趣。侍中和峤一次伴驾的时候，就直接说了出来："皇太子有淳古之风，但现在这个时代太复杂了，恐怕将来太子管理不了陛下的家事呀！"我不知道晋武帝听了心里是什么滋味，史书记载他"默然不答"。和峤这话听上去委婉，什么"有淳古之风"，其实就是说太子傻得可以，你说他老爸能怎么回答呢？是说："我知道我儿子傻，可没法子啊。"还是说："哪里傻了，我怎么没看出来？"

司马炎虽然在大臣面前尽力维护着自己的自尊和儿子的形象，但儿子的智力问题有目共睹，不是回避不谈就能够解决的。于是，他一面给儿子找了许多优秀教师，一面不露声色地加以观察和考试。

过了一段时间，感觉惠帝似乎有了些进步，晋武帝就把和峤和另两位大臣找来，对他们说："太子近来入朝办事，颇有长进，你们可一块儿去探望，跟他谈谈世事。"三位大臣去而复返，那两人都说："太子明识弘雅，确如陛下所说。"司马炎听了喜滋滋的，再问和峤，答曰："圣质如初尔！"意思是跟当初没什么两样，还是那么傻。司马炎一听就恼了，站起来拂袖而去。

最终决定晋惠帝命运的，是两件事。

第一件是场考试。在上面那次探视后不久，晋武帝决心给儿子搞一次摸底大考，于是把东宫的全套班子都请来赴宴（调虎离山，以免太子作弊），然后把考题写在纸上，密封后派人送给太子，而且叫那人在太子府里等着，待太子卷子一答完赶紧送回来。晋惠帝自己倒觉得没什么，太子妃贾氏可吓坏了，知道凭老公那点智力是答不上来的，东宫的班底又都被请走了，只好请左右捉刀代笔，结果代笔者卖弄文采，引经据典。旁边一个叫张泓的人说："太子的学问皇上一向知道，这么写一看就知道是作弊了，不如就事论事、有啥说啥才好。"贾妃闻言大喜，对张泓说你来写，将来我大富大贵了决忘不了你。张泓就依言写了一份，叫太子照抄。晋武帝司马炎看到这份答卷后十分高兴，上朝时故意拿给言"御座可惜"的卫瓘来看，搞得卫瓘脸上红一阵白一阵的。朝臣们见状，皆大呼万岁，就算承认了司马衷的太子地位。

另一个关键因素，则是司马衷的儿子。司马衷老兄虽然智力有问题，但性能力没有问题，共生了一子四女，儿子名叫司马遹（音 yù）。有一年夜里，宫中失火，晋武帝带着自己的这位小孙孙登楼观望，谁知刚刚五岁的司马遹立刻牵着晋武帝的衣襟避到黑暗之处，说道："夜里突然起火，应该防备非常之事，不应该站到亮处让别人看到陛下。"五岁的小孩儿居然说出如此有城府的话来，这让晋武帝十分惊异。此后，爷爷看这个孙子越看越顺眼，甚至称赞他有当年司马懿的风采，搞得群臣也对这位皇太孙崇拜起来。晋武帝想，虽然自己的儿子能力不足，但好在孙子聪明非凡，把皇位让傻儿子过渡一下然后传给孙子，也足以放心了。

由于这两件事，司马衷顺利地登上了皇位。

登基后的司马衷总算熬出了头，再也不用考试了（真令我等羡慕）。有一天，在皇后的提醒下，他想起了和峤那档子事，就把和峤叫来问道："爱卿当年曾说我管理不了家事，今日你看如何？"和峤这下子糗大了，连忙说："臣当年是说过这话，但臣的话并没有实现，此乃国家之福也。"

不幸的是，历史证明，和峤的话实现了，国家没有福，只有祸。当然，这是后话，暂且不提。

有一点值得考证，晋惠帝到底是不是一个名副其实的白痴？

网上曾有文套用现代精神病学的标准来分析史料，认为晋惠帝"有阅读和书写较为复杂的文字资料的能力；有语言能力，而且词汇尚不能算很贫乏；对外界环境和事物的感受不很迟钝，还能在一定程度上认识这些事物变化对自己的影响，并可通过语言或其他方式表达自己的感情；对自己的权力有一定的认识，并可在某种程度上行使这权力；……具有生育能力；对数字有一定的概念等"。

因此，该文判断晋惠帝并非真正的白痴，而是"愚鲁"，是种最低程度的智力缺陷。我同意这种判断。若真的让晋惠帝做一份 IQ 测验，我推测其得分会在 75 分上下，也就是说，应该比我们的郭靖大侠刚出道的时候略低，跟美国的阿甘同学差不多。这样的智力，日常生活是没有问题的，但处理国家大事就是扯淡了，所以就皇帝这份工作所要求的能力而言，叫他白痴也不算冤枉。

按照晋武帝司马炎的最初设想，他是努力要留给儿子一个外戚、宗王、朝臣三方互相牵制的势力均衡的局面。在这样的局面下，天下又太平无事，傻皇帝只需垂衣拱手、无为而治，便能将这份工作混下去。但事与愿违的是，他临终前杨氏父女的花招和另一个女人的出场，迅速打破了这种均衡局面，西晋的政局随即陷入了混乱。

这个出场的女人，叫作贾南风。

第 3 章 淫邪妖后贾南风

贾南风是贾充的第三个女儿。那么贾充是什么人呢？

他是西晋的开国元勋，跟着司马师、司马昭、司马炎爷仨一路混过来，官越做越大，最后做到太宰（死后追封）、车骑将军，爵至鲁郡公。太宰是"八公"之首，位望最尊；郡公是晋朝异姓功臣所能封享的最高爵位。贾充是名副其实的位极人臣，官做到顶了。那么此人何德何能，能享受如此待遇呢？

对司马家族而言，贾充立有三件大功：第一，四十岁时帮助司马昭平定了诸葛诞的叛乱；第二，四十三岁时魏帝曹髦亲讨想要篡位的司马昭，是贾充指挥军兵一枪刺死了曹髦，保住了司马家的权位；第三，六十二岁时担任大都督（总司令），主持灭吴战役。

除了帮助司马氏夺取曹魏江山、统一全国这些大功之外，还有一件事晋武帝司马炎必须感谢贾充。

当年司马师没有儿子，司马昭就把自己的次子司马攸（司马炎的弟弟）

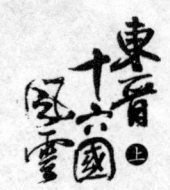

过继给了哥哥。司马师死后,兄终弟及,司马昭继承了权位,就考虑将来把晋王之位传给司马攸,作为对哥哥的回报。是贾充天天在司马昭耳边夸赞司马炎宽厚仁慈,又是长子,有人君之德,比较适合当继承人等,使得司马昭最后传位给了司马炎。司马昭临终时曾对司马炎说道:"知汝者,贾公闾(贾充字公闾)也。"对于贾充的拥戴之功,司马炎自然是十分感激的。

知道了以上几点,你就明白贾充在晋武帝司马炎心中是什么地位了吧。

正因为贾充有如此地位,当晋武帝为自己的傻儿子司马衷找媳妇的时候,贾家称得上门当户对。但其实晋武帝并不中意贾家的女儿,而更想要卫瓘的女儿。原因很简单,据晋武帝自己说:"卫瓘的女儿有五可,贾充的女儿有五不可。卫家女那是肤白貌美气质佳,个儿又高,又贤惠,还很能生男孩;贾家女大都肤黑貌丑,个儿又矮,又善妒,没几个生男孩的。"如此看来,贾家的女儿一无是处,任谁也不会找这样的当媳妇。但贾充亲党众多,又有钱,事先花钱做通了杨皇后的工作,贾充的哥们儿荀勖(音 xù)等也纷纷在晋武帝那儿称赞贾家女儿好。晋武帝这人就是耳根子软,这许多人一劝就忘了那"五不可",决定娶贾家女当太子妃了。

即便这样,最初要嫁给白痴司马衷的也不是贾南风,而是她的妹妹贾午。当时司马衷十三岁,贾午更小,才十二岁,成人的衣服都穿不了,最后只好退而求其次,娶了年方十五的贾南风为妃。由此可见,贾南风实在是贾家女儿里面最拿不出手的一个。

晋武帝的"五不可"评语实在精确。贾南风有多糟糕,过门后立刻就显露出来了。长得难看也就罢了,关键是此女极为悍妒。有多悍?曾"手杀数人"。有多妒?太子府里有侍妾怀了司马衷的孩子,贾南风知道后一戟掷向孕妇,"子随刃堕地",来了个剖腹产,场面极其恐怖。在这样的女人面前,"母老虎""母夜叉""女魔头"等词汇纷纷相形见绌。

我检索史籍，发现贾南风的悍妒乃是有家学渊源的。贾充前妻李氏，生有两女，后来因李氏的父亲获罪连累而被流放，贾充就又娶了郭氏。这位郭氏就是贾南风的生母，娘儿俩一个样，也是个善妒的母夜叉。她跟贾充生了个男孩，三岁的时候有一天奶妈抱着玩儿，贾充走过来，小孩见了就乐，贾充自然开心，就伸手去爱抚孩子。这一伸手不要紧，被郭氏看见了，说贾充跟奶妈有私情，将这位无辜的奶妈活活用鞭子抽死。奶妈死了，小孩因恋念而发病，没多久也死了。干这种恶事害得自己的小孩夭折，按理说一之谓甚，岂可再焉？可这位郭夜叉偏偏就搞了个第二次。后来她又生了个男孩，又找了个奶妈，奶妈抱小孩的时候贾充又去爱抚，郭氏也就又醋性大发，杀了奶妈，小孩又思恋而亡。从那以后，贾充再也没生过小孩，贾家就此断了香火。

有老娘表率在前，贾南风自然要发扬在后，干出剖孕妇杀胎儿的事也就没什么可吃惊的了。她不吃惊，晋武帝司马炎听说后可是惊而且怒了。杀个奴婢也就罢了，现在居然搞得自己的小孙孙没出生就挂了，是可忍孰不可忍，老子废了你！一听说晋武帝要废贾妃，贾家的亲党们赶忙又出来说话了。有人说："贾妃年少，妒忌是妇人之常情，以后年纪大了自然会改。"还有人说："陛下难道忘了贾公闾吗？"甚至连杨皇后都替贾南风说情。当时贾充已死，司马炎想起他的大功（尤其是拥戴自己登位）来，心一软，就饶了贾南风。他绝不会想到，这一心软，西晋帝国将就此断送。

晋武帝在日，贾南风尚能收敛一二。等武帝死了，她摇身一变成了皇后，其邪恶本性就更加暴露出来，她不愿以儿媳的身份侍奉杨太后，还利用自己的白痴丈夫来干预政事。但此时的朝廷由杨骏辅政，这样，贾南风就与杨骏父女产生了直接冲突。

杨骏自从辅政以来，干了好几件蠢事。首先他知道自己没什么本事，

怕朝臣们都不服，就大肆封赏百官以收买人心。所谓无功不受禄，人家什么都没做就平白无故地升了官，都知道你这是在讨好，因此你不但不会增加威望，反而会让人看轻。这是第一件蠢事。

第二件蠢事，是他在朝中广置亲党，任用小人。越是没本事的人越担心别人对自己不利，为此特别排斥有本事的人。杨骏就是个典型。而且他还特别贪，统治国家的权力这个大蛋糕，只想自己吃，不给别人分，这就与晋武帝司马炎当初奉行的平衡政策正好相反了。要知道，此时司马氏宗王们各拥雄兵坐镇四方，势力是很大的，蛋糕全叫你老杨家吃了，叫司马家去喝西北风？所以各宗王对杨骏的意见很大。

第三件事是他得罪了两个人——两个小军官。前文已述，辅政时杨骏本人是京师军队总司令，惠帝即位后他更是被封为大都督，总司令得罪了两个小军官，有什么要紧？其实很要紧，因为这两个人是殿中军官，即宫廷禁卫军的军官。杨骏怎么得罪人家的，史书上没说，只说杨骏对他们"无礼"。无礼的结果就是丢命，可见对人讲礼貌是多么重要。

于是，在杨骏辅政不到一年的时候，皇后贾南风与两个殿中军官勾结起来，策划发动政变，杀杨骏，废杨太后。但贾后身居幕后，两个军官官小人微，影响力有限，他们还需要一个幕前的先锋，所以他们想拉一个王爷入伙。最初，贾后想到的是汝南王司马亮。司马亮是晋惠帝的叔祖，年龄大、有威望，本来应由他和杨骏共同辅政，因为杨骏截藏了诏书才没能成功，是杨骏的仇人，按理说最合适不过。但这老头天生胆小，听说要搞政变，白胡子摇得跟拨浪鼓似的。最后贾南风找到了楚王司马玮。

司马玮是晋武帝司马炎的第五个儿子，当时才二十一岁，远在荆州任镇南将军，听说有回京城诛杨骏的机会，立刻欣然同意，而且还叫上了自己的弟弟——任镇东将军、坐镇扬州的淮南王司马允。两人随即申请入朝。杨骏正担心这两位手握强兵的王爷在地方上闹事,见两人主动申请入朝,心想他们到了京城总比在地方容易控制,于是就批准了。他可绝没想到,这是在给自己的心口上插刀子。

万事俱备,公元291年三月初八,政变发动了。晋室之间自相残杀、祸乱中原十六年的"八王之乱"自此开始。

入夜,贾后和两位殿中军官轻易就控制了晋惠帝,诬陷杨骏谋反,使惠帝发下诏书革去杨骏的一切职务。随即部署,由楚王司马玮驻守司马门(禁宫外门)隔绝内外,淮南王司马允的属下刘颂驻军于禁宫内保卫惠帝,而由东安公司马繇(音yóu)率领四百名禁卫士兵前去诛讨杨骏。司马繇并非贾后一党,但皇帝有诏自当遵旨,于是率军从禁宫东门云龙门而出,杀往杨骏府第。

当时杨骏住在宫城东部的曹爽故府,距禁宫很近。政变一发生,他在皇帝身边的耳目就送出信来,杨骏急忙召集属下开会。有人建议:"宫里有变,显然是贾后主谋要害主公。我们应该一边火烧云龙门,向宫内索要生事者的人头,一边打开万春门,引东宫兵和外营兵入内。主公您再护持着皇太子入宫捉拿奸人,如此方可免难!"

实话实说,放个马后炮,这个建议是合理的,也是唯一可行的。为使读者明了当时的局势,请您参照后页图。

最大的方框,代表洛阳城。洛阳城中,宫城在左,太子居住的东宫在右。宫城之中,是皇帝和后妃居住的禁宫(就像明朝皇城里面又有紫禁城一样)。禁宫里面,是发动政变的贾后和晋惠帝;禁宫之外,宫城之内,则是三省的办公机构、朝堂、太仓、武库、禁军左右卫等部门,而杨骏所居住的曹爽故府也在宫城内,其具体位置据我考证,是和太仓、武库一起位于宫城的东部。也就是说,杨骏府像三明治一样,被夹在了禁宫和东宫之间。连接禁宫和杨骏府第的通道,是禁宫的东门云龙门,而位于杨骏府

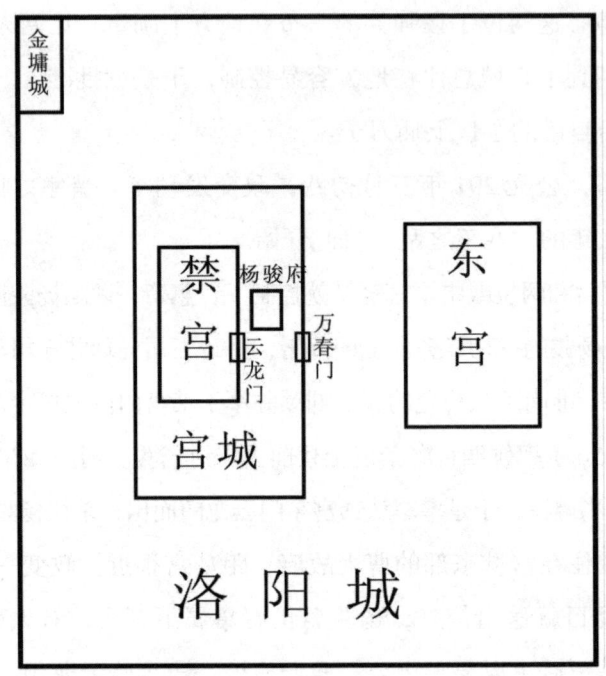

第和东宫之间的则是宫城的东门万春门。政变发生时,名义上是京师军队总司令的杨骏所能实际使用的兵力,包括宫城之外他的外甥中护军张劭所掌的外营军,以及宫城内他的亲党左卫将军刘豫所控制的部分禁军。万春门位于刘豫的驻防范围,虽然禁宫内的殿中士兵听命于贾后,但如果刘豫打开万春门,就可以放张劭的外营军进来,两人如合兵一处,在兵力上是可以占据优势的,更何况还有东宫的太子卫队可资利用。而火烧云龙门,则能够向禁宫内制造压力,若云龙门破,则可直入宫闱,擒杀贾后。因此,对杨骏来说,向内打通云龙门,向外打通万春门,才是自存之道。

关键时刻,杨骏毫不含糊地显示出了他的熊包本色。面对这一合理化建议,他犹豫不决,借口居然是:"云龙门乃是魏明帝所造,当年花了那么多钱修的，咋能就烧了呐？"于是对内的通道便放弃了。而杨骏还在犹豫的工夫，也没想着给守在万春门的刘豫送个信。干着急的刘豫见了右军将军裴頠（音wěi），问见着太傅杨骏没有。裴頠乃是贾后一党，自然要忽悠他一把，说："我刚在西掖门看见杨太傅和两个人一起坐着车跑出城啦！"刘豫一听老板跑了，那我怎么办？裴頠说你还是去廷尉自首较好，坦白从宽嘛。于是刘豫就扔下军队自首去了。就这样，对外的通路也断绝了。

内外通路一断，杨骏就只好窝在府里挨打了。他的女儿杨太后倒是想法把写有"救太傅者有赏"的帛书用箭射到了宫外，但也没起任何作用。于是殿中禁军在那两位受过杨骏气的军官的带领下火烧杨府，将杨家杀了个干干净净。杨骏逃无可逃，被杀于马厩之中。其党羽尽皆伏诛，被杀的有数千人。

政变成功。一夜之间，东风压倒西风，不，是"南风"压倒了众风。贾后翻身做主人，立刻令惠帝下诏废杨太后为庶人，关入金墉城。金墉城位于洛阳城西北角，是一座小型城堡兼高级监狱，专门用来关押被废黜的皇族和后妃，其地位与英王室的伦敦塔颇为相似。杨骏的老婆，也就是杨太后的母亲庞氏，作为谋反者的家属自然是要被处死的。庞氏临刑前，母女俩抱成一团哭号不已，史载杨太后"截发稽颡（音sǎng），上表诣贾后称妾，请全母命"。翻译过来，就是杨太后割断自己的头发，跪在地上不断地磕头，称自己是贾后的奴婢，哀求贾后高抬贵手放过自己母亲的性命。

结果贾后根本不予理睬。其时磕头如捣蒜的杨氏不知有没有想到，这个叫贾南风的女人想要的，不止是自己老娘的性命。

一年后，幽居金墉城的前太后杨氏在断炊八天后被活活饿死。贾后让人把她脸朝下埋了，棺材里还放置了许多厌胜（古代一物降一物的祈禳法术，即厌而胜之）符文，据说这样就能防止她死后告阴状。

第 4 章　司马家开始骨肉相残

杨骏的败亡导致了晋廷高层权力的重新组合。

政变是贾后一党与宗王势力联手发动的，成功后的果实自然也是两派瓜分。宗王一方，汝南王司马亮终于出了一口恶气，得封太宰，与太保卫瓘共录尚书事，共同辅政；政变中出了力的楚王司马玮得封卫将军，领北军中候，掌控了宫中的禁卫兵权；东安公司马繇升为尚书左仆射，并晋封为王。贾后一方，除了她自己彻底掌握了晋惠帝这个高级傀儡加橡皮图章之外，她的亲戚贾模、贾谧（音 mì）、郭彰也得以各踞要职，干预朝政。

常看电影的朋友们都知道，恶人们在共同获得了财宝或权力之后，一般就该窝里斗了。西晋政治也是如此，和平的局面只维持了三个月，三月份诛除了杨骏，六月份新的流血又开始了。

冲突首先在辅政的汝南王司马亮、卫瓘和楚王司马玮之间产生。

司马亮和卫瓘两位老同志看不惯司马玮这个甫一得志的小字辈，看不惯的原因，是嫌他"刚愎好杀"。在这样一个喜欢杀伐之事的年轻后生手里，禁卫兵权就是个定时炸弹，指不定什么时候就会引爆。因此，司马亮和卫瓘就想夺了他的兵权，找人代替他担任北军中候，还想进一步把他排挤出京城，赶回荆州老家。司马玮当然不干，大怒之余，随即向贾后靠拢，指望靠贾后的帮助保住自己的权位。

贾后见宗王之间自己掐起来了，自然不放过这个坐收渔翁之利的机会。于是，盛夏的一天夜里，在她的授意下，晋惠帝的一纸诏书到了楚王玮的手里。内容是："太宰司马亮、太保卫瓘欲为'伊霍之事'，楚王宜宣诏命淮南王、长沙王、成都王各屯宫门，罢免司马亮和卫瓘的官职。"伊指商朝的伊尹，霍指汉朝的霍光，两人干过相同的一件事，就是废立皇帝，因此这封诏书可以理解为说司马亮、卫瓘想要造反，令司马玮奉诏平难。

司马玮见了这封诏书，大概是觉得有点儿语焉不详，就想即刻覆奏，跟贾后再商量商量。但此时传旨的宦官说这是密旨，您要是覆奏，恐怕会走漏消息呀。司马玮心想言之有理，反正老子跟司马亮、卫瓘有仇，正好假公济私，把两个老东西办了得了。随即号令本军（即北军中候所领的禁卫军），又矫诏征召洛阳城内的所有卫戍部队，乘着夜色包围了司马亮的府第。

事发突然，司马亮的反应比杨骏也强不了多少。属下要反抗，他不同意；等外兵已经登上了他家的墙头，他还觉得这是消防演习。直到冷森森的刀片架到了脖子上，他才喊道："我从无二心，何故至此啊！可有杀我的诏书吗？"

诏书是有的，就揣在司马玮的怀里，想看？可以，割下你的人头先！于是，楚王司马玮终于公报私仇，让司马亮和卫瓘成了刀下之鬼。

殊不知这样一来，司马玮开了一个极坏的先例：卫瓘也就罢了，司马

亮可是他亲叔祖,是宗王里面辈分最尊、资格最老的一位,不请示不汇报,就像杀鸡似的这么一刀片了,影响极为恶劣。从此以后,司马家各宗王之间骨肉相残,再也不把血缘亲情当回事了。

杀掉二人之后,就有军官劝司马玮,应该趁着眼下兵权在握,一举诛除贾后一党,以正王室,安天下。司马玮犹豫再三,就是下不了这个决心。他并不知道,就在他犹豫不决之时,贾后这个渔翁已经开始收网了。

天刚一亮,贾后就采纳了时任太子少傅的张华的建议,准备以"专杀之罪"诛除司马玮。所谓专杀之罪,是指司马玮未经请示,擅自杀人。如果您还记得前面交待的诏书内容的话,请注意:该诏书中只说罢免司马亮、卫瓘二人的官职,可没说要两个人的脑袋,这是其一;诏书要求司马玮传令给淮南、长沙、成都诸王,他却自己单干,这是其二;更重要的是,诏书没授权司马玮统帅全城军队,他是假传圣旨才掌握了全城军权的,这是其三。有此三点,司马玮的罪名就算是坐实了。但此时他手里还有大批军队,不是朝廷想抓就抓得了的。这时老谋深算的张华又出了个主意,没动一刀一剑,只派殿中将军王宫拿着一杆小旗出去走了一趟。

王宫拿着的不是号令三军的帅旗,也不是"捍祖国强盛,卫京都泰安"的锦旗,而是上面画有一只怪兽的旗。该怪兽名叫"驺虞",熊不像熊,虎不像虎,据说是一种十分爱好和平的兽类,因为它从不杀生,只吃自然死亡的动物。因此古代把驺虞画在旗子上,表示解兵休战、放弃武力之意。王宫拿着这旗到军队前一晃,说:"皇帝有令,楚王乃是矫诏,众军不得听命于他!"

大家见了这旗,一听这话,好哇!原来司马玮你小子诳我们,跟着你不但不能升官发财,反而有性命之忧,那还不赶紧闪人?眨眼间司马玮身边的大批军队作鸟兽散,各回各家各找各妈了。(驺虞幡有如此威力,应该叫维和部队拿着到波斯湾、索马里多晃晃才是。）

光杆一人的司马玮后来被抓，下狱判了个矫诏杀人、欲诛灭朝臣、图谋不轨之罪，斩立决。临刑之时，司马玮从怀里掏出那份青纸写就的"密诏"，流着眼泪向监斩官说冤枉。其实若论冤枉，汝南王司马亮和卫瓘比他还冤。

就这样，几天的工夫，贾后就利用两位王爷之间的矛盾，使了个借刀杀人、卸磨杀驴之计，用轻飘飘的一纸诏书，解决了一老一少两位宗王，将大权彻底掌握到了自己的手里。这件事充分证明，贾南风并不是普通的街头泼妇、母夜叉，除了悍妒狠毒之外，她还颇有心计。

除掉司马亮、司马玮之后，贾后专擅朝政，委任亲党，在尽享权力带来的快感之时，也没忘了工作之余，多多享受云雨阴阳之乐。不过很抱歉，对象当然不是傻皇帝司马衷。最初，贾后还只是与太医令程据等私通，后来大概区区几个太医难以令虎狼之年的贾后满意，她开始命人四处搜罗俊男秘密入宫。由于此事过于离奇，史书中为增强可信性，特记载了以下一事。

洛阳南部有个盗尉部（缉捕盗贼的部门）的小公务员，虽然人长得帅，但一直从事低级别的杂役工作，工资也低，有一天却突然被见到穿了十分华贵的衣服。大家都觉得这衣服来路不正，很可能是偷来的。尉官就审问他衣服的事。当时贾后的几个远房亲戚想仗着贾后的身份得到这些被认为是赃物的衣服，就去旁听。不想那小吏说出这样一番话来：

"前日在路上碰见了一个老太太，说家里有人生病，算卦的说要从城南找一男子来厌胜才能消灾，求我去她家一趟，定有重谢。我就跟着她走，先是上了车，后来又把我装在竹箱里，大概抬了十来里地，过了有六七道门。打开箱子我一看，全是亭台楼阁漂亮房子。我问这是哪里，回

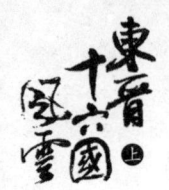

答说是天上人间。接着就让我香汤沐浴，美食一番，然后换了华贵衣服被引入内。房内有个妇人，三十五六岁年纪，个头很矮，皮肤很黑，眉后有痣。她留我共度了好几个晚上，这些衣服就是临走时她送我的。"

旁听的人一听说那妇人的相貌，就知道必是贾后无疑，没好意思再要衣服，纷纷讪笑着离去。

当时为防泄密，其他入宫的男子多被贾后杀掉，唯独这个小吏得到贾后的欢心，得以不死而还。

一千四百年后，清朝的蒲松龄老先生受到贾后此段轶事的启发，创作了聊斋志异中的一则名篇《天宫》，有兴趣的朋友可以翻看。

贾后荒淫虽然日甚一日，但都是宫闱里面的事。而此时的朝廷虽由后党当权，但老臣张华尚在，有他勉力支撑，虽然上有痴皇妖后，下有贪官酷吏，一时之间居然平安无事，很是消停了数年。

这是晋廷最后的安宁岁月。

第5章 一杯金光灿灿的酒

贾南风越来越不快乐。

她虽然贵为皇后,大权在握,又有无数男宠提供服务,但有一块心病却时时刻刻地纠缠着她,让她郁闷万分。

这心病就是:她没有儿子。

当年晋武帝的"五不可"实在精确,贾后不是没有生育能力,她总共生了四个女儿,可就是没有生儿子的命,你说郁闷不郁闷。更郁闷的是,自己生不了,地位不如自己的谢淑妃却生了,而且还被立为太子。贾后的郁闷就转化为了怨毒。眼瞅着太子司马遹一天天长大,贾后的怨毒之心也就一天天膨胀起来。

这位太子司马遹,也就是前文提到的五岁时就很聪明的那个小孩。可惜小时了了,大未必佳。自从爷爷司马炎一死,就没人主抓这位太子爷的教育了,老爹晋惠帝连自己的事都弄不明白,哪里顾得上他?虽然安排了一大堆的老臣来当太子师傅,但这些老古板们只会咬文嚼字引经据典,教育心理学则一窍不

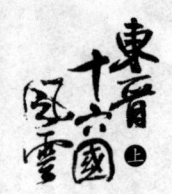

通。更何况还有别有用心的贾后叫小太监们成天陪着他玩儿,教唆他学坏。这般一弄,几年的工夫,就把当年的"三好学生",弄成了不良少年。

至于太子的生母谢淑妃,本就是街上屠夫家的女儿,没教育好儿子不说,还传了一手卖肉的功夫给他。司马遹在宫里摆起了肉摊,扮演屠夫,任谁来买,他从来不用秤,拿手一掂量,便知几斤几两。他还自学了工商管理,叫人在皇家园林里开设了自由市场,货真价实,童叟无欺,太子爷则从中抽税,坐收其利。

仔细想想,这些生长在深宫中的帝王贵胄其实也很可怜,平时难得能逛个街,钱很多却不能享受 shopping 的快乐,对市集上的繁华热闹自然十分向往,于是只好玩起了模拟人生,cosplay 一番过过干瘾。历史上除了这位司马遹之外,汉灵帝刘宏、齐东昏侯萧宝卷也是喜欢摆摊儿做买卖的主。而司马遹与后两位不同的地方,则是他更加迷信,像现在的许多买卖人一样,信阴阳五行,凡事都讲究吉凶忌讳,不许家人修墙正瓦,以免坏了风水。

就这么一个主,哪还有当年晋武帝赞叹的像司马懿的风采?

年纪小时尚且罢了,随着逐渐成年,司马遹与贾后一党的矛盾日益明显,尤其是与贾谧之间。以前贾谧常和太子一起玩,比如下个棋什么的,玩着玩着就玩急眼了,谁也不服输,两人就争吵起来。司马遹虽然小,但毕竟是太子,贾谧是臣子,如此便是犯上无礼。虽然仗着贾后撑腰,贾谧啥事没有,但从此两人就结下了梁子。后来司马遹择太子妃,听说尚书令王衍的长女漂亮,就有意聘之,哪曾想这位美女却被贾谧抢先娶走,而贾后却安排自己娶了王衍的小女儿,司马遹就更加不满了。

太子对自己憎恶,贾谧当然清楚,所以他对贾后说:"太子之所以广积私财来交结小人,那是因为我们贾家的缘故啊!万一哪天皇上不在了,他登上了大位,那还不像当年您对付杨骏那样对付我们,把您废了关入金墉城啊！我们不如先下手为强，改立更听话的人当太子，如此才能平安无事。"贾后当然明白这一点，于是开始四处宣扬太子的种种劣迹，还假装自己又有孕在身。

贾后这么一弄，朝廷里都知道她迟早要废太子了，可是包括张华在内，却无人敢出头。偏偏这个时候，太子司马遹的儿子病了，他就写了几篇祈求神仙护佑儿子康复的祷文。贾后听说后，觉得机会来了，就诈称惠帝身体不舒服，命太子进宫探视。

腊月二十九一大早，太子司马遹就进了宫，贾后让他在一间空房子里等候，随即叫婢女陈舞端出三升酒来，说是惠帝所赐，命太子喝完。司马遹向来不擅饮酒，想要推辞，婢女陈舞道："陛下赐你的酒，你却不喝，难道是怀疑酒中有毒吗？你这是不孝啊。"

司马遹无奈，心想要毒死我一杯毒酒就够了，何必三升？于是只好勉力将这些酒喝干。

酒虽然没有毒，却可使人迷醉。古代的酒虽说度数不高，但司马遹一大早就空着肚子喝了三升，加之喝得又猛，一下子就醉得不省人事了。贾后见计策奏效，又叫小婢拿着早就令人写好的草稿，把司马遹摇醒，说惠帝有诏，命他誊写此草稿。司马遹正醉得糊里糊涂，草稿上写的什么都没看清，就下意识机械地抄了一份，字迹潦草不清不说，许多字笔画都不全。他可没想到，他抄的这份模仿祷文的草稿里面，有"陛下宜自了，不自了，吾当入了之。中宫又宜速自了，不自了，吾当手了之。并与谢妃共要，克期两发，勿疑犹豫，以致后患……要疏如律令"等字句，大意是向神仙祷告，自己要与生母谢淑妃里应外合，了结惠帝和贾后的性命，请神仙保佑成功云云。

贾后拿到这份"供状"后，别提多高兴了。立刻把笔画不全的字补全，跑去拿给惠帝看，说太子要谋反。第二天惠帝上朝，将此事交众臣廷

议。朝臣们讨论了一天，还是没达成统一意见。最后惠帝下诏废太子为庶人，幽闭于金墉城。不久，贾后又找了个宦官，诬陷太子和他串通谋逆，使惠帝再次下诏将司马遹迁出洛阳，禁闭于许昌旧宫之中。

贾后废太子，立刻激起了众怒。第一，司马遹虽然不成器，但毕竟是司马炎时代就指定的未来继承人，居太子之位已有十年，党羽还是很有一批的。第二，司马遹明显是被栽赃陷害的，且手段如此拙劣，明眼人一看便知，都为他感到冤屈。第三，贾后自己淫乱宫闱，后党贪权骄横，大家早就忍了很久了，这次正好拿废太子一事来算个总账。

首先想找贾后算账的，是原来曾在东宫侍奉过太子的两个禁卫军官，一个叫司马雅，一个叫许超。这两位兄台私下里合计，觉得时任右军将军的赵王司马伦又贪权又冒失，可以跟他联手，于是偷偷跟赵王伦展开了接触。

这位赵王伦是司马懿的第九个儿子，在"八王之乱"的八王里面，除了汝南王司马亮，就数他资格最老了。此人本是贾后一党，所以在废了太子之后，得以官居右军将军，掌握部分禁军。他手下有个狗头军师名叫孙秀，本是刀笔小吏出身，经常给他出主意。待司马雅和许超找上门来，孙秀和赵王伦觉得，众怒难犯，万一贾后被废，自己肯定要遭池鱼之殃，不如自己掉转枪口，先废贾后为好，何况还可就此掌权。于是赵王伦答应与司马雅、许超联合，还利用自己的关系在宫里找了好几个内应。

就在起事前夕，孙秀却突然对赵王伦说："太子聪明刚猛，如果还居东宫，必不肯受制于人。而明公您原来是贾后的人，大家都知道。即便复立太子立下大功，太子也只会认为您是为了赎罪而已，是不会感激您的。将来若有小错，难免被太子所诛。不如暂缓起事，等贾后害死了太子，我们再起兵为太子报仇。如此则不但没有祸患，反而更加有利。"司马伦一听言之有理，便依言而行。

孙秀就散布流言出去，说宫里有人要废贾后，复立太子，搞得洛阳城里气氛很紧张。贾后听说此事后十分恐惧。赵王伦趁机进言，劝贾后早除太子，以绝复立之望。贾后果然中计，叫她的老相好太医令程据配制了毒药，矫诏令宦官孙虑到许昌去毒杀司马遹。

司马遹自从被废之后，在饮食上一直很小心，惟恐被人下毒害死，一日三餐都是自己亲自做。孙虑没有下毒的机会，就把他关在小房子里，不给他吃的。谁知仍有宫人从墙上偷偷递食物进去给他。失去了耐心的孙虑干脆直接逼着司马遹吃毒药，司马遹不肯，最后被孙虑用药杵活活砸死，骨头碎裂的声音在屋外都能听见。

司马遹一死，赵王伦即刻发动了政变。

公元300年四月初三夜里三更时分，赵王司马伦矫诏（又是矫诏！）敕令宫中禁军："贾后与贾谧等杀我太子，今特令赵王伦入宫废贾后，汝等皆当从命，成功后赐爵关中侯，不从者皆灭三族！"这么一恐吓，禁军士兵当然不敢不听命。赵王伦又矫诏开了宫门，带领士兵杀了进去。

政变发生之时，年轻气盛的齐王司马冏（音 jiǒng）当时正在禁军中担任翊军校尉。听说是诛除贾氏，他一马当先带着一百人抢在前头，先诛了贾谧（贾谧官居侍中，有资格在宫里居住），又跑去抓贾后。这大半夜的，贾后一见司马冏就蒙了，问道："你来干什么？"司马冏说有诏令，就是来抓皇后你的！

贾后还没反应过来，道："诏书都是从我手里发出去的，你哪来什么诏令？"司马冏不再跟她废话，抓了人就走。路过晋惠帝住的地方，贾后大呼小叫道："我是陛下你的妻子！废了我就是废了陛下你自己！"

不知晋惠帝有没有听到这些话，即便听到，不知对这个控制了自己十多年的恶女又作何感想？

此后的事情就简单了。赵王伦召集群臣，废贾后为庶人，让她住进了

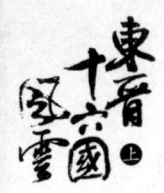

被她害死的杨太后、司马遹所住过的金墉城，下诏收捕贾氏亲党，并趁机杀害了张华、裴颜等有可能危及他篡权的大臣，随后封自己为使持节、都督中外诸军事、相国、侍中。

相国（丞相）这一职位，自魏晋以来并不常设，因为其权力极大，被认为非人臣之位，历来只有那些想谋朝篡位的人如曹操、司马懿、司马昭才担任过这一官职。如今赵王伦封自己这个官，其用心已经明摆着了。而且他总结杨骏、司马亮、贾后等政变牺牲者的教训，为防反对自己的政变再次发生，除了安插党羽掌握军权之外，还于相府中置府兵万人，并增添贴身护卫，防御措施可算是做到了家。

庶人贾南风在金墉城的高墙里度过了五个夜晚。

时间虽不算多，却也足够她回想自己的一生了。

从当初不谙世事的官家少女，到白痴太子善妒阴狠的妻子；从大权在握母仪天下的皇后，到今日苟延残喘命悬一线的囚徒……三十多年来人生能享受到的浮华虚荣她都享受到了，即便此刻死去，她还有什么不满足的呢？

害死了曾经有恩于己的杨太后，她可曾有过内疚？

面对不解风情的愚笨丈夫，她可曾感到过忧伤？

与洛南小吏的数夜缱绻，她可曾享受到欢乐？

人到中年膝下无子，她又可曾体味到无比的失落？

四月初九，一杯泛着金色光芒的酒送入金墉城，送到了贾南风的手里。

这是一杯以金粉勾兑的真正的黄金酒。

入口柔，一线喉。

淫邪妖后贾南风就此饮金而亡。

第 6 章 五星经天天下乱

贾南风死后，赵王司马伦的幸福生活持续了不到一年。

自从西晋开国以来，还从来没有过像他这么威风的宗王。身为相国，满朝文武皆听命于他，真是想升谁就升谁，想黜谁就黜谁。唯一对他不满的两位，淮南王司马允搞政变未遂，被诛；齐王司马冏被排挤出京城，到许昌去做平东将军。当相国才几个月，就让惠帝下诏加了自己九锡（音 cì）。

锡者，通假字，赐也。九锡不是九件锡器，而是古时候天子赐给功劳极大，但官爵又已升无可升的臣属的九种极品荣誉装备，包括车马、衣服、乐器、虎贲、弓矢等等。但和丞相之职一样，自来加九锡者大多是王莽、曹操、司马昭等篡权之辈。因此九锡其实是一种广告，意思是老子就要当皇上了。为了保证抢班夺权工作的顺利开展，坚决杜绝反动谋逆分子对登基事业的破坏倾覆，司马伦将相府（时赵王伦以东宫为相府）中的宿卫兵名额增加到了两万，而且在名额之外还藏匿了不少私兵，加起来人数达到三万之多。这一数字，与宫中的禁军数量相等。

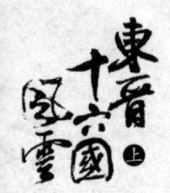

在孙秀的策划下，赵王伦还充分利用封建迷信手段为自己篡位造势。他一边找人作被司马懿的灵魂附体状，声称赵王伦应该早入西宫登基坐殿，并派人在洛阳北的邙山上给司马懿修庙，一边命文武百官以符瑞天相为理由劝进。

公元301年正月，在导演了一出名为禅让的闹剧之后，赵王司马伦宣布自己成为皇帝司马伦；尊惠帝司马衷这个小自己两辈儿的侄孙为太上皇，令其入居金墉城；大封自己的儿孙党羽为王侯卿相，甚至连自家的奴仆走卒都升官拜爵。按照当时的规定，高官上朝要戴插有貂尾、蝉羽的冠帽。由于司马伦封的官太多，宫里库存的貂尾一时不够用，许多人就用狗尾巴假冒貂尾制作冠饰（"狗尾续貂"这一成语就是这么来的）；还有许多人虽被封了爵位，拿到手里的印章却是白板，因为封爵的人太多，字根本来不及刻。

古时候一般改朝换代，天上地下就会有不同寻常的事情发生，有的表示吉祥，有的表示灾祸。赵王伦登基后，天上果然也有异象出现。史载，从正月起到当年的闰三月，四个月之间，"五星互经天，纵横无常"。

五星，即太白、岁星、辰星、荧惑、镇星，是古代中国对金木水火土五大行星的称呼。正常情况下，这五大行星都应该在晚上的夜空中出现。现在可不得了了，五大行星不上夜班，改在大白天的时候在空中先后出现了，而且还不按通常的轨道走，而是横七竖八地乱走一气，想想就够恐怖！对此种天文奇观，古人的解释是，太阳代表君主，星星代表臣下，如今五星经天，乃是臣子不臣、天下大乱之象。

果然，司马伦正月里当上皇帝，三月的时候就接到报告，齐王司马冏、河间王司马颙（音yóng）、成都王司马颖反了！

所谓八王之乱，虽然始于291年楚王司马玮杀掉汝南王司马亮，但前面都是在洛阳城里搞搞政变，顶多死个几千人；而从齐王、河间王、成都王三王起兵讨伐赵王伦这一刻起，乱事就冲出洛阳，走向了整个中原地区，战争的规模迅速扩大，牵涉的势力也越来越多。

三王里最先举起讨伐大旗的，是齐王司马冏。

司马冏是晋武帝司马炎的弟弟司马攸的儿子，诛讨贾后的时候，时任左军将军、翊军校尉的他是出了大力的。谁知赵王伦掌权之后论功行赏，居然只封他做游击将军。按西晋官品，游击将军和左军将军同样是三品，只不过班次比左军将军高了两位而已。也就是说，司马冏冒着生命危险带兵入宫抓了贾后，换来的结果只是上朝的时候站得比原来靠前了两个身位。任谁摊上这档子事，都会觉得不满。后来赵王伦忌惮他手里掌握禁兵，就排挤他到许昌担任平东将军。虽然篡位后又加他为镇东将军（二品）、开府仪同三司予以笼络，但司马冏的心里早就打定了征讨赵王伦的主意。

当时司马冏手底下虽然有数万人马，但光凭这是无法打到洛阳的。于是司马冏传檄天下，号召诸王国州郡，大家都来讨伐赵王伦这个篡位的奸臣。榜样的力量是无穷的，其他对赵王伦不满的人一看齐王冏站出来了，也就纷纷响应，倡议的倡议，起兵的起兵。这其中声势最大的，就是成都王司马颖和河间王司马颙。

成都王司马颖是晋惠帝的弟弟，当时刚刚二十二岁，正以征北大将军的身份坐镇邺城（今河北临漳县西南），都督冀、兖二州，起兵的人里数他兵马最多，又不断有人响应号召前来投奔。等司马颖的队伍浩浩荡荡开到朝歌（今河南淇县）的时候，已有二十万人之众。

河间王司马颙在八王里算是与晋惠帝的亲属关系比较疏远的，他是司马懿的弟弟司马孚的孙子，当时坐镇长安，都督关中。本来刚开始他是派

兵相助赵王伦的，一听说齐王、成都王兵多势盛，马上转变立场，对赵王伦说抱歉了。

就这样，成都王从北来，齐王从东南来，河间王从西来，三路大军气势汹汹地杀奔洛阳城。

屁股还没在皇帝的宝座上坐热的赵王伦立刻就慌了。与孙秀一合计，事到如今也只有拼了，好歹洛阳还有十万京师军嘛！于是调兵遣将，派孙辅、张泓、司马雅等率两万四千兵马分三路抵御东南方来的齐王冏军，派士猗、许超率军三万抵御北来的成都王颖军。河间王军还远，暂且不理，先顾眼前再说。

军队派出去了，赵王伦和孙秀也没闲着，蠢人也有蠢人的战斗方式。他们一边派人天天去邙山司马懿的庙里请神，说司马懿支持赵王伦，定能破贼；一边又任命道士为太平将军，在府里掐诀作法，念咒厌胜；还找心腹之人跑到嵩山上披着羽衣冒充仙人，说赵王伦必将削平叛乱、国祚长久云云。

可惜真实的战争不是魔兽争霸，巫师道士作法顶多起点儿心理作用，仗还要靠士兵们真刀真枪地打。要说晋朝的京师军还真不是盖的，武器装备好，又都是精挑细选的精锐，战斗力比三王招募凑起来的军队要强很多。两方首次交锋，京师军硬碰硬地以少打多，居然将齐王、成都王两路人马都杀得大败。尤其是士猗、许超所率领的三万禁军，对抗成都王颖的二十万人马，黄桥一战就杀伤敌军一万多人，弄得成都王颖想退军。

关键时刻，一人站了出来，进言道："今我军失利，敌人得志，若此时退军，士气必然低落沮丧，将士军兵恐将不复为我所用啊！且胜败乃兵家常事，此时不如挑选精兵，趁敌人取胜不备，星夜兼行，杀他个回马枪！"

说话的人名叫卢志——司马颖的参谋,此人是八王的幕僚里最有谋略的一个。司马颖采纳他的意见,整军再战。恰好此时赵王伦赏黄桥战胜之功,赐士猗、许超和督军孙会(孙秀之子)皆持节,三人平级,谁也不服谁管,由此军令不一,再加上三人恃胜而骄,疏于防范,结果被司马颖的军队杀了个大败。司马颖随即乘胜挺进,顺利地渡过了黄河。

赵王伦的北路军先胜后败,南路军也是如此。刚开始时,张泓等人打了好几场胜仗,把齐王冏的军队从阳翟(今河南禹州)赶到了颍阴(今河南许昌),眼瞅着就要打到齐王冏的老窝许昌了,却由于偏师败退,军心动摇而败还。

三王刚起兵的时候,洛阳城里的军民就已是人情汹汹了。待到两路军败还,孙秀知道请神仙帮忙是指望不上了,就给赵王伦出了个馊主意,说应该征召京城里所有四品以下的官员和百姓十五岁以上的子弟从军,由赵王伦亲自率领出战。在当时的战况下,这等于是绝全城老百姓的子嗣,所以此消息一出,洛阳城里的所有军队都想劫杀孙秀,吓得孙秀跑到禁宫里再也不肯出来。还没等外军打到京城,赵王伦阵营内部就有人反水了。

四月初七,左卫将军王舆与宫内禁军里应外合,攻入皇宫杀掉孙秀,废赵王伦,从金墉城里把晋惠帝又接了回来。这场战争总共打了两个多月,双方死了将近十万人。

第 7 章 宗王轮流坐庄

废赵王伦、迎回晋惠帝虽然主要是左卫将军王舆出的力,但这人本是赵王伦一党,此番乃是丢车保卒、将功折罪,事成清算的时候能保住脑袋就算不错了。而齐王司马冏、成都王司马颖和河间王司马颙兴兵讨伐居功至伟。尤其是齐王冏首举义旗,乃是名义上的盟主,而且这位老兄进城的时候还带来了数十万兵马,因此一时之间威震京师,声望之高无人能比。

事后晋惠帝论功行赏,封拜齐王冏为大司马,加九锡;封成都王颖为大将军,也加九锡,由两人共同辅政。河间王司马颙功劳差了点儿,得封太尉,只加了三锡。

这时朝中的局面十分微妙。齐王冏与成都王颖功劳差不多,地位也差不多,两人都手握雄兵,执掌朝政,表面上互相亲近,私底下却暗自较劲。朝臣们都伸长脖子战战兢兢地小心观望,生怕一时不慎站错了队。

就在此时,成都王司马颖忽然上表说,自己老娘生了病,请求解除自己辅政的职务,允许回家探病。紧接着,没等惠帝答复,他就辞别了太庙，从洛阳东门出城，一溜烟奔邺城老家去了。齐王冏得到消息，十分吃惊，骑马出城追了老远才把司马颖追上。司马颖停车跟他的这位堂兄告别，一边道别一边哭鼻子，说自己实在对老娘放心不下，根本无心顾及政事，以后朝廷上的事就靠哥哥你啦！

那么，成都王颖这么做，是不是真的唯以尽孝为念，毫不贪恋权位呢？当然不是。原来，他是采纳了卢志的建议，认为自古双雄难并立，若与齐王冏明争，自己并无胜算，此时政局混乱，应韬光养晦，等待合适的时机到来再后发制人，而且摆出一副功成而弗居、视权位如粪土的谦让形象还有利于自己收聚民心。这就是《孙子兵法》中的"以退为进"之计。

齐王冏果然中计。此后大权独揽的他迅速腐败，不久就走上了赵王伦的老路。具体腐败表现如下：

大筑府第，为此强折了公私房屋数百，营建规格堪比皇宫。

前庭舞八佾（音 yì），后房施钟悬。八佾是古代天子才能享用的最高规格的乐舞，当年孔子听说鲁国大夫季孙在家里表演了这种乐舞，气得直骂"是可忍孰不可忍"。钟悬也是一样，按规定只有天子才能在后房悬钟。齐王冏如此，自然是僭（音 jiàn）越了。

沉溺于酒色，有一年的工夫不朝见皇帝，坐在自己的府里接受百官的朝拜，用自己的符节向官府各部门发号施令。

选用官员不公正，专门任用自己的亲宠和小人。

凡此种种，史书上还罗列了很多。其实照我看来，司马冏最大的失误有两条，一是僭越天子礼仪，有无君之心，不但在政治上将自己征讨赵王伦攒下的声望资本挥霍一空，还留给了后来河间王司马颙讨伐他的口实；

二是当初起兵之时，司马冏曾与响应者订下盟约，约定成功后各有重赏，但这老兄掌权后却赖起了账，迟迟不给封赏，这让许多跟随他的人寒了心，其号召力大大下降。（当然更有可能不是他不想赏，而是赵王伦掌权的时候封赏手下太过慷慨，把朝廷库房里的存货都用光啦！）

公元302年年底，原河间王颙的一名属下李含从洛阳跑回长安，声称带来了惠帝的密诏，令司马颙兴兵讨伐齐王冏。司马颙正愁没借口呢，当即凭此莫须有的密诏，以齐王冏窥伺神器、意欲不臣的罪名上表兴兵征讨，派大将张方率军开赴洛阳。

司马颙的奏表到了京城，齐王冏大感意外，认为自己并无谋反之意，实在冤枉。但事已至此，岂甘心束手就擒？况且司马颙在檄文里声称，请身在朝廷的长沙王司马乂（音yì）做内应，此事不可不防。于是齐王冏立刻派属下董艾前去捉拿司马乂。

长沙王司马乂是晋武帝的第六子，时年二十七岁，是司马氏宗王里少有的猛人，身高七尺五寸，换算成现代公制为一米八二，史载其"才力绝人，虚心下士"，很有人缘。成都王颖起兵之时，司马乂率国兵响应，因功被封为骠骑将军。本来司马颙讨伐齐王冏，没他什么事儿。但李含为司马颙设了一个借刀杀人之计，故意在檄文里写以司马乂为内应，想叫齐王冏先杀了司马乂，再以此为罪名讨伐齐王冏。在这个计策里，司马乂只是一个道具而已。哪知司马乂并非泛泛之辈，听说齐王冏派人来抓他，带着手底下一百来号人居然摆脱了追捕，跑进了皇宫，继而关闭宫门，挟持了晋惠帝与齐王冏的人马互相攻击。

齐王冏派董艾等陈兵于宫前，放火焚烧皇宫的西门，而司马乂仗着手里有惠帝这张王牌，号令宫中禁军与齐王冏交战。齐王冏见战况胶着，又命人拿出驺虞幡来晃，一边晃一边喊："长沙王矫诏！"而司马乂在里面就让人喊:"大司马谋反!"两方的喊声此起彼伏,旗鼓相当。战斗主要在宫城内展开,到处是火光冲天,飞矢如箭雨一般,甚至射到了晋惠帝的脚前。要说这位齐王冏也真够"囧"的,好容易坚持了三天三夜,最后却因为部下叛变而兵败被擒。

当齐王冏被绳捆索绑带到惠帝面前的时候,这个痴呆皇帝罕见地露出了忧伤怜悯的表情,想饶了他这位堂兄的性命。长沙王司马乂见状,连忙叫左右把齐王冏拉了出去,即刻斩首。

这样一来,司马颙的计划就泡了汤。本来按他的计划,是齐王冏先杀了司马乂,他再兴兵诛除齐王冏,然后废掉惠帝,拥立成都王颖,由自己来当丞相掌握实权。哪里知道司马乂太猛,反而把齐王冏杀了,到头来河间王颙和成都王颖还是藩王。

他们当然不想就这么算了,先是派人行刺司马乂,失败之后干脆直接出兵了事。出兵的借口根本站不住脚,说司马乂"论功不平,与右仆射羊玄之、左将军皇甫商专擅朝政,杀害忠良"。查阅史料,可以看出司马乂掌权后基本没封过什么官,论功不平之说纯属扯淡;至于羊玄之和皇甫商,前者是晋惠帝续立的皇后羊氏的老爸,后者则是司马乂王府里的一名参军,俩人在史书上基本属于啥事也没干只留个名字的小人物;杀害忠良更是无稽之谈,司马乂杀人是有的,但那是几个受司马颙和司马颖指使而意欲行刺的人。所以说,河间、成都二王之举纯属欲加之罪,何患无辞。

八王之乱的前期,各宗王兴兵总还有个冠冕堂皇的说辞,什么诛除奸佞啦、匡扶社稷啦之类;到了这一阶段,则演化为赤裸裸的权力斗争。

河间王颙派张方率兵七万,出函谷关,直扑洛阳;成都王颖也派陆机、王粹、石超等领兵二十余万,浩荡南来。此时的洛阳还尚未从赵王伦、齐王冏的动乱中恢复过来,京师军已经元气大伤。在实力悬殊的情况

下,长沙王乂护持着晋惠帝,固守京城。

战争从八月打到十月,司马乂带着惠帝今天城北,明天城西,后天又跑到城东,左支右绌勉力支撑,居然数次败敌,前后共斩获司马颖军六七万人。西明门一战,司马乂亲率禁军左右卫将士浴血奋战,将张方的军队打得大败,斩杀五千余人。张方见战况不利,索性在城西筑起了堡垒,准备打持久战了。

十月初九,司马乂军与陆机军大战于洛阳城东的建春门。陆机同学我们比较熟悉,此人是西晋著名的文学家、书法家,爷爷乃是更著名的东吴大都督陆逊,外曾祖父的名声则更加响当当,乃是东吴政权奠基者、东吴皇帝孙权之兄孙策,父亲陆抗也是一代名将。但到了陆机和他弟弟陆云这辈,两人擅长的只是诗赋书画而已。领军打仗本就不是陆机所长,加上这场战斗中司马乂军又采用了新战法——令数千骑兵把长戟牢牢系在马上,戟尖向前排队冲锋,因此陆机军大败,败军一直退到七里涧,死尸枕籍,涧水为之不流。

虽然司马乂军屡次取胜,但伤敌一千,自损八百,城里的兵也越打越少,疲惫不堪,张方还在城外使坏,把城内的水源给断了,造成洛阳城中大饥荒。

此时战事已拖入寒冬,城内人心惶惶,都以为城破是迟早的事。

次年正月二十五,殿中诸将与左卫将军朱默等叛变,将长沙王司马乂关押起来,奉东海王司马越为首领,奏请惠帝免去司马乂的官职,将其幽闭于金墉城。

被囚的司马乂在金墉城里向惠帝上表道:"如果我死了国家能够安宁,那对国家倒是好事。可叹我大晋衰微,宗室自残将尽,臣死不足惜,只怕从此将使恶人得志,却无益于陛下您啊!"

司马乂已知自己必死无疑,但他想不到自己会死得这么惨。

三天后,张方遣兵入城,将司马乂劫往军营,架在火上活活烤死。

第 8 章 傻皇帝御驾亲征

司马乂死后,坐庄掌权的成了二十五岁的成都王司马颖。他先为丞相,继而又当了皇太弟。遣将石超领兵五万,屯守洛阳十二城门,将朝中跟他有宿怨的官员统统杀掉,又用自己的军队驻守皇宫,彻底取代了宿卫禁军。

做完这些事后,他返回老家邺城,遥控朝廷。

邺城这个地方,在魏晋南北朝的历史上地位十分重要。当年曹操在灭掉袁绍之后,就是以邺城为根据地统一北方的,著名的铜雀台就建于邺城西北,与冰井台、金虎台合称"三台"。

曹丕代汉之后,虽然迁都于洛阳,但邺城作为曹魏的"五都"之一,至西晋时仍为北方重镇。司马颖自从坐镇邺城以来,以卢志为邺令(县长),将此地治理得有声有色。特别是兴兵征讨赵王伦后,采纳卢志的建议,厚赏有功之人,抚恤战争死者,很得民心。

但自从司马颖当了丞相、皇太弟执掌朝政之后,人们才发现,他跟赵王伦、齐王冏一个鸟样,腐败表现都差不多,而且还特别宠幸一个叫孟玖

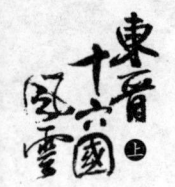

的死太监。

失望不满之余，又有人想搞活动了。这次的主角，是东海王司马越。

晋朝的分封政策，一般是关系越近，封的地方越近。司马越是司马懿的弟弟司马馗的孙子，关系不是很近，所以被封到了东海郡（今山东枣庄、郯城，江苏连云港一带），面朝大海，春暖花开。虽然封地远在海边，但他本人却在朝中任司空，领尚书令。公元304年七月初一，司马越联合右卫将军陈眕（音zhěn）和原长沙王乂的部下上官巳发动政变，控制了洛阳城。

三天后，司马越奉帝北征，目标是邺城的成都王司马颖。

我想破头也始终想不明白，司马越为什么要做出这个近乎自杀的决定？洛阳四周已饱受战乱之苦，晋武帝时代驻守京师的十万精锐中央军，在八王之乱的政变和战争中损失殆尽，此时的洛阳自保尚且困难，更何况倾全城之力在仅仅准备了三天后就迢迢远征？况且，在当时的局势下出兵北上，在关中虎视眈眈的河间王司马颙岂能放过这个洛阳空虚的大好机会？

所以，北征邺城是个极不理智的行动。这一点，有的朝臣看得很清楚。出发的那天，侍中嵇绍来到行营，他的同事秦准问他："此去安危难测，你有好马么？"意思是遇到危险你跑得了吗？嵇绍正色答道："如果不幸皇舆失守，臣有节在，要好马何为？"不久之后，嵇绍将用他的生命对这句话做出名垂青史的诠释。

既然京师军队已所剩无几，那就只好征召义兵了。司马越把檄文发下去，毕竟是晋惠帝御驾亲征，号召力还是蛮大的，队伍开到安阳的时候，已经聚集了十余万人马。虽然临时拼凑的队伍战斗力不高，但从数量上看还是挺能唬人的，一时间邺城里人心惶惶。司马颖召集手下开会，有人就劝：既然是天子亲征，不宜抵抗，应该放下武器出城迎降。司马颖当即大怒，道："皇上是被小人挟持逼迫而来，我怎能甘心束手就戮！"于是派大将石超领兵五万前去迎战。

正好司马越军主将陈眕有两个弟弟在邺城,此时从城中跑来,说邺城已经人心大乱分崩离析了。得到这一好消息的司马越军随即放松了警惕,哪成想石超的部队突然杀到。五万打十万,两军战于安阳南四十里的荡阴,这一方大败。

在混乱的战事中,连晋惠帝都受了伤。更糟糕的是,一见情况不妙,文武百官和侍卫立刻跑了个干净,北征的发起者司马越也跑了,只撇下惠帝一人呆坐在车里彷徨无计。冷森森的枪戟在惠帝眼前晃动,箭矢雨点一般飞来。此时,一个瘦长的身影下了马,穿着朝服登上乘舆,用自己的身体遮挡住了这个多灾多难的傻皇帝。

朝臣们都逃了,但我不能逃。

身为侍中,护卫皇帝是我的职责。

君子杀身以成仁,不求生以害仁。

嵇绍,"竹林七贤"之首嵇康之子,在荡阴之战中卫难乘舆而亡,血溅帝衣,名列《晋书·忠义传》第一位。

捡了一条命的晋惠帝被司马颖军挟持进了邺城。洛阳随即落入河间王颙的大将张方手中。

荡阴之战对西晋历史的影响是深远的。自此以后,宗王都督也好,州郡刺史也罢,甚至流民首领、强盗头头等,纷纷占山头抢地盘,拥兵割据,互相攻伐,天下大乱。而晋室再没能建立一个号令全国的中央政府,司马家的皇帝像接力棒一样辗转于各方割据势力之手,直到迎来最后的覆亡。

此时是公元 304 年,距西晋灭亡还有 12 年。

在四川,流民领袖氐人李雄驱逐了晋益州刺史罗尚,在"天地太师"范长生的辅佐下,于成都建立了"大成"政权;在长江以南,扫平石冰之

乱的扬州刺史陈敏自封为大司马、楚公，割据江东；在河西走廊，凉州刺史张轨苦心经营，使河西四郡在中原丧乱之际成为难得的"避难之国"。

这些人皆是一时之枭雄，他们的故事也很精彩，但是我并不准备讲述。

因为在十六国的历史上，最具决定性意义的地方还是中原。

得中原者，得天下。

于是，此时的中原不再是繁华肥沃的乐土，而变成了虎狼出没的丛林。在这场成王败寇、强者生存的丛林游戏中，第一个加入战团的非司马氏势力是幽州都督王浚。

王浚，西晋开国元勋王沈之子（私生子），当年曾投靠贾后，后官拜宁朔将军、都督幽州诸军事。幽州这个地方，辖境相当于现在的北京和辽宁，从汉代起，就是与游牧民族接壤的边疆。到西晋时，在这一带出没的游牧民族主要是乌桓和鲜卑。这两个民族都是从战国时代的东胡演变而来，汉代匈奴强盛的时候，都是匈奴的小弟；后来匈奴被汉朝打得跑的跑，降的降，他们便趁机强大起来。

王浚来到幽州当都督，觉得晋室衰微，天下将乱，自己要想在乱世里混出点模样来，仅凭人少、兵也少的幽州，资本是大大不够的，而周围这些髡头辫发、食肉寝皮的游牧民族既贪财又好战，很有利用价值。于是王浚采用当年汉高祖刘邦用过的老法子，把自己的女儿嫁给了段部鲜卑的大首领段务勿尘（少数民族的人名往往很拗口，以后还会遇到）。

后来三王征义兵讨伐赵王伦的时候，王浚一来怕境内的军民应征有损自身实力，二来觉得胜负难定，应该观望，于是派人阻截檄文，严禁幽州民众应征。由此，王浚便和成都王颖结下了梁子。司马颖暗中指使幽州刺史和演杀掉王浚，谁知计谋失败，和演反被王浚杀了。这一来，两人便正式撕破了脸皮。恰好此时东海王司马越奉帝北征，荡阴一战，司马颖俘虏

卷一 | 乱世大漩涡

了晋惠帝，王浚便借机出兵，同时联合都督并州的东嬴公司马腾，两人合兵一处，带着鲜卑、乌桓兵南下，杀奔邺城而来。

得到消息，司马颖有点发慌。慌的倒不是王浚和司马腾的联合，而是他们手底下那些野蛮善战的游牧骑兵：这些人从小还不会走路的时候就开始骑马，还不会骑马的时候就学习拉弓了，弓马娴熟不说，打起仗来还不要命，以战死为荣，战斗力那叫一个强！正在愁得转磨磨的工夫，身边的一位将领站起来道："如今王浚和司马腾率众十余万而来，士气旺盛，恐怕不是邺城的军兵所能抵挡得了的，我愿为殿下回去召集五部，以赴国难！"

司马颖望了望这个五十来岁年纪、生了一副好胡须的人，问道："五部之众，当真能够征发吗？就算能够征发，鲜卑乌桓也不容易对付吧！我觉得还是暂时退回洛阳以避其锋芒，然后再传檄天下聚兵征讨，你看如何？"

那人答道："殿下乃武帝之子，又有大功勋于皇室，威名远播，四海之内，谁不愿为殿下前驱效死？征发五部又有何难？王浚、司马腾这些位卑德薄之徒，怎能和殿下您相比？如果殿下您退出邺城，便是示弱于人，别说洛阳未必能到，就算到了洛阳，有河间王颙和张方在，殿下您还能掌握实权吗？况且鲜卑乌桓虽强，却未必比得上五部。我愿为殿下率两部平司马腾、三部摧王浚，誓取此两人项上人头！"

这一番话在情在理、掷地有声兼连吹带捧，说得成都王司马颖好感动。这可真是板荡识诚臣①，没想到我帐下居然有如此忠心正义之人。司马颖立刻决定，派此人回去召集五部。

此人一出邺城，深深地松了一口气。他望着西北的天空，云彩变幻不定。

这一次龙归大海、虎入山林，在前方等待着我的，将是怎样的命运呢？

---

① 唐太宗《赐萧瑀》诗："疾风知劲草，板荡识诚臣。"意思是在狂风中才能看出草的坚韧，在乱世里方能显出忠臣的赤诚之心。

此人便是本书开头提到的那位匈奴人,他的名字叫刘渊。

五部,指的是五部匈奴。

匈奴这个中国历史上第一个强大的游牧民族,在经历了西汉初年冒顿单于的全盛时代、汉武帝时期惨烈的汉匈战争以及长期的内乱和分裂后,到了汉魏之际是彻底地衰落了。曹操乘机将入塞匈奴划分为五部,每部由贵族为帅,各散居沿边郡县,其中尤以并州(今山西北部)所居最多。五部匈奴虽然仍保留了原来的部落组织,但长期与汉人杂居,有些人便放下马鞭拿起了锄头,从牧人变成了农夫。若如此下去,过上百十来年,匈奴人也就和汉人没什么差别了。

但匈奴人并不甘心就此沉沦。他们的体内,还流着天之骄子的血;他们的灵魂,时刻与长生天同在!守着庄稼吃饭虽然安稳,却哪里比得上驰骋草原的自由与潇洒?而今司马氏骨肉相残,天下大乱,正是我匈奴人复兴霸业、纵横四海的好机会!

刘渊,你是我们匈奴人中的豪杰,做我们的首领吧!

让我们跨上战马,拿起猎弓,聚集在你的狼纛①之下,共同去追寻那无上的荣光吧!

就这样,晋末的乱局从宫廷内部开始,先是外戚与皇后争权,继而是宗王混战,斗争的漩涡越卷越大,由洛阳而至方镇,由中原而至边疆。漩涡越大,乱事越深,最终在这种种乱事当中,一个时代结束了,另一个时代悄然来临。

这个新的时代,叫作东晋十六国。

(第一卷完)

---

① 纛,音 dào。狼纛也称"狼头纛",就是以狼头为标识的大旗。

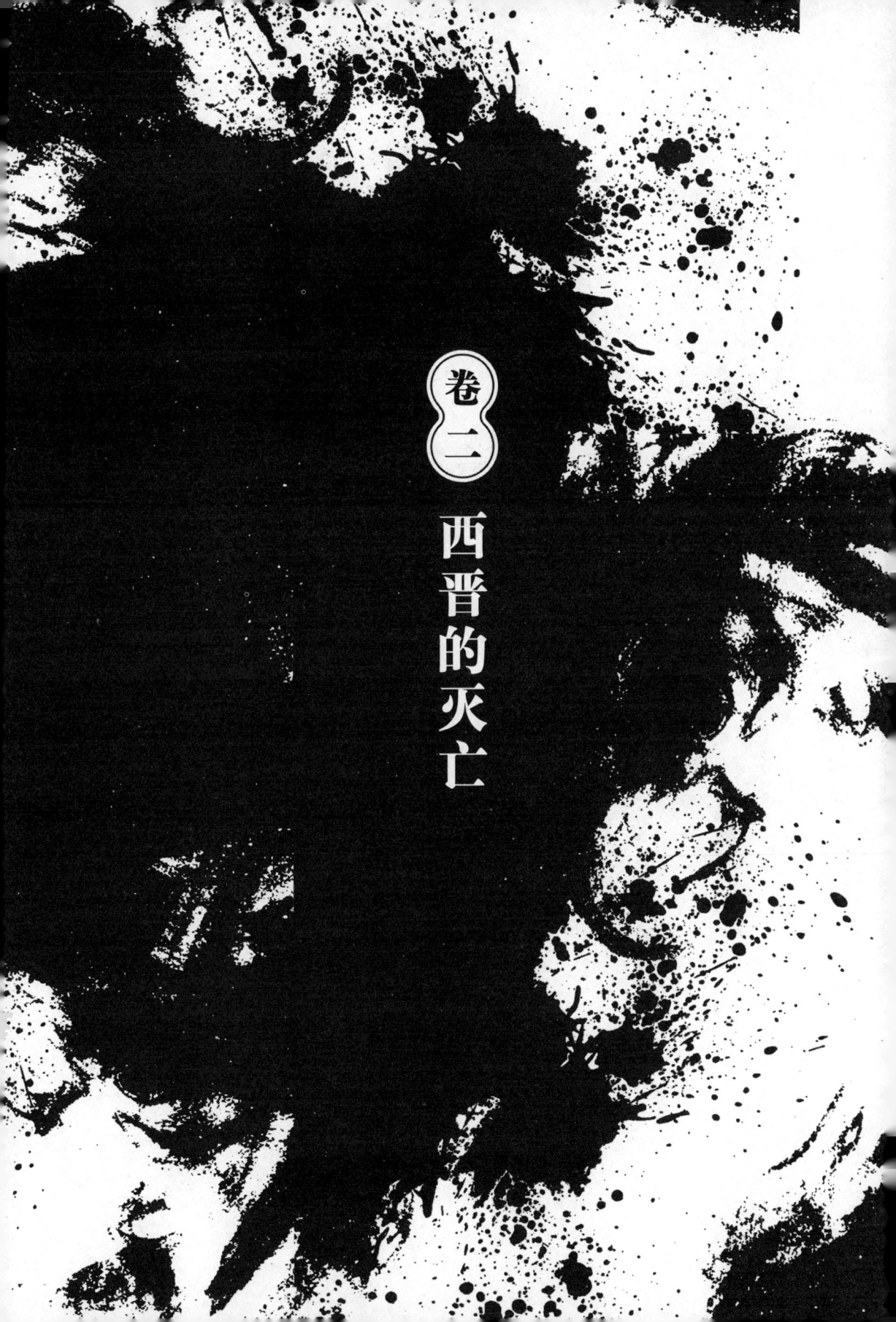

卷二 西晋的灭亡

第 ① 章　天降单于美髯公

刘渊，字元海。

从这个名字，我们丝毫看不出他是个匈奴人。这是因为从东汉开始，入塞的许多匈奴人纷纷改换了汉姓，而单于家族挛鞮（音dī）氏，自称是冒顿单于与汉朝公主之后，遂冒姓为刘。

所以刘渊不是个普通的匈奴人，而是匈奴贵族中的贵族，他的父亲，是左贤王①刘豹。关于刘渊的出生，史籍上的记载十分奇幻。

据说当年刘豹的老婆呼延氏，因为没有儿子，就跑到黄河边上的龙门（今陕西韩城北）去求子。忽然间黄河里蹿出一条头上长着两只角的大鱼，鳞甲鲜明地游到呼延氏求子的地方，盘桓许久才消失不见。当天晚上，呼延氏就梦到白天的大鱼化作了人形，左手里还托着一个闪闪发光、有鸡蛋一半大的圆球，对她说道："这是日精，吃了必生贵子。"醒来后，呼延氏

---

① 匈奴官职名。匈奴习俗以左为尊，所以左贤王的地位仅次于单于，一般是单于的候补人选，常常由单于的子、弟担任。

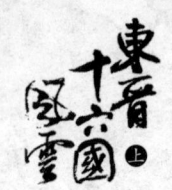

连忙告诉刘豹。刘豹高兴地说这是大吉之兆,当年人家给我算过命,说我命中注定有贵子孙,三世必能大昌,你看这不是应验了嘛。

刘渊先生既然是太阳之子,自然不同凡响。别人的娘都是怀胎十月,一朝分娩,刘妈妈椘是孕育了十三个月才把他生下来。更奇的是,这孩子出生时左手手心上居然有一个"渊"字,真不知道婴儿那寸许手掌,这么多笔画的字是怎么弄上去的。不管怎么说,这就省了起名的麻烦,于是刘家的新生儿便叫作刘渊了。

贵族之家的贵子,自然要享受贵族式教育。刘渊同学自小便拜当世大儒崔游为师,《诗经》《易经》《尚书》《左传》《孙子兵法》等国学经典统统精通,诸子百家无不遍览,论学识拿个博士学位一点儿问题没有。像现在的文艺青年一样,知识学多了,就喜欢评论古人,发发牢骚,刘渊曾经对他的同班同学说:"我翻看史书,常常鄙视随陆无武、绛灌无文。随陆二生遇到高祖刘邦而不能建封侯之业,绛灌两公侍奉文帝刘恒而不能开庠序①之美,真是可惜啦!"随,指随何;陆,指陆贾。两人都是能言善辩、巧舌如簧的文士,只是生在刘邦用武力打天下的年代,文士只能当当说客,立不了大功,所以这两人最后都未能封侯。绛,指绛侯周勃;灌,指颍阴侯灌婴。这两人都是汉初名将,可惜汉文帝时期重视文化事业,天下太平无事,英雄无用武之地。绕了这么大弯,其实刘渊的意思就是人要全面发展,不能偏科,否则万一生不逢时,人生价值便得不到实现,岂不冤枉?由此可见,有志不在年高,刘渊同学年纪虽小,却已怀有青云之志。

从那以后,刘渊同学果然不再偏科,史籍记载,"于是文学武事,并皆工绝"。全面发展、文武全才的刘渊长到成年,身高八尺四寸(按一晋

---

① 庠序,指古代的地方学校。后也泛称学校或文化教育事业。

尺=24.38cm计算，身高2米出头），猿臂善射，膂力过人。此外，他还蓄了一副三尺来长的好胡须。尤其令人称奇的是，在这丛黑漆漆的胡须当中还有三根红胡子，长三尺六寸，望去好一个美髯公，跟关云长相比都不差。这相貌，这气质，任谁见了都印象深刻，当时的两个著名的相面大师崔懿之和公师彧（音yù）见到刘渊，都作吃惊状："此人相貌非常，我们从未见过啊！"于是纷纷和刘渊论辈分，交朋友。可见以貌取人，自古已然。

后来按照当时中原王朝管理少数民族的惯例，刘渊到朝廷里当了侍子①，名义上是匈奴一方的人质，实际上相当于匈奴在京城的联络人。刘渊在这段时间里，充分发挥了自己的贵族身份和人格魅力，很是在朝廷里交了些朋友，这些朋友也经常在皇帝的面前夸赞刘渊。

晋武帝有一次召见刘渊后，很高兴地对大臣王济说："刘元海的仪容谈吐，就算是由余、金日磾（音mì dī）也比不了啊！"由余是春秋时的戎族人，后来帮助秦穆公成就了霸业；金日磾则是汉武帝时的匈奴休屠王王子，后来成为武帝去世前的托孤之臣，和霍光一起辅政。两人都是出身异族却有功于华夏的精英人物。王济是刘渊的朋友，听皇帝这么说，自然要趁机美言一番："刘元海的仪容谈吐，确如陛下所说，但此人乃文武全才，比由余和金日磾可要强多啦！陛下如果将东南之事交由刘渊负责，则东吴何愁不平（当时吴国尚未被灭）？"晋武帝闻言，点头称是。

可并非朝廷里的所有人都对刘渊有好感，侍中孔恂就反驳说，刘渊不是没有才能，而是才能太大，不管怎么说，他毕竟是异族人，如果皇上给了他军队和权力，到时候平定了吴国，万一他割据江东不回来了怎么办？

---

① 古代属国之王或诸侯遣子入朝陪侍天子，学习文化，所遣之子称侍子。

晋武帝一听，不再说话，这事儿就黄了。

孔恂的担心不是没有道理，当时晋朝边疆屡有少数民族叛乱。远的不说，近在眼前的就有匈奴右贤王刘猛之乱。又过了几年，鲜卑首领秃发树机能也在凉州反了。晋武帝准备选将平叛，刘渊的一位朋友李憙（音 xǐ）又推举他。结果还是上面那位孔恂言道："蛟龙得云雨，非复池中物。刘渊若是平定凉州，斩了秃发树机能，那才是真正的祸患呐！"于是这事又没成。

可怜刘渊这个一身本事的美髯公，竟然没有建功立业的机会，于是当年鄙视随陆无武、绛灌无文的小愤青，现在也自叹生不逢时起来。在一次给朋友饯别的酒会上，刘渊发了一番牢骚，最后伤感地说道："我恐怕今生要老死于洛阳了，就在此与君永别吧！"随之慷慨悲歌，纵酒长啸。朋友们都流下了真挚的眼泪。

谁想这一幕被路过此地的齐王司马攸见到，竟然差点儿给刘渊引来杀身之祸。司马攸去向晋武帝说道："陛下应趁早除掉刘元海，否则恐怕将来并州不得安宁。"幸好此时刘渊的朋友王浑在侧，连忙为他辩护，说刘渊乃是忠厚之人，我愿意替他担保，何况我大晋正以仁德招抚远人，怎么能够无缘无故就杀掉人家的侍子呢？晋武帝觉得言之有理，刘渊才保住了一条命。

这件事情告诉我们，对上边发牢骚要小心，万一叫领导听见，后果相当严重。

在此之后，逃过一劫的刘渊锋芒收敛了许多。直到太康末年，他代替父亲做了匈奴北部都尉后，才得以一展所长。他管理部众赏罚分明，且乐善好施、待人以诚，五部匈奴的豪杰之士都和他有来往，而且除了匈奴人，他在汉人中也很是吃得开，就连千里之外的冀州、幽州的名士大儒也都慕名前来结识这位风度翩翩的刘都尉。这一时期，刘渊才真正在匈奴人中间建立了自己的威名，并为将来创下霸业积攒了足够的人脉。后来晋武帝驾崩，杨骏辅政，拜刘渊为建威将军、五部大都督。虽然到了元康末年，由于有匈奴部众叛亡出塞，朝廷免了刘渊的官，但此时刘渊羽翼已成，他需要的，只是一个机会罢了。

机会很快就来了。八王之乱不断升级，从政变发展成战争，坐镇邺城的成都王颖为拉拢五部匈奴，奏请刘渊行宁朔将军（四品官）、监五部军事，让他在邺城领兵。不久，齐王冏、长沙王乂和成都王颖等自相残杀，天下大乱，四方州郡寇盗蜂起，并州的匈奴人自然也不会消停。

族人们都跑来和右贤王刘宣商量。刘宣是刘渊的爷爷辈，年高德劭，很有威望。老头儿听了大家七嘴八舌的意见，抖着白胡子激动地说道："想当年，我们冒顿大单于与汉室约为兄弟，祸福与共。可自从汉亡以来，魏晋代兴，我们单于虽然保留了名号，却不再拥有一寸土地！虽则名义上是王侯，待遇上却跟汉人老百姓一般！这种局面，我们还要再忍受下去吗？如今司马氏骨肉相残，四海鼎沸，正是我大匈奴兴邦复业的好机会！虽说现在我们实力不如从前，但仍有不下两万部众，如何便甘心受晋人奴役了此一生？！左贤王刘渊才器绝人、文武双全，如果长生天不欲恢复我单于之业，何必降下此人？"这一番话说得众人心悦诚服、壮怀激烈，纷纷推举刘渊为匈奴大单于，准备起事。

计议已定，众人秘密派刘渊的小舅子呼延攸去邺城通知他。刘渊得到消息，知道自己结束打工岁月，单飞创业的机会来了，便以参加葬礼为辞，向成都王颖请求回老家。但司马颖却没有答应。刘渊只好先让呼延攸回去报信，请刘宣他们做好准备工作，自己慢慢谋求脱身之计。

恰在此时，东海王越奉帝北征，荡阴一战惠帝被俘入邺，紧接着幽州

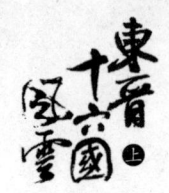

　　王浚与并州司马腾联兵南下,成都王颖面临困境。刘渊乘机自荐,愿回去召集五部替他效命,这才得以池鱼归故渊。

　　这一年,刘渊已经五十来岁了。少年时他饱读诗书,嘲笑绛灌无文、随陆无武,学得了一身本领;青年时他为质于洛阳,得到上层人士的赏识,见惯了宫廷政治的尔虞我诈和王侯世家的奢靡浮华;壮年时他继承父职,抚恤部民交结豪侠,获取了五部父老的承认和尊敬;如今他已过天命之年,颔下那三尺长须已开始变得苍灰,人生的下一个目标又是什么呢?

　　公元304年八月,刘渊起兵于离石左国城(今山西吕梁一带),称大单于。

第 2 章　匈奴人的建国大业

起兵后，刘渊的队伍在一个月之内就壮大为五万人，其中既有五部匈奴，也有前来归附的汉人和杂胡。

但此时他面临的情况并不乐观。五万人说少不少，说多不多，是当时几乎任何一个都督、刺史都能拥有的兵马数量；而且队伍刚刚拉起来，士兵们来自不同的部落和种族，人心未服，更重要的是，还缺乏一个共同的奋斗目标。

刘渊起兵的离石即现在山西吕梁市的离石区，这里位于吕梁山腹地，自古就是个穷地方，但地理位置非常重要，北通雁门，东抵晋阳，向西越过黄河，可以联结胡羌，向南则可顺汾水谷地直扑河东，所以刘渊虽然仅仅占据离石一县之地，急需扩大地盘，但战略选择还是比较多的。

可还没等他选择实行哪种战略，北边的并州刺史司马腾就派兵打过来了，而且还是朝廷的"外援"——来兵属于鲜卑拓跋部。

司马腾是东海王司马越的亲弟弟，时任宁北将军、并州都督兼刺史，

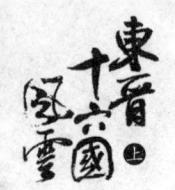

镇晋阳（今山西太原）。荡阴一战，司马腾见老哥被成都王颖打得大败，当即联合幽州的王浚，两下出兵进攻邺城。此时，刘渊造反的消息传来。离石乃是并州辖区，又与晋阳相距很近，司马腾怎能容得他人酣睡于卧榻之旁？派兵镇压吧，自己手里的兵都派出去打邺城了，于是他决定向北方的邻居鲜卑拓跋部求援。

当时晋朝北方的游牧民族，除了匈奴、乌桓之外，最为强大的当数鲜卑。鲜卑又分为东部鲜卑、西部鲜卑和北部鲜卑。东部鲜卑位于今辽宁到河北北部，主要有宇文部、慕容部、段部，此时段部最强，是王浚的主要拉拢对象；西部鲜卑位于黄河西边的贺兰山一带，尚在迁徙当中，属于他们的时代还没来临；北部鲜卑就是拓跋部，他们占据了阴山南北的匈奴故地，兵强马壮，有铁骑四十余万，此时正处在叔侄三人的统治之下——叔叔拓跋禄官在东，与宇文部紧邻，两个侄子拓跋猗㐌（音 yī tuó）和拓跋猗卢在西，南与并州接壤。

拓跋鲜卑与晋朝的关系一向良好，司马腾与猗卢兄弟的关系也不错，两人的老爸死了，司马腾还派人参加了葬礼。因此司马腾的求援申请一到，哥俩儿就批准了。随即合兵十余万，向离石杀来。

前面说过，现在刘渊手里才五万多人，拓跋鲜卑又勇悍异常，当即把刘渊杀了个大败。从此，两边的仇算是结下了。

正在此时，东边又来了消息：成都王颖抵挡王浚的鲜卑乌桓兵不利，已经放弃邺城，带着晋惠帝逃往洛阳了。而且要多狼狈有多狼狈，惠帝连鞋都丢了不说，跑得太仓促，大家兜里都没带钱，只好向太监借私房钱救急，用瓦盆吃饭。

刘渊听了，叹道："司马颖不用我言，反而自行崩溃，真是个蠢材！但是我有言在先，不可不发兵相救。"于是调兵遣将，准备击鲜卑救邺城。

右贤王刘宣见状，连忙进谏道："晋朝拿我们匈奴当奴隶使唤，是我们的仇人。如今他们骨肉相残，是上天抛弃晋室，让我大匈奴复兴呼韩邪之业的好机会呀！鲜卑和乌桓跟我们类似，正可以之为援，怎么反而去攻击他们而拯救仇敌呢？且不但天意如此，部众们也不愿救晋呐。有违天意则不祥，有违众意则不济。希望单于您三思啊！"

呼韩邪就是西汉时娶了王昭君为妻的那位匈奴单于，他向汉朝称臣，入塞内附，后又重归漠北。刘宣拿他作比，是希望刘渊带领匈奴人摆脱受奴役的地位，重新成为草原的主人。刘渊本来就没打算真心救司马颖，听他这么说，正好顺着台阶下，连忙点头称善，而且随即做出了一番重要讲话："大丈夫做事，当为高山峻岭，怎能为低矮土丘（要玩就玩大的）？帝王之事，岂有常理！当年大禹出于西戎，文王生于东夷，都因有德而得天下（少数民族照样能当皇帝）。如今我部众十余万，皆以一当十，鼓行而伐乱晋，必如摧枯拉朽一般（吹牛）！弄好了可成汉高祖刘邦统一大业，差一点也不失为魏武帝曹操割据之途，呼韩邪何足道哉（刘宣你眼光太窄了吧）？不过虽然如此，汉人不一定都能归心于我。汉朝统治天下长久，恩德结于人心，故而刘备能以崎岖一州之地抗衡天下。我先单于为汉室女婿，又曾与汉帝约为兄弟，兄亡弟继，有何不妥（胡扯）？我国暂可以汉为国号，追尊后主刘禅，以招徕远人，提高声望（真实目的）。"

这段讲话充分证明，刘渊小时候的书没白念，修辞出色、典故熟稔、论点鲜明、逻辑通顺，不但展示了他的心胸志向，而且制订了达到目的的路线方针，是刘渊的称霸宣言。刘宣等听了这段话，只有跪倒叩头道"大单于圣明，非我等所及"的份儿。

冬十月，刘渊迁都于左国城，称汉王，建国。此即本书开篇所述之事。至于刘渊为何要打着汉室的旗子行争霸之事，正如他自己所说，实在是

因为汉朝统治天下达四百年之久,明君贤臣多有,宛如美丽的海市蜃楼,虽然明知虚幻,却足够吸引人,两千年后的我们尚能引发无限遐思,更何况去汉未远、身处乱世的汉族百姓?而且当时有这样想法的不止刘渊一个,之前有起兵于荆州的义阳蛮族张昌,之后有割据四川的氐人李寿,他们和刘渊一样,也是少数民族,也都打着汉室的旗号,谋求同样的政治利益。

刘渊定国号为"汉"后,果然吸引了不少人前来归附,史载"胡晋归附者数万"。

所谓国家,光有百姓还不行,还得有政府。刘渊于是遍封百官,他的政府此时除了亲戚子侄以外,主要由他的老师、同学(崔游、朱纪、范隆等)和当年结交的朋友(崔懿之、陈元达等)组成。由此可见,在社会上混,人际关系是多么重要。

到了年底,司马腾派兵来打刘渊。这次是他自己的兵,结果不出人意料,在没有鲜卑骑兵罩着的情况下,司马腾大败。刘渊趁热打铁,派刘曜寇掠太原,攻取了屯留、长子等四县,又派乔晞寇掠西河,攻取了介休。

打介休的时候,县令贾浑不降,乔晞把他杀了,又见贾浑的老婆生得漂亮,就想纳了当压寨夫人。贾浑妻骂道:"屠各①奴!你杀了别人的丈夫,竟又想罢占你家老娘!怎么不快杀了我!"乔晞虽然姓乔,却是匈奴人,和刘渊一样属于屠各种。被个女人当面骂成这样,乔晞大怒,当即把贾浑妻也杀了。刘渊听说此事后怒不可遏,贬了乔晞的官,还收葬了贾浑一家。

眼看刘渊的根基越扎越稳,转过年来,司马腾又派人来攻。这次连打了四仗,刘渊军全部获胜。吃了亏的司马腾不得不又向拓跋鲜卑借兵。拓跋猗㐌遣轻骑数千助阵,收效立竿见影,斩了刘渊的大将綦毋(音 qí wù)豚。

---

① 刘渊所属匈奴部落的名称。

刘渊正在郁闷，哪知祸不单行，这一年又赶上离石闹饥荒，文武百官们连粥都喝不上。刘渊只好把主力部队和官府南迁到上党郡的黎亭，动用此地的军粮储备来渡过难关。

此时的汉政权是相当脆弱的。但好在周边形势比较有利：八王之乱正在高潮，晋惠帝被张方劫持到了长安，而东海王越跑回老家后卷土重来，正与河间王颙打得不可开交；河北反了成都王颖的部将公师藩，正在邺城附近闹得起劲；没多久，山东又反了刘伯根。晋朝政府一团乱麻，根本没工夫搭理刘渊。近在咫尺的司马腾倒是想找刘渊的晦气，可自身实力有限，不巧拓跋猗㐌又死了，暂时借不来鲜卑兵。于是刘渊安然度过了一年的灾荒期。

到了306年，晋阳的司马腾快扛不住了。恰好原镇邺城的范阳王司马虓（音 xiāo）死了，朝廷就调司马腾改镇邺城，于是司马腾带着手下将领和一万多百姓弃了晋阳，挥挥手跑到冀州去了（后来不到一年，司马腾就被冀州的反贼砍了脑袋）。这对刘渊来说可是大好事，若能趁此拿下北方重镇晋阳，并州就尽在我手了！听说新派来的并州刺史还在路上，刘渊即遣前将军刘景为征讨大都督，前去截击。

这场战事发生的地点在版桥，今为何处不详，双方兵力不详，具体战斗过程不详。史书只告诉了我们结果：刘渊军败了。

因为虽然司马腾走了，却来了个更猛的。

此人叫作刘琨。

刘琨，字越石，中山魏昌（今河北定县南）人，汉中山靖王刘胜之后（和刘备刘皇叔是同宗）。先是跟着赵王伦混，后又效力于范阳王虓，因跟随东海王越阵营西讨河间王颙，将惠帝迎回洛阳，而得封广武侯。

刘琨接任并州刺史的时候，局势相当恶劣。由于战争和饥荒，并州境内寇盗纵横、道路断绝，本来就为数不多的部队还被司马腾带走了，

剩下的人口不到两万。刘琨九月末从冀州出发，进入太行山区后发现到处都有成群的强盗出没，于是在上党招募了一千多人，一路上边打边走，向晋阳挺进。在击败了刘渊派来截击的部队后，他终于抵达了晋阳。然而此时的晋阳城内府寺焚毁，僵尸蔽地，荆棘成林，豺狼满道，幸存的人们又冻又饿，奄奄一息。晋阳整个儿一个人间地狱，哪里还有半点北方重镇的景象？

刘琨什么也没说，立刻开始了重建工作。

他带领群众翦除荆棘，收葬枯骨，重新建立了官衙、监狱和市集，恢复了城内的生产、生活秩序。他又向朝廷申请调集粮食、布帛，赈济穷困，安抚流民。若有寇盗前来劫掠，刘琨就率军民以城门为战场；满城百姓平时干农活都全副武装。经过将近一年的经营，晋阳城恢复了生机，远近的流民都来归附刘琨。

对于相距不过三百里的刘渊，刘琨没有贸然出击，而是针对其种族、部落众多的特点，玩起了无间道。他派遣间谍潜伏进敌人内部，今天散布点儿谣言，明天搞点儿破坏，弄得刘渊手下的杂胡们人心惶惶，有一万余人都跑来归降了刘琨。

在此后的岁月里，刘琨将成为刘渊父子向北扩张的最强劲的对手。

刘渊几次三番向北方扩展不利，如今又来了个更厉害的刺史挡道，他不由得反思起自己的战略方向。这时，侍中刘殷、右光禄大夫王育建议，应该先南定河东，再西据长安以之为都城，然后以关中为基地，东取洛阳，就和当年刘邦灭项羽的战略步骤一样。刘渊于是决定，调整攻略方向，主攻河东一带。不久，他就派兵南下攻取了蒲子（今山西隰县）和平阳（今山西临汾）。

第 3 章 猛人纷纷登场

此时的西晋，八王之乱已经结束了。东海王司马越在击败了河间王颙后，成了最后的胜利者。

这并不是因为他比别的宗王更有本事，实在是螳螂捕蝉、黄雀在后的缘故。司马越和他的几个弟弟高密王司马略、东嬴公司马腾、南阳王司马模并不是宗室近亲，因此当初他们在朝廷中的地位都不高，权力也不大。但正因为如此，在八王之乱的残杀中，地位高、权力大的近亲宗室最先死光，于是就轮到他们坐庄了。靠着弟弟们和王浚的帮忙，盟主司马越攻入长安，将晋惠帝接回了洛阳，独掌大权。

可不久，晋惠帝这个智力低下又多灾多难的皇帝食物中毒，死了。有传闻说是司马越下的毒。在朝臣们狐疑的眼光中，司马越拥立了惠帝的弟弟司马炽，是为晋怀帝。这个二十来岁的皇帝不但智力正常，而且天姿清劲，喜爱政事，隐隐然有晋武帝之风。然而此时的晋室天下已是分崩离析，叛乱频生，非人力所能挽救的了。南方和四川暂且不论，单就中原腹

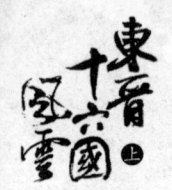

地来说，除刘渊盘踞山西外，山东有王弥，河北有汲桑，他们攻城掠地，杀个太守刺史都不算事儿，连新到任不久的司马腾都丢了命，邺城旧宫也被大火烧了个干净。

不过，对西晋来说是坏事，对刘渊的汉政权而言却是好事。刘渊利用机会，向南发展得很顺利。当时中原的老百姓们，面对频繁的战争和寇盗，为求自保而建立了许多土筑或石筑的小城寨，称作坞堡或壁垒。刘渊的势力扩展到平阳、河东后，这两郡境内的坞堡都纷纷投降。

永嘉元年（307年），刘渊将都城迁到了蒲子。

在这一年，几个人的到来将彻底改变刘汉政权的国运。

第一个来投奔的人，是刘渊的老朋友王弥。

王弥，东莱（今山东烟台一带）人，江湖人称"飞豹"。

在一生当中，大多数人都喜欢平平安安过日子，可有的人却偏偏喜欢过冒险生活。王弥就是这样的人。他家祖上世代做大官，家庭条件好，自己又受过良好的教育，如果王弥想走和父辈一样的道路，应该是不难的事情。然而王弥青年时代游侠京都，有一隐者见到他后说道："君豺声豹视，好乱乐祸，若天下骚扰，你就不会去做士大夫了。"

豺声，不是指王弥说话像狼嚎，而是指他的声音显示出了残忍暴戾的性格（史上豺声者还有秦始皇、王世充）；豹视，也不是说他的眼睛长得像豹眼，而是比喻他目光凶狠。有这样的性格气质，再加上天生喜欢祸乱，他能老老实实当官才怪。

也就是王弥在洛阳当"京漂"的日子里，他结识了时为匈奴侍子的刘渊。前面讲过，刘渊曾在为朋友饯别之时喝酒发牢骚，还差点儿为自己招来杀身之祸，那个朋友就是王弥。

惠帝末年，天下大乱，山东有县令刘伯根起来造反。"好乱乐祸"的王弥自然不肯放过这个机会,当即带着家丁投奔了"革命"队伍。刘伯根让他担任长史(将军或刺史的副手)。

中国古代造反有个规律,那就是最先揭竿而起的人一般都活不到最后,如陈胜吴广、张角、王仙芝、刘福通等等。这位刘伯根也是一样,起事没几天,就被人喀嚓了。王弥只好逃进山里,选择了山贼这份很有前途的职业。在这段时间,王弥充分展示了他在当强盗方面的优秀才能。同事们都发现,这位老兄不但弓马娴熟、力气过人,而且有勇有谋,出去抢劫之前,一定要策划好各种方案,万一抢劫不成功怎么办、遇到条子怎么办等等,所以能够算无遗策,从来不走空。在众人的崇拜下,王弥的"飞豹"这一诨名就越叫越响了。

在"飞豹"王弥的领导下,强盗们的事业越做越大,杀了东莱太守,寇掠青、徐二州。直到遇见兖州刺史苟晞,他们才发现,强盗毕竟只是强盗,遇到有点儿战斗力的官军还是打不过,况且这位苟晞也不是善茬(苟晞事迹详见下文)。于是王弥大败,退回山里。此时他听说老朋友刘渊混得不错,就遣使请求归附。

毕竟有当年划拳喝酒的交情,刘渊立刻拜王弥为镇东大将军(三品)、青州刺史、东莱郡公。从此,王弥所部成为汉政权的一支偏师,主要在山东河南一带攻略。

紧接而来的,是两个胡人酋长:一个是上郡四部鲜卑的首领陆逐延,一个是氐族大单于单征。这俩人虽然不是什么要紧人物,但他们带来的大批部众可都是实打实的"干货"。

快到年底的时候,第四个人也来了。他既不是刘渊的老朋友,也没带来什么部众。除了几个随从外,他是单人匹马来的。

他的名字叫石勒。

刘渊接见了这个人。他发现，此人没什么文化，连字都不认识，可是胸中却别有丘壑；他没有一兵一卒，却隐然有铁骑铿锵的气质。刘渊认为这是个将才，于是任命他为辅汉将军、平晋王。听上去很威风，但其实这官并不大，辅汉将军属于不入流的杂号将军，若按西晋官品只有八品，比王弥的镇东大将军差了不知有多远；至于平晋王嘛，也只是草头王一个，跟山大王差不了多少。毕竟你石勒寸功未立，没有人马又没有关系，封你个八品就不错啦。

这时距晋阳不远的乐平，有数千乌桓人占据着堡寨，刘渊几次招他们归附都没成功。新人石勒自告奋勇，愿去招抚。不久，石勒果然带着几千部众回来了。刘渊没有问他是怎么做到的，他只知道自己的确得到了一位骁将。于是他加封石勒为督山东（太行山以东）诛讨诸军事，统领这些部众。

如果刘渊知道，二十多年后，正是这个名叫石勒的人灭亡了自己创建的国家，他还会这么做吗？

然而历史没有如果。此时的石勒，只是刘渊手下的一位猛将罢了。

在这一年，刘渊拥有了王弥、石勒这两位不可多得的将领。还有两位猛将，则是刘渊的儿子刘聪和养子刘曜。

刘聪，字玄明，是刘渊的第四子。

正如他老爸刘渊的出生一样，刘聪的降生也有着类似的神话：据说当初刘聪还是个受精卵的时候，母亲张氏梦到太阳钻到自己的肚子里去，醒来后告诉了刘渊。刘渊道："此是吉征，不要告诉别人（这是家族传统，当年我就是这样）。"刘渊不是孕育了十三个月嘛，儿子比老子强，刘聪同学在娘腹中待满十五个月才来到世间，而且生的时候遍处白光。

出生如此奇妙，长大必然非常。刘聪自幼聪悟好学，博士朱纪（刘渊同班同学）大奇之。年方十四，刘聪就已究通经史，兼综百家，而且写得一手好书法，作得一腹好文章。到了十五岁，受到老爸不偏科思想的影响，他开始习武，能弯弓三百斤，猿臂善射，膂力骁捷，冠绝一时。太原王浑见到他，很感慨地对刘渊道："此儿前途不可限量啊！"

由于老爸刘渊在洛阳当侍子，刘聪年纪轻轻就在京城闯荡，也结交了不少所谓名士。后来从低级军官做起，逐渐升到匈奴右部都尉。刘渊跟成都王颖在邺城的时候，刘聪担心父亲遇到不测，就偷偷跑来（真是孝子）。等到刘渊当了大单于，就封他为鹿蠡王。

看到这里，你是否觉得刘聪之事已经够奇，刘聪之人已经够猛？别忙，底下还有更怪更猛的，那就是刘曜。

刘曜是刘渊族兄的儿子，从小父母双亡，被刘渊抚养。八岁的时候，跟刘渊一块上山打猎，不巧下起雨来，众人就到树下避雨。突然一声巨雷在树顶炸响，别人都吓得扑倒在地，唯有八岁的刘曜泰然自若。刘渊感到十分惊奇，道："这娃娃乃我家千里驹也！"在学习方面，刘家的人都差不多，刘曜也是能文能武，尤其是他力气大、射术高，"铁厚一寸，射而洞之，于时号为神射"。而且刘曜十分喜欢兵书，常常暗自研读，读多了以后就瞧不起吴邓（吴汉和邓禹，皆为光武帝刘秀手下将军），而自比为乐毅、萧曹（萧何、曹参），别人都不认可他，只有跟他从小玩到大的刘聪常说："永明（刘曜字）乃是刘秀、曹操一般的人物，萧曹诸公何足道哉！"

其实以上都不算啥，在另一个方面，刘曜堪称东晋十六国第一人，那就是他的身高。若史料无误，刘曜身长九尺三寸，同时代史书中再也找不到比他更高的人。九尺三寸是个什么概念？据丘光明《中国历代度量衡考》的研究，晋代一尺相当于今24.38厘米，则刘曜同学身高2米27，比

姚明还高1厘米！

此外，史书中还说，刘曜"垂手过膝，生而眉白，目有赤光，须髯不过百余根，而皆长五尺"。这让我不由怀疑起这个史官的人品来，因为我很难接受一个白眉毛红眼珠、总共才长了一百根胡子却每根长五尺、双手超过膝盖长的"姚明"跨战马、抢大刀、冲锋打仗的样子！而这一幕，刘曜以后会经常上演。

总之，刘曜的相貌是很怪的。而且他自己也意识到了这一点。他和刘聪一样，少年时跑到洛阳去玩，结果犯了法，就跑到朝鲜去避难。当时的朝鲜是晋朝的领土，朝鲜令（平壤"市长"）崔岳收容了他，给他吃的穿的，还供他念书。后来天下大赦，刘曜回来，考虑到自己的身高相貌是如此的卓尔不群，恐怕难以被世人所容，就跑到管涔山（属吕梁山脉）去过隐居生活，每天弹弹琴、看看书，享受大自然。一天晚上，突然有两个小童进房跪倒，道："管涔王派小臣谒见赵国皇帝，特献上宝剑一口。"说完，将宝剑放在地上就走了。刘曜拿起宝剑举烛观看，只见宝剑长两尺，以赤玉为鞘，拔出来寒光闪闪，剑背上刻有铭文："重剑无锋，大巧不工。"哦，对不起搞错了！是"神剑御，除众毒"六字。从此刘曜便将宝剑佩带在身上。

刘渊起兵后，刘曜结束了隐居生涯，效命于军中，官拜建武将军。

刘聪、刘曜、王弥、石勒是为刘渊手下四大猛将，四人从此纵横捭阖、折冲千里，为刘汉帝国的扩张立下了汗马功劳。

第 4 章 下一个目标：洛阳！

精兵强将在手的刘渊不再满足于区区数郡之地。308年春，刘渊派抚军将军刘聪等十将南据太行，辅汉将军石勒等十将东下赵、魏。

我们知道，太行山是我国地形第二、三级阶梯的分界线，它横亘在山西与河北、河南两省之间，将黄土高原与华北平原分隔开来。太行山脉中受河谷切割而形成的通道称之为陉，古有"太行八陉"之说。八陉之中，位于今河南沁阳西北的太行陉乃是连接上党郡与河内郡之间的关键孔道，由此南下，可以直抵黄河南岸的成皋关（即虎牢关）。这次刘聪便率军自太行陉而出，三月份就攻取了顿丘、河内之地。这样，刘渊的势力范围就与洛阳隔河相望了。

与此同时，东出的石勒等军也穿越太行山，攻略河北诸地。由于周围强敌环伺，石勒的发展并不顺利，他在进攻常山（今河北石家庄一带）的时候被王浚击败。倒是山东的王弥趁晋朝顾此失彼的时机收聚亡散，队伍又迅速壮大起来。他分遣诸将寇掠青、徐、兖、豫四州，攻县城、杀守

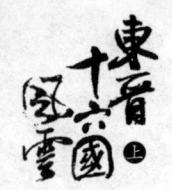

令、开府库、取兵甲，转眼间就聚集了数万人马。连调任青州的"屠霸"苟晞一时都拿他没办法。四月，王弥攻下许昌，到了五月，居然一鼓作气杀奔洛阳而来。

这下子晋廷吃惊不小。时镇鄄城的东海王越连忙派出五千甲士入卫京师，连远在姑臧（今甘肃武威）的张轨也派大将北宫纯率凉州兵千里赴援。王弥从轘辕关（今河南登封西北）而入，败官军于伊水北岸。京师大震，城门昼闭。

五月十九日，王弥带兵抵达洛阳城下，屯于津阳门外。二十多年后，我胡汉三又回来了！这时望着洛阳城南高墙的王弥已不是当初潇洒的游侠少年，而是久经沙场的战将了。

王弥很想杀进城去，对里面的人说："吃我的给我吐出来，用我的给我还回来！"可惜这次他没有做到。二十一日战事打响，关键时刻，凉州将北宫纯带着一百多名敢死队员玩命突阵，王弥军大败。次日，王弥放火焚烧建春门后向东逃窜；城内追兵杀出，又败王弥于七里涧。

损失惨重的王弥又想起了老朋友刘渊。这次他没有再派使者，而是自己带着残军渡过黄河，到平阳投奔了刘渊。刘渊闻报后大悦，遣重臣到郊外迎接，告诉王弥："将军你建下不世之功，孤早就盼着你来了。孤将亲赴你的馆驿，为你安排酒席，洗净酒杯，敬待你的到来。"

你也许会感到奇怪，王弥不是打了个大败仗吗，何谈"不世之功"？不错，王弥进攻洛阳的举动是一次赌徒式的冒险，失败了无可厚非。但他寇掠四州，第一次为刘汉政权在太行山东打开了局面，而且对洛阳的进攻也让刘渊摸清了晋朝都城的虚实，为其之后制订战略计划提供了重要参考。

王弥见到了刘渊。不过此时人家已贵为汉王、大单于，再要一起喝酒吹牛就不合时宜了。于是王弥不失时机地劝刘渊上尊号称帝。

你小子蛮会来事的嘛！刘渊忙将王弥扶起，道："孤本来以为将军是窦融一般的人物，今日所见，将军真是孤的孔明、仲华呀！正如当年刘玄德之言，吾有将军，如鱼得水啊！"

窦融是东汉初年的将领，原本割据河西，后来才投靠了光武帝刘秀；孔明是谁我就不废话了；仲华乃是东汉开国元勋邓禹，云台二十八将之首，官至丞相。刘渊这个比喻，意思是本来以为你对我的贡献就是开辟疆土，现在发现低估你了，你完全可以为我创立基业，安邦定国！至于这个评价是否靠谱暂且不谈，足可见此时王弥在刘渊心中的地位。因此，刘渊封王弥为特进（二品）、侍中、司隶校尉，并派他同刘曜一起攻略河内。

王弥败走后，洛阳城内的权贵们总算是松了一口气。朝廷见远来的凉州兵可用，立刻调到前线去打刘聪，在河东将其击败。一时之间，京师百姓仿佛见到了救星，编起了歌谣唱道："凉州大马，横行天下。"这一来，刘渊不高兴了。儿子不行，老人家我就亲自出马。于是王驾亲征，击败平阳、河东两郡太守，将整个山西南部都纳入了囊中。

与此同时，石勒在河北也进入了状态，连败晋征北将军和郁及魏郡太守王粹。

眼见形势大好，刘宣等汉国朝臣们也纷纷学起王弥，上表劝进，颂称"有凤凰集于蒲子"啦，"汉王宜上应嘉祥下从民意"啦，等等，刘渊也就顺水推舟，于308年称帝于蒲子。封王封侯之余，刘渊还找工匠打造了一把刀，长三尺九寸，上刻隶书铭文曰："武林至尊，宝刀屠龙"……汗，又串词儿了！铭文其实是"灭贼"二字，恕罪则个。

对于刘渊的称帝，晋阳的刘琨送来了"贺礼"：派上党太守刘惇率鲜卑兵攻占了壶关。壶关是太行山中段连接冀、并二州的门户，这一来就等

于切断了刘渊与石勒之间的联系。

第二年正月初一,史书记载,荧惑犯紫微。

古时候人们的观念认为,天道与人事是相应的。天上的星星月亮都有它们的含义,任何一种天相的变化都预示着人间的吉凶祸福,而人间的种种大事也会影响到上天。

荧惑指的是火星,一般预示着战争和不祥;而紫微指的是北极星,乃是帝王之象(因为天上所有的星星都绕着北极星转,如同全国人民围绕着以皇帝为核心的当权者)。这一次的天相是荧惑犯紫微,也就是火星运行到了北极星附近。晋朝和汉国的太史令都观测到了这一异常现象,急忙沐浴更衣、焚香卜卦,猜猜老天爷这个谜语到底是啥个意思。晋朝太史令的答案是:"当有野死之王,又为火烧宫。"光从字面意思看,就知道是大凶,于是向晋怀帝建议迁都,否则洛阳必失。汉国的太史令鲜于修之的答案则是:"不出三年,必克洛阳。"于是也建议刘渊迁都,从蒲子这个穷山沟搬到位于汾河谷地的平阳去。刘渊表示同意,遂迁都于平阳。

至于洛阳的晋怀帝想不想迁都我不知道,就算他想迁也不可能,因为这事他说了不算,得看东海王司马越的脸色才行。而司马越由于怀疑朝中有人不利于己,气势汹汹地带着兵回到洛阳,入宫展开了一次大清洗。接着,他又觉得以前朝廷之所以政变频生,是因为禁卫军官老是掺和进来的缘故,就罢免了宫中所有有侯爵爵位的军官,而用东海国兵取而代之。他没有想到,这一举动竟然帮了刘渊大忙。

禁卫军官里有一人名叫朱诞,因为平白无故被罢了官,心生不满,就投奔了刘渊,还把洛阳城里的强弱虚实、军事机密统统抖了出来。刘渊笑纳之后,当即派他为前锋,引导大都督刘景发兵进犯。先是攻克了黎阳

（今河南浚县），又败晋军于延津。在这一战中，刘景居然将俘获的百姓三万余口沉于黄河。刘渊听说后大怒，道："做出这种事，刘景有何脸面再来见我！且上天又岂能容他！我所想诛除的只是司马氏罢了，老百姓们又有何罪！"于是贬了刘景的官。前已有贾浑妻之例，再加上这件事，足可说明，刘渊是一位懂得争取民心的君主。

但战争并不会因百姓的死亡而停止。正当刘景这一路军在扫清黄河北岸晋军据点的时候，刘聪、王弥所率的另一路军正在围攻壶关。并州刺史刘琨急遣援兵相救，却被刘聪围城打援，援兵被吃掉了。壶关若失，刘琨和晋廷之间就将被分割开来，所以司马越也从洛阳发来了数万援兵。这路人马由王旷、施融率领。渡过黄河后，王旷欲挥师急进，施融却拦阻道："敌人占据有利地形，出没无常。我军虽然有数万之众，却是一军独受敌也。不如以河为固稳住阵脚，观察好形势后再进一步行动。"于是历史上常见的一幕出现了：下属当面提出合理化建议，领导面上无光，当即找出理由反驳此建议，以证明自己比下属有本事。施融受了训斥，只好暗自叹息道："人家善于用兵，王旷却不明白战场局势，这下我们死定了。"果然不出所料，晋军在进入太行山区后，在长平与刘聪军相遇。在这个当年秦将白起坑杀了赵国劲卒四十万的地方，再一次增添了大批晋军将士的累累白骨，王旷、施融也都战死。

上党太守刘惇见援兵再也等不到了，便献壶关投降。

至此，黄河以北已无屏障。下一个目标，是洛阳！

第 5 章 洛阳城攻防战

洛阳这个地方,号称"天下之中",从东周时起,许多王朝都在此建都。汉晋洛阳城背倚邙山、前临洛水,西有函谷关、东有虎牢关,北有大河为屏,南有伊阙、镮辕二关,确实是形胜之地、四险之国。

然而,也正因为洛阳是适宜作为统治中心的帝王之宅、王者之里,所以自古以来它也是兵家必争之所。中央政府强盛之时,尚可凭山河之险护卫王畿,一旦皇权衰弱、强敌环伺,洛阳这个四险之国也就变成了四战之地。

所以西汉初年刘邦选择定都地点的时候,张良建议道:"洛阳虽有关河之固,但四面受敌,非用武之国。不如关中独以一面东制诸侯。"也就是说,四险不如一险。玩过即时战略游戏的朋友们都知道,真打起仗来的时候,防守一个方向肯定比同时防守四个方向省力。敌人若是从不同的方向同时攻来,四险也就变成了四大危险。况且洛阳北方虽有黄河这个天堑,但正如后来宇文泰所说:"长河万里,捍御为难,一处得渡,大事去矣。"所以对此时的晋朝来说,要守住洛阳实在是一件很难的事情。

309年秋八月,刘渊命刘聪与王弥进攻洛阳,而让刘曜与赵固等率军作为后继部队。这次的预定进攻路线,是从今山西南部的河东郡渡黄河南下,进入弘农境内后沿洛水长驱东进,像一把利刃一样切在函谷关和伊阙关这两块硬骨头的缝隙之间,直捣黄龙。这一招十分厉害,晋廷急忙派平北将军曹武和将军彭默等至大阳组织防御。大阳即今山西平陆县的黄河北岸,这支晋军的任务就是阻止汉军渡过黄河。结果战斗打响后,彭默被刘聪所杀,晋军败退,汉军顺利地渡河,进入了弘农。弘农太守垣延投降,刘聪于是长驱而至宜阳。宜阳东距洛阳城只有一百二十里,也就一天的路程。

面对此种严峻形势,坐镇长安的南阳王司马模派来了援兵。双方在宜阳大战,刘聪又获胜。俗话说,谦虚乃成功之母,骄傲却是失败之父。连战连胜的刘聪放松了警惕,却不知弘农太守垣延乃是诈降。夜半,垣延联络外军偷袭刘聪,刘聪大败而还。

在瑟瑟秋风中,刘渊穿着一身缟素,迎接了败归的军队。一千年前,秦穆公就是穿着这样的丧服迎接了败军,后来他成就了霸业。我刘渊也要成就霸业,而且不想等待太久!

两个月后,刘渊再次大发国兵,由刘聪、王弥、刘曜等率五万精骑为前军,由呼延翼率步卒数万为后继。这次的行军路线与上次一样。而晋廷以为汉军新败,根本没想到他们这么快就卷土重来,朝廷内外大为恐慌。十月二十六日,在击败了晋朝匆忙派出的抵抗军队之后,刘聪兵屯洛阳西明门外。

由于这场攻防战主要在各城门附近展开,若要明了战局,首先就要知晓洛阳各城门的布局。

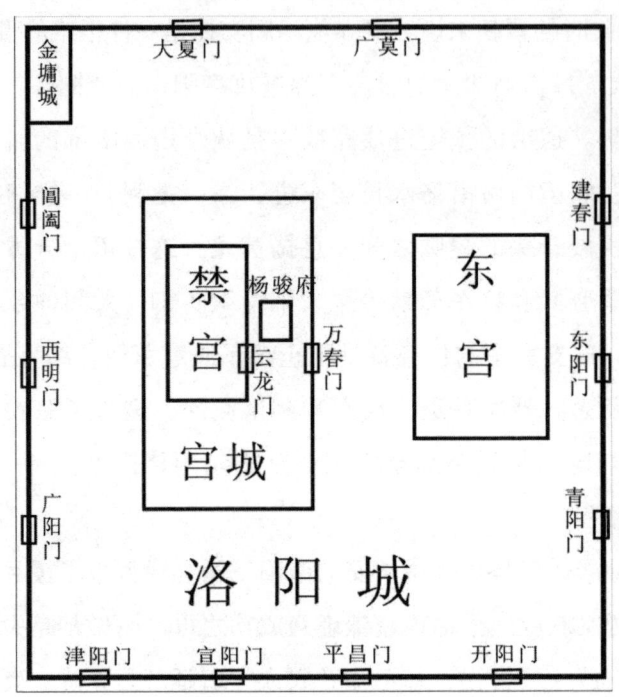

如图，西晋洛阳城共有十二城门。

西城墙三门，自北向南为阊阖门、西明门、广阳门；

南城墙四门，自西向东为津阳门、宣阳门、平昌门、开阳门；

东城墙三门，自南向北为青阳门、东阳门、建春门；

北城墙两门，自东向西为广莫门、大夏门。

洛阳城虽经"八王之乱"，但城防设施并未受到多大损害。各城门上皆筑有两层乃至三层的门楼，城墙高十余米，之上每隔百步即建有一楼橹（守城或攻城用的高台战具），防御可称严密。

刘聪军自西而来，屯于西明门外。当夜，趁敌人立足未稳，凉州将北宫纯率勇士千余人发动突袭，斩了刘聪属下征虏将军呼延颢。黑夜中一片混乱，刘聪军遂溃退。次日，重整军队的刘聪转移了进攻方向，在洛水南岸扎营，进屯于宣阳门；并使刘曜屯东面的建春门，王弥屯西面的广阳门，刘景攻北面的大夏门，形成对洛阳的包围之势。《孙子兵法》曰："用兵之法，十则围之，五则攻之。"此时后军未至，刘聪用手头这五万骑兵就敢围城，实在是欺负晋朝无人。

这时，呼延翼所率领的后继部队在行军至大阳的时候，不知为何发生了兵变（很可能是因为该部队中汉族人较多的缘故），呼延翼被部下所杀，部众溃散。这对正发动"十月围城"攻势的刘聪来说可是个坏消息，于是刘渊下令刘聪等撤军。辛辛苦苦来了，半点儿便宜没占就无功而返？刘聪不干，上表说晋兵微弱，不可因呼延颢、呼延翼之死而贸然退兵，定要一鼓作气拿下洛阳云云。

刘聪围而不打，晋军也不敢贸然出击。双方正在僵持当中，刘聪大概觉得今番发兵以来时运不济，忽然将本军的指挥权交给了部将刘厉、呼延朗，自己跑到百里之外的嵩山拜神去了。这一消息被晋廷探知，有人就建议司马越乘虚出击。司马越于是命参军孙询、将军丘光等率帐下劲卒三千，出宣阳门击呼延朗。临时代班的呼延朗大败，丢了性命。刘厉怕刘聪回来怪罪，投了洛河。

从嵩山烧香回来的刘聪十分郁闷，看来神仙这次确实不站在自己这边。这时王弥对他说："我军今既失利，洛阳守备犹固，且军中粮草已尽，殿下不如还师平阳，养兵蓄锐后再来。下官我则去兖州、豫州之间收兵积谷，等待与您会师之期。"刘聪倒是很想撤军，但自己刚刚在老爹面前打了包票，如今灰溜溜地回去，颜面何存？

此时平阳的刘渊那里，太史令鲜于修之冒出来道："天相显示，岁在辛未，乃得洛阳。如今晋气犹盛，大军不归则必败。"当年是己巳年，两

年后才是辛未年。天数未到，非战之罪嘛！既然上天说的最大，刘渊只好遵从，命刘聪回来。再说救洛阳之围的晋朝援军也到了，刘聪于是借坡下驴，全军撤回了平阳。

他回去了，但王弥可没回去。他向刘聪提的建议虽说合理，但也隐藏了私心。毕竟像王弥这样的人，是不愿意在别人手底下受指挥的，还是自己闯荡比较爽。于是王弥又回到了他熟悉的豫州、兖州一带发展。

接下来的一年，战局呈胶着状态。太行山以东，石勒在北，王弥在南，与晋朝各地刺史、太守的地方部队打起了游击战，两人有时合兵一处，大多数时候则是各自发展；太行山以西，刘聪、刘曜与晋军在河内打了一场不大不小的仗，巩固了黄河以北的领土。

明年就是辛未年了，刘渊想："岁在辛未，当得洛阳！"明年，我将乘着天子的金根车，在万千匍匐的臣民面前，驶入洛阳城，驶入铜驼街，登上太极殿，坐上那个普天之下人人想坐却只有一人能坐的位子……

很遗憾，他没能等到那一天的到来。

310年七月，刘渊病重。十八日，崩于平阳，享年不到六十岁。

刘渊作为汉赵帝国①的开创者，以五部匈奴起兵于离石一县之地，去世之时其政权实际掌握的疆域也不过今日山西省的南半部，其文治武功谈不上如何显著。但公正地说，身为一个汉化程度极深的匈奴人，他懂得为君之道，对百姓比较爱护，自己也能崇尚简朴以为表率，亦能够容纳不同民族的人才为己所用，有领袖之风，在十六国时期的数十位君主当中，算是比较不错的一位，若享国更为长久，当有较大作为。

按照程序，刘渊死后，太子刘和顺理成章成了新君。

---

① 刘汉帝国于319年改国号为赵，统称汉赵帝国。

然而新君登基刚刚两天，汉政权内部就发生了政变。

据史书记载，政变的原因，是由于刘和此人猜忌多疑、御下无恩，他担心自己早晚被手握重兵的刘聪取代，就和几个不得志的大臣凑在一起，想抢先下手除掉刘聪，但没有成功，反被刘聪所杀。

但历史是由胜利者书写的。若在历史的法庭上审判这场政变的是非，则我们只有原告刘聪一方的证词，而被告刘和一方什么都没有留下。

所以，我们无法判断到底谁是谁非。

我们只知道，在刘渊诸子当中，刘聪最能干，立功最多，权力最大；而刘和虽然是长子，但在他即位之前，史书上甚至都极少出现他的名字。

政变结束后，群臣一致请求刘聪即位。这时，常见的桥段又出现了，刘聪觉得北海王刘乂乃是刘渊皇后单氏之子，按照立嫡的规矩，应立刘乂为君，而刘乂眼泪哗哗地坚持要哥哥刘聪上岗（谅他也不敢不如此），于是刘聪装模作样地说了一些应景的漂亮话，屁股就挪上了龙椅。

第 6 章 铁血时代的名士之殇

刚刚即位不到俩月，刘聪就下决心完成老爸的遗志：攻克洛阳。

不过刘聪此时已身为万乘之君，亲自领兵上阵就不太合适了。于是他任命自己的儿子河内王刘粲为统帅，率龙骧大将军刘曜、征东大将军王弥领兵四万进犯。这次刘聪吸取了去年攻洛阳不下的教训，制订了新的战略：先扫清洛阳外围，切断洛阳与各地的联系，使洛阳成为一座孤岛，待其困弊，然后取之。

刘粲大军开至大阳，镇东大将军石勒率精兵两万前来会师。有这样的豪华阵容，汉军轻易就在渑池（今属河南三门峡）击败了晋朝派来的军队，接着"长驱入洛川"，逼近了洛阳。这时，根据刘聪的战略计划，汉军没有贸然攻城，而是分兵寇掠，蹂躏晋朝的心腹之地。刘粲军绕着洛阳城转了半个圈，然后南出辕辕关，转战于梁、陈、汝、颍之间（今河南东南部），攻陷了一百多个营垒城寨；而石勒军东出成皋关，在河南东部打了两仗，然后南下一直打到襄阳，在江淮之间搅起了滔天巨浪。

没多久，这套战略计划就收到了效果。洛阳城内由于得不到地方粮食物资的援助，饥困一日更甚一日。东海王司马越只好以羽檄①征天下之兵入援京师，晋怀帝也可怜巴巴地对派去求援的使臣说："你替我转达给地方诸征镇，京城今日尚可救，再晚就来不及啦！"

当时手中有兵而又听命于晋廷的地方征镇，北有并州刘琨、幽州王浚，南有荆湘山简（"竹林七贤"之一山涛之子），东有青州苟晞，西有关中的司马模。看上去不少，可求援书发出去几个月，一个兵也没来。原因各有各的：

首先是苟晞和司马越有矛盾，而且王弥的部将曹嶷正在青州闹得欢，苟晞就算想出兵也腾不出手。并州的刘琨倒是向拓跋鲜卑借了兵，但当他建议和司马越共同发兵征讨刘聪、石勒的时候，司马越由于担心苟晞在后方捣乱，居然拒绝了，刘琨无奈，只好将鲜卑兵遣送回国。镇守关中的司马模也遇到了麻烦，饥荒瘟疫接踵而来、盗贼四处横行不说，后院也起了火，秦州刺史裴苞、安定太守贾疋（音 yǎ）两人联合起来，和他对着干。

荆湘的山简和幽州的王浚倒是发了兵，不过两方都没能抵达洛阳。时任征南将军的山简遣兵赴援京师，路还没走一半，就被南阳一带的流民武装打了个大败；王浚派遣的鲜卑骑兵就要强得多，先后击破了石勒、刘曜的军队，但终究也未能进至京师。

地方征镇要么发不出兵，要么发了也到不了，身在洛阳孤岛的司马越和晋怀帝也就只好自求多福了。

眼瞅着形势发展下去，洛阳必丢，许多朝臣都建议迁都。惹不起，咱还躲不起吗？这时太尉王衍站了出来，说绝不能迁，还将自己家的牛车卖掉，意思是老子就不搬家，誓与洛阳共存亡。后来扬州都督周馥也上书，请迁都于寿春

---

① 古代军事文书，插鸟羽以示紧急，类似后世之鸡毛信。

（今安徽寿县），但因为事先没有请示司马越，而是直接上书给了怀帝，司马越大怒，就想把周馥调到朝廷里来问罪。这么一弄，谁还敢再提迁都？

不搬家，难道就干等着刘聪、石勒上门来清盘？

司马越天天晚上睡不着觉，郁闷万分。好容易自己的叔侄兄弟都死得差不多，轮到自己掌权了，舒服日子没过上，胡人汉人一块儿来，不是这儿乱，就是那儿乱，你说糟心不糟心？许多人摊上长期解决不了的糟心事，都难免会想："妈的！老子豁出去算了！成与不成，都好过现在这般窝窝囊囊。"

司马越就是这么想的，也是这么做的。他忽然穿上盔甲，杀气腾腾直奔皇帝而来，把晋怀帝吓了一跳，看他这模样，难道是想弑君？谁知司马越说，自己想亲自带兵出讨石勒，并镇抚兖州、豫州。晋怀帝倒是不傻，说："如今胡虏侵逼京师近郊，人心惶惶，朝廷大事都仰赖于公，你怎么能亲身远出，而致京师空虚呢？"心说，要迁都你不干，现在你拍拍屁股想走，撂我一人在这儿怎么办？司马越早把应对之辞想好了，道："臣此番亲出，若有幸破贼，则国威可振，国难可免，总比现在坐以待毙要好。"是的，有幸破贼当然好，可是你破得了吗？如果你不幸战败了，又会怎么样呢？我相信，晋怀帝当时是很想这么问问他这位堂叔的。但他没有问，因为他很清楚，自己只是一个傀儡。

十一月十五日，在凛冽的寒风和不祥的气氛中，一支庞大的队伍浩浩荡荡开出洛阳城，向许昌方向而去。考虑到司马越将自己的王妃和世子都留在了洛阳，不能说他的这次行动是畏祸潜逃，但也很难说这是一次志在拼死一搏的远征，因为他所带领的是一支奇异的队伍，在这个队伍里，除了四万执戟操戈的甲士，还有一辆辆乘坐着王公贵族高官显宦的牛车，以及跟随在后的、数不清的部曲私兵奴仆侍婢。司马越临走前，上奏以行台（临时政府）自随，再加上他原本就吸纳了众多名望之士担任自己的佐吏和幕僚，所以在这支队伍里，还云集了当时晋朝上层的精英人士。而他们中的绝大多数人，这一去就再也没有回来。

司马越带着这支队伍，最终屯驻在了项县（今河南沈丘）。而他所宣称要讨伐的对象石勒，此时正在一步步地向他逼近。

石勒在汉水流域寇掠一番后，次年正月攻克了江夏（今湖北云梦），二月攻新蔡，拔许昌，兵锋所及，距项县不过几十里。

而在此前，饱受司马越欺凌的晋怀帝和与他一直有仇的苟晞已联起手来，向各地广发檄文，列举司马越的罪状，号召天下人共同诛讨之。

三月，上下叛离、彷徨无计的东海王司马越忧愤而死。

他这一死，反倒解脱，却害苦了屯驻项县的大批军队士庶。群龙无首，敌人又近在咫尺，这可如何是好？众人推举太尉王衍和襄阳王司马范为首。两人合计，洛阳是回不去了，只有奉送司马越的灵柩回东海国。

司马越的死讯传到了石勒那里。石勒立刻率轻骑追赶扶丧的队伍，于四月初一在苦县宁平城追及。此时晋人一方虽有十余万众，但很难想像这支奔丧逃命、有家难回而又携带大量非战斗人员的队伍能有多大的战斗力。结果将军钱端战死，士卒溃散，十多万人被石勒的骑兵团团围住，像猎物一般被如蝗箭雨射杀，尸积如山。

这是一次决定性的战役，晋朝中央政府的主力军全军覆没，大批随军的才俊之士成了乱箭之下的亡魂。此后，洛阳的倾覆和西晋的灭亡便成定局。

战斗结束后，石勒升坐中军帐。幸存的战俘被一一带至帐下，由这位胜利者决定自己的命运。这其中就包括太尉王衍。

王衍，字夷甫，出身高贵，是西晋名士的代表，时年五十六岁。

当石勒见到神情明秀、虽为阶下之囚却仍风姿娴雅的王夷甫时，他的心里充满了好奇与疑问（其实十几年前两人就曾经见过面，事见下卷），

于是两人之间展开了一次谈话。谈话的主要内容，是晋朝何以衰败至此。

王衍二十多岁即已为官，历经武帝、惠帝、怀帝诸朝，曾任中领军、尚书令、中书令、司空、太尉等要职，对朝中诸事了如指掌，而对于晋末的种种祸乱，他既是旁观者，又是当事人，更是受害者，如今生死系于敌手，能有机会一吐胸中块垒倒也不错，因此王衍对石勒"具陈祸败之由"。石勒听得很投入，也很高兴，看这情形，不像战胜者在审问战俘，倒像是两位老朋友在倾心长谈。这场谈话不知不觉持续了一整天，直到日头偏西。旁边的人都以为王衍由此必可活命，但接下来他们却听到了这样的对话：

王衍说，我少年时并没有当官从政的志向，只是被时势裹挟，身不由己，才到了今天的地位。朝廷大事，我一向很少参与。眼下晋室气数已尽，将军您宜抓住机遇，早日称帝。

石勒大怒，说阁下你少壮登朝做官做到白头，身居要职，名盖四海，如今却说什么没有从政志向、朝廷大事很少参与！败坏晋朝天下的，不是你，还能有谁？！

说完，石勒便命左右将王衍拉了出去。

见此情景，其余被俘的王公们吓得够呛，纷纷自我辩白，说天下纷乱没有自己的责任。只有襄阳王司马范神色俨然，申斥他们道："今日之事，诸位还有什么可说的！"

对这些战俘审问之后，石勒心里犯了合计，他问部将孔苌道："我闯荡江湖多年，从来没见过王衍、司马范这等人物，你说我要不要留下他们的性命？"的确，像石勒这样从社会底层为了生存一步步打拼上来的草莽龙蛇，从来不曾交往过王衍、司马范这种社会最上层的天生贵族和文化精英，自然也就不理解他们的价值所在。所以当孔苌说道，他们都是晋朝的王公，终究不会被我们所用时，王衍等人的命运便已注定。

卷二 | 西晋的灭亡

不过，不知是出于某种迷信的禁忌，还是因为对于文化人的敬重，石勒希望在"处理"这些人时不要流血。于是在当天夜里，王衍、司马范等被俘者被带至一堵断墙之下，士兵们从后将墙推倒，埋葬了他们。而躺在棺材里的司马越，也被剖棺焚尸、挫骨扬灰。

许多年后，偏安江南的东晋派出权臣桓温北伐中原。当桓温乘坐着高峻的楼船驶过淮泗水面时，他眺望中原，慨然叹道："大好神州沦于胡人之手，百年城郭皆成劫灰丘墟，王夷甫诸人不能不担此罪责啊！"

既然桓温也将西晋灭亡的罪名推到王衍等知识分子的头上，我们不由得要问一问，他们究竟做了什么？

我的答案是，他们不是做了什么，而是什么也没做。

魏晋时代，名士多有。正始年间有何晏、王弼、夏侯玄，后来又有著名的"竹林七贤"，再后来则有潘岳（潘安）、卫玠、陆机、陆云、王衍、乐广。他们大多凭借高贵的出身、渊博的学识和才华、清高雅致的品格，甚至俊朗倜傥的姿容博得盛名，成为万众崇仰的对象。许多名士更因此仕途亨通，官至高位。名士们爱干的事情除了喝酒、嗑药（五石散）、搞点文艺创作之外，最常见的就是清谈。

典型的清谈场景如下：几个轻裘缓带、不鞋而屐的名士聚于风景优美之处，一边挥动着手中的麈尾①或羽扇，一边有一搭没一搭地聊点人生啊、虚无啊、文学啊、音乐啊、古今人物啊等，类似于欧洲十八九世纪的贵族沙龙。若某人的言语辞藻华丽或意味玄妙，则必为众人推崇，成为著名的清谈家。最初的清谈尚以讨论形而上的哲学问题为主，到了王衍这一辈，就纯粹沦为了形式主义的社交工具。其效用宛如今日之微博段子，看似玄

---

① 音 zhǔ wěi。麈，即"麋鹿"，俗称"四不像"；麈尾，是以麈的尾毛制作的类似拂尘之物。

妙有趣,实际上没有多大意义。

这种崇尚清谈的风气以名士们为先驱,迅速在朝野上下流行开来,导致整个社会以不理庶务为荣,以努力干活为耻;以虚浮放诞为荣,以简朴自律为耻;以藐视名教为荣,以遵守礼法为耻;以难得糊涂、得过且过为荣,以讲原则、认死理为耻……总之,朝廷里尽是尸位素餐之徒,而没有几个干实事的人。例如王衍的堂兄王戎,虽然位列"三公",但在朝政上向来是"与时浮沉,无所匡救",而王衍本人也是"虽居宰辅之重,不以经国为念,而思自全之计"。这就是所谓的"清谈误国"。

所以当晋朝这辆马车迅速驶向深渊之时,朝臣中并没有产生如后世王安石、张居正那样的人物,也没有产生如清流党、东林党那样的团体。对此,王衍之徒是要负上一定责任的。

对于这一点,王衍自己也表示同意。在临死前的那个夜晚,他对身旁的人说道:"呜呼!我辈虽然比不上古人,但如果当初不崇尚虚浮,而是戮力同心,以匡天下,岂能落到今日的地步?"

现在,让我接着把桓温的故事讲完。

桓温话音刚落,手下的一名文官袁宏(也是所谓的名士)就脱口道:"国运自有兴废,岂是某个人的过错?"桓温听了这话,脸色变得很难看,就打了个比喻:你们都知道刘表刘景升吧?当年他家里养了一头千斤重的大公牛,这牛每天吃的草料比普通的牛要多十倍,然而拉起车来却比不上一头瘦弱的母牛。后来曹操打下荆州,就把这牛宰了给士兵们吃,当时众人无不拍手称快。

讲了这么多,其实我只是想说,像王衍这样的名士们,虽然是所谓魏晋风度的承载者,是那个逝去的时代所宠爱的骄子,但在纵横于乱世江湖、奉行丛林法则的胡人面前,只不过是些无用的累赘、待宰的公牛。

铁血时代,不需要华而不实的知识分子。古今一般同。

第 7 章 铜驼街上铜驼泪

当石勒的军队在宁平城毫无悬念地屠杀晋军的主力时，洛阳城里也乱得一塌糊涂。

由于司马越带走了几乎所有的精锐部队和政府人员，城内治安混乱、饥荒日甚，盗贼大白天就出来结伙打劫，仅存的官衙都掘起壕沟来自保，皇宫再也无人守卫，殿宇内死尸交横。司马越留下驻守京师的左卫将军何伦也趁火打劫、监守自盗，放纵士兵抄掠衙署，甚至跑进皇宫强奸公主。总之，洛阳城整个儿处于无政府状态。

后来司马越死于项县，何伦听说老板玩完了，自己岂能留在洛阳等死？立刻带着东海王妃和世子出奔。在这支出奔的队伍里，也有大批的王公贵族和城中百姓（洛阳已是危城，能跑赶紧跑啊！）。但何伦逃命之余，顾不上再做情报工作，所以这支队伍跑着跑着，在洧仓（今河南鄢陵西北）一带，迎面撞上自宁平城北上的石勒骑兵。结局我不说你们也猜得到。此战，又有东海王世子和宗室四十八王死于乱军之中，东海王妃也被

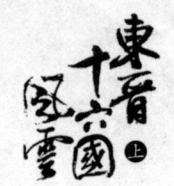

掠卖为奴。

别人都跑了，晋怀帝也想跑。但皇帝不同于百姓，不是打个铺盖卷就能跑得了的，一无护卫，二无盘缠，这路可怎么走？这时，苟晞雪中送炭，表请迁都仓垣（今河南开封北），派来的五百人护卫兵、数十艘船、一千斛谷子已在路上。晋怀帝当即决定出发，但城中剩余的公卿百官又想逃命，又舍不得多年搜刮的财物，打包装车就耗费了数天。到晋怀帝等不及，要立刻启程了，却又找不到天子出行的乘舆（估计早被盗贼或乱军抢跑了）。晋怀帝只好在数十名随从的陪同下，徒步走出西掖门。这时，洛阳城里早已是饥馑横行，乃至"人相食"。晋怀帝一行刚走至铜驼街，就遇上了一伙强盗。这些亡命之徒一见晋怀帝等人浑身绫罗绸缎（值钱），又养得细皮嫩肉（好吃），当即目露凶光。管你皇上不皇上，抄家伙上啊！于是在这条向以繁华闻名的大街上，发生了自古以来未曾见到的一幕：堂堂天子，居然在首都的主干道上遭遇强盗的围攻，最后狼狈万分地逃回了宫里。

既然你跑都跑不了，那就别怪我刘聪了！

311年五月，刘聪遣前军大将军呼延晏率禁兵两万七千自宜阳入洛川，而命刘曜、王弥、石勒各率所部于洛阳会师。呼延晏一路势如破竹，大军开至洛阳城西三十里的河南县时，已前后击败晋军十二次，杀伤三万余人。鉴于刘曜等人的军队还没有到，呼延晏就将粮草辎重留在了当年张方入寇洛阳时修筑的城堡中，而率精兵于二十七日先期抵达洛阳城下。

此时的洛阳已经没有多少战斗力可言了。二十八日，呼延晏开始攻打南城墙的平昌门，三十日就攻破了。于是汉兵直入洛阳城，放火焚烧东阳、宣阳诸城门，在南城的衙署中大肆掳掠。京师仅存的晋兵在河南尹刘默的组织下进行了抵抗，却在太社门前被击败。一时间，城内火光冲天，哭号之声不绝于耳。

毕竟此时后军未到，呼延晏也不敢孤军太过深入，第二天即带着掳掠的王公以下子女二百人和大量财物撤出了洛阳城，临走时，还将洛水里晋怀帝准备乘坐逃走的船只一把火烧了个精光。

这时洛阳城里的人们已经明白，等待他们的命运将是什么。

六月初五，王弥军抵达宣阳门外；初六，刘曜军至西明门外；十一日，与其说是战争，毋宁说是屠杀开始了。挥舞着枪戟的汉军将士呼号着，从早已烧成灰烬的宣阳门一拥而入，没有遇到任何抵抗就杀入了皇宫。抢啊！杀啊！皇宫里到处都是金银财宝和女人！老子当兵卖命，还不就是为了今天！

这一刻，所有丑恶的人性都在那金碧辉煌的禁宫内显露无遗。

刘曜站在太极殿前，目睹着眼前发生的一切。

许多年前，我还是这洛阳市中的一个平凡少年。那时，我只能远远地望一望这太极殿闪着金光的飞檐；如今，我却带着虎狼之师闯进这里，让鲜血洒满脚下刻着龙凤图案的白玉砖。不久前，这里还是百官朝拜、山呼万岁的圣殿，而现在，却一片狼藉，尸横遍地……

几个士兵押着一人走来，打断了刘曜的思绪，说是在皇宫后面的华林苑里发现此人。

这是一个面色苍白的瘦弱青年，他头发散乱，身上宽大的宦官袍服被扯开，露出了里面绣着衮龙的图案。

哦，你就是皇帝。

……

两天后，当汉军撤出洛阳时，这座城市已被洗劫一空。刘曜带走的，除了一车车掳掠的财富，还有晋怀帝司马炽、惠帝皇后羊献容以及传国

六玺。

能拿走的都拿走,拿不走的就烧掉,这座城市我已不再需要。

熊熊大火在刘曜身后燃起,转瞬间就吞噬了整个洛阳城。

不过,燃起火焰的不只是洛阳,还有王弥的内心。看着刘曜的队伍渐行渐远,王弥骂道:"屠各杂种!凭你也想当皇帝?"

原来,刚入城的时候,由于王弥没等刘曜来就抢先了一步,两人心里就产生了嫌隙。入城后大肆抢掠之时,两人的部队又因分赃不均而互殴了起来,刘曜没跟王弥打招呼,就擅自斩了他的部下。王弥大怒,想找刘曜评理,却被属下张嵩所阻。张嵩说,刘曜乃是皇族,将军你应该稍稍迁就于他,如果真的闹翻,你倒是可以拥兵不归,可平阳城里的家属怎么办?王弥听了这番劝告,强压怒火去向刘曜赔礼,表面上两人遂和好如初。撤离洛阳之时,王弥又劝刘曜道:"洛阳乃天下之中,山河四塞,城池宫室也不用再费力修筑,我们不如向陛下建议迁都于此,你看如何?"刘曜也许是想到了当年张良的话,便以天下未定、洛阳四面受敌为由,拒绝了王弥的提议,一把火烧掉了洛阳。

这场大火燃烧了很久很久,把天空照映得红了半边,城外十里都能闻到空气中的焦臭味儿。

在这场浩劫中,洛阳城内共有三万余人遇难。据说,这三万人的尸体被汉军堆叠起来,在洛水北岸砌筑成了一座高耸的京观[①]。

宫门外,在熊熊烈焰的焚烧炙烤之下,当年魏明帝建造的铜驼眼中,有朱红的泪水在流淌。

---

① 古代为炫耀武功,聚集敌尸、封土而成的高冢。

第 8 章 西晋王朝的末日

攻克洛阳后，王弥东屯项关，石勒聚兵许昌，刘曜则凯旋平阳。

汉国皇帝刘聪闻报，十分高兴，又是大赦，又是改元，还封了晋怀帝官职为特进左光禄大夫、平阿公。而晋朝方面，除了豫兖之境组织了几个不成气候的流亡政府（行台）之外，能对汉国构成直接威胁的，就剩下固守太原的刘琨和关中的南阳王司马模了。

洛阳倾覆的消息传来，司马模忧惧万分，急忙派牙门将赵染东戍蒲坂。位于黄河东岸的蒲坂背靠冯翊郡，与潼关一起构成了关中的门户，地位十分冲要。赵染到了蒲坂，就向司马模请求担任冯翊太守，司马模居然不肯。赵染一怒之下，带着队伍投降了刘聪。刘聪大喜，随即任命赵染为平西将军。

311年八月，刘聪以平西将军赵染、安西将军刘雅为前锋，以刘粲、刘曜率大军为后继，兵发长安。

司马模是东海王司马越的亲弟弟，自从取代河间王颙坐镇长安以来，

将关中治理得可说是一塌糊涂。当时关中饥荒疾疫流行、盗贼四起，司马模不能绥抚不说，反而因为任人唯亲，激起了秦州刺史裴苞、安定太守贾疋的叛乱。此番后院火还没熄，前门又来了放火的。赵染军先在潼关一战斩了将军吕毅，然后长驱直入下邽（今陕西渭南东北）。这时，凉州将北宫纯又从长安带着队伍投降了汉军。

不久，长安被围。司马模再遣兵出战，又败。城中府库虚竭，兵无斗志。有人劝司马模说，事到如今只有投降，投降要趁早，早降可以免祸。司马模无奈，只好降了赵染。这下子赵染可逮到出气的机会了，他"箕踞攘袂"，将这位曾经的领导骂了个狗血喷头。箕踞，是将双腿张开像簸箕一样坐在地上；攘袂，就是撸起袖子。上古之时，不论男女都穿长袍深衣，下半身是不穿内裤的，所以正式的坐姿乃是跪坐，箕踞是要露点的。后来老祖宗们向胡人学习，穿上了两条腿的裤子，但传统未改，箕裾仍是对人大不敬的姿势。

等赵染出够了气，就把司马模送给了刘粲。刘粲没有骂他，但是待遇更糟，不但杀了他，还杀了他的儿子司马黎，将他的老婆刘氏赐给胡将为妻。可见，投降也未必就能免祸。

这件事后来被刘聪知道了，刘聪大怒。这倒不是因为刘粲杀了司马模，而是因为他杀的是"降了"的司马模。古人最讲究忌讳，降者，祥也，杀降即为不祥。刘粲是他的亲生儿子，将来是要接班的，怎么能做这种倒霉事！所以刘聪才愤怒地骂道："天道至神，理无不报。我是怕你将来不免诛降之殃啊！"（刘粲后来果然不得好死，详见后文。）

取得长安之后，刘聪任命刘曜为车骑大将军、雍州牧，坐镇长安。

然而长安易得，关陇却难定。

所谓关陇，即雍州、秦州、凉州所在的关中和陇西地区。

关中因位于函谷关之中而得名。这块地域，是由泾水、渭水冲积而成的广袤平原，号称"八百里秦川"，土地肥沃，人口繁盛。就军事地理而言，东有黄河天险和函谷、潼关，南有秦岭，西有陇山，北有丘陵高原，是不折不扣的"山河四塞、一面受敌"之所（除非有游牧民族东进南下）。就地利而言，关中又处于天下之上游，由此高屋建瓴，顺流直下，不论是攻略中原腹地，还是进军长江流域，都具有天然的优势。秦国凭此得以并吞六国，刘邦凭此得以击败项羽。

至于陇西，即陇山以西直到河西走廊的狭长地带，自古以来就是少数民族活动的地域，这里民族成分复杂、风俗剽悍，动不动就酿成动乱，是极难治理的场所。

正因为关陇的地位如此重要，当年晋武帝统一中国后，曾制订"石函之制"，规定非至亲不得镇守关中。然而虽然晋武帝如此重视，关陇地区仍像第一块多米诺骨牌那样，由一个变乱引发另一个变乱，最终导致了大半个中国的分崩离析。

最开始，是在秦凉地区爆发了鲜卑人秃发树机能领导的叛乱；战争使大量关陇流民涌入四川，又酿成了氐族李特在巴蜀的起事，后来李特的儿子李雄建立了十六国时期的第一个割据政权——成汉；而晋朝为了剿灭蜀乱，在荆州征发"壬午兵"，反而激发了张昌、石冰在长江流域的大规模暴乱；继而镇压了石冰的军阀陈敏又谋求割据，而涌入荆州的巴蜀流民又在杜弢的领导下揭竿而起……总而言之，关陇之乱引发了连锁反应，晋朝政府顾此失彼，按下葫芦起来瓢。八王之乱祸乱在内，各地动乱荼毒于外，就在这样的内外交困中，西晋政权一步步地走向了衰亡。

所以，当白眉刘曜来到长安之后，他发现自己拥有的只是一座孤城，而要面对的，则是拥兵自重的各地太守和极为复杂的民族状况。

面对匈奴人的进犯，关陇地区的地方官们联合起来，共同发动了进攻。311年末，安定太守贾疋领兵五万、雍州刺史麴（音 qū）特等领兵十万，共攻长安。刘曜亲率精锐，与贾疋军大战于黄丘（今陕西云阳），汉军大败，刘曜自己也中了箭，只得退回长安。这时，在洛阳浩劫中幸免于难的秦王司马邺，辗转逃到了雍城（今陕西凤翔），称皇太子，关中胡晋纷纷响应，一时间声威大振。

自311年底到第二年四月，刘曜困守长安，连战连败，最终决定撤军。本着不给敌人留下一粒粮的精神，还将长安城里现存的士民八万余口驱掠而出，带回了平阳。刘曜亲自领兵以来，攻必取，战必克，没想到这回却在关中吃了亏。此后数年，关中平原成了汉晋双方角力的主战场，总共进行了三次大规模的攻防战。

第一次，发生在313年四月。这时晋怀帝死于平阳，时年十四岁的司马邺就在众人的拥戴下于长安即位，是为晋愍帝。此时饱经战火的长安城里一穷二白，总共只有不到一百户人家（全叫刘曜掠走了），交通工具只有四辆破车，文武百官连朝服印绶都没有，跟原始社会差不了多少。为了对这位穷邻居开张表示"贺意"，汉帝刘聪就派遣刘曜、赵染等带了大军前去"上礼"。

刘曜率军渡过黄河后，在黄白城（今陕西三原北）与晋军战成了僵持局面。这时赵染建议说晋军主力在外，长安必然空虚，请求亲率轻骑奔袭。刘曜就拨给赵染精骑五千。赵染带着这五千骑兵，趁着夜色靠近长安，发动了突袭，直入外城，焚烧了军营，吓得晋愍帝跑进射雁楼去避险。后来刘曜因屡战屡胜而放松了警惕，被晋军偷袭击败，遂撤回了平阳。

第二次，发生在314年六月，汉军大将赵染、殷凯败亡，刘曜不利引还。

315年九月,刘曜再次率军由蒲坂渡河,发动了攻势。为了一雪前三次败归的耻辱,刘曜布置了缜密的计划,决定先取外围,再克长安。当年十月,攻取了冯翊;次年五月,取得了上郡;到了316年七月,北地已是岌岌可危。

晋北地郡治即今铜川市耀县,是长安北方的门户。北地被围后,城内大闹饥荒,开始吃起了人肉。太守麴昌向屯驻于黄白城的麴允求救,麴允急率步骑三万前来赴援。刘曜得到消息后,一不解围,二不打援,反而叫属下收集柴禾,绕着北地城生起篝火来。城上的守军纳闷,难道匈奴人要吃烧烤?刘曜的士兵们也纳闷,难道将军要开篝火晚会?

都不是,火是放给援军看的。当麴允的援军行距北地城数十里时,远远地望见郡城方向黑烟冲天而起,又遇见败退逃亡的晋军(其实是刘曜叫手下人装扮的),说是北地已经失守,汉军正在放火焚城,顿时人心大乱,士众溃散,慌忙退回了灵武。于是刘曜不慌不忙地攻陷了北地。

这一招名叫"瞒天过海",在三十六计里排名第十。

北地既失守,九月,刘曜就包围了长安;十月,攻陷外城,麴允、索綝(音 lín)等大臣保着愍帝退守小城。此时内外断绝,城内饥馑,米一斗值黄金二两,饿殍横于道旁,逃亡者络绎不绝,只有凉州来的一千多义兵坚守不移。太仓里还剩下数十个麦饼,麴允将其弄碎后熬粥给愍帝喝,最后也终于吃尽。

到了十一月,眼看如此下去,大家势必全部饿死,十七岁的晋愍帝哭道:"今日穷厄如此,我当忍耻出降,以活士民。"于是命侍中宗敞送降书给刘曜。谁知大臣索綝竟私自阻截宗敞,另派他的儿子出去对刘曜说:"眼下城里还有一年的粮食,不是轻易就能攻破的,如果你许诺给我高官

厚禄的话,我就献城投降。"

刘曜的答复是——斩了他的儿子,并回信道:"帝王之师,以义行也,我将兵十五年,未曾以诡计败人,必穷兵极势,然后取之。若兵粮未尽,就应努力固守;若果真粮竭兵尽,则应该趁早归顺。"

十一月十一日,按照上古的传统,晋愍帝司马邺乘着羊车,裸露上身,口衔玉璧,抬着棺材,出城投降。

至此,西晋王朝正式灭亡。历时五十一年,传四帝。

(第二卷完)

卷三 刘石争霸

第 ❶ 章　草根青年石勒的成长史

中国历史上很有一些出身草根阶层的皇帝。例如，汉高祖刘邦是流氓无产者，蜀汉昭烈帝刘备和宋武帝刘裕都卖过草鞋，后梁太祖朱温和明太祖朱元璋的成分都是贫雇农，等等。他们都是在天下大乱之际，凭借自己的天赋本领、心机手腕，再加上运气和时势的帮忙，从社会底层一步步爬上龙门，成了天上地下唯我独尊的统治者。这种人，我称之为"草莽龙蛇"。

本卷的主人公石勒，就是其中最传奇的一位。

石勒，原名匐（音 bei），小名背勒，出身于上党武乡（今山西榆社）的一个羯人家庭。

羯人，又称羯胡。这个来自西方的神秘民族如同流星一般划过魏晋历史的天空，绽放出耀眼的光芒后迅速消失，此后史书上再没出现过他们的名字。后世有人说，唐代中亚的粟特人就是他们的后裔。也就是说，大名鼎鼎的安禄山的先祖，很可能就是这些高鼻深目、碧眼黄须、信奉拜火教

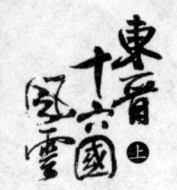

的异族人。

羯人究竟何时来到中国内地,已经无法得知。但在石勒生活的年代,山西的东南部,也就是当时的并州上党郡一带,早已成为羯人聚居的移民区。

然而作为"五胡"中人口最少、势力最弱的民族,羯人的生活境遇似乎都不太好。这从石勒一家的经历就能看出来。

石勒的爷爷和老爸都是部落里的小头目,因此石勒也算是个下等贵族,但与受过高等教育、寄居洛京、出入豪门的刘渊相比,石勒同学的青少年时期可就悲惨得多了。他当过小贩,做过雇农,沤过麻,放过马,但凡能糊口的活儿基本都干过。再加上老爸的性格过于凶蛮粗暴,族人都十分反感,所以石勒打工之余,还经常替老爸管理部人,年纪轻轻就在乡亲们中间有了群众基础。真可谓"穷人的孩子早当家"。

十四岁的时候,石勒跟老乡一起到洛阳做买卖。这八成是他有生以来第一次迈进这个繁华富庶的大都市。不知是洛阳的奢华气派让他这个土包子心有所感呢,还是生活的重负让他心有不平,小小年纪的石勒倚靠着城门,突然发出了一声长啸——长而清越之声谓之"啸"。

魏晋时期,啸是很流行的情感抒发方式(如同现代人喜欢K歌一般),"竹林七贤"中的阮籍就十分善啸。此刻,在洛阳城的溜光大道旁,男高音歌唱家石勒的这一嗓子高亢宛转、响遏行云,气死小沈阳,堪比海豚音,立刻震惊了众人。这要放在今天,马上就成了网络红人。可不巧的是,围观群众中正好有一个政府官员。此官见识不凡,立刻从石勒的仰天长啸中体味到了一种不和谐的声音,便对左右之人说道:"刚才的那个胡人小子,必将为天下之患。"于是派人去抓。只可惜迟了一步,石勒同学已经演唱结束,不见了踪影。

卷三 | 刘石争霸

这位曾与石勒有一面之缘的官员正是前面提到的王衍王夷甫。

许多年后，在宁平城那个初夏的夜晚，站在断墙之下迎接生命终结的王衍不知有没有想到，这个杀死自己的人就是当年那个倚门长啸的胡族少年。

经过生活磨练的石勒，长大后"壮健有胆力，雄武好骑射"。偶有擅于阅人的老者或相师见到，都说石勒状貌奇异、气质不凡，劝当地的乡亲们多多善待他。但当地人听了往往报以嗤笑，老外嘛，高鼻梁、蓝眼珠的多了去了，有什么奇怪？只有名叫郭敬、宁驱的两个人信以为真（比较迷信），隔三差五地给石勒送点钱或粮食，加以资助。石勒无以为报，就常常上两人的地里去干活。

种地就种地吧，还种出异象来了。别人种地听到的都是牛叫驴嘶，石勒种地听到的却是打仗冲锋的隆隆鼓声和嘹亮的集结号声，一会儿在前边响，一会儿在后边响，还是杜比环绕立体声！这可奇了怪了，石勒赶紧回家告诉了老爸老妈。结果老妈说，是你劳累过度，犯上了耳鸣。还有一次，翻地的时候翻出一把破刀来，上面曲里拐弯地刻着不知什么铭文（石勒老兄是文盲），石勒就把这把刀收藏了起来，看样子值几个钱，日后可上《鉴宝》栏目看看。

后来到了太安年间，八王之乱正杀得不亦乐乎，并州又是饥荒，又是暴乱，胡人的生活都难以为继。石勒与部人失散，孤身一人流浪回乡，路上又冷又饿，还差点儿被掳作了奴隶。走着走着，正好遇上了当年资助过自己的郭敬。他乡遇故知、两眼泪汪汪的石勒拜倒哭诉，郭敬安慰之余，立刻将自己的货物变卖，为石勒买了衣服和食物。

缓过劲儿来的石勒和郭敬商量："眼下赶上大饥荒，我们不能干等着饿死。并州没饭吃的胡人很多，可以劝诱他们一起到冀州去找粮食，路上

我们可以趁机将他们卖掉,这样做对我们、对活不下去的胡人们都有好处。"郭敬对此深表同意。

当时的社会,许多有钱人的家里都豢养胡人为奴隶,有的用来看家护院,有的用来种地养马。按照石勒的考虑,与其活活饿死,不如去当奴隶,虽然地位卑贱,可好歹有口饭吃。但有这想法的不止他一个,坐镇并州的东嬴公司马腾兜里正缺钱,他也是这么想的。于是石勒奴隶贩子没当成,反而被官军所抓,跟人家"两胡一枷",枷往冀州去了。

枷这个东西,看过《水浒传》的都知道,林教头和武二郎都没少在这上头吃苦,四四方方、又厚又沉,头和手卡在里面动弹不得,真不好受,何况还跟人家合扛一个,处处磕绊呢?而且由并州去冀州,必然要穿过太行山,当时又是冬天,押解的军兵们也没几个好人,所以这一路的饥寒交迫、屈辱折磨不难想像。唯一值得庆幸的是,押送的一位军官是郭敬的族兄,对石勒有所照应,所以虽然路上饥病而死的胡人无数,石勒也受了不少苦,终究还是捡了一条命。

贩奴的队伍到了冀州,把石勒卖给了茌平人师欢,师欢见这个胡人身强力壮,就叫他去种地。种着种着,那熟悉的杜比环绕耳鸣声又出现了,这次石勒问一块儿耕地的奴隶,他们也都说听见了。师欢得知此事,觉得这个胡奴确实古怪,还是放了他比较好。于是二十来岁的石勒又恢复了平民身份。

可是在那个动荡不安的年头,一个一无所有的平民如何才能生活下去呢?石勒的答案是:当马贼。

由于师欢家和牧场相邻,石勒结识了牧人头领汲桑,靠着从小放马相马的本事,没多久他就成了汲桑手下的骨干。两人表面上以牧场为掩护,实际上交结亡命之徒,干的是打家劫舍、大碗吃肉、大秤分金的黑道勾当。乱世刁民多，不久石勒的手下就聚集了一群黑恶分子，号称"十八飞骑"，算是建立了堂口。十八飞骑中的许多人，如夔安、支雄、桃豹、逯明、呼延莫、郭黑略等，后来都成了石勒打天下时的得力干将。那会儿晋朝政府在北方建立了许多皇家牧场，专门用来饲养军马。石勒胆子大，带着十八飞骑跑进皇家牧场盗取军马，又骑着军马四处抢劫，抢来的不少好东西都孝敬了带头大哥汲桑。

到了公元305年，改变命运的机会来了。

当时匈奴人刘渊已经在离石建立了汉政权，而在邺城附近，成都王司马颖的部将公师藩也扯起了大旗，正在招募人手。汲桑和石勒觉得这是个投身革命事业的好机会，就去投奔公师藩。考虑到见了公师藩以后，背勒这个古怪名字不好介绍，汲桑就决定给自己的这位小老弟改个响亮点儿的名字。这时背勒同学掏出了当年种地时挖到的那把刻有铭文的刀。汲桑接过一看，铭文是"石氏昌"三字，于是就以石为姓，给他取名叫作石勒。

到了公师藩手下，石勒被任命为前队督。这个职位大概相当于排长或连长级别，干的工作也和当马贼时差不多，仍是抢劫、杀人，只不过这时抢的是城市，杀的是郡守县令而已。在小城市折腾了一阵子，公师藩带着这群乌合之众开始攻打邺城，结果首战失利，落荒而逃。正如前面所讲王弥事迹中刘伯根的命运一样，不久公师藩也被人砍了脑袋。于是汲桑接过前辈手中的枪，跑回牧场，扯起了队伍，口号是为成都王颖报仇（当时司马颖已被杀）。石勒就在汲桑手下打起了前锋，牛刀小试，屡立战功。307年夏，汲桑也来攻打邺城。

此时镇守邺城的，是刚从晋阳调防来的东嬴公司马腾。这位老兄在并州抵挡不住刘渊的攻势，拍拍屁股走人，将烂摊子留给了刘琨。到了邺城之后，这位王爷仍然不改往日的奢侈习气，自己花钱大手大脚，对手下人

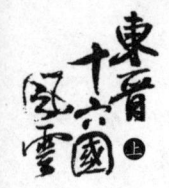

却不管不问，非事到紧急关头了，才赐给将士每人几升米、几丈布。这样的人怎么可能指望手下给他卖命？

当司马腾听说汲桑前来攻城时，他满不在乎地说："老子在并州七年，匈奴人数次围城都难奈我何，汲桑小贼，何足挂齿？"也许汲桑确实无足轻重，但司马腾并不知道，汲桑手下有一个当年被他掳卖的胡奴名叫石勒。

五月，前锋石勒大败魏郡太守冯嵩，长驱入邺城。司马腾轻骑逃亡，被汲桑部将李丰追斩。

进城后，汲桑杀掠士民万余人，一把火烧了当年曹操住过的邺宫，大掠妇女珍宝而去，然后又率领队伍渡过黄河，向南寇掠兖州。

事情闹大了。

当时掌政的东海王司马越正驻守在许昌，汲桑的队伍南侵，很有可能直奔许昌而来，况且"飞豹"王弥正在青徐一带闹得欢，如果这两股势力打通一气，后果不堪设想。

关键时刻，司马越派了一位猛人出马。

第 2 章 第一个对手：屠霸

这个出马的猛人，叫作苟晞。

苟晞，字道将，河内山阳（今河南焦作）人。低级公务员出身，宦海沉浮多年，当过京官，也当过地方官。但在魏晋那个士族贵族垄断上品高官的年代，像苟晞这样的寒门小吏是很难有出头机会的——除非找到靠山。

这条路，当时许多庶族出身的知识分子都走过，例如投靠赵王司马伦的孙秀，或者成都王司马颖的谋士卢志。抱粗腿、傍大款看起来省力，其实在地位上好比现在的二奶小三，兴衰荣辱全在主子的一念之间（这也是没有办法的选择，要怪不能怪他们，得怪那时的体制）。苟晞最初傍上的是齐王司马冏。司马冏掌权那阵子，任命他为尚书左丞，品级虽然不高（六品），但掌管各政府部门的纪检工作。他主持反贪腐工作是又狠又严，铁面无私，弄得所有尚书以下的官员见着他都不敢正眼来瞧，着实风光了一把。可惜好景不长，不久齐王冏玩完，他也连带被免了官。

　　后来苟晞又傍上了长沙王乂,当了王府里的从事中郎,也是六品。不知何时,他又与东海王司马越扯上了关系,到司马越奉惠帝北征司马颖的时候,居然混上了掌管禁军的北军中候一职。靠着这层关系,后来司马越掌权的时候,苟晞终于在司马越的堂弟范阳王虓的栽培下,捞到了兖州刺史这个正四品的封疆大吏职位。

　　西晋时的兖州,辖境大致相当于今山东西部和河南的东部。按照当时"九品中正制"的规矩,三品以上的职位几乎都由高贵门第出身的士族担任,对出身庶族的苟晞来说,四品官基本就到了顶——除非立下殊勋。而苟晞到任后不久,建立殊勋的机会就来了。

　　306年九月,攻打邺城失利的公师藩落荒而逃,从白马(今河南滑县东)渡过黄河,进入兖州境内,还没等他喘口气,苟晞就到了。活该公师藩倒霉,碰上这么一个主儿,成了苟晞建功立业过程中的第一个刀下鬼。

　　转过年来,杀了司马腾、火烧了邺宫的汲桑带着石勒,也过河奔兖州而来。坐镇许昌的司马越大惧,立刻命兖州刺史苟晞和陈留内史王赞分两路抵挡汲桑。石勒和汲桑没有想到,在河北来去自如的他们居然在兖州碰上了苟晞这么一个硬钉子。石勒军与苟晞军在黄河边的阳平、平原两郡相持了数月之久,大小三十余战,居然胜负未分。这三十多仗是怎么打的,史书上没有记录,我也就不能瞎说。但以石勒之猛,竟与苟晞打了个平手,可见这位苟道将绝不是吃干饭的。

　　眼见战局相持不下,司马越从许昌出屯官渡(今河南中牟北),以示对苟晞的声援。苟晞也觉得,与其硬碰硬,和石勒掰手腕,不如从较弱的汲桑下手。公师藩的被斩很可能给汲桑留下了心理阴影,使得汲桑"素惮苟晞",扎营以后没干别的,只顾在营垒外筑起木栅,加强防守。探知这种情报后,苟晞决定采取心理攻势,先派了"单骑示以祸福",类似于港片中警察拿着高音喇叭喊："里面的人听着，你们已经被包围了！立刻放下武器，举手投降……"汲桑的军队本来就是乌合之众，烧杀抢掠都很在行，众志成城就纯属扯淡，主帅又恐惧敌首，对方过来这么一喊话，顿时军心大震，斗志就被瓦解掉了。在小兵上阵拼刺刀的冷兵器时代，斗志是决定战争胜负的主要因素之一，木栅筑得再好，也是白搭。

汲桑这边陷入了恐惧，而苟晞那边则顿军休士，养足了力气。八月初一，苟晞大败汲桑军于东武阳，攻破其九座营垒，杀敌万余。汲桑既败，石勒也独木难支。两人在夜色的掩盖下放弃了营帐，遁逃而去。苟晞乘势收复了邺城。

这一战使苟晞声威大振，再加上他在范阳王虓帐下时从讨叛将刘乔、河间王颙部将吕朗有功，又曾助高密王泰讨伐青州的刘伯根，朝野赞誉一时铺天盖地，都把他比作韩信再生、白起转世。刘乔、吕朗等都是司马越的仇人，由此苟晞深得司马越赏识，两人还拜了把子，结为兄弟。不久，司马越即升苟晞为抚军将军、假节、都督青兖诸军事。抚军将军位至三品，这样一来，苟晞便越过了"上品无寒门"的门槛，真正步入了顶级官员行列。

在兖州任上，苟晞是很想有一番作为的。他是低级公务员出身，地方政府里那一套明规则、潜规则统统了然于胸，手下人都不敢在公事上欺瞒他；办起政务来，苟晞也毫不含糊，堆积如山的文簿，他批阅起来如流水一般。更重要的是，此人心狠手辣，信奉"要想成功就一定要付出代价"这一理念。当了刺史后，苟晞把伯母接来一起住，伯母的儿子就想在这位堂兄的手下谋点儿事干。苟晞不同意，说在我手下做事，犯了法我决不姑息，你想好了可别后悔。堂弟以为他只是这么说说而已，没想到后来真犯了事，苟晞不顾伯母的磕头哭求，果然仗节将他斩首。之后，苟晞披麻戴

孝，大哭道："杀你的人是兖州刺史，哭弟你的才是我苟道将啊！"

除了办好地方政务之外，多年官场的沉浮经验也告诉苟晞：朝中有人好做官，没有靠山难上难，尤其是在这样的乱世之中。于是苟晞与朝中亲贵多有交结，隔三差五就送点儿土特产啥的。可兖州距洛阳有五百里远，路上耽搁久了，土特产就不新鲜了。但苟晞有本事，不知从哪儿搞来一头千里牛（你没有看错，史书上确实写明是牛），专门用来跑长途快递。于是在从兖州到洛阳的大道上，人们经常可以看到一头四蹄翻飞的牛，拉着车绝尘而去，五百里路朝发夕还，成为当时的一大景观。

后来由于司马越忌惮苟晞功高盖主，用明升暗降的手法将他调任到了青州。心有不满的苟晞来到这个盗贼和叛乱频发的地方后，立刻展开了严打行动，史书上说他"日加斩戮，流血成川"，青州人因此称他为"屠伯"。伯，不是指老伯或伯父，而是"霸"的通假字，意为称霸一方的诸侯。在刘渊、王弥、石勒等反贼将中原大地搅得一塌糊涂之时，整个长江以北能与他们抗衡的地方诸侯，除了有鲜卑在背后撑腰的刘琨和王浚，就只有这位"屠霸"苟晞了。

似苟晞这等人物，若生在汉唐盛世，必定如张汤、来俊臣一般，成为诛杀权贵豪强的著名酷吏；可惜他生在晋末乱世，也就只能在地方上当当屠霸，靠斩杀社会底层的百姓和乱民来铺就成功之路了。

东武阳一战，他虽然击走了石勒，但数年之后，他们将再次重逢。

第 3 章 胡将军南征北战

当苟晞在兖州一带耀武扬威时,他的敌人石勒正在思索着未来的去向。

摆脱苟晞的追兵后,汲桑和石勒在赤桥又受到了冀州刺史丁绍的截击,大败之后两人分散,石勒单骑逃到了乐平。

接下来怎么办呢?

邺城一带北有王浚,南有苟晞,都不是好惹的主儿,不宜再回去了。并州是我的老家,那里有许多我的族人,况且听说匈奴人刘渊已在那儿站稳了脚跟,不如去投他。

于是,石勒投奔了刘渊。同时,汲桑在逃亡的路上送了命。

接下来的事情,前面已交待过一些。刘渊任石勒为辅汉将军,并在永嘉二年(308年)以其所统七千人为前锋,会同刘聪攻克壶关。壶关打通后,石勒率部穿越太行,东下赵魏之地,从此展开了他转战南北多年的传奇生涯。

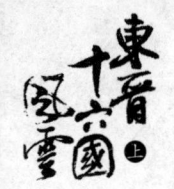

在这段岁月里，北至常山，南至江夏，石勒大军席卷兖豫，饮马江淮，折冲汉沔（音miǎn），纵横两千里。人杀得越来越多，官也就越升越高，从最初的辅汉这一九品杂号将军，到平东、安东、镇东将军等，一路升来，至313年，石勒回到河北以襄国为根据地独立发展时，其官职已经升到了征东大将军、侍中、使持节、幽冀二州牧、都督四州杂夷征讨诸军事、上党公。

对于这段史事的描述，史官的记载不像RPG（角色扮演）游戏或战争大片，既缺乏生动的细节，又干巴巴地千篇一律，无非是某年某月，石勒寇某地、杀某人、被封某官云云，明显不符合现代读者的审美趣味。但出于对历史的尊重，虽然本书不是严肃的学术著作，我也不能脱离史料，胡扯一气。所以对这段史事我不准备全盘记录，而是选取其中具重要意义的片段加以叙述。

第一件事发生在石勒率军杀出太行山不久。他和刘灵率军三万在魏郡、汲郡、顿丘一带（今河南、河北交界地带）攻略，当地望风而降的有五十多个营寨。石勒在这些投降的人众中，挑选了五万精壮编进自己的部队，而对老弱妇孺秋毫无犯。这表明，从此时起，石勒的部队不再是当初打家劫舍的流寇团伙，而是纪律严明的真正军队了。

带着这支崭新的部队，石勒向北进军，攻巨鹿、常山，陷郡县壁垒百余，队伍迅速扩大至十余万。这时，石勒已被刘渊升为安东大将军，并被授予开府资格。于是石勒名正言顺地建立了自己的司令部和参谋机构，其将领主要由当初的十八飞骑担任，而参谋主要在"君子营"中产生。

君子营是石勒在攻略河北的过程中，将投靠或俘虏而来的知识分子集结而成的，行军打仗之时别为一营。君子营里出类拔萃的人物，就是张宾。

张宾，字孟孙，赵郡中丘（今河北内丘）人，和苟晞一样也是庶族。他少年之时用功读书，博涉经史，但并不喜欢诗词歌赋这些章句之学，而是"阔达有大志"。所谓"学而优则仕"，在那个年代，知识分子的宿命要么是去当隐士，要么就"货与帝王家"。但并不是每个员工都遇得到好老板，张宾曾经投靠过中丘王，但他不是养尊处优的王公所喜好的类型，不久就辞职了。所以张宾感慨道："我自觉机智谋略不逊于张良，只是不遇汉高祖罢了！"

终于，天下大乱为张宾送来了石勒这个"准汉高祖"。他曾经对人这样说："我阅天下众将多矣，独有这胡将军可与之共成大事。"于是张宾提剑至石勒营前，大呼请见。对他的这一举动，石勒感到十分好奇，但也仅此而已。因为石勒毕竟是个粗人，并不理解张宾此举蕴含的文化意味，所以最初只安排张宾署军功曹一职。他对张宾的信任，是在日后转战南北的多场战争中逐渐确立起来的。而张宾的命运，从此也牢牢地与这位胡将军紧密地联结在了一起。

有了纪律严明的部队和足智多谋的幕僚，如虎添翼的石勒本应迎来造反事业的大发展，没想到就在这时，他却遭遇了起兵以来最大的一场失败。

大败的地点，是飞龙山。这是位于河北元氏县西北五十里的一座山峰，因山势如伏龙欲飞状而得名，是一处峰峦叠翠、泉石回环的风景胜地。但我相信石勒的军队根本无心在此欣赏美景，因为他们在这里遇到了鲜卑人的十万铁骑。

309年九月，幽州都督王浚遣大将祁弘及段务勿尘率十余万骑讨伐石勒，大战于飞龙山。战斗结果是，在留下了一万多人的尸首后，石勒军大败而还。

这是一次硬碰硬的战斗,也是石勒与鲜卑人的第一次交手。双方兵力相近,鲜卑人是十万骑兵,石勒军应是步骑杂糅,数量也不下十余万。石勒战败,不是因为他无能,而是鲜卑人太猛。

石勒本人精于骑射,他对骑兵战术的运用也称得上是一流,但是当时他遇上的,是整个中国最强的骑兵!

那时其他游牧民族如匈奴、羌族、羯胡、卢水胡等,或者由于人口较少,或者由于汉化较深,在使用大规模骑兵的作战力上,都比不上塞外的鲜卑人。鲜卑人不但保持了游牧民族弓马精强、彪悍好战的传统,其人口众多也是一大优势,如拓跋鲜卑就拥有引弓之士四十余万。此外,他们很可能还有一个史书上没有明确交待的优势,即使用"铠马"。

铠马,即后来南北朝时流行的甲骑具装,作战时人马皆披重铠,靠冲锋时产生的巨大冲击力来重创对手,仿佛欧洲中世纪的重装骑士一般。这种战法,马镫的采用是其前提,否则骑马的人还没冲到敌人面前,自己说不定就先飞了。而汉代时还没有发明马镫,所以不论是霍去病还是冒顿单于,当年都是双腿夹紧马肚子作战的。目前考古发现最早的马镫,出现于西晋永宁二年(302年)墓中的骑马俑上,并且是单马镫;而最早的双马镫,在十六国时期的墓葬中屡有发现。由于这些墓葬都处于辽宁、吉林等当年鲜卑族政权的辖境内,因此可推断鲜卑人是双马镫的最先使用者。而最早的全套马铠,见于朝鲜的一个建造于公元357年的墓葬壁画。墓葬的主人名叫冬寿,原本就是鲜卑族政权前燕的将领。

再从史料来看,虽然同时期的其他政权,如前赵、后赵也有使用铠马的记载,但与鲜卑族使用铠马动辄成千上万相比,只能是小巫见大巫。公元400年,后秦姚兴征伐西秦乞伏乾归(乞伏氏属西部鲜卑),一战即缴获铠马六万匹。而飞龙山之战击败石勒的段部鲜卑,后来也曾经在312年和 316 年的两次战役中，分别被石勒缴获铠马五千匹和一万匹。

因此，我们完全有理由断定：马镫和铠马战术的专利权属于鲜卑人，而在飞龙山一战中，石勒就是被这样的铠马骑兵击败的。（不过在这时，铠马应该尚未发展成熟，还没有进化到南北朝甲骑具装"武装到牙齿"的程度。）

本身就弓马精强，又采用了铠马战术，想像一下鲜卑人先是万箭齐发如疾雨，之后又万马奔腾如山崩的恐怖场景吧。这样的骑兵，不光石勒怕，刘聪、刘曜也怕。所以史书上才说"屠各旧畏鲜卑"、"勒素畏鲜卑"了。

飞龙山之战给石勒留下了很大的心理阴影。此后，他放弃了向北扩张的计划，转而掉头向南，远离鲜卑人的铁蹄去发展。310 年春，石勒渡过黄河，在豫州、兖州打开了游击。此后石勒的砍人事业就顺当多了，各地的刺史、太守在石勒的骑兵面前不堪一击，而屠霸苟晞正和王弥的部将曹嶷在青州搅成一团。大肆寇掠之余，石勒还出了趟差，会同王弥、刘聪到洛阳周围兜了一圈，然后长驱南下，在南阳一带吞并了流民武装王如、侯脱的部队，继而东进至许昌附近。此时恰逢司马越病死，王衍等正护着棺材在去东海的路上，石勒于是毫不客气地追上，制造了宁平城惨案，殄灭了晋军主力。之后，他又会合刘曜、王弥攻陷了洛阳，俘虏了晋怀帝。不过现有的资料显示，石勒的部队似乎没有进入洛阳城，而是选择了观望。洛阳攻势结束后，他又带着军队驻扎在了许昌。这时，石勒听说他的一位老朋友就在附近。

这位老朋友，就是苟晞。

第 4 章 "飞豹"人头落地

　　四年前东武阳一战击败汲桑石勒，让兖州刺史苟晞迎来了仕途的黄金时代，他不但因战功被升为抚军将军，越过了上品无寒门的出身界限，更由此获得了东海王司马越的赏识，跟这位权倾一时的太傅磕头拜了把子。

　　可是好景不长，结义之辞言犹在耳，两人之间就起了嫌隙。

　　起因是司马越的手下打了苟晞的小报告，大意是：兖州乃冲要之地，当年曹操就是靠占据兖州发迹的，苟晞素有野心，并非纯正之臣，时间一久，他在兖州扎下了根，必然为祸心腹，对您不利。不如把苟晞调到青州，厚其名号让他满意，然后您自己统治兖州，这才能防患于未然。

　　司马越听信此言，就将苟晞调到了青州刺史任上，同时升其为征东大将军、开府仪同三司，加侍中、假节、都督青州诸军事，爵位晋升为郡公。所谓"仪同三司"，即享受的仪仗待遇跟一品的太尉、司徒、司空平级，征东大将军也属地方武职中的最高级别，名号不可谓不厚。不过从基层打拼上来的苟晞完全知道，名号只是个虚头，实权才是硬道理。自己原来是兖州刺史、都督青兖诸军事，掌握两个州的军权，如今却只都督一个青州，官位虽然升了，权力却小了。所以苟晞很生气。后果也很严重，从此，他和司马越的关系从盟友一变而为敌人。

不过，虽然两人的感情宣告破裂，但司马越毕竟掌握着朝廷大权，在没有得到强力支援的情况下，苟晞暂时还不敢和他彻底闹翻，所以他只能乖乖地去青州上任。青州是"飞豹"王弥造反的老巢，一直都不太平，信奉"乱世用重典"的苟晞到此后不久，即挥舞屠刀严厉打击各种刑事犯罪，青州人民为表示"感激"，送了他"屠霸"这一雅号。后来顿丘太守魏植作乱，苟晞率军出讨，就让弟弟苟纯代替自己管理青州。这个弟弟在处理政务上比不上老哥，在杀人砍头上却比哥哥还狠，青州一片白色恐怖，人民生活在水深火热之中。

这时晋朝在北方的局势已相当糟糕，刘渊的军队已经逼近京城，火烧眉毛的晋怀帝向地方各征镇发来了求救的檄文。苟晞倒是很想带兵勤王，但不巧后院又起了火。

原来当初王弥投靠刘渊后，曾派部将曹嶷回青州继续主持造反工作。饱受苟氏兄弟暴政荼毒的许多青州百姓立刻加入了曹嶷的队伍，不到一年的时间，曹嶷就攻占了东平（今山东梁山一带）、琅琊（今山东临沂一带）。苟纯镇压不利，只能固守临淄城。眼看老窝要丢，苟晞再也顾不上皇帝，急忙回师去救青州。与曹嶷的战斗最初相当顺利，苟晞屡战屡胜，可在最后的决战中忽然来了沙尘暴，天地间一片昏暗，混乱中苟晞军大败，不得已弃城而走，奔了高平（今山东济宁东南）。

丢了青州的苟晞正在懊恼，那边皇帝的密旨又到了，说司马越表面上辅佐朝廷，实际上是奸臣国贼，要苟晞带头讨伐。前边已经讲过，司马越眼看洛阳守不下去，就带着晋军主力主动出击，屯驻在了项县。晋怀帝早

就受够了傀儡之苦，他这一走，怀帝就立刻联系苟晞，让他效法齐桓晋文（指齐桓公小白和晋文公重耳，春秋时先后称霸，为当时诸侯盟主），拥护天子，诛除司马越。苟晞本来就跟司马越有仇，这下正好公仇私恨一起报，遂广发檄文，号召天下人共讨之。后来司马越忧惧交加，在项县病死。晋怀帝就加封苟晞为大将军、大都督、督六州诸军事。

虽然又升了官，但苟晞却高兴不起来。老窝青州被曹嶷端了，自己手底下只剩下几万老弱残兵，紧接着洛阳失陷，怀帝被俘，苟晞护着太子司马端，凄惶惶逃到了蒙城（河南商丘北）。这对于近在许昌的石勒来说，不啻是送上门来的美味。

311年九月，石勒发动突袭，攻下蒙城，俘虏了苟晞。这是一次乏善可陈的战斗，当年与石勒相持两月难分胜负的屠霸苟晞，如今轻易地成了他的手下败将。因为苟晞虽然仍是苟晞，石勒却已今非昔比，不再是率领乌合之众的强盗头领，而是身经百战的常胜猛将了。

为了羞辱这位当年的对手，石勒用锁链锁住了苟晞的颈项，还任命他当将军府里的左司马。这对苟晞来说真是奇耻大辱。不久，苟晞即谋划逃走，石勒发觉后立刻杀了他。曾经声威卓著、风光一时的屠霸苟晞，就这样窝窝囊囊地告别了世间。

苟晞的失败标志着晋朝抵抗力量的进一步削弱，所以收到这个消息后，汉主刘聪很高兴。但是有个人却非常不高兴，他就是王弥。

当初王弥是和石勒同一年投靠刘渊的，他是刘渊的故交，而石勒和刘渊素不相识，所以当石勒还是个小小的杂号将军的时候，王弥就当上了镇东大将军、东莱郡公；后来两人各自在不同地区发展势力，既是战友，又是竞争对手，表面上亲密无间，私底下却都较着劲儿。王弥打心眼里是瞧不起这些胡人的，尤其是石勒，素质低，没文化，一身胡臭味儿，凭什么跟我王弥称兄道弟？眼瞅着石勒一仗一仗地打下来，官越升越高，虽然在名号上王弥始终压着石勒一头，但论实力，石勒已逐渐超过了王弥（虽然王弥很可能并不承认这一点）。如今石勒不但歼灭了司马越带出去的晋军主力，还除掉了风云人物苟晞，这让王弥心里是相当的不爽。于是，王弥一边叫人带着珠宝（打劫洛阳得来的）前去祝贺，一边偷偷联系在青州的老部下曹嶷，准备两人夹击，除掉石勒。

石勒虽然没文化，人却一点不笨，当听到王弥在信里说"公能擒获苟晞而用之，何其神妙也！若苟晞做你的左膀，那我王弥做你的右臂，如此则平定天下易如反掌"时，石勒立刻敏锐地觉察到了话里面隐含的杀机。他对张宾道："王弥位尊而言卑，怕是心里已有图我之意了。"这时王弥派去联络曹嶷的使者走到半路，就被石勒的游骑截获；而王弥的部将徐邈、高梁也恰在此时带着人马脱离了他。于是在张宾的建议下，石勒准备乘王弥衰弱之际，抢先下手，将他除掉。

当石勒做出这个决定的时候，他的部队正在蓬关与乞活军①陈午部相对峙，而王弥也在不远的地方与刘瑞部打得不可开交。王弥并不知道自己的使者被石勒截获、意图也被识破，加之战事不利，就向石勒求援。石勒本来想站在一边看风景，心说如果刘瑞能把王弥灭了，自己倒省了许多麻烦。可是张宾却建议说，咱们不是正愁没有对王弥下手的机会嘛，眼下机会来了，正可以由此骗取王弥的信任，让他失去戒心，您怎么能撒手不理呢？万一刘瑞没打赢王弥怎么办？或者虽然击败了王弥，却没抓住他，又怎么办？

石勒如梦初醒，心说幸亏张宾提醒，要除掉王弥是我自己的事情，怎

---

① 由流民组成，为求粮食而自保的武装集团。

么能寄希望于别人呢！于是立刻派出援兵，一举击斩了刘瑞。这下王弥可真是喜出望外，没想到石勒不但对我的意图没有怀疑，关键时刻还挺够哥们儿，看来这胡人就是心眼直，于是他一颗猜忌的心就此放回了肚里。

这场战事结束后，石勒发来邀请，请王弥到自己的营里喝喝酒、叙叙旧。王弥的长史张嵩急忙说不能去，酒无好酒，宴无好宴，万一这要是鸿门宴，可没有项伯起来给你当挡箭牌。按照王弥的智商，他不应该体会不出这其中的凶险。但这一次他居然就轻易相信了石勒，高高兴兴地来到了石勒的军营。这一刻，他的命运即已注定。

接下来的事情就简单了。两人把酒言欢，越喝越有，待王弥喝得迷糊之时，石勒手起刀落，枭雄王弥人头落地，就此归位，而他的部队，自然也成了石勒的私产。

事后，平阳的刘聪收到了石勒的一份奏表，说王弥图谋不轨，下臣相机行事，已将其斩首以儆效尤，云云。刘聪当即大怒，王弥乃先帝故交、开国元勋，贵为齐公、大将军，你石勒居然随便找个叛逆的理由就擅自把他砍了，这可真是岂有此理，气杀朕也！但是刘聪生生发了一通脾气，还真就不敢把石勒怎么样。因为他心里清楚，现在的石勒羽翼已丰，虽然名义上仍是自己的臣属，实际上随时都能独立上市，何况石勒对自己还有重要的利用价值。于是刘聪干了自相矛盾的事，一边遣使斥责石勒"专害公辅，有无君之心"，一边又加封他为镇东大将军、都督幽并二州诸军事、领并州刺史。从官职我们可以看出，刘聪是想叫石勒北上并州，助自己对付刘琨和王浚。哪知道接下来石勒调转马头，又向南方杀去。

第 5 章 我的未来不是梦

在接连除掉"屠霸"苟晞、"飞豹"王弥这两个强劲的对手后,石勒陷入了深深的迷茫之中。

与年纪轻轻即喊出"绛灌无文、随陆无武"口号的刘渊相比,石勒从小并没有什么远大志向。作为地位卑微、生活贫苦的少数族裔,那个倚啸东门的少年石勒心中所想的,其实只是眼前的温饱问题,他对未来的憧憬不过是几亩地、一间房、几十只羊、一片青青牧场,还有一个头发里住满了虱子的壮实婆娘……

但是残酷的现实告诉他,这一切靠老老实实干活是得不到的。因为他所处的,是一个朱门酒肉臭、路有冻死骨的时代,一个富者田连阡陌、贫者无立锥之地的时代,一个饥荒瘟疫横行、盗贼多如牛毛的时代,一个刀兵四起杀人盈城、弱肉强食的时代。这样的时代,历史上称作乱世。在这乱世的惊涛骇浪中,想要生存下去的石勒被历史的巨浪裹挟,从雇农到奴隶,从奴隶到强盗,从强盗而将军,他一步步地走到了今天。

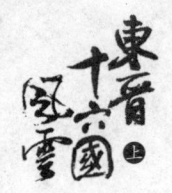

　　在过去的数年中，他很少想到未来。在那些攻城野战、血溅征衣的日子里，如蝗的飞箭在头顶呼啸，如林的枪戟在眼前挥舞，随时随地他都可能像任何一个不幸的士兵那样，成为战场上无数残缺不全的尸体中的一员。而作为一名将军，如果他倒下了，他的头颅会更有价值，也许会被挑在枪尖上向全军展览，也许会被装在木函里快马送去请功，也许会被仇人制成盛酒的酒碗……在这样的情势中，思考未来是没有意义的。

　　但是现在不同了。

　　现在他已经很强大，强大到轻易就除掉了苟晞和王弥，强大到担心项上人头的变成了自己的对手，强大到他有资格决定自己的未来。

　　那么，未来在哪里呢？

　　带着这样的困惑，石勒率领大军，南来到了葛陂。

　　葛陂位于今河南平舆县东北，它不是一道山坡，而是一片广阔数十里的浩淼湖泊。这里是汉世仙人费长房的故乡。此地故老相传，说当年费长房跟壶公入山学道，学成之后，壶公临别时赠与他一根竹杖。费长房乘此竹杖腾云驾雾飞回家后，随手将其掷入了葛陂之中，伴随着一声霹雳，竹杖顿时化作一条青龙，从此成了葛陂中的水神。

　　在这个充满了魔幻色彩的地方，石勒将迎来他人生中最重要的一次转折。

　　屯驻此地不久，石勒就命人建造营垒、征粮课税、修建战船，看样子他似乎要顺淮水东下，直取江南。消息传到建邺（今江苏南京），可吓坏了琅琊王司马睿。此公就是后来建立东晋的晋元帝，此时坐镇建邺，被推举为兴扶晋室、收复中原的盟主。面对洛阳失陷、皇帝被俘的糟糕局面，这位盟主光是喊喊口号，却并不真正北上抗胡，一来他没那个心意，二来也没有那个实力。事到如今，石勒气势汹汹奔自己家门口来了，司马睿急忙召集江南的所有兵力云集寿春（今安徽寿县），准备一旦石勒南下，就跟他玩命。

此时正是初春，从石勒屯驻葛陂起，雨就淅淅沥沥地下个没完，三个月内没有一天是晴天。石勒的军中不论胡汉都是北方人，对这阴冷的连绵霖雨极不适应，许多人都得了疫病，加之粮秣不足，饥寒交迫，每天都有大量士卒死去。石勒的心绪正如这天气一般布满了阴云，一封来自北方的信又到了。

信是刘琨写的，主要的意思是劝降。

按理说，论实力，死守晋阳的刘琨是无论如何也没资格劝降石勒的，但他却挑选了一个好时机。因为这时石勒刚刚擅自斩了王弥，与刘聪之间的裂痕已经出现。于是刘琨颇费思量地写了一封自以为既诚恳又具说服力的长信，劝石勒弃暗投明，效忠晋室。而且为表善意，刘琨还随信送来了两个人。

一个是石勒的生母王氏，另一个是他的侄子石虎。十年前，石勒被掳掠为奴，与母亲失散，没想到居然落到了刘琨手里，而此时竟然又能在葛陂重逢。这对于多年戎马生涯、难享天伦之乐的石勒来说，不啻上天的恩赐。而当年的那个黄口小儿石虎，如今也成长为一个壮硕青年。

在听人读罢了刘琨的劝降信后，石勒的回答是："人各有志，但所走的道路不同。君尽忠本朝，而我乃胡羯之人，难以为君效命。"但出于对刘琨送母之恩表示感谢，石勒回赠了他许多名马和珍宝。

虽然石勒拒绝了刘琨的劝降，却并不代表这封劝降信没有任何效果。实际上，刘琨在信中所提的问题恰恰说中了石勒的心事：

你自从发迹河朔以来，南征北讨数百战，用兵如神，罕有匹敌，但何以攻城拔寨无数，却至今没有一片容身之地？

对此,刘琨解释为这是因为你石勒择主不明,师出无名,刘渊父子绝非贤主,况且自古以来,从没有少数民族能真正为天下之主的,此乃天命。这一解释显然不能让石勒满意。

石勒的心里,其实已经有了自己的答案。在接下来的事件中,他用实际行动对这一答案做出了说明。

三月,面对晋军集结已毕、即将杀至的军事形势,石勒召开了一次前敌会议,议题很简单:怎么办?此时石勒军由于饥疫不止,非战斗减员已有一半以上,而对面的晋军盛传有十余万之众,形势相当严峻。

右长史刁膺说,我们可以暂时求和,假意归顺,待晋兵退后再做打算。对此建议,石勒报以一声愀然长啸,声调沉郁,似乎颇为不满。

中坚将军夔安说,我们应该搬到地势高峻之处扎营,避开晋人的水师和潮湿的瘴气。听闻此言,石勒道:将军你未免太胆小了吧!

孔苌、支雄等三十余将七嘴八舌地说,眼下趁晋兵未至,我们愿各率三百步卒,乘船三十余道,夜袭敌城,得其粮米,一鼓作气平定江南,定将司马家的小儿们尽数擒获!石勒笑了,心说这几个莽汉有勇无谋,提的建议根本就不现实,但如今士气不振,他们勇气可嘉。于是对这些将领加以表扬,各赏铠马一匹。

众人议论了半天,独有张宾还未发言。石勒转头问他:你看怎么办?

张宾不慌不忙地说出了下面一番话:

"将军你攻陷京师,囚执天子,杀害王公,妻略妃主,就算是数尽将军你的头发,也数不尽将军对晋室犯下的罪行,如今怎么能够再臣奉于晋呢?去年杀王弥之后,就不应当来这儿;现在天降霖雨于数百里中,三月不止,是上天示意将军您不宜留此。邺城有三台之固,西接平阳,山河四塞,我们不如北徙据之,以经营河北。河北既定,天下就再没有比将军更强盛的人了！如今晋军保据寿春，只是害怕我们南攻罢了；他们听闻我们离去，高兴还来不及，哪里还有余暇追击呢？将军宜使辎重从北道先发，再引大兵向寿春以为疑兵之计。辎重走远之后，大兵再缓缓而还，何必担心进退失据呢！"

这段话仿佛星星点灯，瞬间为石勒照亮了来时的路。他激动得胡子都立了起来，撸起袖子大叫："张宾说得好！"于是立刻将刚才劝自己投降的刁膺贬官，而升张宾为右长史。从此，石勒便称张宾为"右侯"。

可以说，对石勒而言，张宾这段话的意义不亚于诸葛亮的"隆中对"对刘备的意义。正如刘琨在信中所说，这么多年来石勒东征西讨，为了牵制太行山以东、黄河以南的晋朝势力而四处打游击，为刘汉政权立下不世功勋的同时，自己却得不到一块根据地。这种局面，石勒已不想再继续了。他要有自己的地盘，建立自己的功业，而张宾不但为他制定了现实的战略目标，而且指明了可操作的战略步骤。所以，这段话就是石勒夺取天下的"总路线"。

从今以后，我石勒将开创自己的未来！

根据总路线的指示，第一步就是安全地撤离葛陂。于是石勒如张宾所言，安排主力部队和辎重先行，而另派一队两千人的骑兵攻向寿春，以为疑兵。统率这支疑兵的人选，石勒出人意料地选择了仅仅十七岁的侄子石虎。

人如其名，石虎年纪虽轻，却已显露出了残忍如虎、冷酷如石的本性。他刚到葛陂，就成为军中的一大祸患，老是用弹弓铁丸弹人玩，受击者轻者血流如注，重者脑浆迸裂，军中将士无不痛恨。因此石勒曾想把他杀掉。但母亲王氏劝说，健壮的牛犊最能坏车，石虎从小无人管束，自然性子野了些，且稍稍忍耐些时日，何必现在就杀了呢？

仔细琢磨史书上的这段记载，从阴谋论的角度出发，我很怀疑石勒任命石虎统率疑兵的动机的纯洁性。这小子以前从没带兵打过仗，现在给他两千人（而不是张宾所说的大兵），叫他断后与晋兵作战，如果没死另当别论，如果运气不佳战死，则日后军中也算少了一个祸患，不会背上杀侄的恶名。

不过，不管动机如何，此后的事实证明石勒这一决定相当冒险。

石虎带着两千骑兵向寿春挺进，半路上正好遇着防卫稀少的晋朝运输船。饿了好几天的将士们纷纷登船，大抢粮食布匹。恰在此时，晋军主力杀到，大败石虎于巨灵口。陆上的惨况且不说，光水里淹死的就有五百人。石虎军败退，晋军就追，一追追了一百多里地，赶上了石勒的大部队。此时全军正在撤退当中，一则士气低落，二则毫无防备，突然间听闻晋兵杀到，全军大震。关键时刻，石勒率亲兵结阵以待，做好了背水一战的准备。这时，石勒的心情一定是极端复杂的，精神也是高度紧张的。他知道，在那雾气弥漫的芦苇荡后面，晋军的大部队正在步步逼近，而自己的部队却疲病交加，军心动摇，处于崩溃的边缘。此时若晋军大举进攻，我石勒的一世英名很可能就断送于此。

石勒似乎已看见了芦苇荡后隐约的刀光，听见了模糊的马蹄声。但他等了很久，晋兵终于没有杀来。

原来晋军的主帅纪瞻畏于石勒的威名，害怕中了伏兵，悄然撤回了寿春。

七年后，已经在河北建立后赵政权的石勒论功行赏，认为自起兵以来的十六年之中，唯有葛陂之役功劳最大，应首先予以奖赏。由此可知，这场并未真正发生的遭遇战在石勒的心中到底占有多大的份量。

虽然险过剃头，但无论如何，石勒总算全身而退，撤出了葛陂。而且，石虎也没有死。二十年后，这个最能坏车的牛犊将创造属于自己的历史。

第 6 章　外来的和尚好神通

石勒的军队离开了葛陂，向北方挺进。

豫州一带经过多年战争的洗劫，处处萧条冷落，渺无人迹，即便是春天的到来，也没有让大地染上一丝生气。荒芜的田地里没有粮食，只有三两个被泥土埋了半截的骷髅，河水里也偶尔可见肿胀腐烂的人或马的尸体。阴沉沉的地平线上点缀着几个土灰色的建筑，那是附近幸存的百姓们藏身的坞堡。

军粮已尽。石勒的军队一路走，一路向经过的坞堡发起进攻，希望能抢到些粮食，度过这段危机。但老百姓们早被乱军抢怕了，处处坚壁清野，坞堡修得又十分坚固，军队掳掠所得微乎其微。饿疯了的士兵为了活命，只好选择自己的人果腹，最开始是那些伤兵，后来是身体弱的、年龄小的，再后来是落了单的，上午还是个大活人，下午就和野菜一起煮在锅里了。

这场面石勒见得多了，并不觉得怎么奇怪。可是不知怎的，石勒总觉

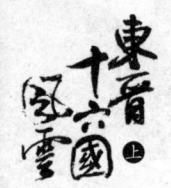

得有哪里跟平常不太一样，仔细一琢磨，问题出在大将郭黑略的身上。

石勒就把他叫来问话，说我没觉得小郭你有什么智谋出众的地方啊，为什么最近出去抢粮食，别人都抢不到，只有你每次都能满载而归呢？

郭黑略傻笑一阵，说将军您洪福齐天，连神仙都来助您。前不久我就遇到了一个神仙，说您将来定会成为中州之主，而他会是您的老师。我最近行军打仗都是按这位活神仙的指示行事，所以才小有所得。

石勒听了，又是高兴又是怀疑，说神仙在哪里，快请来让我见见。

不久，一个瘦高的秃头老者缓步进入了营帐。

他是一个和尚。

一个外来的和尚。

他就是十六国时期的第一神僧——佛图澄。

自从西汉末年佛教经由西域传入我国以来，至魏晋十六国时期，佛教迎来了一次大发展。这一方面是因为那时的社会动荡不安，而传统的儒家学说在解释世界和慰藉心灵上存在着诸多不足，为佛教学说的进入提供了空间；另一方面，则要归功于一代代高僧大德在华夏大地上的传法行动。这其中，有翻译《金刚经》的译经大师鸠摩罗什，有创立了"本无宗"般若学派的释道安，有"西天取经第一人"法显，也有以法术神通著名的大和尚佛图澄。

佛图澄是西域人，九岁就出家为僧，后来又两次留学天竺。西域也好，天竺也好，在武侠小说里都是藏龙卧虎、神秘玄幻之所在。学兼两地之所长的佛图澄，得道以后可谓神通广大，据说不但能靠咒语驱使神魔鬼怪，还能准确预知过去未来。传闻他的肚子上有一个洞，周长有四五寸，平常都拿棉絮塞着，晚上天黑之后若想读个书、抄个经啥的，既不用点蜡，更不用油灯，只需要把棉絮一拔，就有光从肚子上的洞里照出来，比手电筒方便多啦；每到斋日，按照佛教的规矩，既要净身，更要净心，佛图澄就一大早起来走到泉水边，从肚子上的洞里把大肠小肠心肝脾胃什么的统统抽出来，放在水里漂洗干净，然后再挨个塞回洞里去。明清的地方志里说，陕西澄城县和河北内丘县西的山里都有名叫洗肠泉的景点，相传是佛图澄洗肠处，有兴趣的朋友们可以去找找看。

后来，本着我佛慈悲的大无畏精神，已是七十九岁高龄的佛图澄先生不远万里，跋山涉水来到中原，意欲弘法传教，普渡众生。但是他刚进入洛阳不久，即赶上刘曜、王弥率军寇掠围城，京师里的人纷纷出奔逃难，佛图澄想立寺传道的愿望自然落了空。

出了洛阳的佛图澄潜隐于山林草泽之中，默默地观察着世事变迁，静静地等待着机会来临。

不知什么时候，这位老和尚来到了葛陂，投到了石勒部将郭黑略的家里。直到这一天，他等到了与石勒的会面。

我还以为是哪路神仙，却原来是个胡僧，石勒心想。不过看这老僧脸上皱纹左一道右一道的，没有一百也有八十了，兴许有些道术。

于是石勒问道："佛有何灵验？"

中国人的宗教信仰，通常是什么灵就信什么，管你是三清玉帝观音如来，还是耶稣基督无生老母，只要你有神迹能显灵，庙里面就有你的牌位。否则，不管你教义多么精深、理论多么完美，也没有几个人愿意相信。

佛图澄知道以石勒的文化程度，说得再天花乱坠，都不如使个法术管用。于是他道："佛之道虽广大精微，却也可以以小事观之。"说完从怀里取出一个钵，盛满清水放在地上，然后口中念念有词地祭起了咒语："般若波罗蜜——接下来是见证奇迹的时刻！"须臾间，只见一朵莲花从钵中

生展而出,颜色清丽,光华夺目。

这个近景魔术看得石勒目瞪口呆,心说这老和尚真有两下子哦,不由得对佛图澄另眼相看。

但光凭这,还不足以使石勒信服。听说这老和尚能掐会算,石勒想了个办法,要再试一试佛图澄。于是几天后的晚上,石勒突然顶盔贯甲,全副武装,找了个地方执刀而坐,然后叫人去跟佛图澄说:"大将军不见了,请您帮着找找。"哪知这人刚进佛图澄的营帐,佛图澄就迎面问道:"好好地并无盗寇,怎么大将军平白无故戒起了严?"

还有一次,不知哪个旁门左道的术士惹恼了石勒,石勒一气之下,就想把佛图澄一并杀了。但是佛图澄未卜先知,跑到郭黑略那里藏了起来。石勒派人到处找都找不到。第二天石勒后悔了,说一定是佛图澄知道我心生恶意,于是舍我而去了。这时佛图澄又重新现身,说我知道您昨夜心中愤怒,所以暂且躲避,今日知道您改过反悔,才敢来见您。石勒听了大笑,从此对佛图澄心悦诚服,信受奉行。

三个月后,石勒的军队抵达了黄河边。

石勒想从枣津渡河,但河对面的枋头(今河南淇县南)驻扎有当地民众自保的数千军队。石勒怕渡河时遭到这些人的截击,一时未敢贸然行动。夜里,佛图澄突然对郭黑略说:"不久贼寇将至,可告大将军,使之有备。"石勒得报,急忙戒严。不多时枋头的军队果然杀到,但石勒早已做了准备,所以安然无恙。后来张宾又献计,遣奇兵乘竹筏从上游的文石津潜渡,盗取了枋头人的渡船。石勒的主力部队乘船渡河,大破枋头,得其粮食资储,军势重振,于是长驱而进,直抵邺城城下。

此时镇守邺城的,是刘琨的侄子刘演。按照张宾为石勒制定的路线图,占据邺城是经营河北的第一步。于是石勒军发动了攻击,很快刘演的部将临深、牟穆等就率几万人投降了石勒，但刘演却带着数千人退守三台，负隅顽抗。

前面我已说过，三台是指邺城西北三座互相毗连的台阁建筑群——铜雀台、冰井台和金虎台。据史料记载，铜雀台台高十丈，按三国时期一尺相当于今24厘米计，则光台基就高出地面24米，何况台基上还建有多层楼阁建筑。冰井、金虎二台的规制应比铜雀台稍小，但也不会相差太远。所以，这三台就构成了防御森严、易守难攻的城堡体系，即左思《魏都赋》里所说的"三台列峙以峥嵘"。

面对刘演固守三台的局面，许多将领都提议强攻，但张宾却说："刘演虽弱，犹有数千之众。而三台险固，不容易攻下。但如果我们舍之而去，他们将自行溃退。当今王浚和刘琨才是我们的大敌，宜早做准备，刘演不足忧也。所谓得地者昌，失地者亡。距此不远的邯郸和襄国，都是赵之旧都，皆为依山凭险的形胜之地，我们应该在两地中选择一处作为根据地，然后命将四出，各授经略，翦除群凶，如此则王霸之业可成！"

石勒道："右侯之言甚是。"

于是石勒率军舍弃刘演，北上占据了襄国（今河北邢台）。

第 7 章 石勒大破鲜卑军

襄国紧邻冀州，而冀州此时已是王浚的势力范围。

八王之乱后，占据幽州的王浚势力越发强大起来。这一方面是因为他在宗王混战中站对了队，沾了司马越、司马腾兄弟的光，更重要的是，他的背后有东部鲜卑段氏家族的支持。

早在太安二年（303 年），王浚就把自己的女儿嫁给了段部大首领段务勿尘，还上表朝廷，封段务勿尘为辽西公。正是在段部鲜卑铁骑的帮助下，王浚才击走了盘踞邺城的成都王司马颖，又在飞龙山一战大败石勒的军队。由于石勒在寇掠冀州的时候杀死了冀州刺史，王浚就自领了冀州，怀帝又加封他为大司马、大都督、都督幽冀诸军事。后来洛阳失陷，王浚又不知从哪儿找来了一个冒牌的太子，组织了临时政府，他自己任命百官，列署征镇，甚至将手伸过了黄河。

正在这时，王浚听说石勒到南方自助旅游一番后回到了河北，还在襄国扎下了营，又是修城墙，又是搞装修，看样子是准备把家安到那儿了。

卧榻之旁，岂容他人鼾睡，此时段务勿尘已死，继承辽西公的是他的儿子段疾陆眷（以下简称"段眷"），王浚立遣都护王昌及鲜卑段眷、眷弟文鸯、堂弟末杯，发兵五万，直取襄国。

襄国那边，此时也处在一片忙碌之中。刚到不久，张宾就跟石勒说："襄国这地方离晋阳、冀州都很近，我们在这儿安家，王浚和刘琨肯定都不高兴，恐怕不等我们筑好城池、备好粮储，两边的兵就会到了，我听说广平一带庄稼大熟，应该立刻派遣诸将出去收掠粮谷；另外，我们眼下还不宜脱离刘汉宣布独立，您应该派人到平阳去，向刘聪表明镇守此地的用意。"

石勒依计而行，一边抓紧时间抢粮食、修城池，一边派人去向刘聪汇报。不久，刘聪即封石勒为冀州牧、上党公。

城墙在一砖一瓦地往上砌，但护城河的修堑却出了问题。由于一直天旱无雨，水源枯竭，护城河只剩下一条干涸的壕沟。

老天爷不帮忙，那就只有请神仙出马了。于是石勒找到了佛图澄。

佛图澄说，这事得请龙来干。

石勒的字是"世龙"，所以他以为老和尚是在跟自己开玩笑，就说正是因为我这个"龙"取不来水，这才来找你的啊。

佛图澄一脸严肃，说我没跟你开玩笑，水泉之源必有神龙居之，现在我就去请龙帮忙。

于是佛图澄带着几个弟子来到了城西北五里的水源之处。这里的水干涸已久，只剩下一条宽如车辙的土沟。佛图澄不慌不忙，坐在胡床（类似马扎）之上，点上安息香，闭上眼，开始念咒。念啊念啊，念了很久，然后——水还是没有来，他就收摊回去了。旁观的人十分扫兴，都觉得这老和尚是个大忽悠。

第二天，佛图澄如法炮制。结果水还是没来。

第三天，仍是如此。就在这一天的作法即将结束时，水源处突然出现

了一缕细细的水流,一条五六寸长的小龙随着水流游了出来。旁观众人想上前观看,佛图澄急忙制止,说此龙有毒气,不可临其上。

不久,流水大至,很快就填满了护城河。

虽然石勒的人加班加点修筑城墙,护城河也有了,但罗马不是一天建成的,鲜卑大军杀到的时候,襄国的城池还未筑成。事到临头,石勒只好命人在还没修好的城墙外扎起一排排木栅,充当临时城墙。

鲜卑人驻扎在了襄国近郊的渚阳。石勒数次遣军出战,都被段眷所败。段眷又召集工匠,大造攻城器具。城中的石勒闻报,知道决定命运的时刻到了,于是召集众将,道:"如今城堑未固,粮储不多,彼众我寡,外无救援,我欲简练将士,出城与之决战。你们看如何?"

许多将领都说,我们不如坚守以疲敌,待其师老自退而击之。这显然是错判战场形势的馊主意,当时石勒根本没有救兵,城墙又是木头扎的,等着人家造好攻城车来攻,那不是坐以待毙嘛。所以石勒对这些建议不置可否,而是转头问张宾和孔苌。

张宾是石勒谋士之首,孔苌则是武将中的大哥。两人深知石勒的脾气秉性,于是建议道:"鲜卑诸种以段氏最勇,诸段之中以末柸最勇,精兵锐卒皆在末柸帐下。听说段眷不日即将进攻北城,其大众远来,战斗连日,又数次取胜,定认为我军孤弱,不敢出战,斗志必然懈怠。我军应暂且不予出战,故意示之以怯,再于北城秘凿突门二十余道,待其前来攻城、列阵未定之时,以精兵从突门而出,攻其不备,直冲段末柸帐。彼必震骇无计,破之必矣。末柸若败,则其余众将不攻自溃。"

突门,是在城墙里面凿的暗门,只留下五六寸的厚度不予凿穿,所以在城外看不出来。平心而论,这不是一个很完美的计策。因为该计策若要成功,所要求的条件太多,既要鲜卑人必然攻北城,而不是东城西城,又要他们斗志懈怠、毫无防备，还要段末柸顶不住突然袭击。其中有一个环节出现意外，则该计策必然失败。但事已至此，野战又是鲜卑骑兵所长，似乎也没有别的更好的办法。

终于，襄国保卫战开始了。

天刚蒙蒙亮，鲜卑人就开始集结。不出张宾所料，懒得绕远的鲜卑人在北城前面拉开了阵势。在冬日的晨霜里，他们闪亮的铠甲和刀枪映射着朝阳，如同一片淡桔色的海洋。石勒站在城楼上，默不作声地望着这一切。

昨天晚上，他带着不安的心情拜访了佛图澄。佛图澄对他说："寺庙里的铃声告诉我，明早食时，定可擒获段末柸。"

鲜卑人的战阵即将列好，他们打造的冲车、井栏等攻城器械正在摆开，步兵们抬着云梯已准备就位。就在这时，轰隆隆数声巨响，城墙上突然现出二十多个大洞，烟尘起处，一队队挥舞弯刀的羯胡骑兵呼吼着冲了出来，直扑鲜卑阵营。

段眷等吓了一跳，没想到石勒玩了这么一手突然袭击，一时间陷入了混乱当中。但紧跟着他们发现，石勒军主力进攻的不是自己，而是段末柸的营帐。

城楼上，石勒亲自擂起了战鼓。鼓声中，孔苌率着突门而出的骑兵直扑段末柸！

初时，段末柸也颇为意外，但眼见敌人都冲着自己而来，他反倒兴奋了起来，立刻贯甲上马，率所部迎战。段末柸不愧是鲜卑军中最为勇猛的一员虎将，孔苌等人的突袭不但没有占到任何便宜，反而被他生生顶了回去。

石勒眼见段末柸越战越勇，孔苌不利退回，飞龙山惨败的阴影又涌现在脑海中，心里霎时一片冰凉。难道佛图澄那些话是故意安慰我而说的吗？他急忙派夔安再去找佛图澄问个究竟。

夔安火急火燎地见了佛图澄。还没等他开口,佛图澄便说:"已擒获段末杯矣。"

原来段末杯一时杀得性起,居然追着孔苌跑进了城门。这下进了敌人的老窝,你就是再猛,也架不过对方人多吧,于是终于被擒。此时,正好是食时(上午七至九点之间)。

其余的鲜卑将领一看最勇猛的段末杯被擒,顿时慌了。孔苌率军再次杀出,大败鲜卑军,枕尸三十余里,缴获铠马五千匹。

襄国保卫战就这样以石勒军的大获全胜而告终。虽然战争的进程并没有完全按照张宾最初的设计进行,但运气却站在了石勒一边。

到了晚上,喧嚣的战场恢复了平静,襄国城里一片欢腾。这场大胜让将士们士气高涨,纷纷请求石勒将段末杯斩首示众,以泄心头之恨。

但石勒却并不想这么做。他对众将说,辽西鲜卑乃雄健之国,与我们素无仇怨,只是受王浚的差遣罢了,如果今日因杀了段末杯一人而与一国结怨,实在不合算,不如把他放回去,他必定感激于我,将来就不会再被王浚所用了。

不久,退屯渚阳的段眷遣使前来求和,以铠马金银和末杯的弟弟为交换,希望石勒能将末杯放回。石勒欣然应允,一边派石虎去渚阳和段眷结盟,一边在襄国城里大排酒宴,将段末杯请来喝酒。段末杯刚才还在担心自己的脑袋,这时却被奉为上宾,心中自然对石勒十分感激。席间喝得尽兴,末杯还当场赌咒发誓,感谢石勒的再造之恩,说今后自己就是石勒的干儿子,有事干爹你尽管说,自己赴汤蹈火、在所不辞云云。

第二天,石勒就把段末杯放了回去。于是段眷带着部众,打马扬鞭回了辽西老家。鲜卑骑兵一走,王浚的部将王昌自然不敢独留,也撤回了冀州。

据说,在回辽西的路上,段末杯每天都要朝着石勒所在的方向拜上三拜。从此,段部鲜卑再也不听王浚的调遣,王浚的势力由此渐衰。

第 8 章 千里奇袭克幽州

在襄国站稳脚跟后，石勒开始向四面扩张。

首先，他率兵攻掠信都（今河北冀县），杀死了王浚指派的冀州刺史王象；接着派石虎攻取了邺城三台。刘演果然如张宾所言，没怎么抵抗，即溃逃去了廪丘（今山东郓城西北）。不久，太行山以东的郡县多被石勒所取，连一直投靠王浚的乌桓人也偷偷派来使者，暗地里归附了石勒。

这期间，有一次石勒攻斩了乞活军的首领李恽，正要将俘虏的降卒坑杀，忽然觉得里面有个人看着眼熟，叫人带过来一瞧，原来是当年穷困之时多次救助过自己的郭敬。石勒连忙下马，拉住了这位恩人之手，感慨道："今日我们在此相遇，难道不是天意吗？"郭敬也是又惊又喜，两人分散之时，石勒还是披枷带锁的奴隶，谁能想到他如今竟成了战功卓著的将军，还在这个时候救了自己呢？两人一番唏嘘，石勒当即厚赐郭敬衣服车马，拜其为上将军，将那些原本要坑杀的降卒全部赦免，作为他的部下。后来，这位郭敬在石勒建立的后赵政权里一直做到荆州刺史。

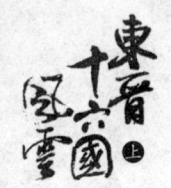

石勒大张旗鼓地在冀州这么闹腾，王浚当然不能袖手旁观。他先是派了天水将军祁弘发兵来征讨。祁弘在当时也算一员名将，八王之乱中曾率部直捣长安，击败河间王司马颙，接回了晋惠帝。可惜他这次时运不济，在一片大雾中与石勒军遭遇，兵败被杀。继而王浚又想调鲜卑段眷参加战斗，可段眷刚跟石勒结过盟，压根就不理他。一怒之下，王浚以巨款买动了鲜卑拓跋部的首领拓跋猗卢，请他去教训段眷。结果拓跋部的军队反而被段眷所败。

到了313年的五月，石勒已经取得了黄河以北的大片地盘。为了给下一次的扩张积蓄力量，石勒开始休养生息，于是河北地区难得地出现了一段短暂的安宁时光。

然而，就在这看似平静的数月里，一个惊人的计划正在石勒胸中酝酿。而这一点，是幽州的王浚所不知道的。

王浚现在所想的事，是当皇帝。

古代皇帝这个职业，有个好听的名儿叫天子。意思是天上的事儿太忙，天下的那些破事儿老天爷就派儿子代替自己去管。但是这个儿子人人都想当，你说你是天子，好，证据呢？又没法做亲子鉴定，所以这得看天命。天命所归的，才是真命天子。但天命这个东西玄乎得很，因为老天爷既含蓄又浪漫，从来不直接现身说话，而是要么用神仙精怪跑腿（驮洛书的乌龟、下蛋的玄鸟），要么给未来的儿子盖个章（刘邦左大腿上有七十二颗黑痣），要么喜欢出个谜语给大家猜（"亡秦者胡也"）。这种蕴含了天命的谜语，古代就叫做"谶"（音 chèn）；要是这谜语有图，就叫作图谶。

那时最流行的一个谜语，就是"当涂高"。

早在西汉末年，就出现了"代汉者当涂高"的谶言，说将来取代汉家天下的一定是个符合"当涂高"的人。涂者,途也;当涂高,就是道路上的高高的东西。那么路上高高的东西到底指什么呢?许多野心家都拼命地往自己身上联想。例如王莽时期的军阀公孙述和东汉末年的袁术,都觉得自己就是当涂高,因为"术"的本义就是道路(《说文》曰"邑中道"),但光有道路还不行,公孙述和袁术都不是"高高的"。后来曹操、曹丕父子建立了魏国,"魏"有路旁高阙之意,许多人才恍然大悟,原来当涂高指的是魏。

到了晋末,天下大乱,这个谜语又有了升级版,叫"当涂高应王者"。前面说过,王浚的爹是西晋开国元勋王沈,王沈的字是处道,所以王浚这个野心家也认为自己就是当涂高。因此早在八王之乱时,他就有了割据之意;洛阳失陷、怀帝被俘后,他又假立太子,自为尚书令,一步步地为自己当皇帝铺路架桥。

当然,除了这所谓的天命以外,要想当皇帝,还得有实力。王浚实力最强时据有幽、冀两州之地,又有乌桓突骑、鲜卑铁骑听他调遣,当时割据称帝的刘聪、李雄也只不过拥有一两州的地盘,所以王浚有点儿非分之想倒也没什么不合理。可后来冀州大部分被石勒抢走,东边的段部鲜卑又跟自己翻了脸,西边又与并州的刘琨频频爆发边界冲突,王浚的实力就大不如从前了。

正在王浚为此感到忧虑的时候,一份意外之喜送上了门。

313 年年底,一位神秘的使者进入了幽州州治蓟城(今北京),给王浚带来了一封信。信的主人说,自己本是个卑贱的胡人,遇到乱世流离失所,不得已才窜命冀州,和部族们聚众自保,以苟活性命,并无大志;当今晋室衰微,远避江南,中原无主,苍生无系,而殿下您乃名门之后,四海敬仰,能为天下之主者,除了您还能有谁!我之所以起兵征战,正

是替您将对手铲除罢了。希望殿下您上应天命,下顺民心,早日登基。我奉戴殿下如天地父母,殿下若明白我的一片赤诚,就把我当作您的儿子看待吧!

王浚看完这封信,心里又惊又喜,又是疑惑万分,因为写此信的人,正是石勒。半年多以前,自己还跟石勒刀兵相见,而现在他却写信来向自己称臣,这到底是怎么一回事?

于是王浚问送信来的使者:"石公乃一时豪杰,据有赵魏之地,成鼎足之势,为何要称藩于我呀?"

使者名叫王子春,同历史上常见的说客一样,是个口齿伶俐、思维敏捷的人。他知道王浚一定会这么问,早就精心准备好了说辞。

他说,您说得没错!我家石将军确实有人马,有地盘,论实力,也未必不能自己称帝。皇帝谁不想当啊是不?可是当皇帝不是纯靠实力就能行的。当年项羽强不强?还不是被刘邦取得了天下?所以最重要的乃是天命。况且自古以来,只有胡人辅佐名臣的,哪有胡人为天子的?殿下您乃中州贵望,累叶重光,自从坐镇幽州以来,威震夷夏,乃天命所归。石将军跟您比,就像月亮比不上太阳,江河比不上大海一样。石将军考虑到项羽、韩信的前车之鉴,所以才真心诚意地归顺于殿下。殿下您又有什么好奇怪的呢?

这番话说得王浚飘飘然,忘乎所以,心里当即就信了一半。

一半就够了。因为只要鱼开始咬饵,就不愁它不上钩。

原来,石勒早就想取幽州了。只是王浚毕竟是一时的风云人物,威名尚在,若不知虚实,不宜贸然进攻,所以石勒想派个使者先过去踩下点。

这时,老谋深算的张宾说话了。他说,王浚跟我们素无交往,此时贸贸然派使者过去,很容易让他心生猜疑,暴露我们的意图,以后再要使什么计策，就不好入手了。但王浚名为晋臣，久已有称帝之心，正迫切希望天下英雄能被自己所用。我们可以利用这一心理，卑辞厚礼向他称藩，既可隐藏我们的意图，又可让他放松警惕。

石勒采纳了张宾的建议，他让王子春送去了那样一封信，还叫人重金贿赂了王浚的宠臣枣嵩。

不久，王浚的使者就跟着王子春回到了襄国。这位使者发现，襄国城里守备空虚，一路上净是老弱残兵。这当然是石勒事先制造的假象。接下来石勒用行动向我们证明，他不但带兵打仗没得说，演技也很出色。当使者向石勒递交王浚的书信时，这位大将军低下了高昂的头颅，北面而拜；王浚送了一柄麈尾当礼物，石勒连摸都不敢摸，恭恭敬敬地挂在墙上，每天早晚都要拜一拜，拜的时候还说："我虽然没见到王公，但见到王公赐给我的东西，跟见到他本人一样。"

这么一番戏演下来，总算把王浚的使者糊弄走了。随后，石勒又给王浚写了一封信，说自己将在三月中旬亲赴幽州，当面尊其为帝，同时修书给枣嵩，求并州牧、广平公的职位。

使者回到幽州，向王浚汇报了自己在襄国的所见所闻：石勒并不像传说中的那么强，他的城防和军队都很差，他对主公您是一片真心，每天都对着您给的麈尾，倾诉对您的景仰之情。

这么一来，王浚就信了八成。再加上不久前，王浚的部将游统私下投靠石勒，石勒不但没有接受，还斩了他的使者的人头送与王浚；受了石勒贿赂的枣嵩又从旁说好话。至此，王浚是彻底相信了石勒精心编织的美丽谎言。

当王浚像热恋中的女人期盼情郎一样，期盼石勒前来归附的时候，石勒也正在紧锣密鼓地准备着三月的来临。

根据王子春出使得来的情报,石勒了解到,王浚在幽州统治苛酷、赋役繁多,残害贤良、重用小人,致使人情离散、甲士疲弊。去年幽州洪水泛滥,闹起了饥荒,而王浚府里积粟百万,却不拿出一粒粮食来赈济灾民,黎民百姓怨声载道,纷纷流亡他州。凡此种种,王浚自己却好像压根就没看见,依旧设立百官,承制称孤,自比汉高魏武,做他的皇帝梦。所以,幽州民间都流传着这样的歌谣:"幽州城门似藏户,中有伏尸王彭祖(王浚字彭祖)。"

总之,现在的王浚只是个一捅就破的纸老虎。

然而,面对这样的纸老虎,石勒却突然犹豫起来,大兵戒严数日,迟迟不肯发兵。将领们都感到不解,只有张宾知道石勒心里的想法。

于是他悄悄地步入了石勒的营帐,对他说道:"将军戒严数日而军不行,可是担心有后顾之忧么?"

石勒道:"正是如此。"

张宾笑道:"如今能为我所忧者,不过刘琨、鲜卑、乌桓而已。然而鲜卑乌桓皆已背离王浚,刘琨与王浚虽同为晋臣,但实如仇敌。一来他们绝想不到我们敢于悬军千里,袭取幽州,二来我们轻军往返亦不出两旬,且不说他们不会发兵救助王浚,就算他们得到消息后想断我们的后路,没等他们部队集结,我们就已安然返回了。为保险起见,还可修书一封与刘琨,送质请和。兵贵神速,机不可失,将军您不必再犹豫了!"

石勒喜道:"我所未了,右侯已了之,我还有什么好犹疑的!"随即传令发兵。

正是春光明媚时节,一队轻骑兵在冀北平原上飞速疾驰着,夜里也可以看到燃烧的火把排成了蜿蜒闪烁的长龙。不久,石勒的军队即渡过易水,进入了幽州境内。

戍防的官兵将消息报入了蓟城，将领们都觉得石勒此行不善，请求发兵抵御。沉浸在皇帝梦里的王浚却怒道："石公此来，正是要奉戴我登基。有敢言击之者，斩！"还安排宴席，准备招待石勒。

所以石勒一路上没有遇到任何抵抗，顺顺当当地进入了蓟城。事情进展得如此顺利，连石勒自己都有点不大相信，他甚至怀疑王浚已识破了自己的计谋，而在城内设下了伏兵。因此入城之时，石勒命部队驱赶牛羊数千头在前开路，以上礼为名，实际上是借此堵塞街巷，防备伏兵。直到所有的部队都平平安安进了城，石勒才发现自己实在是高估王浚了。

王浚此时终于觉得不妙起来，在府中坐立不安，彷徨无计。身边的部下请求调兵跟石勒拼了。但王浚心里却仍存侥幸，不予抵抗。直到石勒率军闯入了府衙，兵众一拥而上擒住了王浚，他才终于醒悟，自己是上了石勒的当。王浚愤怒地骂道："胡奴！竟敢忽悠你家老子！"

石勒望着眼前这张因愤怒和耻辱而扭曲的面孔，心里充满了厌恶。他斥责王浚道："你位冠元台，手握强兵，坐观本朝倾覆，却不施以援手，反而欲自尊为天子，这难道不是大逆不道吗？自坐镇幽州以来，你委任奸贪，残虐百姓，贼害忠良，毒遍燕土，这又难道不是你的罪过吗？事到如今，你还有什么可说的！"

不久，石勒遣五百骑将王浚押送到了襄国，斩首于街头。

在不到二十天的时间里，石勒千里奇袭，取得了幽州。

第 9 章 何意百炼刚,化为绕指柔

石勒袭取幽州的消息传来,刘琨既震惊,又惶恐。

自从洛阳失陷后,他在并州的局势就愈发艰难了。

面对匈奴骑兵不断的寇掠,刘琨固守着晋阳这个他苦心经营的据点。一次,晋阳城被胡骑团团围住,城中将士皆窘迫无计。夜晚降临,刘琨乘着月色登上城楼,发出了声声清啸,这啸声时而慷慨,时而忧伤,听得城外的匈奴人都凄然长叹;到了深夜,城楼上忽然又传来了胡笳幽咽哀婉的声音,听着这熟悉的曲调,许多胡人都想起了自己的家乡,不由得流泪唏嘘;拂晓之时,刘琨再次吹响了胡笳,在阵阵笳声里,城外斗志消磨的敌人终于撤掉了包围,退兵而去。

这件事情告诉我们,音乐的力量是无穷的。

但刘琨绝没有想到的是,他的败亡也正由音乐而起。

与荀晞不同,出身士族的刘琨青年时期就是个风雅之人,诗词歌赋无所不精,尤其擅长音律,当年曾与陆机、陆云、石崇等名士并称为

"二十四友"。后来天下大乱,刘琨成了一方藩镇,虽常年忙于战事,但名士风流的那些雅事他并没有丢掉,只是晋阳不比洛阳,今日也不同往昔,二十四友死的死、散的散,刘琨也只能独自弹琴长啸、聊以自慰了。

这时,一位名叫徐润的人来到了晋阳。此人也是个音乐家,刘琨一见,引为知音,两人十分投契,后来刘琨还让他当了晋阳令。但可惜的是,人的才华与品德往往并不对等。徐音乐家虽然琴弹得好,但人品却不咋地,常常仗着刘琨的宠信干预政事,这样一来,就与刘琨的部将令狐盛起了冲突。

令狐盛是个直性子,多次劝谏刘琨除掉徐润,刘琨不干,结果令狐盛反被徐润在刘琨面前一状告倒,被刘琨杀了。刘琨的老娘知道了此事,数落他道:"你不能经营远略、驾驭豪杰,反而宠佞奸人、铲除忠良,如此下去,将来祸必及我啊!"

老太太的话没有说错。因为令狐盛还有儿子,而且这个儿子还跑去投靠了刘聪,将晋阳的虚实强弱全都抖搂了出去。刘聪大喜,当即于312年七月,以这位令狐公子为向导,遣刘曜、刘粲率大军杀奔晋阳而来。

刘琨得报,知道凭自己手中的这点儿兵力,晋阳恐怕是守不住了,于是他派部将郝诜、张乔守城,自己则东出常山、中山去募兵,同时遣使向拓跋鲜卑求救。结果这两个部将甫一接战即败亡,太原太守高乔随即献城投降。

汉军一入晋阳,令狐盛的儿子就冲进刘琨的府第,杀了他的父母。刘琨回救不及,只得奔了常山。

十月,拓跋鲜卑的援兵到了。拓跋猗卢派自己的儿子宾六修率卫雄、箕澹等数万人马为先锋,自己亲率大军二十万为后继,浩浩荡荡南下晋阳。刘琨则带着自己招募的数千人为向导。

刘曜率军迎战宾六修于汾水东岸。鲜卑骑兵再一次证明了他们的强大。汉军大败，战斗中刘曜落下马来，身中流矢，七处受伤。眼见鲜卑人即将合围，讨虏将军傅虎要将自己的马让给刘曜，刘曜不受，道："我受伤已重，注定要丧命于此了。你快乘着马逃命去吧。"傅虎拜倒在地，哭道："小人蒙大王提拔，得以有今日，常思以死报效，今日正当其时也。且汉室江山初立，可以无傅虎，不可无大王啊！"遂将刘曜搀扶上马，驱赶着渡过了汾水，自己则转身杀回，力竭战死。

逃得性命的刘曜回到晋阳不敢再留，当夜就与刘粲驱掠晋阳百姓，穿越蒙山而归。但带着百姓能走多快呢？不久，拓跋猗卢的大军即在蓝谷追上了汉军，斩首三千余级，伏尸数百里，许多晋阳的百姓都成了战场上的无辜冤魂。

赶走了汉军的拓跋猗卢志得意满，乘兴大猎于寿阳山，将猎得的皮肉陈阅在山坡上，远远望去，整个山坡都变成了赤红色。

刘琨自营门徒步入帐，拜谢猗卢收复晋阳之恩，并请猗卢继续进军攻灭平阳。但拓跋猗卢说："我来得晚了，让你父母被害，我很惭愧。但现在州境已经收复，我们大众远来，士马疲弊，需要休整。我看刘聪不是一时半会儿能灭掉的，进攻平阳的事以后再说吧。"

于是拓跋猗卢留给刘琨马牛羊各千匹、车百乘，又命部将箕澹、段繁助其守卫晋阳，然后带着大军回了代北（时人对恒山山脉以北的概称）。

此时晋阳已是一座空城，多年经营的成果毁于一旦，刘琨只能徙居阳曲，在此召集流民和残兵。

此后，由于刘聪忙于攻略长安，一时无暇顾及刘琨，刘琨总算有了喘息之机。但还没等他恢复元气，石勒就攻灭了王浚，身处刘聪、石勒两强之间的刘琨处境就更加艰难了。他在一份给晋愍帝的表章中写道："勒据襄国,与臣隔山,寇骑朝发,夕至臣城。……进退维谷,首尾狼狈。"

正在刘琨苦苦支撑危局的时候,他的靠山拓跋鲜卑又出了内乱。宾六修杀死了老爸猗卢,不久又被堂兄普根所杀,拓跋部内一片混乱。不过,这对刘琨来说也未必全是坏事。由于刘琨的儿子刘遵一直在拓跋部当质子,积攒了不少威望,鲜卑大将箕澹、卫雄等就率领三万部众和大批畜产,跟刘遵一起投奔了刘琨。刘琨得了这些部众和畜产后,势力大振,不由得又有了南伐之意。

这时,恰逢石勒遣军攻掠乐平,乐平太守韩据向刘琨求救。刘琨觉得,这些部众刚刚归附,正可以利用他们的锐气与石勒相抗。但箕澹和卫雄却不这么认为,他们劝刘琨说,这些部众有的是鲜卑人,有的是晋人,但皆久沦异域,未习明公之恩信,恐怕现在难以使用,不如暂且收谷积粮,闭关守险,积蓄实力,待这些人服化感义后再用之。但刘琨不听,尽其全部兵力倾巢而出,命箕澹率步骑二万为前锋,自己则率余兵屯驻于广牧,为之声援。

石勒听闻刘琨派兵前来,他知道,夺取并州的机会来了。

不过,就在石勒准备率军迎击箕澹军的时候,有人建议说,箕澹士马精强,不如暂且避其锋芒,深沟高垒,先挫其锐气,如此可获万全。提建议的人在史书上没有留下名字,也许他也是君子营中的一位,也许说这么一句话,只是为了显示他不是吃白食的人。但很可惜他选错了时机,因为石勒马上说道:"箕澹大众远来,体疲力竭,犬羊乌合,号令不齐,何强之有!敌寇转眼即至,此时怎可退避!如果箕澹乘我军之退而进逼,回顾尚且无暇,哪里还能深沟高垒!此为不战而自取灭亡之道也。"说完便将这位不幸的人斩了首,又下令三军"后出者斩!"石勒遂借此统一了军心。

这次的战场仍在太行山区。石勒事先在山上设下了两处伏兵,而遣轻

骑与箕澹军作战。战不多时，孔苌即按计划诈败退兵。箕澹不知有诈，纵兵追击。待其部队进入埋伏圈后，石勒大军自两侧山上呼啸而下，前后夹击箕澹。最终箕澹军大败，石勒又缴获了铠马万匹。

作为此战的结果，乐平太守韩据弃城而逃，刘琨的长史李弘献并州，降了石勒。进退失据的刘琨不得已，只好带着残余的部众投奔了蓟城的段匹磾（音 dī）。

段匹磾是辽西公段眷的弟弟。石勒攻灭王浚后，任命当过尚书的燕国人刘翰为幽州刺史，然后就回了襄国。但刘翰并不愿意跟从石勒，石勒前脚刚走，他就投靠了段匹磾，段匹磾于是占据了蓟城。

刘琨来投后，段匹磾待他非常好，两人不但拜了把子、结了亲家，段匹磾甚至推举刘琨为大都督，与之结盟，约定共讨石勒。建武元年（317年），两人进屯固安（今河北易县东南），准备召集段部鲜卑的其他首领一起南伐。

但前边已经讲过，段部之一的段末柸是认过石勒当干爹的，过年过节的他又没少从石勒那里得好处，于是在段部鲜卑那里，形成了三派：段末柸是亲石勒派，段匹磾是反石勒派，而段眷和他们的叔叔涉复辰基本算是中间派。收到弟弟段匹磾的檄文后，段末柸就劝大哥段眷和叔叔涉复辰说，您二位是叔叔、兄长，如今却要听侄子、弟弟的召唤去打仗，这不是丢人嘛！再者说，就算我们打了胜仗，功劳和好处还不都是匹磾和刘琨的，哪轮得上我们的份？两人觉得言之有理，于是就各回各家了。

刘琨和段匹磾知道仅凭自己的实力无法对抗石勒，于是这次征伐就此不了了之。

后来段眷病死，段末柸据辽西，与据蓟城的段匹磾争立。段末柸希望拉拢刘琨，除掉匹磾，匹磾也担心刘琨乘自己兄弟内乱之时兼并自己，就把刘琨软禁了起来。

这一来,刘琨的部将们不干了,纷纷策划发动叛乱,想救出刘琨。殊不知,这反而让匹磾下定了除掉刘琨的决心。

拘禁中的刘琨似乎预感到了自己的命运。在那段最后的日子里,他写下了一首诗,内有名句:

> 功业未及建,夕阳忽西流。
> 时哉不我与,去乎若云浮。
> 朱实陨劲风,繁英落素秋。
> 狭路倾华盖,骇驷摧双辀。
> 何意百炼刚,化为绕指柔。

我刘越石这块百炼精钢,怎么竟变得如此软弱可欺了呢?

不久,刘琨被段匹磾缢杀于蓟城,时年四十八岁。

第 10 章 得志便猖狂的刘聪

刘琨的死,意味着除了几个北方少数民族的首领和冀州东部的邵续,黄河以北已再无晋朝任命的藩镇。

与此相应的是,匈奴刘聪与羯人石勒,双雄并峙于中原。

虽然石勒已有充分的资本与刘聪分庭抗礼,但此时他还不想和刘聪闹翻,所以他名义上还是刘汉政权的臣子,而刘聪名义上也就成了黄河以北大片土地的唯一主人。

这让刘聪很得意。

但更得意的是,他居然不费吹灰之力就先后俘虏了晋朝的两个皇帝。

晋怀帝司马炽被俘后,有一次参加刘聪的宴会,刘聪从容地对他说:"爱卿你当年为豫章王时,朕曾经和王武子一起去府中拜访。王武子把朕介绍给你,你说闻名久矣,又把自己做的乐府歌辞给朕品鉴。朕当时与武子都作《盛德颂》以和之,爱卿你连连赞颂。之后我们又进行了射箭比赛,朕得十二筹,卿与武子俱得九筹,卿为此赠朕柘弓、银研,不知你还记得否？"

司马炽连忙回答说："臣怎么敢忘记呢，但恨当初有眼无珠，未能早识龙颜。"

刘聪又问："卿家骨肉相残，为何如此过分呐？"

司马炽回答："这乃是天意也。是老天让大汉复兴，所以故意使我们司马家自相残杀，以为陛下驱除罢了。况且若臣家兄弟同心、九族敦睦，陛下怎么能如此顺利就得了江山呢！"

大概司马炽的答复很让刘聪满意，两人一直聊到了晚上，结束时，刘聪还把自己的爱妃小刘贵人赏赐给了司马炽。

如果你认为这表示刘聪对司马炽很好，那你就错了，这不过是胜利者对失败者的一种恩赐和怜悯，是为了让自己的胜利更有味道。

一年后的正月初一，刘聪大宴群臣于光极前殿。

当文武百官正在开怀痛饮之时，他们突然惊讶地发现，那个身着青衣恭敬地为自己倒酒的人竟然是晋怀帝司马炽。在那时，青衣是奴婢仆从等地位低下的人穿的衣服。当年堂堂的大晋天子，如今居然在人家吃饭的时候当端盘子的服务生，这简直是奇耻大辱！群臣里有一些人是晋怀帝的旧臣，见此情景都悲愤交集，庾珉、王隽两人干脆放声大哭起来。

酒宴进行不下去了，刘聪当然不高兴。

几天后，有人诬告庾珉等人准备做内应，助刘琨攻取平阳，刘聪于是鸩杀了司马炽和庾珉等晋室旧臣。怀帝司马炽时年三十岁。

如果你认为晋怀帝的结局可称悲惨的话，那么和晋愍帝司马邺相比，他还算是比较幸运的。

316年，长安沦陷，司马邺面缚出降的时候，还不到十七岁。司马炽好歹还与刘聪有过旧交，而司马邺则是个完全的陌生人，所以刘聪对待他

更加不客气。为了满足自己的虚荣心,刘聪又将羞辱司马炽的那一套在司马邺的身上使用。

刘聪出猎,让司马邺代行车骑将军之职,戎服持戟,在前开路。路上围观的百姓见了,都指指点点地说:"这就是原来长安城里的天子(如今却落得这步田地)。"有晋朝故老禁不住流下泪来。刘聪觉得民心仍有思晋之意,心里老大不痛快。

不久,刘聪再次大宴群臣,又一次让司马邺充当服务生端盘子洗酒杯。这已经算是过分了,更过分的是,吃到一半的时候刘聪去上厕所(更衣),居然叫司马邺给他持盖(影视剧中常见的皇帝身后宫女手执的圆圆的像大扇子似的东西)。百官中的晋臣再也受不了此种屈辱,纷纷落泪,尚书郎辛宾更是离席而起,抱着司马邺嚎啕大哭。

刘聪见状大怒,说上一次杀了庾珉等人,难道还不足引以为戒吗!立刻叫卫士把辛宾拉出去斩了。再加上当时豫州一带的晋朝残余势力都以营救愍帝为口号,刘聪遂派人在司马邺的饮食中下了毒。

司马邺中毒后,胸腹窒闷,但一时还没有死。前侍中许肃急来相见时,他已经意识模糊,说不出话来。许肃问:"陛下还认得出臣吗?"司马邺尚能拉住他的手默默流泪。许肃哭泣着登上了床,将司马邺抱在怀里,这个十八岁的大男孩遂在他的怀抱中沉沉地睡去,告别了无限痛苦的人生。

成吉思汗说过,男人最大的快乐就是战胜和铲除自己的敌人,夺取他们的财富,骑乘他们的骏马,占有他们的女人。显然,通过羞辱晋朝的两位皇帝,刘聪的虚荣心得到了极大的满足。敌人已经被战胜,斩草除根的事情可以交给手下人去做,现在到了享受胜利成果的时候了。

刚刚即位没几个月,刘聪就烝(音 zhēng)了太后单氏。烝,不是指放在笼屉上像小笼包一样地蒸,而是专指晚辈与长辈之间发生不正当的肉体关系。单氏是刘渊的皇后,算是刘聪的后妈,此时应是三十岁左右,史书上说她"姿色绝丽",于是刘聪就把她烝了。这在汉族的传统观念看来,是彻底的乱伦。

但在此有必要转换一下视角,从游牧民族的角度来审视。我们知道,由于游牧社会特殊的生产关系和社会结构,许多草原游牧民族都流行"烝母报嫂"的习俗,即老爹死了,除了自己的亲妈,儿子可以娶所有的后妈;哥哥死了,弟弟也可以拿嫂子当老婆。当年著名的和亲大使王昭君在呼韩邪单于死后,就按照匈奴的风俗,嫁给了呼韩邪的儿子;而和亲乌孙的两位公主细君和解忧同样如此,解忧公主更是先后嫁给了三任乌孙王。

所以,身为匈奴人的刘聪烝了自己的后妈,实在没什么大惊小怪,但史书是汉族知识分子写的,自然要视这种"逆天理、悖人伦"的行径为淫乱了。而这位单氏的儿子,就是那位刘聪假意要传位的皇太弟刘乂。身为新一代的匈奴人,刘乂汉化程度很深,也认为哥哥和娘之间发生这种关系实在是丢人,于是三天两头就跑到宫里跟他娘说你们怎么怎么不对。时间一长,单氏实在受不了,就惭恨得病死掉了。

这一来,刘聪就恨上了刘乂,想把他废掉。但考虑到单氏刚死,于心不忍,就暂且作罢。

没多久,刘聪的皇后呼延氏死了。这位呼延氏是刘聪的元配,呼延家族有很强的势力,所以有她在的日子,刘聪还不敢过于放肆,她这一死,刘聪多年来潜藏的欲望终于肆无忌惮地释放开来。

首先,在选立呼延皇后的接班人的时候,刘聪想娶太保刘殷的女儿。太弟刘乂又不同意,原因很简单,你姓刘,老婆自然不能再姓刘,自古以来同姓不婚嘛!但皇帝想办的事,下边自然有人"体察上意",刘延年、

刘景等大臣都说太保刘殷乃周朝刘康公的后代,跟咱们匈奴刘氏不是一脉,娶他的女儿没有问题。

好,既然没有问题,娶一个实在太少,不如多娶几个,于是刘聪娶刘殷的两个女儿为左右贵嫔,又纳他的四个孙女为贵人(赏给司马炽的小刘贵人就是其中之一)。从此之后,"六刘之宠倾于后宫,聪稀复出外",国家大事统统叫太监传进后宫,由左贵嫔刘大姐来决断。

不过,这位刘氏倒不愧为名门之后,史书称赞她既贤且明,刘聪每次要干点儿什么坏事,她经常能从旁劝告规正。

一次,刘聪仅仅由于没能吃到新鲜的海鲜,就将左都水使者刘摅杀了头;主管土木工程的将作大匠刘靳陵,也因为营造宫殿未能及时竣工,被刘聪砍了脑袋;再加上刘聪整日白天打猎、晚上钓鱼(晚上黑漆漆的怎么钓鱼?刘聪的方法是在河边点上无数的大蜡烛,以烛继昼),有责任感的大臣们都觉得皇上越来越堕落,这么下去可要麻烦,于是纷纷进谏。但刘聪却将这些进谏的大臣都关进了监狱,直到满朝文武一百多人联名进谏,刘聪才把他们放了。

后来,刘聪立刘贵嫔为皇后。像现在许多有钱的男人一样,刘聪也想送一套房子当礼物,于是他叫来主管大臣,准备在后宫新建一座气派的宫殿。

当时刘聪正在逍遥园李中堂里休闲,忽然太监通报说廷尉陈元达求见。刘聪一听这名字,眉头就皱了起来。这陈元达不是一般人物,从刘渊起兵那时起就跟着他们父子,为人既正派,性格又耿直,堪比汉武帝时的汲黯,是刘汉朝廷里的第一铮臣。结果不出刘聪所料,陈元达正是为建宫殿一事而来。

陈元达先是讲了一通为人君主的大道理,接着又说当初先帝刘渊如何如何艰苦朴素，衣服都舍不得穿丝绸的，而现在你如何如何奢侈铺张，到现在为止都修了四十多座宫殿了，现在又是饥荒又是战争，形势如何如何险恶，而我们实际掌握的地盘也才不过西汉时的两郡之地，花费却比文帝景帝时要多许多倍，如此下去，国将不国云云。

刘聪一听就火了，骂道："朕乃天子，建一座房子还要让你审批？不杀你，我这宫殿还盖不成了！"当即命令把陈元达拉下去，将他全家一起斩于东市，使与群鼠共穴。

陈元达大骂道："臣所言者乃国家大计。若死者有知，臣要当上诉陛下于天，下诉陛下于先帝！"卫士上前就要拉他下去，结果拉了好几次，愣是拉不动，再一看，好家伙，不知什么时候陈元达带了一副铁链、一把锁，已把自己拦腰锁在树上了。

刘聪更恼火了，拉不下去就拉不下去，就把他按在树上给我打！打死他！

外面这么一闹，惊动了内堂的刘皇后。刘皇后一见这情形，急忙派太监密敕左右停刑，然后亲手写了一封奏疏，说陛下若因为为妾营殿之事而杀谏臣，将使天下忠良皆怪罪于妾，妾何以当之！又说自古以来败国丧家，未始不由妇人而起，自己常常担忧，没想到今日却轮到了自己身上，如此则后人必视妾为祸患之由也！如今妾已无脸再侍奉陛下，愿陛下赐臣妾一死吧！

刘聪见了这封奏疏，脸色大变，稳定了半天情绪，才慢慢地说："今年以来朕微得风疾，常常喜怒无常，不能自制。"说完命人将陈元达引上，给他看刘皇后的表章说："外辅如陈公，内辅如刘后，朕还有什么可担忧的呢！"遂下令将逍遥园更名为纳贤园，将李中堂更名为愧贤堂。刘聪又对陈元达说："人家都是臣子畏惧天子，而现在反要让朕畏惧爱卿你啦！"

第 11 章 老天爷掏了黄牌

如果刘聪只是宠爱女色、奢侈铺张，倒还不至于动摇国本，真正让刘汉政权面临覆亡危险的，是刘聪在继承人问题上犯下的错误。

前文已述，刘聪这个位子是他杀了大哥刘和得来的，即位之前，他还假意要把皇位让给弟弟刘乂，所以拜他为皇太弟。但读惯了史书的朋友们都知道，要让任何一个皇帝心甘情愿地把位子传给弟弟，而不是自己的儿子，基本都是童话。这种事情只有在上古的时候才发生过。

呼延皇后早在还没死的时候，就跟刘聪说，父死子继乃是常道，你封个太弟算什么事啊！将来你不在了，我们的儿子刘粲怎么办？弄不好就是断子绝孙啊！刘聪深表同意，只是当时单太后刚死，他还不便从事。

过得几年，刘聪觉得儿子刘粲积累了足够的战功，也有了较高的威望，就准备向太弟刘乂下手了。

于是从 314 年起，有两件事情成了笼罩平阳皇宫的主题，一件是刘聪的私生活越来越不堪，另一件就是废立新的继承人。并且，两件事情很快就纠缠到了一起。

嘉平四年（314年）正月，史书上记载了这样的天文异象："日陨于地。又有三日相承，出于西方而东行。"这是什么场景，你自己琢磨，我就不解释了。同是这月，平阳爆发了地震，崇明观都陷入了地下，城中池水尽赤。还有一颗流星在天上从牵牛星穿越紫微星，又拖着长长的发光的尾巴落到了平阳北十里的地上。有人跑去一看，乖乖不得了，流星坠地的地方是一大块肉状物质，长三十步、宽二十七步，还发出阵阵腐烂的恶臭味，在平阳城里都能闻到。更可怕的是，这块巨大的腐肉旁边还传来似有似无的哭声。

刘聪听说后十分厌恶，就把大臣们找来问。陈元达和博士张师等都认为，这是因为宫中女宠太盛，上天警示的亡国之征。刘聪不高兴地说："此阴阳之理，何关人事！"

不久，那位贤明的刘后去世，从此后宫里嫔妃争宠竞进，再也没有什么规矩秩序可言。史书上的记载，则越来越像一部鬼片，平阳城里鬼气森森，乱象频出。放在二十一世纪的今天，反伪科学的专家们尽可质疑这些记载的真实性。但在当时的历史条件下，要想解释这些乱象，就必须了解那时人们的观念。

汉晋时期，阴阳五行学说流行。与前面刘聪所言正相反，这些学说认为阴阳之理与人事息息相关，即所谓的天人相应。尤其皇帝不比凡人，他既是天的儿子，自然是"德配天地，叶契阴阳，发号施令，动关幽显"，一举手一投足都关系到天理。所以皇帝干了什么事，老天爷都知道。干了好事，天上地上都有嘉祥，什么凤凰啊，甘露啊，嘉禾啊统统出现，意思是小子你干得不错，值得表扬；干得不好，就是地震啊，火灾啊，洪水啊，山崩啊，还有种种稀奇古怪、玄而又玄的灾异，意思是给你黄牌警

告,你若及时悔改还则罢了,否则别怪老子红牌罚你 get out !

所以在那时人们的观念里,什么三日相承、流星坠地,都是上天对刘聪的警告,但刘聪不知悔改,自然之后的乱象就越来越多了。

建元元年(315年)三月,天上下起了血雨,落在东宫延明殿之处。东宫是太弟刘乂的住所,老天的意思是,东宫将有血光之灾。前年年底,刘聪已经任命刘粲为相国、大单于,总领百官,看样子,废黜太弟只是个时间问题。

刘乂这倒霉孩子很郁闷,就去找自己的太傅崔玮、太保许遐商量。两人冒着被告发的危险,劝刘乂先下手为强,利用东宫的戍卫部队夺取兵权、杀入皇宫,如此才能自保。但刘乂一没那个决心,二没那个本事,不敢下手。这一来不但葬送了他自己,也害苦了崔玮和许遐。没多久,两人劝刘乂谋反的事就被告发,传进了刘聪的耳朵。刘聪当即将他们抓捕下狱,随便捏造个罪名杀掉了,又派将军卜抽带兵将东宫团团围住,把刘乂软禁起来。

刘乂又怕又愁,不知所措,就写了一封表章拍刘粲的马屁,说刘粲乃真正的合格储君,自己狗屁不如,愿自贬为庶人。但这表章被卜抽扣下,根本就没往刘聪那儿递。

刘聪一边处理着弟弟刘乂,一边继续享受着他的性福生活。哪个大臣家的姑娘长得漂亮,刘聪就纳到宫里去。这就给了一些心术不正的大臣投机的机会,有的大臣高价买来绝色女子,冒充自己的女儿,有的则干脆将受过专业训练的姬妾侍婢献给刘聪。中护军靳准有两个女儿,大的芳名月光,小的名叫月华,都是国色天香的尤物。刘聪抽空到靳准家里转了一圈,马上封这两位美人为左右贵嫔,几个月以后又升月光为皇后。

但女人多了,也有烦恼。

这些娇滴滴的美人个个都是心头肉，又都天天吵着嚷着要当皇后，不让当吧就撒娇发嗲，争风吃醋使小性儿。但自古以来的规矩，皇后只能有一个，这事怎么办？

规矩是人定的嘛！

朕是天子，当然可以不守规矩。

于是刘聪同志解放思想，开拓创新，从匈奴民族左右翼制度中汲取灵感（左右贤王、左右谷蠡王等等），一口气任命了三位皇后：一位上皇后，一位左皇后，一位右皇后。

三后这一并立，陈元达等大臣们纷纷进谏，说这不是应了去年"三日相承"的异象嘛，十分不吉利。但刘聪不听。

没过多久，更怪的事情发生了：一连三个晚上，皇宫里都能听见凄惨的鬼哭声，要多吓人有多吓人；立在宣光陵（刘渊的陵墓）前的石人，无缘无故地自行移动了好几米；两个月不到，平阳再次发生了地震；与此同时，腥红色的雨水从天而降，将东宫周围广阔顷余的土地染成了赤色。

要是别的有道之君，遇见这些不祥的异象，早就下罪己诏自我批评了。但刘聪同志表现得十分淡定，该钓鱼钓鱼，该喝酒喝酒，该泡妞泡妞，就当这些事情根本就没发生。日子一天天过去，刘聪的表现越来越像中国历史上典型的昏君，经常是一连三天大醉不醒，要不就是一百多天也不上一回朝，国家的大事小情都交给儿子刘粲办理，只有重要职务的任免和判决死刑的事，才叫太监王沈、宣怀、郭猗等传进后宫来。

皇帝既然如此，身边的太监自然也不是好东西。王沈、郭猗等人凭借刘聪的宠幸，和刘粲结为一党，把持朝纲。需要禀告刘聪的事，他们大多不往上报，而是随着自己的好恶私自处理，跟我关系不好的，即便是有功之臣，也得不到录用，跟我关系好的，就是白痴一个，也能几天就升到省

部级。他们自己的衣服、车马、房子比许多王爷用的都好,远房亲戚都当了大官,个个都是搜刮民脂民膏、把老百姓不当人的主儿。

物以类聚,人以群分,靳准等外戚也上赶着来捧太监的臭脚,后宫之家赏给奴仆的零用钱动不动就数千万,而远征在外的将士们奋战多年,却得不到分文报偿。所有这一切纷纷预示着,刘聪的统治已滑向崩溃。

刘渊当年苦心经营,励精图治,为刘汉朝廷很是留下了一批忠臣。面对如今的昏乱局面,这些忠臣十分痛心,都联合起来跟死太监们对着干。不过很可惜,同东汉、唐代、明代的几次阉乱一样,忠臣到底还是没能斗得过死太监。麟嘉元年(316年)二月,许久不上朝的刘聪突然驾临上秋阁,下诏要将公师彧、陈休、卜崇等七位大臣斩首。承旨的侍中卜幹知道这七人都是太监们向来嫉恨的忠臣,哭泣着向刘聪叩头进谏,头都磕出了鲜血。但刘聪却生气地拂衣而去,将他贬为了庶人。

刘聪要杀七大臣的事很快传到了太宰刘易、大将军刘敷和陈元达那里。刘易和刘敷都是刘聪的儿子,其中刘易尤其品行忠正。眼见老爸在毁灭之路上越走越远,刘易等上书极谏,请刘聪杀掉太监,放还大臣。刘聪见后大怒,亲手将奏疏撕了个稀巴烂,骂说都是陈元达这个混蛋,把我儿子也给带傻了!

不久,刘易郁结胸中,气愤交集,一病死了。陈元达听闻后,登门痛哭一场,归而自尽。

从那以后,刘聪朝廷之中再无耿直忠正之臣。

第 12 章 血雨纷纷乱平阳

然而就连亲生儿子和忠臣的死，也没能让刘聪有所悔悟。

他依然沉溺在脂粉堆里，醉生梦死。很快，后宫里除了三位皇后之外，佩带皇后玺绶的其他嫔妃就达到了七人。（由此刘聪超越了北齐后主高纬和北周宣帝宇文赟，在"史上皇后最多的皇帝"这一光荣记录上，仅仅落后于另一位荒淫帝王东吴孙皓，屈居第二位。）

不过，对刘汉臣民来说，似乎也不是全无好消息。在同年秋天的一次大型宴会上，刘聪见到了已被软禁一年多的太弟刘乂。此时的刘乂应该不到三十岁年纪，然而看上去却鬓发苍然，憔悴如花甲老者。刘聪见状大惊，不禁念起了兄弟之情，心中悲恸起来，遂与之把酒言欢，好像两人之间从来没有过什么嫌隙一样。

这当然是刘粲所不愿意看到的。

于是靳准为刘粲设计了一个阴谋，那就是暂且放松对刘乂的软禁，让他与外人自由交往。时间一长，交往的人里面什么鸟都有，难免有人再劝

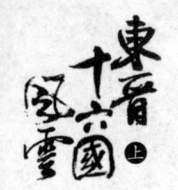

刘乂谋反（就算没有，也可以捏造）。到时再将这些交往者抓了严刑拷问，那还不是想要什么供词，就有什么供词？

刘粲依计而行。

于是天又雨血。这次不光是东宫，连刘聪朝见群臣的光极殿也被血雨所笼罩。

鬼又夜哭，客星犯紫微。

所有这一切似乎预示着，一场大变即将发生。

麟嘉二年（317年）三月，刘粲突然叫人对刘乂说，宫里传下密旨，说近日京师将有变故发生，叫我们都穿上甲胄，随时听候调遣。刚刚经受过折磨的刘乂居然轻易地信以为真，叫东宫手下都武装了起来。与此同时，靳准向刘聪汇报，说有人看见太弟刘乂正在谋划造反，东宫人众都抄上了家伙。刘聪大惊，道："难道真有此事？"王沈等太监也煽风点火说：臣等早就听说了，但怕您不信，俺们没敢说。

刘聪立刻派刘粲率军包围了东宫，将东宫各官属和亲刘乂的大臣统统诛除，总共坑杀了士卒一万五千多人，平阳街巷为之一空。

为了捏造刘乂谋反的证词，靳准、王沈等抓了十几个氐羌民族的酋长，让他们一一体验酷刑，什么烙铁、剜眼、檀香刑，哪招狠用哪招。这帮少数民族的酋长既没有钢筋铁骨，也没有钢铁意志，大刑一上，生不如死，纷纷招认确曾与刘乂勾结谋反。

等刘聪看到这些血淋淋的"证据"后，对靳准、王沈说："今日我终究知道你们对我的一片忠心啦！"于是下诏，废刘乂为北部王。

不久，在刘粲的示意下，靳准派人杀掉了刘乂。

《晋书·五行志》引《传》曰："弃法律，逐功臣，杀太子，以妾为妻，则火不炎上。"意思是君主犯了以上几条，老天爷必降火灾。逐条将下来，你会发现刘聪是一样不少。

阴阳五行这些东西虽然不科学，你别说，还真灵。刘乂死后的第二年，平阳皇宫里发生了严重火灾，烧死刘聪的儿子会稽王刘康以下二十一人。刘聪知道后，大叫一声，扑倒在床，晕死过去，良久才苏醒过来。此后从三月至九月，皇宫里夜夜闻鬼哭，而且这哭声就在光极殿、建始殿左右徘徊，血雨再次从天而降，笼罩了整个平阳。

就在这一片阴风惨惨、血雨腥风之中，刘聪终于病倒了。也许是疾病让他产生了幻觉，刘聪居然在大白天见到刚刚死去的儿子刘约复生。幻觉消失后，他猛然想起了两年前在刘约身上发生的一件奇事。

那时，刘约突然得了一场急病，已经气息全无、身体冰冷，只有一根手指尚有微温。众人觉得有异，就没有下葬。十天后，刘约忽然睁开了眼睛，说自己身体轻飘飘地，不知不觉就到了大荒绝域的不周山，在那里见到了死去已久的祖父刘渊。刘渊带着他遍游昆仑、不周二山，而那些故去的王公卿相们每一个都在。他们住在山中的华丽宫殿里，称那里为蒙珠离国。刘渊对自己的这位孙子说，在东北方有个遮须夷国，已经很久没有主人了，就等着你爹来住呢！两年之后你爹就会来，接着国中就会大乱，我刘家种落将死亡殆尽，只有永明（刘曜字永明）等十几个人能够存活。你暂且回去吧，后年再来。于是刘约就拜别了刘渊，飘然回返。路上又经过一个地方叫猗尼渠余国，国人领他进了王宫，国王给了他一个皮囊，说请转交汉国皇帝。刘约苏醒后，旁边的几案上果然有一个皮囊。众人忙打开一看，里面有一方白玉，上有铭文为"猗尼渠余国天王敬信遮须夷国天王，岁在摄提，当相见也"。摄提是天上的一颗星星，按照当时的天文历法推算，摄提年正是公元318年。

刘聪记起这件事后，心知自己命不久矣，便对刘粲说："以前我总觉

得约儿之言是不可信的鬼话,如今却数次大白天地见到他。看来这是他来接我了。本来我没指望人死之后能有魂灵,若果真如此,我也不害怕死亡了。"又说现在是战争时期,不用拘泥那些守丧之礼,丧事一切从简,尽快下葬了事,等等。

我不知道刘粲听了老爸这些话是什么心情,但从他后来的表现推断,他八成是脸上装出一副悲伤难过的表情,心里却是喜不自胜。

318年七月十九,刘聪崩于平阳。据我的考证,享年应不到五十岁。下葬时,人们将那块"摄提有约"的白玉放入了棺材,让死去的刘聪去不周山继续当他的君王。

刘粲终于顺理成章地登上了帝位。他果然不负老爸所托,不拘泥守丧之礼,觉得老爸留下的这些红粉佳人从此守寡实在不够人道,不如自己接收了事。于是刘聪的灵柩尚未入土,儿子刘粲跟他这些二十不到的后妈们就"日夜烝淫于内"了。

然而,就在刘粲陶醉在肉林酒池中的时候,他并没有注意到,在不远的地方,一双阴冷的眼睛正时刻注视着他。

那就是靳准。

凭女儿的身体发迹,又靠给刘粲出谋划策、溜须拍马而受宠的靳准是一个典型的阴谋家,他没有什么道德原则,所做的一切都是为了自己的利益。之所以投靠刘粲,也是看准了这小子轻浮鲁莽,易于操控。他先是挑拨刘粲杀掉了太宰刘景、大司马刘骥等一干朝廷重臣,接着,又利用刘粲沉溺酒色的机会把持了军政大权。

当靳准认为一切都已准备就绪,便率兵入宫,发动了政变。武士抓住刘粲后,靳准还假模假样地当众数落了他的罪行,然后才杀掉。刘氏男女不论老幼,包括刘曜的老娘和哥哥在内,统统被靳准斩于平阳东市。更过分的是，靳准还遣兵盗掘了刘渊、刘聪父子的陵墓，将下葬仅仅一月的刘聪尸体拖了出来，继而又一把火烧掉了刘氏宗庙。

那些天里，平阳城中众鬼大哭，声闻百里。

靳准之乱的消息很快传到了长安，刘曜急忙集结军队前去平乱。走到半路，从平阳逃出来的太傅朱纪、太尉范隆前来投奔，哭诉刘氏宗族所遭之劫难，并劝刘曜立刻即位。刘曜当仁不让，就此成了匈奴刘氏政权的第五位君主。

但还没等刘曜抵达平阳，石勒的军队就先到了。

刘聪在位时的种种乱象，石勒已经注意很久了。他一边经营着自己的河北，一边默默地等待着机会。早在两年前，平阳曾发生大饥荒，石勒派遣将军石越带兵两万出屯并州，一次就招纳了刘聪境内的灾民二十万户。在战乱频发的年代，人口就是战斗力和生产力，而在关中尚未取得之前，刘聪国内登记在册的农业人口总共才四十多万户（此外还有二十多万落游牧民）。石勒一下子就拐走了自己境内将近一半的农民，那明年开春的时候谁来种地？刘聪当然很生气，就派了使者去斥责，想把农民要回来。可石勒压根不予理会。

此时的石勒，套用一句台词，"名为汉臣，实为汉贼也"。听说刘聪一死，平阳发生了内乱，正是混水摸鱼、大占便宜的好机会，岂能放过？于是立刻率精兵五万，有马的快马加鞭，没马的跑步前进，风风火火奔平阳而来。

第13章 前赵、后赵平分秋色

靳准听说石勒军到，立刻遣军挑战。

在久经沙场的石勒看来，跟靳准打仗简直就是玩儿。他先是坚守不出，以挫靳准军的士气，继而一通猛攻，就攻下了平阳外城。平阳附近的羌族、羯族、巴族百姓十余万落纷纷投降，石勒把他们都迁回了自己的地盘。

眼看石勒造起了攻车飞梯准备进攻内城，靳准着了慌，就派侍中卜泰带着天子的车马衣服去跟石勒讲和。石勒把卜泰给刘曜送去，意思是：看见没，人家先找的我，没你的事了，请回吧。可没想到的是，卜泰却投了刘曜。刘曜让他回去劝服靳准，说自己绝没有害他之意（当然是假话），让他早点向自己投降。

靳准又不傻，心说我把你刘白眉的老娘都杀了，你能就这么放过我？所以迟迟不给回话。他这一犹豫不打紧，他的堂弟靳康、靳明急于自保，联合卜泰就把他杀了。随后，这些人奉靳明为主，叫卜泰带着传国六玺投降了刘曜。

听说里面的人降了刘曜，石勒大怒，当即猛攻内城。靳明等抵挡不住，带着城里的一万五千士民就投奔了当时驻屯在粟邑的刘曜。刘曜心说你来得好，我正要报杀母之仇呢！于是将靳氏老小全部斩首。

石勒进入空空如也的平阳后，放火烧掉了刘聪竭尽民力营造的豪华宫室。他收葬了刘粲等人的尸首，修复了刘渊父子的陵墓，然后留下一部分兵将驻守，自己回了襄国。在做了不到十年的都城后，平阳从此销声匿迹，告别了历史舞台的中心。

靳准之乱的后果是：石勒凭此取得了平阳东部、北部的大片土地和众多部民；而刘曜则得到了传国六玺，登上了帝位。

为了对石勒同志在平乱中做出的突出贡献予以表彰和感谢，回到长安的刘曜决定拜石勒为太宰、大将军，将其爵位升至赵王，享用的礼仪待遇跟曹操当魏王的时候一样。拜官的使者和石勒派来献捷的人都上路了，有人却对刘曜说：您当石勒派人来是真请功呐？实际上那是打探您的虚实呢！这使者一回到襄国，保不齐石勒就发兵来打我们啦！

刘曜当时不但地盘远比石勒小，军事实力也比石勒弱，这番话说得他心里咯噔一下，担心自己的底子当真会泄漏出去，就马上派人将使者队伍追了回来，官不封了不说，还把石勒的使者给杀了。

使者中有人逃了回去，向石勒哭诉了来龙去脉。石勒大怒，说这些年我们兄弟奉戴刘家，尽的人臣之道也算够了吧！要没有我们，你刘氏父子能这么容易就当上皇帝吗？我本来不想跟你翻脸，你却杀了我的使者！难道我石勒稀罕你封的名号吗！赵王也好，赵帝也罢，我自己想叫啥就叫啥！名号大小你刘曜管得着吗！

这标志着石勒和刘曜的正式决裂。

319年四月，刘曜回到长安，营宫殿、立社稷，改国号为赵，史称"前赵"。

同年十一月，石勒称赵王，都襄国，史称"后赵"。

从此两赵并峙，逐鹿中原。

　　这时的局势，刘曜的前赵地盘包括平阳以西的河东地区、长安附近的关中地区以及从洛阳到关中的狭长地带；而石勒的后赵则占据了北起幽州、南至豫州的广大地域。虽然两人关系已告破裂，但数年之内两国并没有发生战争，因为家家有本难念的经，石勒和刘曜都有后顾之忧。

　　相比石勒，刘曜的麻烦更多些。

　　他刚一登上皇位，即封自己的老婆羊氏为皇后，羊氏的儿子刘熙为太子。这位羊皇后不是别人，正是当年晋惠帝司马衷的老婆羊献容（贾南风被杀后，赵王司马伦立羊献容为后）。此女的经历也算颇为传奇，堪称史上最经得起折腾的皇后。在晋末动乱中她总共被废了五次，又五次复立，皇家监狱金墉城成了她常来常往的"宾馆"。后来洛阳沦陷，她又被刘曜相中，纳为了正妻（刘曜其实算不上好色，不过他似乎有个癖好，就是特别喜欢抢夺敌人的妻女。史料所见，除了羊献容，刘曜还有两次记录，分别是靳康的女儿和晋散骑常侍梁纬的妻子辛氏）。此番是她第六回戴上凤冠了。所谓熟能生巧，她自然知道怎样把皇后这份工作做好。

　　所以，当刘曜问她"我跟司马家那小子相比怎么样"时，她这样答道（常被现男友追问前男友状况的美眉们注意了）：

　　"他跟您怎么能相提并论呢！陛下您乃开创基业的圣主，而他只是一个亡国的蠢材罢了，贵为帝王，却连自己的老婆孩子都庇护不了，当时妾身实在是痛不欲生啊！妾本以为世上的男人都是那样，自从和陛下结合以来，才知道天下有真正的大丈夫啊！"

　　刘曜听了这番话，当然美得不行。不过他心里清楚，自己这个大丈夫，此刻面临的难题却真不少：石勒和稍远点的凉州且不说，近处就有南阳王司马模的儿子司马保割据秦州；武都郡又有氐人杨难敌虎视眈眈；回到长安刚大半年，扶风一带又反了黄石屠各路松多。手下将领征讨不利，自己只有御驾亲征。

卷三 | 刘石争霸

天子出马，果然不同凡响，很快路松多被击败，而司马保阵营内部也发生了变乱，司马保被杀，他的部将陈安遣使归附。但是关中的民族形势实在过于复杂，局面刚刚稳定，刘曜刑罚过重，又激发了巴酋句渠知领导的大叛乱，氐、羌、巴、羯响应者三十余万。刘曜采纳了光禄大夫游子远的建议，剿抚并用，总算将叛乱平定。到了光初五年（322 年），刘曜终于能腾出手来，专心对付割据西部的杨难敌和陈安。

杨难敌是仇池氐人的首领，其实他的实力并不算强，但他割据的仇池地区（今甘肃陇南一带）到处都是山，实在是易守难攻。打不过的时候还可以跑到山上躲起来，等你兵马一撤，照样回来做他的草头王。所以刘曜也没打算赶尽杀绝，打了两仗，杨难敌认输，遣使称藩，刘曜也就赏了他一大串好听的官衔，班师回朝了事。

但陈安就不这么好对付了。此人原来是南阳王司马模的帐下都尉，打起仗来不怕死，讲义气，很能得人心，自从割据秦州（今甘肃天水一带）以来野心勃勃，很想有一番作为。

刘曜打得杨难敌讨饶后，陈安遣使请朝。当时军中疫病流行，刘曜也得了传染病，就以病重为辞拒绝了陈安。哪知陈安因此大怒，又觉得刘曜就快病死了，正可以趁机大捞一把，于是发兵大掠刘曜军的后队辎重。陇西一带的氐羌都来响应，一时之间陈安势力大盛，有兵马十余万。

但陈安也就猖狂了一年。次年，病愈的刘曜再次亲率大军西征，终于将他围困在了陇城（今甘肃张家川），又别遣两军分别进攻平襄和上邽（今甘肃天水）。陈安屡次出城挑战，都被刘曜所败，折损了七千多人。眼看如此下去必将困死城中，陈安决定留部下守城，自己则带着数百精骑突围而出。本来他想逃奔平襄或上邽，但路上听说上邽被围，而平襄已失，只能往山里跑。刘曜大将平先、丘中伯率领着骑兵紧紧追赶，一边追一边打，最后打到

陈安身边只剩下十余骑。走投无路的情况下，陈安算是玩了命，左手持七尺大刀，右手执丈八蛇矛，有敢近前的就刀矛乱舞，一气杀了五六个追兵；远了就"双带鞬服，左右驰射而走"。不过陈安虽猛，人家平先也不是吃素的，冲上来与陈安杀在一处，三个会合下来，一把抢走了陈安手里的丈八蛇矛。此时天色已黑，又下着大雨，陈安乘机弃马，钻了山洞，追兵怎么也找不着。直到第二天天晴，赵兵才循着足迹巡山，终于斩陈安于涧曲之中。

陈安死后，当地人都很怀念他，一首小调遂在陇西流传开来：

陇上壮士有陈安，躯干虽小腹中宽，爱养将士同心肝……
七尺大刀奋如湍，丈八蛇矛左右盘，十荡十决无当前……

刘曜也颇敬佩自己的这个对手，遂叫人将这首《壮士之歌》制成了乐府歌辞。

平定陈安后，刘曜乘势西进，直抵黄河岸边，号称将百道渡河，直取凉州。此时刘曜的势力如日中天，集合大军共二十八万，岸旁列营百里，隆隆战鼓之声震得河水摇动，仿若沸腾一般。

这时占据凉州的是原西晋凉州刺史张轨的儿子张茂，听说刘曜举国前来，他十分震恐。但手下的谋士说，刘曜虽然兵马很多，精锐却少，都是氐羌乌合之众，况且关东还有石勒虎视眈眈，他肯定不敢跟我们旷日持久、真刀真枪地干。张茂于是叫人带着厚礼，遣使称藩。

刘曜当然清楚自己的部队是什么状况，于是见好就收，收了礼物，给张茂封了官，撤军回了长安。

杨难敌听说陈安已死，惧而出奔汉中。

关中遂定。

第14章 祖逖、石勒惺惺相惜

在刘曜平定关中的那几年,石勒也没闲着,他的地盘比刘曜大,敌手也比刘曜多:顺时针方向数,冀州东部有邵续,青州有曹嶷,黄河以南则是祖逖(音tì)、李矩为首的众多晋朝抵抗势力。

石勒各个击破,先从近处的邵续下手。

邵续,魏郡安阳人。早年做过官,后来天下大乱,他纠合亡命徒数百自保,被王浚任命为乐陵太守,以厌次(今山东惠民东北)为根据地。此人虽然对晋室忠心耿耿,但没什么智谋,能与石勒相抗,主要是靠了鲜卑段匹䃅。

前边讲过,刘琨最后死在了段匹䃅手里,这让段匹䃅大失人心,士庶纷纷背他而去,加之段末柸在北边不断侵逼,这位老兄索性弃了蓟城,带着弟弟文鸯投了邵续。但末柸不依不饶,追着屁股接着往南打,被逼急了的匹䃅发了狠,联合邵续发动反击,一气又把末柸赶回了蓟城。他们哥俩打得欢,石勒可得了渔翁之利,趁着鲜卑人出征在外,石勒马上派石虎包围了厌次。

石虎不攻城,先抢掠城外的居民。若城中守将见死不救,势必大失民

心。民心若失，城池早晚也守不住。邵续果然在城里看不下去，亲自带兵出来解救。这一出来，后路就被石虎截断，当即兵败被擒。匹䃅和文鸯回救不及，死战一场，终于突破石虎的包围，进了城去。

石虎还是不攻城，只抢掠城外的居民。这招很卑鄙，但卑鄙是卑鄙者的通行证，高尚是高尚者的墓志铭，打起仗来还讲什么仁义道德？这次是城里的文鸯看不下去了，要带兵出去拼命。段匹䃅不许，就这么点儿人马，守城都不够，你还出去救人，救得了吗？但文鸯说："我段氏向来以勇著称，现在见百姓被掠却不解救，这是懦夫的行为！若如此失去民心，以后谁还会跟着我们？"于是不听匹䃅拦阻，跨马持槊，带着数十精骑出战。

这是一场力量悬殊、根本不可能获胜的战斗，但此刻的段文鸯根本不在乎生死，只在乎荣誉。我相信，当年被围垓下的霸王项羽一定能够理解文鸯的心情。他冲着、杀着，身边的战友越来越少，飞溅的鲜血模糊了眼睛，杀了多少敌人他不知道，身上受了多少伤他也不知道，直到胯下的战马疲累至极，倒地不起。

在外围观战的石虎见此情景，喊道："大哥（石虎是跟段匹䃅拜过把子的），咱们都是胡人，是一家人，不要再打了！"但文鸯仍下马步战，槊都折了，犹执刀作困兽之斗。石虎实在没法，只好叫手下的兵将解下马披的铠甲当盾牌，四面合围，才将文鸯擒住。

这一战，文鸯以数十人力拼石虎大军，从上午直杀到傍晚，虽败犹荣，不愧是以勇武著称的段家好儿郎！

然而鲜卑虽勇，终究寡不敌众，厌次最终还是陷落了。石勒遂拥有了幽、冀、并三州全境的土地。

接下来，石勒准备向黄河以南扩张。这时，他遇到了一个强劲的对手，名字叫作祖逖。

这个名字我们并不陌生，许多人可能很小就听说过，这主要是因为两个著名的成语。

一个是说祖逖年轻的时候跟刘琨在一个单位工作，两人感情好，常常盖一条被子睡觉。睡到半夜的时候荒野里传来鸡鸣声，祖逖就把刘琨踹醒，叫他起来锻炼身体。这就叫"闻鸡起舞"，老师常用来教导我们要珍惜时光，勤奋学习。

另一个是说中原大乱，祖逖逃到江南当了官后，多次主张北伐，但晋元帝不思进取，一不给兵，二不给武器，只给了他一千人吃的粮食和三千匹布，说想去随便你。祖逖于是带着数百部曲北渡长江，渡到一半时，他敲着船桨庄严宣誓："不能收复中原，我祖逖绝不再回来！"这就叫"击楫中流"，是常被用来作为爱国主义教育的经典案例。

由于这两个成语，祖逖被刻画成了一个激进的爱国者，甚至一度成了和岳飞齐名的民族英雄。但仅凭激情和热血是对抗不了石勒的，接下来就让我们看看他究竟做了什么。

带着几百人渡过长江后，祖逖在江阴停了下来，卖掉那些布匹后，买来铁器冶铸兵器，招募人手，组织起了一支两千多人的武装，然后向北挺进。

当时，黄河以南的豫州、兖州和荆州北部由于在石勒转战南北时期受到大肆破坏，晋朝原有的统治秩序已荡然无存，到处都是当地豪勇和流民领袖等建立起来的大大小小的坞堡。控制这些坞堡的坞主们虽说大多心向晋室，但出于自保的目的，也随时可以投降别人，他们之间也常常互相攻伐，没有什么统一的指挥。

名义上是豫州刺史的祖逖屯驻谯城（今安徽亳州）后，利用自己的高度智慧和人格魅力，逐渐降服了这些坞主，使他们都能听从自己的节度。

浚仪（今河南开封）一带有个实力较强的坞主陈川投降了后赵。祖逖军与后赵军同城相峙，祖逖军驻东边的城楼，后赵军驻西边的城楼，祖逖军走东门，后赵军就走南门，谁也吃不掉谁，就这样相持了四十多天。但时间一久，双方的粮食都吃得差不多了。祖逖于是使了个计策，他叫人拿麻袋装满土，假装是一袋袋粮食，抬上了城楼，又叫人拿着装有真正粮食的麻袋在路上休息。敌人一看，急忙突袭抢走了粮食。这一来，后赵军都认为祖逖有的是粮吃，而自己却饿着肚子，于是士气大为低落。后来，祖逖又遣将截击了后赵的运粮队。赵军终于坚持不下去，在晚上偷偷地撤退了。祖逖乘势进逼，又夺回了不少土地。

祖逖最高明之处，是对人心的洞悉与把握。他深知这些坞主的脾气秉性和他们的切身利益，对于那些在石勒一方押有人质的坞主，祖逖听其两属，而且还经常派些小部队假装抄掠这些坞堡，以使后赵军不产生怀疑。各坞主都感恩戴德，所以胡人那边有什么军事动向，都纷纷前来禀告。祖逖掌握了这些情报，三番五次地击败了石勒派来进攻的部队。

在人品方面，祖逖更是没得说，不但自己节俭朴素、不蓄私产，为人更是坦荡宽容，对贫贱之人也能以礼相待，由此深得民心。曾经在一次宴会上，有当地的老者流着眼泪说："我们都是土埋半截的人啦，今日能遇上祖大人这样的父母官，我们死也无恨！"

由于祖逖对豫州的苦心经营，石勒多次遣军攻略都无功而返，后赵的势力迟迟难以渡过黄河。后来石勒也算想开了，知道祖逖不好对付，干脆硬的不行来点儿软的，就派人到幽州修护了祖逖爷爷和父亲的坟墓，还专门指派了两家守墓的，然后给祖逖写信，说和平难得、友谊万岁，咱们两国不如建立外交联系、搞点儿边境市场经济什么的，总比天天打仗要好。祖逖没回信，却开放了边境贸易。原因很简单，汉族跟游牧民族搞民间贸易，正常情况下总是汉族人赚钱。祖逖靠这增加了一大笔关税收入，实力更加强盛了。

后来祖逖的一名部下叛逃到了石勒那里，石勒把他斩了，人头送还给了祖逖，并且说我跟你一样，都十分痛恨对国家和组织不忠的人。祖逖对石勒表示感谢，两人之间颇有点儿惺惺相惜，再考虑到打了这么多年仗，黄河两岸的老百姓都需要休养生息，于是此后但凡后赵一方有叛逃来投的，祖逖都不接受，他和石勒之间，算是默认了双方的停战状态，两国边境之间出现了一段难得的平静时期。

祖逖虽然收复了晋朝在河南的大片领土，但对朝廷里的政争却无能为力。此时的东晋，王敦正在密谋篡权，朝廷内部斗争激烈，根本无人顾及收复失地。后来朝廷又准备派吴人戴若思来豫州当都督管着祖逖，这让祖逖抑郁不已，最终得了重病。

当时天上有妖星现于豫州分野，祖逖也注意到了，他感慨地说："这是为我出现的啊！我正要平复河北，老天却注定要我殒命于此了，这乃是国家的不幸啊！"

不久，祖逖病逝于雍丘，时年五十六岁。豫州百姓仿佛失去了亲人，纷纷为之立祠。

祖逖一死，他的部众由弟弟祖约统领。祖约比他哥哥差了不是一点半点，在他的手里，祖逖呕心沥血收复的大片领土很快被后赵攻占。到了325年，司、豫、徐、兖四州之地尽被石勒所取，后赵与东晋之间从此就以淮河为边境。

此前，石虎率步骑四万已经平定了山东的曹嶷，洛阳一带也被石生、石聪等攻取，函谷关以东基本上尽为后赵的领土。

后患已铲除，决战即将开始。

第 15 章 重门之盟今何在?

从 324 年起,由于后赵司州刺史石生进攻前赵在弘农、河东的领土,两国之间的军事冲突开始激烈起来。次年,冲突加剧,发生了两次较大的战争,一次发生在上郡,前赵将刘岳斩了后赵将石他;一次发生在洛西,后赵石虎击败刘曜,擒获了刘岳。到了 328 年,仍是一次局部战争,却引发了一场决定两国命运的大决战。

这一年的七月,后赵中山公石虎带着四万军队穿过轵关(今河南济源西),侵入了前赵的河东。没想到进展十分顺利,河东地区有四十多个县都投降了后赵,于是石虎乘势攻向了蒲坂。

蒲坂这个地方前面已经多次交待过了,它是黄河上的重要渡口,蒲坂若失,关中就敞开了大门。所以刘曜安排河间王刘述征发氐羌之众屯驻秦州,防备凉州的张骏和仇池的杨难敌,自己则率领关中所有的精锐部队水陆并进,从卫关渡过黄河,前来迎击。

石虎没想到自己这次捅了马蜂窝,竟然引得刘曜倾国而来,心生惧意，就带兵引退。但正如石勒所说，大军一发，岂是容易退却的？他这一退，刘曜就追，在闻喜北的高候原终于追上了石虎军，一场大战下来，后赵惨败，将军石瞻被斩，伏尸两百余里，损失资仗甲胄无数，石虎则逃奔了朝歌。

刘曜并不想见好就收，他从大阳（今河南三门峡北）南渡黄河，直奔洛阳杀来，将后赵司州刺史石生围在了金墉城里，又分遣各将攻掠汲郡、河内的土地，吓得后赵两位太守投降，一时间襄国大震。

事情至此发生了重大变化，刘曜一方变成了冒失的捅蜂窝者，而石勒则变成了愤怒的马蜂。

自从登基称赵王以来，石勒已经十年没有亲自领兵出征了，各地的征伐都是派石虎、石生等子侄辈去执行的。如今见刘曜欺人太甚，深入国境腹地，石勒的愤怒和豪情又被激发出来，他准备王驾亲征，会会自己这位老朋友。这时，大臣程遐等劝谏说，刘曜悬军千里，肯定不能持久，大王您不宜亲动，万一有个好歹可怎么办？这些话在久经沙场、心雄万夫的石勒听来，无异于讽刺自己的无能和懦弱。于是他发了怒，按着宝剑将程遐等斥了出去。

当整个殿内只剩下自己孤身一人，怒火渐消的石勒忽然怀念起了张宾。此时距张宾去世已近六年了，从自己初闯河北的时候起，这位足智多谋的老人就跟随着自己，计不虚发、算无遗策，辅佐自己成就了王霸之业，既是忠心耿耿的部下，又是师长和老友，然而正在自己的霸业宏图大展之时，他却溘然长逝了，而今遇上这种大事，自己只能与程遐之流商议，老天岂不是太残酷了么！

这时，石勒又想起了另一个人，此人名叫徐光，虽然很有才学，却恃才傲物，性格耿介。有一次，石勒召见他，他居然喝醉了酒不来见。

石勒自然生气，就把他贬作站岗的牙门官。后来石勒回宫，正赶上徐光当值，这小子记恨在心，见了石勒竟仰面朝天，招呼也不打一个。这简直就是犯上不敬，所以石勒把他关进了大狱。如今这亲征一事，倒可以问问他的意见。

监狱实在是个做学问的好地方。徐光自入狱以来，每天除了吃喝拉撒，就是注解经史，已经写出了十余万字的作品。忽听赵王宣召，心知必有要事相商。果然石勒一见，即就亲征刘曜一事加以咨询。徐光想了想，道："刘曜不能乘高候大胜之势，一鼓作气直袭襄国，反而去打金墉，便知其无能为也。现今他以疲卒十万，围攻一城百日而不克，正是师老之时。若大王亲率精锐击之，彼必望风披靡。平定天下，在此一举，机不可失！"

这番话让石勒的脸上露出了微笑，因为他心里想的和徐光说的正是一样。不过，石勒还是没有下定决心，因为他还要咨询一个真正的高人。

不用说，此人当然是神僧佛图澄。老和尚已经在寺院里等了很久了，石勒刚一登门，他便悠悠地说道："相轮的铃声告诉我：'秀支替戾冈，仆谷劬秃当。'"石勒一听，喜上眉梢，不再问什么，转身回了宫。

不知你是否还记得，在襄国保卫战之中，佛图澄就曾经靠铃声预言石勒一定能擒住段末杯，老和尚就是有这个本事，能从寺庙或佛塔上挂的铃铛的声音里，听出未来事情的祸福凶吉。这"秀支替戾冈，仆谷劬秃当"乃是羯语，意思是"大军一出，必捉刘曜"，石勒听了当然欢喜，也坚定了亲征的信心。

于是石勒下令内外戒严，有敢再谏者斩，又命石堪、石聪及豫州刺史桃豹等各统部队于荥阳会合，自己则亲率步骑四万，直扑洛阳。

当时已是冬季，一连数天，黄河两岸寒风嘶吼，河水卷着浮冰浩浩奔流。然而，就在石勒大军抵达渡口之时，天气却忽然好转，浮冰尽皆融化，军队顺利渡河后，浮冰又大至。石勒认为这是有神灵在暗中保佑自己，便将此地命名为灵昌津。

一过黄河，不远就是成皋关（虎牢关）。路上，石勒对徐光说："刘曜若能集兵于成皋关，此为上策；若以洛水为屏障抵御我军，此为中策；若其坐守洛阳，乃是下策，必被我所擒！"

十二月初一，后赵大军抵达成皋。从襄国到成皋，总共一千多里，石勒统军昼夜兼行，六天就到了目的地。一见此地并无守军，石勒高兴得用手指了指天，又指了指自己的额头，道："此天意也！"于是号令全军卷甲衔枚，诡道兼行，迅速逼近了洛阳。

此时的刘曜已经在金墉城下和守城的石生耗了三个多月了。城里的守军总共就三千多人，但金墉城的防御设施实在坚固，堪比邺城的三台，刘曜折损了许多兵将，却迟迟难以攻破。在日复一日的攻守消耗中，久经战阵的刘曜也慢慢放松了警惕，他没有别的嗜好，从小就爱喝两口，这段时间情绪不好，更是每天都要喝上好几斗。前两天，听说后赵的援军已经渡过了黄河，刘曜这才醒悟过来，想在成皋增兵，构筑防线，可哪知人家来得这么快，刚刚有侦察兵在洛水边捉了后赵军的"舌头"送来，报告说对方已过了洛河。

刘曜亲自审问这个羯人，谁是主帅，兵力多少。这舌头倒没有隐瞒，说："是我家大王亲自前来，兵众很多很多。"

刘曜脸色为之一变，没想到石勒竟然亲身上阵来跟自己玩命了，为今之计是撤掉对金墉城的包围，否则开战之时腹背受敌可就麻烦了。于是他急忙解围退兵，列阵于洛阳城西。

当石勒率军开到洛阳城下的时候，见刘曜已经撤围列阵，南北连营十

余里，兵众虽多却先露了怯，不由得心中暗喜，对左右道："你们可以祝贺我啦！"遂统军入城。

十二月初五，一场决定两国命运的大战打响了。

石勒命石虎率步兵三万，从北门出城，向西进攻，直取刘曜中军；命石堪、石聪等各率精骑八千，从西明门出城，向北进攻，打击赵军的前队；自己则亲率大军，由西明门北边的阊阖门出击，配合石堪等夹击赵军。

双方投入的兵力，石勒一方总共八万七千，士气高涨；刘曜一方是十多万，虽然数量稍占优势，却已是疲兵。

战斗还没开始的时候，刘曜就喝了不少酒，不知他是不是像武松一样，喝得越多，胆子越大，还是像乔峰那样，喝得越多，战斗力越高。此时正式交战，上马之前他又灌了一斗多黄汤。一斗十升，刘曜战前至少喝了四五斗。虽说古代的酒度数低，也不能这么个喝法，当刘曜迈着摇晃的步子想上马时，他惯骑的那匹红马似乎敏感地意识到了什么，趴在地上死活不起来。刘曜无奈，只好找了个小马骑上，带着部队杀了出去。

而此时在襄国，留守的世子石弘也在紧张地关注着局势。他请来佛图澄，老和尚取出胭脂和麻油，搅合了抹在手心上请石弘观看。只见他的手掌中慢慢显示出图像来，仿佛有许多兵马，兵马当中有一个又高又白的大汉，胳膊被绳子绑着。佛图澄道："此人即是刘曜，已被擒也。"

老和尚说得没错，刘曜确实被擒了。

我们知道，刘曜老兄体质特异，2米27的身高，又很强壮，普通的马是很难承受他的体重的，那次在晋阳与鲜卑人作战，他就险些因落马而丧了命，幸亏后来部将傅虎把自己的马让给他才得以生还。这次刘曜乘着小马到西明门外，刚一列阵，石堪就乘其立足未稳，一阵猛冲，把他的部队阵形冲散了。喝醉了的刘曜晕晕乎乎想勒马退走，冷不防这小马脚下打滑，一条腿陷在了石头缝里，刘曜一头从马上栽下，摔在了冰地上。后赵军一拥而上，刘曜奋力抵抗，受伤十多处，有三处伤口都穿透了身体，终于不支被擒。

前赵军一见皇帝被捉，当即兵败如山倒。石勒纵兵追击，斩首五万余级，获名马两百匹，大胜而回。

终于，自从十八年前在洛阳附近分别后，这两位老朋友又在故地见了面。只是昔年两人尚是战友，此番却一个高高在上，一个成了阶下囚。

刘曜望着眼前志得意满的石勒，忍着伤口的剧痛问道："石王，可记得当年的重门之盟否？"重门，在今河南辉县西北二十里。重门之盟的具体内容，没有史料记载，不过我们可以想像，一定是那年两人合兵一处同攻洛阳时立下的盟约，内容很可能是两人约定，他年若于战场相逢，互不伤害对方性命，如俘获彼此家人，也要以礼相待，等等。

石勒当然记得重门之盟，但他并不想再提此事，所以他只是回答："今日之事，都是天数，还有什么可说的？"

是啊，一切都是天意，假若此番是我石勒被你所俘，你还会忆起我们年轻时的约定吗？

刘曜被载在马车上，作为战利品带往襄国。石勒怕他死掉，还指定了一名医生在车上照料他。途中路过一个地方，当地有一老者上礼给石勒，请求见见车上那位曾经的帝王。石勒允了。

这位老人登上马车，取出酒来敬刘曜，还乘兴唱起了小调：

你本仆谷王①，关右称帝皇。

---

① 仆谷是胡语，意为"王"。

治国当持重，小心保土疆。
恃胜轻用兵，一战败洛阳。
祚运由此穷，天亡何所伤？
赠君大碗酒，痛快干一觞！

刘曜听着老头走音的歌谣，心里百味杂陈。也罢！人生如梦转眼过，就让那曾经的辉煌和战败的耻辱，都随着这一碗辛烈的土酒下咽吧！

刘曜一饮而尽。

到襄国后，石勒让刘曜给他的太子刘熙写信，劝他投降。刘曜却写道："你只管与大臣们维护社稷，不要以我为念。"石勒见到这封信，不久就杀了刘曜。

第二年，石生、石虎率大军杀入关中，擒杀刘熙。

前赵亡。

自304年刘渊在左国城建汉起，至329年被石勒所灭，匈奴人建立的汉赵政权共存在了二十六年。

（第三卷完）

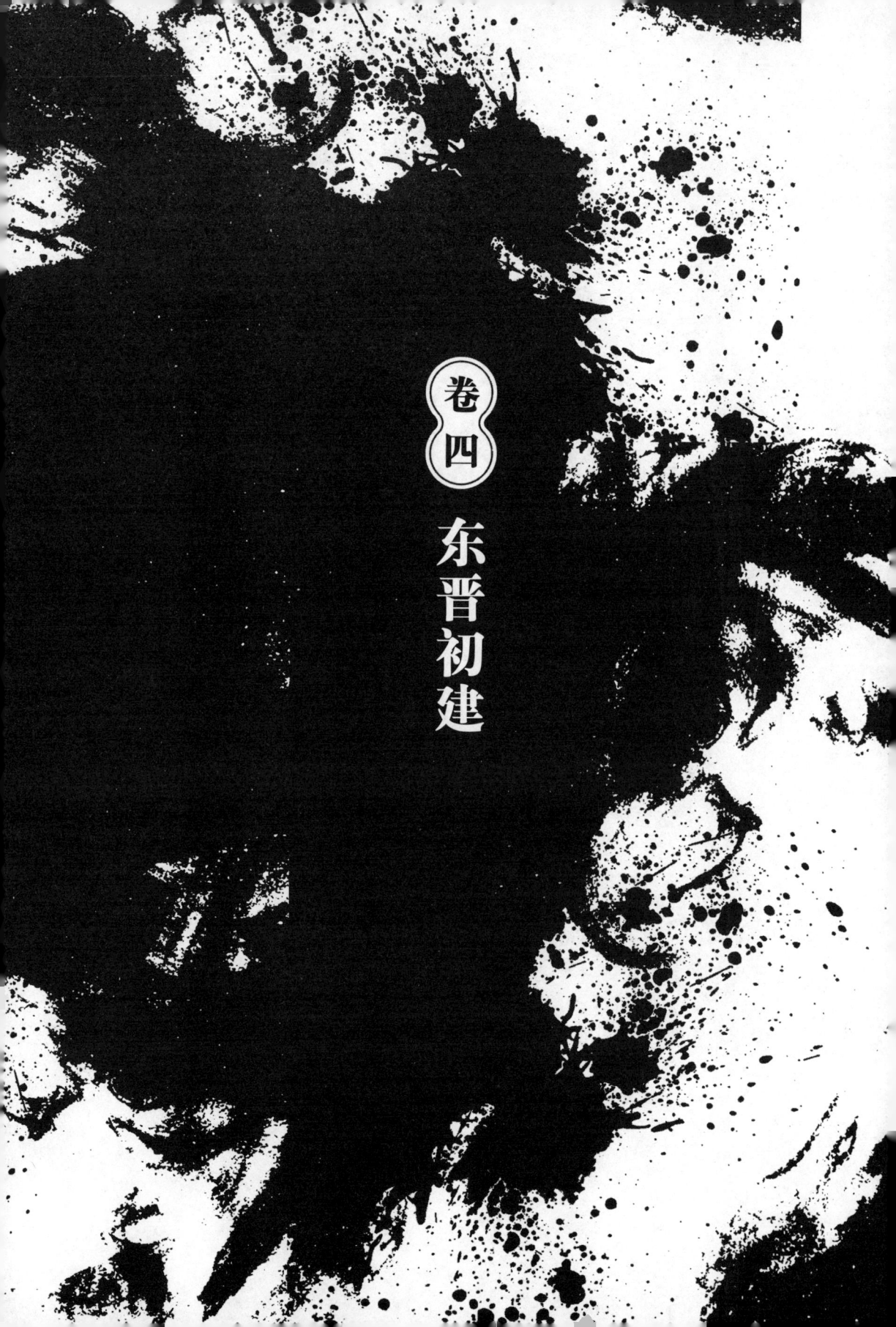

卷四 东晋初建

第 1 章 五马渡江，一马化龙

花开两朵，各表一枝。

随着329年石勒灭掉前赵，北方的局势渐趋安定，现在我们可以回过头来，重新关注被逐出中原的司马家族了。

从八王之乱开始，虽然有大批司马氏皇族成员死于持续多年的内乱以及随后发生在洛阳、长安和宁平城的屠杀，但还是有一些人幸免于难，几经辗转之后陆续渡过长江，在当时相对安全的江南暂居下来。与此同时，一首"五马浮渡江，一马化为龙"的童谣在大江南北悄然流传。一些人深信，这则童谣宣告了司马家族在中原统治的倾覆，但也预示了其胤嗣在江南的延续，过江的"五马"当中有一人注定会成为挽救社稷的中兴之主。

最近有学者推测，这首童谣诞生于八王之乱渐趋高潮的太安年间（302—303年），多半是当时与赵王司马伦争权的淮南王司马允、吴王司马晏兄弟有意制造的舆论。因为淮南王司马允曾长期都督江南的江、扬二州，司马晏的封地亦在扬州，而且他正好有五个儿子（五马），其中一人

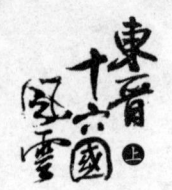

后来也当了皇帝（晋愍帝司马邺）。只不过时局变幻出人意料，司马允政变未遂被杀，司马晏和他的儿子们也不走运没能逃回封国，"一马化龙"后来反而应验在了当时名位不显的琅琊王司马睿身上。

司马睿这一支，出自司马懿第五子司马伷（音 zhòu）。由于在晋武帝时代，司马炎为了保证帝系在司马昭这一支的内部顺利传承，有意对旁支宗王加以削弱，所以从司马睿的父亲司马觐开始，虽然袭封了琅琊王的爵位，但在朝廷内部一直是不太显眼的边缘人物。八王乱起，"沉敏有度量"的司马睿怕树大招风惹祸上身，遇事多采取恭俭退让的态度，这就使得他更加不显山露水，以致史书用"时人未之识"来形容他。据说只有侍中嵇绍慧眼识珠，看出司马睿非泛泛之辈，曾对人说道："琅琊王毛骨非常，恐怕绝非人臣之相啊！"

其实除了嵇绍之外，至少还有一个人看出司马睿身上大有潜力可挖。

这个人就是王衍的从弟、当时在东海王司马越身边任参军的名士——王导。

王导，字茂弘，出身一等高门琅琊王氏，与司马睿素来交好。史籍记载说，司马睿在洛阳无所事事之时，王导有感于天下已乱，"遂倾心推奉，潜有兴复之志"，多次劝司马睿离开洛阳这个是非之地回到封国等待机会。而在荡阴之战后，司马睿见叔叔东安公司马繇被成都王颖所杀，怕自己也遭毒手，终于采纳了王导的建议星夜出逃，带着老母回了封国琅琊。不久后，东海王司马越在下邳（今江苏邳州南）重整旗鼓准备西攻长安，很可能又是王导发挥了影响，遂决定起用司马睿为平东将军、监徐州诸军事，代替自己留守下邳。而司马睿则请求让王导担任副手来辅佐自己。

魏晋南北朝史研究大家田余庆先生据此推测，正如当年吕不韦在邯郸发现子楚"奇货可居"一样，其实王导早就注意到了司马睿的价值，而司马越与王衍在洛阳朝廷的合作也为睿、导二人在下邳的组合奠定了基础。

两年后司马越虽然攻入关中将晋惠帝迎回了洛阳，但匈奴人刘渊已经于并州崛起，山东地区亦叛乱不断，整个中原风雨飘摇，局势越来越糟。有证据显示，正是在这一时期，司马越和王衍为了征调江南粮谷支撑中原战事，决定派司马睿南下建邺就任扬州都督。但在王导的谋划中，南下建邺的战略意义远不止此。当时扬州的陈敏之乱刚刚被江南士族合力剿平，正处于权力真空，而王导的堂兄王敦时任青州刺史，族兄王澄任荆州刺史，值此中原板荡之际，若能以富庶的扬州为基地，坐断东南，彼此呼应，自然能够成就一番大事业，至不济也可以划江自保，留存华夏衣冠免受夷狄荼毒。据东晋人裴启撰写的《语林》记载，这期间王导曾经与王敦等人关门密谈，被其堂弟王旷（王羲之的父亲）撞见。王旷在窗户上剔开一道缝偷看，叫嚷道："方今天下大乱，诸君闭户密议，有何图谋？"还宣称要去告官。王导等无奈，只好将王旷请进室内，共同参详，最终确定了渡江南下的战略。

于是在永嘉元年（307年）九月，司马睿和王导从下邳南下，来到了孙吴旧都建邺。

之后的数年里，随着洛阳、长安两京相继失陷，大批中州士庶携家带口络绎南渡。陆续过江的皇族还有西阳、汝南、南顿、彭城四王，算上琅琊王司马睿，是为"五马渡江"。

然而司马睿这"一马"要想顺利"化龙"却绝非易事。

他最先遇到的困难就是自身威信不足，以致"吴人不附"的问题。

正如前面所介绍的，在惠帝一朝，司马睿并非宗王中的突出人物，来到建邺之前，他只不过是个三品安东将军，在政治上毫无建树，除了他的皇族血统，还真没什么可吹嘘的东西。而和他同样年齿（两人都是三十

出头）的王导，虽然在士族圈里成名甚早，但也不曾担任过位高权重的职务。更重要的是，建邺不比洛阳，当地有钱有势的高门大族自从孙吴亡国以来就一直跟洛阳权贵存在文化上的冲突和情感上的隔阂，双方长期互相瞧不起。因此司马睿和王导来到建邺一个来月，门前冷落车马稀，本地的士人一个上门拜访的都没有。

这种情况不但令人尴尬，而且相当不妙。

王导深知，以司马睿为首的南下北人们眼下在江南立足未稳，实力微弱，如果不能争取到本地世家大族的支持，取得一个和衷共济的局面，那么别说北上抵御胡虏、救民水火了，就是想划江自保也不太可能！要知道不久前陈敏就是因为没能笼络本地以顾、陆、周、沈为首的诸大族，才转眼便告覆亡的。

为了解决这个难题，王导审时度势，想出了两个办法。

首先是趁自己的堂兄王敦调任扬州刺史、来赴建邺的机会，设计了一个"花花轿子人抬人"的方案。王敦比王导年长十岁，成名与出仕皆在他之前，不但担任过侍中、中书监这样的清贵显官，而且还娶了晋武帝的女儿襄城公主（《世说新语》曰舞阳公主）为妻，论名望此时远胜王导。为了借助他的声威，王导对他道："琅琊王仁德虽厚，然而名论尚轻。兄既威风已振，应该有所匡济才是。""匡济"的具体计划，则放在了三月上巳节。

当时的风俗，每年三月三，城中士民都要结伴出游踏青，在水边洗濯祓除、饮宴欢会，是世家大族在普通民众面前露面、摆阔气、讲排场的绝佳场合。到了这天，王导安排司马睿乘坐肩舆，在全套仪仗队的扈从下出城观禊（音 xì），自己和王敦则率领一众中州士族前呼后拥，骑马随行，那阵仗要多威风有多威风。以顾荣、纪瞻为首的江南士族远远望见，大为司马睿一行的气势所震慑，尤其是见王敦这个新任扬州刺史也对比自己小十岁的司马睿毕恭毕敬，不由得暗生惊惧，纷纷相率拜于道旁。这一来便是当众承认了司马睿的领袖身份。

王导又抓住这一契机，劝司马睿乘势收服南士之心。他说："古之王者，莫不宾礼故老，存问风俗，虚心克己，顺应民心，以此招徕四方俊杰。更何况如今天下丧乱，九州分裂，大业草创，正是急于用人之时呢？顾荣和贺循二人，是本地最有名望的人物，不如引纳二人以结人心。这两人若是来了，那其他人就没有招不来的了！"

从在下邳的时候开始，司马睿便对王导言听计从，把他当作自己最为信赖的助手和朋友。这一合理建议自然没有不听之理，当即就派王导代表自己去造访顾荣和贺循。顾、贺两人都在洛阳朝廷里当过官，虽然内心深处对中朝（东晋人习称西晋洛阳朝廷为中朝）权贵排挤南方士子的旧怨不能毫无芥蒂，却也明白眼下时局迥异，面对四夷交侵的严峻形势需以大局为重。是以王导一表明来意，两人皆应命而至。《世说新语》记载，司马睿曾对顾荣坦言，说自己如今是"寄人国土，心常怀惭"。顾荣则回答说，王者以四海为家，所以历史上才有盘庚迁都、东周迁洛的事，不必对南迁至此过于介怀。此事清晰地表明了顾荣愿意与司马睿合作的态度。

而有这两人做表率，其余吴地大族也逐渐放下架子，起码在表面上都接受了司马睿的统治。史籍说，"自此之后，渐相崇奉，君臣之礼始定"。在顾荣的举荐下，甘卓、陆晔等南士被司马睿吸纳进幕府，司马睿也能采纳王导的建议对顾荣、贺循、纪瞻、周玘（音 qǐ）这些"南土之秀"加以优礼。永嘉五年（311年）洛阳失陷后，随着南渡的中原士民越来越多，王导又劝司马睿征辟其中的俊才贤士以为己用，短时间内司马睿幕府中的掾（音 yuàn）属便增加到一百余人，时人称之为"百六掾"。通过以上举

措,南来北人与当地吴人在拥戴司马氏的基础上同舟共济,总算在江左一隅形成了比较稳固的统治集团。

得到了南北士族的共同支持,却也不代表司马睿就能立刻在江东登上皇位。这是因为,一来虽然此时怀帝已死,但晋愍帝司马邺已经在长安即位;二来一些地方征镇还并不认同司马睿的权威。例如江州刺史华轶,就屡屡以没有诏书为由,拒不接受司马睿的号令。晋怀帝被刘聪杀害后,司空荀藩等移檄天下,推举司马睿为盟主,司马睿便承制署置百官,结果华轶和豫州刺史裴宪皆不从命。这种情况就不是王导的柔性策略所能奏效的了,必须要武力解决才行。于是司马睿便派扬州刺史王敦、历阳内史甘卓与扬烈将军周访合兵将两人讨灭。

接下来的几年里,司马睿尽管接受了晋愍帝册封的丞相、大都督名号,却无意派兵北伐(从前文祖逖之事便可得知),而是打着盟主的旗号在江东扩充自己的势力,相继讨平了据吴兴叛乱的徐馥和祸乱荆湘的杜弢。

由于孤立无援,建兴四年(316年),长安终于失守,晋愍帝被刘聪掳至平阳。司马睿闻讯后,虽然"出师露次,躬擐甲胄,移檄四方",宣称要克日进讨,最后却以"漕运稽期"为由不了了之。次年二月,从长安逃到建康(避愍帝讳,建邺改名建康)的平东将军宋哲据说带来了愍帝的诏书,要司马睿接替自己"摄万机"。于是在一众文武的劝进下,司马睿始称晋王。一年之后,愍帝被害的凶问传来,司马睿才正式即位,"化龙"成功,史称晋元帝。

有意思的是,一则关于司马睿身世的流言亦随着他登上帝位而在民间传播开来。流言说,早在曹魏时期的谶书《玄石图》当中,就记载有"牛继马后"的预言。司马懿得知后,怀疑此语乃是暗示司马氏终将被牛氏取代之意，因此对身边的大将牛金十分忌惮。后来他就特制了一个双层酒壶，在其中盛放毒酒毒死了牛金。

司马懿万万没想到的是，这事其实跟权力斗争毫无干系，而是来自司马睿的血统。据说司马睿的生母夏侯氏还是琅琊王妃的时候曾经跟一个姓牛的小吏私通（《魏书》则说是与牛金私通），生下个儿子就是司马睿。因此从司马睿坐上皇帝宝座的那一天，就血统而言，这天下其实已经暗中姓了牛。

第 2 章　王与马共天下

在时人眼中，司马睿究竟是不是姓牛的所生其实并不重要。重要的是，随着他由琅琊王进化至晋元帝，已经分崩离析、丧失了中原故土的司马氏政权终于在江南续命成功，保住了半壁江山，也使得华夏衣冠在胡人的铁蹄下免于尽数沦亡。

仅凭这一功绩，司马睿是当得起"元"这一谥号的（始建国都，立义行德曰元）。只不过细究起来，他这"光启中兴"之功，其实有相当大的水分。正如当时流行的一句谚语"王与马，共天下"所描述的那样，东晋能在江左扎稳脚跟，构成与北方胡族分庭抗礼的局面，倒有一半的功劳要记在以王导、王敦为首的琅琊王氏身上。

王导在东晋立国过程中的作用，前面已经讲了不少。可以说，从最初定计南下，到安定人心，笼络南士，消弭南北士族之间的畛（音 zhěn）域，构建建康朝廷的基本框架，王导都发挥了极为关键的作用。对此，晋元帝司马睿本人有清楚的认知。有一次他从容地对王导说道："卿乃吾之萧何也。"辅佐刘邦定天下的萧何向来被后人视作汉朝第一贤相,司马睿将王导比作萧何,不但是对他的功绩的认可,也显示了他本人对王导的高度信任。因此听罢此言,王导连忙回答道:"当年秦为无道,百姓饱受暴虐之苦,革命反正,易以为功。而自魏朝以降,至于太康之际,公卿世族,豪侈相高,政教陵迟,不遵法度,群公卿士,皆溺于暂安,遂使奸人乘衅,天下乱离。然则否极泰来乃天道之常,大王(当时司马睿尚未称帝)方立命世之勋,一匡九合,像管仲、乐毅这样的贤士大有人在,岂是区区国臣所能相提并论!臣愿大王深谋远虑、广择贤能,顾荣、贺循、纪瞻、周玘四人,皆是南土之秀,愿您多加优礼,如此则天下安矣!"直说得司马睿连连点头。

东晋初建后,晋元帝委任王导以骠骑将军、扬州刺史,加散骑常侍、都督中外诸军、领中书监、录尚书事的要职,基本上把国家的军政大权都交给了他。而王导虽然明知"公卿世族,豪侈相高,政教陵迟,不遵法度,群公卿士,皆溺于暂安"是西晋衰亡的重要原因,并且在过江诸人于新亭对泣之时申斥他们应该以"戮力王室,克复神州"为志,但他本人在执政期间却一不整顿吏治,二不鼓励北伐,唯以清静为务,崇尚无为之政。例如参军陈頵(音 jūn)写信给王导,劝他在选拔官员时不要只以门望为依据,管理官员时应该设立明确的赏罚机制,王导都没有采纳。后来陈頵又多次向司马睿奏请在官吏的任免和封赏上严格管理,引发了朝中非议,王导便将陈頵外调郡守了事。相反,对于顾和劝自己"宁使网漏吞舟"(法网宽大到漏掉足可吞舟之鱼)、不必"以察察为政"(细致苛察地治理政事)的建议,王导则大为赞赏。

总之,王导治国的根本原则就是维持和谐稳定的大局,为此不惜牺牲行政效率和改良的机会,宁可多一事不如少一事,遇事睁一只眼闭一只

眼,抓大放小,顺其自然。而之所以采用这样的策略,并不是王导因循守旧,不愿意励精图治、克复神州,而实在是因为他比任何人都清楚,草创拼凑起来的东晋政权根基薄弱,内部种种矛盾交织,经不起折腾,冒不起风险。

就拿南北士族之间的矛盾来说吧,如前所述,尽管从司马睿刚到建康的时候开始王导就一直建议他笼络南士,吸纳吴人精英加入东晋政府,但南人与北人之间久已形成的"傲慢与偏见"绝非轻易能够消除。尤其是永嘉五、六年之后,避难江左的中原士庶越来越多,就好像如今的中东难民大量涌入欧洲一样,势必与当地人产生各种冲突。一个直接的后果就是,司马睿大量任用北人为官,南人重又成了被排挤的"非主流"。这种情况,终于引发了永嘉七年(313年)的周玘事件。

义兴周氏是吴中首屈一指的大姓,周玘的父亲便是那著名的"杀虎斩蛟除三害"的名将周处。周玘本人强毅沉断,颇有乃父之风,在讨平西晋末年的石冰、陈敏之乱中居功至伟,后来又配合官军剿灭了吴兴人钱璯(音kuài)的叛乱。以此"三定江南"之功,司马睿不但封周玘为吴兴太守、乌程县侯,还专门划出吴兴的阳羡县、长城县的西乡以及丹杨郡的永世县设立义兴郡,以旌扬周玘及其乡里的功勋。

这样一位"奕世忠烈、义诚显著"的豪杰,据说就是因为不能进入建康政府的核心圈而心生不满,又被司马睿身边的幸臣刁协所辱,故此与司马睿麾下同样不得志的镇东祭酒(当时司马睿为镇东大将军)王恢勾结起来,拟定了"诛诸执政,推玘及戴渊与诸南士共奉帝以经纬世事"的谋反计划。

后来由于其党羽在临淮被地方官擒斩,阴谋泄漏,这一计划遂胎死腹中。而司马睿和王导顾及稳定大局,对周玘的罪行秘而不宣,只是征其为镇东司马。还未及周玘赴任,又改授为建武将军、南郡太守。于是周玘转而南行,可刚走到芜湖,又被改任为军谘祭酒。自己的官职被如此轻易地改来改去,周玘感到大受侮辱,又得知谋反的计划已然泄漏,惭恨交加,不久便疽发于背病死了。临死前,周玘对儿子周勰(音 xié)遗言道:"杀我者是诸伧子①,你能复仇,才算是我的儿子!"

周勰深负父亲遗志,又有感于官居高位的北人压迫吴人、"吴人颇怨"的现实,便秘密联结吴兴郡功曹徐馥,矫称奉叔父周札之命纠合乡里豪侠,以讨王导、刁协为名,于建兴二年(314 年)年底在吴兴起兵叛乱,攻杀了太守袁琇。孙吴末代皇帝孙皓的族人孙弼也在广德起兵与之呼应。这场叛乱虽然因周札拒绝参与而很快失败,却再次暴露了东晋内部南北不和的矛盾。

而正是这种结构性矛盾的长期存在,使得王导确立了绥和南北、清静无为的执政倾向。在这一方针的指导下,东晋在立国前后,重新确立了大体稳定的统治秩序,形成了"荆扬晏安,户口殷实"的局面。这一切的取得,当然要归功于王导。

对于这一点,不独晋元帝司马睿心知肚明,就是不少时人也有着公允的评价。据说谯国人桓彝初过江之时,见朝廷微弱,便对镇东军谘祭酒周顗(音 yǐ)发牢骚说:"我以中州多故,来此欲求全活,哪想到寡弱如此,这可如何得了!"并因此忧惧不乐。直到他拜会了王导,与之一番畅谈,回来后立刻对周顗说:"刚才我见到了管夷吾,从此无复忧矣!"王导"江左管夷吾"的名头便这样流传开来。

当日王导声望之隆,除了朝中百官都尊称其为"仲父"之外,还有另

---

① "伧子"是当时吴人对中原人的蔑称,用现在的话说就是"北佬"。

一件事也可以清晰地说明。

据说在晋元帝登基后的一次朝会上，当着文武百官的面，元帝居然颁下旨意，命王导升御床与他同坐。王导当然不肯，坚决推辞了三四次，最后说道："若太阳下同万物，苍生何由仰照！"元帝这才罢休。

然而你切莫以为，元帝仅仅是出于对王导本人的感激和敬重才行此举。实际上，司马睿已经感觉到了自己即将沦为傀儡皇帝的可能。他邀请王导共坐御床一来是加以试探，二来也是为了再次当众强调一下王、马之间的君臣名分。

古来功高必震主。琅琊王氏的功劳实在太大，能够调动的政治、军事资源又实在太强，与之相比，过江的司马氏皇族则人单势孤，威信不足。要知道，他司马家当年就是以权臣之位篡夺了曹魏天下，如今这"君弱臣强"的局面又怎能不让司马睿感到担心呢！

而相比在朝中领袖群伦的"仲父"王导，更让司马睿坐立不安的是在上流控御强藩的"大将军"王敦。

王敦，字处仲，小名"阿黑"，比王导大十岁，是他的堂兄。王敦成名甚早，少年时便有"奇人""可人"之称，被视为当时高门士族中一等一的人物。名士领袖王衍曾评论天下后起之秀，认为自己的弟弟王澄第一，庾敳（音ái）第二，王敦可排第三。成年后他娶了晋武帝的女儿襄城公主为妻，拜驸马都尉，仕途发展得十分顺利。

不过与王衍、王导等喜好清谈、言行儒雅的彬彬文士不同，王敦的性格气质明显更为疏朗豪爽，甚至还有刚硬坚忍的一面。

据《世说新语》记载，年少时的王敦举止像个村夫（有田舍名），官话也说得不标准（语音亦楚）。有一次，晋武帝召集时贤俊彦讨论各自的文艺特长，诸人侃侃而谈，大抵是琴棋书画、诗词歌赋这些婉约派项目，王敦在旁边插不上嘴,脸色不怎么愉快。后来晋武帝问他有什么特长,王敦说我会玩打击乐,武帝就叫人取鼓给他。但见王敦"振袖而起,扬槌奋击",鼓点又快又猛,节奏变化多端,鼓手本人则气势豪迈,旁若无人。这一整段重金属摇滚耍下来,众人瞠目结舌,举坐叹其雄豪。

还有一次,王敦、王导二人到帝舅王恺家中做客。那会儿正是王恺跟石崇斗富斗得不可开交之时,为了装逼摆阔,王恺盛陈女乐款待宾客,期间但凡哪个女伎吹笛稍稍跑调儿走音,他就当场将其殴杀。当时一坐改容,只有王敦神色自若。过了一段时间,敦、导二人再次造访。这次王恺命美人行酒,但凡哪个客人杯中酒没喝干净,他就杀掉负责劝酒的美人。劝到二人之时,王导虽然平时酒量极浅,但是怕美人被杀,还是勉强将酒喝完。可王敦却纹丝不动,就是不拿酒杯。旁边持酒的美人悲惧失色,王敦仍目不斜视,任凭此女被王恺下令拖走。这次酒宴结束后,王导不由叹道:"处仲心怀刚忍,日后若是当权,恐怕不能令终啊!"

以上是《晋书》中的记载。而在《世说新语》中,宴请宾客、斩杀美人的主人变成了石崇,不变的仍是王导的宅心仁厚和王敦的冷酷无情。为了凸显这点,作者用戏剧性的笔墨写道,王敦不肯饮酒,已经使得三名美女被斩。王导责备于他,他却说道:"杀他自己家的人,关你什么事!"

都说量小非君子,无毒不丈夫。王敦不但对他人狠,对自己也能狠得下心。

《世说新语》上说,有一段时期王敦曾经沉湎于女色,身体状况大不如前。左右劝他多加注意,王敦道:"我没觉得身体变差了呀!要真是这样,那也容易得很!"就打开府中后门,把家里的姬妾侍婢数十人都撵了出去,任其所之。这些女子虽然是他平常所宠,但他说戒就戒,搞起"断舍离"毫不犹豫,说明此人意志力极强,能为了长期利益克制自己的欲望

（不知道是不是因为这一点，王敦后来一直没有子嗣）。

在西晋末年玄风大盛、士大夫普遍文弱不堪的大环境里，棱角分明、个性刚强的王敦显然是一个异类。这为他带来"可人""奇人"之誉的同时，也有人据此做出了负面的判断。王敦的同事、太子洗马潘滔就曾经说过："处仲蜂目已露，但豺声未振，若不噬人，亦当为人所噬。"

所谓蜂目豺声，历来是形容人刻薄无情、好乱乐祸的词汇。在潘滔看来，王敦这样的人绝不会随波逐流、安于现状，只要时机合适，他一定会掀起巨大的风浪。

今人所说的"性格即命运"，也是这个道理。

第 3 章 野心勃勃的王敦

　　早在天下太平的晋武帝太康年间，王敦便已出仕，后来他又长期担任惠帝太子司马遹的东宫官属。当年司马遹被贾南风陷害，贬逐到许昌软禁，启程时朝廷禁止宫臣辞送，王敦却与潘滔、江统诸人冒禁在伊水旁望拜流涕。因为此事他一度被司隶校尉抓进监狱，但由于赢得了舆论的一致赞许，获释后反而得到了升迁。

　　不久八王乱起，王敦因为助讨僭越称帝的赵王伦有功，在惠帝反正后晋升散骑常侍，又历任左卫将军、大鸿胪、侍中等职。东海王司马越执政后，面对中原鼎沸的政治乱局，为狡兔三窟计，采纳王衍的建议任王敦为青州刺史，后又改任其为扬州刺史。当时判定王敦"若不噬人，亦当为人所噬"的潘滔曾劝司马越说，让王敦这样的人在江东独当一面，会放纵其"豪强之心"，并非良策。司马越并未听从。

　　来到江南后，在堂弟王导的劝说下，王敦奉琅琊王司马睿为主，"与从弟导等同心翼戴，以隆中兴"，由此创建了东晋初年"王与马共天下"

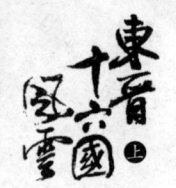

的统治格局。

如果说,王导对于东晋政权的贡献主要侧重于绥和南北、清静为政等"文治"层面,那么王敦的功勋则主要集中于平定反叛势力、奠定上流版图的"武功"方面。

由于自身的军事力量十分微弱,来到建康后,司马睿不得不分外倚重扬州本地的武力强宗(例如三定江南的周玘)和他们的乡里、部曲等私人武装。然而对于这些吴人,司马睿和王导实际上并不信任,身为扬州刺史、又具备统御才能的王敦遂成了控制吴兵吴将的不二人选。永嘉年间征讨江州华轶和作乱荆湘的蜀贼杜弢的战事,都是王敦担任指挥官,统领甘卓、周访、陶侃等南人将领进击。而随着战事向上流推进,王敦亦由扬州刺史改刺江州,坐镇豫章(今江西南昌)。

在这一过程中,王敦的地位和威望有了进一步的提升,他也以江州为根据地培植起了自己的势力。有迹象显示,其实这时王敦已经有了并吞整个荆湘、将长江上流纳入自己控制的野心。

建兴三年(315年),经过四年多的反复征战,王敦麾下的陶侃终于击溃杜弢,进克长沙,平定了湘州全境。司马睿为赏王敦之功,进其为镇东大将军、开府仪同三司,都督江扬荆湘交广六州,刺史如故。从此以后王敦便获得了辖区内地方长官的选置权,甚至可以直接干涉所督六州刺史的任命。这无异于为他在上流的专权打开了方便之门。

晋朝在长江上游的藩镇,属荆州辖境最广、实力最强,王敦当然不会容许荆州刺史这一职位脱离自己的控制。本来在永嘉年间,洛阳朝廷任命的荆州刺史是王衍的亲弟弟王澄(字平子)。虽然在王衍的人伦识鉴排行榜上,"阿平第一",胜过排行第三的王敦,但此人其实志大才疏,实干能力并不怎么样。王衍建议司马越以王敦为青州刺史、王澄为荆州刺史时,临行前曾对二人问以方略。王敦回答说，要随机应变，没有预先的方略。王澄则侃侃而谈，"辞义锋出，算略无方"，举座为之叹服。可实际到镇之后，王澄却日夜纵酒，不理州务，对周边严峻的军事形势视若无睹。八王之乱后期，关陇流民大量涌入巴蜀，巴蜀流民则有不少沿江东下，进入荆湘一带，跟当地居民时有冲突。王澄对这些人不能绥抚也就罢了，反而因为杀降八千余人激起了流民叛乱。益梁流民四五万家一时俱反，推杜弢为主，南破零（零陵）、桂（桂阳），东掠武昌，为祸荆湘数年之久，应该说大半都是王澄的责任。

而在应对杜弢叛乱的过程中，王澄先是举措失当，不听谏议，搞得自己内部"上下离心，内外怨叛"，既而在屡次失败后又胆怯弃城，东奔避敌。司马睿得知后，只好任王澄为军咨祭酒，召其入朝，另派周顗为荆州刺史。

有了这个台阶，王澄就堂而皇之地过境江州，要回建康，途中自然免不了要拜会江州刺史、自己的同族兄弟王敦。

然而两人虽是亲戚，一直以来却并不太融洽。史书上说，主要是因为当年在洛阳时王澄的声名始终压王敦一头，加之他"勇力绝人"，因此深为王敦忌惮。眼下今非昔比，同时出镇强藩的两人一个刚刚削平了华轶，威名大振，另一个则被流贼逼得抱头鼠窜，望实俱损。而王澄本人却仍以当年的眼光看待王敦，言辞举止间对他不够尊敬，更加使得王敦含恨在心。再加上此时王敦有意将自己的势力伸至荆州，深感王澄对荆州的乱事难辞其咎，便暗自制订了借机将他除掉的计划。

当天晚上，王敦邀请王澄同室而宿。由于王澄带了二十名扈从随侍左右，皆持铁马鞭护卫，王敦就赐给他们美酒佳肴。王澄本人则不知道是防卫心重还是已经有所察觉，手里一直捉着块沉重的玉枕，似乎意在防身。

夜深后,王敦见那些侍卫已经喝得烂醉,便向王澄借玉枕一观,然后趁机走下床榻,质问王澄道:"你为何与杜弢通信?"

这话摆明了是想诬陷王澄通敌。王澄相当生气,不客气地答道:"事自可验!"

你说我跟敌人来往,那证据呢?你去查吧,老子不怕!

王敦冷笑一声,转身就走。王澄忙伸手去拉,只是扯断了一截衣带,到底还是让王敦避了出去。埋伏已久的武士们随即杀气腾腾地闯了进来。王澄见势不妙,几下便爬上了房梁,大骂道:"阿黑你行事如此,迟早大祸临头!"

王敦没有回答。

最后王澄被力士路戎扼杀,尸体车载送回了建康。多半因为王敦诬其与杜弢通谋,事后司马睿和王导对王澄之死都没有任何表示。

王澄死后,取代他担任荆州刺史的周𫖮到镇还没几天,就也被流贼逼得退回了江州。王敦一来想笼络周𫖮为己所用,二来更不愿他去当荆州刺史,便将其留在了豫章,直到司马睿重又将周𫖮召还,才放他回了建康。

在之后讨伐杜弢的战争中,由于次等士族出身的武昌太守陶侃表现出色立下大功,加之他又是王敦的部下,王敦一度向朝廷推荐由陶侃出任荆州刺史一职。可战事结束后,王敦独吞荆州的欲望又占了上风,再加上他的心腹钱凤妒忌陶侃功高,多次在他面前诋毁陶侃,王敦便又改了主意,将陶侃左迁为广州刺史,而改由自己的堂弟王廙出镇荆州。

这一任命引发了陶侃部下郑攀等人的强烈不满。恰在此时,长安的晋愍帝朝廷也任命了一位荆州刺史第五猗(第五是姓),正从襄阳南下,而陶侃本人则被王敦软禁在浔口(此前王敦已经由豫章进屯浔口,即今江西九江)。于是郑攀等率领三千人马与叛将杜曾联合起来,击走了想要上任

204

的王廙，然后去北迎第五猗。

消息传到江州，王敦大怒。他怀疑郑攀的叛乱是受了陶侃的指使，起身披甲持矛就要去杀陶侃。然而一来并无真凭实据，二来陶侃毕竟在军中颇有威望，王敦并非毫无顾忌，因此他刚出帐便又踅了回来，如此这般折腾了好几回，仍然拿不定主意。陶侃闻讯后正色言道："以使君之雄断，天下之事无不立裁，何故如此犹豫不决！"最后还是谘议参军梅陶和长史陈颁向王敦建议说，陶侃跟周访是姻亲，两人利益攸关，此时若杀掉陶侃，正在前线统兵的周访一定不肯善罢甘休。王敦这才打消了除掉陶侃的念头，盛陈酒馔为他饯行。

话虽如此，王敦还是对陶侃戒心重重，为此专门把他的儿子陶瞻留在身边当了参军（其实就是人质）。而陶侃再也不愿久留，当天夜里便离开了江州。

暂时解决了陶侃问题，王敦故伎重施，开始用荆州刺史的位子引诱起进剿杜曾的周访。

周访这个人同陶侃一样，也是出身于低级官吏。他的发迹始于一桩巧合：有个与周访同名的人犯了死罪，官府派人去抓，错抓到了周访头上。周访不肯蒙受不白之冤，对前来抓人的官吏大打出手，结果几十个人竟被他追打得抱头鼠窜！事后周访亲自去向晋元帝请罪，晋元帝见他这么能打，不但不加怪罪，还提拔他当了扬烈将军，跟甘卓等人去讨华轶。此举后来催生出一代名将。周访在战争中智勇双全，表现出色，连战连捷，此时已被晋升为龙骧将军、豫章太守。

本来王敦是想将平定杜曾这个立大功的机会交给自己的堂弟王廙的。但王廙实在不争气，率领赵诱、朱轨等数将进讨，竟在女观湖一战大败而归，赵诱、朱轨被斩，杜曾乘胜直扑沔口（今湖北武汉）。王敦无奈，只

好调周访西进,许诺说只要你剿平杜曾,我就推荐你当荆州刺史。

周访果然不负厚望,沌阳一战以八千之众大破杜曾,两年后又擒获了杜曾和第五猗,彻底平定了这场乱事。

这期间琅琊王司马睿正式登基称帝,而且由于忌惮王敦、王导兄弟势盛,已经开始主动谋求压制王氏,振兴皇权。一个明显的例证就是,司马睿以心腹刁协任尚书左仆射,刘隗任御史中丞,对朝政展开了整肃。如称帝当年,司马睿便两度颁诏整饬吏治,并且绝非口头上说说,而是实际付诸行动。永康县令胡毋崇不恤百姓,司马睿先将其鞭刑示众,然后除名为民;徐州刺史蔡豹征伐违律,司马睿下令将他"斩而磔(音 zhé)之";就连自己的亲信宋典犯法,司马睿也毫不客气地将其免官。在晋元帝整饬吏治的过程中,一些与琅琊王氏关系深厚的官员也不能幸免。桂阳太守程甫是王敦的私人,因"奢侈逾度"被晋元帝下狱斩首;同蔡豹一起征讨失利的都督羊鉴论罪亦当斩,但元帝顾及他是王敦的舅舅,又是王导保举出任此职,最后将其免死除名;甚至王敦的亲兄王含,也被刘隗文致罪名大加弹劾,虽然最后在王导、王敦的干涉下不曾获罪,但这无异于给王氏兄弟立了一个下马威。

此外,晋元帝还在刁协、刘隗的协助下推出了诸多"排抑豪强""崇上抑下"的政策,用意无非是强干弱枝、加强皇权。这种种举措被时人视为申、韩法家之政,不但与司马氏此前一贯的儒家施政纲领格格不入,更与王导奉行的网漏吞舟、清静无为的执政倾向大相径庭。显然,不甘于充当傀儡皇帝的晋元帝此时与琅琊王氏之间不但有理念上的分歧,更存在着此消彼长的权力之争。

这种情况下,为了防止王敦在上游进一步坐大,晋元帝当然要在荆州刺史的问题上争上一争。正好周访在平叛战争中表现出色,而挂职荆州的王廙却对陶侃旧将大加诛戮,搞得荆州民怨沸腾,晋元帝便趁机调王廙入朝,明诏任周访为荆州刺史。

这一来,王敦就很尴尬了。因为他虽然许诺说要推荐周访为荆州刺史,但内心深处已经将荆州视为自己的禁脔。周访的刺史之位若是自己推荐,或许他还会因感激而听命于自己,眼下却是得自于朝廷明诏,摆明了是司马睿想拉拢他,将来周访是否还能听受自己调遣就很难说了。再加上部下郭舒劝他说,荆州这个地方虽然近年因寇乱而荒弊,但绝对是个用武之国,倘若落入他人之手,将来必生出尾大不掉的祸患,不如您自领便是,让周访去当梁州刺史也就够了。王敦深以为然,便向朝廷施加压力。于是不久后朝廷再次颁诏,由王敦兼领荆、江二州,而周访仍为梁州刺史如故。

消息传入襄阳,周访大怒,痛骂王敦不但不守信用,还在背后给自己下绊子!王敦也知道此举势必会触怒周访,就亲笔写信详加解释,还送给他一些玉环玉碗当礼物。周访气得把玉碗摔得粉碎,道:"我岂是贪便宜的小人,用几个宝贝就能收买得了!"从此便跟王敦结下了梁子。

第 4 章 晋元帝病急乱投医

至太兴二年（319 年），王敦虽然凭借权术将荆、江这两大强藩都攫取到了自己手里，却也在政治上付出了不小的代价。

一是在世人面前暴露了野心，原本与王导"同心翼戴，以隆中兴"的人设逐渐崩塌，开始被一些人视为乱世之奸雄，而他诛杀王澄、王稜①的卑劣行径也坐实了人们的这一看法。豫州刺史祖逖就对王敦之行事颇不以为然。二是在取得荆州的过程里得罪了陶侃、周访这两个实力派将领。陶侃为人老成持重，到广州后状若无事、立场不明，周访可是在襄阳屯田练兵，大有欲图江陵之意。因此王敦虽然据有了当时东晋国中一半的领土和兵马，对祖逖、周访等却颇为忌惮，一时并不敢轻举妄动。

但是在太兴三、四年间，周访和祖逖相继病故，局势的变化使得王敦

---

① 据《晋书·王如传》，王稜是王敦从弟，出身流寇的王如投降王敦后，王稜爱其骁勇，将他纳入自己麾下，但后来王如因为被王稜杖责，怀恨在心。此时王敦由于王稜每每对自己的"不臣之迹"多方劝阻，也想除掉王稜，就使了个借刀杀人之计，叫人激怒王如乘舞剑之机刺杀了王稜。

与朝廷之间的关系骤然紧张起来。

首先是王敦听闻周访去世,为了解除后顾之忧,急忙派遣自己的心腹、从事中郎郭舒前往襄阳监军,想把梁州的控制权纳入己手;与此同时,晋元帝也不甘落后,任命湘州刺史甘卓为梁州刺史、督沔北诸军事,前往襄阳就职。甘卓和周访、陶侃一样,都曾是王敦的旧部,其人外柔内刚,不似周访般锋芒毕露,因此王敦对他出镇梁州并没有表示激烈的反对。何况有周访的例子在先,王敦并不想再让甘卓也变成自己的敌人,于是他表示尊重朝廷的决定,将郭舒召回。晋元帝得寸进尺,又想召郭舒入朝就职以削弱王敦,王敦则不予理会,并不放郭舒东行。

其次是随着晋元帝整肃朝政、有意无意地压制琅琊王氏,"仲父"王导在朝廷里的地位也受到了威胁。尤其是刁协、刘隗受到重用后,晋元帝对王导的疏远朝臣们都看得出来。虽然王导本人对此淡然处之,并没有公开表示不满,但一些旁观者却深感江左和平稳定的局面来之不易,对眼前政局的发展趋势颇为不安。中书郎孔愉就上奏说,王导其人既忠且贤,又有佐命之勋,朝廷应该事无大小都加以咨询才是,不宜如此疏远。结果晋元帝对此建议置之不理,反将孔愉视为王氏一党,将其调离了中书省。眼见堂弟在朝廷里屡受排抑,王敦意不能平,就上了一封奏疏替王导叫屈。当时王导因为录尚书事,先见了这奏疏,觉得甚是不妥,便将其封还,但王敦仍遣使执意上奏。晋元帝读罢这封绵里藏针、语意轻慢的奏疏,顿时气不打一处来,当夜便召谯王司马承进宫,把奏疏给他看,说道:"这些年王敦的官爵位望也够高了吧,他仍不满足,竟说出这等话来,到底是要干什么?"司马承出自司马懿之弟司马进一系,是晋元帝的叔叔辈,血缘关系虽算不上近,但在人丁萧条的东晋宗室里已经算是能任事的人物,此时担任左军将军,执掌禁卫。他自然知道王敦的野心,劝晋元帝道:"陛

下若不能早做准备，祸难将作矣！"司马睿深以为然。

为了"早做准备"，晋元帝跟刘隗等商量，决定派亲信出镇地方以制衡王敦。恰好此时，由于甘卓调任梁州，王敦上表求以沈充担任空出来的湘州刺史一职。时人皆知王敦麾下有两大心腹，一个是吴兴人钱凤，另一个就是沈充。而湘州地近荆、江，晋元帝当然不肯轻易将其交给王敦一党。他对谯王承道："湘州地当上流冲要，控三州之会，实乃用武之国。今欲以叔父居之，何如？"司马承道："臣幸托末属，身当宿卫，未有驱驰之劳，频受过厚之遇，常夙夜自励以报天德。陛下所命，惟当尽力而已，又岂敢推辞？只是湘州近遭蜀寇荼毒，人物两尽，到任之后恐怕要先治理三年才能用兵。若来不及，臣就是粉身碎骨也于朝廷无益啊！"

司马承所言并非胆怯，而是事实。湘州是蜀贼杜弢的大本营，这几年饱受兵燹（音xiǎn），民力物力都相当匮乏，甘卓去梁州上任又带走了精锐兵马，确实困弊不堪。晋元帝心中明白，却并无良策，只能叫司马承勉力去办，总比将湘州让给王敦要好。于是便正式降诏以谯王承为湘州刺史，诏书中还大谈晋室自开国以来宗王出镇的传统，以让王敦无法反驳。

当时王敦为了便于同时控制荆、江二州，已经由溢口改镇武昌（今湖北鄂州）。因此当年十二月司马承赴湘州上任时，免不得要经过武昌与王敦会面。为了表示朝廷对王敦并无疑心，司马承故意解除警卫、常服来见王敦。酒席宴前，王敦有意试探，对司马承道："大王乃素雅佳士，恐怕并非将帅之才啊！"司马承答道："那是你不够了解我。岂不闻铅刀亦能一割乎！""铅刀一割"乃是东汉时班超之言。事后王敦对钱凤道："此人不知惧而学壮语，如此不武，又能有何作为？"意思是司马承纯属无知者无畏，说大话只不过是为了壮胆，这样的人没什么可怕的。就任凭他去了湘州。

卷四 | 东晋初建

尽管有谯王承在湘坐镇，但对于晋元帝和建康朝廷来说，其能直接掌控的兵力仍远不足以对抗上游的王敦。因为从当初征讨华轶、杜弢开始，建康政府本就有限的生力军大部都是交由王敦来统领的。为了应对这一困局，一方面晋元帝继续委派亲信出镇方岳，以尚书仆射戴渊为征西将军、司州刺史，镇合肥，而以刘隗为镇北将军、青州刺史，镇淮阴，皆假节领兵，名义上说是为了讨伐胡寇，其实防备王敦才是他们的任务。另一方面，晋元帝采纳刁协的建议，实行了一项极为激进的冒险政策：诏免中州良民遭难为扬州诸郡僮客者为兵。

所谓僮客，是指自己失去土地、没有户籍而依附在豪强大姓名下，地位相当于家奴、农奴或佃农的人口。自从西晋末年永嘉之乱以来，有无数渡江南来的贫苦百姓为求生存而舍弃平民身份，沦为了那些产业丰厚的地主豪强家的僮客，这种情况在扬州诸郡最为普遍。这些人既无独立的户籍和土地，自然也就无法服役纳税，对于国家来说没有任何用处。晋元帝的意图，就是想通过行政手段免除这些人（至少是其中一部分人）"僮客"的身份，然后征发他们当兵去充实戴渊、刘隗的军队。

可问题的关键在于，僮客作为奴隶或农奴，基本上等于地主豪强的私有财产，现在你皇帝老儿一不出钱赎买，二不用官爵交换，只靠一纸诏书就要把这些财产"充公"，自然会引发扬州境内那些豪强大姓的强烈不满。另外，魏晋时期普遍实行世兵制，入了兵籍就相当于贱民，地位也并不比僮客高，论生活条件可能还比不上一些人家的奴隶，战争来时更有生命危险，所以那些僮客大多也并不乐意被征发为兵。晋元帝明知这一政策存在极大的风险，却仍旧加以实施，只能说是病急乱投医。果不其然，诏书颁行之后，东土诸郡"百姓哀愤，怨声盈路"。

再加上近年晋元帝重用刘隗、刁协，采取种种举措以刑法御下、打

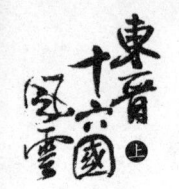

击豪强大姓,朝廷中有相当一部分大臣都觉得,皇帝的所作所为确实过分了些。

而就在免僮客为兵的诏书颁布数月之后,豫州刺史祖逖病逝于雍丘的消息传来,这对王敦来说可是个好消息。因为据说祖逖闻知王敦与朝廷交恶后,曾经毫不客气地对王敦派来的使者训斥道:"你回去告诉阿黑,若他敢对朝廷不逊,我将三千兵马就能把他撵回老巢!"祖逖麾下人马虽然不多,但都是常年与胡寇厮杀的亡命徒,加之祖逖善于抚御,能得将士死力,因此王敦对他相当忌惮。他这一死,继任的祖约不论才略还是威望都远不及乃兄,王敦顿觉压力减轻了不少。

朝中舆论对己有利,有所忌惮的对手又少了两个,故此到了太兴四年(321年)秋冬,王敦认为,眼下已经到了可以进一步行动的时节。他一方面继续向朝廷上表,畅陈古今忠臣多被君王猜忌、无耻小人如苍蝇一般交构其间等事例,以进一步争取舆论的支持;一方面则秘密与各方镇接触,打探他们的立场。史籍声称,当时梁州刺史甘卓表面上假装支持王敦,其实内心忠于朝廷。而陶侃的态度则模糊不清。甚至对于刘隗,王敦也写信试探,说"欲与足下、周生(指周顗)之徒戮力王室,共静海内"。刘隗回信说,咱俩没什么交情,我的志向就是为国尽忠,你甭来这套!王敦对他就更加恼恨了。

据说这段时间,王敦时常在酒后歌咏曹操那首著名的诗作:"老骥伏枥,志在千里。烈士暮年,壮心不已。"一边唱,一边用手中的如意击打唾壶为节,以致壶边尽缺。彼时王敦已经五十六七,而曹操在这个年纪早已是大汉丞相,挟制天子多年,无怪乎王敦要感叹"烈士暮年,壮心不已"了!

第 5 章　王大将军起兵

眼见朝廷与王敦之间的关系日趋紧张，势同水火，有不少人预感到祸乱将兴。例如长沙人邓骞听说元帝派谯王承来任湘州刺史，就感叹道："湘州之祸，其在斯乎！"御史中丞周嵩也劝元帝不可疏远琅琊王氏，试图弥合两者之间的裂痕。而素来以通晓阴阳卜筮闻名的大才子郭璞也数次上疏，用星变和灾异告诫元帝应该尽快对近来严于刑律的政策加以修正。

最郁闷的则是那些没有明确立场却又夹在朝廷和王敦之间无法脱身的官僚，尤其是王敦幕府里一些惟恐背上叛逆恶名的士人。例如颇有盛名的羊曼和谢鲲，两人虽被王敦征为长史，却终日酣醉，期望以此避祸。王敦曾问谢鲲："刘隗乃奸邪小人，将来必危社稷，我欲除君侧之恶，君以为何如？"谢鲲道："刘隗固然是祸乱之由，然其不过是城狐社鼠而已。"意思是刘隗的背后是皇帝在撑腰，您就不怕投鼠忌器么？这个回答当然不能让王敦满意，他生气地说："君庸才，岂达大体！"就把谢鲲遣出了幕府。

转过年来，郭璞又上疏建议元帝趁皇孙降生之机大赦改元，以化解近

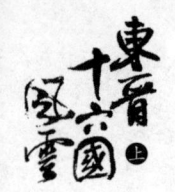

来"百姓困扰,甘乱者多,小人愚崄(音 xiǎn),共相扇惑"的不祥征兆。这次晋元帝倒是接纳了这一建议,宣布大赦天下,改元永昌。然而改元才不过十来天,正月十四,上游就传来了王敦于武昌举兵的消息。

正如王敦对谢鲲所说,他举兵是以诛刘隗、清君侧为名。他罗织了刘隗十余条罪状,宣称只要刘隗的人头早晨挂上阙门,自己晚上就退兵。与此同时,王敦的心腹沈充也在吴兴起兵与王敦呼应。数天后,王敦兵至芜湖,他又上表罪状刁协。晋元帝览表大怒,下诏说王敦这个人恃宠狂逆,假扮忠臣,说什么清君侧之恶,其实就是想把朕搞掉!是可忍,孰不可忍!朕要亲帅六军诛此大逆,有能斩王敦者,封五千户侯!并火速召戴渊、刘隗领兵还京勤王。

前面说过,起兵之前王敦曾经跟甘卓通气,甘卓假意支持,约定同时出兵。然而王敦从武昌出发后,甘卓不但未发一兵一卒,反而派使者前去劝阻王敦。王敦大惊,对使者说甘侯前日跟我说得好好的,怎么突然变卦了呢?难道他是怀疑我要危害朝廷不成?你回去转告于他,我只不过是为了铲除奸人,事成之后一定让甘侯位列三公。使者将这番话还报甘卓,甘卓听说能当三公,一时又有些拿不定主意了。有人劝他说不妨先假意答应王敦,等王敦下到京城后再去攻其老巢。甘卓说,当年陈敏之乱,我就是先追随而又叛变,虽说是被逼无奈,可仍然愧疚于心,如今再要如此,我又怎么能让天下人相信我并非善变无耻之人?因此长久不决。

这期间,王敦还派参军桓罴(音 pí)去湘州劝谕谯王司马承。司马承到湘州后,虽然尽心尽力,试图聚甲积粮,但他到任的时间太短,湘州久经战火,实在很难组织起足够的军力。而且此前王敦以北伐为名,以六州都督的权限将湘州境内船舰全部调往武昌,当时司马承还不愿跟王敦闹翻,所以就割给了他一半船只。此时面临王敦的威逼,司马承只能长叹道:"吾其死矣!兵少粮乏,势孤援绝。赴君难,忠也;死王事,义也。

惟忠与义,夫复何求!"便召集将吏,囚禁了王敦的使者桓罴,驰檄州境,与忠于朝廷的各地守令相约会师巴陵(今湖南岳阳)。

当然,司马承也没忘了要争取甘卓的支持。他派主簿邓骞来到襄阳,劝甘卓说,刘隗虽然有错,可并未危害天下,王敦为了一己私怨称兵向阙,天下寒心,现在正是忠臣义士匡救之时,以公之英武,以顺讨逆,定可立下桓、文之功!甘卓笑说桓、文之功我可不敢当,国难当头,唯有尽力,大家好好商议便是。言辞间透露出的态度显然并不坚决。

参军李梁则给甘卓出主意说:"眼前最好的办法就是保持观望、两头都不帮,到时若王大将军胜了,肯定还要让将军您担任一方诸侯,如果他不胜,朝廷也一定会让将军您顶替他的位置,如此则富贵唾手可得。何必放着这个保险的方法不用,非要在战场上决生死呢?"

邓骞立刻反驳李梁道:"王敦要是获胜,势必还师武昌,增石城之戍,绝荆、湘之粟,到时甘将军你可就麻烦大了!况且既为人臣,国家有难,岂能坐视不理!"

见甘卓仍犹疑不定,邓骞又寻机劝他说:"将军你既不兴义兵,又不听王敦的调遣,这种脚踏两只船的行为最为危险。您手下人认为敌强我弱,因而为难,其实是不了解虚实的缘故。眼下王敦有兵将万余,留守武昌的不过五千,而将军你手头的兵力起码是他的一倍!以将军之威名、本府之强兵,岂是他王含能抵挡得了的?到时王敦又是逆流,根本来不及回救,攻克武昌定如摧枯拉朽,还有什么可忧虑的呢?武昌既定,将军据其军资粮秣,镇抚二州,招诱士卒,王敦必然不战自溃!愿将军深思啊。"

应该说邓骞虽然刻意贬低了王敦的实力,但其对局势的分析还是很有道理的。然而最终让甘卓下定决心的,还是来自王敦阵营的叛变者。由于甘卓违背约定,王敦怕他在后边捣乱,这时又派了参军乐道融来催促他加

人。乐道融虽是王敦的僚属,但一直对其藐视朝廷权威的举动十分不满,这次见他竟然兴兵犯阙,干脆就趁此机会叛离了旧主,劝甘卓说:"王敦背恩肆逆,举兵伐主,国家待君甚厚,今若同之,岂不负义!如此则生为逆臣,死为愚鬼,永成宗党之耻矣!君当伪许应命,而驰袭武昌,王敦麾下兵众闻之,必不战自散,大勋可就矣。"

甘卓见王敦的人也跟邓骞意见相同,这才拿定了主意,与宜都太守谭该、南平太守夏侯承等联名发布了讨伐王敦的檄文,准备下江进讨。镇守合肥的戴渊最先得到檄文,连忙呈送朝廷,台城内闻此喜讯,皆高称万岁。广州刺史陶侃见到甘卓的书信,也派出一支军队来与甘卓会合。而武昌守军风闻甘卓军至,大为震恐,甚至不少人偷偷当了逃兵。就连东进路上的王敦听说甘卓起兵,也大为惊惧,特派了甘卓的侄子甘卬(音 áng)北返劝他说:"我知道你是在尽臣子的本分,我不怪你。因为我也是为了挽救我的家族才不得不如此。你要能旋军襄阳,大家还是好朋友。"

这种情况下,其实形势对朝廷和甘卓一方来说还是很有利的。而且王敦派去进攻湘州的两万军队在长沙城下也遇到了顽强抵抗,留守武昌的王含又是才略平庸之徒。如果甘卓能够抓住机会火速进兵,抢在王敦控制建康之前先拿下武昌,那胜负的天平将极可能倒向他这一边。

可问题在于,甘卓的性格向来不以果决见长,年老以后更加谨慎多疑,虽然他发布檄文后不久便率兵东下,但为了等待各方集齐同进,行军甚慢,尤其是抵达猪口(夏水入沔水之口,今湖北仙桃市附近)之后,淹留不进竟达数十天之久,这就让王敦有了充裕的时间来进攻建康。

而在朝廷方面,戴渊、刘隗已经各领部众在二月间回到了京城。作为王敦这次造反口口声声必欲清除的"君侧恶人",刘隗入城时面对前来迎接的文武百官,虽然大言炎炎,表现得意气自若,其实心里压根没底,因为他知道自己这几年充当晋元帝的"黑手套"得罪了不少大臣，他和刁协制定的种种政策也因为触犯了士族大姓的利益而不得人心，万一局势不利，晋元帝说不定会受自己政敌的蛊惑选择丢卒保车，用自己的人头去跟王敦谈判。所以一回到建康，刘隗就面见元帝，和刁协一起奏请诛杀王导等琅琊王氏成员，想以此断绝日后朝廷和王敦展开谈判的可能性。

自从正月里得知"王大将军"兴兵下都的消息，王导等在朝的琅琊王氏成员无不感到深深的不安。虽然史料中找不到这场乱事背后有王导参与的任何证据，但毋庸置疑，王敦此次起事是为了王氏一门的家族利益而来。而且就之前政治局势的发展趋势判断，王导等人肯定猜得到迟早有这么一天。在当时的权力格局下，像琅琊王氏这样的门阀士族，家族成员往往一荣俱荣、一损俱损。由于近年来晋元帝疏远、打压琅琊王氏的种种举措，对于王敦通过武力向朝廷施压的行为，王导等人肯定是不会反对的。但要说他们百分百支持起兵造反，却也并不尽然。这倒不是因为部分人始终恪守君臣忠义的道德观，而是因为造反这种事毕竟风险太高，尤其是对他们这些身在建康的人来说，搞不好就会覆巢之下无完卵，成为晋元帝迁怒的牺牲品。

因此一得知刘隗、刁协向元帝请诛王氏，王导便率领着王廙、王邃、王彬等宗族二十余人，每天早上都来到台城前，诚惶诚恐地摆出一副任凭朝廷发落的模样，以示自己胸襟坦荡，对王敦的逆谋毫不知情。

这天，王导等正在台城外鹄立，望见时任尚书左仆射、护军将军的周顗在数人扶掖下下车走来，正要入省。

周顗，字伯仁，出身魏晋一等高门汝南周氏，自少年时代起就在士族圈里享有盛名，与戴渊并称为"南北之望"。此人相貌雍容弘伟，为人宽厚清正，有"嶷如断山"之称。据说在洛阳时，自视甚高的王敦对任何人都不忌惮，唯独在面对周顗的时候底气不足，"见辄面热，虽复腊月，亦扇面不休"。

　　然而金无足赤，人无完人，周𫖮这个人有个最大的缺点，就是好酒。史书说他在中朝时，常能饮酒一石（相当于现在的啤酒三十多瓶），过江后虽然每天昏醉，却总是说没人能陪他真正喝酒。偶有一天一个酒友从北方来，周𫖮十分高兴，就取出两石好酒与之共饮，大醉而眠。可是等周𫖮酒醒之后，才发现此人身体冰凉，早已喝死多时了。其实这还不算什么，更糟糕的是周𫖮醉后时常冲动，难免会做出一些不够理智的行为。一则史料声称，有一次周𫖮和王导等人到尚书纪瞻家中做客，周𫖮竟然借着酒性，当众要与纪瞻的爱妾发生关系，以致"露其丑秽"，而他却"颜无怍色"。还有一次，晋元帝大宴群臣，酒酣时说了一句："今日名臣共集，何如尧舜时邪？"喝高了的周𫖮突然厉声嘲讽道："今虽同人主，何得复比圣世！"登时惹得元帝大怒，手诏要砍周𫖮的头，把他在廷尉狱里关了几天才放出来。晚年的周𫖮正是由于好酒失德，才得了个"三日仆射"①的外号，庾亮后来不无惋惜地评价他说，此所谓"凤德之衰"。

　　话虽如此，周𫖮毕竟是士族领袖，又居仆射之位，在朝廷里说话这时还是相当有分量的。而且他与王导的私交一向不错。杜弢作乱时，周𫖮从荆州败还，王导没少替他说话。平素两人以朋友的身份戏谑谈笑亦是常事。更重要的是，自许高门的汝南周氏同样对刘隗、刁协并无好感。因此当待罪于台城外的王导望见周𫖮时，心中自然便生出了请他从中斡旋的念头，呼叫道："伯仁，以百口累卿！"

　　我们王家百十口人，可全都靠你啦！

　　然而不知道周𫖮是耳背，还是装作没听见。他没看王导一眼，径直入了宫。

---

① 一说周𫖮曾经大醉三日不醒，一说周𫖮常年酣醉，只有姐姐丧事、姑姑丧事那三天清醒，故曰三日仆射。

第6章 周札开门迎寇

人在等待的时候,总是觉得时间分外漫长。王导此刻的心情便是如此。虽说已是初春,建康一带的天气却依然很凉,年近五十的王导在台城门外苦候了大半日,直站得腰酸腿痛、手脚冰冷,才等到周颉又走了出来。

但见他脸色赤红,步态不稳,一望可知又喝了不少酒。

王导再度呼叫伯仁。伯仁还是没有看他,只对左右说道:"今年杀诸贼奴,取金印如斗大,系肘后!"说完摇摇晃晃地登车,不顾而去。

想不到相交多年的老朋友竟然如此对待自己,王导心中十分不快。而且听方才周颉之言,他似乎是主张对我琅琊王氏大开杀戒,哪里还能指望他向皇帝求情。

王导不断摇头,越想越是寒心。

他并不知道,其实周颉不但在晋元帝的面前极言王导忠诚可靠,而且还在退朝后上表竭力替他申辩。只是不知碍于何种原因,周颉并未就自己

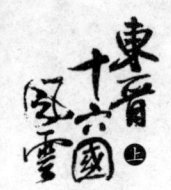

所为向王导明言。宋人施德操推测说,鉴于元帝与王导曾经同甘共苦,非寻常君臣可比,周𫖮可能是想将豁免王导的恩德尽归于元帝,以保全他二人"君臣终始之义",所以才做好事不留名,甘当活雷锋。

也许是周𫖮的劝说起了作用,但更大的可能则是晋元帝怕杀掉王导会引发众怒,危及自己统治的合法性。而且万事不可做绝,杀了王导就等于断了退路,元帝多半也没有这样的勇气和魄力。

于是数天之后,晋元帝命令把朝服归还王导,并召见了他。王导跪拜叩头,语带颤抖地说道:"逆臣贼子,何世无之,岂意今者竟出臣族!"元帝则光着脚走下御座,拉起王导的手道:"茂弘,方托百里之命于卿,是何言邪!"我正要请你帮我治理国家呢,怎么说这些话!

至少在表面上,君臣二人重新言归于好了。

三月初,元帝降旨以王导为前锋大都督,加戴渊为骠骑将军。为鼓励王导大义灭亲,他还把自己初镇扬州当安东将军时的节仗赐给了他。军事部署方面,元帝命刘隗驻扎于金城(在建康北三十五里江岸沙洲上),右将军周札把守石头城,戴渊筑垒于大桁①之北。自己则亲披甲胄在郊外检阅六军。同时他还命平南将军陶侃领江州,安南将军甘卓领荆州,各率所部邀击王敦的身后。

东晋初年的建康是在孙吴旧都的基础上稍稍改建而成,周回二十里,外围只有一圈篱笆墙,面对来自长江上游的攻击,能够用以守御的险阻除了城南的秦淮河,就只有扼守秦淮入江之口的要塞石头城。石头城位于台城西九里的石头山上,是当年孙权所筑,据说诸葛亮出使东吴时见到此城,曾有"石头虎踞,王业之基"的断语。由于其既能防备敌人沿江岸登

---

① 桁,音 háng。大桁,也写作大航,指秦淮河上正对朱雀门的浮桥。

陆，又能阻扼敌舰溯秦淮河而上侵入腹地，战略地位至关重要。当年西晋灭吴，王濬的水师便是先攻占了石头城，因而逼迫吴主孙皓投降。这次晋元帝选择周札驻守石头，应该是考虑到义兴周氏宗族强盛、部曲战斗力较高的缘故。而且在前面提到的周玘、周勰事件中，周札"大义灭亲"，主动告发周勰谋反，似乎也证明了自己对朝廷的忠诚。

然而晋元帝没想到的是，正是这一任命直接导致了官军的失败。

三月中旬，王敦的军队进抵建康郊外，具体驻扎地点不详，推测应是在城西江心的蔡洲。初时王敦准备先攻把守金城的刘隗，但其手下将领杜弘建议说："刘隗所统死士众多，短时间内不易攻克，不如先打石头城。周札这个人刻薄寡恩，兵不为用，攻之必败。周札一败，刘隗必不战自溃。"王敦采纳了这一建议，并命他为前锋。

令王敦大为惊喜的是，杜弘领军刚一进攻，周札竟然大开城门，临阵投降了！西军由此顺利占领了易守难攻的石头城。

周札为何不战而降，史籍并未明言。不过在若干年后，朝廷里曾经就周札的赠谥问题发生过一场辩论。辩论中王导宣称"札知隗、协乱政，信敦匡救"，"往年之事自有识以上皆与札不异"。意思是周札十分憎恶刘隗、刁协这两个乱政的奸佞，并相信王敦的目的确实是要清君侧之恶、匡救朝纲，而且当时朝臣里有周札这种想法的人很多。这些话当然是王导为了给自己洗白的诡辩之辞，不过也部分反映了一些真实情况。那就是刘隗、刁协协助晋元帝推行的加强皇权、打压豪强的政策确实引起了扬州士族大姓的集体反感，而像义兴周氏这样的地方豪强恰恰是征发僮客为兵等"刻碎之政"直接侵害的对象。史书说周札这个人贪财好利，"惟以业产为务"，没有强烈的政治企图却非常在意自己的财产家业。这样一个视财如命的人，刘隗等利用国家权力强行薅他的羊毛，当然会引发他的强烈仇恨。如

果王敦失败，刘隗等会继续掌权，而晋元帝打击豪强的行动会更进一步升级。明白了这一点，我们也就多少可以理解，为何周札会不加抵抗地开门迎敌了。

石头城这一丢，晋元帝大感恐慌，急忙令刁协、刘隗、戴渊领军来攻，想要夺回石头城的控制权。包括王导、周顗、虞潭等大臣也各统军兵出战。然而王敦与周札合兵一处，石头城又易守难攻，几个会合下来，刁协等皆大败而归。元帝的太子司马绍听说打了败仗，想要亲自率领将士决战，登车正要出发，却被中庶子温峤拦住。温峤抓住马笼头劝谏道："臣闻善战者不怒，善胜者不武。殿下乃国之储副，岂能以身轻天下！"说完拔剑斩断了鞅绳①，司马绍这才作罢。

其实到了这个地步，再抵抗下去已经没有意义了。台城外王敦的士兵大肆抢掠，台城内王公百官纷纷四散奔逃。狼狈败归的刘隗和刁协入宫见到元帝，君臣三人在殿阶前执手流涕，呜咽不止。元帝劝他们赶快出宫避难，刁协道："臣今唯有守死，不敢有贰。"元帝则说："今事逼矣，安可不行！"还下令给二人准备人手和马匹。刘隗和刁协遂洒泪出了宫。

怎奈刁协年纪太大，已经骑不动马，而且平常对下人并无恩义，逃出建康没多远，随行人员纷纷弃他而去，刚至江乘县境就被人杀掉，脑袋被送给王敦领赏了。刘隗则幸运许多，他北逃投奔了石勒，被封为从事中郎、太子太傅，一直活到六十一岁。

送走刁、刘之后，晋元帝身边只剩下一个将军和两位侍中侍卫，偌大的宫殿内显得空荡而冷清，这使得台城外传来的喧哗哭喊之声分外清晰。司马睿叹了口气，似乎是自言自语道："欲得我处，就当早言！我自

---

① 套在马脖子上的皮带。

归琅琊，何至害民如此！"又在侍中的帮助下脱下戎装，换上朝服，坐等王大将军以胜利者的身份出现。然而他等了很久，却不见王敦或是他的使者前来，甚至西军的士兵也没有闯进宫来。最后心里没底的元帝只好派人出去告知王敦，说你要是不忘本朝，于此息兵，则天下尚可共安，如其不然，"朕当归琅琊以避贤路"。这个皇帝谁爱当谁当，我还去当我的琅琊王行不？

王敦没有来见元帝自然有他的考虑。

拿下石头城后，自知胜券在握的王敦说了一句意味深长的话："余不得复为盛德之事矣。"字面意思是感叹自己再也干不成堪称盛德的事了！潜台词则仿佛在说：我心里清楚，这次起事说好听点儿是清君侧，说不好听的就是谋逆造反，眼下事儿虽然成了，可我不免要被别人诬作反贼，道德名誉肯定是保不住了！

这种情况下，如果王敦去见元帝，不外乎两种结果：一是仍以臣子的身份朝见，恪守臣礼并向元帝解释起兵之事。这是王敦内心不愿去做的事。二是不遵臣礼，以下逼上。这不但与起兵之初的宣传相违背，更会为自己进一步招致恶名，于今后执掌朝权十分不利。正因此，在控制了建康城后，王敦索性不见元帝，对这件事冷处理。所以他对晋元帝口口声声"归琅琊以避贤路"的宣称也根本不予理会。

晋元帝无奈，只好命公卿百官去石头城见王敦，以探知其真实意图。戴渊、周𫖮等人皆在其中。

王敦问戴渊道："前日之战，尚有余力乎？"你认不认输？

戴渊并没有认错服输的表示，答道："岂敢有余，但力不足耳！"我只恨自己力量不足。

王敦又问："吾此举动，天下以为如何？"

戴渊道:"见形者谓之逆,体诚者谓之忠。"单看表面的人认为是叛逆,体察实情的人则认为是忠。

王敦笑道:"卿可谓能言。"你可真会说话。

接下来他又对周𫖮道:"伯仁,卿负我!"

当年周𫖮在荆州被杜弢击溃,来投豫章,王敦曾将其收留,算是对他有恩,所以他才指责周𫖮对不住自己。

但周𫖮并不承认,道:"公戎车犯顺,下官亲率六军,不能其事,使王旅奔败,以此负公。"要说我周伯仁有什么辜负你的地方,那就是自身无能,没能让官军打败你王敦!

王敦没有答话,脸色明显不大高兴。

事后晋元帝召见戴渊、周𫖮等人,问他们道:"近日大事,二宫无恙,诸人平安,大将军故副所望邪?"发生了这么大的事,眼下皇室和大臣还都平安,他王敦的所作所为是不是符合大家的预期啊?

周𫖮答说,陛下您和太子自然无恙,只是臣等如何还未可知。显然,他已经对自己的前景有了不太好的预感。

这一判断相当准确。

第 7 章 伯仁因我而死

王敦下都，本就是因为自身权位受到威胁而起，而想要侵削其权位的人，首当其冲是元帝司马睿，其次则是其爪牙刘隗、刁协，戴渊、周顗等只不过是恪守臣节而已。

对于司马睿，王敦自然全无好感。据说当初长安陷落、愍帝被害后，建康政府的大臣们向司马睿劝进之时，王敦就有过"更议所立"的想法。田余庆先生推测，王敦当时很可能是想拥立东海王越世子司马冲[①]，只不过因王导反对而未果。因此在拿下建康之后，王敦才不无得意地埋怨王导说："不用吾言，几至覆族！"可话虽如此，既然王敦此番是打着清君侧的旗号而来，总不能刚得手就废掉皇帝，所以正如周顗的判断一样，晋元帝和太子司马绍暂时都比较安全。另一方面，刁协已经被杀，刘隗逃入后赵，王敦在朝廷里的主要政敌就只剩下戴渊和周顗。为了威慑百官、掌控朝权并为将来的篡夺

---

① 司马越世子本为司马毗，但此人在永嘉之乱中陷于石勒而下落不明。后司马睿以自己第三子冲嗣越为东海王世子。

开辟道路，王敦是很有可能用戴、周二人的脑袋杀鸡儆猴的。这种情况，不独周顗有所预感，就是其他人也看得分明。护军长史郝嘏（音 jiǎ）等就都来劝周顗，建议他出逃躲避风头。然而周顗却道："吾备位大臣，朝廷丧败，宁可复草间求活，外投胡越邪！"明确表示拒绝。

此时，一些平素与戴渊、周顗有私怨的小人也怂恿王敦痛下杀手。参军吕猗就劝道："周顗和戴渊皆有高名，足以惑众。前日二人之言，皆无愧惧之色。公若不除之，恐必有再举之忧。"王敦对名望不下于己的人向来颇为忌惮，前面他杀掉王澄就是如此，考虑到自己的基地在上游，建康必不能久驻，吕猗的发言的确触动了他的心病。

最后，王敦特意征询了王导的意见。他装作若无其事地从容言道："周、戴二人，南北之望，当登三司无疑也？"王导默然不应。王敦又问："若不三司，只应令、仆邪？"三司即太尉、司徒、司空，令、仆即尚书令和左右仆射。大体而言，前者对二人来说是封赏高升，后者就算是平级调动，相应地也就应该给周、戴二人的行为定性为"有功"或者"无过"。然而王导仍旧不答。

王敦意味深长地看了堂弟一眼，道："若不尔，正当诛尔！"既非有功，亦非无过，那就只有杀掉了！

王导还是没有回答。

二十三日，王敦遂派部将抓捕了周顗和戴渊。史载周顗被抓后路经太庙，他向着庙门高声喊道："天地、先帝之灵共见：贼臣王敦，倾覆社稷，枉杀忠臣，陵虐天下！神祇有灵，当速杀敦，无令纵毒，以倾王室……"话没说完，士兵一戟刺到周顗嘴上，鲜血喷涌直留至脚面。周顗依然面色如常，容止自若，一旁围观的百姓无不为之落泪。

其实对于如何处理戴、周这两个士族领袖，王敦一度也是相当犹豫。

未至建康之前，他曾经对随他一同下都的谢鲲说："吾当以周伯仁为尚书令，戴若思为仆射。"这时抓捕两人，王敦也担心会引发舆论声讨，因此他又向谢鲲打探近来人情如何。谢鲲并不知道两人已经被抓，答说："明公之举，虽欲大存社稷，然悠悠之言，实未达高义。周顗、戴渊乃南北人士之望，明公若能举而用之，则群情帖然矣。"王敦顿时大皱眉头，申斥谢鲲糊涂，说这两人跟我不合作，已经抓了！谢鲲大为错愕，然亦无可奈何。参军王峤听说王敦要杀周顗，直言切谏，惹得王敦大怒，要斩王峤祭旗，众人畏惧，没有敢替王峤说话的。只有谢鲲委婉劝说道，明公举大事，不曾戮一人，王峤只不过提个不同意见就被处死，难道不是有点过分么？王敦这才作罢，将其贬官了事。

当日，周顗和戴渊双双被斩于石头城南的一块大石上。

那天，恰逢晋元帝派了王敦的堂弟、时任侍中的王彬到石头城来劳军。王彬平素与周顗相处不错，先到其被杀处大哭了一场，然后才来见王敦。王敦见他容颜惨淡，追问原因，王彬说是因为刚才哭吊伯仁，难以自持的缘故。王敦便生气地说，周顗是自作自受，而且跟你也是泛泛之交，你至于如此么！王彬反驳道，伯仁是谆谆长者，也是兄长你的老朋友，为官虽然谈不上清正无缺，却也并非阿谀结党之人，你却在朝廷大赦之后对他加以极刑，所以我才惋惜伤痛！

王彬越说越气，接着又数落起了王敦："兄抗旌犯顺，杀戮忠良，谋图不轨，必将祸及门户！"音辞慷慨，声泪俱下。

听了这番话，王敦勃然大怒，厉声道："你竟然狂悖至此，难道以为我不能杀你不成！"

当时王导也在场，见此情景，忙劝王彬起来向王敦赔礼道歉。王彬说我有脚疾，见到天子都不想施礼，岂能下跪？况且我哪里有需要道歉

的地方?

王敦道:"脚痛孰若颈痛?"脖子上挨一刀,看你还能不能顾脚!

然而王彬意气自若,全无惧容。王敦强忍怒火,终究没有再处置他。

史料还记载,在周顗、戴渊被杀之后,有一次王敦与手下僚属樗蒱①为乐,一参军一路领先,就在即将获胜之前突然被人反杀,便悻悻然地说:自己这一局就好像周伯仁,眼看要位至三公,却连命都丢了,实在可惜!王敦听了这话,黯然说道:"伯仁与我少时在东宫相遇,一见如故,何曾想到世道纷纭,他竟被王法所裁,真是一言难尽啊!"然后便流下泪来。

众人都暗自感到可笑,心说难道周顗不是你要杀的么?只不过没人敢将这个意思表露出来而已。

至于王导,据说他事后料检朝廷文书,发现了周顗替自己申辩的表文,这才知道自己误会了周顗,不由执表流涕,说出了一句历史上相当著名的话:"吾虽不杀伯仁,伯仁由我而死,幽冥之中,负此良友!""我不杀伯仁,伯仁却由我而死"由此也就成了一则表达对他人之死有间接责任的常用典故。

在这一年,因"王敦之乱"而丧身的重要人物还不止刁协、周顗和戴渊这几个。

前文交待,梁州刺史甘卓在众人劝说下决定讨伐王敦,但其行动迟缓、稽留不进,直到王敦攻下建康的时候他的军队仍未进抵武昌。这时王敦便派朝廷使者带了驺虞幡命令甘卓退军。得知建康已被王敦控制而周顗、戴渊身死,甘卓自知大势已去,流涕道:"吾之所忧,正为今日!如

---

① 音 chū pú,一种赌博游戏。

果圣上和太子安然无恙，那么即使我攻击王敦的背后也不至于危及社稷。可如今倘若我攻占武昌，王敦情急之下一定会危害天子以绝四海之望！不如暂还襄阳，更思后图。"便命令撤军。邓骞和乐道融都劝他说，将军你起义兵却半途而废，与战败又有什么区别？不如分兵断彭泽湖口，让王敦之众首尾不能相顾，这样仍然有获胜的可能。况且将军麾下士卒大多为利而来，如今一无所获而还，于军心大为不利。然而甘卓并未听从。

回到襄阳之后，甘卓深为自己的选择和行动失误感到恼火和悔恨，越想越觉得憋屈，本来性情平和的一个人，忽然变得暴躁易怒、举止无常起来。他家里人劝他不要松懈武备以防王敦来袭，他不听，反倒把部曲都派去砍柴种地，有人谏阻，他就大发脾气。当时就有人判断，甘卓多半已经离死不远了。不久后襄阳太守周虑为了结好王敦，诈言湖中多鱼，劝甘卓把左右侍卫都派出去捕鱼。五月下旬的一天，周虑率兵发动突袭，攻杀甘卓于寝室之中，连带其诸子的脑袋一起送给了王敦。

与此同时，已经坚守了三个多月的长沙城在获知建康陷落、甘卓撤军的消息后，也终于在王敦军队的持续围攻下城门失守。谯王司马承被俘，在押往武昌的路上被新任荆州刺史王廙秉承王敦意旨所杀。

至此，王大将军在与朝廷的对抗中取得了全面胜利。他自居丞相、都督中外诸军、录尚书事、江州牧之位，加王导尚书令一职，而以堂弟王廙为荆州刺史，亲兄王含为卫将军，"改易百官及诸军镇，转徙黜免者以百数"，掌握了朝廷大权。鉴于太子司马绍颇有胆略，日后很可能成为自己篡权的阻碍，王敦甚至还一度想找借口将其废掉。但在温峤等大臣的集体抵制下，这计划一时并未得逞。

四月，自觉权力已经稳固的王敦返回了武昌。他在建康居留将近三月，一直称疾不朝，虽然谢鲲等劝他朝见元帝，以缓解君臣二人的紧张关

系，但王敦担心入宫会危及自身安全，始终不肯去见晋元帝一面。

到次年春夏之交，王敦已经身兼扬、江二州牧，江、扬、荆、湘、交、广、宁、益八州都督，各重要方镇的刺史郡守不是王氏一族，就是王敦党羽。立国之初"王与马共天下"的政治格局大有被王氏一家之天下所取代的趋势。

史称："敦既得志，暴慢愈甚，四方贡献多入己府，将相岳牧悉出其门。"就连负责京师警卫的领军、护军二将军也要每月将内外驻军情况向王敦详细汇报。其手下沈充、钱凤等人则仗着王敦的权势大兴土木、掠人田宅、发掘古墓、盘剥市井，搞得民间怨声载道。这种种情形，晋元帝司马睿看在眼里，却又无可奈何。他困坐于深宫之中度日如年，既忧且愤，深恐司马氏的江山就此断送于己手。王敦攻下建康的当年冬天，他终于一病不起，于闰十一月初十日郁郁而终，时年四十七岁。

好在太子司马绍早已成年，又聪明英朗，颇得朝臣之心。元帝去世前也已颁下遗诏，由王导以司徒辅政，于是司马绍顺利即位，是为晋明帝。

第 8 章 流民帅郗鉴

明帝司马绍是司马睿的长子，生母荀氏只是一个普通的宫女，而且出身燕代，很可能有鲜卑血统。要不是司马睿的元配虞氏无子，又去世得早，司马绍未必能够成为嗣君。

或许是因为混血儿通常基因都比较优秀，司马绍幼时便十分聪慧。据说永嘉初年司马睿刚到扬州的时候，有人从长安来，司马睿问以中原消息，不由潸然泪下。当时不过八九岁的司马绍坐在旁边，问父亲何以哭泣。司马睿便将中原丧乱、仓惶南渡的情由告诉了他，还问他："你可知是长安远，还是天上的太阳远？"司马绍答道："太阳远。因为只听说有人从长安来，却从不曾听说有人从太阳来。"司马睿觉得这回答很有趣，第二天群臣宴集时便讲了出来，并重又问了司马绍一次。这次司马绍却说是长安远。司马睿大为诧异，说你怎么跟昨天说得不一样呢？司马绍道："举目可见日，却不见长安。"司马睿听了，更加觉得这个儿子非比寻常。

但是即使如此，晋元帝在登基后也曾考虑过立他人为太子，尤其是少

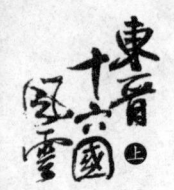

子司马昱（音yù）因其母郑阿春受宠，特别受到元帝的青睐。然而舍长立幼有悖儒家传统，当时以王导、周顗为首的大臣们都表示反对，盛赞司马绍聪明英断，实在是储君的不二人选，只有刁协逢迎上意主张立幼。在刁协的怂恿下，元帝准备执意施行，又怕群臣不奉诏，所以就要了个小花招：他事先拟好立司马昱为太子的诏书，然后召王导、周顗入宫。王、周二人进得宫来，刚走到殿阶之前，元帝又派人拦住他们，请他们到东厢等候接见。一旦二人去往东厢，元帝就可以趁机令刁协传诏，把生米做成熟饭，到时王、周得到消息想要劝阻也来不及了。可王导毕竟老谋深算，对元帝的为人行事也十分了解，听说元帝临时变卦要在东厢召见，立刻感觉事情并不简单。他抛下正要去东厢的周顗，推开中使，径自走到御榻之前，对元帝道："不知陛下何以见臣？"元帝大窘，默然良久，才将黄纸写就的诏书从怀里掏出来撕掉了。这以后司马绍的太子地位才算确定下来。

可能是体内的鲜卑基因作祟，成年后的司马绍不但生了一副黄胡须，而且行事果敢明断，又喜武事，颇有游牧民族豪爽不羁的作风。据说有一次他想在宫内修建池塘亭台，元帝不许，他便发动自己平时豢养的武士在夜间秘密施工，一晚上就建成了一座池塘。时人称之为太子西池。他还曾向王导和温峤请教晋室得天下之由，当他听说了司马懿、司马昭父子那些极不光彩的黑历史，直惭愧得遮住脸躺在床上，道："若果真如此，晋祚安能得长！"果如今自己虽然成了皇帝，可面对父亲忧愤而卒、朝政尽被王敦控制的窘境，司马绍深知短时间内绝不能再与王敦正面对抗。唯一的办法，就是表面上当一个听话的傀儡，暗中积蓄力量、结交盟友，耐心等待反扑的机会。因此对于转过年来王敦向自己进献皇帝信玺一纽，并讽喻朝廷征己入朝的举动，晋明帝虽然明知其问鼎逼宫的意图，却仍温语慰答，手诏征其来京。随后朝廷又降旨，加赐王敦黄钺、班剑，以及"奏事不名,入朝不趋,剑履上殿"的殊礼。于是王敦在四月间由武昌移镇姑孰于湖(今安徽当涂县南),一屁股坐进了建康的南大门,又以司空王导为司徒,自领扬州牧一职,再度形成了威逼朝廷的态势。

照此趋势,没有人会怀疑王敦下一步就会效仿王莽、曹丕和司马昭,先求九锡,再搞禅让,篡夺晋室江山。

对于王敦的这一企图,应该说除了他的死党钱凤、沈充等人,大部分东晋士族其实并不支持。与上次起兵清君侧不同,现在刘隗、刁协这样的"小人"已经从朝廷清除,晋元帝推行的那些侵夺士族利益的"刻碎之政"也随着他的死亡烟消云散,既得利益得到巩固的大姓豪族们并没有足够的意愿来支持改朝换代。更何况这一年多来,王敦诛杀"南北之望"周𫖮和戴渊、琅琊王氏一家独大等情况也在提醒他们,王敦专权不但不会给他们带来好处,反而会打破门阀士族间的权力平衡,损害其他家族的门户利益。因此,如温峤、庾亮、桓彝等颇具名望的士族领袖,都不声不响地站到了晋明帝这一边。即使是在琅琊王氏内部,也存在对王敦的反对之声。曾经因哭吊周𫖮而与王敦大吵一架的王彬就是其中之一,他苦谏王敦万万不可兴兵为逆,惹得王敦勃然变色,目示左右要将他收捕。王彬正色道:"君昔年害兄(指王澄、王棱),今年又要杀弟不成?"王敦考虑再三,觉得此时王家内部不宜自起纷争,最后还是把王彬放了。

王敦的苦衷是,他已经年近六十,却一直没有子嗣(因此不得不收哥哥王含的儿子王应为子),钱凤、沈充之流又皆是为利禄而来,因此在这场一己私欲与家族利益纠缠不清的权力斗争中,他所能仰仗的亲族除了亲兄王含之外,就只有王导、王彬、王舒、王邃这些从兄弟。所以尽管他们未必都能坚定地与自己站在同一战线,王敦还是要用他们夹辅中央、出镇州郡,以充当自己的羽翼。他迁王导为司徒,用王舒为荆州刺史、王彬为

江州刺史、王邃为征北将军镇淮阴等,都是出于这一目的。另一方面,王敦继续沿用自其出镇上流以来的一贯策略,将一些名望出众的士人纳入自己的幕府。此举除了意在笼络人心、壮大声势之外,更重要的目的是让这些人即使不能为己所用,也不至于成为晋明帝的帮手。

到了这年年底,王敦又得了病。老病缠身的状况不断提醒着他,自己很可能已经时日无多,要想成就非常之事,必须要加紧行动才行。基于上次与朝廷作战的经验,他判断部曲众多的义兴周氏将会成为朝廷倚重的主要力量,因此转过年来,他立刻对"一门五侯"的东土豪强义兴周氏痛下杀手,先是诬周嵩(周顗之弟)、周莚(周札之侄)与道士李脱谋为不轨,将二人捕杀,继而又派沈充进袭会稽,攻杀了时任会稽内史的周札,尽灭其族。如前所论,当时朝廷能够调动的兵力本就捉襟见肘,这样一来,双方的力量对比更是悬殊。王敦满以为自己胜券在握,殊不知却漏算了一个至关重要的因素。

那就是江北的流民武装。

中国历史上每逢战乱灾荒,便会产生大量的流徙人口。而西晋末年的八王之乱和永嘉之乱,则制造出了中古时期规模最大的一次人口南迁的浪潮。然而,并不是所有南迁的流民都能够渡过长江在江南安顿下来。当时在淮河以南、长江以北的广阔地带有大量流民滞留。为了在胡族政权和江南政权的夹缝中自保图存,流民们通常会自发地武装起来,并推举有威望有地位的豪强大姓担任自己的领袖。前面多次提到的豫州刺史祖逖,其实就是一个最具实力的流民首领。另一方面,流民帅虽然奉晋室正朔,接受东晋的官职,但多数人在一定程度上保留着独立性,往往不大听从朝廷调遣。而东晋政府也知道流民控制不好就会成为流寇,一直对流民帅猜忌重重,并对流民南下的举动严密防控。据说当初徐州刺史蔡豹被晋元帝诛杀,就与其在战败之后想要南来的企图有关。

可话说回来,流民武装毕竟拥有在北方长期抗胡的经验,战斗力通常都不弱,如果能够善加利用,的确可以成为朝廷对抗王敦的一大利器。

问题在于,这些拥众于江淮之间的流民帅虽然不乏强宗大姓,但要么门户不高,要么在性格气质上匪里匪气,与建康士族格格不入,双方长期以来存在隔阂。王敦初次起兵之时,元帝曾征召屯驻广陵一带的流民帅苏峻讨伐王敦,但他却以卜算不吉为由徘徊观望,坐视建康失守。就是因为这一事件,王敦才判断晋明帝同样难以得到流民帅们的武力支持。

然而随着一个人加入明帝阵营,这一状况发生了改变。

这个人名叫郗鉴。

郗鉴,高平金乡人,祖上是汉献帝时的御史大夫郗虑。虽然可算是名门之后,但在两晋之际家族中并无大官,他本人又"少孤贫""躬耕陇亩",可知出身并不甚高。不过,郗鉴自幼博览经籍,在地方上以儒雅著称,因此曾以王公幕僚的身份多次出仕。后来永嘉乱起,郗鉴率领宗族千余家进入兖州境内避难,接受晋元帝授予的官职,三年后发展为数万之众,成了散布于东晋北境的诸多流民帅之一。

永昌元年(322年),受石勒侵逼,郗鉴率部退保合肥。合肥距离建康不过四百里,虽有大江阻隔,却已经接近了东晋统治的腹心。因此,这时的晋元帝对拥有数万之众的郗鉴并不放心。他先以领军将军一职诱其入朝,末了却只让他担任无兵无权的尚书,就是这一心态作怪的反映。郗鉴对此心知肚明,故而以疾病为辞并未履任。

眼下为了对付王敦,晋明帝再度将眼光投向了流民武装。但是考虑到流民帅与朝廷之间长期存在的隔阂和矛盾,必须要有人从中斡旋才行。不论从身份地位、政治经验还是个人气质而言,郗鉴都是合适的人选。而要

想让他充当朝廷与流民帅之间的协调者和联络员,首先要对他加以重用、争取他的支持才行。于是晋明帝一反乃父的作派,拜郗鉴为安西将军、兖州刺史、都督扬州江西诸军、假节镇守合肥。

这一来,王敦不高兴了。心说这一手明摆着是为了防备我,岂能让司马绍这小儿得逞!就上表向朝廷施压,要求调郗鉴为尚书令。这时候王敦已经下屯于湖,郗鉴还朝时两人便在姑孰见了一面。

酒席宴前,为了刺探郗鉴的胸襟态度,王敦故意用西晋名士乐广和满奋作比,认为乐广才具不如满奋。郗鉴则反驳说,评判人物还要看他们的品行道德,满奋在愍怀太子被废之时依附贾后,在赵王伦篡位之时又亲奉玺授,根本是个失节之人,岂能跟乐广相提并论?王敦说愍怀太子被废时,满奋只不过在履行他司隶校尉的职责,就此而言未必就比乐广差很多!郗鉴说,大丈夫立朝,应当忠贞不二,岂能因一己祸福便偷生屈节、愧对天地?就算命运注定无可挽回,也要存亡与共才是!

经过这一番对话,郗鉴效忠王室的立场表露无遗,这使得王敦对他恶感大增,不但再不与郗鉴相见,还扣留他数日不准东行。郗鉴则举止自若,毫无忧惧之意。钱凤等都劝王敦趁早杀掉此人。但王敦可能是考虑到,郗鉴在朝野内外都颇有威望,无故杀掉他会为自己制造更多的敌人,最终还是放他返回了京城。

史籍明确记载,回朝后郗鉴"遂与帝谋灭敦",坚决加入了明帝阵营。

虽然明帝与郗鉴等人的密谋内容因史籍无载而难以确知,但从之后王敦二次兴兵时江北流民帅刘遐、苏峻等人的动向来判断,他们显然已经提前与明帝达成了某种默契。这与王敦首次兴兵时他们观望冷淡的态度截然不同。可以想见,在朝廷和流民帅之间扮演协调者角色的郗鉴一定在其中做了不少工作。

第 9 章 晋明帝微行探敌营

太宁二年（324年）五月，王敦的健康状况进一步恶化。以防万一，他矫诏封王应为武卫将军，王含为骠骑大将军以自随。又奏请令京师宿卫三番休二，还杀害了明帝平常亲信的两个军官。

王敦的心腹钱凤担心他去世后群龙无首，问他说万一您有什么三长两短，后面的事是不是都交给王应？

王敦摇头道："非常之事，岂常人所能为！况且王应年少，哪里当得起大事？我死之后，诸君不如遣散兵马归身朝廷，保全门户，这才是上策；不然就退还武昌，收兵自守，贡献不废，也算是中策；趁我还没咽气的时候全军出动，在战场上博取侥幸，实在是个下策。"

显然，王敦清楚地知道以王应、王含的能力和威望，实在不足以继承自己的事业。为了家族利益，最好的办法就是寻求与朝廷和解。以琅琊王氏的门第、地位以及王导在朝廷里的影响力，这并非不可能的事。

然而钱凤的心中却不以为然。因为他明白，就算退一万步，明帝当真

不追究王敦及其家属的责任,充当鹰犬的自己和沈充也免不了沦为替罪羊。所以他退出后,对手下人道:"公之下计,乃上策也。"遂联络东境的沈充,预备王敦一旦去世,就联合向建康发动进攻。

但是王敦、钱凤并不知道,他们的计划已经尽被晋明帝获知。

这是因为,明帝已经在王敦身边安插了卧底。

此人便是温峤。

温峤,字太真,出身太原温氏,因为是并州刺史刘琨的亲戚,当永嘉乱起之时,他一直在并州辅佐刘琨。后来洛阳、长安相继陷落,南渡士民拥戴琅琊王司马睿在江南站稳了脚跟,刘琨便派温峤浮海至建康,奉表劝进。司马睿一见温峤,大为欣赏,王导、周𫖮等人也与他相处甚欢,就都挽留他留在江南。温峤虽然心系旧主,并屡以母丧为由求归,但后来刘琨被段匹磾所杀,朝臣们又制造"真正的孝顺是铲除胡寇然后到墓前尽哀"的舆论,温峤无奈,只好接受官职在建康留了下来。

温峤能与晋明帝相知相交,主要是因为他曾长期担任太子中庶子。这一职位相当于太子的贴身侍从和顾问,温峤尽心辅弼,不但赢得了司马绍的信赖,而且与时任中书郎侍讲东宫的庾亮也建立了深厚的友谊。据《世说新语》记载,那时温峤俸禄不高,却又喜欢跟人赌博,得来的钱财往往不够输的。有一次输了个底朝天,债主把他扣在赌船上不放,温峤就大呼庾亮道:"卿可赎我!"庾亮很快替他偿付了赌债,温峤这才脱身。这种事情发生过好几回,可见温、庾二人确实非泛泛之交。

由于自身理念与刘隗、刁协推行的政治路线相左而与琅琊王氏的关系也还不错,王敦初次起兵之时,温峤多少有点相信他确实是为清君侧而来。但是周𫖮和戴渊的死让他认清了王敦的真面目。明帝即位后,温峤先任侍中,又任中书令,同庾亮一起成了明帝最为信重的大臣。这时王敦为了笼络士心，顺便削弱明帝的势力，在移屯于湖之后将温峤征为自己的左司马。明帝迫于压力，只好放温峤去上任。

塞翁失马，焉知非福。其实这样一来，温峤反倒成了打入敌人内部的卧底，正好可以借此了解王敦的虚实。

温峤履职未久，便劝王敦效仿辅佐成王的周公，到京城朝见天子以守臣节。但王敦心里其实根本不承认司马绍的天子资格，当然不会听从温峤的建议。这以后温峤不再多言，而是假意敬服王敦，"综其府事，干说密谋"，尽心尽力地承担起了左司马的工作。甚至对于王敦的心腹钱凤，温峤也刻意结交，逢人便赞："钱世仪精神满腹。"由此也获得了钱凤的推崇。

担任王敦的左司马使温峤洞悉了王敦一党的图谋和他们的实力状况。他知道在貌似强盛的外表下，王敦绝非不可战胜。尤其是随着王敦本人的病势越来越沉重，他对局势的判断和掌控都大不如前。王含、王应不过庸碌之辈，钱凤、沈充则是短视之徒，皆不足惧。眼前唯一要做的，就是要尽早将自己探知的情报向明帝汇报。

六月，机会来了，相当于首都市长的丹阳尹一职出现了空缺。温峤欲擒故纵，劝王敦说这个职位如此重要，得文武兼能的人来当才行，而且最好您亲自指定，朝廷安排人选的话很可能不合您的心意。王敦就问温峤有没有推荐的人，温峤说钱凤就很合适。王敦又来问钱凤。钱凤听说温峤举荐自己，自然要谦虚一番，也投桃报李推荐温峤。钱凤出身不比温峤，而且一直是王敦的谋主，王敦病重后又实际上是军队的总指挥，当然不能随意离开。于是衡量一番之后，王敦决定表请温峤为丹阳尹。

离开于湖前，王敦亲自为温峤饯行。以防钱凤在背后捣鬼，温峤还故意在宴席上演了一出戏：他起身给众人敬酒，来到钱凤跟前时，钱凤还没

来得及喝,他就装醉用手板打落了钱凤头上的巾帻,佯怒道:"钱凤何人,温太真行酒而敢不饮!"王敦以为温峤喝高了,连忙命人将他们劝解开来。临走之时,温峤又满含热泪地与王敦依依惜别,大有恋恋不舍之意。

第二天,温峤的船刚刚离岸,钱凤就忧心忡忡地对王敦说:"温峤这个人与朝廷关系过于密切,又和庾亮是深交,恐怕未必值得信任。"王敦皱了皱眉头,说:"太真昨天酒醉,所以对你小加声色,你岂可因此便在背后诋毁于他!"终究没有派人去追。温峤由此顺利返回建康,将王敦、钱凤的种种逆谋都告知了明帝,并与庾亮、郗鉴一起为明帝制订了对付王敦的计划。

没过多久,这一消息就传入了王敦的耳朵。王敦大怒道:"想不到我竟被小人所欺!"还写信给王导说:"温太真与我分别这才几日,就做出如此之事!我定要募人生擒他,亲手拔掉他的舌头!"王敦不知道的是,其实这时王导也已经站到了晋明帝一边。

王导本人在整个王敦之乱期间的态度,虽然史书着墨不多,但我们仍然可以看出,起码在第一次起兵之时,他是持支持(至少是默许)的态度的。他赞成除掉刘隗、刁协,却不同意王敦废掉晋元帝的主张,这是因为,王导认为对琅琊王氏家族而言,理想的情况就是维持原本的"王与马共天下"格局,既不是由他姓顶替琅琊王氏与司马氏共天下,也不是由琅琊王氏取代司马氏坐天下。就这个意义而言,王敦的个人野心反而会对琅琊王氏整体的长远利益构成损害。而且正如王澄、王稜之死所揭示的那样,王敦一支独大对王氏其他宗支而言未必是件好事。因此当王敦专权后仍不满足,并进一步谋求皇位之时,以王导为首的部分琅琊王氏成员虽然没有公然表示反对,暗地里却颇不以为然。尤其是在得知王敦病入膏肓,朝廷胜算大增的情况下,王导等人怕事后受到牵连,都纷纷与之划清界限。

例如新任荆州刺史、王敦的堂弟王舒和他的儿子王允之便是如此。当时王允之还未成年,王敦觉得他长得很像自己,就常常把他带在身边。有一次王敦饮酒至夜,王允之不胜酒力,醉倒在一边,无意中正好听见钱凤和王敦商量起兵造反的计划。他怕王敦怀疑自己,就装出大醉的样子,吐得床上、衣服上都是污秽。钱凤走后王敦过来一看,见王允之倒在污秽中呼呼大睡,便没有生出疑心。不久后王舒进京述职,王允之请求回去探亲,王敦也未加阻拦。结果王允之将听到的密谋告诉王舒后,王舒立刻向王导汇报,两人一起将此事告知了晋明帝。

六月间温峤从王敦处归来后,朝廷中人人皆知王敦将死,信心大增。生性果敢好武的晋明帝按捺不住好奇心,有一天竟然身穿戎服,骑了一匹巴滇骏马,出宫微行到了于湖,亲自到王敦的军营里侦查了一圈。有士兵瞧见后深觉此人不同寻常,便来汇报。据说王敦此时正在营帐里睡觉,恍惚间梦见有太阳环绕其城,顿时惊醒道:"此必黄须鲜卑奴来也!"遂命骑兵追击。晋明帝此时已经离去,为了迷惑追兵,史书上说只要"马有遗粪,辄以水灌之";又说他路过一个旅店,给了卖吃的老妪一根七宝马鞭,交待若有骑兵赶来,就以此示之。不久追骑赶到,问老妪可曾见到一黄须男子。老妪说:"已经去远了。"便拿出七宝鞭给他们看。骑兵们挨个观察把玩七宝鞭,因此耽搁了时间,又发现马粪都是冷的,于是判断明帝确实早已去远,就不再追。明帝遂得以安然返回。

《世说新语》中的记载则稍有不同:明帝是在去时路过客店,先给了老妪一根金马鞭,还说了一些王敦叛逆,自己前来侦查,万一有追兵,请帮我隐瞒之类的话。老妪得了金马鞭的贿赂后,并没有拿给追兵看,而是诳骗他们说其人早就去远、难以追及,故此骑兵才放弃了追击。

无论如何,经过这次实地探察,晋明帝似乎更加坚定了战胜王敦的信

心。回宫后不久,他便对外宣称王敦已死,并颁布了讨伐王敦的诏书,任命王导为大都督、领扬州刺史,温峤为中垒将军,与右将军卞敦守石头城,以光禄勋应詹为护军将军,负责朱雀桥南的防守,以尚书令郗鉴行卫将军,以中书监庾亮领左卫将军,以尚书卞壶行中军将军。郗鉴入朝未久,与明帝相知尚浅,能以卫将军一职统领从驾的护卫,显然是因为他联络流民帅的功劳。郗鉴本人自知资历不比温峤、庾亮诸人,坚决推辞,并力请召临淮内史苏峻、兖州刺史刘遐等流民帅入卫京师。明帝亦知流民帅的兵力是对抗王敦的关键,除苏峻、刘遐之外,他还征召徐州刺史王邃、豫州刺史祖约、广陵太守陶瞻等都前来勤王。

与此同时,王导也对晋明帝的行动积极给予配合,那边诏书尚未发布,这边他已经率领王氏子弟为王敦发哀办起了丧礼。这一来,群臣将吏更加相信王敦已死,士气大为振作。

病榻上的王敦见到诏书,顿时大怒,然而这时他早已无力统众,只好命钱凤、邓岳、周抚等领兵三万,名义上以王含为元帅,向建康发动进攻。钱凤等问他:"事克之日,天子云何?"咱们拿下京师后,怎么处理皇帝?王敦答道:"尚未南郊,何得称天子!便尽卿兵势,保护东海王及裴妃而已。"意思是他司马绍根本没资格当天子,你们爱咋弄咋弄,只要把东海王司马冲和裴妃(司马越之妃)保护好就行!

大军出发之前,王敦还特意找来精通阴阳卜筮的郭璞,命他卜算吉凶。

第 10 章 平定王敦之乱

在整个两晋时代，郭璞堪称第一术士，对于他的神通，史书中记录了不少真假难辨的传说。例如他曾经寻来异兽复活了将军赵固的死马；曾用三斗红小豆变成赤衣人，骗取了庐江太守胡孟康的爱婢；过江之后，他又成功预言了吴兴太守袁琇的横死，并指引王导躲过了一次雷震之灾；等等。尤为难能可贵的是，郭璞还经常以星变灾异之说劝谏晋元帝减少刑狱、宽免赋役，以疏解民间的阴怨之气。

本来在元帝崩逝后不久，郭璞亦以母忧去职，但孝期未满他便被王敦征为记室参军纳入了幕府。不久后王敦的另一名幕僚颖川人陈述病逝，郭璞哭之甚哀，大呼说你先走一步，焉知非福！联想到郭璞还曾经对人说过"吾所受有本限，用之恒恐不得尽"的话，看来他早已经对自己的命运有了预感。

史书还说，郭璞和桓彝是好友，每次桓彝登门拜访，哪怕有女眷在场也不回避。郭璞曾对他交待说，我家别的地方你随便进，只是千万别到厕

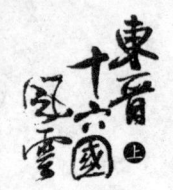

所去找我，不然对你我都大大不利！然而有一天，桓彝乘醉来访，把这一嘱咐忘了个精光，寻不见郭璞，就找到了厕所来。掩门一望，只见郭璞披散头发、光着上身，嘴里衔着一把短刀，正在祈禳作法。郭璞一见桓彝，大惊失色，刀也落了地，半晌才抚着胸口痛苦地说："我多次叮嘱你不要来，你却偏偏如此！这不但会给我带来灾祸，只恐连你也逃脱不了厄运啊！唉，这真是天命，又能怪谁呢？"

这次王敦起兵之前，其实温峤和庾亮也曾找郭璞算过命，二人都是大吉。这事后来被一个姓崇的人密报王敦得知。王敦便找来郭璞，让他卜算起事的吉凶。以前郭璞曾多次对人说起："杀我者山宗。"山宗者，崇也。虽然得知是姓崇的人在王敦面前构陷自己，郭璞仍如实言道，占卜的结果是"无成"。王敦本来就对郭璞与温、庾的交往十分不爽，这时又见他预言自己起事无成，更加恼恨在心，冷冷说道："那你再卜算一下，看我寿命几何？"郭璞道："从刚才的卦象判断，明公若是举兵，恐怕祸事不久便会来临；若是返回武昌，则寿不可测。"王敦闻言大怒，道："你自己的寿命又到何时？"郭璞淡定地说："命尽今日日中。"

果然，王敦恨意难消，下令将郭璞推到南冈斩首。

临行前，郭璞问押解人去往何处，答曰："南冈头。"郭璞便道："必在双柏树下。"等到刑场一看，果然有两株大柏树。郭璞又说："此树应有大鹊巢。"众人寻觅不见，郭璞说再仔细找找，果然在密密层层的树叶遮掩之下发现了一个大号的鹊巢。据说多年前郭璞行经越城，遇见一人呼其姓名，他便将一套裤褶①赠送给了此人。此人不受，郭璞说你只管拿着，以后就知道了。结果今日正好是此人行刑。

---

① 汉晋时戎服，多为士兵、将吏所穿。

用郭璞的人头祭旗之后，王敦下令诸军进发，以讨伐温峤等奸臣为名，直扑建康而来。

七月初一，王含的军队抵达了秦淮河南岸的江宁县境。叛军的总兵力，据《晋书·明帝纪》所说是"水陆五万"。而朝廷这一边，石头城守军有一万五千，台城皇宫之内有两万，屯守金城的有六千，数量虽然不及王敦一方，但苏峻、刘遐、王邃的军队正在赶来。

王导先派人给王含送去一封信，晓之以理，动之以情，劝这位堂兄不要为了王敦那狂妄悖逆的念头，受钱凤等人蛊惑，置家门荣誉和崇高地位于不顾，公然反叛朝廷。皇上只办钱凤一人，你只要弃暗投明，大家还是好兄弟。

王含没有理会。

苏峻等人的援军尚未赶到，而建康的城防并不坚固，朝廷里有些人担心困守并非良策，建议明帝应该趁叛军立足未稳之际亲自领军出击。明帝性本英武，跨马便要出战，但这时驻守秦淮南岸的温峤为阻止叛军渡河，已经烧毁了朱雀浮桥退屯北岸。这一来，明帝无法出击，不由得大发脾气。温峤忙道："如今宿卫寡弱，徵兵未至，若贼寇侥幸突入，不但危及陛下，宗庙且恐不保，何爱一桥乎！"郗鉴也说："反贼号令不一，并无经略远图，惟恃豕突一战；而京师吏民惩往年暴掠，皆人自为守。这种局面下若轻出决战，将胜负成败定于一瞬，实在过于冒险。万一有所闪失，虽有援军义士再来相救，也无补于事了！"明帝这才罢休。

不过，明帝依然认为可以趁叛军未加防备之时发动一次试探性进攻。初二日夜里，他招募壮士，命中军司马曹浑领千人暗渡秦淮，于黎明时分对王含阵营发动了袭击。两军在越城一带激战，仓促迎战的王含军败退，前锋何康被斩。

军报传到于湖，王敦大怒，骂道："我兄老婢耳，门户衰矣！只可惜世将、处季皆早死，如今大事去矣！"世将是王廙的字，处季所指何人不详，总归应是王敦的从弟辈。显然王敦认为，这两人比较有才干，而自己的亲兄王含简直就是个没用的老太太！他又对左右道："我当力行。"强支病体想要起身。然而刚刚坐起，便觉头晕心悸，冷汗涔涔而下，实在难以支撑，只好复又躺下。

王敦自知大限将至，叫来王应和舅舅羊鉴，嘱咐道："我死之后，应便立刻即位，先立朝廷百官，然后乃营葬事。"不久，王敦便病逝于军营之中，时年五十九岁。王应秘不发丧，把他的尸体用竹席裹了，外面封涂蜡油，埋在厅事里面，自己则并未遵守王敦的遗言即位称帝，只是每日纵酒淫乐而已。

这边厢王敦已死，那边厢王含、钱凤等却并不知道这一消息。而且这时沈充率领万余人马从东境赶来，已经跟王含合兵一处，叛军虽然刚吃了败仗，声势却丝毫未减。沈充的司马顾飏给他出主意，说现在朝廷已经占据了主动，形势对我们不利，最好的办法就是决破栅塘，用玄武湖水灌城，然后我军乘水势纵舟师发动进攻。要不然趁现在士气未衰，跟王含、钱凤合力攻城，利用数量优势碾压，也可算是一种选择。如果实在不行，为您个人考虑，也可以召钱凤议事，然后杀了他向朝廷投降。

沈充一概不听，也不接受晋明帝的招降。顾飏深感无望，只好脱身离去。

七月十六日，苏峻、刘遐等率领一万余人赶到了建康。数量虽然并不甚多，但都是久经沙场的精兵。晋明帝非常高兴，连夜接见将士，赏赐酒宴财物加以慰劳。

钱凤和沈充听说朝廷来了援兵，军心大震。商量一番后决定趁北军远来疲敝之际抢先发动进攻。二十四日夜,钱凤、沈充统军自竹格渚渡淮来攻。护军将军应詹、建威将军赵胤等拒战不利,叛军进至宣阳门(建康城南门),攻拔了这里的栅墙,正要突入,刘遐、苏峻率部自南塘横击,将叛军拦腰斩断。几个回合的肉搏战下来,叛军大败,赴水死者三千人。紧接着,刘遐又在青溪攻破了沈充的营垒。

与此同时,有人从上流带来了王敦已死的消息。西军将吏闻知惊愕异常,更无战心。

二十五日,王含、钱凤等烧营夜遁。次日晋明帝还宫,命庾亮督苏峻等向吴兴方向追击沈充,温峤督刘遐等沿江向上流追击王含和钱凤。

当时在上游藩镇之中,荆州刺史王舒和江州刺史王彬都是王含的亲戚,又都是在王敦的安排下出任此职,因此很自然成了王含想要投奔的对象。比较两人,王含觉得平素王彬跟王敦之间颇生嫌隙,所以倾向于去投王舒。王应却说,还是投王彬比较合适。王含问这是为何,王应说正是因为他们平常关系不好,才应该去投。你想当大将军权势熏天之时,他王彬尚且能直言反对,足见其勇气志态非常人所能及,现在我们困窘来投,他必有恻隐之心;王舒则是没有主见之人,岂能为我二人出头?

王含不听,还是要去荆州。

他哪里知道,王舒早就投靠了晋明帝。还没等王含父子到达江陵城,王舒便派军队以迎接为名,将二人擒住沉入了大江之中。

至于钱凤和沈充,两人都是在逃亡的路上死于部将之手。王敦的尸体被挖了出来,衣冠被焚,枭首示众。其余与王敦关系密切的琅琊王氏成员,则受益于王导的庇护和晋明帝的宽大政策,一律不予追究。这场持续三年的王敦之乱,就这样得到了平息。

事后论功行赏,"大义灭亲"的王导被封为太保、领司徒、始兴郡

公,温峤为前将军、建宁县公,庚亮为护军将军、永昌县公,应詹为平南将军、江州刺史、观阳县侯,刘遐为徐州刺史、泉陵县公,苏峻为历阳内史、邵陵县公,卞壶为建兴县公,郗鉴为高平县侯。

对于曾经依附过王敦的大臣,晋明帝虽然明言宽大不问,但心中毕竟不能全无芥蒂。尤其是那些仍然手握兵权的琅琊王氏成员,必须要消除他们成为下一个王敦的可能。因此王邃虽然参加了讨伐王含的战争,事后不但没有被明显封赏,却反而被刘遐取代了徐州刺史的职位;王舒虽然擒杀了王含父子,却被调往广州,荆州刺史一职则由陶侃顶替;王彬也交出了江州刺史的位子,回朝担任光禄勋的闲职。

"王与马共天下"的权力格局至此已不复存在。

这一年,晋明帝司马绍刚刚二十六岁。其人年富力强,英武明断,又借助平定王敦之乱获取了巨大的威望,假以时日,应当会有一番更大的作为。

然而造化弄人,太宁三年(325年)闰八月十九,也就是王敦之乱结束之后刚刚一年,晋明帝忽然得了病,六天后竟然不治而亡。临死前他颁下遗诏,安排太宰、西阳王司马羕(音 yàng),司徒王导,尚书令卞壶,车骑将军郗鉴,护军将军庚亮,领军将军陆晔,丹杨尹温峤七人共同辅佐年幼的太子司马衍。

二十六日,五岁小儿司马衍即皇帝位,是为晋成帝。

第 11 章 庾亮秉政

虽然晋明帝在遗诏中指定了包括宗室勋贵、枢机重臣、禁卫长官、京畿首脑在内的七位辅政大臣,看上去已经足够稳妥,但其实这一领导班子内部也是矛盾重重:国舅庾亮跟宗室领袖西阳王羕有矛盾,司徒王导跟尚书令卞壸不对付,郗鉴跟王导政见屡有不合,王导则跟庾亮暗中较劲。因此,明帝构想的"七常委"辅政的中枢格局并没能真正实现。

九月间,"群臣以帝幼冲,奏请太后依汉和熹皇后故事"。成帝的生母庾太后辞让一番,便同意了临朝听政的请求。此后虽然形式上由太后临朝,并由司徒王导录尚书事,与中书令庾亮、尚书令卞壸参辅朝政,但因为诏命皆由庾亮掌管,他又是庾太后的亲兄,朝政大权便基本上落入了庾亮之手。

魏晋之际,颍川庾氏还算不上是一等一的高门,庾亮的父祖辈虽然皆以儒学出仕,但官位并不显贵。庾亮本人"美姿容,善谈论",性喜老、庄却又恪遵礼法,颇有名士风范,因此在江南士族圈里甚有声誉。后来晋

　　元帝南渡，先是将庾亮辟为掾属，继而又把他的妹妹聘为世子妃，再后来晋明帝即位，庾亮一变成了国舅爷，开始以外戚的身份执掌枢机，一直是明帝最为仰仗的心腹。据说有一次明帝封了一副密函给庾亮，结果阴差阳错送到了王导手里。王导打开一看，见诏书末尾写道："勿使冶城公知。"当时王导住在冶城，冶城公指的正是他本人，可见明帝心中显然更加信任庾亮，认为王导终究是外人。之后王导上表答道："伏读明诏，似不在臣。臣开臣闭，无有见者。"明帝为此大感羞愧，有好几个月没好意思见王导。

　　就政治倾向而言，庾亮跟王导、温峤一样，首先是维护门阀士族的基本利益的。这一点，从他侍讲东宫时指责元帝的申、韩之政"刻薄伤化"，劝司马绍不要读《韩非子》便可看得出来。但同时庾亮又是外戚，其本人的权势和家族地位均得益于与皇室的联姻，因此在维护晋明帝权威的同时，他也很注意排斥其他的竞争者分享皇帝的信任。

　　王敦之乱平定后，晋明帝曾经提拔过几个关系亲近之人出任要职，例如元帝虞皇后的弟弟虞胤为右卫将军，西阳王羕的弟弟南顿王宗为左卫将军，两人统领禁军宿卫宫省，深得明帝信任。而司马宗这个人跟王导、庾亮"志趣不同"，还喜欢交结一些豪侠壮士为腹心，被王、庾二人视为潜在的不安定因素。二人数次向明帝进言，明帝都不予理会。太宁三年明帝得病后，一天晚上庾亮想进殿上奏，由于宫门已锁，便向司马宗要管钥。司马宗不给，还申斥庾亮的使者说："这难道是你们庾家的门户么！"庾亮为此更加忿恨于心。数日后明帝病危，内外消息不通，群臣无由得见，庾亮怀疑是司马宗、虞胤从中作梗，跟西阳王羕勾结起来有所图谋，当下排闼直入来到御床前，对着明帝痛哭流涕，控诉西阳王羕、南顿王宗等谋废大臣、欲求专权云云，这才使得晋明帝颁布了指定七大臣辅政的遗诏。至于后来的太后临朝，显然也是庾亮策划的结果，如此一来，以西阳王羕为首的宗室势力便被彻底排挤出了核心决策圈。

这一年，庾亮三十八岁。其人虽然很有能力，又有澄清天下的抱负，但在政治手腕的运用上还是欠缺了一些火候，加之其性格方正有余而圆融不足，胸怀不够宽广，这就使得他在执政期间制定和推行的一些政策失之于激进和偏颇，以至于后来引发了意想不到的严重后果。

首先，庾亮认为要想改革弊政，必须振作皇权，因此他一反当初指责申韩之术刻薄伤化的立场，转而强调起了依法治国、违法必究的重要性。

史书说，庾亮掌权之后"任法裁物"，"欲以风轨格政，绳御四海"，在朝野上下掀起了一股整风运动。此举得到了古板耿介的尚书令卞壶的支持。在这样的背景下，甚至地位尊崇如王导，也一度被卞壶所纠：成帝即位典礼，王导请病假没有出席，卞壶公然指责他非社稷之臣，迫使王导舆疾而至。之后王导又称疾不朝，却私送郗鉴出都，卞壶奏王导"亏法从私，无大臣之节"，御史中丞钟雅失职，并请免官。此事后来虽然不了了之，却取得了"举朝震肃"的示范效应。

其次，庾亮急于解决明帝后期遗留的历史问题，尤其是宗室问题和流民帅问题。

原本按照明帝遗诏，宗室领袖西阳王羕与王导等人同受顾命，而且"依安平献王孚故事，设床帐于殿上"，由小皇帝亲自迎拜，是应该执掌辅政大权的。但庾亮请出妹妹庾太后临朝，釜底抽薪，取消了西阳王羕的辅政权利，同时还将其弟南顿王宗由左卫将军转为骠骑将军，实际上剥夺了他手中的军权。右卫将军虞胤也被调任大宗正一职。如此一来，司马羕、司马宗兄弟不可能不心怀怨望。尤其是司马宗本来就好结交豪侠死士，传言他跟手握强兵的苏峻亦时有来往，这使得庾亮愈发猜忌他有异谋。大概在咸和元年（326年）十月前后，御史中丞钟雅弹劾司马宗谋反，庾亮立

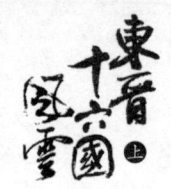

刻派右卫将军赵胤前去抓捕。司马宗虽以私兵拒战,最终还是失败被杀,其三子被废为庶人。司马羕受到牵连,太宰之位被免,爵位降封弋阳县王,虞胤也被外贬为桂阳太守。

司马羕兄弟论起来是晋明帝的爷爷辈,身为宗室领袖,地位尊崇,在证据并不充分的情况下就这么被庾亮办掉了,而且小皇帝对此毫不知情,一时间不能不引起相当大的非议。据说有一天六七岁的晋成帝不知怎地想起了司马宗,问庾亮说:"以前宗室里常见的那个白头老翁去哪儿了?"庾亮答因为谋反,已经杀掉了。晋成帝闻言落下泪来,道:"舅舅你说别人谋反就能杀他,要是别人说你谋反,那又怎么办?"此言一出,庾亮脸色大变。一旁的庾太后忙抄起牙尺敲了下晋成帝的头,申斥道:"儿你怎么说出这种话!"晋成帝不敢顶嘴,只好瞪着庾亮生闷气。

尽管如此,宗室的问题总算在庾亮手里得到了解决。

然而流民帅的问题就不是这么简单了。

当初晋明帝为平定王敦之乱,虽然征召刘遐、苏峻、祖约(祖约兵未及赶来,战事便已结束)等流民帅入卫京师,但归根结底还是对他们很不放心。而且刘遐等人的军队在平叛的过程中乘机大肆掳掠,也加剧了朝廷对他们的反感。因此局势甫一安定,明帝就开始谋求处理流民帅问题,只是还没来得及有所动作便不幸崩逝,这一任务自然就遗留给了庾亮。

晋成帝即位后的第二年夏天,因功被封为徐州刺史的刘遐去世。庾亮利用这一机会,任命郗鉴为徐州刺史,同时以征虏将军郭默为北中郎将、监淮北诸军事,统领刘遐遗留的军队。郭默这个人虽然也是流民帅出身,但他当初只身南来,是个光杆司令,在朝里也没有任何背景,很容易控制。而郗鉴也已经被建康士族圈所接纳,对朝廷忠心耿耿。因此庾亮这一手,明摆着是要趁机将刘遐的军队收归"国有"。可麻烦在于,流民帅的军队基本上都是私家部曲，多数人只认"大帅"，不认"朝廷"。现在刘遐死了，他的儿子年龄还小，但他的妹夫田防和部将史迭等人都不愿意听从他人调遣，就以刘遐儿子的名义发动了叛乱。由于临淮太守反应迅速，这场叛乱很快得到了平定，并没有造成很大的影响。这使得庾亮更加自信，以为如法炮制不难处理掉另一个流民帅苏峻。

苏峻这个人本是一介书生，生逢乱世，被烽烟四起的世道逼成了半是土匪、半是朝廷命官的流民帅，从山东地区辗转南下，多年来一直活动于江北。凭借平定王敦之乱的功绩，他被封为冠军将军、历阳内史，驻扎在现在安徽和县一带，手下有锐卒万人。

将苏峻归入《叛臣传》的《晋书》声称，苏峻立功之后"颇怀骄溢，自负其众，潜有异志"，不但招纳收容违法犯罪分子，而且其部队全靠国家财政供养，稍有不满意的地方，他就口出恶言。此外，司马宗被杀之后，余党有逃奔苏峻的，庾亮以朝廷的名义叫苏峻把此人交出来，他也置若罔闻。以上就是庾亮决心尽快解决苏峻问题的缘由。

其实在当时的社会大环境下，以上种种行径根本算不上多大的罪名。真正让庾亮寝食难安的，是苏峻手握强兵，又与建康近在咫尺。鉴于朝廷兵力寡弱的状况，任何一个执政者都难免出于防卫过度的心态，将桀骜不驯的流民武装视为潜在的腹心之疾。

同样，对于朝廷无法有效控制的豫州刺史祖约，甚至新任荆州刺史陶侃，庾亮也充满了猜忌之心。据说祖约自以为威名资望不在郗鉴、卞壸之下，讨伐王敦亦有战功（祖约出兵寿阳，逐走了王敦所署的淮南太守任台），因此对于自己没能列名顾命大臣早就心怀怨望，再加上朝廷没有满足他进号开府的期望，对于他的屡次表请也不加准许，他更加愤愤不平。而陶侃也跟祖约一样，怀疑晋明帝褒奖晋封大臣的遗诏中之所以没有

自己的名字，是庾亮刻意删除的结果。就当时的态势而言，庾亮深恐时间一长，苏峻、祖约和陶侃三人得以串通、联合起来，共同对付自己，那就大糟特糟了！故此在咸和元年八月，也就是刘遐去世两个月之后，庾亮就派温峤为江州刺史，出镇武昌，还派人修筑石头城工事，显然意在防范上流。与此同时，庾亮还准备抢先下手，欲以明升暗降之法召苏峻入朝就任闲职。

对于庾亮的这一盘算，一向奉行宽和为治的王导是不大赞同的。他对庾亮说，苏峻这个人阴险狡猾，肯定不愿意奉诏，不如暂且包容于他便是。但庾亮回答说："苏峻狼子野心，终必为乱。今日征其入朝，即使他抗命不遵，为祸也比较浅；倘若迁延经年，局面将不可控制。这种情况跟当年吴楚七国之于汉室没什么不同。"群臣畏于庾亮权势，都不敢出言反驳，只有倔老头卞壶表示异议道："苏峻坐拥强兵，逼近京邑，一天之内就能够抵达城外，万一激发变乱，很容易酿成大祸，还是应该慎重考虑才是。"庾亮仍然不听。卞壶无奈，只好写信给温峤诉苦，说庾元规（庾亮字）这么弄苏峻非反不可，到时候朝廷能不能应付实在难说，我和王公据理力争他就是不听，要是你还在朝就好了，或许你说话比我们管用。然而温峤写信劝庾亮一样白费，他坚持认定这时候办苏峻要比拖延下去强得多。

眼看庾亮一意孤行，先诛宗室，又逼苏峻，有识之士已经预感到时事将会不妙。取代温峤任丹杨尹的阮孚便对人说："今江东创业尚浅，主幼时艰，庾亮年少，德信未孚，以吾观之，乱将作矣！"便求出为广州刺史，远走避祸去了。

第 12 章　苏峻被逼造反

到了咸和二年（327年）下半年，形势已经很明朗了。

苏峻身为流民帅，深知枪杆子是自己安身立命之源，庾亮征他入朝，其实就是让他交出军权、任人宰割，稍有点脑子的人都绝对不会答应。他先是派副手入都向庾亮申明态度：只要让我在外统军，不管去哪儿我都听从安排；要让我入朝，恕难从命！庾亮不但不准，反而召回郭默任后将军、屯骑校尉，并以自己的弟弟庾冰为吴国内史，开始在建康四周布防。接着他又明发诏书，正式征苏峻为大司农，加散骑常侍，部曲转交其弟苏逸代领。

这一来，苏峻就被逼到了墙角。因为若不就征，就等于公然违抗诏命。他再次上表，说当年先帝亲自拉着自己的手，命自己北讨胡寇，现在中原未靖，自己"乞补青州界一荒郡，以展鹰犬之用"。你庾亮既然容不下我在近侧，那调我去边疆抗胡就行了嘛，哪怕让我到荒僻地方当个郡守也行啊，何必非要逼我入朝不成？

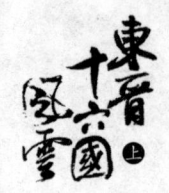

庾亮仍然不许。

即便到了这一地步,苏峻也没有马上起兵造反。他不是王敦,既没有谋取天下的野心,也自认为没有那个实力。就凭手下一万多人马,苏峻并不觉得跟朝廷对抗是一个很好的选择。因此他一边下令收拾行装准备赴召,一边仍然犹豫不决。然而他的参谋和部将都劝他说,将军您向朝廷求取个荒郡太守都不可得,事势如此,入朝绝无生路,不如勒兵自守为好。苏峻遂下定决心,拒绝了朝廷的征召。

消息传到建康,庾亮并不感到意外。他再度派出使者,代表朝廷向苏峻下了最后通牒。

苏峻的回答是:"朝廷内外都说我欲造反,我此刻入朝岂能活命!我宁可在此山头远望廷尉(指刑狱监牢),不能在廷尉望此山头。以往国家危如累卵,要不是我早就完了!现今狡兔既死,就要将猎犬下油锅了!我苏峻就是死,也要先找造谋者算账!"

不用说,"造谋者"指的自然是庾亮。

既已决心与朝廷决裂,苏峻立刻开始寻找盟友。他久闻祖约对庾亮早有不满,便派人赶赴寿春,想要与他联合。前段时间由于后赵大将石聪攻略淮南,祖约屡次向朝廷求援未果,心中正在愤懑,又听说朝廷准备在六合、滁县一带作涂塘以阻遏胡寇,等于将祖约抛弃在了边境之外,更加怒火中烧。得知苏峻邀请自己共同对付庾亮,祖约大喜,几个侄子也劝他起兵,祖约便派祖涣、许柳两将领军开往历阳,与苏峻会合。

这时候,武昌的温峤也已经得知了苏峻造反的消息,当即决定整军东下,护卫建康。东境的三吴郡县长官也准备召集义兵赴援。然而自信心爆棚的庾亮却不予准许,还写信给温峤说:"吾忧西陲,过于历阳。足下无过雷池一步也。"西陲,指的是荆州的陶侃,而雷池是江州与扬州的分界。

庾亮的意思是苏峻我自己能对付,老兄你帮我盯住陶侃,防备他趁机搞动作就行了,千万不要越雷池一步!同样,徐州刺史郗鉴表请率部回京,庾亮也以北有胡寇为由表示拒绝。

按理说这时朝廷军队的数量要比苏峻明显占优,如果善加运用,的确不需外援。尚书左丞孔坦就经由王导向庾亮建议,应该趁苏峻未及渡江之时,迅速派兵切断阜陵一带的重要渡口,将他堵截在大江以西,然后再以优势兵力进逼,一战可胜!倘若让苏峻杀到建康城下,势必会严重挫伤士气人心,于我大大不利。可是这时庾亮的脑袋大概被驴踢得不轻,对这种一望可知的合理建议完全置之不理,任凭自己往作死的方向一路策马狂奔。

十一月,苏峻与祖约的部队合兵一处,总兵力上升到两万。十二月初一,苏峻派兵渡江攻陷姑孰,取得了此地积贮的大量盐米。紧接着,受到庾亮打压的宗室彭城王司马雄、章武王司马休从建康出逃,投了苏峻。庾亮这才后悔起来。

十二月初十,京师戒严。庾亮自任征讨都督,派左将军司马流统兵出据姑孰之北六十里的慈湖,试图阻挡苏峻。然而事实证明这又是一招臭棋。因为司马流这个人生性怯懦,根本就不是带兵的材料,还未开战,已经吓得魂不守舍,吃东西都吃不到嘴里,这样的人统军结果如何可想而知。正月里一场战斗,司马流败亡,苏峻的军队长驱直入,杀奔建康而来。"台兵御之,屡败。"

咸和三年(328年)二月初一,苏峻的军队突然出现在了建康东北的覆舟山上。

覆舟山,现在叫作九华山(并非安徽九华山),位于南京市玄武区玄武湖的南岸。因其山形狭长,临湖一侧陡峻如削,宛如一只倾覆的长舟而

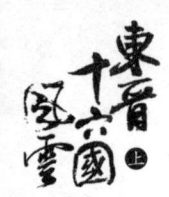

得名。其东紧邻钟山（又称蒋山），其南则俯视台城，虽然周回不过三里，高不过百米，却是拱卫建康的一大战略要地。照常理推测，苏峻从南路来攻，最便捷的路线一是走水路直抵石头城下，二是走陆路经"江宁—新亭"的路线抵达秦淮河南岸。因此庾亮事先将设防的重点都放在了这两处地方。不过司徒司马陶回则判断，以苏峻之狡猾，他多半不会走大路，很可能会绕远走小丹阳（今江苏秣陵）一带以避开官军的布防，于是建议庾亮在小丹阳设一支伏兵进行邀击。结果庾亮继续作死，还是不听。

果不其然，苏峻选择了沿小丹阳一线向建康进军。由于这一区域丘陵连绵、树林密布，行军并不容易，走到一半，苏峻还迷了路，只能在夜里跌跌撞撞地朝着大致的方向瞎摸，部队也乱成一团，不复行列。如果这时遭遇伏兵，基本上就是全军覆没的份儿。不过苏峻足够走运，天亮后他发现不但全军完好无损，而且误打误撞地绕到了建康东北，覆舟山就在眼前，他当即下令抢占制高点，在山坡上扎起了营帐。

建康士民突然发现叛军出现在了背后，而且还居高临下地占据了地形优势，顿时人心大乱。许多官员深感不妙，急忙遣送家人出城，到东境去避难。

庾亮听说苏峻正是由小丹阳而来，深感后悔，然而眼前已经于事无补，唯有硬着头皮设法应对。

其实在这时，温峤、郗鉴等人已经得知了建康危急的消息，因此虽然之前庾亮曾禁止他们赴援，他们还是派出了援兵。如果庾亮能冷静判断局势，先求立于不败而固守，未必就会造成灾难性的后果。可是令人遗憾的是，庾亮之前的牛皮吹得太响，这时他无论如何不肯示弱，为了证明自己之前的决断一贯正确，他选择了主动出击，命领军将军卞壶统领钟雅、郭默、赵胤等军全力出战。

现实很快给了庾亮一记响亮的耳光：西陵一战，卞壶等大败，死伤数千人。

第二天，苏峻乘胜进攻城东的屏障青溪栅，并且乘着早春的东风，向城里放起了大火。火势迅速蔓延，很快烧进了台城，滚滚浓烟之下，宫殿衙署顿成一片火海。叛军乘火势猛攻，卞壶再次大败。这倔老头虽然背上有伤，却兀自拼命苦战，最后壮烈殉职于乱军之中。他的两个儿子随在父亲后面，也力战至死。只剩下卞壶的老妻抚着尸首大哭道："父为忠臣，子为孝子，复有何恨！"

与此同时，把守云龙门（禁省东门）的丹杨尹羊曼、黄门侍郎周导、庐江太守陶瞻等人也全部战死。庾亮率领余众在宣阳门列阵，未及成列，士兵都纷纷弃甲而逃。见此情景，庾亮知道大势已去，也顾不上再管晋成帝和庾太后，带着弟弟庾怿、庾翼和郭默、赵胤等人就要出逃去投温峤。临走前他还对骁骑将军钟雅说道："后事就全托付给你了！"钟雅满脸怒容，道："栋折榱崩，谁之咎也！"大厦将倾，是谁的责任？你怎么能一甩手说走就走呢！庾亮道："今日之事，不容复言！"我当然知道，你就别再提了！说完纵马出城，乘着一艘小船往上流去了。

在一片火光映照之下，苏峻的军队冲入了禁宫。

见多了大阵仗的王导这时再次表现出了高超的政治头脑，他对侍中褚翜（音 shà）说道："陛下此时当御正殿，君可启令速出。"褚翜心想可不是嘛，苏峻起兵主要是冲庾亮而来，他本人与晋成帝并无仇怨，眼下要想保住皇帝和太后，重要的是先要当众确立他与皇帝的君臣名分。于是马上走入内殿，亲自将小皇帝抱出，并与王导、陆晔、荀崧等几位大臣一起，护拥着小皇帝登太极殿就座后，各自侍立左右。闯进殿中的苏峻士兵见状，叱令褚翜等人下殿。褚翜站立不动，呵斥道："苏冠军（苏峻时为冠

军将军）既来朝觐天子，尔等军士岂得侵逼！"叛军士兵听了，倒也不敢有过分的举动。

不过苏峻的军队毕竟都是流民出身，烧杀掳掠对他们来说实在稀松平常，况且苏峻为了换取将士们的拥护，更要放纵他们掠取战利品。因此虽然晋成帝和王导等大臣尚能保得平安，后宫里的侍从宫女和京师百姓可全都遭了殃。本来国库里存有布二十万匹、金银五千斤、铜钱亿万、丝绢数万匹，苏峻将其扫荡一空，全部分赐给了手下将领和士兵。再加上大火，太官只剩下数石米可供御膳。宫里的嫔妃宫女，甚至庾太后的左右侍从也尽被掠夺；未及逃走的大批文武官员成了被叛军驱使的苦力，在刀枪威逼之下背负掠来的财物攀登蒋山；城中百姓不论男女，财物衣裳皆被剥夺，一个个只能以破草席蔽体，哀号啼哭之声震动内外。

初八日，苏峻称诏大赦，惟庾亮兄弟不在宽免之例；同时自封为骠骑将军、录尚书事，而以祖约为侍中、太尉、尚书令，其余心腹各据要职。至于与自己并无仇怨的王导，为了点缀场面，苏峻仍然让他以本官居于群臣之首。此外，受到庾亮打压的司马羕觉得翻身的时候到了，迅速投靠苏峻，称其有清君侧之功，得以官爵尽复。

不久，庾亮的妹妹、时年三十二岁的庾太后便死掉了。死因据史籍记载，是"京都倾覆，后见逼辱，遂以忧崩"。

第 13 章 陶侃东下

当逃出建康的庾亮赶到寻阳（今江西九江）与温峤见面的时候，庾太后还没有去世，因此庾亮宣称自己是奉了太后的诏令，要加封温峤为骠骑将军、开府仪同三司，还推举他当讨伐苏峻的盟主。但是温峤说眼下最要紧的事是消灭叛军，哪有未获功勋便受荣宠的道理？并不接受这一官职，而且反过来推举庾亮。

庾亮官位虽高，这时却是个无兵无权的光杆司令；温峤虽是一州刺史，手下也不过才七千人马。坦白说，其实两人都不具备担当盟主的实力。温峤的从弟温充就建议说，征西大将军陶侃位重兵强，总督上游四州，应该共同推举此人才是。温峤便派人前往荆州，邀请陶侃共赴国难。

与温峤、庾亮、王导这些北来士族不同，陶侃是个实打实的南方土著，甚至有些学者还认为，他很可能并非汉族。他出生于鄱阳，父亲陶丹是吴国一个没什么名气的武将，母亲湛氏则是陶丹的妾。西晋灭吴之后，陶家被迁徙至江北的庐江郡寻阳县安置。

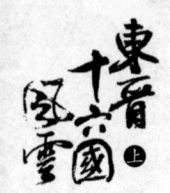

　　由于陶丹早亡，陶家很是清贫，但陶母湛氏勤俭而好强，经常用自己纺绩换来的钱资助陶侃求学交游。到了二十来岁，陶侃在县里谋得了一个基层公务员的职位，主管河渠上的捕鱼设施（鱼梁吏）。有一次他利用职务之便，弄了一大罐腌鱼干回家。陶母却斥责他说："你不过当个小官儿，就弄公家的东西给我。这对我没什么好处，反而会让我担忧。"并封好罐子退了回去。

　　还有一次，鄱阳孝廉范逵半路寄宿于陶家，其时天降大雪，屋内阴冷异常。陶母为了款待范逵一行，割下自己的长发换钱买来酒肴，砍掉一半屋柱当柴火烧，又拆了自己的草席作草料喂马。范逵知道后，感叹道："非此母不生此子！"第二天陶侃给范逵送行，一送就送出百里之外。范逵十分过意不去，对陶侃说你快回去吧，我见到那些有头有脸的大官，一定会替你多多美言。陶侃这才不再远送。

　　后来在范逵的举荐下，庐江太守张夔（音 kuí）提拔陶侃到郡上当了督邮，又因其工作出色，升其至主簿一职。陶侃也对张夔的知遇之恩相当感激。某日，张夔的妻子得了病，要到几百里以外去请医生，然而天寒地冻，谁都不乐意远行，陶侃却说长官就是我的父母，父母有疾岂能不尽心尽力！便自荐去请医生。同陶母不惜代价招待范逵一样，陶侃如此努力，当然也是为了获得上司的赏识以出人头地。这番心血没有白费，数年后他被张夔举荐为本郡孝廉，获得了去京师洛阳求职的机会。

　　可是对于陶侃这样出身寒微、来自偏远州郡、操着奇怪口音的"亡国余孽"来说，想在权贵云集的洛阳获得进身之阶谈何容易！他去拜访以提拔后进知名的司空张华好几次，却连个说话的机会都没有。陶侃不急不恼，坚持上门，最后总算引起了张华的注意。张华"与语，异之"，但也仅此而已。之后陶侃只是被循例授予了郎中这一相当于候选干部的散职。

卷四 | 东晋初建

在洛阳的数年间，陶侃过得并不顺遂。有一次他与同乡杨晫（音zhuó）同车去拜访郎中令顾荣，却被出身太原温氏的吏部郎温雅耻笑说杨晫是与"小人"共乘。在当时，南方士人普遍受到中州高门的歧视和排挤，就连陆机、陆云这样的名士都屡屡不得志，何况是陶侃这样的"小人"？即便有同为南人的孙秀、杨晫等人的提携，他充其量也只能混迹于舍人、县令之位，实在没什么前途。六年之后，陶侃索性辞官归乡，在郡里当了一个小中正。

要不是荆襄乱起，陶侃很可能就在家乡那个偏远小城小干部的岗位上庸庸碌碌了此残生了。但是命运就是这么奇妙，新任荆州刺史刘弘不知从什么途径了解到了陶侃的秉性能力，征辟他为南蛮长史，遣其入襄阳剿平张昌之乱。战争使陶侃的潜能得到了释放。多年以后他的好友梅陶回顾陶侃四十年的军旅生涯，认为他"机神明鉴似魏武，忠顺勤劳似孔明"，陆抗等人根本比不了。总之，陶侃自从在太安二年（303年）统军以来，破张昌、遏陈敏、平杜弢，为东晋政权底定上流国土立下了汗马功劳。但是与此同时，他也受到了志在移鼎的王敦的猜忌，差点儿被他杀掉。王敦最后违背了以之为荆州的诺言，将他贬逐到僻远的广州任刺史。

在广州任上，陶侃蛰伏了十年之久。闲来无事，他便每天早上把一百块砖搬到室外，傍晚又搬回屋内。人问其故，他答道："吾方致力中原，若过于优逸，恐不任事。"十年之后晋明帝平定王敦之乱，为了将琅琊王氏的势力排挤出荆州，鉴于当年陶侃在荆州声威卓著，又跟王敦有过仇怨，明帝便调陶侃取代了王舒任荆州刺史。荆州士民听说是陶侃前来，皆额手称庆。

与王舒这样靠门第出身即能平流进取的贵族公子不同，自幼家境贫寒、靠着个人努力从基层一步步打拼上来的陶侃深知民间疾苦，勤于吏

职。史书说他到荆州后,"终日敛膝危坐,阃(音 kǔn)外多事,千绪万端,罔有遗漏;远近书疏,莫不手答,笔翰如流,未尝壅滞;引接疏远,门无停客"。他还经常对人说,像大禹那样的圣人还惜取光阴,我辈凡人更应珍惜,岂能逸游荒醉,生无益于时,死无闻于后,一辈子浑浑噩噩呢?手下参佐要是因喝酒赌博耽误工作,陶侃就下令将酒器、赌具扔到江里,并鞭打他们以示惩戒。如果有人给他送礼,他一定要追问这礼物从何而来,若是送礼人亲身劳作所致,哪怕不值几个钱他也十分高兴,而且回赐更多;若是来路不正,他就狠狠将送礼者痛骂折辱一番,把礼物全部退还。

据说有一次陶侃出游,见人拿着一把还没成熟的稻子,就问他拿这有什么用。结果那人说是自己在路上随便拔的,没什么用。气得陶侃大骂:"你这个家伙不种地,却偷拔人稻子玩!"下令狠抽了此人一顿鞭子。此外,陶侃的勤俭作风和缜密心思还体现在以下事例中:造船时产生的木屑、竹头等边角料,陶侃下令全部收集起来,众人都不解何用。后来大雪初晴,路上湿滑,陶侃便命取出木屑铺地。多年后桓温伐蜀,积攒的竹头则制成竹钉,在造船上发挥了大用场。有陶侃这样称职的长官做刺史,荆州百姓皆勤于农桑,没几年便家给人足。

不过,陶侃其人毕竟在出身和社会交往上都与建康士族格格不入,荆州又是兵强马壮的用武之地,因此朝廷对他也不能全无猜忌之心。晋明帝先以应詹、庾亮,后以温峤任江州刺史,都有对陶侃加以防范的意图。这一点,从应詹临终前写信劝陶侃务必"至公至平,至谦至顺"和庾亮命温峤不可越雷池一步这两件事都能够看得出来。

正由于以上原因,当温峤和庾亮派来使者,邀请陶侃共同讨伐苏峻之时,陶侃仍然对自己未列顾命一事耿耿于怀,回复道:"吾乃疆场外将,

卷四 | 东晋初建

不敢越局。"温峤劝了几次，陶侃仍然负气不顾。温峤只好顺着他的脾气道："既然如此，您且暂守，我当先下。"信使刚走不久，参军毛宝劝温峤说："凡举大事，当与天下共之。战场决胜的关键在人和，眼下不宜与荆州有所异同。即便与陶公有所分歧，也应当不使外人察觉，怎么还能自己制造矛盾呢？您应该马上追回信使，强调说必须共同行动才行！"温峤这才明白过来，连忙如此办理。

可能是温峤、庾亮同意推他为盟主的缘故，这次陶侃终于决定发兵，先派督护龚登领先头部队去与温峤会合。于是温峤拜表尚书，遍告四方征镇苏峻、祖约之罪状，宣布已经与征西陶公、护军庾公约定了大举发兵的日期，定要戮力同心共雪国耻！

然而檄文发出去了，陶侃不但迟迟未下，反而又要调龚登回去。温峤知道陶侃心意不坚，就再度写信晓以唇亡齿寒的利害，并以其子陶瞻被苏峻所杀一事相激。陶侃复被温峤说动，再加上老婆龚氏也劝他替儿子报仇，他终于下定了决心，戎服登舟，统大军昼夜兼行奔江州而来。

与此同时，坐镇广陵的徐州刺史郗鉴因为兵粮寡少，不敢孤军进攻建康，便向温峤提出自己可以以南岸的京口为基地，据险设垒，一来可切断叛军粮道，二来也能防止苏峻东窜进入三吴地区，如此一来叛军"攻城不拔，野无所掠，东道既断，粮运自绝"，不出百日，必然不战自溃。温峤深以为然。

五月，陶侃统领荆州军抵达了寻阳。由于陶侃的军队有数万之多，远远超过了江州本地的武装力量，一时谣言四起，都说陶侃要以盟主的身份诛杀与自己素来不和的庾亮。《世说新语》甚至记载，陶侃曾公然声称："苏峻作乱，衅由诸庾，诛其兄弟，不足以谢天下！"当时庾亮躲在温峤船帐后面听见，不禁瑟瑟发抖，忧恐无计。陶侃到底说没说过这话暂且不

265

提，他心中对庾亮存有芥蒂确实不假。而要想三人同心讨贼，非要先消解陶、庾二人的不和不可。于是改天温峤便劝庾亮亲自去向陶侃道歉，庾亮大为踟蹰，十分为难。温峤笑道："陶侃这溪狗①我很了解，你见到他后只需遥拜，必无他事，我可以替你担保！"庾亮这才同意去见陶侃。

两人甫一见面，庾亮当头便拜。论辈分陶侃自然比庾亮大，可人家毕竟是当朝国舅，又久享名士之望，所以陶侃大惊，连忙起身制止道："庾元规何故拜我陶士行啊？"落座之时，庾亮又主动要求坐在下首。陶侃便邀请庾亮与自己同坐。坐定之后，庾亮再度就苏峻之乱引咎自责，向陶侃大表自己的忏悔和道歉。陶侃与庾亮毕竟没有深仇大恨，之前的不快人多是因为他感觉自己受到了朝廷的轻视，眼下庾亮这一番表演给足了他面子，不知不觉他便心平气顺了许多。又见庾亮其人容止可观，言谈甚有风度，陶侃心下释然，调侃道："君侯修石头以防备老夫，想不到今日竟反而向老夫求救耶！"庾亮笑而不答。两人谈宴终日，心中芥蒂就此化解。

庾亮还针对陶侃勤俭惜物的秉性，投其所好，故意在饮宴时将野葱的根剩下。陶侃问留此何用，庾亮说可以再种。陶侃不由感叹，庾元规岂只风流，想不到竟还是个务实之人。由此对庾亮更加改观。

---

① 当时建康士族常称江西土著居民为傒人或溪人。陶侃生于鄱阳，居于庐江，又操溪人口音，故温峤戏称之为"溪狗"。

第14章 叛军的败亡

陶、庾二人的恩怨既已消解无形，便与温峤整军出发，戎卒四万，同奔建康而来。旌旗飞扬七百余里，战鼓喧天之声响彻远近。

本来已经南镇姑孰的苏峻闻报，自知以本方的兵力不宜将战线拉长，于是撤回了石头城。五月十八日，苏峻索性下令逼晋成帝迁入石头城，王导苦争未果，只能眼睁睁看着八岁的小皇帝一边号哭，一边在滂沱大雨和宫人的哀泣声中狼狈上路。到了石头城后，晋成帝只能以仓库为宫，周边尽是苏峻手下全副武装的军兵，幸而右卫将军刘超、侍中钟雅等人日夜侍卫左右，恭谨如旧，小皇帝才稍觉心安。其余建康居民则被苏峻逼迁至城北的宫苑里集中安置，以免被西军利用。

这时候，郗鉴断叛军粮道的计策已经奏效，建康城里闹起了饥荒。而之前王导也曾派人潜入东境，以太后诏的名义劝三吴士民兴义兵解救天子，此时以会稽内史王舒、吴兴太守虞潭、吴国内史蔡谟以及庾亮的弟弟庾冰为首的东境守令各自兴兵，与西军形成了呼应。苏峻不得不分出一部

分兵力前往抵御,双方互有胜负,一时僵持不下。

五月下旬,西军开至建康西南大江中的茄子浦。温峤认为苏峻手下北人居多,擅长步战,而本方军队皆为南人,因此下令:"将士有上岸者,军法从事!"这时恰好苏峻派人送米万斛给江北的祖约,西军前锋毛宝探知,对士兵道:"兵法云,将在外军令有所不受。我等岂能坐失良机而不上岸击贼呢?"便带领手下千人擅自出击,将粮食尽皆截获,祖约军因此大感饥乏。温峤不但没有怪罪,反而给毛宝升了职。徐州刺史郗鉴、雍州刺史魏该也于此时渡江,与西军在茄子浦会合,官军的实力进一步壮大。

二十九日,陶侃等进抵石头城对面的蔡洲,迅速抢滩登陆,陶侃屯查浦,温峤屯沙门浦,摆开了阵势。登上烽火楼的苏峻望见官军军容强盛,面色忧惧,对左右道:"吾本知温峤能得众也。"

不过正如温峤所判断的那样,以北人为主、军中多马的苏峻军在陆战上还是能够占据优势的。营阵甫立,急于立功以挽回声誉的庾亮便派督护王彰出击叛军张曜部,不想却被张曜所败。庾亮甚感羞惭,干脆派人把自己的节传送给陶侃,意思是自己无能,以后我的兵将归你指挥。陶侃这时则表现出了谦谦风度,答复说古人曹沫三战三败,最后却能收复失地,君侯你眼下才不过两败而已,不必如此轻率。

考虑到步战攻城并非本军所长,陶侃觉得暂时不宜硬拼,还是打持久战、消耗战对本方更为有利。当时诸将都主张在城南筑垒固守,只有部将李根建议应该在建康北边的白石筑城。由于白石距离大本营较远,此举风险甚高,陶侃一时并不同意。李根道:"查浦地势低下,又在秦淮河南,而白石地高险固,可容数千人驻扎,贼寇来攻不便,实为困敌之术。"陶侃笑道:"卿乃良将。然若此垒不成,唯卿是问。"便采纳了这一建议。以防苏峻发觉,筑垒一事放在夜间进行。至天亮时便告完工。叛军得知后大感震惊。当日石头城里集结的鼓号声此起彼伏,众人只当是苏峻要来攻击,一个个面容严峻如临大敌。但是刚从叛军处逃归不久的孔坦却道:"不然。若苏峻来攻,一定会选在东北风急之时,以使我水军难以赴救。现下天清风静,敌军不会贸然出击,多半是派兵东出江乘,往京口掳掠去了!"既而果然如此。等到苏峻终于决定进攻白石垒之时,陶侃已经派庾亮领两千人在此据守。由于地势险要,一万多叛军四面肉搏来攻也没能拿下,反而折损了两百多人。

此时由于东境的王舒、虞潭等人与苏峻部将作战不利,派人来向温峤、陶侃求救,孔坦说其实我们本不必召郗公前来会合,导致如今东门屏障将失,不如派郗公回去,仍能亡羊补牢。陶侃便命郗鉴和后将军郭默还据京口,在东境要路上筑立大业、曲阿、庱(音chěng)亭三垒来阻断苏峻的兵势。

眼看建康一带打得热闹,江北的祖约也不甘寂寞,派了祖涣、桓抚二将进袭湓口,意在断西军的后路。陶侃听说后想亲自统兵回击,毛宝劝阻说您是义军盟主,不可轻动,并自告奋勇前去征讨。他虽然初战失利,但终于没有辜负陶侃的托付,先解了皖县之围,又攻拔合肥戍,将祖涣驱逐回了寿春。

而对于寿春的祖约来说,除了军粮不继、祖涣失利而回之外,更糟糕的是自己的内部也出了问题:他手下将领与后赵通谋,许为内应。石勒便派石聪趁此时渡淮来攻,祖约前后受敌,进退失据。窘迫之下他问术士戴洋,自己到底是向东好呢,还是留在寿春好呢,还是投降石勒好。戴洋的答复是:"东入失半,入胡灭门,留寿阳尚可。"然而在胡兵的威逼之下,祖约在寿春根本立不住脚,只能向东撤退,逃往苏峻原本的根据地历阳。可是祖约手下将士多为北人,并不愿意东下,于是正如戴洋"东入失半"

的预言，有一半将士弃祖约而逃，还劫持了他的姐姐和寡嫂投降了石勒。

祖约被石勒攻逼溃退至历阳的消息传到建康，苏峻大皱眉头，其心腹路永、匡术等人深恐此事扰乱人心，都劝他杀掉王导等大臣，免得将来他们成为西军的内应。不过苏峻一直对王导甚为敬重，并不想痛下杀手。这一来，路永等感到苏峻终将败亡，又打起了叛变的心思。王导敏锐地捕捉到了这一动向，派人秘密接洽路永，说只要他能奉小皇帝出奔，不但能够平安无事，更能加官进爵。只是苏峻对晋成帝卫护甚严，路永和王导都无计可施，于是在九月初三日，王导仅带两个儿子和路永一起潜逃出城，到白石垒投奔了庾亮。

从当年六月至九月，战事一直处于相持阶段。这对于攻守双方的后勤保障和战斗意志来说都是严峻的考验。苏峻本人狡黠而果敢，其流民为主的军队又惯于打游击搞扫荡，因此即便郗鉴在通往京口的要道上设立了三座营垒，却仍无法阻断叛军对东境的掳掠。而且由于西军对建康施加的压力不够，苏峻可以抽调出一部分兵力袭击周边的宣城、大业等城戍，所向多捷，这也使得陶侃想要通过持久战耗死叛军的战术在效果上大打折扣。

另一方面，西军在后勤上也并非全无隐忧。得益于在荆州数年的积蓄，陶侃的军粮尚有余裕，可温峤军却已经开始出现了粮荒。温峤不得已向陶侃借粮，陶侃相当不快，说你温峤当初口口声声说良将和军粮都不必担忧，所差的就是老夫领头而已，现在战事不利，军食已尽，良将又何在？我那荆州紧邻胡、蜀（指割据四川的成汉）两大贼寇，粮储是为防备不测，这里要再拿不下来，我就打算西还，将来筹得良策，再来灭贼也不迟！

温峤一听陶侃想撤，大摇其头，说此言差矣，自古战胜全靠人和，当年刘秀在昆阳、曹操在官渡都能以少胜多，更何况眼前不过是苏峻、祖约这样的跳梁小丑！只要我们再坚持一下，肯定能够破敌，怎么能够舍掉垂成之功而去盘算进退之计呢？况且如今天子被囚，社稷危急，凡大晋之臣无不思肝脑涂地，我温峤与公同受国恩，如今正是舍身之时。此番若成，则君臣共享久安；倘若不成，你我粉身碎骨也无颜面见先帝啊！眼下的事态，骑虎不可下，飞矢不可回！公若弃众独归，人心必沮，如果因此致败，公便是国家罪臣，将来义旗所指，非公而谁！

这番话直说得陶侃哑口无言，根本找不到理由反驳，只好暂时留了下来。

这时候毛宝也来劝陶侃，说您本应坐镇芜湖，为南北势援，但既已至此，军势有进无退，断不可还。当初杜弢不可谓不强盛，您却能将其剿灭，苏峻凭什么就不能战胜呢？况且贼寇所处的境地也并不比我们强。不如您给我些兵马，让我上岸去断敌人的粮道，若仍然没有效果，您再离去也不迟嘛！

陶侃点头同意，就任命毛宝为督护，领一队人马出征。不久好消息传来，毛宝烧毁了苏峻在句容、湖孰两县的粮仓，叛军大受影响。陶侃终于不再提撤军之事，还分了粮米五万石给温峤军。

由于粮仓被烧，苏峻急于打通京口方向的运粮线，派出张健、韩晃二将猛攻京口以南的大业垒。垒中被围既久，水源断绝，最后将士只能饮粪汁维生。陶侃想发兵救援，长史殷羡劝谏道："我军不习步战，若救大业不捷，则大事去矣。不如急攻石头，则大业之围自解。"陶侃听从了这一建议，于九月二十五日督水军向石头城发动进攻，而令温峤、庾亮、赵胤统步兵万人从白石垒南攻以呼应。

苏峻闻报，决定在石头城采取守势，而亲统八千人来战白石方向的官军。两军列阵完毕，苏峻先派部将匡孝和儿子苏硕各领数十骑兵突击

正面的赵胤军。在骑兵强大的冲击力面前，全系步兵的赵胤军没坚持多久即溃退。这时候苏峻正在军后亲自犒劳将士，已经喝了不少酒，望见赵胤溃败，便道："他匡孝都能破贼，难道我还不如他么！"乘醉上马，只带了几名骑兵便也来突阵。这一轻率的举动很快招来了大麻烦。因为兵力太少，苏峻突阵不入，转回来想驰上一个高地，正好被陶侃部将彭世、李千等人撞见。两人拿矛当作标枪，运力猛投。苏峻马失前蹄，一个趔趄跌落下来，当即被拥上来的士兵乱刀砍死，剁成了肉泥。剩下的七千叛军一见主帅被斩，大溃奔逃。石头城里的残部则推举苏峻的弟弟苏逸为主，闭城自守。

围攻大业的韩晃听说苏峻已死，急忙撤退回了石头城。其余在外的苏峻部将除张健固守曲阿之外，大多选择了投降。

其实到了这一地步，叛军自知败局已定。他们唯一的砝码，便是晋成帝还在他们的手中。陶侃等投鼠忌器，一时也不敢轻率发动总攻。

转眼到了第二年正月，在光禄大夫陆晔的策反之下，守苑城监督建康百姓的匡术也投降了西军，陶侃等得以派兵进驻台城。石头城里的刘超、钟雅更谋划携带小皇帝出逃，结果不幸被苏逸发觉，两人都被叛军所害。到了二十五日，苏逸、苏硕、韩晃又对台城发动了一次赌博式的进攻，太极东堂及其近侧的秘阁在这次战事中皆被焚毁。而建康城的饥荒愈发严重，一斗米的价格攀升至万钱。

二月中旬，在连日的阴雨中，这场乱事终于走向了终点。陶侃督众军对石头城发动了四面围攻。苏硕领死士数百渡淮出战，被温峤军击斩。苏逸、韩晃想要突围去投张健，却因为城门狭隘，自相蹈藉，不少人被活活踩死。苏逸也被西军擒获，斩首于车骑府。混乱中，一名叫作曹据的武官找到了晋成帝，抱着他投奔到了温峤的船上。群臣得知后纷纷来见,一个个顿首号泣作请罪状。投靠苏峻的西阳王司马羕为自己的选择付出了代价,并其子孙都被处死。后来张健、韩晃也在逃亡的路上被郗鉴部将擒斩。

至于历阳的祖约,此前在赵胤的进攻下已经带数百人星夜出逃,北投石勒去了。然而术士戴洋的预言再次应验,石勒既鄙薄祖约为人,又想用诛戮贰臣的方式显明逆顺,巩固自己在北方的统治,不久后便将祖约一家百十口人尽斩于邺城闹市之中。

咸和四年(329年)的这个春天,苏峻、祖约之乱终于得到了平定。

硝烟散尽后,建康城徒留下一片灰烬瓦砾。

第15章 江州郭默事变

由于在战争中宫殿尽毁,晋成帝只能暂时居住在建平园之中。而建康内外荒残破败的景象,一度使不少人动了迁都的念头。温峤希望成帝能迁都于江州的豫章,三吴地区的豪强令长则主张迁都会稽,其用意都是想将皇帝置于本方控制之下。群臣议论未决,最后还是王导言道:"建康为古之旧都,孙仲谋和刘玄德皆云王者之宅。且古之帝王,不必以丰俭移都;若能务本节用,暂时的雕弊又有何忧虑?如果农事不修,那么即便是乐土也会沦落为丘墟。现今北方的胡寇对我国日夜窥伺,朝廷一旦示弱,更南窜于蛮越之地,恐怕不管是对外还是对内,都并非良策。如今唯有镇之以静,则群情自安。"

显然,王导的分析十分在理。而且就平衡各派势力而言,也只有仍以建康为都才是最佳方案。于是众人都表示同意,迁都之说暂时无人再提。

到了三月,朝廷评议平定苏峻、祖约之乱的功劳,封陶侃为侍中、太尉,爵升长沙郡公,加都督交、广、宁州诸军事;郗鉴为侍中、司空、南昌县公；温峤为骠骑将军、开府仪同三司，加散骑常侍、始安郡公；其余封赏各有差，死难的卞壶、钟雅等人也得到了优恤和褒扬。

至于庾亮，整个乱事都是他逼迫苏峻入朝而起，在后期应对中他又举措失当，致使建康遭此大劫，社稷险些倾覆，因此他可谓这场变乱的第一责任人。虽然在平乱的战争中他也有功，但终究难抵过错，究竟应该如何处理倒是一个麻烦问题。

庾亮深知，自己此时如果表现不当，将会直接断送后半生的政治生命。于是从晋成帝刚被解救开始，他便第一时间赶来相见，叩头呜咽不止；次日又再至御前，头抵在泥地里忏悔请罪，并请求辞官告老，"欲阖门投窜山海"。

小皇帝已经失去了母亲，当然不希望再失去自己的舅舅。更重要的是，眼下朝廷里话事的几个大佬陶侃、温峤、郗鉴和王导都有心维持各方势力之间的平衡，从而使来之不易的安定局面不致遭到破坏。既然庾亮表达出了足够的认错态度，那么对其罪责不必过分追究似乎是一个众人都能够接受的结果。于是在庾亮两次上疏请罪，并率领家人东出暨阳（今江苏江阴南），做出"欲遁逃山海"的姿态后，朝廷便降诏为其辩护开脱，还下令有关部门没收庾亮的船只，不许他一走了之。而庾亮也就顺水推舟，请求外任以自效。最后的结果，是朝廷任庾亮为平西将军、豫州刺史，出镇芜湖。

从当时的战略布局来看，这仍然是各方彼此牵制的一步棋。因为陶侃虽然在乱事平定后很快返回了荆州，但他却以江陵偏远为由，直接将大本营东迁到了巴陵，再加上湘州并入荆州和加督交、广、宁三州，陶侃的势力大大膨胀，已经超过了当年的王敦。或许正是这一缘故，当朝议欲留温峤在京辅政之时，温峤却坚决要求返回江州。之后随着庾亮出镇豫州，朝

廷在建康西面便有了两个屏障。再加上镇守建康东门的郗鉴，上下游之间便可大体维持势力上的平衡。

但是这样一来，朝廷里便只剩下王导一个大佬，中枢之权自然重新被王导掌控，琅琊王氏迎来了重新崛起的机会。另一方面，引咎出都的庾亮并不甘心对朝政就此袖手旁观，芜湖与建康近在咫尺，只要时机合适，他仍然可以谋求重新掌权。苏峻之乱的教训也让庾亮认识到，拥有自己的地盘和军队某种程度上甚至比掌握中枢的行政权更为重要，就这一点而言，外镇豫州并不一定是坏事。

怎奈人算不如天算，苏峻之乱结束后不到一年，随着温峤的突然病故和新任江州刺史刘胤的举措失当，江州的控制权再次成了各派势力注目的焦点，上下游之间的关系又变得紧张起来。

关于温峤之死，史籍中的记载颇为灵异。据说他在返回武昌之时，路过姑孰之北的牛渚矶（今安徽马鞍山采石矶），其下水深不可测。故老相传，水中常有怪物出没。温峤好奇心切，"遂毁犀角而照之（传说上好的犀角能够避水，甚至能放出光芒）"。过不多久，忽然见到水下有奇形怪状的水族出现，上前将亮光覆灭，其中还有乘马车的赤衣人。到了晚上，温峤梦见赤衣人对自己说："我与君幽明道别，何意相照也？"表情甚为憎恶。温峤本来就患牙痛，这时实在难忍，便请人来拔掉，谁知却引发了中风。回到武昌还没有十天便去世了，时年四十二岁。

温峤死后，朝廷便让其副手、平南军司刘胤接了班。

刘胤这个人同温峤一样，本是永嘉乱起后北方抗胡势力派到江南劝进的使者，在朝廷里属于没什么根基的无党派人士。按理说由他主领江州，是能够在上游的陶侃和中枢的王导之间发挥缓冲作用的。而且后来据王导之子王悦透露，让刘胤接班正是温峤本人的意思。不过陶侃、郗鉴都对这一任命表示了反对,认为刘胤生性奢侈,"非方伯才"。但王导仍然坚持用了刘胤。

当时大难新平,自上游的江陵至下游的建康,流民成千上万,大多集中在江州一带,而京师周边满目疮痍,国库空虚,百官无禄,全靠江州漕运接济,身为江州刺史责任重大。然而刘胤上任以后,却纵酒耽乐,不恤政事,更利用流民商贩和漕运往来为自己大殖财货。光是这样倒也罢了,更糟糕的是刘胤与驻扎在湓口的后将军郭默早有宿怨。郭默其人前文曾经提到,他也是流民帅出身,曾经被晋明帝用来接管刘遐的部众,不久前也参加了讨伐苏峻的战斗。但是有苏峻造反的例子在前,朝廷对他这样的流民帅更加不能放心。于是在乱平后的当年年底,诏征郭默入朝担任右军将军。跟苏峻的反应一样,郭默也只想统军在外,不愿入朝受人管束。他先是请刘胤替自己向朝廷说话,刘胤婉拒,接着又向他讨上路的盘缠,刘胤还是不给,郭默更加恼恨。再加上之前朝廷已经降旨,以刘胤"商旅继路,以私废公"为由免去了他江州刺史的职位,刘胤不服,正要上表申辩。又有小人在郭默耳边造谣,说刘胤抗旨不遵是有异谋,只是顾忌你郭将军才不敢妄动,您应该先下手为强。于是郭默在一天凌晨率部众闯入刘胤府邸,将其斩于内寝之中,然后传首京师,还诈作诏书宣示远近,说诛刘胤是朝廷的意思。

先是擅杀朝廷命官,又矫诏欺君罔上,论性质这当然是一起极为恶劣的罪行,理当严惩不贷才是。可是我们知道王导主政一向以息事宁人、网漏吞舟为纲领,况且眼前大乱刚定,他很可能是怕处理不好再逼出一个苏峻出来,因此愣是采取了姑息的策略,不但承认是刘胤该杀,更索性任命郭默为江州刺史。

荆州的陶侃得知这一消息,气得直甩袖子,骂道这一定是骗人!当即

　　派两将为前锋直指湓口,自己领大军在后继进,便要兵发江州。郭默闻报,急忙派人给陶侃送来钱财美女和朝廷的诏书,试图说服他自己是正当行为。陶侃手下参佐也劝他说,郭默要是不奉诏,哪里敢做出这等事来,出兵江州,最好还是等朝廷批准再说。陶侃却厉色反驳道:"陛下年幼,诏令岂是圣上之意!况且刘胤毕竟是朝廷任命的一州长官,哪怕不称职,也不能无故擅加极刑!郭默其人桀骜骁勇,他是想趁着大难新平、刑政宽简的机会,骋其纵横之志而已。"

　　陶侃还写信给王导,说郭默杀刺史,就用他为刺史,倘若他害宰相,难道便让他当宰相不成?王导见陶侃出兵江州之意已决,只好答复说:"郭默居上流之势,又有船舰成资,故此才暂且隐忍,以待朝廷有所准备。只待足下军到,便得风发相赴,这难道不是遵养时晦以定大事的良计吗?"见到这封书信,陶侃冷笑道:"什么遵养时晦!不过是遵养时贼罢了。"

　　当然,陶侃如此积极讨伐郭默,并非正义感爆棚定要帮刘胤复仇,而是想趁这个机会将自己的势力扩展至江州。与此同时,豫州的庾亮也有这个想法,因此也上表要求出兵。

　　光陶侃一方就够郭默喝一壶了,现在荆、豫二州前后夹攻,他哪里抵挡得了?本来郭默计划向南撤退据守豫章,但还没来得及上路,陶侃的水军就到了。郭默初战不利,只好闭城固守。陶侃正在垒土山围城,庾亮的豫州军也到了。两个月的围困之后,郭默的部将将他绑了献城出降,陶侃将其斩首于军门。王导虽然事后心里老大不情愿,却也只能承认既成事实,诏以陶侃兼领江州刺史。随后陶侃便从巴陵移镇武昌,将雷池以西全部纳入了自己的掌控之中。

　　这一来,就打破了上下游之间的平衡。因为以陶侃此时的实力,他已经拥有了对抗中央和下游藩镇的资本。要知道,人的欲望和野心往往与其所掌握的权力成正比。当条件具备之后，谁能保证你陶士行不是下一个王敦、下一个苏峻？而一旦陶侃生出问鼎之心，执掌中枢、代替小皇帝发号施令的王导自然是其发动"清君侧"的最佳借口。因此在借郭默事件控制了江州之后，陶侃与王导之间原本就不太和睦的关系更加阴云密布起来。据《世说新语》记载，当时的豫章太守梅赜（音zé）是陶侃旧交，因为犯了事，王导派人抓他回京受审，结果陶侃知道后说："当今天子年少，万机自诸侯出。王公既能抓人，陶公何为不可放？"愣是半路将梅赜劫回去放了。事后王导虽然表面上没什么脾气，但心里恐怕绝不会轻易释怀。有史料显示，这一时期王导开始有意拉拢赵胤、贾宁、路永、匡术等武官降将，并进一步与素来交好的徐州刺史郗鉴缔结了姻亲。王导的侄子王羲之被郗鉴招为"东床快婿"之事，应该就发生在这个时候。显然，手中并无军权的王导也在未雨绸缪、暗中布局。

问题的关键在于，虎踞荆江二州的陶侃是否真的有效仿王敦之心呢？

第16章 第一代大佬集体退场

从咸和五年（330年）消灭郭默兼领荆江二州到九年（334年）六月去世，陶侃在这四年时间里西伐樊城，驱逐了后赵将领郭敬，继而派兵破新野、克襄阳，收复了荆州北部。因此战功，他被晋廷再度拜为大将军，享受"剑履上殿，入朝不趋，赞拜不名"的殊礼。咸和九年染疾之后，他主动上表逊位，请求告老归藩，临去之时将官府所有资财账簿一一封存，交付给副手严加保管。在其临终前的表奏中，他坦诚自己"少长孤寒，始愿有限"，如今年近八十，位极人臣，可谓死而无憾。唯一感到不足的就是没能讨灭巴蜀的李雄和北方的石虎，希望皇帝尽快妙选良才接替自己，完成这一宿愿。若如此，"则臣死之日，犹生之年"。

由此看来，陶侃并无效仿前任威逼朝廷、东下夺权的野心，实乃大晋纯臣。

不过，参考史籍中对于陶侃晚年心态的描述，又不能不对此感到有些疑惑。

如《晋书·陶侃传》，先是说他"季年怀止足之分，不与朝权"，明确指出陶侃对权力并不过分追求，没有贪得无厌的野心。但紧接着又叙述道，陶侃曾经做过一个梦，梦见自己长出八个翅膀，飞上了天。天门九重，他飞越了其中八重，只有最后一重不得入，反被守门人用杖击中，坠地伤了左翼。醒来后但觉左腋吃痛。还有擅长相术之人预言，说他左手中指有竖纹，日后当登三公，若纹路贯穿而上，则"贵不可言"。后来陶侃官居太尉，都督八州，手握上游强兵，"潜有窥窬之志，每思折翼之祥，自抑而止"。所谓"窥窬之志"，自然指的是觊觎非份之心。也就是说，陶侃不是没有过效仿王敦兴兵东下、穿越最后一重天门的想法，只是因为有所顾忌，才最终克制了这种欲望。

正是由于这则材料，《晋书》的作者（有可能是房玄龄）在《陶侃传》末尾的"史臣曰"中先是对陶侃一生的功绩进行了褒扬，既而又说他"潜有包藏之志，顾思折翼之祥，悖矣"！认为这是人无完人的唯一缺憾。

这一评价在千年后引起了明清学者的不满。晚明士人张燧和乾嘉学者王鸣盛都在其著作中专辟《陶侃被诬》一节为其辩护，指出梦寐之事他人难明，强调实际上"陶侃乃东晋第一纯臣"；赵翼在《廿二史札记》中也替陶侃不平。近年还有研究者推测，今本《晋书》中陶侃"梦生八翼"的传说很可能取材自与陶侃、庾亮同时代的王隐所著《晋书》，而王隐在写作过程中曾受到过庾亮的大力资助，所以这一黑材料的掺入多半与庾亮有关。

我个人的看法是，先不说梦生八翼之事的真实性如何的确难以求证，即便确有其事，单凭缥缈荒诞的梦境就断言陶侃潜有窥窬之志也是不公平的。当然，某种程度上来说，此事倒确实可以反映出时人眼中晚年的陶侃与朝廷之间（其实主要是王导）因为缺乏信任而存在紧张关系。不过历史

　　研究讲究有几分证据说几分话，要想证明陶侃不是没有过觊觎非分之心，归根结底还是要以事实为依据，而这一点其实田余庆先生已经在其经典著作《东晋门阀政治》中有所阐明。

　　田余庆先生注意到，《晋书·庾亮传》中记载："时王导辅政，主幼时艰，务存大纲，不拘细目，委任赵胤、贾宁等诸将，并不奉法，大臣患之。陶侃尝欲起兵废导，而郗鉴不从，乃止。"这则材料证明，陶侃确实有过起兵清君侧的想法，只不过因为顾忌郗鉴的反对而未能付诸行动。再参考下文庾亮写给郗鉴的信中内容，可知陶侃这次欲起兵废王导的图谋应当发生在咸和五年，也就是他消灭郭默掌控江州之后。如此大事，陶侃理应事先和郗鉴、庾亮这两位大佬通气，况且起兵势必要经过庾亮辖区。结果郗鉴明确表示反对，而庾亮虽然认为王导罪过不小，但考虑到时弊国危，不宜再挑起内争。他还说只要咱们几个方镇联合起来，王导就算搞出什么幺蛾子也不怕。因此他也主张暂且隐忍，劝陶侃不必大动干戈。郗、庾二人都不支持，陶侃这才"自抑而止"。

　　如此看来，陶侃没有选择兴兵东下，与其说是因为折翼之梦的启示，不如说是他理性分析利弊之后主动克制的结果。而除了郗、庾二人不予支持之外，出身寒微的陶侃在政治和文化层面上能够利用的资源相对有限，其本人年事已高而诸子多无才德，也是他"怀止足之分"的重要原因。

　　无论如何，陶侃的抉择使得他保全了自己的声誉，也使得历经王敦、苏峻之乱的东晋王朝获得了难得的休养调整之机。

　　陶侃死后，庾亮终于把握机会，兼领荆、江、豫三州刺史，移镇武昌，开始专制上流。这一来，他和王导的矛盾又变得日益表面化起来。史书说这一时期，"亮虽居外镇，而遥执朝廷之权，既据上流，拥强兵，趣势者多归之"。这实在再正常不过。你想王敦、陶侃只不过控制了荆江二州，便能对建康朝廷产生强大的压力，现在庾亮一个人专制三州，掌握了东晋三分之二的国土和兵力，建康政府的所作所为当然要顾及他的脸色。所以王导哪怕利用自己资望上的优势和高超的政治手腕在咸康四年（338年）当上了丞相、都督中外诸军事，在地位官爵上始终压住庾亮，却仍然感到威权日去，觉得自己受到了来自上流的威胁。故此坊间流传，这一时期每当西风扬起尘埃，王导就举扇自蔽，徐徐言道："元规尘污人！"从你庾元规那里刮来的风都如此令人讨厌，更何况是本人呢！

话虽如此，至少在表面上，处于弱势的王导并不想跟庾亮闹翻。因此当有人向王导密报，说南蛮校尉陶称（陶侃之子）怂恿庾亮举兵内向，将对他不利时，王导答复道："我与元规休戚相连，悠悠之谈，宜绝智者之口。即便如君所言，元规若来，我角巾还第便是，又有何惧哉！"还写信给陶称，劝他好好服从庾亮的领导。

事实上，这一消息并非空穴来风。据《庾亮传》记载，此时庾亮确有"率众黜导"之意。前文提到的他写给郗鉴的信，主要内容正是此事。信中庾亮声称，王导本来罪过就不小，自己当初只不过顾及时弊国危，所以没同意陶侃出兵废掉他的谋划。可从那时直到现在，他却毫无改悔的意思。而王导的罪过主要集中于以下几点：第一，他枉为太傅，不但没尽到教育少年天子的职责，反而有意愚化皇帝；第二，皇帝已经成人三四年了，王导却没有主动归政；第三，王导架空皇帝，挟震主之威以临制百官；第四，王导重用的赵胤、贾宁之徒有无君之心。凡此种种，都说明他背叛了先帝托孤之重，当然不能再容忍，应该尽早将其废掉才是。

然而同上次一样，郗鉴还是回护王导，不同意庾亮的计划。由于郗鉴坐镇北府，手中兵力虽然不多，战斗力却不容小视，因此庾亮最终也放弃了使用武力逼王导下台的想法。

如此看来，王导和门第不如自己的郗鉴缔结姻亲，实在是一笔超值的投资。

实际上，对于王导晚年主领中枢时的种种弊政，郗鉴也心知肚明。同样据《世说新语》记载，这一时期郗鉴每次见到王导，总要"苦相规谏"，劝他不要过于放任。但王导知道郗鉴的意图，每次都故意把话题引开。有一次郗鉴要从京城返回北府，临行前特意赶到王导府上，一落座便吹胡子瞪眼睛，厉声道："我马上要走了，所以有些话必须要说！"然而王导马上接住话头，说将来不知道什么时候再见面，为了眼前能够畅怀，有些话还是不说为好。气得郗鉴脸色大变，再也不说一句话，直到告别。

以王导的情商智慧，当然猜得到郗鉴到底要说什么。在当时，有不少人都像郗鉴一样，认为年过花甲的王导已经成了一个老糊涂，所以他才懒政、荒政，对朝野内外暴露出的问题视而不见、置之不理。例如庐陵太守羊聃自恃是皇亲国戚，在任上滥施淫威，曾经冤杀郡民两百余人，甚至戮及婴孩。庾亮将他抓捕送京。按律理应处死，王导却极力为其说情，最后只除名了事。余姚县令山遐因为清查户口得罪了当地豪强，王导便故意罗织罪名将其免官。而在政事方面，这时的王导虽居丞相之位，对诸般公务却已经很少过问，呈上来的章奏公文通常看都不看，只是点头批准。还时而自叹道："人言我愦愦，后人当思此愦愦。"你们都说我糊涂，将来你们就会想念我这老糊涂喽！

咸康五年（339年）七月，辅佐了东晋三代君主的王导病逝于建康，时年六十四岁。一个月后，七十一岁的郗鉴在京口去世。第二年正月初一，由于北伐不利，邾城失陷，刚刚取代王导主领朝权的庾亮忧愤发疾，也薨于武昌。短短半年之内，这三位大佬相继离世，从中原渡江而来，襄助东晋立国的第一代士族领袖也就基本上集体退出了历史舞台。

他们之中，王导、王敦和庾亮属于北来门阀，代表着构建东晋政权的核心力量。郗鉴在政治上归属流民势力，陶侃则是南方本土寒素的代表，此两者既被建康门阀利用，同时也是潜在的秩序挑战者。不过在这时，他们还缺乏足够的力量，只能暂时在最高权力的角逐中屈居从属角色。从此以后，司马氏皇帝垂拱在上、士族门阀专权在下的统治模式成了东晋王朝百余年的主流。在这一格局下，汉魏旧门也好，新出门户也罢，不论哪一个士族当权，虽然免不了对政敌排挤倾轧，总还能够大体克制，留有余地，不致使国中爆发内战。因而在苏峻之乱结束后，江左政权得以维持了七十年的安定局面。也正是由于这一相对稳定的政治格局，东晋政权才有余力利用北方再度陷入混乱分裂的机会组织了几次意在收复中原的北伐。

而最有成效的北伐，便发生在石勒的后赵政权因内乱而崩溃之后。

（第四卷完）

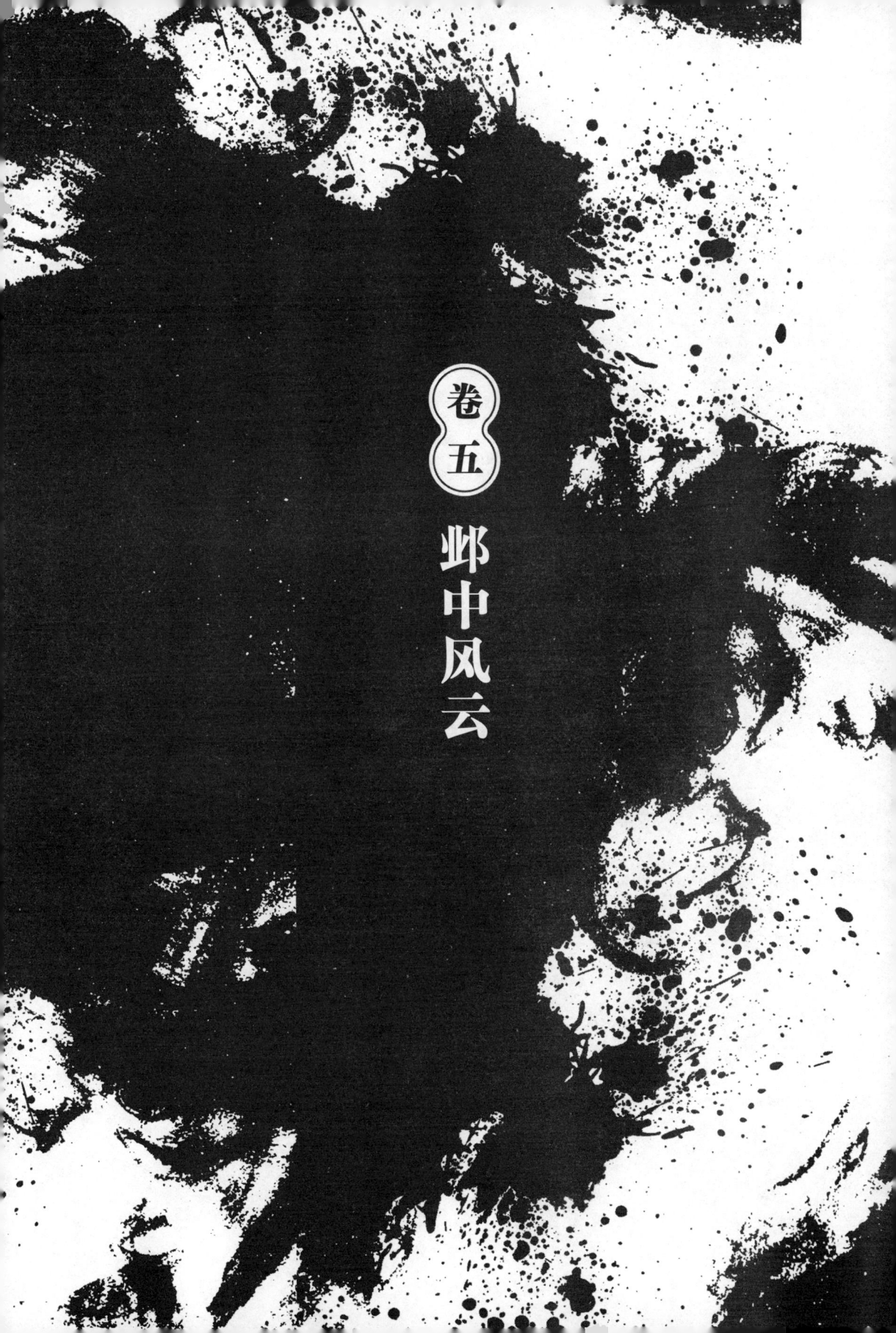

卷五 邺中风云

第 1 章　石勒的功过是非

在 329 年灭掉前赵后,石勒正式称帝。凉州的张骏也遣使称藩。因此,自从西晋末年天下分崩离析后,石勒终于再次统一了北方。

如此功业,竟由一个当过奴隶、大字不识的羯族人完成,这不能不说是历史的奇迹。

而奇迹的创造者石勒,也对自己的千秋功业有着清醒的认识。在一次招待藩国使者的宴会上,喝酒喝得兴起的石勒问徐光:"朕能和自古以来哪一位开国君主相比?"

蹲过大狱的徐光此时早已没有了当年的棱角,他拍马屁道:"陛下您的雄才大略比汉高祖刘邦、魏武帝曹操都强!也就比轩辕黄帝差那么一丁点儿!"

石勒笑了,这马屁拍得实在太响,连他自己都有点儿不好意思,就说:"人都有自知之明,爱卿言之太过啦!朕要是遇上刘邦,肯定会北面而事之,跟韩信、彭越同列,争先效命;要是遇上刘秀,就会跟他并驾齐

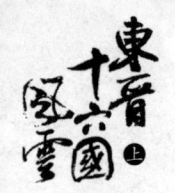

驱,竞逐中原,鹿死谁手尚未可知。大丈夫行事做人,当磊磊落落,如日月皎然,终不能像曹操、司马懿父子那样,欺负人家孤儿寡妇,专以奸计夺取天下也。朕之功业,当在二刘之间,怎么敢比轩辕黄帝呢!"群臣听了,都拜倒山呼万岁。

石勒把自己定位在刘邦和刘秀之间,这究竟准确与否,我们且不去管他。自古以来,评价一个帝王,除了看他建邦立国开疆拓土的"武功",当然还得看所谓的"文治"。而石勒作为一个不懂儒家文化的文盲,其文治如何,倒是我十分感兴趣的。

我感兴趣,读者朋友们未必感兴趣,所以我不打算多说,总结如下:

石勒遣使巡行州郡、劝课农桑。在他统治时期,北方饱经战乱摧残的农业得到了恢复和发展;他征收的每户绢两匹、租两斛的赋税,也比西晋时一夫收租四斛、绢三匹、绵三斤的赋税低很多。

在教育方面,石勒首创小学于襄国,向少数民族子弟普及文化知识;他自己则经常亲临大小学,监考学生们的学习情况,考高分者就赏以钱帛。

在法制方面,石勒命法曹令史贯志造《辛亥制度》,纠正大乱之后律令繁冗的弊病。

在选举方面,石勒恢复了西晋时的九品中正制,又令百官和州郡每年察举秀才、至孝、廉清、贤良、直言、武勇之士各一人。为弥补中正和察举的不足,还增加了考试的科目。

在人才方面,除了君子营之外,自从俘虏邵续之后,石勒就下令"自今克敌,获士人,毋得擅杀,必生致之"。

在纳谏方面……

好了,不要再说了!你说的这些没什么稀奇,石勒做的这些事,许多皇帝不是都做过吗？

是的，正因为此前许多汉族的皇帝都做过，羯族的石勒由此更向世人证明，少数民族不但能成为中原的皇帝，而且能成为一个合格的好皇帝。

哥们儿，这评价太高了吧？石勒难道不是一个杀人如麻、滥用民力、压迫汉人的残忍暴君吗？

我认为不是。

他的确杀了许多人。但历史上的哪一位开国皇帝不是踏着累累白骨登上了权力的顶峰呢？重要的是，看他杀的是战争中的敌人，还是为了一己私欲而草菅人命。就石勒而言，史书上极少见到关于后者的记载。

那宁平城的屠杀是怎么回事？石勒不是还经常坑杀降卒吗？

是的，宁平城一役，石勒确实杀死了很多非战斗人员。但这些人当初跟着司马越出洛阳，就是为了讨伐石勒而来的，对他们的死负责的应是司马越，而不是石勒。至于坑杀降卒，这在古代战争中屡见不鲜，十六国时期几乎任何一个霸主都有坑卒的劣迹。在一个因军粮匮乏而常常"士卒相食"的时代，坑杀不忠于己的降卒以削弱敌人的战斗力，不啻为一个合理的解释。

而要说石勒滥用民力，我更不能认同。石勒不像后来的石虎，他很少大搞形象工程，唯一的一次就是兴建了邺宫。然而彼时北方已经统一，小小的襄国越来越不适合作为帝国的首都，营建邺宫，用石勒自己的话说就是："家有百匹之资的人，还想买房子置地，何况我有天下之富，是万乘之尊呢！"联想到现在某些贫困县的县政府，还把办公大楼修得跟白宫、鸟巢似的，你能说石勒修个邺宫算是十分过分吗？

最后一点，也是最具争议的一点，石勒是压迫汉人的民族沙文主义分子吗？

肯定这一命题的人最有力的证据，是石勒实行的所谓"胡汉分制"制度，即在地方行政上，以汉官制管理汉族百姓，另设"大单于台"管理少数民族，在法治上也设专职人员处理少数民族的司法事务。有人说这造成了民族隔阂，加剧了民族矛盾，在我看来，这简直就像说"一国两制"造成了香港和内地的隔阂、民族区域自治政策加剧了民族矛盾一样荒谬。少数民族和汉族之间，不论是经济生产方式还是风俗习惯都截然不同，在这样的社会里，"胡汉分制"不但不是压迫汉人，反而是最适合实际情况的基本国策。后世的许多少数民族政权也同样采用了类似的制度。

还有人说，石勒忌讳"胡"字，称"胡人"为"国人"，又实行严刑峻法，对不避讳"胡"字的人严加惩罚。

不错，石勒是忌讳别人说"胡"字，称"胡人"为"国人"。这是因为"胡"从来就是汉族人强加给北方少数民族的称呼，往往含有贬义，石勒忌讳别人在自己面前称"胡"，就像美国黑人忌讳你当面说"black"一样正常。至于说他对犯胡讳的人严加惩罚，让我们看一下这段原始史料：

> 勒宫殿及诸门始就，制法令甚严，讳胡尤峻。有醉胡乘马突入止车门，勒大怒，谓宫门小执法冯翥曰："夫人君为令，尚望威行天下，况宫阙之间乎！向驰马入门为是何人，而不弹白邪？"翥惶惧忘讳，对曰："向有醉胡乘马驰入，甚呵御之，而不可与语。"勒笑曰："胡人正自难与言。"恕而不罪。
>
> ——《晋书·石勒载记》

从这段记载我们可以得知，石勒确实制定有严禁说"胡"的法令（石勒还专门将"胡饼"改名叫"麻饼"，"胡豆"改名叫"国豆"）。但这个守门的小吏犯了禁，石勒也没把他怎么样，反而跟他开起了玩笑。类似的情景还见于参军樊坦一事：

樊坦是个清官，被石勒任命为地方长官，上任前来向石勒辞行。石勒见他穿得破破烂烂，十分吃惊，说你怎么穷到这个地步啊！樊坦性子直，脱口而出道："刚刚遇到羯贼抢劫，把我的钱都抢光了。"话刚一出口，他马上意识到犯了禁（既然讳"胡"，"羯"字也应该在忌讳之列，更何况是"羯贼"），一个劲在地上磕头。然而石勒却笑着说："羯贼竟然这么暴横嘛！我来补偿你好啦。"樊坦叩头泣谢。石勒又说："我制定的律法是防那些俗人的，你们这些老书生不在此列。"

如此可知，石勒讳胡就像矮子忌讳人家说短一样，只是心理上的抵触反应，丝毫不能由此证明石勒仇恨汉人、压迫汉人。

然而，若因此说在石勒统治时期，是少数民族与汉族之间没有矛盾的和谐社会，这当然也是无视历史事实的说法。

古代的任何一个政权都是少数人对多数人的统治，在石勒这个羯族人建立的后赵政权里，少数民族人士居于统治地位，这是毋庸置疑的。尽管石勒吸收了许多汉族士人为他所用，但在这个国家里，政治上享有特权、经济上坐享其成的自然是以石氏为首的羯人集团。正像当初西晋统治者同时压榨汉人和少数民族人民一样，后赵的羯人上层也在同时剥削着汉人和其他少数民族人民，即便是汉族的上层人士也不能避免，前面所引的樊坦就是一个例子。正因为如此，石勒才专门颁布法令，严令少数民族人民"不得陵侮衣冠华族"。虽然羯人对汉人的这种欺凌，与其说是民族压迫，不如说是阶级压迫，然而在当时的社会里，人与人之间的对立没有比肤色的不同、鼻梁的高矮、胡须的多少更加明显的了，所以，在石勒时期，少数民族与汉族之间的矛盾就像冰封的河面下那潜伏的暗流；而二十年后，

我们就可以看到,这一暗流是怎样随着群体性恐慌的蔓延,演变成了具有极大破坏力的滔天巨浪。

啰啰嗦嗦这么多,并不是想替石勒翻案,我只是想说,评价一个历史人物,首先要理解他所处的时代。

而一旦做到了这点,你就会真正明白,石勒究竟是一个什么样的人。

第 2 章　继承人是个大问题

后赵建平四年（333年）的一天，襄国城内的寺庙中。

老和尚佛图澄像往常一样，趺坐在大殿的阴影里一动不动。天很晴，无云的天空里没有一丝风，庙里所有的一切也都像老和尚一样一动不动，仿佛时间就此凝固成了永恒。

忽然，佛塔上的一只铜铃无风自鸣起来，铃声清越而单调，仿佛在重复诉说着什么事情。

老和尚睁开眼，枯干的脸上染上了一抹忧戚之色。

"铃音云，国有大丧，不出今年矣！"

石勒病了。

这一年，他已经快六十岁了。年轻时多年的征战生活让他透支了身体的健康，如今他每一天都感到，那曾经使不完的精力正在弃他而去，六月时的一场雨只不过让他有点着凉，谁知竟至于卧床不起了。

唉！贵为帝王又如何，在生老病死面前，还不是和平头百姓一个样？

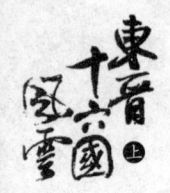

想我石勒本不过是生长在武乡北原山下的一个小小胡人,生逢乱世,侥幸不死,居然还借助时势当上了皇帝。如今回首往事,但觉半生戎马,杀人无数,荣华享尽,名垂千秋,可谓死而无憾矣!

不过,仍有一件事情不能让暮年的石勒感到满意。

那就是继承人问题。

在石勒的诸子当中,长子石兴早死,次子石弘一直是他指定的继承人。这位太子可不像他老爹一样是个文盲,很小就受到了君子营中那些谦谦君子们的精心教育,所以自己也成了一个谦谦君子。石勒早就看出了纯文科教育的弊端,说现在世界不太平,不能光学文的,就指定人教他兵法和武艺。但很遗憾,太子石弘成年后,仍是人如其字(*石弘字大雅*),是一位儒雅的书生。

这让石勒感到有些失望。有一次,他就跟徐光说:"大雅这小子过于沉静,一点也不像是将门之后。"

徐光道:"汉高祖以马上取天下,到了文帝则以玄默守之。圣人之后,必有胜残去杀者,此乃天之常道也。"

石勒一听不错,自己靠暴力建立的国家,未必一定要用暴力来统治,儿子若能像文帝那样以仁孝治天下,未尝不是一件好事。于是龙心大悦,打消了顾虑。

虽然石勒的顾虑打消了,但徐光和程遐却并没有。石勒担心的是太子的能力,而他们两人担心的则是手握兵权的中山王石虎的野心。尤其是程遐,他是太子石弘的娘舅,而且早就跟石虎结了仇。

那是石勒刚刚兴建邺宫时候的事。本来坐镇邺城的一直是石虎,程遐向石勒建议,应该利用修筑邺宫的机会,把石虎调出去,而让世子石弘来取代他镇守邺城。石勒依言而行。石虎当然不乐意离开经营已久的老巢,由此就恨上了程遐。而他的性格一向是睚眦必报、不择手段，于是在一个月黑风高的夜里，一伙伪装的强盗闯入了程遐的府第，强奸了他的妻女，劫取了他的财物后扬长而去。这当然是石虎的杰作，心知肚明的程遐虽然恨得牙痒痒，却也只能吃了这个哑巴亏。

因此，一有机会程遐就在石勒面前告石虎的黑状，说中山王虎的勇略谁也比不了，而除了陛下您以外，他又谁都瞧不起，他残忍毒辣，又掌握兵权，陛下您在的时候自然没事，可万一您哪天不在了，他还能把太子放在眼里吗？为长远起见，陛下应该趁早除掉他。

然而程遐的状告得太直接，反而适得其反。对石虎和他的不和，石勒早有耳闻，就说道："现今天下未定，大雅年纪尚轻，正要倚仗中山王来辅佐。他乃是我骨肉至亲，何至于如卿所言，做出那种事来！你是怕有中山王在，将来你不得擅帝舅之权吧？不要为此担忧，朕会让你当顾命大臣的。"

听了这个回答，程遐眼泪都下来了，说臣担忧的乃是国家，陛下您却以为我是为了私怨，这让我怎么说呢！中山王虽然是皇太后抚养的，但毕竟不是亲生，就是对国家有功，他现在的恩宠荣华也足够报偿了，然而他却仍然不满，这将来还能得了？陛下若不除他，臣恐将来宗庙会无人祭祀了啊！

话说得如此严重，石勒却依然不听。极度受挫的程遐回来告诉了徐光。徐光就比他讲策略多了，他没有直言犯谏，而是找了个机会旁敲侧击，说近来在东宫赴宴，见石虎对太子十分不讲礼貌。石勒听了他的话，默然不语，不久就命太子石弘试着代理朝政，并由中常侍严震辅导处理。由此，朝中大权被宦官严震掌握了大半，石虎威权渐衰，门可罗雀，他就更加不满了。

石虎当然有理由感到不满。自从在葛陂投奔石勒以来,二十多年来,石虎亲冒矢石,东征西讨,立下战功无数,特别是石勒成为赵王之后很少亲自领兵,石虎南擒刘岳,北走索头(指鲜卑),东平齐鲁,西定秦雍,略地十有三州,可以说是拓展了后赵一半的领土,然而,当石勒正式称帝、大封百官之时,将大单于的名号封给了三子石宏(非太子石弘),而不是石虎。石虎对此极度不满,他愤愤地对儿子石邃说道:"大单于当以授我,今却授予那黄口小儿,想起来就让人郁闷,饭都吃不下!等皇上归西之后,哼哼,不能再给他留种了!"

而对于石虎的不满情绪,石勒也是有一定了解的。

就在让太子石弘代理政事后不久,石勒在一次视察邺宫建筑进度的时候,顺道去了石虎的家。这突如其来的到访让石虎吓了一跳,以为自己的想法已经暴露,幸亏石勒只是说道:"耗用民力之事不可并兴,待邺宫修成之后,朕再为你建造王府,你可不要因为住宅卑小就闷闷不乐哦。"石虎连忙磕头拜谢,石勒又意味深长地说道:"朕与你共有天下,何所谢也!"

显然,石勒对石虎是有一定戒心的,但他却并不想像程遐建议的那样杀掉他。这里面除了亲情的原因,主要还是考虑到江南、四川未平,北方边境也并不安定,而太子石弘不擅军事,若国家有事,还需要石虎的能力,所以石勒才对石虎一边敲打,一边笼络,指望着靠胡萝卜加大棒,来降服自己这位桀骜不驯的侄子。

然而石勒疏忽了一点:马戏团里的老虎是否驯服,取决于驯兽师手里的鞭子,当驯兽师变得软弱,挥舞不动皮鞭时,野性难驯的兽王终究会露出锋利的獠牙。

七月,石勒病重,诏太子石弘、中常侍严震和中山王石虎一同进宫侍疾。石虎立刻矫诏，控制了禁宫，将石弘、严震与外界隔离开来，石勒病情如何，朝廷百官根本得不到消息。石虎又秘密派遣儿子石邃带着本部骑兵三千，在襄国近郊的蝗灾区里游荡，随时准备进入首都，控制局势。此时，政变已经如箭在弦。

弥留之际的石勒并不知道这一切，在意识尚清醒的时分，他留下了这样的遗言：

停灵三日即葬，葬后朝廷百官即可除服；

葬礼期间不禁婚娶、祭祀、饮酒、食肉，各地方征镇牧守不得擅离职守来奔丧；

以平常的衣物装殓，用普通的车马当灵车，坟墓内不陪葬金宝器物；

诸子应以司马氏各宗王为戒，兄弟之间互相扶持；

中山王虎宜深思周公、霍光之事，不要为后世落下口实。

这就是一代雄主石勒最后的怙念。

七月二十一日，石勒崩于襄国，享年六十岁。

在他离世的前夜，一颗流星划过天际，拖着黑红色的烟幕，坠落于邺城东北六十里处。附近的农夫见到，坠落之处的土地像被熔化了一般，中心处有块一尺见方的青色石头，敲上去声音如磬。

石勒的遗言言犹在耳，石虎就发动了政变。他的军队进入皇宫，劫持了太子石弘。明白发生了什么事情的石弘吓得直哭，请求将皇位让给石虎。

石虎轻蔑地看着这个文弱的年轻人，语带讽刺地说道："皇帝驾崩，

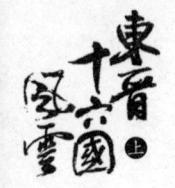

自然太子当立,臣怎么敢乱这个规矩!"

石弘仍是流着泪推让不止。石虎勃然大怒,心想先帝何等英雄,儿子竟然如此熊包,道:"你若不堪重任,天下人自有公论,有什么可讨论的!"硬逼着石弘继承了帝位。当晚,即派兵将杀掉了不利于己的程遐和徐光。

不久,傀儡石弘就拜石虎为丞相、魏王、大单于,加九锡,总揽朝纲。

石虎的时代正式来临。

第3章 纵欲时代

石虎，字季龙。二十多年过去了，这个当年最能坏车的牛犊，终于站到了权力的顶峰上。

虽然石堪、石生、石朗等宗王先后发动了反石虎的叛乱，但很快就被平定；而不堪忍受精神折磨的傀儡石弘也拿着玺绶找到石虎，请求马上"禅让"于他。

石虎还是那么一副轻蔑的腔调："帝王大业，天下自有公议，你怎么能自己决定哩！"

很快，"公议"出来了，朝臣们都请求"依唐虞（指唐尧与虞舜）禅让故事"。石虎很不满。禅让？我石虎怎能接受一个懦弱小儿"让"给我的皇位！我要废了他！

334年十一月，石虎废石弘为海阳王。不久，便将其连带石勒的另外两子石宏和石恢一块杀了。

从少年时代起，石虎就以残忍狠毒出名。作为一个从小无人管教的孤

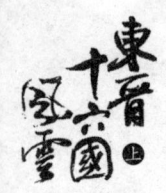

儿，他就像是丛林里长大的狼孩，每一个毛孔都渗透着原始的兽性。年轻的时候，除了喜欢拿铁弹珠弹人脑壳之外，他还曾两次杀死自己的老婆；军队里但凡有比他强的能人，他就在打猎、游戏的时候下黑手除掉对方；至于攻城掠地胜利之后，更是除了屠城就是坑杀，手底下不管男女老幼基本没有活口。石勒说了他多少次，他却屡教不改。这么一个主，要不是打仗确实有点本事，石勒早就除了他了。

现在，石勒的阴影终于从他的头上消失了，这世上再也没有人敢对他说三道四、加以约束了。对于这位"压迫"了自己二十多年的叔叔，石虎的内心里充满了憎恶，所以他掌权后的第一件事，就是把石勒留下来的文武旧臣统统调任没有实权的闲职，而让自己的部属亲信主管朝廷要务；接着，又把石勒宫里上好的宫女、车马、器物统统弄回了自己的家。

而且，像石勒当年讳"胡"一样，石虎禁止人家说"勒"字，为此，还专门把"马勒"改名叫作"辔头"，把"罗勒"改名叫作香菜（敢情香菜就是这么来的）。

在尽可能地抹去石勒的印记后，石虎开始为时代刻上自己的标识。在接下来的十多年里，他向世人展示出，一个男人的无限欲望与帝王的无上权力结合在一起，能够浇灌出怎样瑰丽奇谲又血腥欲滴的恶之花。

像现在许多刚刚工作的年轻人一样，石虎上岗后头等操心的事情就是住房问题。当年你石勒不是为了修筑邺宫把我迁出了三台么？现在我就要给自己造房子，造世界上最好而又不用交税的房子！

335年正月，石虎刚刚即位为居摄赵天王，就大治宫室，修鹳雀台。修到一半，出了工程问题，台体坍塌，石虎立斩了主管官员（对付豆腐渣工程应该像石虎同志学习），并且重修的时候还将建筑规模扩大了一倍。九月份，迁都于邺城后，又修建了邺宫正殿太武殿。

这座太武殿，堪称中国建筑史上的一大杰作。别的先不说，单说它的规模，史载，太武殿基高两丈八尺，东西长七十五步，南北宽六十五步。两晋时期尚是六尺为一步，换算过来就是长110米，宽95米。这是什么概念呢？作为唐代殿堂建筑的代表，著名的大明宫含元殿台基才长76米，宽42米；而北京故宫的太和殿，则是长64米，宽37米。也就是说，太武殿的规模至少能容下三个含元殿、四个太和殿！这是什么气势，你尽可自己想象。

那么这么大的一座宫殿，它的内装修又是什么样呢？

台基都是用谷城山上的纹石铺就的，基下有密室，藏有卫士五百人；殿内则"皆以漆灌瓦，金铛，银楹，珠帘，玉壁，穷极工巧"；窗户宛转，比照秦之阿房宫、鲁之灵光殿的图样，都画以云霞；梁柱上悬着巨大的彩绶，彩绶上缀满了晶莹的玉璧；殿正中置有一座三丈见方的御床，通体施以白玉，床上罩有蜀锦流苏斗帐，帐的四角装有纯金打造的龙头，龙口衔着用鸟翎织染的五色流苏，帐顶上安着金莲花，花中悬有金箔织成的香囊，床的四角置有金银镂凿的香炉，内燃百合熏香，就连床上的凉席坐垫都是用锦缎裹以五香，再杂以五色线编织而成。不过这样豪华的御床可不是用来睡觉的，每逢节日朝会等重要典礼，登上太武殿的石虎就坐在这样的御床之上，接见文武群臣和各国使者。

有了最大的宫殿还不够，石虎还兴建了最高的楼台。在太武殿前的广场上，他建了一座高达四十丈的高楼。晋代一丈相当于今日的两米四，则该楼高96米，相当于一栋三十多层高的大厦！在纯木结构建筑的古代，这简直就是一个奇迹（现存最高的木结构建筑——山西的辽代应县木塔才不过高67米）！在这样的第一高楼上，石虎以珍珠为帘，垂五色玉佩为风铃，有风吹来，则铿锵和鸣，清雅至极。楼下建有一个周回四百步的操

场,专门用来举行射箭比赛和表演百戏。风和日丽之时,石虎拥着美人登上高楼,极目远眺,整个邺城风光尽收眼底。在丝竹之声的伴奏下,艺人们开始在操场上表演各种华丽精巧的杂技,看到高兴之处,石虎就叫美人们把各种香料舂成粉屑,鼓起香腮在楼上吹散,纷纷洋洋的香屑飘散而下,整个邺宫一片芳馨。所以此楼名叫芳尘台。台上置有铜龙,龙肚子里可盛酒数百斛。有时石虎与众人在楼上喝酒,风来将酒吹散,如雨亦如露,所以此楼又名沾雨台。

石虎还在邺城旁的漳水南建了一座戏马台,专门用来校练宿卫骑兵。每到月底,被称为"黑槊(音shuò)"的五千精骑就张旗鸣鼓,列阵于台下。石虎登台,引弓射鸣镝一发,则五千骑一时奔走,转瞬就汇聚于漳水北岸;石虎再射一支鸣镝,五千骑又转眼返回到了台下。五千黑槊骑兵如流星飞驰、马蹄雷鸣,仿佛有数万人一般。

运动一天之后,最舒服的享受就是泡个热水澡。石虎早就想到了这一点,所以他在后宫修建了当时最先进的温泉浴池。为保证水质的清洁,该浴池采用了多层过滤技术,先在渠水中安装铜笼,梳挡住秽物,其次用葛,再次用纱过滤,每隔六七步就断水过滤一次。渠水进入浴室后,先引入一个可容十斛的大玉盘中,盘里置有专门吸收秽物的铜龟,最后水才得以流入浴池。浴室内种有两棵西王母长生树,枝叶亭亭如盖,交结于梁栋之上,四季不凋。室内四壁以玉石雕刻出各种艳丽奢靡的图案,浴池的水底浸有用纱或葛制成的盛有百杂香的香囊,这让池水有一种淡淡的幽香。想洗热水澡的话,便把数千枚几十斤重的铜屈龙(即龙形铜铸件)用火烧红,然后投入水中。池水恒温,还能洗桑拿,称之为"燋龙温池"。浴室内外皆用文锦步障加以遮蔽,身宽体胖的石虎就在内与嫔妃宫女们一边泡澡,一边搞搞性游戏,所以此处又得名为"清嬉浴室"。浴后的池水顺渠流出宫外，称为"温香渠"，邺城内的许多百姓都争先恐后拿着水桶汲取这香喷喷的洗澡水，提回家去自己使用。

对于时下的国人来说，仅有一套房尚且不足；对于当年欲望无边的石虎来说，区区一个邺宫当然更加不够。于是他又兴建了九华宫，起灵风台九殿，在邺城四周建台观四十余所，在襄国至邺城的阁道上每四十里设一行宫，又发动四十万民夫大修洛阳、长安二宫，每个台观殿宇都极尽奢靡工巧之能事。

而除了营造自己的豪华宫室，石虎还扩建三台，改造邺城，筑华林苑，在漳水和黄河上修建大桥，把铜驼、飞廉、九龙、翁仲等大型雕塑从洛阳搬到邺都……可以说，石虎把整个中原变成了一个扰攘铺张的建筑工地，所有的营造都只为满足他一人的虚荣。在这样穷奢极欲的营造下，曾经毁于战火的邺城迅速成了首屈一指的大都市。远远望去，甃（音 zhòu）砖的城墙固若金汤，高峻的凤阳门上两只铜凤华彩万丈，宫殿楼台金碧辉煌，斗拱飞檐连绵拂云，巍然仿若天上仙居。

石虎的欲望除了表现在巨能盖房子之外，像每一个正常的男人一样，他也喜欢女人。他在宫中设置女官二十四等，大发国中二十岁以下、十三岁以上的女子三万多人会聚于邺宫，自己亲自临轩挑选。

游牧民族出身的石虎还特别喜欢打猎。后来年纪大，身体发了福，胖得马都乘不上去，石虎就叫人专门制造了数千辆猎车和格兽车，各辕长三丈，高一丈八尺，上有两层楼橹，楼橹上的座位安有会转向的机关。会猎之时，石虎坐在楼橹上，使二十人抬起猎车。哪个方向有猎物出现，座位就转向哪个方向，石虎手持弩箭，箭不虚发。

石虎最讲究排场，每次出行，除了数万军兵组成的大驾卤簿①之外，

---

① 古代帝王外出时扈从的仪仗队。

还有一千名身着"紫纶巾、熟锦、金银镂带、五文织成靴"的女骑手组成的美女仪仗队,她们执羽仪,鸣鼓吹,用自己的酥手桃腮装点着帝王的威仪。

石虎还崇信佛教,他命工匠制造了宽丈余、长两丈的四轮檀车,车子正中安置一尊金佛像,外围则是九龙吐水和身披袈裟的十几个木罗汉雕像。车上安有机关,车一行驶,九龙就吐水浇灌金佛,木罗汉绕佛行走,走到佛前就作揖行礼、拈香祷告,仿佛真人一般。

此外,像汉武帝、隋炀帝等多欲的帝王一样,石虎也对开疆拓土充满了野心。他曾经大肆发兵,攻打帝国北境的鲜卑人,虽然击败了段部,最后却被新兴的慕容氏夺取了果实(事见本书卷六《慕容世家》);他也曾数次遣将进攻东晋和凉州的张骏,但也没能取得突破性的进展。

可以说,在满足欲望方面,石虎利用手中的权杖,几乎做到了一个男人本性中梦寐以求的一切。他的子孙亲戚和帝国的高官显宦们,自然也随着主子一起纵欲狂欢。然而在这种种奢侈浮华表象的背后,则是普通百姓们无尽的灾难。

盖楼修桥也好,发兵打仗也罢,石虎等当然不会自己动手,而是征召大量的民工。当时众役烦兴,军旅不息,石虎动辄征发民夫数十万。农民们都被拉来干活,自然没有工夫去种地,再加上时不时遇上个旱灾水灾啥的,收成不好,物价上涨,高时一两银子竟只能买到一斤肉,一斤金子只能买到两斗米!一时间,司州百姓流亡死者十之六七,民夫只能掘野鼠、采橡子而食,饿死者不计其数。

为了筑华林苑墙,石虎令尚书张群发百姓十六万日夜赶工。有大臣谏阻,石虎却怒道:"若早上苑墙筑成,我就是晚上死了,也死而无憾!"结果遇上暴风大雪,冻死的民夫有数万之多!

为了讨伐东晋，石虎令河南四州大造战船，十七万船夫被水淹死，被猛兽所噬的又占三分之一。石虎又向各州百姓摊派南伐所需的高额军饷，穷苦人家卖妻鬻子，仍然不能应付，为此，在道旁上吊自杀的死者百里相望！

　　石虎要采择美女，郡县地方官就夺人之妻、杀人之夫，被逼死和自杀的女子达到三千多人！

　　石虎要大猎禽兽，就把自灵昌津南至荥阳、东极阳都的数千里土地划为禁猎区，但凡有伤害该区域内野兽的百姓，一律处以重罪。负责监察的官员借机盘剥百姓，以犯兽罪诬陷至死者多达一百余家，海岱河济之间人心惶惶！

　　凡此种种，不一而足。三朝老臣金紫光禄大夫逯明为此切谏，惹恼了石虎，被卫士将腰椎生生折断而死！随后石虎制定了私论朝政、控制言论的严苛刑律，又大开告密之门，允许下级告上级、奴婢告主人。顿时朝廷中万马齐喑，再也无人敢进谏议政，士民百姓也纷纷道路以目、莫谈国事，帝国上下一片沉默的和谐。

　　在这样的残暴统治下，不堪忍受的人民纷纷迁徙逃亡，南渡到东晋去避难，荆、楚、扬、徐间的人户由此流叛略尽。

第4章 禽兽父子

常言道:"虎父无犬子。"

这话未必就对,这世上老子英雄儿蠢蛋的着实不少。但就石虎父子而言,这句话实在是准确得很。不过,这里指的不是才能,而是他们身上残忍的兽性。

石虎共有十三个儿子,其中石邃、石宣和石韬最受他宠爱。

石邃是长子,素来作战骁勇,很有乃父之风。后来他又被立为太子,和石虎的感情一度相当好。石虎曾经对群臣说,就是因为司马氏父子兄弟自相残灭,朕才终得以有今天,你们看朕可有杀阿铁(石邃的小名)的道理?之后石虎每天忙着盖房子、打猎、喝酒、玩女人,没工夫处理朝政,就任命太子石邃省可(批阅定夺)尚书奏事,总揽百揆。所以石邃一时间掌握了极大的权力,连他的保姆刘芝都跟着权倾朝野。按理说,只要石邃注意身体健康、耐心等待下去,早晚他会成为御座的主人;或者他趁机培植党羽、积聚势力,慢慢将石虎架空也并非不可能。但石邃很快就暴露出，他不但没有耐心、没有大脑，甚至压根就没有人性。

石邃虽然总揽了朝纲，但他和老爸一样不喜政事，而是同样喜欢喝酒、打猎、玩女人。不良嗜好再加上手中的权力，让他变得胆大包天起来，他常常夜不归宿，跑到东宫臣属的家里淫其妻妾，这且不说，这位太子最喜欢的事就是把美女的头砍下来，洗干净血迹、化好妆，再盛在白玉盘子里与众人赏玩；他还喜欢弄来美貌的尼姑，先奸后杀，割其肉与牛羊肉一起煮了吃，大快朵颐之余，还叫身边的人尝尝哪块是牛肉、哪块是人肉！

能做出如此毫无人性的恶事的人，心中自然也不会有什么父子兄弟之情。

就像同一窝产下的野兽幼崽一样，石邃对他的两个弟弟石宣、石韬充满了敌视与嫉妒。他希望独占母兽所有的奶水，而不予弟弟们一杯羹，所以，他不但恨石宣和石韬，甚至也恨宠爱他们的父亲石虎。再加上荒湎酒色的石虎越来越喜怒无常，前去奏事的石邃常常遭到责打，他的怨毒之情就越发溢于言表了。他曾偷偷地对东宫臣属李颜、长生等人说："上边实在难伺候，我欲行冒顿之事，你们跟从我不？"当年冒顿是靠鸣镝杀父才得以登上单于之位的，所以李颜等听了这话，都吓得不敢吱声。

石邃大概以为不吱声就是默认，就请了病假不上朝，私下里在李颜家聚集了五百多人马，大吃大喝一通之后，当即宣称："我现在要到冀州去杀了石宣，有不从者斩！"逼着这些人跟自己出了城。策马行了几里地，回头一看，我去，人都跑光了！李颜叩头固谏，石邃才骂骂咧咧地昏醉而归。

此事充分证明，石邃同学连如何发动政变的智商都没有。

那边石邃回到家里一头睡倒，这边石虎却派人来了。听说太子请了病假，石虎倒很关心，本来想亲自前去探视，临行前却忽然想起前日佛图澄

曾对自己说，近日不宜亲往东宫，于是就改派了贴心的"女秘书"（女尚书）去。大概石邃的酒还没醒：什么？皇上派人来了？我正要找他算账呢！人在哪里？于是把女尚书叫过来，拔剑就刺。这位美人有没有被刺死史书上没说，我看八成是厄运难逃。石虎听闻后十分震怒，就把李颜等抓来审问。一审之下，啥都明白了。愤怒的石虎将李颜等三十余名东宫臣属尽皆斩首，又把石邃幽闭在了东宫。

不过，此时石虎并不想杀死自己的亲生儿子。过了一段时间，他就赦免了石邃，指望他能够就此悔过。谁知石邃并不领情，朝见之后也不辞谢，招呼也不打一个，就径自出了宫。石虎遣使追上责问，说太子怎么连母后都不朝见，就擅自走了？石邃理都不理，直接回了自家。这下可真把石虎气坏了：老子说的话你当是过堂风么！我看你这孽子是不想活了！

石虎马上宣旨，废石邃为庶人，当夜就派人将他和妻子张氏等男女二十六人统统杀死，同埋于一棺之中。

石邃既死，次子石宣顺理成章当了太子。此后数年，朝廷中又恢复了平静，石虎和他的子孙们依然在邺都里每日过着风光奢靡的生活，仿佛那残忍的一切根本不曾发生。

建武十三年（347年）九月，石虎命太子石宣出游祈福于山川。当石宣乘着羽葆华盖的大辂车，建天子旌旗，威风凛凛地率领着十八万劲卒，自金明门浩浩荡荡东出时，五十来岁的石虎站在后宫的凌霄观上，志得意满地望着这一切，然后他笑道："我家父子如此，除非天崩地陷，还有何愁！今后唯有抱子弄孙、每日寻欢作乐喽！"

石虎并不知道，此时距他的帝国崩溃，只有不到三年的时间。

但老和尚佛图澄却知道。

自从石虎登基以来，佛图澄的地位越发尊崇了。石虎专门为他在邺都营建了寺庙，每次朝会，赐佛图澄乘雕辇上殿；升殿时，由常侍以下的官员助举乘舆；下辇后，由太子和诸公搀扶入座，同时主礼官员唱"大和尚至"，满朝文武皆需站立行礼。如此礼遇实属空前。

佛教由此在北方大兴，各州郡共兴建寺院 893 所。弘法之盛，远远超过东晋南朝。

然而佛图澄不是《天龙八部》里的扫地老僧，他化不去石虎父子身上那与生俱来的戾气。他曾与石虎有过这样的对话。

石虎："佛法云何？"

佛图澄："佛法不杀。"

石虎："朕为天下之主，非刑杀无以肃清海内。既已违戒杀生，再来奉佛，还能获得福报吗？"

佛图澄："帝王事佛当在心。最重要的是不为暴虐，不害无辜；至于凶顽无赖之徒，有罪不得不杀，有恶不得不刑，但当杀可杀、刑可刑尔。若暴虐恣意、杀害无辜，即便倾财事法，也无法排解祸殃。惟愿陛下省欲念、兴慈悲，广及万物，如此则佛教永隆，国祚亦得久远。"

和尚虽有神通，毕竟不是神仙；佛法虽然无边，却解不开恶业孽缘。也许就是因为石虎一生杀戮无辜太多，到头来终于现世报，灾祸就要降临了。

石宣虽然被立为太子，但石虎似乎更宠爱石韬。他一边拜石宣为大单于，建天子旌旗，一边又升石韬为司徒，加金钲黄钺、銮辂九旒；后来则干脆任石韬为太尉，与太子石宣轮流处理朝政，刑杀赏罚之事也可专权处置，不用再来汇报。

也就是说，石韬虽然不是太子，但除了名分以外，石虎给予他的地位、权力、待遇等都跟太子差不离。前边不是说建武十三年，石虎派石宣

代表天子出游、祈福山川吗？为了显示自己并不偏心，石虎随后也让石韬大出风头地搞了这么一回巡游，石宣往东，石韬就往西。本来太子石宣对石韬的得宠就十分不满，这一来就更加嫉恨了。

太子石宣无时无刻不感到，自己的弟弟正利用父亲的宠爱一步步壮大起来，如此下去，迟早有一天会彻底取代自己。

一次，不知因为何事，石宣违逆了石虎的旨意，盛怒之下的石虎说道："悔不立韬也！"

这句话究竟是石虎的真心之言，还是一时的气话，我们并不清楚。但不管怎样，这句话在分别传到石宣和石韬的耳朵里之后，都像火星一样点着了他们心中的引线，从此，石韬愈加骄纵，石宣愈加嫉恨，两个同胞兄弟终于开始了自相残杀。

建武十四年（348年）六月，骄纵无忌的石韬在自己的太尉府里建了一座堂屋。大概觉得自己将来肯定会做皇上，石韬把这堂屋建得跟皇宫大殿一般，光房梁就有九丈长，还起名叫作宣光殿。太子石宣听说后大怒（殿名宣光，犯了他的名讳），带着人闯进太尉府，杀了造房的工匠、砍断房梁后扬长而去。这下可把石韬气坏了，老子建房与你何干！你竟然杀了我的人，砍了我的房子！好，你不是能砍么，我再建一个更大的房梁，有种你就再来！

石韬于是命人将房梁增至十丈。石宣得知后就更加恼怒了。不过这次，他没有再带人上门拆房，而是决定由根本入手，彻底解决这个问题。

那就是——杀了石韬。

当时石宣的身边豢养了一些力气大、会武功的人，称之为"力士"。这些人平常陪主人斗鸡走马、摔跤扛鼎，到了非常时期也可以用作刺客和"死士"。当年，信陵君击杀晋鄙救赵，张良在博浪沙行刺秦始皇，都曾用过力士。现在，石宣也准备叫这些武夫替自己卖命了，他对力士杨柸、牟成、赵生等说道："你们要能杀了石韬，等我登基坐殿后，我就把石韬的封地都赏给你们！石韬一死，皇上肯定会亲自来吊丧，我们趁机行动，大事可成！"

杨柸等表示同意。就这样，石宣制订了先杀弟弟、再杀老爸的夺权计划。

不过计议虽定，石宣心里还是不踏实。因为邺都里还住着一个能掐会算、神通广大的老和尚，万一佛图澄预料到了自己的计划，回头告诉了别人，岂不是很糟糕？

于是石宣来到佛寺，想探一下佛图澄的口风。

两人相坐无言。这时，佛塔上的一个铃铛响了起来。石宣紧张地望着佛图澄，知道他一定能从铃音中辨识出什么。

果然，佛图澄对他开了口："殿下可解铃音否？铃音说：胡子洛度。"洛度，据魏晋史学大家周一良先生的解释，是"落拓""落魄"的意思。石宣本来就心里有鬼，闻言，脸上立刻变了颜色，倾身向前逼问道："到底是什么意思？"

老和尚的脸上飘过一丝苦笑，道："老胡我本已遁入空门，本该隐居山林潜心修道，如今却常处庙堂之中，重茵美服，与官宦无二。这难道不是一种落拓吗？"

佛图澄的意思，"胡子洛度"说的乃是自己而不是石宣。石宣虽然将信将疑，却也无话可说，不久悻悻而去。

谁知，送走了石宣，石韬又来了。

这次铃铛倒没响。佛图澄只是呆呆地注视着他，一句话也不说。

石韬被老和尚澄澈的目光看得心里直发毛，就问：你老盯着我看什么？

佛图澄说，我只是闻到你身上有一股血腥味儿，所以才盯着看。

石韬忙低头查看，没发现衣服上哪里沾有血迹，心中纳闷，微有不快。终究也回去了。

望着石韬远去的背影，佛图澄心内暗暗叹息：他们兄弟相图，各怀鬼胎，老和尚岂能不知？可是即便说出真相，又能怎么样呢？冤仇已成，业报将到。老和尚我欲言难言，欲忍难忍，只好打打哑谜，看听者的造化了。

八月的一个夜晚，石韬在城东的东明观内大宴僚属。天空一轮皓月，面前宾客云集，耳闻丝竹之声，舌品美酒佳肴。酒酣耳热之际，石韬却忽然感伤起来。前几日天相突变，素解天文的石韬就已从中体味到了一种不祥之兆，再联想到佛图澄那天对自己说过的话，石韬的心里似乎已经敏感地觉察到了什么。他举起酒杯，长叹道："人生无常，离别易而相会难。喝了这一杯，不知何时才能再相会。诸位请为我开怀畅饮，不醉不归！"

如果活着而不快乐，那荣华富贵又有何用？功名权位又有何用？身为帝王又有何用？所有这一切，还不如一杯烈酒，更能让烦恼走开。

当夜，酩酊大醉的石韬宿于一间佛精舍。夜半，杨杯等力士缘梯而入，杀石韬于醉梦之中。

第 5 章 史上最残忍的虐杀

第二天一大早，掩盖不住心中狂喜的石宣就抢先向石虎奏报了弟弟的死讯。石虎得知，悲惊交集，竟然背过气去，良久才苏醒过来。

悲恸的石虎想出宫前去临丧，却被司空李农所阻。李农说，杀害石韬的凶手是谁还不清楚，很可能就在京城之中，如今非常时期，陛下不宜亲出。石虎于是作罢，宣布戒严，就在太武殿中举哀。

这一来，石宣想趁石虎临丧的机会弑父的计划便告流产。不过，能够铲除石韬这个心腹之患，石宣还是很高兴。他亲往吊祭，不但不哭，反而呵呵笑个不停；又让手下揭开盖在尸体上的白布，细细地观赏了一番石韬肠穿肚烂的惨状，方得意洋洋地大笑而去。

他的这一举动被石虎得知。

冷静下来的石虎开始怀疑，正是石宣这个亲哥哥杀死了自己的弟弟。他把石宣诳进宫，软禁了起来。还没等他开始审讯，就有人告发了凶手。

原来，要想人不知，除非己莫为。就在石韬被刺杀的当夜，一个叫史

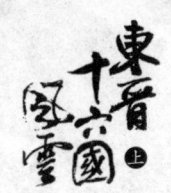

科的人投宿在了力士杨杯家。杨杯带着几个共犯回家后,所说的话都被史科偷听了去。没等被人发觉,史科就翻墙溜之大吉,向官府告发了他们。

石虎得报,立刻派兵捉拿杨杯、牟成、赵生等人。结果杨杯、牟成跑得快,只拿到了赵生一个。这家伙一审就招,将石宣等全都供了出来。

得知全部情由的石虎悲愤至极,他怎么也不会想到,在石邃之后,自己又养出了石宣这么一个狼心狗肺的孽子!

这件事对石虎的刺激是巨大的。因为这不仅仅是"不孝"或"大逆"的问题,而是对他刚愎自尊的一次无情伤害,对他帝王权力的一次无形否定,同时也宣告了他"抱子弄孙,日以为乐"梦想的彻底破碎。

所以,石虎选择了常人绝难想像的残忍方式,来宣泄他无边的愤怒、悲痛和报复。

他将石宣囚禁在仓库之中,用铁环贯穿他的下巴将其锁住,让他像猪狗一样吃槽食,又取来杀害石韬的刀剑,让他舔舐上边的凝血。石宣的阵阵哀嚎回荡在整个邺宫之中。

慈悲在心的佛图澄来找石虎,对他说道:"石宣和石韬皆是陛下之子。如今石韬已死,为此再杀了石宣,是祸上加祸啊。陛下若能宽恕石宣,则国祚尚可延续六十余年;陛下若一定要杀了他,他将化作天上的扫帚星,来下扫邺宫啊!"

但石虎已被愤怒冲昏了头脑。他决定,要让石宣为杀死石韬付出十倍的代价!

在邺城北郊,一座高耸的火刑柱被竖了起来。

柱底积满了柴薪,柱顶置有辘轳,柱旁靠着梯子。

这里将是处死石宣的刑场。

石虎和后妃百官数千人登上了高台,默默地等待着。

石韬生前最为宠幸的太监郝稚和刘霸牵着锁链，将石宣带至刑场。

秋风起，天地间一片肃杀。

行刑开始了。

郝稚、刘霸先是拔光了石宣的头发，抽掉了他的舌头，继而将面目全非的石宣牵上了梯子。接着，郝稚用绳子穿过石宣下巴上的铁环，像吊起一只待宰的狗一样将他吊在了柱子上。而刘霸则拿起刀来，比照石韬所受的伤，将石宣的手脚一一砍断、眼睛挖掉、肚肠掏出。场面极其血腥恐怖。

石宣最初尚能发出含混不清的哀号之声，后来终于没了声息。

于是石虎下令纵火。

扑天的烈焰燃烧起来，很快就将石宣的尸体吞没，空气中传来焦臭的味道，浓浓的黑烟直冲云霄。

火灭之后，石虎又命将石宣的骨灰分洒在邺都各城门的大道上，任人践踏。

根据当时的法律，石宣的亲属和手下都要受到连坐的处置，为此，石宣的妻妾儿子九人被杀，东宫官属三百人、太监五十人皆被车裂肢解，尸体投入漳河，而总数高达十多万的东宫卫士也被发配边疆。

石宣最小的儿子才不过几岁，石虎一向很喜欢这个小孙孙，被杀的当天，这小孩抱着石虎不肯撒手，哭叫道："孙儿无罪！"石虎很想赦免了他，然而即便活下来，耳闻目睹了父亲惨死、家破人亡的他长大后又当如何呢？最终，石虎示意卫士从怀抱中将小孩强行拉走，一并斩了。

这一年，石虎已经五十多岁了。经此事变，他的精神受到了严重打击，不久即生了病。

石宣、石韬既死，新立太子之事就提上了日程。有大臣建议，燕公石

斌、彭城公石遵皆文武双全，可于两人之中择一为太子。石虎本来也是这么想的，却被将军张豺的话改变了决定。

原来，当年洛阳一战，前赵国主刘曜被俘后，张豺跟着石虎一起杀入了关中。攻陷上邽之后，刘曜年仅十二岁的女儿安定公主落入了张豺之手。小姑娘虽然未成年，但亭亭玉立，十分美貌。张豺把她献给了石虎，后来生了一个儿子，取名石世，被封为齐公。此时石虎议立太子，张豺就想效仿奇货可居的吕不韦拥立石世，自己好趁机专权。于是，张豺抓住石斌、石遵生母出身低贱的缺点对石虎进言说："陛下您此前两次立太子，都酿成了祸患，因为什么呀？还不是因为太子的生母是风尘女子，出身不好嘛！（石邃、石宣的生母都是郑樱桃，此女乃西晋大臣郑世达的家妓。）现在应该选母贵子孝的人才好。"

听了张豺的话，石虎点了点头，说："你不用再说了，我知道应该立谁了。"

不久，石虎再次召百官议于东堂，道："我真想用纯灰三斛来清洗我的肠肚！一定是因为我腹中秽恶，所以才生出凶孽之子，才二十来岁就想杀老子。如今石世年方十岁，等他到了二十岁，我早就老糊涂啦。"于是遂立石世为太子，刘氏为皇后。

这年冬天，邺宫的太武殿里再次大排筵宴。在这豪华恢弘的大殿内，拖着病体的石虎强打精神，与群臣纵酒言欢。

这时，老和尚佛图澄忽然放下杯箸，闭目吟道："殿乎，殿乎！棘子成林，将坏人衣。"翻成白话就是，大殿啊大殿，将来这里会荆棘成林，会刺破人的衣服。众人听了他这一通诗不诗、偈不偈的谜语，都摸不着头脑。石虎叫人撬开殿内的地砖，果然发现下面长有荆棘，于是大家都以为佛图澄说的就是这个。

两年以后，当曾经做过石虎养孙的石闵恢复汉姓冉氏，在邺城内大肆屠杀羯人、宫殿内流血成渠的时候，有人才恍然醒悟，冉闵小名棘奴，佛图澄的预言原来指的是冉闵之事。

做过预言的佛图澄告别了充斥声色酒肉的宴席，回到了他安静的寺院。

在这里，他一个人面对佛像青灯，静坐了好久好久。

三十多年了，弹指一挥间。

当年，自己告别了家乡，怀着普渡众生的愿望，不远万里从西域来到东土，靠着一身神通和机缘，成了赵王石勒的高级顾问。辅佐他成就霸业的同时，也借助帝王之力，将佛法的种子洒遍了中国北方。三十多年来，自己的门徒多达万人，其中道安、法雅等皆可称一代宗师，衣钵已有了传人。

现在，这个国家即将再次陷入祸乱，而自己的使命也该结束了。

有人听见，当晚佛图澄面对佛像，一个人自问自答道：

"得三年乎？"

"不得。"

"得二年乎？"

"不得。"

"得一年、百日、一月乎？"

"不得。"

然后，就没了声息。

十二月初一，本该下雪的天气，却忽然天降大雨。初八，佛图澄圆寂于邺宫寺，享年一百一十七岁。

寒冷的冬天终于过去了，石虎的病也好转了。初春，他正式称帝于邺

城南郊,大赦改元,诸子也各晋封为王。

所谓一元复始,万象更新。石虎似乎是想通过改元的方式,忘掉那些噩梦般的往事,让一切有个新的开始。

然而,他迎来的并非和平与稳定,却是新一轮的动乱。

也许石宣的冤魂真的化作扫帚星下凡了。就在石虎称帝后不久,发配凉州的一万多原东宫卫士造反了!

这批东宫卫士因连坐获罪,本就十分冤枉。队伍行到雍城(今陕西凤翔)附近,石虎称帝、大赦天下的消息传来,然而令人愤慨的是,原东宫卫士却都不在被赦的名单之上,再加上路上不断受到沿途地方官的种种虐待,愤恨难忍的卫士们终于在军官梁犊的率领下应声而起了。

这些东宫卫士们有一个很牛的名字,叫作"高力"。名如其人,作为保卫太子和皇宫的禁军,他们个个勇壮善射、以一当十,是精锐中的精锐,所以,他们虽然没有兵器盔甲,只能抢来些老百姓的斧子锄头、砍下一丈来长的木头当武器,依然勇不可挡,打起郡县的地方部队跟玩儿似的。先是攻克了下辩(今甘肃成县西北),接着长驱东进,转眼就到了长安。当时镇守长安的乐平王石苞率城内精锐悉数出战,结果大败而归。这时造反的队伍已经扩大为十余万之众。

不过,东宫高力们的目的不是割据,而是回家,所以他们没有攻打长安,而是出潼关,直奔洛川腹地而来。石虎先是任命司空李农为大都督,率军十万前去征讨,结果两战两败,只能退守成皋。感到惶恐的石虎再次增兵,命儿子石斌为大都督、都督中外诸军事,率三位猛将再次迎击。

石斌的军事才能如何我不知道,但他统领的三个猛将实在了得。

第一位是冠军大将军、羌酋姚弋仲。此人性情忠正耿直,别人见了石虎一口一个"陛下",他却当面称石虎为"汝",数次直言犯谏,石虎都奈他不得。已经快七十的人了，依然十分勇猛，堪比老黄忠。他的两个儿子姚襄、姚苌也是牛人，后来姚苌更是建立了十六国中的后秦政权。

第二位是车骑将军、氐帅苻（音fú）洪。此人多权略，勇武善骑射，在石虎手下屡立战功，得封西平郡公。他们一家更是将门虎子，儿子苻健、苻生、苻雄都是名将，孙子乃是后来统一北方的一代雄主苻坚大帝。

第三位是石闵。恢复汉姓后，他叫作冉闵。

第6章 又一个八王之乱

冉闵，字永曾，小名叫作棘奴。他的父亲冉瞻是魏郡内黄（今安阳内黄西）人，出身武将世家。晋末，天下大乱，冉瞻小小年纪就加入了陈午的"乞活军"。后来石勒转战南北，大败陈午，俘获了年仅十二岁的冉瞻。长大后冉瞻越发勇武，打起仗来冲锋陷阵，头都不回，石勒十分喜欢，就让石虎收他为养子。在刘石争霸大决战的那一年，冉瞻战死于高侯一役。

父亲战死的时候，冉闵还是个娃娃，石虎把他当作孙儿一样抚养。成年后的冉闵遗传了老爸的优秀基因，身高一米九五，勇力绝人，善于谋策，干起事来果断有魄力。建武四年（338年），石虎大举兴兵攻伐鲜卑慕容部，棘城（今辽宁义县西）一战，被慕容恪击败，后赵诸军皆弃甲逃溃，只有身为游击将军的冉闵一军全身而退，由此他声名鹊起（事详见本书卷六《慕容世家》）。后来，冉闵又南征东晋于沔阴（今湖北随县西南），斩其大将蔡怀。此时的冉闵只有二十岁左右，却已经是久经沙场、能征惯战的一员骁将了。

到了349年，东宫"高力"造反，官拜征虏将军的冉闵奉命与姚弋仲、苻洪等牛人协同作战。十万高力虽猛,却也架不住这三大猛将的合力围攻,很快梁犊被斩,叛乱被平定。

乱事虽平,石虎的身体也垮了。

多年的纵欲生活掏空了他的身体,石邃、石宣之事又给了他精神上的严重打击,六十不到的石虎如今已是风烛残年了。

四月,石虎病重,他开始考虑身后之事,任命彭城王石遵为大将军,坐镇关中;燕王石斌为丞相,录尚书事;张豺为镇卫大将军、领军将军、吏部尚书;三人并受遗诏辅政。

按照石虎的构想,是想让石遵、石斌这两个儿子一个拥兵在外,一个掌权于内,互为呼应,再以张豺居中协调辅助,三人共保太子石世登基。可惜的是,构想只是构想。石虎绝没想到,十几年前,自己还曾在众臣面前讽刺司马氏宗王自相残杀、丧失天下,而在他死后,他的儿孙们马上重蹈了司马家的覆辙,活生生地重演了一番石氏版本的"八王之乱"(参与其中的宗王再加上太子石世,不多不少,刚好也是八个)。

而正像当初八王之乱的起因是外戚与宗王争权一样,石氏版本的起因也是扮演"外戚"角色的张豺和刘后与宗王石遵、石斌争权。

身为刘曜之女的刘皇后本来就对石氏没什么好感,眼瞅着石虎将要咽气,她担心的是将来孤儿寡母的地位问题。石遵和石斌要是也辅了政,哥俩儿联起手来,自己和张豺肯定不是对手,最好趁着眼下石虎病得糊涂,将哥俩儿除掉。

于是,刘后与张豺定下一计。

当时,石斌不在邺都而在襄国,按理接到辅政的诏令,他就应该马上赶到朝廷来。但石斌跟老爸和哥哥一个德性,最喜欢的事情就是喝酒打猎。刘后抓住他这个弱点,派人假传消息给他,说石虎的病已经好得差不多了,你不用急着来,该玩玩,该喝喝。石斌显然也不是个孝子,果然就该玩玩,该

喝喝了。这一来,就给了刘后把柄。张豺刘后矫诏,说皇上重病你不来探视,反而嬉游无度,无忠孝之心,就免了石斌的官,把他软禁起来。

至于石遵,他不是被安排坐镇关中了嘛,早打发他上路就是!于是从幽州千里迢迢赶回来的石遵连老爸的影儿都没见着,就被张豺刘后挤兑走了。

这一来,张豺和刘后就彻底控制了朝廷。而病入膏肓的石虎对此一无所知。

在石虎病情稍有好转的时候(估计是回光返照),他在侍女的搀扶下走出了寝殿。这时,殿外的龙腾卫士二百人呼啦啦全部跪倒。石虎奇怪,问你们这是干啥。有的人说"圣体不安,最好让燕王(石斌)进宫执掌宿卫",有的人甚至请求以石斌为皇太子。

石虎压根不知道石斌早就被张豺软禁起来,道:"燕王不在宫内吗?快召他来。"

卫士们虽然支持石斌,但迫于张豺刘后的权势,不敢说出真相,只好说燕王酗酒成疾,来不了。石虎就说,用朕的御辇把他抬来,我要把玺绶给他。可卫士们终究还是不敢动身。

这时,石虎的眼前又是一阵眩晕,侍女们忙将他抬了回去。

这件事被张豺得知,他马上矫诏,杀死了石斌。

四月二十二日,刘后又矫诏,任命张豺为太保、都督中外诸军、录尚书事,执掌朝政大权。

次日,石虎病死于他那耗尽民力营造的壮丽邺宫之中。

有一个问题,石虎至死也没能想明白。

多年以前,佛图澄曾对他说:"某月某日,国东二百里将送一个非常之人过来,陛下千万不要杀他。"到了那天,果然地方官送来了一个身穿麻布破衣的乞丐。此人言语若狂,石虎跟他说话,他净说些不着边际的鬼话，其中一句是"陛下当终于一柱殿下"。石虎大为纳闷，说什么我将死于一根柱子的大殿下？别说是大殿了，这世上的房屋哪有一根柱子就能建成的？所以直到死，他也没能破解这个谜。

数年后，慕容鲜卑建立的前燕灭掉冉魏，攻占邺城，燕主慕容儁（音jùn）住进了邺宫。夜半之时，慕容儁老是梦见有老虎来咬他，就怀疑是石虎的阴魂作祟。当年石虎是隐蔽下葬的，又设了疑冢，几乎没有人知道他的尸身到底埋在何处，慕容儁就重金悬赏，终于在宫内的东明馆下掘得了石虎的棺椁。开棺一看，石虎的尸体僵而不腐，宛然如生。气不打一处来的慕容儁又是拿脚踹，又是拿鞭子抽，大出恶气之后，将尸体投入了城外的漳河。哪知尸体漂过一处桥梁时，竟然倚靠在桥墩上，再也不走了。原来这桥墩之处，就是所谓的"一柱殿"。

直到后来，秦王苻坚手下的著名谋士王猛路过此处，才将石虎的尸骨收葬。这便是暴君石虎最后的归宿。

现在，让我们再回到公元349年夏的邺城吧。

石虎死后，十一岁的太子石世顺理成章当了新君。刘后变成了刘太后，临朝称制。为了表示对石氏宗王的笼络，张豺建议让彭城王石遵、义阳王石鉴来当有名无实的左右丞相，又准备除掉自己的宿敌司空李农。李农得到情报，溜之大吉，带着数万乞活的流民跑到上白（今河北丘县东北）去了。张豺就派禁军前去攻打，没成想，这却引发了更大的动乱。

原来，被张豺挤兑去镇守长安的彭城王石遵走到半路，正好遇上平定东宫高力之乱后班师回朝的姚弋仲、苻洪、冉闵等人。这些人听说石虎已死，纷纷劝石遵说，殿下您既排行在前，又有贤德，先帝其实本有意立您，只是因为他晚年昏聩，才让张豺钻了空子。现今女主临朝，奸臣当道，禁军又都在上白与李农相持不下，京城宿卫空虚，殿下您要是打着声

讨张豺的旗号鼓行而北，谁还能不开门倒戈迎接殿下呢！

石遵心说此话在理，石世这娃娃算什么东西，凭什么他来当皇帝？于是与众将合兵一处，九万兵马杀奔邺城而来。

果然不出所料，城内的兵将纷纷迎降，根本没有人给张豺卖命，张豺束手就擒，被斩于闹市，三族被夷。石遵逼当了三十三天皇帝的小儿石世退位，自己坐了龙庭。不久就把石世和刘后秘密处决了。

石遵一当皇帝，坐镇蓟城的沛王石冲又不乐意了。石世再不济，那也是先帝指定的接班人，你石遵怎么能说废就废，说杀就杀了呢！于是石冲就领兵十万，南伐邺城。石遵再次派冉闵出征，大败石冲于平棘。石冲被赐死，其降卒三万统统坑杀。

这时，南方的东晋和北方慕容氏建立的前燕听说后赵内乱，都准备趁火打劫，狠捞一把。然而对于后赵政权来说，真正的祸患不在边疆，而在萧墙之内。

凭借拥立石遵和平定石冲叛乱的功劳，冉闵被封为都督中外诸军事、辅国大将军。然而，这并不能让他满意。因为当初拥石遵起兵的时候，石遵曾经私下里拍着冉闵的肩膀说："好好干，事成之后，我让你当太子！"

要说冉闵还真是实诚人，石遵开了这么一张空头支票，他还就真信了。累死累活一通忙活，石遵总算登了基，可这厮马上宣布立侄子石衍为太子（石遵自己大概是不育，石衍是石斌的儿子），根本就没提过跟冉闵说的那档子事！

这一举动，不但侮辱了冉闵的人格，还侮辱了他的智商。太伤哥自尊了！

冉闵很生气，后果很严重。

既然你不让我当太子，帝位我自己来取！

第7章 杀胡！杀胡！

为了达到以上目的，冉闵用了两招。

第一招是收拢人心，抬高自己威望的同时，把石遵搞臭。为此，冉闵利用手中的权力大肆犒赏禁军将士和原来的东宫高力，还上奏建议封所有的禁军卫士为殿中员外将军、爵关内侯，每人再赐一个宫女。石遵见了他这份表章，当然不同意，要这么封赏下去，国库早就空了，宫女都不够分的！于是朱笔一挥，批了个否。他这一否不要紧，禁军将士们不乐意了。你丫还皇上呢，这么小气，哪像我们冉大将军这么慷慨豪迈？

于是禁军将士纷纷怨恨石遵，亲近冉闵，第一招的目的就达到了。

可是冉闵这么一搞动作，他的意图就暴露了，石遵也不禁担心起自己的位子来。十一月，石遵把自己的兄弟们统统找来，跑到母亲郑太后的宫里开会，说冉闵不臣之迹已露，我想除掉他，哥几个看怎么样？他的几个兄弟义阳王石鉴、乐平王石苞、汝阴王石琨、淮南王石昭都点头同意。忽然郑太后说话了，说你当初起兵讨伐张豺的时候，要是没有棘奴（冉闵小

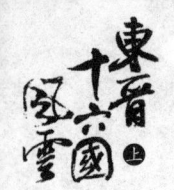

名),哪有你今日?他只不过骄纵一点罢了,怎么能如此草率就杀掉他咧?

老太太这么一搅和,石遵只好暂时休会。哪知道没等下一轮会议召开,义阳王石鉴就派人快马加鞭给冉闵报了信。冉闵当机立断,立刻发动政变,遣禁军甲士入宫,抓住了石遵。

石遵当时正在和美女下棋,抬头见披盔带甲的卫士闯进宫来,他倒是十分淡定,只问是谁指使你们的?卫士说:"义阳王鉴当立!"石遵轻蔑地一笑,说:"我尚且如此,他石鉴又能当得几时?"遂引颈就戮,被杀于琨华殿中。他比石世强得多,龙袍总共穿了一百八十三天。

石鉴于是成了皇帝,随即封冉闵为大将军、武德王。

按照常理推测,除非石鉴与冉闵私下里达成了某种政治交易,否则很难解释为什么石鉴会给冉闵通风报信,而冉闵控制的禁军也拥立石鉴。所以,几乎可以肯定,冉闵的第二招就是搞无间道,把石鉴拉成了自己的卧底。(甚至愚蠢的郑太后也可能受了冉闵的好处。)

就这样,一明一暗两招,冉闵把石遵搞下了台,把石鉴扶了上去。然而,石鉴只不过是他的一颗棋子、一块跳板而已。

石鉴自己心里也十分清楚这一点,于是没等冉闵下手,他就冒冒失失先下手了。但政变不是随随便便一时兴起就能搞的,石鉴明显准备不足。他先是派乐平王石苞去杀冉闵,没能成功,又担心冉闵知道是自己指使的,就杀了石苞灭口。

邺都里面已经够乱,邺城外边也不安宁,坐镇襄国的新兴王石祗见京城里耍得热闹,自己也想进来插一腿。这哥们儿拉拢了姚弋仲和苻洪,传檄中外,要讨伐冉闵。在冉闵的逼迫下,石鉴只好派七万大军前去应战。

石祗的檄文传到邺都后,城内的局势就更乱了,一时间,禁军将士和朝中大臣分成了两派,一派拥护石鉴,一派拥护冉闵,互相攻杀,威严的

卷五 | 邺中风云

皇宫成了战场，邺城内外乱成了一锅粥。

从石勒经营河北开始，邺城就是羯人聚居之所。后来石勒和石虎还多次将关中和并州的匈奴、氐族、羌族迁到邺城附近居住。本来晋末永嘉之乱以后，中原地区的汉人不是纷纷南渡，就是死于战乱，人口已大为减少，这一来，就在邺城及其周边地区形成了胡汉杂居的局面，甚至在邺城之内，胡人的数量更是占据了优势。

当时，作为统治民族的羯人大部分是不种地的（虽然石勒以前种过地），本来他们人口就少，政权是靠他们当兵打出来的，现在还要靠他们继续当兵去守，所以他们只管骑马打仗，由汉人老百姓养着，或者换一种说法，叫剥削汉族百姓。而自古以来，统治者难免有一种优越感，对于被统治者也难免会有歧视，所以，正如后来入关的满人总是歧视、欺负汉人一样，羯人也往往会利用自己的特权身份欺压汉族。然而数百年来，一直是汉族欺负少数民族欺负惯了的，如今这个世界倒了颠，胡人反过来骑在汉人头上，一时间汉族人不免有点儿胸闷气短、情何以堪。

羯人对汉族的剥削和欺凌，再加上石虎即位之后的横征暴敛、胡汉之间天然的文化隔阂和偏见，以及晋末以来胡汉战争的残酷记忆，凡此种种，都在汉族和少数民族之间划出了一条难以逾越的鸿沟，在他们各自的心里种下了仇恨的种子。在和平时期，这种排斥和仇恨像冰面下的潜流，虽然存在，却尚未卷起风浪；而在公元349年年底的邺城，却变作了急剧的动荡。

自从四月份石虎驾崩以来，邺城内的动荡不安已经持续了大半年。战争连绵不息，政变频繁发生，邺城内不论官宦将士还是平头百姓，不论胡人还是汉人，都处在高度的紧张和极大的惶恐之中。每个人都前途未卜，随时随地都有可能丧命。在弥漫全城的大恐慌之中，任何个人都会主动寻

求群体的庇护。而在此时此地，有什么能比肤色、鼻梁和须发更能鲜明地将人们区分为不同的群体？又有哪个群体能比胡、汉两族更能容纳绝大多数个体，同时又能将个体团结起来，形成凝聚力和战斗力呢？更何况，城中两派主要势力的首领石鉴和冉闵，一个是胡人，一个是汉人！

因此，很自然地，在邺城内的动乱达到高潮的时候，大部分少数民族将士都支持石鉴，而大部分汉族将士则站到了冉闵一方。

终于，冉闵一方取得了优势。石鉴眼看败局已定，怕冉闵杀了自己，干脆打开宫门，叛变了！冉闵率领将士蜂拥而入，将支持石鉴的羯人兵将统统斩首。一时间，邺宫内死尸相枕，血流成渠！

这时，胜券在握的冉闵为了控制城内动荡的局势，颁布了一条极为严苛的命令——"内外六夷敢称兵仗者斩！"

这便是第一道"杀胡令"①。

在当时全城大恐慌、人人但求自保的环境下，这道让胡人全部缴械的命令一出，无异于宣告他们的生命安全再也得不到保障，所以城内的胡人闯关的闯关，翻墙的翻墙，出逃者不可胜数。

这一切都被冉闵看在眼里，既然胡人们留也留不住，我又何必去留？冉闵遂下令道："与我同心者留，不同心者各任所之。"城门也不再关闭。于是羯人们纷纷争相出城，而城外方圆百里的汉人们则统统涌了进来。

至此，胡汉之间的排斥和敌视终于演化为了阵营分明的大规模群体性事件。

冉闵本人的偏执性格也在这次事件中暴露无遗。既然胡人终究不能为我所用，索性就把他们都杀光！于是冉闵颁布了一条更为骇人听闻的

---

① 网络盛传的另一则"杀胡令"系今人伪造，漏洞百出，狗屁不通，早有人撰文申明，在此不再赘述。

命令：

"汉人斩一胡首送凤阳门者，文官进位三等，武官皆拜牙门。"（第二道"杀胡令"）

此令一出，一天之内，胡人被斩的有数万之多。凤阳门外的大道上，血肉模糊的人头堆成了小山。

之后数日，冉闵亲自上阵，率领汉人屠戮胡羯，邺城内外但有高鼻多须之人，不论男女老幼，统统被斩，抛尸城外的尸体总数高达二十多万，附近的豺狼野狗个个吃得肚皮溜圆。而屯戍各地的汉人将帅在接到冉闵的命令后，也大都将军队内的胡人将士全部杀死。

毋庸置疑，这是一场惨绝人寰的种族大屠杀。在这次事件里，自永嘉之乱以来的几十年之中，甚至胡汉对立以来的数百年之中积攒的两个民族之间的仇恨终于如火山爆发一样喷涌出来。经此一役，羯族一蹶不振，并在一百多年后彻底在历史上消失。

而大屠杀的制造者冉闵，借助这仇恨的力量，踏着万千胡人的头颅，终于登上了他人生的顶峰。

第 8 章 冉天王威风八面

公元 350 年正月，从邺城的大屠杀中逃出来的汝阴王石琨回到襄城，纠合了七万大军来征讨冉闵。

此时的邺城还没有从动荡和混乱中完全恢复，原有的戍卫系统已经瘫痪，而拥护冉闵的汉族人大部分都是新兵，几乎还没有得到什么训练。

所以，冉闵只挑选了一千多名精骑随自己出战。

七万对一千，这是有史以来力量对比最为悬殊的一次战斗。

有许多人把冉闵比作项羽和吕布，认为他是史上最牛的十大勇将之一。在我看来，这话说得差不离。

在这场发生于邺城北郊的战斗中，面对前方的七万军队，冉闵手舞两刃矛，胯下朱龙马，率精骑以风驰电掣之气势驰突石琨军阵，敌兵当者披靡，被斩首三千余级。石琨军大败溃退，逃回了冀州。

闰二月，投靠冉闵后被软禁的皇帝石鉴偷偷派人联络外兵，被告发，冉闵把他废而杀之。同时被杀的，还有石虎的孙子二十八人。

现在，太武殿中那装饰着流苏斗帐金莲花的白玉龙床终于空出来了。用不着冉闵授意，自有识趣的大臣们作万分激动状要给冉闵上尊号。

"这个不大好吧，"冉闵说，"咱们都是晋人，现今晋室还在，我其实很想跟你们分割州郡，各称牧、守、公、侯，然后奉表江南，迎接晋室天子还都洛阳。"

一位名叫胡睦的尚书急忙迎头跪倒，道："陛下您圣德应天，宜登大宝，而晋氏衰微，远窜江表，岂能统御英雄，混一四海乎！"

这话说得冉闵心里偷乐，他正色道："胡尚书之言，可谓识机知命矣。"

于是冉闵终于登上了帝位，改元永兴，国号大魏。但石勒建立的后赵政权暂时还没有结束，因为得到石鉴被杀的消息后，襄国的胡人们拥立新兴王石祗即了位，以汝阴王石琨为相国，各州郡的胡人将领纷纷响应。

在短短的半年多时间里，冉闵利用自己在汉人心中的威望，迅速征集和训练出了二十万大军。八月，冉闵御驾亲征，与反冉联军大战于苍亭（今山东阳谷北），斩敌两万八千，尽俘余众，振旅而归。

此时的冉闵，手下雄师三十余万，旌旗钟鼓绵延一百多里，声势之盛，是石勒时代也不曾有过的。

班师后，冉闵告祭太庙，重新划定官爵品级，推崇儒学，选拔人才，一时之间朝廷仿佛回到了魏晋初年的治世。

然而，这时整个中国的政治局势，却与魏晋初年大为不同。

在北方，慕容鲜卑异军突起，已经取得了幽州，他们的铁骑正在向冀州北部推进；在西方，氐帅苻洪之子苻健已经进入了关中，正在攻城掠地，不久将据此建立前秦王朝；在南方，东晋朝廷中的激进派蠢蠢欲动，时刻准备着趁乱收复失地；而在中原腹地，以石祗为首的后赵残余势力，

以襄国为根据地，与二百里外盘踞邺城的冉闵对峙。

因此，对于当时的冉闵来说，最重要的不是文治，而是军事问题。而且，有一件事情让冉闵感到颇为棘手，那就是如何处理投降过来的胡人将士。将近一年的征战下来，无论胡汉对立多么严重，总还是有一些胡人在战场上为了活命而投降冉闵。出于军事利益方面的考量，不宜将他们尽数杀掉，何况现在冉闵的身份已经不是激进的造反派，而是冉魏政权的帝王，在魏国的领土上还生活着很多的胡人，为了维护政权稳定，"杀胡"政策必须抛弃。

所以，冉闵决定任命儿子冉胤为大单于，统领投降过来的一千多胡人。光禄大夫韦謏（音 xiāo）对此表示异议，说胡羯是我们不共戴天的仇敌，归附我们只是为了活命而已，万一他们以后发动叛乱，后悔都来不及呀！还是杀了他们，防微杜渐比较好。

冉闵没有采纳韦謏的建议，还杀了他和他的儿子。

这年冬天，冉闵再次亲帅步骑十万进攻襄国，一举将襄国层层包围。一百多天下来，又是云梯冲车，又是土山地道，眼看就要将城池攻破。城内的石祗大为恐惧，急遣将军张春向屯驻滠头（今河北枣强东）的姚弋仲求援，又派太尉张举北上向慕容鲜卑乞师。

七十二岁的姚弋仲已经老病缠身了，接到求救后，他派了儿子姚襄帅骑两万八千出征；想进来插一腿、谋取渔翁之利的燕王慕容儁，也派将军悦绾（音 wǎn）领兵三万前来汇合。

冉闵听说鲜卑人出兵来救襄国，就派了使臣去跟慕容儁交涉，结果谈判未成，使臣反被慕容儁扣了。再加上汝阴王石琨也从冀州召集来了援兵，三方援兵合起来，总数达到十多万，冉闵的压力大大增加。

眼看援兵即至，冉闵派了两路人马分兵前去阻击，结果全都大败，残兵都没逃回来几个。

无奈之下，冉闵想亲自率兵出击。卫将军王泰不同意，说："襄国还没打下来，此时出战是腹背受敌，何况陛下亲征，万一有个好歹咋整？还是固守不出，挫其锐气，看看援军内部和谐不和谐再说。"

此言有理，冉闵正准备这么办，身边一个名叫法饶的道士发话了："贫道我夜观天象，太白入昴（音 mǎo），当杀胡王，此为我军百战百克之象，陛下可千万不能失去这次机会呀！"

可能这个法饶会几个法术，骗取了冉闵的信任，也可能是当年佛图澄的神通让冉闵记忆犹新，他听了这一番话后，激动得撸起袖子大叫："我战意已决，有敢妄言沮众者，斩！"

冉闵精兵尽出，与先期抵达的援军姚襄、石琨部在襄国北部的平原上展开了大战。正在双方胜负未分之际，悦绾带着鲜卑骑兵赶到了。距战场还有数里之遥，悦绾就命士兵找来树枝拴在马后，然后全军变成松散队形，发动了冲锋。拖曳在地的树枝扬起了冲天尘埃，冉闵的士兵们远远望去，觉得按这架势，骑兵没有十万也有八万，于是军心动摇。姚襄、石琨、悦绾各率部从三个方向猛击冉闵军，城里的石祗也派兵杀出，四面围攻之下，冉闵大败。

这一场战役下来，冉闵的精兵十余万全军覆没不说，随驾出征的许多文武百官都丧命于乱军之中，更让他郁闷的是，投降过来的胡人们果然乘机叛乱，儿子冉胤被俘后死于石祗之手。

遭受了惨痛失败的冉闵仅带着十余骑逃回了邺城。他回去后的第一件事，就是将糟糕的预言者法饶肢解而死，以泄心头之恨。

自从石虎病死、后赵内乱以来，邺中就群盗蜂起，冉闵屠胡之后，更是无月不战，中州之地成了战火连天的修罗场。由于后赵的统治秩序已经

崩溃，当年石勒、石虎从青、雍、幽、荆四州之地迁来的民户，以及氐、羌、胡、蛮等少数民族共百万口，纷纷返回老家，路上扶老携幼，络绎不绝，有人趁火打劫，有人互相杀掠，再加上战乱时期常见的饥荒和瘟疫，能活着回到家乡的，十之二三而已。

中原大地再次变成了人间地狱。

襄国之围解除后，赵王石祗想一鼓作气把冉闵干掉，马上派将军刘显带着七万军队杀奔邺城而来。两百里地，转瞬就到，连喘口气喝口水的工夫都不想给冉闵留。

强敌压境，刚吃过败仗的冉闵心里很没底，想跟已为数不多的大臣们商量商量。卫将军王泰没来，原来他还记恨冉闵没有采纳自己的建议而至惨败，就称病不出。冉闵亲自登门探视，他还是装病，不理不睬。这下可把冉闵惹急了，他一回宫，就极为懊恼地对左右说："巴奴（王泰大概是重庆那边的人）！没有你老子难道还不活了！我定要先灭群胡，再斩王泰！"

于是，冉闵率领所有军队倾城而出。

鼎盛时期的冉闵，手下共有大军三十万。襄国一战，折损了十多万，所以此时防守邺城的兵力应该至少还有十万。而此次来攻的没有姚襄和慕容鲜卑的部队，只有刘显一军。再加上冉闵一副"老虎不发威，你还当我是Hello Kitty"的拼命架势，刘显哪里抵挡得住？

这一战，冉闵大胜，斩敌首三万余级，而且还追着败逃的刘显不撒手，一追追了一百多里。

刘显吓得屁滚尿流，最后只好遣使秘密投降，说我愿意回襄国杀死石祗，将功折罪。冉闵这才收兵回师。他倒不是真的相信刘显能杀掉石祗，而是担心大军在外，邺城空虚。

回到邺城后，冉闵果然找了个"欲叛入秦"（当时苻健已经在关中建立了前秦）的借口，杀了王泰，夷其三族。

紧接着，戏剧性的事情发生了，没想到刘显回去后竟然真的杀了石祗，把人头送来了。冉闵笑纳了这个意外的惊喜，命人把石祗的脑袋在大街上烧成了灰。

第 9 章 龙争虎斗战廉台

三个月后,更搞笑的事又来了,仍是这个刘显,不知发了哪门子的神经,居然又亲自带兵来打邺城。

看来你小子是不长记性啊!冉闵再次把刘显打了个屁滚尿流。结果刘显逃回襄国后,居然登基坐殿,称了皇帝。

更令人想不到的是,刘显这么一个微不足道的小丑似的人物,最终竟然影响了历史的走势。

公元352年正月,两次受挫于冉闵的刘显不敢向南进兵,而是选择北上去进攻常山。当时的常山太守是个汉人,效忠于冉闵,就向冉闵告急。于是冉闵让大将军蒋干等辅佐太子冉智镇守邺城,自己亲率八千精骑,疾驰往救。

由于襄国尚在敌手,为免腹背受敌,冉闵绕了个路。途经枣强(今河北枣强东南)时,镇守此处的刘显部下刘宁献城迎降。整编了他的部队后,冉闵继续前进。

在常山，冉闵第三次大败刘显，而且追着屁股撵，一路把他撵回了襄国。有这样一个主，城中的守将再也不想替他卖命，于是大开城门。冉闵率军蜂拥入城，杀了刘显及其公卿以下一百多人，又放火焚烧襄国宫室，将城中余民尽数迁往邺城。

石赵残余势力终于失去了最后一块根据地。幸免于难的汝阴王石琨带着大小老婆逃亡南下，好不容易到了东晋首都建康。然而其作为石虎的最后一个儿子，晋人对他恨之入骨。不久，石琨被斩于建康市，羯胡石氏就此一个不剩，彻底灭亡。

另一方面，攻下了襄国的冉闵却并没有返回邺城，而是选择了在常山、中山一带"游食"。

这是一个极度危险的举动。

因为此时慕容鲜卑建立的前燕已经攻略了冀州北部的大片领土，一代名将慕容恪的大军就在近在咫尺的中山城（今河北定州）中。而冉闵的军队除了他带来的八千精骑，再加上在枣强整编的刘宁的部队，最多也就两万来人。

所以冉闵的这一行为最初颇让我感到费解。但考虑到整个战场形势，却也不难解释。

自从两年前冉闵正式掌权以来，他接手的就是一个千疮百孔、刀兵四起的国家，后赵时期建立的统治秩序已经全然崩溃，所以虽然冉闵名义上是大魏帝国的皇上，实际上他能真正控制的也就是邺城周围这么点儿地方，北不到襄国，南不过黄河，反冉势力强敌环伺。就这么一块地方，还在石氏宗王的"八王之乱"和冉闵的对胡大屠杀中遭受了严重破坏，能够供冉闵使用的粮食、税收等微乎其微。国库里原有的储备，早在冉闵发动政变之前就被他用来收买人心，散个精光了；冉闵即位之后，又不断地出

兵打仗，围襄国一役，十余万将士全军覆没，"贼盗蜂起，司冀大饥，人相食"，"诸夏纷乱，无复农者"。

可以说，冉魏政权的经济已经彻底崩溃，不论是粮食还是兵源，都已经无法给予冉闵进一步的支持。而此时的冀州北部，受战火荼毒较轻，资粮人口都有一些，所以常山太守一求援，冉闵就带着部队赶来了。之后的"游食"，无非就是沿途抢点儿粮食，抓个壮丁，积累点儿辎重，以备进一步的战争。尽管鲜卑人近在咫尺，但艺高胆大、自视甚高的冉闵并不惧怕。我想，这才是冉闵留在常山、中山一线未归的真正原因。

但冉闵忽视了一点，那就是鲜卑人的胃口。

自从西晋末年鲜卑慕容部渐渐崛起于今辽宁西部以来，历经慕容廆、慕容皝（音 huàng）、慕容儁祖孙三代的苦心经营，现在的慕容部领土广阔，兵强马壮，人才鼎盛，早已不再满足于偏居东北了，一统天下才是他们的目标！而位居中州腹地的冉魏，是他们南进路上的最大障碍。

两者必有一战！

此时，冉闵孤军在外，兵少粮稀，还有比这更好的时机吗？

四月初五，燕王慕容儁派辅国将军慕容恪领军出征，讨伐冉闵。

十六国时期两颗最明亮的将星，就此碰撞在了一起。

当时，冉闵的军队正在安喜（今河北定州东南）境内，听闻鲜卑人的军队逼近，冉闵部下董闰、张温认为，慕容恪乘胜而来，气势正盛，加之敌众我寡，最好先回避撤退，待敌人因骄生惰，我方的军力也有所增加之后，再正面交锋。

不想听了二人之言，冉闵却勃然大怒，道："我正要踏平幽州，斩慕容儁！如今慕容恪来了，我却避而不战，人家会怎么看我！"

董闰、张温并不知道，冉闵之所以会如此生气，实在是因为他们的话戳中了冉闵的隐痛。

十二年前，冉闵作为游击将军，参加了石虎围攻前燕棘城的战役，而慕容恪也在此战中初次登场。当时，后赵军攻城十余日不下，正在退兵之际，慕容恪率两千精骑从后追击，赵军惊扰溃败，被斩三万多人。冉闵虽然凭借高超的指挥能力全军而退，但仅凭一己之力，终究无法改变战局。棘城之役对两人来说都是成名之战，但胜败各异，滋味不同。冉闵虽败犹荣，但毕竟是败了，心高气傲的他一直暗自引以为耻，此番再遇慕容恪，憋了一口恶气的冉闵说什么也不愿意示弱。

话虽这么说，但毕竟力量对比悬殊，燕王慕容儁又亲统大军，坐镇中山随时呼应，硬打硬拼是不行的。

于是冉闵决定，向常山（今河北石家庄北）靠拢，诱敌深入。

慕容恪将计就计，引军尾随。

但冉闵的军中至少有一半以上都是步兵，而鲜卑人是清一色的骑兵。四月十七日，慕容恪在泒（音 gū）水南岸的廉台（今河北无极西北）追上了冉闵军。

冉闵不再退让，转身迎敌。

廉台之战开始了。

这一年，两人都是三十岁左右，一个勇武至极，一个智计无双。

这是一次龙与虎的对决，天与地的碰撞！

冉闵左手持双刃矛，右手舞月牙戟，顺风大呼，率部下死士纵马冲击燕军。鲜卑人向来忌惮冉闵的威名，今日阵前一见，冉天王果然名不虚传，简直就是项羽再生、吕布附体，加之这次跟冉闵而来的部下皆是久经沙场的精锐，两军甫一交锋，燕军前军的阵形即被冲散，慕容恪不得不鸣金收兵，重整队伍。

冉闵虽然小胜，但见慕容恪已经稳住了阵脚，自己兵少，倒也不敢贸然追击。

这时，鲜卑骑兵灵活机动的特点得到了发挥，那就是——退得快，集结也快。

不久，重新集结的燕军又发动了进攻，冉闵再次将其击退；然后他们再次重新集结……如此这般，一日之内，冉闵总共十次战胜慕容恪军，虽然杀敌不少，但就是无法将其彻底击溃。

眼见日已偏西，如此下去，战斗局势必会越来越不利，于是冉闵调动军阵，向附近的树林移动。只要进了树林，鲜卑骑兵的机动性就会得到限制，战场的主动权将掌握在冉闵手中。

这一意图被慕容恪的参谋高开洞彻。高开建议，应立即遣轻骑前去邀击，千万不能让冉闵军进入树林。慕容恪依言而行，邀击的部队刚与冉闵军交锋，随即伪装不敌败退，而冉闵竟然中计，追击败军回到了平地。

也许，冉闵实在是太想取胜了。

慕容恪知道，决战的时刻到了，但此时自己的部队多次不敌冉闵，士气需要鼓舞，于是他亲自巡视军阵，对将士们道："冉闵虽勇，但无谋略，加以士卒饥疲，其甲兵虽精，不足破也！"他又将全军分为三部，以成掎角之势。

冉闵见鲜卑人在中军前结起了方阵，心中也知，胜败将在此一举。他回首望去，遇见的是将士们坚毅的眼神和凝结着血泥的面孔，斜阳映照下，盔甲和枪戟依旧闪耀着光辉，冉闵轻轻地抚了抚爱马朱龙的脖颈，然后高举矛戟，一声大吼，率军发起了冲锋！

挡我者，杀无赦！

远远地，冉闵就望见了燕军阵中高举的大幢。

那里就是中军，慕容恪就在彼处！

只要冲垮了中军，我就将取得胜利！

于是冉闵以万夫不当之勇，带着部下冲进了鲜卑人的方阵。他矛戟并舞，不多时就杀伤了三百多人。

这时，冉闵惊讶地发现，在外围的士兵被砍杀之后，鲜卑人的阵形再也不像以往那样一冲就散了，而更让人吃惊的是，方阵中每个骑兵的战马都用铁链和别的战马紧紧相连！整个方阵仿佛一堵铁锁连接的墙，除非将每个士兵杀死，将每条铁链斩断，否则想冲破方阵简直是难比登天！

而此刻，就在那竿大幢之下，望着陷入困境的冉闵，慕容恪的嘴角上浮现出一丝冷笑。

经过多次交手，慕容恪已经完全摸透了冉闵的性格。

冉闵绝非勇而无谋的莽夫，但他的性格中有一个致命的缺陷，即慕容恪所说的"闵性轻锐"。《晋书》和《十六国春秋》在描述冉闵时，也多次用"果锐"来形容他的性格。轻锐也好，果锐也罢，都是指冉闵的性格过于偏执和极端，要么不干，要干就干得彻底。他这一性格特质在先前的灭胡事件中已经体现得很明显，而表现在打仗上，就是意志坚决、勇往直前。对一位军事统帅来说，通常情况下这是优点，因为这会提高军队的凝聚力和战斗力，然而在洞彻人心的慕容恪眼中，这恰恰成了打破冉闵"金钟罩"的命门。

慕容恪判断，冉闵兵将虽少，但战斗力很强，为了在太阳落山之前尽早结束战斗，性格"轻锐"的冉闵一定会拼尽全力冲击自己的中军。于是他设下了一个陷阱，将军队分为三部，两翼与中军互为掎角之势，而在中军挑选了五千名"勇而无刚"的鲜卑骑士以铁锁连马，结成密集方阵。之所以要"勇而无刚"，就是既不能怕死，又不能太强，怕死则容易自乱阵

脚,太强则冉闵不容易陷入口袋。所以,这五千名骑兵实际上扮演的是肉盾的角色,目的就是吸引冉闵闯进来,又让他不容易摆脱。

战斗开始后,果然不出所料,冉闵一头闯进了慕容恪设置的陷阱。

哪怕你是一头雄狮,此刻也难逃猎人的罗网。

慕容恪挥动令旗,埋伏在两翼的骑兵部队迅速合围,像闭合的铁钳一样,将冉闵的部队包裹在了当中。

冉闵和将士们奋力冲杀着,刀枪乱舞,血肉横飞,想突破包围,但敌人却蜂拥而至,杀之不尽。

太阳已经滑向树梢,原野上的尸体也越积越多。

剩下的只是时间问题,慕容恪想。

就在这时,伴随着一声马嘶,宝马朱龙冲腾而起,载着冉闵跃出了重围!

慕容恪大惊,急令众将奋力疾追。

冉闵一口气逃了二十多里,忽然朱龙蹄下踉跄,倒地不起。为了主人,这匹骏马耗尽了最后一丝生命,终于力竭倒毙。

廉台之战最终以慕容恪取胜、冉闵被擒告终。

三天之后,冉闵被押至蓟城,见到了燕王慕容儁。慕容儁当面责问他道:"你不过是个无才无德的奴仆,怎敢妄自称帝!"

冉闵的回答仍然像他的性格一样桀骜:"天下大乱,你们这些人面兽心的夷狄尚欲篡逆,我冉闵一时英雄,凭什么不能做帝王!"

慕容儁虽然是鲜卑人,但汉化极深,是个彬彬儒雅的文人君主,冉闵直斥"人面兽心"极大地激怒了他。他先是下令抽了冉闵三百鞭子,接着把他关入囚车,押往龙城(今辽宁朝阳)。

公元352年五月初三,在告祭了祖先的英灵后,鲜卑人将冉闵斩于龙城遏陉山。此后，奇异的事情发生了，一连八个月，龙城大旱，周围七里草木尽枯，蝗虫大起。鲜卑人都认为是冉闵的鬼魂作祟，慕容儁只好遣使祭祀，还给冉闵上了一个谥号，曰"武悼天王"。

"武"自不必说，"悼"却并非鲜卑人要表达他们对冉闵的哀思，谥法曰："中年早夭曰悼。"

武悼二字，是冉闵一生准确的写照，若他死后有灵，恐怕也不见得会有非议。祭祀之日，天降大雪，遏陉山的生态终于又恢复了正常。

八月，鲜卑人攻入邺城，太子冉智被俘。

丹凤门上插上了前燕的黑色大旗，金碧辉煌的太武殿又迎来了新的主人。

（第五卷完）

邙山野人 著

东晋十六国风云
下

第 1 章 慕容公子的家谱

嵩山脚下，少林寺前。

乔峰、萧远山父子，正联手与慕容博、慕容复父子打得难分难解。

你一招降龙十八掌，我一招斗转星移，一众围观的武林人士看得惊心动魄。

忽然，慕容博跳出圈外，喝道："且住！"

乔峰、萧远山连忙收招，质问是何缘由。

慕容博手捻长髯，道："萧兄，你道我父子四人以死相搏，却是为何？"

萧远山怒道："你这老贼，挑拨宋辽两国生衅，害死我妻和许多族人，老夫也险些丧命，你竟然有脸问这是为何！"

慕容博嘿然冷笑，说："我挑拨宋辽生衅不假，但你们可知我这么做有什么目的？"

乔峰说："你居心叵测，谁知道你有什么目的？"

慕容博又微微一笑，问："你们可知我慕容博是哪国人？"

萧远山微微一凛，道："你姑苏慕容氏，当然是南朝汉人，难道还是什么外国人？"

慕容博摇头道："萧兄这一下可猜错了。"转头向慕容复道："孩儿，咱们是哪一国人氏？"

慕容复道："咱们慕容氏乃鲜卑族人，昔年大燕国威震河朔，打下了锦绣江山，只可惜敌人凶险狠毒，颠覆我邦。"

慕容博又道："你将大燕国的传国玉玺，取出来给萧老侠瞧瞧。"

慕容复道："是！"伸手入怀，取出一颗黑玉雕成的方印来。那玉印上端雕着一头形态生动的豹子，慕容复将印一翻，显出印文，乃是"大燕皇帝之宝"六个大字。

慕容博道："你将大燕皇帝世系谱表，取出来请萧老侠过目。"慕容复又取出一个油布包来，打开油布，抖出一幅黄绢，双手提起。

萧远山等见黄绢上以朱笔书写两种文字，右首的弯弯曲曲，众皆不识，想系鲜卑文字[①]；左首则是汉字，最上端写着"太祖文明帝讳皝"，其下写道"烈祖景昭帝讳儁"，其下写道"幽帝讳暐（音 wěi）"，另起一行写道"世祖武成帝讳垂"，其下写道"烈宗惠帝讳宝"……

以上场景，是野人我借用《天龙八部》部分段落改编而成。金庸小说，向来以极具历史感著称，在《天龙八部》里，身负复国重任的慕容公子最后梦碎成痴，博取了无数美眉同情，同时，也让大批读者对鲜卑慕容氏的历史产生了兴趣。

在金庸杜撰的"大燕皇帝世系谱表"中，最上面的名字是前燕太祖

[①] 实际上鲜卑人并无文字，这是金庸的小小纰漏。

文明帝慕容皝。然而，要讲述真正的慕容氏历史，却要从遥远的战国时代说起。

那时的中国北方，除了蒙古草原上的匈奴人，在今河北北部到内蒙古东部的森林和原野中，还生活着另一个游牧民族——东胡。

东胡本来很强大，但后来燕国出了一位名将秦开。此人先是在东胡做卧底，骗取了胡人们的信任，在获取了大量军事情报后，秦开回国率领军队大破东胡，一口气夺了东胡千余里的土地，然后在上面修起了长城。这是东胡遭遇的第一次严重打击。

到了秦朝末年，匈奴冒顿单于杀父自立，用骄兵之计再次大破东胡。东胡部众离散，分批流亡，跑到乌桓山的，最终形成了汉晋时期的乌桓民族；而跑到鲜卑山的，后来就被称作鲜卑。

在匈奴人统治大草原的时期，鲜卑始终是匈奴的小弟，没少受大哥欺负，每年都要按时供奉匈奴牛马、皮草、土特产，过期不给的话，匈奴人就抢走他们的妻子儿女。直到东汉时匈奴分裂，南匈奴降汉，北匈奴西迁，这之后，鲜卑人才算过上了一段舒服日子。从东汉末年到曹魏时期，鲜卑人先后出了两位著名的首领——檀石槐和轲比能，两人都一度统一漠南，给中原王朝造成了极大的困扰。但两人死后，鲜卑诸部重新陷入分裂。后来人们将这些大大小小的部落大致划分为三部，即东部、北部和西部鲜卑。

慕容部就是东部鲜卑的一支。

早期的慕容部长久以来一直游牧于现在内蒙古的老哈河流域，直到曹魏初年莫护跋当首领时，才迁入辽宁西部。那时的慕容部只是东部鲜卑里一个十分弱小的部落，它的逐渐强大得益于中央政府的支持（这一点与后来努尔哈赤领导的建州女真颇为相似）。从莫护跋开始，慕容部就向中原

皇朝靠拢，他自己因为跟随司马懿征讨公孙渊有功，被封为率义王，在辽西站住了脚；他的儿子木延则跟着幽州刺史毌丘俭讨伐高丽，被封为左贤王、大都督；到了孙子涉归这一代，又因为保卫柳城而被授以"鲜卑单于"的名号。

由于慕容部走的是亲汉路线，在鲜卑诸部中它的汉化也最早。本来鲜卑人的发型都是"髡（kūn）头"，即像后来的契丹人和满人一样，把头发剃掉一部分，但当时燕代地区的年轻汉人流行戴一种步摇冠，走起路来上边的首饰一晃一闪，十分好看，莫护跋见了也想赶时髦，就把这种步摇冠在慕容部推行开来，于是慕容鲜卑都效仿汉人，敛起头发，戴上了冠巾。据说，慕容部的得名就是因为其他各部称他们为"步摇"，天长日久叫讹了口，就叫成了慕容。还有一种说法认为慕容的意思是"慕二仪之德，继三光之容"，这就更为扯淡。实际上，根据史学界的最新研究，"慕容"其实是该部落古代一个首领的名字，后人以慕容为氏，是为了表示纪念。

到了泰始五年（269 年）的时候，慕容部的首领涉归生了一个大胖小子。这娃娃出生时不像其他帝王将相诞生时有红光啊闪电啊什么的异常现象，但他日后将是慕容鲜卑历史上的一位划时代人物。

他的名字叫慕容廆。

慕容廆小的时候个头就很大，长大之后身高一米九五，模样既帅，又有英雄豪杰的气质。幼年时，很有识人之名的西晋名臣张华曾经见过他，认为他将来必定是"命世之器，匡难济时者"。然而这位注定将来要"匡难济时"的人还未成年，自己就先遇上了灾难。十五岁的时候，慕容廆的爹涉归死了，叔叔不但篡夺了本该属于他的首领之位，还想杀了他斩草除根。慕容廆不得不逃亡民间，藏在席子下面，才躲过了追兵。直到一年后，族人杀掉了叔叔，慕容廆才得以回国继承了父位。

逃亡归来的慕容廆干的第一件事,就是替老爸报仇。当年涉归曾经在宇文部手上吃过大亏(涉归的死很可能与宇文部有关),慕容廆就想领兵讨伐。但那时慕容部算是晋朝的藩属,出兵打仗都要写报告。慕容廆把报告交了上去,晋武帝司马炎却不批准。这让年轻气盛的慕容廆十分恼火,于是带着兵将不去打宇文部,反而来寇掠晋朝的边境。以后几年,年年如此,这就违背了祖辈一以贯之的亲汉路线。

当时的西晋正在强盛之时,慕容廆的入寇占不了多少便宜,于是他又率部向东,去攻打今吉林一带的夫余国。夫余国小民贫,首都被慕容廆夷平,许多百姓都成了奴隶。

这时,慕容部像鲜卑其他各部一样,还过着游牧生活。众所周知,游牧经济是不能够自给自足的,必须要通过贸易、掠夺等手段,从农业民族那里获得必要的补充,慕容廆和西晋这一断交不打紧,关市、贡赐等和平贸易行不通了,不得已,只能去抢。可是又打不过晋朝,只好去捏软柿子夫余,当当奴隶贩子。

就在慕容廆忙着贩奴的时候,部落内部发生了一次分裂。

原来,慕容廆还有个哥哥,名叫吐谷(音 yù)浑。只不过吐谷浑是庶出,所以当年涉归没让他当接班人,而是给了他一千七百户部民,让哥儿俩分家。这时候由于牧场紧张,两家的马发生了肢体冲突,慕容廆就很不高兴,跟吐谷浑说,父亲当年不是早给咱们划分了地方么,你怎么不离远一点,省得马老打架!吐谷浑说,马是畜生,打架是它们的习性,你何必冲人发火!好,你不是想让我离远一点,我搬家,搬到千里之外去!

于是吐谷浑带着部众向西迁徙。慕容廆冷静下来,又后悔了,就派人去追。但吐谷浑去意已决,答复道:"父亲当年找卜筮算过命,说将来会有两脉子孙昌盛。我吐谷浑乃是庶出,今日因马斗而别,乃是天意呀!"

终究没有回来。

后来吐谷浑率部沿阴山、贺兰山一带南下,终于在今青海一带扎下了根,经过与当地氐羌民族的杂居通婚,最终形成了隋唐时期的吐谷浑民族。不过,那已经是两三百年以后的事了。

而对当时的慕容部来说,吐谷浑的出走让他们的实力进一步削弱。那时,东部鲜卑除了慕容部之外,紧邻的还有宇文部、段部。宇文部在北,段部在西,两者都比慕容部强大,宇文部还是慕容部的世仇。慕容廆终于明白,在这样的环境下,要想获得发展,与晋朝作对是相当不利的,于是到了太康十年(289年)夏天,他向西晋遣使请降,重新回到亲汉的路线上来。晋武帝当然很满意,就封他为鲜卑都督。

为了对这一封拜表示感谢,慕容廆亲自去拜访驻平州(今辽宁辽阳)的晋朝东夷校尉何龛(音kān)。拜访的过程中发生了一件趣事:

慕容廆最初是穿着汉人的衣巾前去的,准备用士大夫的礼节来与何龛交往。但到了府门口一看,何龛严兵以待,枪戟如林。慕容廆很不高兴,一转身回去了。何龛正在纳闷,过了一会儿,换上戎装的慕容廆又回来了。何龛就问:"你这是为何?"慕容廆说:"主人既然不以礼待客,客人还能怎么样呢?"何龛就很惭愧,觉得自己心眼太小,竟然被鲜卑人看不起。

这件事说明,慕容鲜卑对儒家文化比较了解,并且开始用汉人的那一套游戏规则来与汉人打交道。此后数十年间,慕容部的兴起正与此息息相关。

第 2 章 慕容部以一敌三

在修复了与晋朝的关系后，慕容廆开始专心实施他的强国战略。

首先，外交上放低姿态。宇文部、段部都很强，暂时惹不起，应该搞好关系，所以慕容廆就常常派人去给这两部的首领送钱送物，说和平与发展才是当今社会的主题，这一招让慕容部获得了十多年休养生息的时间。后来慕容廆还娶了段部单于段阶的女儿当老婆，此后，段部就与慕容部世代通婚。

第二，推行经济转型。元康四年（294年），慕容廆率领部人迁居到了大棘城（今辽宁义县西南），在这里，他"教以农桑"，许多慕容部人逐渐告别了游牧生活，开始拿起锄头种地。我们知道，与游牧这种相对粗放的生产方式相比，种地能养活更多的人口，对国家来说，收入也更稳定，而且农耕经济的实行，会形成政权、人口与土地之间的紧密联系，能够形成稳固的势力范围。从此，慕容部再也不用迁来迁去，摆脱了游牧经济的巨大流动性带来的种种不利。

第三，发掘、重用和培养人才。慕容廆最大的优点就是十分善于用

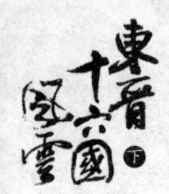

人,手下的臣僚里面,品质清廉、有责任心的他就派去管理财政,精明善断、逻辑性强的他就派去干司法,从而将国家治理得井井有条。在之后的几十年里,慕容家族涌现出了一大批文韬武略的青年才俊,这都与慕容廆时代的培养和教育分不开。

此外,慕容廆还借鉴汉人的法律和制度来管理部众,这一点在后来与宇文等部的战斗中起到了重要作用。

正在慕容部各方面都蒸蒸日上之时,东北边疆的局势发生了重大变化。

八王之乱以后,晋朝的统治分崩离析,各方势力争权夺利,混乱的局面很快波及到了东北。永嘉三年(309年),晋朝镇守辽东的地方官内部发生了变乱,当时另外两个较小的鲜卑部落素喜连、木丸津趁机攻陷辽东郡县,杀掠人民,大批汉族百姓流亡,都投奔紧邻的慕容部而来。朝廷重新委派的东夷校尉屡次征讨不利,讲和又谈不拢,辽东一时间动荡不安。

这就给了慕容部插手辽东的好机会。

慕容廆的长子名叫慕容翰,此人性雄豪,多权略,猿臂善射,膂力过人,是慕容家族良好教育的第一个杰出产品。他跑来对父亲说:"自古有为之君,莫不尊天子以从民望、成大业,如今素喜连、木丸津寇暴辽东已近两年,而晋室却无力讨平,父亲您不如明斥其罪恶,兴兵而讨之,如此则上能兴复辽东,下可并吞二部,忠义彰于本朝,私利归于我国,此霸王之基也。"

好一个霸王之基!慕容廆笑道:"想不到你这小子竟然有如此远见!"当即以慕容翰为前锋,帅兵东击素喜连、木丸津二部(这次没有给晋廷打报告)。很快便将二人斩首,将他们的部众尽数吞并。让晋朝当局颇为感动的是,慕容廆把被二部掳掠的汉族百姓三千余家,连带前两年逃亡入慕容部的汉族人口,统统归还给了辽东郡长官。慕容廆甘愿舍弃眼前的这点儿小利，是因为他的抱负更大。

此外，慕容廆与晋朝在幽州地区的最高长官王浚也保持了良好的关系。到晋愍帝即位后，慕容廆长久以来奉行的拥晋政策果然收到了回报，愍帝遣使拜他为镇军将军，昌黎、辽东二郡公，这样，昌黎、辽东二郡就合理合法地正式成了慕容部的势力范围。

与此同时，由于中原地区的乱事越来越多，众多士庶百姓纷纷流亡到相对安定的幽州地区。但幽州刺史王浚这个人我们前面介绍过，是个不懂得体恤百姓的人；而毗邻王浚的段部鲜卑又"专尚武勇，不礼士大夫"；慕容部则不然，既走亲汉路线，又推行汉化措施，慕容廆本人修明政事，尊重人才，于是大部分北来的汉人最终都投入了慕容廆的怀抱。后来石勒灭掉王浚，前来投奔慕容廆的百姓就更多了。

对于这一点，后来成为慕容廆手下第一谋臣的裴嶷（音 yí）的经历就很能证明。

裴嶷出身河东裴氏，是西晋第一等的高门，他为人清正有干略，时任昌黎太守。后来他做玄菟太守的哥哥裴武去世，裴嶷便和侄子裴开一起护送灵柩归乡。走到辽西时，道路因战乱不通，两人就商量该怎么办。裴嶷说："现今中州丧乱，我们这时候回去，不异于自投虎口，况且路这么远，未必能够抵达！等道路畅通吧，又不知要等多少年月。为今之计，只有托身于人。然而依我看来，段部诸首领既无远略，又不能善待国士，唯慕容公修行仁义，有霸王之志，加以国丰民安，我们不如去投，上可以立功名，下可以庇宗族！"

慕容廆见裴嶷来投，喜出望外，当即任裴嶷为长史。有了裴嶷这样的一流贵族做表率，流寓北方的其他士人也接踵而来。

面对治下百姓的大规模增加，慕容廆一方面设立了许多侨郡[①]来治理客民，如以冀州人为冀阳郡，豫州人为成周郡，青州人为营丘郡等；一方面重用士人，以河东裴嶷、代郡鲁昌、北平阳耽为参谋，以北海逢羡、广平游邃、北平西方虔、渤海封抽、西河宋奭（音 shì）、河东裴开为辅佐，以渤海封弈、平原宋该、安定皇甫岌、兰陵缪恺等才俊之士执掌枢要等等。这长长的一串名单，构成了日后前燕开国时的基本文臣班子。

317 年，西晋的灭亡给慕容廆出了一道选择题：是就此划地称王，独立发展，还是继续打着拥晋的旗号，寻求依托？对此，慕容廆很快给出了答案。当时建康的司马睿还没有称帝，慕容廆的许多谋士都认为，应该立即浮海通使，劝司马睿早登帝位，以获得晋室的进一步支持。慕容廆依言而行。司马睿即位为晋元帝后，随即投桃报李，封慕容廆为都督辽左杂夷流人诸军事、龙骧将军、大单于、昌黎公。

慕容部的日益强大令周边的宇文部、段部十分不安，也让时任平州刺史、东夷校尉的崔毖（音 bì）深受刺激。

崔毖是曹魏时冀州士人之首崔琰（音 yán）的曾孙，又是王浚的小舅子。自从坐镇辽东以来，也想招抚流民以为己用，他以为以自己一等贵族的身份，那还不是一招手，百姓就蜂拥而来？哪知情况恰恰相反。一打听，人都跑到慕容廆那儿去啦。还有关陇名士皇甫岌、皇甫真兄弟，崔毖写信说了许多好听话，人家都没来，慕容廆一征召，哥儿俩就屁颠屁颠地去投奔了，这可极大地伤害了崔毖的自尊心：他慕容廆一个胡人，算什么东西！凭什么老百姓都去投他？一定是慕容廆派人拦截，不让流民过境的缘故。

于是，怀恨在心的崔毖暗中与宇文部、段部、高句丽（音 gōu lí）三

[①] 中国古代一种特殊的行政区划，通常是指原有郡县沦陷后，另于他地建立的同名郡县。

方勾结起来,撺掇他们一起攻打慕容廆,约定灭慕容部之后,共同瓜分地盘。太兴二年(319年)冬,三方同时出兵,来围攻棘城。

这是慕容部崛起时期遇到的最严峻的一次考验。

一般以少打多,最常用的战术就是各个击破,如努尔哈赤著名的萨尔浒之战就是如此。所以一听说三国发兵,诸将都劝慕容廆尽快迎击。但慕容廆却不这么想,他说:"三国是受了崔毖的引诱,为邀一时之利才乌合而来,此时军势初合,斗志正盛,不宜出战,我应固守以挫之。三国之间既互不归服,指挥号令又不统一,时间一长,必生嫌猜,待其人情乖离之后,再行出击,必能战胜!"

三国的军队开到了棘城,慕容廆闭门拒战,同时偷偷地派人给宇文部的军队送好吃的好喝的。没过几天,这消息被段部和高句丽探知,两军的统帅都暗自怀疑,慕容廆是不是和宇文部私下有什么不利于己的图谋?所谓疑人偷斧,越怀疑,越瞧着像有鬼,不多久,两国干脆撤军回去了。

宇文部的大首领悉独官有点儿二杆子脾气,慕容廆送来的肉他照吃,送来的酒照喝,如今段部和高句丽的军队都走了,他还准备城照攻,仗照打,且甩下一句颇为豪壮的话:"二国虽归,我当独兼其国,何用他人为!"

不过也怨不得宇文悉独官如此逞能,此番他倾国而来,共带来大军数十万,连营四十里,一眼望不到头。考虑到敌人的数量实在太多,慕容廆派人去了徒河(今辽宁锦州),想调镇守当地的慕容翰军与自己汇合。慕容翰接到调令后,仔细思考了当前的形势,认为敌众我寡之时,宜以智取,不宜硬拼,自己若去棘城与父亲汇合,悉独官就没有了顾虑,反而不利,于是向慕容廆建议,自己留在徒河以为奇兵,与棘城相呼应。

慕容翰不来,倒让宇文悉独官担起了心,他惟恐自己攻城之时,被慕容翰偷袭身后,就派了一支部队先去攻打慕容翰。慕容翰得到情报,心生

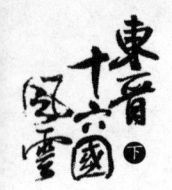

一计,他先是叫人假扮成段部的使者,去迎接悉独官派来的军队,说我们段部的军队早就到了,就等你们一块儿呢,赶紧的!既而亲自率部在半路上设下了埋伏。宇文军听了"段部使者"的一通忽悠,兴冲冲地快马加鞭赶来,压根就没防备,结果进了埋伏圈,被慕容翰全数吃掉。

慕容翰取胜后,乘势向棘城进军,同时派人火速给城内的父亲报信。慕容廆得报,以三子慕容眺统精锐为前锋,自己亲统中军"方阵而进"(看来慕容氏的军队方阵是有传统的,怪不得廉台一战中,慕容恪也用了方阵)。宇文悉独官没想到慕容廆会在此时发动总攻,仓促集结部队应战。两军前锋刚刚交手,慕容翰率精骑突然杀到,直冲入宇文部的军营,放火烧了营帐辎重。悉独官军心大乱,当即大败,悉独官独自仓惶逃归,数十万军队统统做了俘虏。

吞并了悉独官的数十万部众后,慕容部的实力急剧膨胀,宇文部的惨败,也极大地震摄了段部、高句丽和幕后的崔毖。尤其是崔毖作贼心虚,还以为慕容廆对自己的阴谋并不知情,假惺惺地派了侄子崔焘前去祝捷,恰巧参加了棘城之战的三国也派了使者来讲和,三国的使者当着崔焘的面儿对慕容部说:"派兵攻打你,不是俺们首领的意思,是崔毖教唆的。"

慕容廆见话已挑明,就带着崔焘去巡视战场。原野上一片狼藉,许多尸体尚来不及掩埋。崔焘心中打鼓,脸上煞白,不知慕容廆带自己看这些到底是啥意思。慕容廆直视崔焘,正色道:"你叔父叫三国前来灭我,才有眼前的景象!如今,你何以又假装来向我祝贺?"崔焘汗出如浆,慌忙拜倒告饶,将叔叔崔毖的阴谋前前后后都说了出来。慕容廆听了,叫崔焘回去给崔毖带个话:"降者上策,走者下策也。"以崔毖的秉性和智商,他毫不犹豫地选择了下策,带着几十个随从,凄凄惶惶地逃奔了高句丽,其余众尽为慕容廆所并。

至此,慕容部据有了全部辽东。

第 3 章 兄弟之间动起刀子

慕容部获取辽东后，一跃成了东部鲜卑中最强的势力。为了让东晋朝廷承认自己对辽东的统治权，战后，慕容廆立刻派裴嶷出使建康。

那时，中原已被石勒所据，陆路不通，慕容部要与东晋联系，只能漂洋过海。所以年底裴嶷从辽东半岛乘船出发，到了建康，已是次年三月。

三月的江南，正是春光明媚的时节。从冰天雪地的辽东浮海而来的裴嶷却无心欣赏这美妙的春色，因为他承担着一个重要的使命。

长久以来，在晋室帝胄和士大夫们的眼里，僻居塞外的鲜卑人是"野蛮""不开化"的同义词。尽管慕容部早就奉行了汉化路线，但他们在江南士族心中的落后形象依然是根深蒂固的，而要最大程度地取得东晋朝廷对慕容部的支持，就必须首先改变他们的这种偏见。

在建康的日子里，裴嶷游走于上至帝王公卿、下至台省百官之间，用他高雅的气质、渊博的学识、睿智的言谈征服了东晋士人的心，他盛赞慕容廆的英才伟略、勇武仁德，力陈其帐下俊杰齐至、贤臣云集的盛况，彻

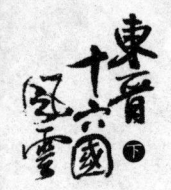

底改变了人们心里慕容鲜卑野蛮落后的印象。

毋庸置疑,这是一次成功的出使,成功到晋元帝司马睿都舍不得让裴嶷走了,他对裴嶷说:"爱卿你本就是中朝名臣,应当留在江东,朕再另发一道旨意,叫慕容龙骧(慕容廆时任龙骧将军)把你的家属送来。"

能得到晋元帝的肯定,裴嶷很感动,他说:"臣年少之时蒙国家器重,便已在宫中为官,如今若能够再次侍奉陛下,那是臣极大的荣幸。然而,现今中原沦陷,虽名臣宿将,皆未能雪耻,唯有慕容龙骧竭忠王室,志除凶逆,故使臣万里归诚。若臣来而不返,他定会认为朝廷嫌其僻陋而弃之,这将伤其向义之心啊!"

晋元帝也觉得是这么回事,只好恋恋不舍地与裴嶷依依惜别。

出使归来的裴嶷带来了元帝的旨意,封慕容廆为安北将军、平州刺史,增邑二千户;次年又加封为使持节、都督幽州东夷诸军事、车骑将军、平州牧,进升爵位为辽东郡公,邑一万户,常侍、单于并如故;赐丹书铁券,承制海东,命备官司,置平州守宰。

晋成帝即位后,又加慕容廆侍中,位特进(二品官之首)。

自从晋朝建立以来,还没有哪一个少数民族的首领能像慕容廆这样,获得如此的名位与殊荣。

太宁三年(325年),慕容廆再次发兵攻打宇文部,拔其国城,尽获其国重器,收畜产以百万计,降服部民数万。经过这两次严重打击,宇文部一蹶不振,从此退出了东北亚地区争霸的舞台。段部虽然尚在,但已经对慕容部的霸主地位构不成威胁了。

于是,慕容廆很自然地将注意力转移到了中原。

不过,石勒的前赵此时正处在鼎盛时期,若仅凭慕容部一方之力,战胜石勒几乎是个不可能完成的任务,所以,慕容廆写信给东晋权臣太尉陶侃,希望东晋能兴兵北伐,与自己南北夹击,共取中原。当然,慕容廆这么做并非为晋室着想,除了想扩大地盘,慕容廆还想趁机让东晋封自己为燕王。

老谋深算的陶侃收到慕容廆的信后,回说:"你的忠义朝廷已经知道了,至于封不封你当燕王,我已经报告给皇上了,朝廷正在开会讨论,你别着急。"

万里海涛相隔,慕容廆和东晋通一回信就得花上好几个月,一来二去,数年即过,到了公元333年五月,东晋的决议还没定下来,慕容廆就病死了,时年六十五岁。

在慕容廆统治时期,慕容部从定居到崛起,在四十多年的时间里,由一个东部鲜卑中的小部落跃升为东北边疆的新霸主,为将来入主中原打下了根基。他虽然并未称王称帝,但实际上,他才是慕容氏大燕政权真正的缔造者。

慕容廆生前曾写有《家令》数千言,尽述治国修身之道,作为对后世子孙的教诲。而正是得益于这种家族内部的高素质教育,慕容氏的后辈中才涌现出了诸多俊杰之士。

然而能人太多,未必全是好事,正所谓"一山难容二虎",慕容廆死后不久,家族内部就发生了兄弟争权之事。

慕容廆总共有多少个儿子,史书上没有记载,据我统计,至少有九个。其中长子慕容翰有本领,立下了许多战功,很有威望,可惜他像当年的吐谷浑一样,也是庶出,所以慕容廆最后还是选定了嫡子慕容皝为继承人。

父亲死的这一年,慕容皝已经三十七岁了,虽然个头没有老爸高(七尺三寸),但相貌却比老爸还帅(龙颜版齿),史载其"雄毅多权略,尚经

学，善天文"，各方面素质也很高。不过，慕容皝虽然在当了世子之后也立下了一些军功，但与能征惯战的哥哥慕容翰比起来，威望还是差了一些，所以在慕容皝的心里，对这个哥哥是颇为忌惮的。

现代心理学认为，猜忌是人心理上的一种自我防卫机制。长久以来，哥哥的优秀总是让慕容皝感到不自信，继承了父位后，他也总是怀疑自己的威望不足以服众，慕容翰会取己而代。正是出于这种自我防卫的心理机制，在刚刚上任的几个月里，慕容皝实施严刑峻法，希望以此威服国人。殊不知这一来，反而弄得人人不安，国内的气氛很紧张。

在这种紧张压抑的气氛中，慕容翰做出了一个艰难的决定：既然弟弟的心里容不下自己，自己留在国内势必会对整个慕容部不利，与其坐待祸至，不如流亡他方！于是，慕容翰携家带口，出奔段部。

段部的首领此时已经是段眷的孙子段辽。听说大名鼎鼎的慕容翰来投，段辽十分高兴，对他倍加亲崇，希望利用他的才能，替自己开疆拓土。

慕容翰的出走立刻使慕容皝的两个弟弟慕容仁和慕容昭感到了压力。两人也是慕容家族中比较出色的人才，当年也都深受父亲慕容廆宠爱，如今，见慕容皝容不下大哥慕容翰，两人不由得也担忧起自己的安危来。慕容仁本来受命镇守辽东，这时由于奔丧，正好也在棘城，就来找弟弟慕容昭商量该怎么办。

慕容仁认为，以前哥几个在一起玩的时候，咱们经常对三哥（慕容皝排行第三）无礼，他为人严苛，现在又当了一把手，还不得找机会惩治咱们啊！慕容昭表示严重同意，说咱们俩也是嫡子，按理这国家也有咱们的份，干脆咱反了得了，兄长你在军中向来有威望，我在内又不被老三怀疑，咱们找个机会里应外合，除掉他不是难事！事成之后，你得辽西，我得辽东。

制定完造反计划，慕容仁就回了辽东。

当年闰十月，慕容仁起兵于辽东平郭城（今辽宁盖州西南）。

这时，已经有人将两人合谋造反的消息报告给了慕容皝。慕容皝一开始还不大相信，就派了使者去辽东查验，使者在半路上正好遇上慕容仁造反的军队。慕容仁知道事情已经败露，棘城必然有备，就杀了使者，撤回了平郭。

使者被慕容仁所杀的消息传来，慕容皝大怒，当即将慕容昭抓来赐死，随即派慕容军、慕容汗等率兵五千征讨慕容仁。慕容仁乃是一员猛将，当年攻伐宇文部和高句丽多次立下战功，镇守辽东十多年，高句丽不敢侵边；慕容军、慕容汗等则非将帅之才，军队数量上又没有任何优势，所以这一战他们打了个大败仗，慕容军更是被俘，投降了对方。

这一战败不打紧，辽东地区的守令投降的投降，逃回的逃回，转眼间，慕容仁就取得了整个辽东，而且段部、宇文部等其他鲜卑部落也纷纷响应慕容仁，一时间弄得慕容皝焦头烂额。

尤其是段部首领段辽，认为被慕容部压制了这么久，现在可到了出口恶气的机会了，何况自己手中还有慕容翰这个人才嘛！于是次年春天，段辽遣弟弟段兰与慕容翰一起发兵攻打柳城（今辽宁朝阳）。

位于大凌河南岸的柳城是棘城的门户，柳城若失，段部的军队即可顺流而下，直取慕容部的国都。所以，段兰的军队在这里遇到了顽强的抵抗，第一次进攻无功而返。段辽发了怒，大骂段兰是窝囊废，要求他必须拿下柳城，否则提头来见！休整二十天后，段兰再次发动了猛攻。

第 4 章 乘冰蹈海

柳城攻守战异常激烈。由于缺乏大型的攻城器械，段部士兵人人披重甲，持双盾，登云梯强攻，四面齐上，如蚁附城，昼夜不息。守城将士也拼了命，弓矢火箭滚木檑石统统往下招呼，硬是守了十多天没被攻下。这时，慕容皝派来的援兵也到了，援兵由慕容汗和封奕率领。临走时，慕容皝叮嘱了好几遍，说敌人人多势盛，不可贸然进攻，应集兵整阵，与城里联络好了再进攻。但慕容汗年轻气盛，求胜心切，没等大部队跟上，就带着一千多骑兵直扑战场，封奕拦也拦不住。结果慕容汗在柳城北郊的牛尾谷与段兰的军队遭遇，寡不敌众之下战败，幸亏封奕在后整阵力战，才不至于全军覆没。

段兰想乘胜进军，直取棘城。这时旁边的慕容翰说话了，他说："为将者必须慎重，非万全不可轻动。慕容汗就是因为冒失，才被我军所败。现今我们击败的只是偏师，并非慕容皝的主力。慕容皝这人狡诈多端，最喜欢搞埋伏，我们要是孤军深入，恐怕会很危险。再说，我们当初接受的任务只是攻打柳城，不是攻打棘城，现在应该见好就收，万一再打败了，岂不连这次胜利的老本都赔了？"

段兰道："柳城指日可下，不用再费心。依我看，你是担心你的国家，怕我段部就此灭了你慕容部吧！别担心，若此番东进攻下棘城，我将拥立慕容仁为主，不会让你们慕容氏亡国灭种的！"

段兰的这番话说破了慕容翰的心思。的确，虽然慕容翰被逼无奈，离开了故国，但在内心深处，他依然惦念着那片土地和人民。不过此时，他却不能承认，就正色道："我既投身相依，再无复还之理，国之存亡，与我何干！只不过是为全局考虑，担心我们二人的功名罢了！"又传令自己的部众，看样子要撇下段兰，准备独自撤军。要是没有了慕容翰这个向导的指引，段兰还真不敢独自深入敌境，无奈之下，只好和慕容翰一起回师。棘城的慕容皝由此躲过了一劫。

度过这次危机后，在当年十一月，慕容皝对慕容仁展开了反攻。作为慕容廆亲自指定的接班人，慕容皝还是获得国内大部分官民承认的，所以，他的军队一开到襄平（今辽宁辽阳），城里就有人投降，做了内应，慕容皝军兵不血刃进了城。紧接着居就、新昌等县也相继投降，辽东北部尽皆收复。这时，睚眦必报的慕容皝想将投降过慕容仁的郡县百姓全部坑杀，司马高诩连忙劝阻，说百姓们当初投降慕容仁并非本意，只是害怕他的兵威而已，要是杀了他们，恐怕就再也不会有人归降咱们了。慕容皝这才改了主意，将辽东大姓迁往棘城了事。

辽东南部是慕容仁镇守多年的地方，其势力盘根错节，加以地势险要、易守难攻，所以慕容皝一时也无可奈何。而对慕容仁来说，辽东半岛土瘠民贫，经济条件远比不上辽西地区，他也无力对慕容皝发动大规模进攻。因此接下来的一年，双方陷入了僵持状态。

咸康元年（335年）十二月，为了打破战局的均势，宇文部和段部都派了使臣前往平郭，想跟慕容仁商量一下互相呼应的问题。慕容皝的情报工作开展得不错，马上听说了此事，立刻派部将张英组织了一个一百多骑的特遣队，抄小路深入敌后，劫杀了宇文部使者，生擒段部使者。等慕容仁得到报告后带兵去追，这些人早跑得没影了。

慕容皝虽然破坏了三方会谈，却依然找不到平定辽东的办法。这天，他正在发愁，忽然司马高诩求见。

高诩这个人善天文、懂地理，和慕容皝爱好相同。有一次，慕容皝听说高诩收藏有一本专门阐释天象的秘籍，就把他叫来问："听说爱卿你有本奇书，怎么不呈给我来看，这能算是忠君么？"高诩不慌不忙地回答："君主有君主的工作，臣下有臣下的工作，君主的工作轻松，臣下的工作辛劳，占候天文星相动不动就要熬通宵，又苦又累，可不是殿下之尊适合干的活呀。"慕容皝无话可说，只好作罢。

不过高诩这次求见，可不是为了讨论天文现象，他是来献计的。

他对慕容皝说："慕容仁弃君叛国，人神共愤，惹恼了老天，所以此前海水从未冰冻，自从慕容仁造反以来，却已经连续三年冰冻了！况且慕容仁全力防备陆路，绝想不到我们有可能从海上进攻，眼下正是老天助我们乘冰蹈海、发动奇袭的机会呀！"

这番话说得慕容皝眼前一亮，行啊哥们儿，秘籍没白看啊，亏你想得出！

慕容皝马上召集百官开会，商讨蹈海亲征事宜。

百官们一听，都有点犯傻，接着纷纷表示不同意：几万人马从海上过去，那是闹着玩的嘛！虽说眼下正是寒冬，海水都冻上了，但万一哪个地方冻得不结实，走着走着，咔嚓一个冰窟窿，那……后果不堪设想！

看着这帮老夫子一个个摇头的模样,慕容皝气不打一处来,心说你们没有一人能给我出主意平辽东,好不容易高诩给我出了一个好主意,你们还反对,真是腐儒!当即横起眉头,厉色道:"当年光武帝刘秀就是因滹沱(音 hū tuó)河之冰才得以成就大业的!老天对我不也是这个意思吗?我意已决,有敢反对者斩!"

咸康二年(336年)正月十九,慕容皝亲率三军,在大概今锦县以南的地方,入海践冰而进,直扑辽东湾对面的平郭城。

在此,请允许我暂时中断一下故事的讲述,插播一下天气预报。

科学研究证明,我国历史上的气候变迁存在着几个大的温暖期和寒冷期,其中魏晋南北朝时期就是一个相对寒冷的阶段,尤其是东晋初年,年平均气温要比现在低1℃左右。现在的辽东湾海域几乎每年都要冰冻,2010年1月,据新闻报道,结冰面积达到了3.6万平方公里,占整个渤海海面的40%,个别地方的冰层厚度甚至达到了1米。慕容皝过海时的温度很可能比现在还低,因此,你可以想象,当时的整个海面冻得是铁板一块、结结实实。

就这样,在雪白无垠的冰面上,慕容皝带着军队,以两点之间距离最短的直线路径向对岸急行军。为防止马匹滑倒,所有的马蹄都裹上了厚厚的布,踏在雪面上嚓嚓直响,数万人马呼出的白气远远望去,仿佛缥缈的烟雾,士兵们的刀枪盔甲上罩上了一层银白色的霜,眉毛和胡子上也都挂着小小的冰凌。

当一脉灰黑色的山影出现在远方的地平线上时,士兵们不由得发出了轻声的欢呼,三百里路!三百里冰面!他们终于平安无恙地抵达了对岸。

上岸后,慕容皝下令舍弃辎重,以最快的速度轻军急进。直到距平郭城仅有七里,城内的慕容仁才接到报告。上次,慕容皝派张英率"特遣

队"来劫杀了两部的使者,慕容仁十分恼恨。这次一听探马汇报,心说:什么?慕容皝又派人来骚扰了?这次可不能让他们轻易逃回去了!仓促间集结了兵马,出城应战。

到了城外,慕容仁才知道,这回来的不是特遣队,而是慕容皝亲自率领的大军。

回是回不去了,慕容仁只好硬着头皮作战。他的军队主力都在半岛北部的陆路前线设防,城里本来就没有多少兵力,仗一开打,前次投降慕容仁的慕容军又临阵倒了戈。这下子,慕容仁的部队军心大乱,慕容皝再纵军这么一冲,立刻将慕容仁的部队冲散,慕容仁的帐下部属随即叛变,将慕容仁擒获,献给了慕容皝。

对于这位胆敢觊觎自己位置的弟弟,慕容皝毫不留情,他先是替慕容仁斩了叛变的部属,接着又将其赐死。

分裂两年之后,整个辽东终于重新回到了慕容皝的掌控之中。

第 5 章 一代军神崭露头角

平定慕容仁的叛乱后，家族内已经无人能威胁慕容皝的统治，于是在咸康三年（337年）九月，慕容皝正式称燕王，追尊慕容廆为武宣王，立世子慕容儁为太子。

前燕政权由此正式开始。

慕容皝即位后干的第一件事，就是向石虎称藩。

这就怪了，慕容部不是一直尊奉晋室么，怎么忽然一百八十度大转弯，倒向晋朝的仇敌羯胡石赵了？

其实称藩归附只是表象，慕容皝的真正目的，是撺掇石虎攻打段部，自己好乘机得利。果然，当慕容皝向石虎乞师共讨段辽，并称自己将亲率全国兵马听从石虎指挥的时候，石虎十分高兴，约定了双方发兵的日期。

338年正月，石虎以桃豹为横海将军，王华为渡辽将军，率舟师十万，出漂渝津；以支雄为龙骧大将军，姚弋仲为冠军将军，率步骑七万为前锋，自己亲统大军，水陆并进，北伐盘踞幽州的段辽。

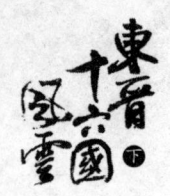

段部鲜卑全国满打满算，最多才四五万人马，怎么抵挡得了石虎这几十万大军？于是石虎的部队轻轻松松长驱直入蓟城，幽州郡县纷纷投降。与此同时，慕容皝也率军攻入段部北境，大肆攻掠令支（段部国都，今河北迁安西）以北诸城，掳人民畜产而去。段辽想带兵去追，慕容翰劝阻道："如今石虎大军在南，我们应当并力抵御，此时不宜再与燕斗。燕王皝率军亲征，部下皆为精兵锐卒，若万一失利，我们还拿什么抵抗赵兵！"

慕容翰不说话倒好，一说话，把旁边段兰的火给惹起来了。段兰怒道："上次我误听你言，没能灭了慕容皝，才有今日之患。这次说什么我也不听你的鬼话了！"说完就带着部队杀出去了。没想到慕容皝早在路上设了埋伏，段兰中伏大败，折了数千人马，狼狈不堪地败回令支。

这一来，段辽更不敢作战了。如今腹背受敌，谁也惹不起。惹不起我总躲得起吧？我段部本来就是游牧民族嘛！于是段辽带着妻子宗族和千余家部众，弃了令支城，钻了密云山。临走之时，段辽拉着慕容翰的手流下了眼泪，说："我不用卿言，自取败亡，虽然自己认栽了，但连累你没了托身的地方，实在是很惭愧。"慕容翰无话可说，唯有苦笑。段辽走后，他只好向北，投奔了宇文部。

志得意满的石虎入了令支城，遣轻骑两万去追段辽，直追得段辽惶惶如丧家之犬，连老娘和老婆都被赵军所俘，只好奉表请降，并让儿子献名马给石虎。

当初慕容皝与石虎约定，自己会亲率部众，听候石虎调遣。如今，石虎都进了令支城，慕容部却连人影都不见一个，再一打听，令支北部的领土都被慕容皝乘机占据了。这下可触怒了石虎的暴脾气，他当即决定，攻伐慕容部。

随侍的佛图澄听闻，劝石虎道："燕乃福德之国，未可加兵。"石虎沉下脸，指着自己的军队道："以此攻城，何城不克？以此众战，谁能御之？慕容皝区区小竖，必无处所逃！"

佛图澄刚退走，太史令赵揽又来进谏，说天上的岁星守在燕地的分野，如果用兵，必定无功，说不定还会反受其祸。石虎大怒，心说：以佛图澄的面子，说说也就罢了，你赵揽什么东西，也来妄言胜负！当即一顿鞭子，把赵揽抽了个半死。

《汉书·天文志》曰："岁星所在，国不可伐，可以伐人。"岁星，即木星，五行属木，在传统思想中象征着茁壮的生命力。当时木星正运行到天蝎座和人马座之间的那块区域（即二十八星宿中尾宿和箕宿的地盘），而该区域在地上对应的分野正是燕国，所以赵揽才认为燕不可伐。

但石虎可不这么认为，五月，数十万大军东出令支，浩浩荡荡奔棘城而来。石虎一路走，一路遣使者四出招降，没几天的工夫，就有三十六个城池降了后赵。

消息传到棘城，一时人心大震。慕容皝自己也十分紧张，问高诩应该怎么办。高诩说："赵兵虽强，却不足忧，只要我们坚守，没什么大不了的。"这几句轻飘飘的安慰话显然无助于缓解慕容皝的心理压力，所以当石虎的数十万大军黑压压一片在天际出现的时候，慕容皝甚至想立刻弃城而逃。

眼见慕容皝想转身逃走，一人挺身而出，挡在了他的前面。慕容皝一看，原来是折冲将军慕舆根。此人本是慕容氏下属部落的一个头领，有一次跟慕容皝出去打猎，老远见一悬崖顶上有头野牛，慕容皝就叫手下去射，没人能射得中，这时慕舆根自告奋勇，一箭就把野牛射倒，慕容皝由此十分欣赏他，就叫他在帐下当了将军。没想到这时，他却拦住了自己。

慕舆根道："赵强我弱，大王一举足（指逃走），则赵之气势遂成，其

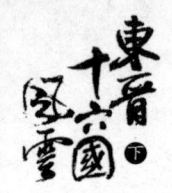

势必收略国民粮谷。待其兵强谷足，我们就更加不是对手。石虎正巴不得大王弃城而走呢！现今固守坚城，纵使赵兵急攻，尚能抵挡一二，到时再观察形势，寻求破敌之计。实在守不下去，再走也来得及，怎么能够望风而逃，走上绝路呢？"

这番话说得慕容皝脸上微微发红，十分尴尬，只好决定暂时不走，但仍然面露惧色，坐立不安。玄菟太守刘佩见他这副样子，心说：主帅尚且如此，士兵们还怎么打仗？于是自告奋勇，组织了数百个骑兵的敢死队，出城去玩了一回命。都说"傻的怕楞的，楞的怕不要命的"，刘佩带着几百人这么不要命地一闹，砍死了赵军不少人，城内的士气顿时高涨，再加上相国封奕也认为石虎为强弩之末，不必畏惧，慕容皝才总算镇定了下来。再有人劝他投降的时候，他甚至说道："孤方取天下，何谓降也！"

五月初九，赵军发动了总攻。虽然石虎的部队有几十万之多，但棘城就那么大，你人再多，也只能一个个乘着云梯往上爬，所以赵军的数量优势并没有真正得到发挥。慕舆根等诸将守在城头，昼夜力战。赵军一连攻了十余日，城脚下堆积了无数的尸体，却仍然无法攻破棘城。

十几天来，慕容皝一直无法安眠。这天凌晨，他刚刚迷糊了一会儿，忽然听到有人呼唤自己，睁眼一瞧，是自己的第四子慕容恪。小伙子的眼神奕奕有光，脸上是掩饰不住的喜色。

"父王，赵军退兵了！"慕容恪道。

什么？退兵了？慕容皝有点儿不太相信，匆忙换上了衣服，和慕容恪一起赶往城头观看。

果然，在熹微的晨光中，石虎的营地正在缓慢地移动，可以看到近处的赵军士兵的确是在撤退，从其散乱的阵形来看，这绝不像是一次诱敌的诈败。

慕容皝立刻派慕容恪领兵两千，出城追击。正在撤退的石虎军互相惊扰，根本弄不清城里出来了多少兵，更别提组织有效的反击了，各部纷纷弃甲而逃，被慕容恪撵着屁股追，被斩首三万余级。

石虎的数十万军队就这样稀里糊涂地被击败了。

而战事的转折点，就是赵军莫名其妙的撤退。

对于撤退的原因，史书上并没有记载，我只好在此做一点个人推测。

检索史籍，历代中原王朝征辽乃至更东的朝鲜，少有不败的，即便最终获胜，也需要付出极大的代价。这其中的一个重要原因就是后勤保障问题，一则地方偏远，二则道路难行，军队数量越大，粮草的消耗越为严重。石虎的数十万大军正月出发，三月进入令支，五月才攻打棘城，这期间消耗的粮食数量一定是十分惊人的（这一点从以后石虎伐燕前屡次大兴屯田、调动粮谷就可以看出来）。此外，还有一点值得注意，那就是石虎的军队数量虽然庞大，但战斗力却不高，因为其部队是由许多不同民族、不同部落的胡汉士兵杂糅而成的，这一点与后来淝水之战中苻坚军遇到的问题一样。何况石虎暴虐残横，饱受荼毒的汉人百姓并不愿意为他卖命。正因为战斗力低下，以数十万军队围攻棘城十多天才难以攻拔，而这时很可能军粮已尽，石虎不得已，才下了退兵的命令。此时疲饿交加的赵军已无斗志，都盼着早点回家，慕容恪领军在后一追，终于导致了赵军的全线溃败（只有冉闵一军独自保全）。

在这场战役中崭露头角的慕容恪，此时还不到二十岁。在之后近三十年的岁月里，他将统领着慕容部的铁骑，北破宇文，东平高丽，南擒冉闵，西抗苻秦，用一个又一个胜利，谱写出十六国时期最为辉煌的一段名将传奇。

第 6 章 龙城飞将慕容霸

棘城之战的失败被石虎视作奇耻大辱。回到邺都后，他立刻着手准备下一次攻燕。338年五月，石虎命渡辽将军曹伏率青州兵戍辽东湾上的海岛，并运谷三百万斛，以之为海路攻燕的据点；又用船三百艘，运谷三十万斛给高句丽，使典农中郎将王典帅众万余在海滨大兴屯田；又令青州郡县造船一千艘，以供伐燕之用。340年九月，石虎又下令凡是司、冀、青、徐、幽、并、雍七州的百姓，家里有五个男丁的征发三人，有四个男丁的征发两人，再加上邺城原有的戍卒共五十万开赴前线；又用一万艘船从黄河入海，运谷一千一百万斛于乐安城（今河北昌黎西南），并且在幽州以东开辟数百里的屯田区；石虎还在全国强制征收民马，有敢私藏的统统腰斩，共搜得四万余匹。

看石虎这准备世界大战的架势，不把前燕踏平，他定是难解心头之恨。对此，慕容皝也十分了解。而在下一次与石虎交锋之前，当务之急是彻底解决段部、宇文部、高句丽这些遗留问题，以免成为后患。

首先是段部。

段辽自从遭受石虎和慕容皝的双重打击后,已经丧失了战斗力。在深山老林里躲了半年多后,他遣使向石虎投降。石虎闻讯自然高兴,就命征东将军麻秋前去迎降。临走,石虎对麻秋说:"受降如受敌,不可疏忽大意。"麻秋领旨,带着三万人马奔密云山而来。

麻秋在石虎手下也是一员骁将,东征西讨,立下了许多功劳。但他并不知道,段辽此时又改了主意,反而投降了慕容皝。善打埋伏的慕容皝当然不会放过这个好机会,他命慕容恪率七千精骑埋伏于密云山中,静静地等待麻秋钻入口袋。

密云山山高林密,麻秋带着军队走在山谷之中,心头不时掠过一丝寒意。派去侦察的轻骑回来报告说,前面就是三藏川,却始终不见段辽的人前来迎接。这让麻秋暗暗担心其中可能有诈。"到了前面,如果再不见段部来迎,我就退兵……"这想法刚刚掠过麻秋的脑海,忽听杀声四起,箭矢如雨点般从两旁的山上飞来。

不好,果然有埋伏!

麻秋仓促应战,但忙乱之中,连对手是谁、有多少人都搞不清楚,而且山谷狭小,三万人马根本施展不开,被慕容恪的骑兵拦腰截断,一阵猛揍。

这场战斗,麻秋的三万军队被斩十之六七,他自己弃了马,徒步钻山,方才得以逃脱。

慕容皝接收了段辽的部众后,待其以上宾之礼,但不久,即以谋反的罪名将其斩首,把他的头颅送给了石虎。段部的问题就此解决。

接下来,是先征伐宇文部还是高句丽呢?慕容皝犯起了踟躇。两国一个在西,一个在东,击此则彼攻其后,搞不好会陷入腹背受敌的不利境地。这时,慕容皝想起了身在宇文部的哥哥慕容翰。

这时,宇文部的首领已经换成了宇文逸豆归。此人心胸狭隘,颇似《水浒》中的白衣秀士王伦,深恐慕容翰会威胁到自己的地位,对其一直十分忌惮。慕容翰一时英雄,此时寄人篱下,为免被逸豆归所害,不得已使出了历史上百用百灵的经典招数——装疯。他时而纵酒狂饮、烂醉如泥,时而披头散发、高歌嚎哭,有时候跪在街市上向人要饭吃,有时候则干脆躺着大小便,弄得屎尿满身……宇文部的人一看,完了,这人受不了流亡之苦,彻底疯了,从此再也没人搭理他,逸豆归也就把他看成了一个没用的废物,放松了监视。慕容翰趁机得以周游宇文部全境,将山川形势、军事要道等一一默记在心,因为他还惦念着自己的故国,希望有生之年还能再次为国效命。

这一天,慕容翰正在沿街乞讨,一个商贾模样的人向他走来,对他说:"我来自燕国,是燕王派我来的。"慕容翰望着这个故乡来客,默然无语,只是握紧拳头敲了敲自己的心口。使者回到棘城,向慕容皝汇报此事。慕容皝微微地点了点头,他知道,自己的这位大哥当年并无叛乱之心,实在是由于自己的猜忌才逼走了他,如今自己王位已经稳固,国家正在用人之际,请慕容翰回来的时候到了。于是,慕容皝令人专门打造了慕容翰称手的弓矢,派遣使者前去迎接。

使者偷偷将弓箭埋于道旁,秘密告知了慕容翰。咸康六年(340年)二月,慕容翰带着两个儿子,寻机窃走了逸豆归的骏马,在道旁取出弓箭后逃归。逸豆归得知,急遣一百骁骑前去追赶。眼见追兵逼近,慕容翰掉转马头,道:"我做客已久,现欲归国,不劳各位远送!前日我是装疯诓骗你们而已,我武艺犹在,你们不要逼我动手!"追兵一听,都哄笑了起来。你这疯子,又在说什么疯话哩!

慕容翰见状,知道自己不露一手,这帮兔崽子是不会相信的,就向为首持刀的一位军官道:"我在贵国好歹住了这么些日子,不好意思杀你。

你不信是吧？好，把你的刀立在离我百步的地方，我要一箭射中，你们就乖乖回去；射不中，我束手就擒，让你们来抓。如何？"那军官听了，觉得赌一把蛮有意思，就依言将刀立在了百步之外。慕容翰猿臂轻伸，弦如满月，嗖的一箭射去，正中刀环。众追兵一见，额地神啊，脑袋要紧，哪里还敢上前追赶？于是慕容翰和儿子安然回到了燕国。

慕容皝十分高兴，亲自迎接了哥哥。两人相逢一笑，往事不必再提。

这段时期，除了慕容翰归来以外，让燕王慕容皝高兴的事还有许多：拓跋部的首领什翼犍来求婚了，这符合大燕远交近攻的利益，于是慕容皝把妹妹许配给了他；在柳城附近兴修的宫阙城池快要建成了，那里将是我大燕新的国都；派去建康的使者刚刚回来，东晋朝廷已经决定正式册封自己为燕王；四子慕容恪镇守辽东，屡破高句丽兵，使高句丽不敢越雷池半步；最让人欣喜的是，阿六敦那小子虽然只有十四五岁，但打起仗来勇冠三军，俨然已有大将风度了，我慕容家真是人才济济呀……

阿六敦，是慕容皝第五子慕容霸的小名。慕容霸幼时聪慧而有器度，十三岁就冲锋陷阵，深受慕容皝的喜爱。慕容皝曾对人说："我这个儿子宽宏通达，聪明不凡，将来不是破人家，就是成人家！"故而给他起名曰"霸"。后来，慕容霸果然又破又立，建立了自己的国家。不过，那是四十年之后的事了。

咸康七年（341年）十月，慕容皝正式迁都，将国都从棘城西迁至柳城之北新建的城邑。由于此地位于龙山之西，慕容皝将其命名为"龙城"。

龙城，曾经是蒙古高原上的某个地方，是匈奴单于大会诸部、祭天告祖的地方。王昌龄诗云："但使龙城飞将在，不教胡马渡阴山。"慕容部所在的大凌河流域又是我国龙文化的发源地之一（最著名的是红山文化发现的"玉猪龙"），燕臣韩恒也认为"大燕王迹始自于震，于《易》，震为青龙"。

现在，慕容皝向世人宣告：大燕的铁骑将从龙城出发，龙腾四海，竞

逐中原，总有一天，慕容家族会飞龙在天，成为名副其实的真龙天子！

而宇文部和高句丽就是这条飞腾的巨龙利爪下的第一批牺牲品。

慕容翰归国后不久，就向慕容皝进言了"先取高丽，再平宇文"的方略。以慕容翰对宇文部的了解，逸豆归民心不稳，见识庸暗，自守尚且不足，绝不会趁前燕攻打高句丽的时候偷袭身后。慕容皝采纳其建议，于迁都龙城后的次年十一月，两路发兵，东征高句丽。

当时进入高句丽的主要通道有两条，北道平阔易行，而南道狭仄崎岖。众将都想从北道进军，但慕容翰却说："敌人也会认为北道易行，必重兵防守北路，我军主力最好从南路进兵，出其不意，直捣丸都（高句丽王城），再派偏师走北路，以为疑兵。"这一战术有正有奇、声东击西，实在是个好计策，于是慕容皝表示同意，自率劲兵四万出南道，以慕容翰、慕容霸为前锋；别遣一将，带一万五千人马走北路。

高句丽王高钊果然派了弟弟高武帅精兵五万，镇守道路平坦的北道，而自己则带着老弱残兵防备南道。慕容翰、慕容霸等长途跋涉后，在木底城遭遇高句丽军，以精兵打弱卒，不胜都不好意思。结果高句丽两员大将被斩，燕军长驱直入丸都，高句丽王撇下老娘，单骑而逃。此后，虽然北路的一万五千人打了败仗，但对整个战局已无影响。

慕容皝虽然攻下了丸都，但觉得这鸟不生蛋的地方派军驻守也没多大利益，所以他下令刨开高句丽王的祖坟，把高钊的父亲乙弗利的尸体打包装车，再加上他的老娘、府库里的财宝、五万口百姓一并拉回了龙城。慕容皝的意思很明白：想要回你的老娘和父亲的尸体，就乖乖地听话，别老在身后给我捣乱。高句丽王欲哭无泪，无奈只好就范了事。第二年春天，高句丽遣使称臣，从此再也不敢侵寇燕境。东边的后患就此解除。

第 7 章 慕容世家挺进中原

接下来轮到宇文部了。

出征前,慕容皝专门把精通星相的高诩找来,征求他的意见。高诩说:"天象显示,宇文部当伐,且伐之必克,唯一不好的地方就是这次征伐将对主将不利。"其实还有些话高诩没跟慕容皝说,那就是他已料定,自己此番若去,必将去而不返,但身为忠臣,不能因此而畏避,于是他请求随军出征。

344年二月,燕王皝以慕容翰为前锋将军,以慕容恪、慕容霸、慕舆根等兵分三路,三道并进,直取宇文。

宇文逸豆归闻讯,派大将涉夜干尽率国中精锐应战。慕容皝得到情报,急遣使对前锋慕容翰说:"涉夜干勇冠三军,宜小避之。"慕容翰道:"逸豆归将国内精兵全都交给了涉夜干,我若战而胜之,宇文部将不攻自溃。涉夜干虽然以勇著称,但我深知其为人,虽有些虚名,实际上很好对付,此时不宜避之来伤我军士气。"遂置慕容皝的意见于不顾,率军迎击。

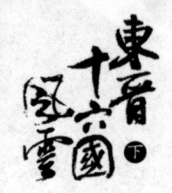

慕容翰亲自上阵与涉夜干大战，两人正在激烈交锋之际，慕容霸领军到了。两人夹击之下，涉夜干被斩。宇文部的将士见涉夜干已死，军心涣散，不战自溃，燕军乘胜发动总攻，一举攻陷其都城。逸豆归走死漠北，雄豪一时的鲜卑宇文部就这样亡了国。

此战获胜，前燕的国土向西北扩张了一千余里，将宇文部的部民、畜产、资货统统据为己有。西边的后患也被解除了。

然而高诩的预言不幸言中，不但随军出征的他中流矢而死，前锋慕容翰也中箭，受了重伤。在家里将养了一段时间后，慕容翰的伤好了一点儿。这一天，卧床已久的慕容翰想活动活动筋骨，就在院子里试着骑马。不想这一举动被人看见，报告给了慕容皝。其实这本不是什么大事，但举报的人说慕容翰表面上称病不出，私下里练习骑术，疑似要搞什么阴谋。这就触动了慕容皝心里最敏感的禁忌，再考虑到出征宇文部时，慕容翰公然不听自己的命令，慕容皝终于下了除掉他的决心。于是，一碗毒药被送到了慕容翰面前。

面对这碗毒药，慕容翰感慨万千，想不到自己劫波渡尽，却终究要死于兄弟之手。他长叹一声，道："我当年负罪出奔，既而复还，今日死已晚矣。然而羯贼占据中原，恨不能在有生之年为国家荡平九州，一统华夏！也罢，这一切都是命啊！"说完饮药而卒。

四年后的一天，慕容皝出城到西郊打猎，正要过河之时，忽见远处有一朱衣白马的老者，正在向他挥手。那老者道："此处不是打猎之所，大王还是回去吧。"言毕消失不见。慕容皝感到奇怪，没跟任何人说，仍旧过了河。此后数日，每天都能射到很多猎物。后来慕容皝见到一只白兔，驰马而射，马被树木绊倒，慕容皝摔到了石头上，受了重伤。被抬回龙城后，慕容皝深知自己将不久于人世，召见世子慕容儁道："如今中原未平，正是用贤任能之时。你四弟恪智勇兼备，才堪重任，你要信任于他，以成我未竟之志！"

348年九月十七日，燕王慕容皝病逝，时年五十二岁。世子慕容儁即位。

慕容儁是慕容皝的第二子，字宣英，小名贺赖跋。与慕容家的前辈大多武艺出众不同，慕容儁是一位彬彬儒雅的谦谦君子，幼时即博览群书，更善诗词文赋，他府内的器物、车马和墙壁上到处写满了古人的格言论赞来当座右铭。父亲的去世意味着，慕容家族入主中原的使命落在了这位书生的肩上。

慕容儁将用实际行动证明，自己做得一点儿也不比父亲差。

即位还不到半年，时任平狄将军的慕容霸就上了一封表章，请求兴兵南征，挺进中原。这时，石虎已经死去，石氏宗王之间爆发了夺位之乱，正是天赐良机。所以慕容霸的建议受到了北平太守孙兴的支持。但慕容儁以为，先皇去世未久，国家尚在大丧期间，不宜动兵。慕容霸急得从徒河飞马奔回了龙城，劝慕容儁道："时机难得，转瞬即逝。万一石氏衰而复兴，或者有英雄据其成资，不但我们将失此大利，恐怕以后更是后患呐！"

慕容儁冷漠地望着满脸急切之色的慕容霸，心里微有不快。在自己的诸多兄弟当中，除了老四玄恭（慕容恪字玄恭），就是这位老五阿六敦最有本事了。当年父亲对他十分喜爱，甚至一度动起了立他为世子的念头。要不是群臣力阻，说不定今日坐在这个位置上的就是你阿六敦了呢！

其实现在正是入主中原的大好机会，慕容儁岂能不知？但他却故意刁难慕容霸道："邺中虽乱，石虎的大将邓恒却据守安乐（今北京顺义），兵强粮足，我们若是伐赵，肯定不适合走安乐一线；走卢龙道的话，那里山高路险，要是敌人占据高处，伺机截断我军，使首尾不能相顾，那

该怎么办?"

自来从辽宁一带进犯北京地区,山海关一线就是最佳路径,所以历来也是重兵防守的冲要,后赵邓恒经营的安乐防线,就位于今山海关西南的昌黎至乐亭一带。当年,石虎在此集结重兵,大兴屯田,使之成了后赵版本的"马其诺防线",所以慕容儁才说此路不通。而除这条通路之外,就只有穿越燕山山脉,从山谷间的小路进入,卢龙道就是其中的一条,即今日滦河河谷形成的喜峰口一线。此路多崇山密林,守方很容易利用地形之利,给进犯的敌人造成障碍,因此,慕容儁对于走这条道路也十分踟蹰,故而才有此疑问。

慕容霸显然对这时的军事形势成竹在胸,他回答道:"即便邓恒愿意替石氏拒守,但其将卒多非本地人士,个个顾家,人人思归,若大军临之,自然瓦解溃退。臣愿为前锋,率军潜赴令支,出敌不意,使之震骇。其上不过闭门自守,下不免弃城而逃,又有何能抵御我军!之后殿下便可安步而前。请殿下不要再犹豫啦。"

但任凭慕容霸说破了嘴皮,慕容儁还是不同意马上出兵。不过随着后赵乱局的进一步加深,越来越多的大臣都来劝慕容儁南征,这其中就包括折冲将军慕舆根。慕舆根照例说了一番"机不可失,时不再来"之类的话,末了反问慕容儁道:"如今时候已到,您却一再犹豫,这到底是老天有意不让大燕平定海内呢,还是大王您压根就不想当天下之主呢?"

他这一问,倒把慕容儁问乐了:谁不想当天子呀,难道我傻呀?我只不过是想再等等,待局势明朗一些罢了。既然大家意见这么大,那我就不拖延了。于是慕容儁立刻下令,全国总动员,拣选精兵二十余万,讲武戒严,准备不日南下。

公元 350 年二月,燕王儁派慕容霸领兵两万,走东道,趋安乐;派偏将慕舆于走西道，出蠮螉（音 Yē Wēng）塞①；自己则亲率大军走中道，以慕容恪为前锋，开山越岭，奔幽州而来。

慕容霸所领的东路军尚未抵达安乐，镇守此处的邓恒果然如他前日所言，弃城而逃，和幽州刺史王午一起保守蓟城了。三月，三路军顺利在无终（今天津蓟县）会师。幽州城里的王午、邓恒大为震恐，这次干脆只留了几千人守城，两人则一气退到了鲁口（今河北衡水饶阳）。这几千人还不够燕军塞牙缝的，三月初五日，慕容儁就取得了幽州，附近郡县纷纷投降。

进军如此顺利，除了因为慕容儁准备充分、军势强大之外，后赵的内乱才是主因。如前文所述，此时冉闵已经据邺城，建立了冉魏政权，而石赵的残余势力则据襄国与之相持，两方拉锯多次，内耗严重，河北各地的郡守刺史和流民武装则要么拥兵自重，要么摇摆观望，所以燕军南下基本上没遇到什么有力的抵抗。九月，慕容儁取得章武、河间两郡；次年四月，取得渤海郡；八月，慕容恪又攻拔了中山，半个冀州已经落入前燕之手。

第二年夏天，驻守中山的慕容恪奉命征讨正在常山一带游弋的冉闵军，于是燕魏之间爆发了前面讲过的那场著名的廉台之战。在这场决定性的战役中，慕容恪用他的无双智计和对冉闵性格缺陷的准确把握，一举将其擒获。之后燕军乘胜南下，于五月初五日包围了邺城。

此时的邺城历经石虎死后的频繁动乱和冉闵的"杀胡"事件，府库粮草殆尽，早就不是当年的繁华之都了。燕军围城不久，城内就发生了严重的饥荒，人肉成了流行的口粮，石虎时代囤积于后宫的数千美人，顿时成

---

① 有人说是居庸关，但据我考证，应是今北京密云东北的古北口一线。

了最为抢手的美食。然而靠吃人肉，又能支撑多久呢？

八月十三日，城内的士兵打开了城门，冉闵留下的太子冉智被俘，邺城上飘扬起了前燕的玄色大旗，黄河以北各郡县相继投降。

十一月十二日，慕容儁正式称帝于蓟城。

慕容鲜卑兴起于辽西塞外，历慕容廆、慕容皝、慕容儁祖孙三代六十多年的苦心经营，至此终于入主中原，成了与前秦、东晋鼎足而三的北方一霸。

第 8 章 仁者无敌慕容恪

　　称帝之时的慕容儁虽已拥有了黄河以北的大片土地，但仍有许多割据势力遍布四周，需要一一讨平，如张平占据并州，吕护据野王（今河南沁阳），段龛据青州，等等。值此用人之际，按理说慕容家最杰出的两位将领慕容恪和慕容霸都应该得到重用，但实际上，慕容儁对待两人的态度却截然相反。

　　对自己的兄弟抱有猜忌之心仿佛是慕容家族的遗传疾病，慕容儁对这位曾经威胁过自己的世子地位的五弟阿六敦始终耿耿于怀，称帝后也不打算重用他，只给了他一个黄门侍郎的闲散职位。无奈慕容恪等大臣三番五次极力推举慕容霸，说他有命世之才，宜总大任。慕容儁迫于压力，只好授慕容霸为安东将军、北冀州刺史，镇守常山。

　　对于这件并非出于己愿的事，慕容儁想必是怀恨在心的。恰好此时，慕容霸一次骑马时，不小心摔断了两颗门齿，慕容儁就饱含恶趣味地赐给了他一个新的名字，叫慕容𡙇（"缺"的异体字），对外说是出于对春秋时

晋国大将郤(音 xì)缺的尊敬和纪念,实际上是嘲讽慕容霸少了两颗门牙。慕容霸岂不知这名字的真正含义?但这是皇帝赐的,你不高兴又能怎地?好在没过多久,慕容儁发现"鉠"这个名字竟无意中与时下流行的谶文暗合,这怎么能行!于是他又下诏改名,将这个字的"夬"字边去掉。被改了两次名字后,慕容霸变成了慕容垂。

虽然慕容霸改了名,但慕容儁的猜忌之心却丝毫未改。让慕容垂镇守冀州这个中原腹心之地,慕容儁是一百二十个不放心,不久就以明升暗降之法,把他调往了留都龙城。要说慕容垂还真是兢兢业业,在哪个岗位上都发光发热,在留都任上没干多长时间,就把东北地区治理得有模有样,大得民心。这一来,慕容儁就更忌讳了,又把他召回了蓟都。显然,在慕容垂的问题上,慕容儁像是拿着一个烫手的山芋,用吧,怕他握有实权,对自己不利;不用吧,满朝文武又有意见。而慕容垂又处处留意,不给慕容儁以危害自己的借口,所以慕容儁一时也没什么办法,只好走走中庸路线,用慕容垂打打塞外的少数民族什么的,但并不予以重用。

直至光寿二年(358年),慕容儁终于找到了一个整治慕容垂的机会。

当初,慕容部与段部世代通婚,慕容垂就娶了段末杯的女儿,还生了两个儿子,两个人的感情一向很好。但这位段家小姐才高性烈,又自以为是贵姓,对慕容儁的皇后可足浑氏不怎么尊敬。这下子,慕容儁两口子算是找到了共同的敌人,床头床尾地没少合计怎么把慕容垂一家搞倒搞臭。

女人家要是玩起阴谋诡计来,往往比男人还阴毒,可足浑氏想了一个损招:收买一个太监,叫他诬陷段氏搞巫蛊诅咒今上。巫蛊这东西,近来的影视作品中常见,就是弄一个人偶代表你的仇人,然后你用针扎也好,用钉子钉也罢,总之就是借助巫师的法力将人偶承受的痛苦损害转移到真人身上去(如果人偶里夹杂有对方的头发、指甲等含有 DNA 的物质,则效果更佳）。据说被巫蛊的人轻者得病，重者一命呜呼，这实在是古往今来杀人报仇不留痕迹的必备良方。当年汉武帝时就曾大兴巫蛊之狱，皇后卫子夫、戾太子刘据等都因此败亡。所以慕容儁借此将段氏抓进大狱，严刑拷打，只要段氏熬不住一招认，他就可以用连坐之法废黜慕容垂。然而，没有想到的是，段氏夫人继承了段家男儿的血性与坚强，任凭你百般折磨，就是不招。眼看夫人在狱中被拷打得不成人形，慕容垂这铁汉再也忍受不住，偷偷派人送信给段氏说："人终归都是一死，你又何必强受这些苦楚呢？不如招认了吧！"段氏夫人叹息道："难道你以为我是怕死么？我要招认很容易，但我一旦自诬，上则有辱祖宗，下则连累于你。这种事我绝不会做！"最后段氏夫人竟惨死于狱中，至死也未招认罪名。由此，慕容垂才得免祸。

事后，慕容儁将慕容垂调到辽东任平州刺史。出于对段氏夫人的感念，慕容垂又娶了她的妹妹为妻，然而可足浑氏却找借口将其废黜，硬把自己的妹妹嫁给了慕容垂。日夜与仇人之妹共室同床，慕容垂自然没什么好脸色。慕容儁知道后，就更加憎恶慕容垂了。

与对五弟慕容垂相比，慕容儁对四弟慕容恪的态度就要好得多。这一来是因为慕容恪为人"谨厚深沉"、不露锋芒；二来因为幼时慕容恪不怎么受先王慕容皝的宠爱，对他的世子地位没有威胁；再加上慕容恪确实有经国之才，慕容皝临终又郑重推荐，于是在慕容儁的手下，这位名将之星得以绽放出最明亮的光芒。

慕容恪先是以主力军的角色取幽冀，擒冉闵，慕容儁称帝后，又被封为太原王、大司马、大都督、录尚书事。元玺四年（355年）十一月，慕容儁命其统领大军，讨伐割据青州的段龛。

段龛是段部大将段兰的儿子。当年段辽被石虎和慕容部两下夹击，打

了个稀里哗啦，逃进了密云山，段兰则投奔了宇文部。宇文逸豆归一直是亲赵派，后来就把段兰一家绑了，献给了石虎。石虎倒没杀段兰，而是让他统领旧部，屯驻令支城。段兰死后，儿子段龛统领其众。再后来石氏内乱，冉闵杀胡，段龛觉得待在令支难以自保，就趁机南迁，最后以广固（今山东青州）为根据地，建立了自己的地盘，自称齐王。351年，段龛降附东晋后，给慕容儁写了一封信，信上称慕容儁为"表兄"（慕容儁生母也是段氏），还指责说：表哥你不该称帝，这样很不厚道，云云。慕容儁大怒，遂动了征伐之意。

青州这个地方，山川险峻，东有负海之饶，北有大河为屏，是个易于割据称王的地方。晋末大乱之时，曹嶷就据此与石勒相抗。所以，慕容恪出发之时，慕容儁对灭掉段龛不是很有信心，说道："如果段龛遣军拒河，我军不能渡过的话，你可直趋野王，取吕护而还。"

慕容恪自然知道黄河天险难以轻易逾越，就先派了小股部队赶到河边，做出渡河的样子，试探段龛的动向。段龛的弟弟段罴（音pí）有勇有谋，请求率精锐在岸旁阻击燕军，段龛却另有考虑（也许是怕战线拉得过长），对此并不同意。段罴几次三番苦劝，惹得段龛火起，一怒之下，竟把段罴杀了。敌军未至，内乱先起，这样的段龛不亡才怪！

次年正月，慕容恪军顺利渡过了黄河。距广固一百余里，段龛率兵三万，亲来抵御。双方在淄水旁大战，段龛军溃败，逃回了广固。燕军乘胜围城。

按照正常程序，接下来就是攻城了。可令人奇怪的是，慕容恪围而不打，只是遣使招抚百姓。这一围围了十个月，半点儿攻城的意思都没有。燕军诸将都很着急，眼看就要到年底了，老子还想回家过年呢，大都督这是什么意思嘛！于是都纷纷来建议尽快攻城。

慕容恪不慌不忙，向众人解释道："用兵之势，因时而异，有时宜缓，有时宜急。若是敌我双方势均力敌，又有强援在外，有腹背受敌之忧，则攻之不可不急；若是我强彼弱，无援于外，足以取胜，则攻势宜缓，可待其自己困毙。如今段龛兵力尚众，上下未有离心，又以坚城为固，我若倾力攻城，数日便可攻拔，但那样势必令我军士卒多有损伤。我大燕自从兴兵中原以来，未有一年一月无战事，将士没有一日得休息，每想起这点，我常常夜不能寐，现在我怎能轻易以人命为代价，来博取自己的功名呢？只要能取得广固就好，不必苛求快速。"

这番话一说，诸将都彻底被感动了。古往今来，名将无数，哪个不是用人头堆起进身的阶梯？用鲜血染红冠上的簪缨？在这些将军们的眼中，将敌人的性命视作粪土自是天经地义，甚至为了达到战略目的，即便是己方士卒的性命，也可以毫不怜惜地牺牲。在这群雄逐鹿、杀人盈野的乱世，可曾见过慕容恪这样务求少伤人命、不以战功为挂怀的仁心统帅？啥也别说了，在这样的老板手底下打工是咱八辈子修来的福分！

于是军中人人感悦，回家过年的事再没人提，士兵们腰不酸了，背不痛了，腿也不抽筋了，挖壕沟、筑围墙也更有干劲了。这件事传到了青州老百姓的耳朵里，于是众人不去帮助段龛，反而争先恐后帮燕军运粮。

这就是人格的力量。

与此同时，城中则是另一番景象。由于燕军的封锁，城中发生了人吃人的饥荒，而且因为找不到柴禾烧，大冬天的守军不但无法取暖，就连吃人肉也是生吞活剥，整个广固城凄惨得如同人间地狱。在这样的情况下，段龛孤注一掷，率领全部兵力出城突围，却被慕容恪在包围圈中轻松击败。段龛只身逃回，余众尽皆投降。至此，段龛终于放弃了所有的希望，于十一月十四日面缚出降。于是青州平定，慕容恪徙鲜卑、胡、羯三千余户于蓟都后，振旅而归。

第9章 前燕迎来鼎盛时代

段龛在广固被围得奄奄一息之时,并不是真的没有援兵。名义上,段龛是东晋的镇北将军,他向东晋告了急,而东晋也确实派了援兵。不过,当东晋的徐州刺史荀羡带着军队抵达琅琊(今山东临沂北)附近时,却因为畏惧慕容恪的兵威而顿足不前了。

早在前燕攻打邺城之时,冉魏政权就曾以传国玉玺为诱饵,请求东晋救援。传说这玉玺乃是用著名的"和氏璧"雕刻而成,秦汉魏晋诸代帝王一路传下来,历经刘聪、石勒、石虎各霸主之手,当时正在邺城之中。谁拥有传国玉玺,就意味着谁是中国的正统王朝,因此对这样的无价之宝,前燕和东晋都垂涎三尺。为此,东晋派了个一百多人的特遣队进了邺城,连哄带骗,总算把玉玺弄回了建康。但是这样一来,实际上就打破了与前燕维持了六十多年的友好关系。

后来,慕容儁在蓟城称帝之时,恰好东晋的使者赶到。慕容儁就洋洋得意地对该使者说:不好意思啦,麻烦回去告诉你家天子,鉴于中州无主，我受百姓推举，现在已经是皇帝了！

天无二日，国无二君，慕容儁名义上是东晋任命的燕王，现在竟敢目无君上，"僭居"大位，至此，东晋与前燕就算彻底翻脸了。

没有永恒的朋友，只有永恒的利益。当年慕容部只是僻居辽西的小部落，如今却占据了整个黄河以北，慕容儁已不再需要东晋册封这张羊皮做伪装，丛林游戏的规则是胜者为王，所以燕晋之间一反之前的亲密关系，转而刀兵相见。

平定段龛之后，前燕的势力开始越过黄河，向南发展，而黄河以南的州郡大部分都在后赵灭亡后降了东晋，所以燕晋之间的边境冲突开始日益增多。慕容恪先是攻取了徐、兖诸郡，接着汝、颍、谯、沛等豫州郡县也先后落入前燕之手，唯有洛阳以南至淮水一线尚在东晋掌控之中。

随着领土的不断扩大，慕容儁的野心也在不断膨胀。为了西抗苻秦、南征东晋进而一统天下，光寿二年（358年）十二月，慕容儁甚至下令各州郡检校户口，每家只留一个男丁，其余的男子全部征发为兵，准备凑齐步卒一百五十万人，在来年春天大会于洛阳。要知道，当时前燕全国人口总数尚不到一千万，慕容儁竟想用全国人口的六分之一去打仗（还不算运输辎重的民夫），这简直是疯狂的自杀行为。后来由于这道命令受到了百姓的极大抵制，慕容儁害怕酿成民变，就将发兵比例改成了五丁取三，并将征集期限延长了一年。

但还没等到大军云集，慕容儁就病倒了。

得病的原因史书上没有明言，只是提到慕容儁住进邺宫后做了一个噩梦。梦的具体内容前面我已讲过，就是梦见石虎来咬他的胳膊。醒后，慕容儁重金求购石虎埋棺之所，找到尸体后又骂又踹又拿鞭子抽，末了还将其扔进了漳河。此事发生后几个月，慕容儁就得了重病。两者之间究竟有

没有关联,我也不知道,但查阅史籍,慕容儁一不酗酒二不好色,也不嗑五石散,没有其他不良嗜好,没有打仗受伤留下后遗症的记录,况且此时他正是年富力强的四十二岁,我实在不知道他究竟为何得了病,而且就此一病不起。

慕容儁自己已有了预感,他的第一反应不是向太子慕容暐交待后事,而是将慕容恪叫到了床边,用沉重的语气说道:"我的病恐怕好不了啦,这就是命,我又有什么可遗憾的呢?只是秦晋二寇未除,景茂(慕容暐字)年纪还小,怕是将来难当重任呐!所以我想效法宋宣公,将社稷交付给你……"

宋宣公是春秋时宋国的第十三任君主,此公临死前没有让儿子接班,而是以弟弟为继承人。此时在慕容家族内部,无论血统、资历、地位、能力,还是功勋,无人能出慕容恪之右,而太子慕容暐只不过是个十一岁的半大小子,若慕容儁真的以大燕社稷为重,实在没有比慕容恪更好的嗣君人选了。但历史经验告诉我们,这没那么简单,慕容儁的真实意图,多半是以此言语为试探,看看慕容恪到底靠不靠得住。

这一点,慕容恪当然明白。于是慕容儁话音刚落,他即撩袍拜倒,答道:"太子虽幼,但天资聪圣,将来必是明君。臣是何人,怎么敢乱此正统?"

一听这话,慕容儁大怒:"咱们兄弟之间,你却说这些客套话!"

慕容恪道:"陛下若以为臣有能力担当天下之任,难道臣就担当不了辅佐少主的重任吗?"

慕容儁心下大喜,老子就等你这句话呢,你总算自己说出口了!遂道:"四弟你若能为周公,我还有何忧愁啊!"

至此,二人对话结束。虽然是看似轻飘飘的三言两语,却有无限刀光剑影尽在其中。这许多年来,虽然慕容儁一直对慕容恪信任有加,但他功劳实在太大,威望实在太高,能力又实在太强,只要他心里有那么一丁点儿"可取而代之"的念头,自己留下的孤儿寡母绝对不是他的对手。为了让自己死得放心,死得安稳,慕容儁才搞了这么一次摸底会谈,只要慕容恪的回答有那么一丁点儿让人不满意,前燕的宫廷里势必又是一番血雨腥风。

这时,去年慕容儁下旨征发的士兵大多已至邺城集结。城里城外猛然间多了这么一百万乌合之众,治安管理立刻陷入了混乱,一时间盗贼横行,大白天人们都不敢出门。朝廷很是严打了一阵子,才把犯罪分子的嚣张气焰打压了下去。

建熙元年(360年)正月二十日,慕容儁拖着病体,检阅了集结已毕的军队,但他知道,自己已不可能再看到这些士兵在敌人的土地上冲杀奋战了。当天夜里,慕容儁召大司马慕容恪、司空阳骛、司徒慕容评、领军将军慕舆根四人入宫受遗诏辅政。次日,慕容儁病逝。

太子尚未登基,慕容儁一直担心的事情就发生了,按群臣的意见,都觉得慕容恪才是新皇的合适人选。此时慕容恪大权在握,又是人心所向,如果他真的有觊觎九五之尊之心,完全可以利用朝中舆论发动政变。慕容恪心中是否有过那种念头无人得知,他只是站了出来,对群臣道:"国家自有储君在,我慕容恪志不在此。"

于是,太子慕容暐总算顺利地继承了皇位。

慕容暐字景茂,是慕容儁的第三子。按照慕容儁的遗诏,他随即封慕容恪为太宰,行周公事,专录朝政;封慕容评为太傅,阳骛为太保,慕舆根为太师,参辅朝政。有慕容恪主政,饱受压抑的慕容垂总算得到了些出头的机会,被任命为河南大都督、征南将军、兖(音yǎn)州牧、荆州刺

史。以上便是十一岁的慕容暐刚刚即位时前燕的权力格局。

然而,虽然慕容恪心甘情愿当周公辅政,有人却不乐意了,此人就是太师慕舆根。

慕舆根生性倔强好胜,在前燕崛起的过程中他也立下了许多战功,如今他见慕容恪一人大权独揽,心中甚不服气。这时可足浑氏已经成了皇太后,这个愚蠢的女人精力旺盛,屡屡干涉朝政。慕舆根认为,如果在太后、皇帝和慕容恪之间加以挑拨、弄出乱子的话,他就可以混水摸鱼,趁机夺权。

于是慕舆根先找到了慕容恪,对他说:"现今皇帝年幼,母后干政,你就不怕像当年的杨骏一样酿成祸事吗?要想自保,不如废了今上,你自登大位,这才能保我大燕无穷之福!"慕容恪脸色一变,道:"太师你难道喝醉了不成?怎么说出这种悖逆的话来!我与你同受遗诏辅政,难道你忘了先帝之言么!"

这番凛凛言辞让慕舆根心下大惧,连忙告罪退出。

后来,慕容恪将此事告诉了慕容垂,慕容垂劝他趁乱事未萌,先杀掉慕舆根。但慕容恪考虑到,国家新遭大丧,秦、晋虎视眈眈,此时辅政大臣不宜互相诛戮,决定暂时隐忍不发。

但他隐忍不发,慕舆根却更来劲了。既然慕容恪难以说动,他就去找了太后可足浑,说:"乖乖不得了,太宰恪和太傅评联合起来要造反,臣请旨率领禁兵前去诛讨,以安社稷!"可足浑吓得够呛,赶紧回去跟小皇帝商量。慕容暐倒不像他老妈那么愚蠢,说道:"太宰和太傅是国之亲贤,受先帝所托,绝不会干这种事!再说,怎么知道不是太师自己想为乱呢?"就没同意。

慕舆根见太后和皇帝也说不动,开始着急了,又劝可足浑和慕容暐把国都迁回龙城。这两件事被慕容恪知晓，知道慕舆根绝不会就此作罢，势必会酿成祸乱，就与太傅慕容评联名密奏，派禁军诛杀了慕舆根及其妻子党羽。

先皇刚刚龙驭上宾，朝廷里就出了这档子事，禁军卫士到处抓人，一时弄得大臣们人心惶惶。慕容恪却举止如常，面无忧色，每天上朝下班只带一个随从。有人劝他多带几个保镖，慕容恪却依然故我。大家一看太宰稳坐钓鱼台，就想肯定没什么大事，何必自己吓自己呢！于是人心慢慢也就安定了。

当时，慕容儁征发来的百万士卒云集邺城，由于皇帝驾崩、朝廷动乱而无人管束，互相惊扰煽动，纷纷擅自逃归，甚至使邺城以南的道路都无法正常通行。东晋一方也蠢蠢欲动，有北伐之意。慕容恪命慕容垂出镇梁国，又遣骑兵两万巡行河南，直抵淮河而还，终于使慕容儁死后国内的动荡局势得到了平复。

慕舆根既除，慕容恪在朝中的权力就更大了，但他恪守人臣之道，不骄不惰，兢兢严谨，虽秉大政，遇事却一定要与太傅慕容评商议决定，史载其"虚心待士，谘询善道，量才授任，人不逾位"。他亲率大军平定了割据野王的吕护，又南克洛阳、西略崤渑，迫使秦王苻坚亲自屯驻陕城，以防燕兵。在慕容恪的治理下，前燕的国势如飞龙在天，迎来了入主中原后的鼎盛时代。

（第六卷完）

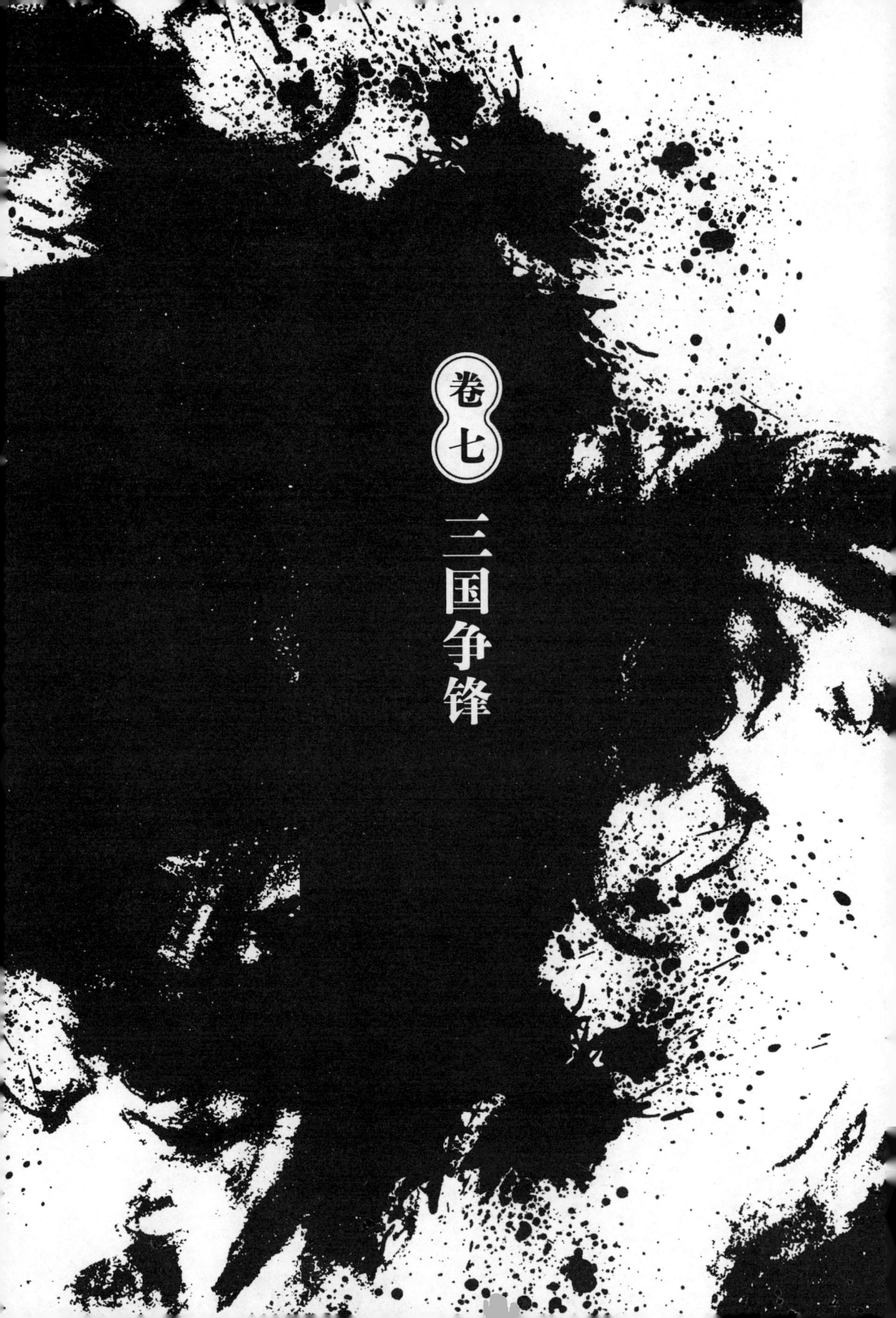

卷七 三国争锋

第 1 章　氐族人加入赌局

一个秋日的夜晚，黄河古渡旁。

两个汉子正在执手话别。

渡口上架着浮桥，一队队手持火把的士兵匆匆走过，照映得河水仿佛也在燃烧。

话别的人眼看队伍即将过尽，其中一个道："若事情不成，你死河北，我死河南，今生不复相见！"说罢纵身上马，头也不回地过了河。

大火在他身后燃起，转瞬间就吞噬了整个浮桥。

此去不取长安，绝不复还！

这一年正是石虎死后、中原大乱的350年，当时冉闵正在苍亭与反冉联军相持，慕容氏的前燕已经夺取了幽州，东晋方面则在酝酿乘乱北伐……而这位焚桥西行的汉子，乃是氐酋苻健。他在孟津与侄子苻菁分手后，急速入关，不久即占据了三秦之地，建立了十六国时期的又一个强大政权——前秦。

但要完整地叙述前秦王朝的历史，追本溯源，还是要从氐族的先世说起。

氐人这个古老的民族早在殷商时期即见于史载，世代居住于今甘肃、陕西、四川三省交界的山岭谷地之中，常与羌人交错杂居，加以两者习俗相近，当时的中原人常常搞不清哪个是氐族，哪个是羌族，史书上也往往氐羌并称。

与匈奴、鲜卑等游牧民族不同，氐人长久以来就过着定居的农业生活，他们住板屋，种桑麻，也搞马、牛、羊等养殖业；善织布，喜穿青、绛和白色的衣服；女子都梳辫发；盛行火葬；等等。他们聚族而居，形成大大小小的部落，每个部落都有自己的头领，汉人称之为"酋"或者"王"。

汉魏以降，随着中原王朝的对外扩张和边疆开发，氐人居住的地区大多被设置了郡县，许多氐族人也像汉族百姓一样成了交粮纳赋的顺民，还有些氐人则被政府强制迁徙到了内地，不愿受朝廷管束、不堪受官府欺压的，则逃进偏远的山里继续过原始生活。

苻健的先世就是从武都（今甘肃成县）迁往略阳（今甘肃天水东）的氐人中的一支。

他的父亲蒲洪是部落小帅。当年，家里的池塘中长出了十多米高的蒲草，成为邻里的一道奇观，被人们称为蒲家，于是索性就以"蒲"为姓氏。

蒲洪年轻的时候乐善好施，骁勇多权略，后来赶上晋末天下大乱，他散千金招徕四方英杰之士，被族人们推举为盟主，身边聚集的各族百姓们也就越来越多。

但那时匈奴、羯胡气势正盛，蒲洪不得已，先是降了刘曜，后来又投靠了石虎。333 年，石虎平定关中石生之乱后，蒲洪乘机劝石虎迁徙关陇豪杰和氐羌部落到关东，还说："诸氐皆洪家部曲，洪帅以从，谁敢违者！"石虎大悦，依言而行，将秦雍百姓和氐、羌十余万户迁到了冀州，又任命蒲洪为龙骧将军、流民都督，率领部民居于枋头（今河南浚县东南）。从此，蒲洪以枋头为根据地，开始经营自己的势力。

在石虎的麾下，蒲洪东征西讨，立下了不少战功。征段辽，得封都督六夷诸军事、冠军大将军；平梁犊，又升为车骑大将军、都督雍秦诸军事、雍州刺史。对于蒲洪的日益壮大，石虎没有感到任何不安，倒是另有一人远见卓识地看出了蒲洪并非池中之物，建议石虎早点儿除掉他。此人就是冉闵。

我想，这多半是因为冉闵和蒲洪其实是一类人，彼此都知道对方到底想干什么。不过石虎并没有听从冉闵的劝告。直到石遵即位，冉闵又进谏道："蒲洪雄俊，既得将士死力，诸子又有非常之才，如今让他镇守关中，臣恐秦、雍之地日后将非国家之有。"于是，石遵就罢免了蒲洪雍秦都督一职。这一来，反倒惹恼了蒲洪，回到枋头后，他就降了东晋。

对于蒲洪的反叛，忙着抢班夺权的冉闵根本无暇顾及。后来邺城大乱，当年迁到关东的三秦流民在逃避兵燹和思乡情切的双重驱使下成群结队西归。由于枋头位处交通枢纽之地，大批流民路过此处，共同推举蒲洪为主，蒲洪的队伍短时间内就膨胀到十余万人。

邺城终于感受到了来自蒲洪的压力。石鉴派来了使者，想封蒲洪为都督关中诸军事、征西大将军、雍州牧、领秦州刺史，意思是我惹不起你，干脆把你封到关中去，好歹离我远一点儿。蒲洪这时也面临着一个选择：是回老家发展呢，还是留在关东用这些流民成事？回去吧，放着河北这么大一块肥肉不吃，实在可惜；不回吧，关东群雄并起，局势复杂，这块肥

肉未必能吃到自己嘴里。

左右摇摆之际，蒲洪把手底下的干部们召集起来开会，问到底接受不接受石鉴封的官职（若回关中，自然接受更加有利）。讨论了一会儿，两种意见都有，这时一个叫程朴的文官说："不如和后赵讲和，然后像春秋列国那样和后赵分境而治。"此言一出，蒲洪大怒："我难道不配当天子么，说什么列国！"立刻把程朴这个倒霉蛋拉出去砍了。

这说明，蒲洪的野心很大，决不想只是割据自守、当一方的霸主。有程朴的人头在先，下边的人忙不迭地向蒲洪上尊号，于是蒲洪便自称为大将军、大单于、三秦王。当时谶文流行，又是谜语，又是预言，其中有一个谶文里面就有"草付应王"的字样。草付，不就是"苻"嘛！"蒲""苻"差不多，改了更吉利，因此蒲洪就把姓改成了"苻"。

但那时眼光盯着天下的不止他一个，苻洪有很多强劲的竞争对手，曾经的战友、羌酋姚弋仲就是其中的一个。这老头和苻洪一样，也是被石虎从关内迁到河北来的，他的根据地在清河滠头（今河北枣强东）。这年春天，姚弋仲派了儿子姚襄领兵五万来打苻洪，被他杀个大败。得意洋洋的苻洪对身边的人说道："孤有十万之众，又居形胜之地，冉闵、慕容儁指日可灭，姚襄父子也在胜算之中，孤取天下，比汉高祖刘邦要轻松！"自负之情溢于言表。

然而老天特喜欢开人的玩笑，你高兴得太早，就难免乐极生悲。

年初的时候，苻洪俘获了一员名将，此人就是石虎手下的将军麻秋。麻秋也是胡族，向以心狠手辣闻名。他镇守的地方要是有小孩哭闹，孩他娘就吓唬说："再哭，麻胡就来啦！"哭声马上消失。可见在止啼方面，麻秋和张辽很有一拼，要是活在当代，可以去竞聘幼儿园园长。

麻秋投降苻洪后，挺受他的器重。但苻洪并不知道，自己是收养了一条毒蛇,麻秋一直想将苻洪的部众据为己有。这一天,趁着苻洪来自己家里赴宴的时候,麻秋就在他的饮食里偷偷下了毒。但苻洪体质强健,中毒后一时死不了,急遣世子苻健率兵诛杀了麻秋。末了,苻洪嘱咐苻健道:"我之所以没有入关,是以为中州指日可定,不想今日却被小人所害。中州之地不是你们兄弟征服得了的。关中形胜之地,进可一统天下,退不失保全秦雍。我死之后,你们要火速入关!"言终而卒。

苻健兄弟擦干了眼泪,准备按照父亲的遗命西进入关。但当时长安已被军阀杜洪所据,不是想进就进得去的。为此,苻健采用了声东击西之计,他先是接受了后赵石祇的封官,又在枋头兴建宫室,叫手下的士兵都去种麦,敢有不种的,就杀头示众。凡此种种,都是做给外人看的,意思是老子哪儿也不去了,就在这儿安家。等时机一到,苻健马上整顿部众急行而西,兵分两路,一路由侄子苻菁率领,走黄河北面的轵关;自己则和弟弟苻雄由孟津渡河,走黄河南面的潼关。本章开头描述的场面,就是苻健和苻菁分手时的情景。

杜洪听说鬼子要进村,先是写了一封信大骂苻健,既而派了一支一万三千人的部队前去阻击。结果当然是杜洪战败。但苻健表现得很有风度,没把杜洪的骂詈放在心上,反而写了一封很客气的回信,并附送名马珍宝美女给杜洪,说自己到长安去没别的意思,是专程给他上尊号的。杜洪看罢回信,道:"苻健这小子甜言厚礼,摆明了是黄鼠狼给鸡拜年——没安好心!"于是尽发关中之兵,准备与苻健决战。

面对如此大事,刚刚入关的苻健焚香斋戒,卜了一卦,卦象是《泰》之《临》。

在《易经》的八八六十四卦当中,泰卦的卦辞是"小往大来,吉亨"。苻健认为,苻氏当年弱小之时往东而去,现今西归,正是走向强大

的好机会，是大吉大利之兆。由泰卦一变而为临卦，则三爻动，而泰卦第三爻的爻辞是"无平不陂，无往不复"，字面上的意思是：没有平地，就没有陡坡，去了的终究要回来。也正应苻健西归之象。所以苻健高兴地对手下说："我们现在面临的形势和当年刘邦入关一样，我们也一定会取得胜利！"

苻健统领的部众，大多数都是原居关中的流民，在外颠沛流离多年，现今总算回到了故土，个个都是群情感奋；再加上受了"小往大来"这种思想的鼓舞，晚上抬起头来仰望星空，似乎连银河都是向西流的，人人斗志昂扬，打起仗来那是相当地有干劲，所以苻健军势如破竹，很快就挺进到了关中腹地。苻氏在关中本来就很有威望，周边的氐羌等少数民族的酋长见状，纷纷投降，只剩下杜洪一个人苦守长安。

十月，苻健的军队开至长安城下。杜洪吓得一仗未打，向西逃窜，苻健兵不血刃，卷甲入城。

虽然据有了长安，但其时关中未平，局势仍很混乱。考虑到关中民心思晋，为了进一步站稳脚跟，苻健决定暂时与东晋搞好关系，特意派了人去向建康朝廷献捷。

这时，苻健手底下的一个文官未经他允许就向东晋朝廷上表，请求依照当年刘备称汉中王的典故，封苻健为秦王。苻健得知后非常生气，有组织无纪律，这还得了？再说了，我派往晋廷的使者还没回来，封我什么官爵是你们这些腐儒能议论的么！

猛一看，还以为苻健这是尊重东晋，实际上，他是嫌"秦王"这顶帽子太小，私底下向几个大臣暗示再换一顶大的来。大臣们自然会意，就集体劝进，苻健照例推辞了一番，终作勉为其难状接受了下来。

公元351年正月二十日，苻健称天王，国号大秦，立宗庙，置百官，建立了前秦政权。第二年，他正式称帝。此后苻健一边治理内政，轻徭薄赋，搜求人才，废除苛政，崇尚节俭；一边派苻雄、苻菁等四出征讨，斩张琚，败谢尚，平陇西，定上洛，前秦的国势便如早晨八九点钟的太阳一般冉冉升起。

正在形势一片大好之际，在距长安数千里外的江陵，有一个人做了一个决定。正是这个决定，几乎让新生的前秦王朝彻底倾覆，险些改变了中国历史的进程。

此人便是桓温。

第 2 章 青年桓温崭露头角

桓温,字元子,出身谯郡龙亢(今安徽怀远西北)桓氏家族。东汉时其先祖虽然是五世儒宗,当过皇帝的老师,但后来因为在高平陵之变中党附曹爽而受到了司马氏的迫害,入晋后一直名位不显。直到西晋末年,桓温的父亲桓彝仍然人微官轻,在当时的士族圈里是个籍籍无名的角色。

桓家真正开始发迹是在桓彝过江之后。永嘉之乱结束了西晋的统治,也使得以"中朝名士"为核心的士族交往圈成了历史,新的人际网络开始在江南重新形成。在这一洗牌重组的过程中,长袖善舞的桓彝多方交游,积极活动,终于跻身"江左八达",与羊曼、阮放、温峤、庾亮诸人并称"中兴名士",为自己在士族圈赢得了不错的声誉。尤其是与温峤、庾亮的友谊,使得桓彝"上边有人",仕途亦顺遂起来。到王敦第二次兴兵之前,桓彝以散骑常侍一职得参晋明帝讨伐王敦的密谋,事后因功封万宁县男、宣城内史。苏峻之乱,桓彝招集义兵与叛军对抗,困守孤城期年不降,最后被苏峻部将韩晃擒获,以身殉国,这也大大提高了桓氏一门的声望。

桓温是桓彝五个儿子中的老大,出生于天下大乱的永嘉末年。据说他还未满周岁,当时还未曾过江的温峤一见便道:"此儿有奇骨,可试使啼。"听了他的啼哭之声,温峤又感叹说:"真英物也!"桓彝见自己的儿子深得温太真的赞赏,便决定用温峤的姓氏为此儿取名,唤作桓温。温峤开玩笑说,要是这样,以后我干脆改姓好了!意思是这小儿以后准大有出息,我可不敢冲撞他的名讳。

桓彝死难之时,桓温刚刚十七岁①。得知父亲被害,他"枕戈泣血,志在复仇"。然而当时叛军势头正盛,桓温无可奈何,只能暂且忍耐。一年后苏峻败亡,韩晃被郗鉴追斩,另一名参与加害桓彝的泾县令江播也已经去世。于是桓温将复仇的目标放在了江播的儿子身上。

江播的三个儿子正在居家服丧,听说桓温有意前来寻仇,便将利刃藏于哭丧棒里严加防备。可桓温还是伪装成吊客,潜入江播家中,先将老大江彪刺死于草庐,又将他的两个弟弟一一追杀。在"以孝治天下"的汉晋时期,"以孝律人"成了法律的准则,因此为报父仇而杀人通常并不会受到刑律的制裁,相反还会受到舆论的支持和褒扬。十八岁的桓温手刃杀父仇人一事在当时亦被视为"感动中国"的孝义壮举,他由此声名鹊起,成了年轻一辈士族中与殷浩齐名的后起之秀。

尽管如此,由于父亲去世后家中丧失了主要的经济来源,桓家势单力孤,而桓温又未及出仕,这一时期他的生活是比较清贫的。更糟糕的是,同那个时代的许多不良少年一样,桓温也沾染了赌博的嗜好。据说有一次他大输特输,欠了一屁股债,债主成天堵门儿要钱,桓温走投无路,遂决

---

① 虽然《晋书·桓温本传》云桓彝死时温十五岁,但据桓温卒年反推,应为十七岁。

定向"赌王"袁耽求救。袁耽比桓温大数岁,一直以来对这位小兄弟非常欣赏。他曾经对桓温说:"我恨不得再有一个妹妹,好许配给你!"(袁耽有两妹,之前一嫁殷浩,一配谢尚。)同时两人也是赌友。当时袁耽正在服丧期间,按照礼法是不该参与赌戏的,所以桓温来请他时心里也在打鼓。但袁耽听说是好哥儿们需要帮助,当即一口应允,换掉丧服,怀揣一顶布帽便随桓温去了赌场。债主虽然听说过赌王袁耽之名,但并不认识,这时见桓温找来了帮手,落座后上下打量一番,说你总不会是袁彦道(袁耽字彦道)吧?袁耽不作声。很快赌注攀升到十万一掷,进出间便是百万之数。袁耽状态大勇,伴随着声声呼喝,但见投码在他手中上下翻飞,掷出去非卢即雉,桓温也在一边大呼造势,旁若无人,顷刻间便赢了几百万。最后一把结束后,袁耽掏出帽子掷向债主,说道:"这下你总该认识袁彦道了吧!"靠着袁耽的帮助,桓温这才还清了赌债。

不久之后,桓温终于时来运转,开始以琅琊王文学一职入侍。数年后他更因为是功臣后代、声名甚佳,兼之相貌英武过人①,而被选为了晋明帝之女南康长公主的女婿。皇亲国戚的身份使青年桓温的名望地位得到了进一步提升。

这一时期,桓温有意效仿那些出身清贵的士族们的生活方式,频频出入首都圈的各种社交场合,尤其是参与清谈这种以谈玄论道为主的"高端峰会"。不过有迹象表明,以桓温的脾气秉性,他与这种耍嘴皮子的空谈并不十分投契。《世说新语》记载,大约在咸康元年,青年桓温参加了丞相王导组织的一次清言沙龙,殷浩、谢尚、王濛、王舒等年轻一辈名士都有出席。这次清谈一直进行到深夜,主持人王导与殷浩迭相论辩,语带机

---

① 史书云桓温豪爽有风概,姿貌甚伟,刘惔说他"眼如紫石棱,须作猬毛磔,孙仲谋、晋宣王之流亚也"。

锋,就形而上的问题讨论得十分尽兴,以至于王导感叹说再次得闻"正始之音",还将自己手中的麈尾赠与了殷浩。而包括桓温在内的其余诸人"略无所关",基本插不上嘴,只能充当看客。

在当时,虽然桓温和殷浩同被视为新一代风流人物的代表,但若论玄学造诣,似乎时人都认为殷浩要更为出色。史书说殷浩"弱冠有美名,尤善玄言","为风流谈论者所宗"。但对这一点,桓温心中其实是不大服气的。有一次他故意问殷浩:"君何如我?"殷浩回答:"我与君周旋久,宁作我。"周旋是交往应酬的意思。殷浩这句话是说,我跟你相处久了,彼此都十分了解,你我两人比较,我还是宁可做我自己。其中是否含有轻视的意思,桓温应该能听得出来。还有一次,桓温与殷浩、刘惔清谈,"不如甚",心里很不痛快。当即叫手下人取来戎装,上马持槊,耍了几个来回,时而指向殷浩,时而指向刘惔,"意气始得雄"。而桓温与殷浩的竞争,后来也从玄坛延伸到了政坛,贯穿了两人的一生。

对于桓、殷两人才性上的差别,当时东晋方面的重臣庾翼是比较清楚的。

自从庾亮去世之后,朝权基本上被其弟弟庾冰、庾翼所掌握。庾氏兄弟一贯反对王导时期清静无为的"愦愦"之政,治国理政的风格倾向于集权和务实,因此更加欣赏具备实际才干的人才。而且在少年时代,庾翼便与桓温相识,彼此十分投缘。所以在掌权之后,庾翼曾主动向晋成帝推荐桓温,说他"有英雄之才,愿陛下勿以常人遇之,常婿畜之,宜委以方、邵之任(方叔和邵虎是辅佐周宣王中兴的功臣),必有弘济艰难之勋"。而对于殷浩,庾翼则颇不以为然,认为这样的玄谈之士应该束之高阁,待天下太平时妆点局面即可。

桓温三十一岁那年,晋成帝司马衍病逝。为了继续以帝舅的身份执掌

朝权,庾冰、庾翼以"国有强敌,宜立长君"为由,力主以成帝的同母弟琅琊王司马岳为新君,是为晋康帝。康帝虽已成年,但依然是个傀儡,这一时期的朝政皆由庾冰和中书令何充处理,外事则主要委任给坐镇武昌的荆州刺史庾翼。

庾翼继承了自陶侃、庾亮以来经营汉沔的政策,素以平胡灭蜀为己任,治理荆州数年颇有政绩,又北结前燕的慕容皝和凉州的张骏,为北伐营造有利的国际形势,慕容皝和张骏都表示愿意配合东晋共同出兵。于是在康帝即位不久,庾翼便向朝廷上表请求北伐。当时朝廷里多数大臣都不赞成这一提议,而除了庾冰之外,桓温亦是庾翼的极少数支持者之一。这种情况下,加之北伐急需统兵之才,庾翼便保举当时以辅国将军一职出镇金城的桓温为前锋小督,率兵渡江进据临淮一带。

尽管朝廷里的反对声音很大,但庾翼还是执意于北伐战略,为此他决定先将大本营由武昌迁至襄阳。这又直接导致了重要方镇的调整:庾翼率部北上后,为了填补长江中游的空虚,庾冰遂出都就任江州刺史、七州都督,镇守武昌;本来已经被排挤外任的何充由徐州征回,出任中书监、扬州刺史,录尚书辅政;何充留下的徐州刺史职位,则落到了桓温手上。

这对于桓温来说是一次相当重要的升迁。三十二岁的他不但在官职上始居方岳之任,有了自己大展长才的地盘,而且京口扼守建康东方门户,"酒可饮,箕可用,兵可使",地位十分重要。如果朝廷受庾氏兄弟左右最终大举北伐,东线的桓温势必会有一番作为。

可惜人算不如天算。正当移镇襄阳的庾翼踌躇满志,全力筹措北伐后赵之时,先是在位刚刚两年的康帝司马岳突然病逝,既而因为庾翼、庾冰皆在外鞭长莫及,中书监何充拥立年仅两岁的皇子聃为君,又请出康帝皇后褚氏临朝,抹除了庾氏兄弟的"帝舅"名分,东晋内部的权力斗争再次出现了严重升级的迹象。紧接着不到一年之内，庾冰、庾翼兄弟又相继病亡，庾氏势力骤然中衰，短时间内朝廷里暂无王导、庾亮那样的权臣秉政，各大门阀士族在权力分享上亦尚未形成新的秩序。以上这些背景，都为桓温的崛起创造了条件。

而庾翼壮志未酬的北伐事业，也终将在桓温的手中得以实现。

第 3 章 西征成汉

庾翼临死前虽然向朝廷表请由自己的儿子庾爱之继任荆州刺史，但由于庾爱之威望不足，庾翼去世后其部将干瓒等人很快掀起了叛乱。此事尽管被南蛮校尉朱焘剿平，却提醒朝廷庾爱之并非荆州刺史的合适人选。主政的何充恰好是庾氏兄弟的政敌，希望趁此机会清除庾氏势力，遂力主将"有文武器干"的桓温调任荆州。

于是在晋穆帝永和元年（345 年）秋天，桓温自京口西上，成了新任安西将军、六州都督、荆州刺史。

相比侨治京口的徐州，拥有实土的荆州下辖二十余郡、近四十万户人口，实乃东晋第一强藩。又经过陶侃、庾亮、庾翼数代经营，粮储丰赡，兵强马壮，至桓温出镇时起码在硬件上已经具备了很不错的条件。初来乍到的桓温唯一要做的，就是收拾人心，在荆州站稳脚跟的同时将庾氏势力平稳地排除出去。

这一点他做得相当成功。据《世说新语》记述，桓温到荆州后，"全欲以德被江、汉，耻以威刑肃物"。为政风格正与执法严峻的庾翼不同，以至于下属犯过错需要杖责之时，执法吏手中的棒子"上捎云根，下拂地足"，别看挥得老高，其实根本没打实。就这样，桓温还对人说生怕打重了。这种比较宽和的管理方式，也赢取了荆州百姓的好感。而对于庾翼的旧部，桓温则大多选择继续留用。至于庾翼的儿子庾爰之，对于桓温的到来并不敢抗拒，史籍但云他"寻为桓温所废"，后来跟卸任义成太守的兄长庾方之一同迁徙到豫章居住，不声不响地退出了政治舞台。

桓温出镇荆州的第二年，举荐他担任此职的何充病卒。主掌中枢的人又变成了司徒蔡谟和小皇帝的叔叔、会稽王司马昱。当时东晋国中形势，褚太后的父亲褚裒（音 póu）为徐兖二州刺史镇京口，桓温为荆州刺史镇江陵，江州刺史一职据田余庆先生推测，很可能由琅琊王氏的王羲之担任，而豫州方面在刺史路永（此人原为苏峻心腹）叛逃后赵后情况不明。这其中以荆、徐二藩实力最强，互相制衡。故此何充在去世前每每言道："桓温、褚裒为方伯，殷浩居门下，我可无劳矣。"而接替何充执政的会稽王司马昱当时才二十来岁，自感威信不足，便采纳褚裒的建议，固征此前虽挂职侍中，其实却隐居多年的名士殷浩出山任扬州刺史。殷浩辞让了小半年，终于答应就职。这一来，桓温和殷浩之间的竞争又大体站到了同一起跑线上。

实际上，与"高谈《庄》《老》，说空终日"以博取高士之名的殷浩相比，志在事功的桓温在眼界和雄心上都超出了不止一个档次。而就在殷浩就任扬州刺史数月之后，桓温便以极佳的战略眼光和过人的魄力做出了一个重要决定：他要发兵入峡，西征割据巴蜀四十余年的成汉！

后人有言云："天下未乱蜀先乱。"自古以来，四川盆地因其独特的地理环境和人文状况，往往在中原王朝衰退没落之时极易催生出趁乱割据

的地方政权。西晋末年关陇地区动乱频发，又复连年荒旱，致使成千上万的关陇流民络绎穿越蜀道，进入汉中和四川盆地一带求食，出身巴賨（音cóng）的李特兄弟便在其中。八王之乱爆发后，当时的益州刺史赵廞（音xīn）谋求割据不成，反被流民帅李特兄弟击败。既而不愿北返的六郡流民推举李特为主，攻围新任刺史罗尚，并在益州北部建立了政权。后来李特虽被晋军击斩，但其弟李流、其子李雄先后领导余部与罗尚对抗，终于攻克成都，正式称帝，国号大成，并逐渐控制了益州全境。

至桓温决意伐蜀之时，李氏政权已经传承了五世、四十三年。这四十三年之中，李雄统治的前三十年国势安定，可算是大成政权的兴盛时期。后来李雄由于一直没有嫡子，便立了他哥哥李荡的儿子李班为太子。在其死后，心怀不满的庶子李越、李期等将李班刺杀，引发了国中内乱。结果李雄的堂弟李寿袭破成都，诛灭了李期、李越，并改国号为汉，成了内战的胜利者。李寿在位后期大兴土木、任用威刑，国势开始日渐衰颓。而李寿的儿子李势继位后，耽于财色，不恤政事，又骄吝猜忌，信用佞幸而诛戮大臣，加之国中夷獠叛乱，有识之士都看得出来，成汉政权的衰败已是无可挽回。因此桓温认为，眼下正是取蜀的绝佳时机。

不过，蜀地毕竟山高谷深、道路险远，桓温手中又只有荆州一州之兵，况且朝廷也并不支持这一计划，因此他手下的将佐们大多都对此表示反对。只有江夏相袁乔劝他说："古来经略大事，皆非常人所能理解。智者只需了然于胸便是，不一定非要跟众人的意见一致。现在为祸天下的，不过胡、蜀二寇。蜀地虽然险固，实力却比羯胡弱，理应先从容易的一方下手。如今李势无道，臣民不附，又自恃险远而不修战备，我们可以发精卒万人轻装疾进，等到敌人发觉，我军早已脱出险要之地，定可一战成擒！有人担心我军西征，胡人或许会乘虚来攻，这一结论其实似是而非。

石虎听闻我军敢万里征伐，会认为我们早有防备，绝对不敢轻举妄动。就算当真前来寇掠，留守的军队亦足以御敌。蜀地富饶，号称天府，当年诸葛武侯能用之抗衡中夏，又势据上流，易为寇患，若能袭得此地，实乃国家之大利！"

袁乔的这番论述，桓温深以为然。不过十年之前，当时的成汉君主李寿便曾经跟后赵的石虎联络，相约联兵攻晋，瓜分江南。这一计划虽然未能真正实施，但足以说明胡、蜀二寇互相呼应对于东晋方面的危险性。当年庾翼欲平胡灭蜀，选择后赵作为首先攻伐的对象，现在看来并非良策，还是柿子先挑软的捏，先搞定巴蜀才是最佳战略。而对于逆流而上的桓温军来说，以轻军直捣腹心、速战速决也是最大程度避免蜀人利用天险克制自己的唯一选择。何况有庾翼为北伐"并发所统六州奴及车牛驴马"，引得荆州百姓嗟怨的例子在前，上任刚刚一年的桓温也不宜兴师动众。

故此，桓温决定无视朝廷方面的反对意见，而采纳袁乔的建议，只动用自己麾下的一部分兵力伐蜀。

永和二年（346 年）十一月初五，他统领征虏将军周抚、辅国将军司马无忌等溯长江西上，以袁乔统兵两千为前锋，拜表辄行，直趋蜀境。这支军队的总兵力正史无载，据《世说新语》引《晋阳秋》所云，桓温的直辖兵力为"所领七千余人"。即便加上袁乔、周抚等人的军队，应该也不会超过一万五，确实算得上是轻军。建康方面得到汇报，都为桓温的军队少而深入感到担心，只有桓温的故友刘惔认为必克。有人问他何以如此断言，刘惔说，桓温自来善于赌博之戏，没有把握的事他从来不干，我只怕他得蜀之后，朝廷就再也压制不住他了！

由于在庾亮、庾翼时代，东晋已经取得了巴东地区，因此桓温军在穿越三峡天险时，遇到的唯一阻碍只是湍急的水流和两岸嶙峋如怪兽的礁

石。一百三十多年前，刘备两路进攻割据蜀中的刘璋，当时诸葛亮统领张飞、赵云便是由此从荆州入川，夺取了益州南部。而在鱼复县（今四川奉节）西的江岸平沙之上，相传便有诸葛亮设下的八阵图存在。桓温军行此处，但见河滩上布列着一片五尺左右高的石堆，石堆与石堆间相隔两丈，每八堆构成一行，总共八行六十四堆，如同棋盘上纵横罗列的棋子。随行文武皆不识得此阵的奥妙，桓温便道："此阵势如常山之蛇，击其首则尾至，击其尾则首至，击其中则首尾俱至。"众人尽皆叹服。

晋军穿越三峡期间，还发生了一个小插曲：有士兵不知从哪里捕获了一只野猿的幼崽，带到船上玩弄。然而舟行一百余里，一直有老猿在岸边的山崖上哀号追逐，叫声极其凄厉。最后，这老猿寻了个机会从绝壁上纵身跃下，一头碰死在了船上。有人剖开老猿的肚腹，但见其中肝肠寸断。桓温得知此事后大为恼怒，狠狠处罚了那个捕获猿崽之人。

不知是不是受到了这件事的影响，连续数日行驶在绝壁遮天、幽暗险仄的峡谷中，入耳尽是惊涛拍岸、猿猴悲鸣之声，联想到兵凶战危，此去难说没有风险。平素性格爽朗的桓温竟也变得伤感起来。他仰天叹道："既为忠臣，不得为孝子，奈何！"当初汉宣帝时有个叫王阳的人担任益州刺史，巡行至一道路绝险的山岭，深感以身犯险有违孝道，后来便称病辞职而去。至汉元帝时，新任刺史王尊也来到了这个山岭前，问手下这是不是以前王阳不敢走的山路。手下说正是。王尊便命令赶车人道："前进！他王阳当孝子，我王尊只当忠臣。"这时桓温有感于猿猴母子情深，多半也思念起了自己的老母，深知成大事者忠孝不能两全，故而有此一叹。

第 4 章 北伐前的博弈

次年二月,直到桓温军进抵青衣水与岷江的交汇处附近,成都的李势才得到晋军入侵的消息,慌忙派右卫将军李福、镇南将军李权、前将军昝(音zǎn)坚分三路迎敌。事后看来,在没有摸清桓温军动向的情况下,这样贸然分兵出击显然是一个错误的决定。听说桓温已经舍舟登陆,有人向昝坚建议,可以在岷江南岸设伏等待晋军前来,但他并未听从,而是引军从江北鸳鸯埼渡直向犍为而去。

三月,晋军进至距成都二百里的彭模(今四川眉山彭山区)。将佐们提出,应该在此分兵两路俱进,以分汉军之势。袁乔表示反对,理由是我军悬军深入,已经到了不胜即死的险地,倘若分为两军,会使我们本就不多的兵力再次削弱,万一有一路失败,局势将无可挽回;反不如全军直进,每人只带三天粮食,破釜沉舟,一鼓作气,必定可以战而胜之!

桓温再度认同了袁乔的意见,只留参军周楚、孙盛在彭模看守辎重,自统余众沿岷江南岸步上,直指成都而去。

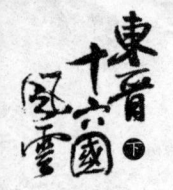

不久，汉军李福部来攻彭模，被周楚、孙盛力战击退。桓温这一路则迎面遇到了李权军，三战三捷将其击溃。而昝坚率军赶到犍为，才发现自己跟桓温走岔了道，急忙回军从沙头津北渡。等他狼狈赶回，桓温已经进至成都城下十里，昝坚军士气瞬间降至谷底，不战自溃。

这种情况下，汉主李势没有选择闭门固守，而是悉众出城，与桓温在城西四里处的笮桥展开了决战。

战斗的具体情形史籍记载极其简略。我们能够知道的是，初时战况对晋军不利，参军龚护战死，袁乔也且战且退，敌人的箭矢甚至射到了桓温的马前，左右尽皆失色，诸将都生出了退却之心。就在这时，一个本不该发生的意外改变了战争的进程——"鼓吏误鸣进鼓"。要知道，冷兵器时代的战场指挥主要靠旗帜金鼓，而且历来的规矩是"击鼓而进，鸣金而退"。军阵中的单个士兵受限于视野，所做出的选择基本上全依赖于周边人的反应。这时候桓温军中的鼓吏不知道是误会了指挥官的意思还是慌乱中犯下了错误，突然击打起了号令前进的战鼓。本来已经处在退却状态的士兵（尤其是后排的士兵）不清楚前方的状况，一听进鼓响起，以为本方已经扭转了战局，当即发动了冲锋。而其他士兵见状，也不由得跟着前进。袁乔等将领也趁机督士卒力战，晋军的气势一下子重又振作起来。结果李势军大败，桓温乘胜长驱，直扑成都城下，放火烧起了城门。

李势手下群臣见大势已去，都劝他尽早投降。可李势担心自己一旦投降，会像东汉初年的公孙氏那样遭遇灭族的下场，于是在夜里偷偷打开东门，直逃到数百里外的晋寿葭萌城后，才派人送来降表，乞求桓温给自己留一条活路。

这次桓温征伐西蜀，本来便有扩充自身实力的意图在内。为了收揽民心，他在入城后采取了宽大政策，一边举贤旌善，一边吸收蜀地精英士人为自己的参佐。李氏家族本出流民,在蜀中根基不深,没有必要非得斩草除根,所以面对"舆榇面缚"的李势,桓温愉快地接受了他的投降,下令烧掉他抬来的棺材,亲手解开他身上的绳索,将他和宗室十余人送往了建康。后来李势被晋朝封为归义侯,十多年后才去世。

存在了四十余年的成汉政权,就这样在五个月不到的时间内,被桓温以一州之力而灭。

史料记载,桓温在停军成都的三十多天里,曾经在李势的皇宫里大宴将佐,"巴蜀缙绅,莫不来萃"。席间桓温雄姿英发,与诸人畅谈古今成败之由,其豪爽气概、磊落情怀引得满座激赏赞叹。班师回到江陵后,虽然有成汉遗臣发动叛乱,一度占领了成都,但最终还是被桓温委任的益州刺史周抚等剿平。

在此不妨说个八卦,其实这次出征,桓温除了得到了素有天府之称的蜀地以外,三十六岁的他还另有收获——李势的妹妹,一个发长委地、"姿貌绝丽、肤色玉曜"的美人被他金屋藏娇,纳为了妾室。返回江陵后,桓温将她安置于斋后,所以一开始他的正妻南康长公主并不知道。时间一长,公主终于发觉,气得她当即手持白刃,带着几十个婢女就去找这个"小三儿"算账。进得房来,李势的妹妹正在梳头,乌黑的秀发瀑布一般倾泻至地,更加衬得她肤如白玉、莹然有光。公主一见竟然呆了。李势妹则容色不变,继续挽发梳妆,片刻后转身徐徐言道:"国破家亡,无意至此。今日若能死在这里,也遂了我的本心。"语调里似乎蕴含着无尽哀伤。南康公主忽然心中一酸,不由扔掉匕首,近前抱住她道:"阿子,我见汝亦怜,何况老奴。"你这样的佳人我见犹怜,何况我们家那个老东西呢!后来两人反倒成了闺蜜。

永和四年(348年),朝廷评议桓温平蜀之功,除了将其军号由安西将

军晋升为征西大将军之外,一开始还准备将其爵位由袭父爵的万宁县男晋封为豫章郡公。但是尚书左丞荀蕤(音 ruí)向晋穆帝提出了自己的顾虑:"倘若日后桓温又平定河、洛,修复园陵,那该如何封赏呢?"按晋朝制度,只有司马氏皇族才能封王,异姓功劳再大,爵位最高只能是郡公。而豫章是东晋国中一等一的大郡,下辖十六县三万五千户,现在如果封桓温为豫章郡公,将来他再立战功的话,爵位就没有上升的空间了。于是晋穆帝最后只将桓温封为临贺郡公(临贺是偏远小郡,只辖六县两千五百户)。

其实对于这等虚爵的升降,桓温倒并不在意,真正让他感到不快的,是朝廷里的执政者惮于他实力的进一步壮大和灭蜀带来的威名,开始对他采取明显的防范措施。尤其是会稽王司马昱十分器重殷浩,将其引为心腹参综朝权,利用他的名士声望罗织羽翼。从江州刺史职位上卸任的王羲之曾私下劝殷浩与桓温维持和睦,不宜内构嫌隙,殷浩并不听从。司马昱还以陈郡谢氏的谢尚为豫州刺史,出镇历阳,试图在建康以西构建起屏障。从王敦、陶侃时期便延续下来的上下游之争,至此又现端倪。

恰在此时,中国北方的局势发生了剧变:后赵天王石虎去世,国中内乱爆发,邺城政府对黄河流域的控制濒临土崩瓦解之局。消息传到建康,许多对中原故土念念不忘的大臣群情激昂,北伐的呼声一时间响彻朝野。

在政治这一场域内,内政和外交永远都是互相牵扯的。对于桓温和殷浩这两个暗中互相较劲的竞争对手而言,既然"北伐"成了这一时期最大的政治正确,那么谁能利用好北伐,谁就能抢占政治优势,从而极大地增强将对手淘汰出局的可能。

六月间,本来便有廓清河洛计划的桓温抢先落子,进屯安陆,开始调兵遣将经营北方。紧接着,后赵扬州刺史王浃以寿春来降,晋廷遣西中郎将陈逵进据寿春。时任征北大将军的徐州刺史褚裒见荆州、豫州方面都已有所动作，也上表请求北伐。朝廷便于七月加褚裒为征讨大都督，统兵三万向彭城进军。

不过，由于这个时候后赵的内乱才开始不久，其恶果尚未波及边境地区，北方的局势也尚不明朗，大举北伐的时机并不成熟。所以桓温进屯安陆后只是按兵不动，虚张声势，一边静观其变，一边以此刺激朝廷方面的神经。而司马昱和殷浩为了与桓温争抢北伐旗帜，果然沉不住气，做出了先命褚裒出征的决定。问题是靠外戚上位的褚裒徒有虚名，并无实际的统兵才能，他统领大军出征不久，便在代陂一战败于后赵南讨大都督李农，损兵折将后退回到了京口，既而惭愤发疾，到年底便死掉了。

虽然出师不利，但到了永和六年（350年），由于后赵的乱局进一步扩大，其边境守宰相继来降，东晋朝廷里蔓延的北伐情绪反而愈发高涨。桓温也乘机频频上表，"求朝廷议水陆之宜"，向执政的司马昱施压。为了压制桓温，司马昱一方面对他上报的北伐方案概不批准，一方面决定直接派殷浩经营北伐，于这年闰二月任命其为中军将军、五州都督。

然而在接下来的一年里，不知道是对自己的军事才能没有自信，还是在等待更好的出兵时机，眼看冉闵、石祗两方在中原打成一团，氐酋苻健则趁机西入长安，这边的殷浩却除了招诱降民之外，迟迟没有大的动作。这种情况不但使桓温对朝廷更加不满，而且还给了他指责执政者的口实：你司马昱不准许我北伐，却又不思进取，坐视收复两京、解救华夏子民的大好时机白白浪费，这到底是何道理？

永和七年（351年）十二月，桓温决定狠狠刺激一下殷浩和司马昱，于十一日声言北伐，拜表辄行，统领四五万众顺流而下，直达武昌。

消息传到建康，朝廷大为震恐。你桓温既号称北伐，怎么不向北行，却反而奔东南方向的下游而来，这到底是几个意思？

　　自知理亏的殷浩马上做出姿态，表示愿去位以避贤路。还有人建议朝廷应该派使者拿着驺虞幡去劝桓温退军。时任吏部尚书的王彪之则劝司马昱说，这些人其实都是替自己打算，并不是真正为国家和殿下你的利益考虑，一旦殷浩离任，朝廷人情离骇，天子幼弱，到那时殿下你便会成为矛头所向，如此岂不糟糕？司马昱心说可不是嘛，殷浩这个挡箭牌可不能轻易放走。

　　王彪之又回头来劝殷浩，说桓温的表奏里暗示你是阻挠北伐大计的第一责任人，你们的梁子早就结下了，你以为辞职他就能善罢甘休吗？不如暂且静观其变，然后让相王（指会稽王司马昱）亲自写信，把成败利弊给他说清楚，他如果不听，就让天子明发诏书，如果还是不听，再以违背大义讨伐他也不迟。何必自乱阵脚，先就示弱去职呢？殷浩心说可不是嘛，这到手的兵权可不能轻易丢掉。

　　于是司马昱给桓温写了一封信，解释说朝廷不是不想北伐，而是后勤粮运方面的准备还没有做好，又在不痛不痒地做了一番自我批评的同时，委婉地暗示桓温此举将会危及社稷，希望他能放下嫌隙，共同维护本朝安定团结的大局。

　　北伐固然是政治正确，但忠君爱国则是更大的政治正确。有王敦的例子在先，桓温深知人心顺逆对自身成败至关重要，何况这时下游的江、豫等州还不在他的手中，实力上他还做不到碾压对方。因此他适可而止，回了一封言辞诚挚、"惶恐致谢"的奏疏，便即整军返回了江陵。

　　这其实是以退为进的一招。因为这样一来，朝野舆论必将有利于桓温，而对于司马昱和殷浩对外政策的指责将会只多不少。例如尚书左丞孔严就颇替桓温感到不平，劝殷浩说内外之任各有各的重要性，征伐之事就应该交给韩信、彭越这样的将才，身为萧何、曹参只要管好内政就好了，干吗非要争强好胜呢？你实在应该多学学蔺相如才行。

偏巧在这一时期，洛阳一带发生了地质灾害，"峻平、崇阳二陵崩"。这两座陵墓是司马师、司马昭哥儿俩的埋骨之地，现在突然遭此无妄之灾，不免让人怀疑，这可能是上天在谴责东晋君臣的软弱无能。

这种情况下，殷浩终于按捺不住，于永和八年（352年）二月正式上疏要求北伐收复山陵。

第 5 章 殷浩之败

朝廷虽然同意了殷浩的计划,任其为中军将军、都督扬豫徐兖青五州军事主持北伐事宜,但殷浩并未马上亲自统军开赴北境。这多半与出征之前,向来不擅骑马的殷浩从马背上跌落下来,舆论以此不吉有关。故此他先以安西将军谢尚、北中郎将荀羡为督统,淮南太守陈逵、兖州刺史蔡裔为前锋,向中原发动了试探性的进攻。

这时候的北方,冉闵虽然攻灭了后赵的残余势力石祗和刘显,却已是强弩之末;鲜卑慕容部的铁骑进据冀州北部,正待大举南下;氐酋苻健刚刚在关中站稳脚跟,建立前秦,对河洛地区虎视眈眈。而黄河以南基本上处于无政府状态,屯聚于这一带的胡汉部酋段龛、张遇、姚襄等人都有意向东晋靠拢,殷浩也想收伏他们为己所用。平心而论,局势对东晋一方尽管比较有利,但却充满了变数。尤其是张遇、姚襄等人,表面上向东晋遣使称臣,其实却首鼠两端,并不可靠。而东晋将帅也大多将他们视为人面兽心的异类,不以诚心相待。

这种情况下，此次北伐初期的进展便不大顺利。

先是由于谢尚不能对张遇善加抚慰，导致张遇据许昌反叛，转而投降前秦。既而谢尚久攻许昌不下，遭遇前秦两万军队夹击，大败于诫桥，死伤一万五千人，陈、颍、许、洛五万民户尽被前秦掳去。好在谢尚手下督护戴施利用冉闵在廉台被慕容恪所擒、邺城无主的机会，诓骗守将把失落在北方的传国玺送还给了东晋，使司马氏终于摆脱了"白版天子"之讥，晋廷这才稍稍挽回些面子。

面对前秦插手河洛的局面，殷浩一方面试图策反秦主苻健手下大将梁安、雷弱儿，以关中之地为饵，劝他们杀主降晋；一方面则派使者联络占据凉州的张重华，叫前凉在背后出兵骚扰前秦。到了永和九年（353年）秋天，前凉从前秦手中夺取了上邽，关中也爆发了大规模的反秦叛乱，把守洛阳的秦将苻黄眉引军西撤。殷浩得知后大喜，以为策反之计奏效，马上自寿春统兵七万大举北伐，想要趁机进据洛阳，修复园陵。

殷浩并不知道，其实梁安、雷弱儿并没有吃他的策反之计，关中的反秦叛乱另有原因。

张遇投降前秦后，不久便携家带口被秦主苻健迁往了长安。苻健见张遇的继母韩氏稍有姿色，就将其纳为昭仪，还每每当着众人的面，称张遇是自己的"假子"。这令张遇感到十分耻辱，遂阴结关中豪杰，欲攻灭苻氏。七月里他趁前秦精兵在外，与黄门刘晃谋划夜里偷袭苻健，约好由刘晃打开宫门。不巧苻健命刘晃出宫，张遇不知，按约定引兵至门，才发现宫门紧闭。这一来计划败露，张遇被杀。但张遇交结的关中豪杰则纷纷在各地拉起了反旗，一时间关中再起烽烟，苻健忙征调外军返回平叛，苻黄眉这才撤离了洛阳。

此时的洛阳不啻一座空城，眼下不取，更待何时？急于立功以证明自

己的殷浩认为这是天赐良机，遂于十月亲自统领大军向北方进发。

对于殷浩的这一行动，朝廷里有不少人事先并不看好。时任右军将军的王羲之便写信劝殷浩不可兴兵，殷浩不听；吏部尚书王彪之也向执政的会稽王司马昱进言，说梁安、雷弱儿之事根本不靠谱，殷浩不应贸然北进，司马昱也置若罔闻。

事实证明，虽然此刻的外部条件有利北伐，但东晋一方的内部关系却并未理顺。结果殷浩出师未久，其前锋部队便叛变倒戈，给了他当头一记猛击！而这支叛军的首领，正是羌酋姚襄。

前文提到，当年在石虎帐下，与冉闵一起讨平东宫高力之乱的两大猛将，一个是氐帅苻洪，另一个就是羌酋姚弋仲，而姚襄正是姚弋仲之子。

姚家本是南安赤亭（今甘肃陇西东南）一带的羌人，永嘉之乱后逐渐东徙，后来又先后归属刘曜和石勒。石虎在位时迁徙秦雍豪强大姓到关东屯聚，姚弋仲受封冠军大将军，以滠头为基地。石虎末年，姚弋仲率领诸子先是平定了高力之乱，后来又助石祗与冉闵争位，是冉闵相当强劲的对手。直到永和七年石祗败亡，姚弋仲才遣使向东晋投降，并告诫诸子说："当年我以晋室大乱，石氏待我不薄，因此助其讨贼以报其德。如今石氏已灭，中原无主，自古以来未有戎狄作天子者。我死之后，你们便应归附晋室，日后竭尽臣节，无为不义之事。"不久七十三岁的姚弋仲病死，姚氏兄弟便在姚襄率领下南附东晋，被晋廷安排在谯城一带屯驻。

然而姚襄虽然想遵守父亲的教诲尽忠东晋，东晋一方对姚襄却难以诚心接纳。有张遇的前车之鉴，谢尚对姚襄倒是客客气气，可殷浩却对他充满了忌惮防范之心，不但三番两次谋求夺取他的部众，据说还曾经派遣刺客去刺杀他，只是并未得手。到了永和九年，殷浩又以北伐为辞，另遣别将驻守谯城，而将姚襄北迁至梁国蠡台（今河南商丘附近）。另一方面，姚襄举动自专，掠取殷浩军的战马，也加深了两人的仇隙。

在这样的背景下，姚襄感到投靠东晋不但毫无前途，反而时时有性命之忧，自然便生出了重返北方之心。恰在此时，殷浩乘洛阳空虚，兴兵七万大举北伐，好死不死地竟然任命姚襄为前锋，这就给了他叛逃北归的好机会。

初冬时节，豫东平原上一片肃杀。得知殷浩的主力部队正在逼近梁国，姚襄表面上引兵前驱，暗中却一边诈令部分将士夜遁，一边在要害之地布下伏兵。殷浩听闻姚襄叛逃，大为恼火，急令三军追击，丝毫没想到姚襄会在半道设下埋伏。结果刚追到山桑境内，便遭遇了姚襄的迎头痛击，殷浩军大败，折损一万余人，慌忙丢弃辎重，走保谯城。紧接着姚襄让自己的哥哥姚益驻守山桑，自己复往淮南掠地。急于挽回败局的殷浩又派部将刘启、王彬之进讨山桑，却不防姚襄杀了个回马枪，刘启、王彬之双双战败身亡。姚襄乘胜渡过淮河，进屯盱眙，招掠流民，几个月工夫就发展到了七万之众。转过年来，甚至江北距建康不过百里的堂邑县也被亲姚襄的流民武装攻占。晋廷大为震动，连忙派兵缘江备守，又将谢尚调回到历阳屯驻。

先败于诚桥，又败于山桑，口口声声要收复山陵的殷浩连洛阳的影儿都没望见就弃甲丧师，死伤数万兵丁不说，积攒多年的器甲粮秣也一时荡尽，还让叛军威胁到了京师的安全。朝廷里霎时间舆论大哗，响起一片倒殷之声。

已然在荆州冷眼旁观将近两年的桓温见此情形，知道搞掉殷浩这个老对手的时机已到，立刻向朝廷上表，罗列殷浩的种种罪过，强烈要求依法追究其责任。这种情况下，会稽王司马昱只好选择丢卒保车，不得已将殷浩废为庶人，流放至东阳郡信安县。从少年时代起便将殷浩视为竞争对手

的桓温至此终于扬眉吐气，一扫胸中块垒，对人说道："年少之时，我曾与殷浩共骑竹马。我弃去，浩辄取之，早知其当出我之下也！"他还对心腹郗超透露说，其实殷浩这个人德行言谈都很好，假使当个尚书令或者仆射，足以为群臣表率，只可惜朝廷把他用错了地方！言下之意，像殷浩这样的清谈文士，只适合当太平盛世的花瓶，论建功立业、兴邦治国，还得自己这样的真英雄出手。

大丈夫敢作敢为。永和十年正月里殷浩被废，二月里桓温就出手了。

二月十一日，他亲统步骑四万自江陵出发，北伐前秦。

桓温的进军路线，是亲率水陆两军齐头并进，沿汉水的支流丹水（今丹江）河谷逆流而上，出武关、越秦岭，直取关中；同时命坐镇汉中的梁州刺史司马勋率军出子午道，寇掠前秦的西部以为偏师，两路配合，形成钳形攻势。

这次进军颇为顺利，三月即攻入上洛（今陕西商洛），俘虏了前秦的荆州刺史，继而进至今蓝田县南部。与此同时，河西的前凉政权听说桓温北伐，也派军攻打前秦的西部边境，想趁机分一杯羹。

此时关中各地的叛乱尚未完全平定，又遭遇外敌入侵，形势对前秦政权来说极为严峻。面对三路受敌的不利局面，秦主苻健决定集中兵力，全力对付桓温这一路。他遣太子苻苌、丞相苻雄、淮南王苻生、平昌王苻菁领兵五万，驻守峣关（今陕西西安蓝田东南），挡住了晋军的去路。峣关地处秦岭北麓，是自荆州入陕的最后一道门户，越过峣关，即是无险可恃的关中平原。

四月二十二日，秦晋两军在峣关下大战。苻健第三子淮南王苻生单枪匹马，大呼突阵。苻生这个人幼时即瞎一目，性格狂暴嗜杀，史载其能"力举千钧，手格猛兽，走及奔马，击刺骑射，冠绝一时"。此时，这个独眼龙在晋军阵中来回驰突，如入无人之境，当年赵子龙在长坂坡不是杀了个七进七出么？苻生更猛，竟"出入以十数"，且连斩桓温两员大将应诞和刘泓，一时间晋军死伤达数千人。但苻生虽然勇猛，毕竟凭一己之力难以改变战场局势，桓温的荆州兵器甲精良，战斗力也相当强悍，再加上他亲自督众力战，一场激战下来，终于迫使秦军溃退。继而，桓温之弟桓冲又败苻雄军于白鹿原，晋军乘势而前，于二十五日抵达霸上（今陕西西安市灞桥区），距长安城仅有二三十里之遥。

这是前秦立国以来所面临的最凶险的局势。苻健尽发城中精兵三万，与苻苌的主力军合兵一处，驻守城南，自己则放弃外城，收缩防线，亲率剩下的老弱羸兵六千人固守内城，准备与桓温决一死战。

桓温将军队驻扎在灞水岸边的高地上，遣使四出抚慰百姓。自永嘉之乱关中沦陷于胡寇之手，至今已四十多年了，听说东晋北伐至此，三辅郡县皆来归降，汉人百姓纷纷杀牛宰羊，捧着美酒来犒劳远道而来的晋军，男女老少夹路围观，年轻人欣喜而又好奇地打量着这支全部由汉人组成的军队，白发苍苍的老者们则垂泪感叹，没想到自己有生之年竟还能再次看到官军。

送走了劳军的百姓，已是暮色沉沉，桓温独自出了营帐，缓缓地在原上踱步而行，沉思着下一步的行动。在他背后不远处，耸立着一座黑黢黢的山丘，那是汉文帝的陵墓霸陵之所在。当年文帝曾登此高山，欲驰马而下，却被大臣袁盎所阻。文帝以为袁盎胆怯，袁盎道："千金之子，坐不垂堂；圣人不乘危，不徼幸；身为天子，不宜冒驰马之险。"文帝乃就此作罢。

如今，像汉文帝那样的一代明主又要到哪里去找寻呢？想到这里，桓温摇了摇头。他向西望去，在那黑暗的远方，一带连绵灯火闪烁如星河，

那里是长安城下的秦军营地。王粲诗云："南登霸陵岸，回首望长安。"那时关中爆发了董卓之乱，长安落入李傕、郭汜之手，到处都是"出门无所见，白骨蔽平原"的惨厉景象，诗人王粲不得已离开了长安，临行前写下了这首《七哀诗》。如今神州陆沉，大好河山尽入胡人之手，比之汉末三国的乱世却是更加让人哀叹的了。

桓温就这样踱着，想着，不知不觉已是夜色深沉、冷露沾衣。

第 6 章 扪虱奇士

就在秦、晋两军夹水对峙之时,一个身披粗布褐衣的奇人步入晋军军营,要求拜见征西大将军桓温。

桓温客气地接见了此人,一番寒暄之后,两人开始纵论天下之事。此人言辞机敏、学识渊博,胸中似有丘壑万千,说得桓温不住在心中暗自赞叹。尤其令桓温叹为观止的是,这人说着说着,伸手入怀,也没见怎么摸索,就拈出一只肚皮溜圆的虱子来,谈笑中玉指轻旋,即将这饱食人血的恶虫腰斩于指甲之间。两人谈论不止,其人毕剥杀虱之声亦不绝,那份面不改色、旁若无人的气度,那份唯大俗者才能大雅的情致,绝非寻常书生可比。

末了,桓温问了此人一个问题:"我奉天子之命,率锐兵十万为百姓仗义除贼,然而三秦豪杰却至今未有前来归附者,这究竟是为何?"这里的三秦豪杰,指的应是关中各郡的地方长官和少数民族首领。

此人微微一笑,道:"公不远数千里而来,大军已深入敌境,如今距

长安仅咫尺之遥,却迟迟不渡灞水,三秦百姓不知公心,所以未来归附。"

这寥寥数语,却说得桓温心中突地一跳。原来桓温自从驻军霸上之后,虽然每日眼中所望是长安的城墙,心中却无时无刻不挂念着万里之外的建康朝局。自己此番北伐,真正的意图并非要灭亡前秦,而一则是为了在废黜殷浩之后证明自己比殷浩强,二则是借光复中原的大旗,以进一步在朝中博取威望和民心。如今虽然进逼长安,表面上看来形势大好,实则强弩之末,前方蕴藏着无限凶险:首先来说,自己的兵力并非故意夸大的"锐兵十万",而是四万;再加上峣关之下的战损,现存的兵力既不宜攻城,也不足以分兵镇抚关中各地;其次,眼下孤军深入,道路险远,中有崇山峻岭相隔,粮草难以接济,而苻健早已下令将田里的青苗提前收割一空,这令自己原本因粮于敌的计划落了空,如此僵持下去,填饱将士们的肚皮都将是个大问题;再次,长安城池险固,虽然只有老弱六千驻守,但敌人的三万精兵却在城郊呼应,攻城未必就能获胜,而且即便攻下长安,也未必能长久守住。再加上如今鲜卑慕容部已经统一了河北,中州局势如何演变尚未可知。正如袁盎所说,圣人不乘危、不侥幸,既然政治上的目的已经达到,军事上的冒险就没有必要,深谙博戏之道的桓温有意见好就收,所以才迟迟不渡灞水。

自己内心的隐秘被这位初次见面的人轻松道破,桓温的心里觉得不大舒服,他嘿然无语,半晌才缓缓说道:"先生高才,江东无人可比也。"随即提出让他担任自己的军谋祭酒(即高级参谋)。

会晤结束,褐衣男子走出了营帐,一丝凉爽的风拂面吹来。

虽然谈话的结尾不是那么轻松愉快,但总算不虚此行,他想。

这位扪虱论道的奇人,就是王猛。

王猛,字景略,北海剧县(今山东昌乐西)人,少时家贫,靠贩卖簸箕为生。据说有一次,他到洛阳卖簸箕,遇见一个买主要出高价买他的货,却说自己手头没带钱,叫王猛跟他到家里去取。王猛跟着此人走啊走,不知不觉竟走进了深山,见一须发皓然的老头坐在胡床之上,身边有十几个人伺候。王猛想进前而拜,老者不但不受拜,还称当时只不过是个半大小伙子的王猛为"王公"。然后老者以十倍的价钱买下了王猛的簸箕,遣人将他送出山来。王猛转身回顾,这才发现此山乃是距洛阳百里之遥的嵩高山(即今之嵩山)。

很可能在这次深山奇遇之后不久,王猛毅然放弃了簸箕零售业,转而开始游历四方。他到过石虎治下的邺都,看到了那城中之城繁华壮丽的奢靡景象,也见惯了穷苦百姓颠沛流离、卖儿鬻女的惨状。石虎的大臣徐统曾想征辟王猛为僚属,王猛深感后赵朝政昏暗、时局不稳,辞而不应,跑到华山中隐居起来,过起了荷锄采菊、听琴舞鹤的隐士生活。

王猛瑰姿俊伟,博学好兵书,气度谨严雄毅,却又不拘小节,非志同道合的知己之士亦不屑往来,因此当时的许多华而不实的"名士"都轻视、嘲笑于他。然而王猛却悠然自得,毫不挂怀。在他隐居的日子里,后赵大乱,冉闵杀胡,苻健入关,桓温北伐,王猛将这些乱事统统看在眼里,一边怀着匡时济世的高远志向,一边韬光养晦,耐心地等待着机会的降临。

这一年,王猛已经三十岁了。子曰"三十而立",听说桓温驻军霸上,他便飘然下山,来与这位东晋权臣一会。

送走王猛后不久,桓温又在白鹿原与苻雄打了一仗,此战晋军失利,折损一万多人。加之粮草已尽,桓温随即于六月初一日徙三辅百姓三千余户,退出了关中。临行前,桓温封王猛为高官督护(方镇都督下的部将),邀请他一起去南方发展,但王猛却谢绝了他的邀请。

关于拒绝的原因，《十六国春秋》上记载，王猛回山请示了自己的老师。老师告诉他："你与桓温不可并立，况且留在此地，自能够大富大贵，何必大老远跑到江东去？"

依我之见，不论王猛老师的意见如何，就王猛的个人处境而言，去东晋是没有什么发展前途的，且不说桓温对他颇有忌意，单就他贫贱的出身而言，在重视门第血统的东晋权力体系中也注定难求上升空间。

留下吧，王猛，北方比南方更需要你，在这里，你终究能够遇到知遇的明主，得到尽展平生所长的机会！只是在这个机会到来之前，你还需要耐心地等待几年。

秦主苻健得知桓温退兵后，派太子苻苌尾随追击，一直追到潼关之外，俘斩了万余晋军。接着又派苻雄等击退西部司马勋和前凉寇边的军队。前秦政权迅速转危为安。

经过这次战事，关中的经济受到了不小的损伤，苻健轻徭薄赋，减免苛政，三秦百姓感悦之余，觉得前秦的统治比起晋朝来也没什么不好。

然而公元354年注定要成为前秦历史上一个意义重大的拐点。这一年，除了击退桓温之外，还发生了两件日后看来影响深远的大事，其一是太子苻苌在与桓温的战斗中中了流矢，数月后伤势恶化（大概是得了破伤风），死了，这让立下大功的苻健第三子淮南王苻生成了嗣君的热门人选，并于次年四月被正式立为太子；其二也是一个人的死，他就是苻健的弟弟，任职丞相、东海王的苻雄。苻雄是在讨伐叛军乔秉的路上病卒的。他戎马一生，为前秦的建国开疆立下了殊勋。苻健得知这个噩耗后，痛哭呕血，道："难道老天不愿我平定四海么，怎么这么快就夺走了我的元才（苻雄的字）啊！"苻雄死后，他的爵位由其时年仅十六岁的儿子坚头承袭。这个少年出生时头颅硕大，祖父苻洪就给他起了个小名叫坚头，父亲的死让他早早登上了历史的舞台。在这个舞台上，他的大名叫作苻坚。

长子和弟弟的死显然让苻健深受打击。立苻生为太子后不久，苻健就病倒了。

苻雄、苻苌一死，此时前秦朝中功劳最多、威望最高的就是苻健的侄子平昌王苻菁了。此人素有野心，六月初十日，趁苻健病危之际，苻菁带兵杀入东宫，想先杀太子，继而自立。但可惜他的情报工作实在糟糕，苻生当时不在东宫，而是在西宫侍疾。苻菁扑了个空，以为苻健已经病死，就又来攻打西宫。病榻上的苻健闻听有变乱发生，强撑着登临端门，陈兵自卫。苻菁的兵一看，我去，原来皇上没死，都扔下兵器，跑了个精光。苻菁被抓，苻健一顿"白眼狼""忘恩负义"之类的斥骂后命人将其砍了脑袋。

六月十四日，苻健命太师鱼遵、丞相雷弱儿等八大臣并受遗诏辅政，又将苻生叫到床前，嘱咐道："六夷酋帅和掌权的大臣之中，要是有不听你命令的，你就慢慢逐个铲除。"

猛一看来，苻健的这两个遗命截然相反，一边叫大臣辅政，一边又要苻生对大臣们加以防备和诛除。实际上，由于临死前苻菁的叛乱，苻健对开国功臣们充满了怀疑和不信任，亲侄子都能背叛自己，何况这些异姓的勋贵呢？但苻健又深知，自己这个儿子性格暴烈偏执，没有大臣们牵制，指不定会做出多么疯狂的事来。因此两害相权，苻健才留下了上述两个互相矛盾的遗命。

第二天，苻健病死于长安太极前殿，时年三十九岁。刚刚二十出头的太子苻生登上帝位，成为前秦王朝的第二位君主。

苻生，字长生，是苻健的第三子。很小的时候，他即一目失明。在之后的成长过程中，这一身体上的缺陷导致的自卑如同附骨之蛆，始终腐蚀

着苻生敏感而孤独的内心。可以想象，苻生的童年过得并不快乐，他的兄弟们一定没少嘲笑他的瞎眼，隔壁的小屁孩们也许还曾围着他高唱自编的《独眼龙之歌》，甚至有一次祖父苻洪也拿他的缺陷开玩笑，道："我听说你哭的时候只有一只眼睛流泪，是不是真的呀？"

谁也没料到，听了这句话，当时年仅七岁的苻生竟发狂一般，拔出佩刀在自己身上乱刺，吼道："这就是我的眼泪！"苻洪大惊，拿鞭子狠狠抽他，然而苻生却仍出语顶撞，说："我生来不怕刀槊，却不耐鞭打。"言下之意是你有本事就杀了我，抽几鞭子算得了什么？老苻洪气得胡子乱抖，发狠道："你今后再这样顽劣不改，我就把你贬作奴隶！"

"是吗？那我可远远比不上石勒了！"苻生翻着他那唯一的白眼，满不在乎地说道。

那时苻洪还在后赵石虎手下为官，小儿苻生张嘴直呼石勒之名，毫不顾忌先君名讳，显然不把君臣名分当回事，他如此放肆地顶撞爷爷苻洪，更无长幼之序，所以苻洪对苻健说道："你这个逆子狂悖无伦，应该趁早杀掉，免得他长大了做出更大逆不道的事。"苻健秉承父命，就想杀了苻生，但他的弟弟苻雄却劝阻说："小孩不懂事，长大了自然会改，何至于因为这点小事就杀了他呢？"于是苻生总算保住了小命。

现代心理学认为，极度自卑而又封闭的心灵容易导致暴力倾向和攻击行为。上述事例显示，小小年纪的苻生已经人格扭曲、心理变态，虽然在父辈权威的压制下，身体和心灵都不健全的苻生还没惹出什么大的祸害，但这种压制只能使他的性格走向更加封闭和偏执。

不过，正如许多残疾人反而在各个领域取得了超越常人的成功一样，瞎了一只眼对苻生来说也并非全是坏事，自卑除了导致攻击，也能促使人去努力追求卓越，以弥补自身的不足，证明自己的强大。这一点可以解释，为什么成年后的苻生强壮如同魔兽，力气比虎豹还大，跑得比野马还快，骑射武艺冠绝三军。

终于，抵御桓温时立下的卓越战功和太子苻苌的死让独眼龙苻生成了继承皇位的热门人选。更为讽刺的是，让苻健下定决心立苻生为太子的谶文是"三羊五眼"。长久以来一直带给苻生无限痛苦的瞎眼，却最终让他登上了至尊无上的帝位。

第 7 章　独眼暴君

公元355年六月十五日，在对苻生交待了后事和留下了辅政八大臣之后，苻健去世。独目帝王苻生成为前秦帝国新的主人。

甫一登基，除了大赦天下之外，苻生还干了一件事，就是改元为寿光。但是按当时的规矩，为了表示对先皇的尊重，新皇登基之年仍应奉行先帝的年号，改元通常在第二年的正月才实行。所以听说苻生当年就要改元，大臣们都上奏表示异议，认为这于礼制不合。

但大臣们并不明白，这位新皇七岁的时候就不把爷爷苻洪放在眼里，如今什么狗屁礼制他才不在乎呢！被长辈压制了二十多年，如今苻生要的就是随心所欲，顺我者昌，逆我者亡！

于是苻生传旨下去，看是哪个兔崽子带头上的提案。一查查到了辅政八大臣之一的右仆射段纯，二话不说，拉出去就是一声喀嚓。

当段纯的人头滚落在地时，苻生一定心生快意，在战场上挥舞大刀砍杀人头靠的是力气，如今却只需动动嘴唇，齿缝间蹦出一个"杀"字来，不听话之人即身首分离。

这就是权力，天上地下唯我独尊的权力！

从此，苻生压抑了二十年的变态心理终于找到了宣泄的出口，他把自己化作降临人间的死神，以鲜血为美酒，以骨肉为佳肴，在一个个生命的战栗、恐惧、绝望、撕裂、哀号与毁灭中歌舞狂欢，寻找易逝的快感与存在的意义。

从史书记载来看，苻生在位的两年里，除了杀人，基本上什么事都没干。而在这唯一的"政绩"上，他的信条是杀人不分左右、砍头不分先后，不管你是什么身份、什么地位、什么性别、什么年纪，屠刀之下，人人平等。

他杀辅政大臣。

从右仆射段纯开始，先帝苻健留下的辅政八大臣一个不剩，相继成为苻生的刀下鬼。你不是留下遗嘱说不听话的大臣可以逐个铲除嘛，那我还客气什么？九月，杀太傅毛贵、尚书令梁楞、左仆射梁安；十二月，杀丞相雷弱儿及其九子七十二孙；次年正月，杀司空王堕、尚书令辛牢；357年五月，杀太师鱼遵及其七子十孙。

他杀自己的医生。

一次，苻生晚上吃多了大枣，第二天一早就闹了病（枣吃太多伤脾，《本草纲目》曰"多食令人寒热"）。太医令程延前来诊治，望闻问切一番后说道："陛下没别的病，就是吃了太多的枣。"苻生大怒，说你他妈的又不是神仙，怎么知道我吃了枣？拉出去砍了！

他杀自己的舅舅。

左光禄大夫强平是苻生母亲强氏的亲弟弟，由于向他劝谏应爱民缓刑，触怒了这位活阎王，被下令凿穿天灵盖杀死。太后强氏不久也忧恨

而卒。

他杀自己的老婆。

有善占星的大臣向苻生进言，说星相显示"不出三年，国有大丧"，希望苻生能奉行德政来消解灾祸。哪知道苻生有自己的破解之道，说皇后和我并临天下，她死了就是大丧，灾祸就落不到我身上了嘛！于是就杀了皇后梁氏。

他杀素不相识的路人。

寿光二年十月，苻生从长安出游，路上遇到有兄妹同行的行人，苻生就下令逼哥哥强奸妹妹。二人不从，苻生怒而杀之。

他杀莫须有的情敌。

一次苻生和宠妃在楼上看风景，形貌俊美的尚书仆射贾玄石正巧从楼下的院子里走过。宠妃无意中问了一句此是何人，苻生便以为宠妃想和他发生不正当关系，立刻杀了贾玄石。

与秦始皇、隋炀帝、石虎、孙皓等历史上著名的暴君相比，苻生除了在杀人范围上无限扩大之外，在杀人的目的和手段上也开拓创新，不同凡响，缔造了暴君杀人的新境界。

触怒他的人要杀！

自己既是一目残疾，苻生尤忌讳"不足、不具、少、无、缺、伤、残、毁、偏、只"等言语，无意中说了这些冒犯之词而致死的不可胜数。有一次，一个太医正在配药，苻生问配药的比例是多少。这个倒霉的家伙脑袋不灵光，随口说：药材虽稍有"不具"，亦可堪用。此话一入苻生之耳，便成了讥讽他眼目"不具"的忌讳之语，结果这个太医被挖出双眼，然后斩首。

顺从他的人也要杀！

苻生曾经问侍奉左右的人："自从我君临天下，外面的人怎么说我？"面对如此残暴嗜杀的恶魔，左右自然不敢实话实说，都说："陛下圣明，天下唯歌太平。"谁料苻生大怒，说："你们这是谄媚于我，统统杀头！"过了几天，苻生又问同样的问题。有了前车之鉴，身边的人只好硬着头皮说："陛下您刑罚太过。"苻生又大怒，说："你们这是毁谤于我，杀头杀头！"

有理由要杀，没有理由创造理由也要杀！兴致来了要杀，没有兴致时更要杀人以取乐！这也杀，那也杀。杀！杀！杀！

而且像许多电影中的变态杀人狂一样，苻生有着尝试以各种不同的方式折磨活物的恶趣味。他明见于史书的变态手段如下：

砍断小腿（截胫）；

折断肋骨（拉胁）；

锯掉脖子（锯颈）；

凿穿脑壳（凿顶）；

剖开孕妇的肚子（刳胎）；

从高处把人扔下去摔死（扑杀）；

剜出心脏；

剥掉人的脸皮使其跳舞；

……

做下这些别人眼中禽兽不如的种种暴行，苻生自己却十分不以为意，在一封诏书里，他这样说道："朕受皇天之命，君临万邦，即位以来，有何不善之处？而毁谤之音竟遍布天下！杀人尚未过千，而竟谓之残虐！如今街市上行人比肩，人口尚众，正应该严刑峻法。你们还想叫朕怎么样！"

根据苻生的这一理论，杀人不超过千数根本算不上残暴。由此，我认

为在史上第一暴君的海选上,苻生远远将秦皇、隋炀、石虎、孙皓等甩在了身后;放在世界史的范围内,大概也唯有罗马帝国那个精神分裂的暴帝卡利古拉可以和他PK。

那时,长安城俨然成了苻生这活阎王统治的阴曹地狱。王公大臣们能辞官的纷纷辞官,辞不了的上朝入侍时就仿佛迈进了刑场,每时每刻都有丢命的危险。而在苻生那里,死并不可怕,可怕的是不得好死,各种款式大小不等的锤、钳、凿、锯等在恐怖片里才会出现的杀人器具被苻生放置在身边,以备兴之所至时随时随地开膛破肚,杀他几个休闲休闲。

那时,渭水里到处可见从皇宫内漂出的残缺不全的尸体,有时是男人,有时是女人,有时则是不男不女的太监;宫殿内弥漫着新鲜的血腥味和不新鲜的腐臭味,一群群被剥去了皮的牛羊鸡鹅惨叫着四处乱窜;光天化日之下,宫女被迫与男子在殿前裸体交欢;而苻生则搂着花容失色的娇妾,啜饮着琼浆玉液,在凤阁龙楼之上饶有趣味地欣赏着这一切。

然而苻生并不知道,就在他肆无忌惮地欣赏着自己一手创造的人间地狱时,有一双冷静而坚毅的眼睛正在隐秘之处默默地注视着他。

前秦寿光三年(357年)春二月,掌管星相观测的官员向苻生禀奏:太白犯东井。

太白星即金星,在古代中国人的世界观中向来代表杀罚之事;东井星宿则是秦地的分野。所以,主管官员认为这是将有"暴兵起于京师"之象。但苻生听了汇报,只是撇了撇嘴,说:"太白星入井,那是它自己渴了,有什么可大惊小怪的!"这说明苻生不但残暴,而且也足够昏庸。

到了四月,京师里的"暴兵"还没起,我们久违的老朋友姚襄同志就带着兵将从东方杀过来了。

姚襄来攻前秦,其实是被桓温所迫,不得已而为之。

前次桓温北伐关中一役，虽然取得了不错的战绩，但还算不上是彪炳史册的大功，所以事后晋穆帝只是派侍中至襄阳劳军，对桓温既未加官，也未进爵，这当然满足不了他的野心。在桓温内心深处，他一直以为自己的风采气度不在晋宣帝司马懿和前代名臣刘琨之下，甚至有人拿他比作王敦，他都很不高兴。这次讨伐前秦，他在路上得了一个工于巧作的老婢，一问之下，竟是当年刘琨府中的女伎，而且这老婢一见桓温，便潸然落下泪来。桓温问其缘故，她答说："公甚似刘司空。"桓温闻言大喜，到内室重新整理衣冠后，又将老婢唤入，叫她细细看来，自己究竟哪里像刘琨。老婢道："眼睛很像，只是稍小了一些；脸庞很像，只是稍窄了一些；胡须很像，只是颜色稍红了一些；身形很像，只是稍矮了一些；说话的声音也很像，只是稍欠雄浑一些。"听了这话，桓温大失所望，摘冠解带回房闷睡，好几天悒悒不乐。

虽然桓温的形貌气质比刘琨稍欠风流，但他的野心和抱负却在刘越石之上。在他看来，北伐前秦只不过是小试牛刀，河洛之地才是晋室故都、山陵所在，自己要想继续积累政治资本从而威压朝廷，北伐中原仍是不二选择。因此在永和十二年（356年）母丧结束之后，桓温向朝廷连上十余条章奏，请求"修复园陵，移都洛阳"。朝廷当然不准。且不说此时的洛阳仍被冉闵余部周成占据，就算洛阳城已经归属东晋，建康朝廷也绝不敢贸然行迁都之举。此处的关节在于，朝廷既然否定了桓温迁都的提议，在北伐一事上便不好再声言阻挠，桓温由此获得了征讨大都督、督司冀二州诸军事的头衔，名正言顺地攫取了北伐的领导权。

这时候，由于麾下将士皆为北人，不乐居南，盘踞在淮河沿岸的姚襄已经渐次北徙，攻占了许昌，并且在三月间对洛阳发动攻势，想要夺取此城为基地。因此桓温此时北伐，姚襄就成了他的主攻对象。

自江陵统舟师北上艰难地穿越伏牛山脉后，桓温于当年秋天逼近了洛阳。

姚襄久攻金墉城不下，士卒疲敝，这时又面临桓温的进攻，自忖多半难以抵御，只好下令撤围，将精锐部队藏匿于伊水北岸的树林之中，然后遣使对桓温说，有劳您亲自统领王师远征，我姚襄愿意归降，希望您让军队稍稍退后一点，我便过河拜伏道旁。桓温答复说我来此是为了收复失地，修葺山陵，跟你并不相干，咱俩距离如此之近，你想来便来，也不必再派什么使者。

姚襄见桓温并未中计，只能拒水列阵，硬着头皮准备迎敌。桓温披甲督战，指挥三军结阵而前。双方在伊水北展开了会战。姚襄兵力本就不敌，又是疲惫之师，其结果可想而知。此战他麾下有数千人被斩，自己率领余众逃往了北邙山，不久便收拾散兵游勇，向西方败退而去。把守洛阳的周成见桓温兵势甚盛，最终选择了率众出降。于是时隔四十余年后，沦陷于胡人之手的汉晋故都洛阳城就这样被桓温轻而易举地克复了。

第 8 章 当苻坚遇上王猛

那边厢桓温自向朝廷报捷、修葺园陵暂且不提,单说姚襄自洛阳战败之后,先奔平阳,受挫于割据并州的原后赵刺史张平后复西渡黄河,总算在现在澄城、合阳一带的黄土山区站稳了脚跟。好在此地本就是羌胡杂居的边缘地带,一时间河北的前燕和关中的前秦都顾及不到,于是姚襄派人四出招诱夷夏,前来归附者五万余户,很快又恢复了元气。眼见姚襄对关中的威胁越来越大,秦主苻生终于对他重视起来。寿光二年四月,他派出苻黄眉、苻道、苻坚、邓羌四将,统步骑一万五千前往征讨。

初时姚襄坚壁不战。邓羌对苻黄眉道:"姚襄流窜辗转多年,先败于桓温,又败于张平,早已锐气尽丧,故此坚守不出。但我听说其为人好勇斗狠,我军若鼓噪扬旗,直逼其垒,他定然按捺不住,到时便可一战成擒。"苻黄眉颔首称是。

五月,邓羌仅率三千人马,压至姚襄营垒门前叫骂挑战。姚襄见敌将如此轻视自己,不由心中火起,悉引主力出击。邓羌佯装不敌,溃退而

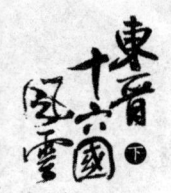

去，姚襄一追就追到了三原境内。冷不防苻黄眉领大军自旁截击，邓羌也回军来战，姚襄大败，混乱中跌下马来，被秦兵擒斩，时年二十七岁。他的弟弟姚苌则率余部投降了前秦。

苻黄眉是苻生的堂兄，本次出征大胜而还，按理应该加官进爵，孰料苻生不但不加以奖赏，反而数次于大庭广众之下污言秽语侮辱于他。苻黄眉羞恼不堪，就谋划杀掉苻生，自立为帝。不幸消息走漏，反被苻生所杀，许多王公贵戚受此牵连，都被砍了脑袋，长安城里又是一番血雨腥风。

就在这一时间，杀人狂魔苻生忽然做了一个奇怪的梦。梦里，一条鳞甲轩耀的大鱼腾跃而来，吃光了水中蔓生的蒲草。苻生惊悸而醒，觉得蒲草乃是我苻氏得姓之由，被大鱼吞吃乃是不祥之兆，内心里十分不安。又回想起前段时间京师盛传的一童谣曰："东海大鱼化为龙，男皆为王女为公。"苻生盘算了一番，觉得自己梦里出现的"东海大鱼"必是指太师鱼遵无疑，于是立刻传旨，杀掉了鱼遵和他的七子十孙。

可怜的鱼遵若死后有灵，一定觉得委屈冤枉，因为在长安童谣和苻生梦魇里出现的东海大鱼，不是他鱼遵，而是时拜东海王的苻坚。

苻坚，字永固，小名坚头，是前秦开国元勋东海王苻雄的次子。作为名字写入小学历史课本的一代雄主，他的丰功伟绩为多数人所熟悉，但他的成长却少有人关注。

柏杨先生曾说，古代中国的帝王们越牛，史书上描述他们的"鬼话"就越多。这些鬼话大致可分为六类：

一曰皇帝不是人，是杂种，是人神杂交的新品种。例如刘邦就是他老妈与盘踞其上的一条蛟龙发生关系的产物，北宋有四个皇帝号称是太阳神的子孙。

二曰硬是不肯生。人世多难，在地上做皇帝自然比不上在天上做神仙，所以这些神仙的种窝在娘胎里能拖就拖，绝不肯轻易下凡。例如努尔哈赤在子宫里待了十三个月，刘聪更是住满了十五个月。

三曰降生有奇观。神种首次对公众亮相，自然要讲排场，不是红光满室好像失火，就是五色闪耀好像迪厅，再不就是异香扑鼻好像寺观。

四曰长得像怪物。例如刘备同学双耳垂肩，双手过膝，好像大猩猩；李渊同学长有三个乳房。

五曰相面就吃惊。既然长得像怪物，别人见了当然会吃惊，但相面算命的人一贯秉承了我国传统文化中实话虚说的优良传统，绝不说丑，而是说"贵不可言"。

六曰神仙来相助。例如石勒当年给人家当临时工的时候，就曾经被乱军抓住，据说是靠神仙变的梅花鹿引开了乱军，才得以逃脱。

有兴趣的同学可以拿这六条往历史上的几百个帝王身上套，一般占的条数越多，他就越牛，而我们的苻坚大帝一个不少，六条俱全，所以他是相当地牛！

据说，苻氏一家还住在邺城的时候，苻雄的老婆苟氏到漳水旁的西门豹祠去祈福求子，晚上就梦到神仙下凡和自己发生了一夜情，因而怀孕十二个月，才生下了苻坚。分娩之时，有神光自天而降，像探照灯一般罩住了产房。稳婆战战兢兢，将呱呱啼哭的小儿身上的血迹洗去，竟赫然发现其背上隐约有字。日后字迹越发清晰，乃是篆书"草付臣又土王咸阳"八个字。

幼年时的苻坚头大身长，"臂垂过膝，目有紫光"，按现代标准来看，实在丑得可以，但放在某些识人善鉴的古人眼里，则就是贵不可言之貌。高平人徐统就是当时一位著名的相面大师。一次，徐统在邺城的大道上遇

见了七岁的小苻坚在玩，他就半开玩笑半认真地问："这里乃是官府的御道，你一个小孩在这里玩，不怕司隶把你抓走吗？"

苻坚嘻嘻一笑，道："司隶抓的是破坏治安的罪犯，抓我一个做游戏的小孩干什么？"

徐统上下打量了苻坚一番，屏退左右，拉着他的小手来到路旁隐秘之处，道："苻郎可知，你骨相不凡，来日必当大贵，只恨我年事已高，将来看不到了呀！"说完不住地摇头叹气。

苻坚见状，道："日后若果真如公所言，我必不忘德。"

事后，徐统身边的人都感到奇怪，徐大人和这么一个"状貌甚丑"的小屁孩有什么可说的？徐统却道："此儿有霸王之相，你们不懂的。"

实际上，苻坚真正的过人之处，不是他的异貌骨相，而是他的政治天赋。

亚里士多德说："人天生就是政治动物。"

依笔者管见，其实政治就是以权力为手段，处理人与人的关系。

因此，搞政治的先决条件是要懂得人性，把握人心。而在这一方面，苻坚很小的时候即显示出了才能。七岁的苻坚"聪敏好施，举止不逾规矩"，用现在的话说就是又聪明，又懂事。不逾规矩，表示他严于律己；好施，表示他宽和待人。这对于一个正在淘气年龄的孩子来说是极为难得的。

七岁的苻坚懂事到什么程度呢？史书上说，苻坚每次和苻洪在一起的时候，"辄量洪举措，取与不失机候"。苻洪想要点什么，自己还没说，小苻坚就取过来了。如此伶俐眼色，善解人意，许多成年人尚难以做到，何况一个七岁的娃娃！

那么他又聪明到什么程度呢？苻坚八岁就上学了。

这位读者你别笑，我知道你小时候七岁就上学了，肯定觉得八岁上学没什么了不起。然而此学非彼学，苻坚八岁学的是《诗经》《尚书》《礼记》《春秋》，你七岁学的是"鹅鹅鹅，曲项向天歌"，别混为一谈好不好？所以当苻坚提出上学的请求的时候，爷爷苻洪很惊讶地说："我十三岁的时候拜师求学，人家都说我急于求成，你才八岁，也太早了吧？"

显然，苻坚这样的神童对知识怀有强烈的求索欲望。因此到了十一二岁时，他已经成为博学多才、有经略大志的少年。

就在这一时期，后赵内乱爆发，原本为赵臣的苻氏家族的命运亦随之发生了重大转折。苻洪被麻秋毒死后，苻健率军西进入关，行至曲沃附近时，他也做了一个梦，一个朱衣赤冠的神仙在梦中从天而降，命苻健拜年仅十二岁的苻坚为龙骧将军（神仙来帮忙了！）。第二天，苻健立坛封拜，对苻坚道："当年你爷爷、你父亲相继担任此龙骧将军一职，如今轮到你了！你以后可不要辜负了这个称号喔！"

苻坚什么也没说，转身上马，挥剑长啸，在军队面前扬鞭奔驰数回，用实际行动向众人宣告：我苻坚一定不会辜负父祖的荣光！

苻生即位为前秦皇帝的时候，苻坚已经继承了父亲留下的东海王爵位。出于对自己这位独眼龙堂兄脾气秉性的了解，苻坚尽量避免与他发生直接冲突，而是选择退居幕后，默默地培植自己的势力。在这段时间里，苻坚不声不响地网罗了吕婆楼、强汪、梁平老、薛赞、权翼等人才以为己用。当然，他最大的收获还是王猛。

那时，苻黄眉谋反案发，许多王公亲贵因受牵连被诛，长安城内人人自危。出讨姚襄之时，苻坚是苻黄眉的副将，若苻生继续如此滥杀下去，也难保苻坚就没有池鱼之殃。所以，曾在姚襄军中做过参军的薛赞和权翼来找苻坚，劝他早定大计。如此要事，苻坚一时难以定议，就来和心腹吕

婆楼商量。

吕婆楼自知智计有限,便道:"我家里有一个叫王猛的客人,此人文韬武略,当世无匹,殿下宜请而咨之。"

苻坚遂由吕婆楼引介,见到了王猛。

此时距离王猛与桓温在灞水边扪虱论道,倏忽间已然又过去了三年。

这次会晤,王猛有没有披粗布褐衣、捉没捉虱子史籍无载,不过我们可以想像,双方的会谈气氛是友好的,讨论的话题是保密的,取得的成果是极富建设性的。因为会见结束后,苻坚大悦,说自己如同刘玄德,寻寻觅觅许多年,总算找到了自己的孔明。

第 9 章 传说中的圣君贤相

然而，还没等到苻坚将王猛设计的战略蓝图加以实施，一个突发事件就打乱了他们的部署。

原来苻生不但爱做梦，还爱说梦话。六月的一天夜里，酣醉入睡的苻生含糊不清地对侍寝的宫婢说道："阿法兄弟亦不可信，明日当除之。"阿法指的是苻坚的哥哥清河王苻法。大概那个宫婢和他们哥俩关系不一般，急忙连夜将此事告知了苻坚和苻法。俩人一合计，事情已火烧眉毛，干脆就此反了吧！

在夜幕的掩盖下，苻法与梁平老、强汪率壮士数百偷偷翻越入宫，打开了云龙门；苻坚和吕婆楼则带着三百多人鼓噪继进。宫里的宿卫将士早受够了苻生的折磨屠戮，纷纷倒戈，苻坚一路几乎没有遇到任何抵抗。当杀气腾腾的兵将闯入苻生的寝殿时，他仍然高卧龙床，喷着酒气，打着呼噜。直到被嘈杂的人声吵醒，苻生才遽然惊起，瞪着独眼问旁边的太监道："此辈何人！"

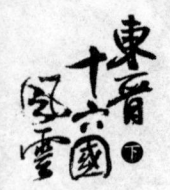

那太监早已抖成一团，用发颤的尖嗓回答："是……贼也！"

苻生也不知是没听清楚，还是脑袋没转过弯来，居然又问："这些人因何不跪！"

苻坚的兵都笑了起来。

苻生又喝道："何不速拜！见朕不拜，拉出去砍了！"

苻坚的兵不再废话，一拥上前，将苻生架到一间别室，先把他废为越王，继而杀之。临死前，苻生又喝了数斗酒，他是在昏醉无知中掉了脑袋。相比被他残忍杀害的众人，如此结果性命，实在是太便宜他了。

暴君就戮，前秦需要一位新的帝王。当时，虽然苻生数弟尚在（苻健一系），但皇位显然应于发动政变的苻坚兄弟中产生（苻雄一系）。

苻坚认为苻法年长，宜登大宝。

苻法认为苻坚贤良，又是嫡嗣，自己乃是庶出，坚决不肯。

最后，还是在母亲苟氏的首肯和群臣的坚决拥护下，由苻坚披上了龙袍。为了表示谦逊，苻坚去皇帝之号，称大秦天王。

这一年，他刚刚二十岁。

展现在他面前的，是一片饱经暴君蹂躏的故土，和秦、晋、燕三足鼎立、前凉与代窥伺于边的复杂形势。

对于年轻的苻坚来说，即位后的首要任务就是拨乱反正，稳定国内自苻生以来动荡不安的政治局面。他诛除二十余名助苻生为恶的佞臣；将受其残害的忠臣段纯、鱼遵等追复官职、厚恤子孙；同时，他也在朝中给苻生的弟弟苻柳等以一定的地位，尽量团结苻氏宗族；而封赏追随自己的有功之臣，建立自己的执政班子也是必不可少的，所以即位后，苻坚封哥哥苻法为都督中外诸军事、丞相、录尚书事，对梁平老、吕婆楼、强汪、薛赞、权翼等也各授要职，还任命王猛为中书侍郎。

在这一政治格局中，苻法的地位颇为微妙。他共举大事在先，辞让皇位在后，既是苻坚同父异母的哥哥，又是权倾朝野的都督、丞相。兄弟俩虽然感情甚好，然而在古代的皇权专制政治中，亲情与权力总是难以两全。

苻坚即位不到半年，这一天，苟太后出游至宣明台，远远地望见苻法的府第前车马辐辏、宾客盈门，老太太的心里充满了不祥的预感，随即暗自下了一个决定。

不久，苟太后下旨赐苻法死。

他没有反抗，苻坚也没有，默默承受这一裁决似乎是两人共同的决定。兄弟二人在东堂诀别，苻坚失声恸哭，竟至呕血。

最后，只有苻坚一人走出了东堂。

也许，这就是自古帝王总要自称为"孤家寡人"的原因吧！

在那个位子上，权力和尊荣只属于你一人；而以此为代价，痛苦和责任也要你一人来承担。

现在，苻坚可以放手实施他对帝国的治理和改革了。对于古代中国而言，治世的模式总是类似。苻坚的施政措施，史书上将其总结为"举异材，修废职，课农桑，恤困穷，礼百神，立学校，旌节义，继绝世"，虽然只有短短的二十几字，却覆盖了经济、政治、文化、教育、社会伦理等国家内政的方方面面。而在外交和军事上，苻坚平定了叛据并州的张平和陇西的李俨，降服了桀骜不驯的塞北匈奴曹毂和刘卫辰。在他的治理下，数年之中"内外之官，率皆称职；田畴修辟，仓库充实；盗贼屏息"，甚至永兴二年（358年）全国大旱都没有造成灾祸，俨然一副国力蒸蒸日上的清平局面。

当然，这些政绩的取得绝不是苻坚一人的功劳。在他的朝廷里，文有

薛赞、权翼、李威,武有梁平老、邓羌、吕光(吕婆楼之子),而贡献最大的,自然是被后世奉为一代贤相的王猛。

与许多人的想像不同,王猛并不是一开始就得到苻坚的全部信任的。像男女之间相恋容易、相处却难一样,明主和贤臣之间也需要磨合。

最初,王猛在朝廷中担任的是中书侍郎。按晋官品的话,这一职位乃是五品,工作性质类似领导秘书。但不久,王猛即被下放到始平县去当县令(六品),反倒降了一级。看来苻坚是想考验考验王猛,看他到底是光会耍嘴皮子的书生,还是确有经世济民的才干。

始平这个地方离长安很近,住了许多当年跟随苻健自枋头西归的豪族,这些人自恃是前秦立国的勋旧,平日不尊法度,鱼肉乡里,搞得始平县乌烟瘴气,盗贼横行。王猛甫一到任,即"明法峻刑,澄察善恶",狠抓执法工作,加强治安管理。有一小吏知法犯法,被王猛杀鸡儆猴,鞭杀之。结果当地的土豪反咬一口,跑到朝廷告状,王猛就被抓进了诏狱。

听说王猛出了事,苻坚十分重视,亲自审理此案。他问王猛:"为政之要,当以德化为先,你到任不久即杀戮人命,难道不是过于严酷了么?"我要搞以德治国,你这么搞,太不和谐了呀!

王猛的回答是:"德治适用于安定的社会,动乱的地方要用法治,陛下您交给我一个治安混乱的城邑,铲除奸猾凶恶之徒是臣的职责。我只不过才杀了一个奸人,尚有万数恶霸未除,臣若不能肃清这些黑恶势力,愿甘心就戮。至于说臣行的乃是酷政,臣却不敢苟同。"

这番话说得苻坚心里不断点头。事后,他对群臣说道:"王景略固是夷吾、子产之俦也!"赞他绝不是夸夸其谈的空想者,而是像管仲、子产那样脚踏实地、目标明确的实干家。于是,苻坚赦王猛无罪。

经此一事,君臣二人彼此更加了解和信任。而王猛的仕途,也从此一帆风顺起来。

很快，苻坚擢升他为咸阳内史（五品）、尚书左丞，开始实际参与中央行政工作。

王猛的日益亲幸引起了部分前秦勋贵的忌妒和不满，氐豪樊世就是其中之一。此人曾辅佐苻健平定关中，立有大功，很不把王猛看在眼里。一次，当着众人的面，樊世没事找事，对王猛道："我辈与先帝一刀一枪打下江山，你半点功劳没有，凭什么参预国政？难道是我们种地你吃粮不成！"

看着他不可一世的倨傲脸孔，王猛心生轻蔑，答道："我不但要让你种地收粮，还要让你当厨子把饭做好。"

樊世闻言大怒，要不是众人拉着，就要上来拼命，骂道："我要不把你的脑袋挂在城门上，老子这辈子就算白活！"

事后，王猛将这场纠纷汇报给了苻坚。苻坚深知他与氐族勋旧之间的矛盾不可避免，决定支持王猛。不久，在一次朝堂议事中，王猛与樊世互相争论，樊世说不过王猛，急怒之下竟当着苻坚的面恶言谩骂，挥舞起老拳。苻坚大怒，当即命武士把樊世拉出去砍了。这一下群臣震惧，知道王猛有皇上罩着，再也不敢惹他了。

苻坚即位的第三年八月，下旨说王猛"有卧龙之才，宜入赞百揆"，升他为侍中（三品）、中书令，领京兆尹。京兆尹是京师的长官，在这一任上，王猛依然延续了他在始平时的麻辣风格，履职没几天，就把国舅给斩了：特进、光禄大夫强德是强太后的弟弟，仗着是皇亲国戚，欺男霸女，掠人财货，为患京师已经很久了。虽然他品级比王猛还高（特进是二品），但王猛就敢先斩后奏，等太监带着苻坚的特赦令赶到，这位国舅爷早已横尸街头了！

　　背后有苻坚的支持和御史中丞邓羌的协助，王猛任京兆尹不过旬月，"贵戚强豪诛死者二十有余人"。上至朝廷百官，下至豪族百姓，人人慑服，社会风气为之一新。苻坚为此感叹道："吾今日始知天下之有法、天子之为尊也！"

　　三个月后，王猛升任吏部尚书；不久又任太子詹事、尚书左仆射。虽然仍是三品官，但此时王猛身兼尚书、中书、门下三省要职，行政大权已集于其一人之手。月余，苻坚又加王猛为辅国将军、司隶校尉，不但让其掌握兵权，而且率领宿卫禁军。王猛上疏推辞，苻坚就是不准，显示了他对王猛的无限信任。

　　这时，王猛三十六岁。

　　仅仅一年之内，他五次迁升，如今已是权倾朝野，一人之下，万人之上。

　　在蛰伏了许多年后，他终于可以尽展平生所长，辅佐明主治国平天下了。

第 ❿ 章 慕容恪之死

翻阅史书，纵览公元四世纪中叶的这段历史。我们可以发现，在石虎去世十年之后，动荡纷纭的北方局势随着前秦、前燕政权的各自稳固终于再次形成了"鼎足三分"的政治格局：汉人张氏建立的前凉政权依旧割据河西走廊，氐族人建立的前秦和鲜卑慕容部建立的前燕则取代了之前匈奴人的前赵和羯人的后赵，以黄河、函谷为界东西对峙。再加上南方的东晋，四国之间互相牵制。不过，由于僻处西北的前凉实力太弱，能够自保便已知足，彼时真正能够影响天下大势的只是晋、秦、燕三国。

时势造英雄，英雄亦造时势。

这三国之中，又各有杰出的英雄人物挺立潮头，用自己的聪明才智和手中权力影响着国家兴衰和历史走向：晋有桓温，秦有王猛，燕有慕容恪。三人皆为权臣，同时兼具优秀的政治和军事才能。只是由于各自境遇、地位和所处国情的不同，三人对本国国势的影响亦不尽相同。

起初后赵统治崩溃、中原大乱之时，总体实力自是东晋最强，再加上

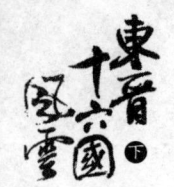

后赵边境守宰纷纷降晋，局面对东晋最为有利，故此桓温仅凭四五万人马便可以攻入关中、收复洛阳。但问题的关键在于，东晋政权内部始终存在上下游的权力之争，内耗严重，不论对殷浩还是桓温来说，所谓北伐都是工具而非目的，都是为了政治斗争而服务。在上下游互相掣肘的局面之下，建康和江陵之间几乎不可能同心致力于收复北方。虽然桓温搞掉了殷浩，但建康方面后来又倚仗陈郡谢氏遏制他对下游的扩张，桓温还是控制不了下游的豫、扬、徐诸州，因此在这一时期他对本国朝政的影响力虽然较此前大有提升，还是不能与燕国以太宰身份专辅幼主的慕容恪相比。

由于以上原因，桓温第二次北伐返回后，关注的重点仍然是下游而非中原，再加上江陵距离河洛较远，洛阳以东的梁、青、徐、兖诸地又不是他的辖区，这就导致东晋虽然暂时收复了这些土地，但却无力阻止前燕对这一带的逐步蚕食。另一方面，桓温本人对慕容恪也十分忌惮。

据史料记载，燕主慕容儁新死，东晋的许多大臣都认为中原可图，桓温却道："慕容恪尚在，忧方大耳！"果不其然，数年之中，河南的许昌、颍川、谯、沛诸城尽被前燕攻占，到了隆和元年（362年）后，洛阳也陷于危急之中。这个时候桓温一边派三千水军前往增援，一边却向朝廷上疏，提议迁都洛阳，还要求"自永嘉之乱播流江表者，一切北徙，以实河南"。表面上看来，这当然是一个相当荒唐的提议，因为此刻迁都于危城，简直就是飞蛾扑火，朝廷当然不会同意。可慑于桓温的威势，又不好断然拒绝。

众臣正在忧惧，扬州刺史王述却一语道破，说桓温其实只是以虚声恫吓朝廷，并不是真想迁都，就答应他好了，这事他准办不成。于是朝廷就下诏说，迁都是好事，也是大事，"诸所处分，委之高算"，就交给你桓温来筹划好了！只不过河洛饱经战火，现在一片废墟，要经营准备的东西实在太多，一切就辛苦你啦！

这等于是把守护河洛和重建旧都的任务都推给了桓温一个人，这他哪里承担得了？此事自然不了了之。

迁都一事虽寝，但面临前燕的攻势，洛阳旧都不能弃之不顾。建康朝廷也知道，眼前能够主持北伐大局的也只有桓温一人，况且他前次收复洛阳的大功还未及封赏。于是在兴宁元年，朝廷加桓温侍中、大司马、都督中外诸军、录尚书事之职。由此桓温名正言顺地获得了掌控中枢的权力。

考虑到江陵距离建康太远，不便于直接掌控朝政，趁第二年前燕再度发动河南攻势的机会，桓温又将大本营东迁到了合肥。但对于燕军的进犯，他只是命西中郎将袁真等前去抵御，自己并未发兵，导致汝南、陈郡等地随后亦落入敌人之手。由此可知，保存实力、威逼朝廷仍是桓温这一时期的首要目标。

这个时候对于会稽王司马昱、王述等人来说，要想阻止桓温继续进逼已经不太现实了，唯一的策略就是趁桓温布局未成，先以辅政的名义征他入朝，希望以此切断他对上游兵权的掌控。因此在当年五月和七月，朝廷又加桓温为扬州牧，两次召他入朝。但桓温并未轻易上当，他先是上疏固辞录尚书事，既而又屯驻赭圻（今安徽芜湖西南）不进，遥领扬州牧一职。

到了次年春天，因为赭圻发生了火灾，桓温又东移至建康南大门姑孰屯驻，同时还以三弟桓豁代替自己领荆州刺史，再加上江州刺史的职位此前已经被二弟桓云掌握，桓温不但重现了当年王敦、苏峻威逼京师的格局，而且桓氏势力也对异己力量完成了碾压，所未能控制者，只有豫、徐二藩镇而已。

这时，由于燕国太宰慕容恪亲自来攻洛阳，而苦守洛阳将近三年的将

军陈祐因为自感粮尽援绝势不可支,已经留下长史沈劲和五百成卒,自统余众弃城而去,洛阳城危在旦夕。于是会稽王司马昱亲自赶到姑孰洌洲,来跟桓温商讨北伐御敌之计。怎奈晋室流年不利,刚刚二十五岁却沉迷于断谷饵药以求长生的晋哀帝司马丕反得速死,偏巧于这时中毒崩逝。大丧期间不宜出师,北伐的计划也就泡了汤。洛阳城遂于这年三月终于被慕容恪攻陷。此前东晋北伐收复的土地,至此亦几乎丧失殆尽。

此役之后,前燕对东晋北境的蚕食并没有持续下去。而在取得洛阳两年之后,还不到五十岁的慕容恪亦因病去世。

离世之前,燕国少主慕容暐前来探视。望着这位尚未年满十八岁的皇帝,淡淡的哀伤掠过慕容恪心头。因为他知道,自己的这个侄子性格柔弱,自己去世之后,朝权必定会归由太傅慕容评一手掌握。然而慕容评为人既猜忌又贪婪,实非国家之福。他强打精神,对慕容暐缓缓说道:"方今西有劲秦跋扈,南有强晋未宾,二寇皆有窥我门户之心,但患无隙可乘而已。国之兴衰安危,全在举贤任能。臣受先帝顾托之重,闻报恩莫过于荐贤,臣殁之后,大司马一职总统六军,不可失之于非才。吴王垂天资英杰,文武兼备,不亚于管仲萧何,陛下若能任以大政,则关陇可平,国家可安。不然,秦、晋必有犯我疆土之计!"言终而卒。

若慕容恪死后有知,他一定会感到失望。因为继他之后秉政的太傅慕容评嫉贤妒能,并未将大司马的职位授予他力荐的慕容垂,而是给了慕容暐的弟弟慕容冲。当时,慕容冲还不到十岁,慕容评的用意显然是要自己专权。过不了多久,慕容评将会为他这一自私的决定感到后悔。

慕容恪去世的消息传入关中。秦主苻坚心下窃喜,他立刻派使臣以朝贡为名,前往燕国打探虚实,结果得到的报告是"燕国政无纲纪,实可图之"。然而,就在苻坚兴致勃勃准备攻燕之际,没想到自己的内部也出了问题。

　　当年苻生被杀，苻坚即位后，虽然对苻生的几个弟弟苻幼、苻腾、苻柳、苻廋、苻武等各委以要职，但苻健一系的这几个宗王仍然心怀不满。早在三年前，汝南公苻腾就因谋反未遂被诛。当时王猛就曾劝苻坚说："苻生诸弟尚有五人，五人不除，终必为患。"但苻坚并未听从。后来，趁苻坚亲征匈奴曹毂、刘卫辰的时候，时任征北将军的苻幼发动兵变，偷袭长安，所幸被留守的卫大将军李威击斩。苻坚得胜回京后查检此事，发现苻柳、苻双都曾与苻幼通谋。苻柳任征东大将军，镇并州，苻双任征西大将军，镇秦州，皆是手握重兵的封疆大吏。这要是别的皇帝，肯定彻查此案，不把苻柳、苻双杀了才怪。但苻坚的为人前面我已提过，他向来待人宽和，觉得苻双与自己是一母同胞，而苻柳也是先帝苻健的爱子，就装作什么也没发生，对此事再也不提。

　　但世间的事情往往如此，君子越是隐忍退让，小人越是跋扈紧逼。前秦建元三年（367年）十月，苻双据上邽，苻柳据蒲坂，再次起兵谋反，而且他们还联络了据陕城的苻廋、据安定的苻武，四路发兵，准备共伐长安。

　　不过小人也有小人的弱点，这四个人心怀鬼胎，各打各的算盘，虽然号称要同伐京师，但人人都想当渔翁，谁也不抢先出兵。这就给了苻坚各个击破的机会。

　　最初，苻坚仍然尝试以和平的方式解决这一问题。他派使臣去对四人说："我待你们已经仁至义尽，你们何苦还要造反？若就此罢兵，各安其位，我将待你们一切如故，绝不治罪。"并叫四人啮梨以为信①。但苻坚并

---

① 啮梨为信，《资治通鉴》胡三省注解释为"梨肉脆而啮之易入，以喻亲戚离叛，则国力脆弱，将为敌人所乘"之意。

没有收到让他满意的答复。

好吧,既然你们如此顽固,就休怪我无情。

次年正月,苻坚派后将军杨成世、左将军毛嵩西讨上邽、安定,派辅国将军王猛、建节将军邓羌东攻蒲坂,派前将军杨安、广武将军张蚝攻陕城。苻坚制定的策略是,命王猛、杨安的东路军距城三十里,坚壁勿战,等西路军平定秦雍后,再合兵一处,并力取之。

苻坚的兵马还没到,陕城的苻廋着了慌,他宣布投降前燕,并遣使者请燕兵前来接应。陕城即今河南省三门峡市陕县,是关外通往关中的要冲。在内乱未平的情况下,如果前燕以苻廋为向导进攻关内,则前秦有亡国之忧,所以苻坚十分紧张,急调大军屯聚华阴,以防外敌进犯。

当苻廋的求援信送至邺城,范阳王慕容德急忙上疏,认为这是天赐良机,建议派慕容垂、皇甫真两路发兵,直取长安,许多朝臣也赞同救陕伐秦。但主政的太傅慕容评却力排众议,认为万万不可,理由是:秦乃大国,咱皇上虽然英明,却比不上先帝,我们的谋略机智更与先太宰没法比,能闭关保境就不错啦,灭秦不是咱们干得了的事!

自从前燕占据河北之后,许多王公贵族摇身一变,从驰骋马上的部落酋长变成了好逸恶劳的大地主,他们侵占国家民户、田连阡陌,锦衣玉食,醉生梦死,他们在女人身上的时间比在马上的时间还多,摸弓箭的次数比摸酒杯的次数还少,这些人锐气尽丧,意志消磨,早已将征服的荣光置之脑后。慕容评就是这些人的典型代表。

所以,当朝廷拒绝了苻廋的求救申请,智计谋略不亚慕容恪的吴王慕容垂,只能与皇甫真在一起发发牢骚,徒唤奈何了。

在足球场上,错过得分机会通常是要被上帝惩罚的,两国相争也是如此。我们中国的老话称这种情况为:"天予不取,反受其咎。"

仅仅两年之后，在一个寒冷刺骨的冬夜，慕容评将彻底明白这句话的含义。

四月，苻坚的西路军攻克安定；七月，拔上邽，苻双、苻武被斩；九月，王猛攻下蒲坂，斩了苻柳；十二月，王猛与邓羌会师后攻拔陕城，苻廋被擒后赐死。不到一年的工夫，前秦内乱平定。而燕国也就此错过了灭秦的绝佳机会。

你不来灭人，人家就来灭你。而且更热闹的是，面对前燕这么一大块肥肉，秦人还没来得及动筷子，东晋就抢先下嘴了。

已经五十八岁的桓温，正在筹划他人生的第三次北伐。

第 11 章 桓温北伐中原

永和十年,桓温第一次北伐,距长安咫尺,而未渡灞水。

永和十二年,桓温第二次北伐,大败姚襄于伊水,光复洛阳,修葺园陵而还。

这两次北伐让桓温声望大增,也使得他在东晋内部的权力斗争中尽占政治优势,一步步地向中枢逼近。到了太和三年(368 年),桓温不但已经成了朝权的实际控制者,而且还在手握荆、江、扬三州强兵的同时兼署都督中外诸军的头衔,权势之盛,为东晋开国以来所未有;其爵位虽仍是南郡公,却尽享殊礼,"位在诸侯王上"。

但是桓温并不满足。

当年在荆州之时,有一次天降大雪,桓温兴致甚佳,便披甲持弓,欲乘雪出猎,路上遇见好友刘惔、王濛等人。刘惔等皆为清谈之士,这种天气只合躲在室内饮酒赋诗,冷不丁见桓温戎装在身,不禁感到奇怪,便半开玩笑地问道:"老贼,欲持此何为?"桓温并不气恼,只道:"我若不为此，卿辈亦哪得坐谈？"后来桓温出征得胜而还，刘惔出城数十里迎接。桓温一路无话，只说："垂长衣，谈清言，竟是谁功？"你们这些知识分子能优哉游哉地整天吹牛皮讲段子，可知到底是谁的功劳？刘惔知道桓温是在夸耀自己的武功，但他无意逢迎，只答道："晋德灵长，功岂在尔？"是我国家福德深厚，难道是你的功劳不成？

对于桓温雄武自矜的态度和汲汲于建功立业的心境，刘惔是早就熟稔的。他曾经对人说，桓温眼如紫石棱，须如猬毛磔，是司马宣王、孙仲谋一流的人物，虽有大才，却不肯久居人下。因此当年在朝廷初任桓温为荆州刺史时，他曾力劝会稽王司马昱不要让桓温出镇。桓温伐蜀，举朝皆以为难，亦独有刘惔以为必克。而他认为桓温取蜀之后终将坐大专制朝廷的预言，如今也已经应验。只是刘惔此时早已离世，无法亲眼得见了。

志度才略不在司马懿之下的桓温，现在虽然已近花甲之年，却仍然拥有当初踏雪出猎一般的炽热进取之心。史料记载，有一次他卧在榻上与几个亲信僚属闲聊，忽然若有所思，像是自言自语地说道："为尔寂寂，将为文、景所笑！"文、景者，景帝司马师、文帝司马昭也。这句话的意思是："老是像现在这样什么也不干，连司马师、司马昭这哥俩都会笑话我。"听来大有要效仿司马兄弟谋朝篡位的含义。所以一时之间，诸僚属都吓得不敢接话。见此情景，桓温反倒翻身坐起，朗声道："既不能流芳百世，不足复遗臭万载耶？"雄豪之气，溢于言表。

在世人眼中，收复中原，还我河山，自是流芳百世；以下克上，谋朝篡位，难免遗臭万年。然而世间之事纷繁复杂，岂能尽皆黑白分明、忠奸可辨？古来成就大事的人物，几乎无不充满争议。要想建立名垂青史的功业，就不能过分爱惜羽毛。只要问心无愧，担当起生前之事，又何必在乎忠奸荣辱，算计身后之名？

太和四年三月，得知慕容恪亡故、燕国庸人当政，桓温决计再次北伐收复被燕国蚕食的土地，同时一石二鸟，力图解决自己尚不能直接控制的豫、徐二州问题。

自从搞掉殷浩之后，桓温一直在寻求机会将自己的势力扩张至下游的豫、徐二州。然而面对桓氏的一家独大，建康的其他门阀世家深深感到不安，纷纷或明或暗地与朝廷联合起来抵制桓温东进。豫州先由陈郡谢氏的谢尚、谢奕、谢万兄弟掌握，后来谢万抵御前燕南侵不利，桓温强迫朝廷将其废为庶人，但之后朝廷又擢升庾氏旧部袁真为豫州刺史；至于以京口为基地的徐兖北府，虽然改易频繁，总体而言却仍是郗鉴子侄和旧部的势力范围，桓温也极难插手。

所以这次北伐，桓温明确要求江州刺史桓冲、徐兖刺史郗愔（音 yīn）和豫州刺史袁真跟自己共同出兵。

桓冲是桓温的弟弟，带上他无可厚非；而桓温还要带上他的政治对手郗愔和袁真，则未免有些存心不良了。

郗愔是郗鉴之子。史书上对这个人的评价是"暗于事机"，意思是不识时务，没有眼力见儿。听说桓大司马邀请自己共同北伐，老头很激动，连忙写了一封信，说我这把老骨头愿意跟您共复河山，军队已集结待命，云云。幸亏他的儿子郗超在桓温身边做参军，知道桓温是什么样的人，取过老爸的信来一看，吓得一身冷汗，心说老爷子要是真跟桓温出去，没准就回不来了。连忙将这封信撕得粉碎，自己重新写了一封，说我郗愔没有将帅之才，老病缠身，不堪军旅，我的军队您来统帅正合适，还是给我安排个清闲的工作养老吧！

桓温得信大喜，就让朝廷调郗愔去肥得流油的会稽（今浙江绍兴）当市长，自己兼领了徐、兖二州刺史。

而另一位刺史袁真，也许是自己不够聪明，也没有足够聪明的儿子，不明就里的情况下就参加了桓温的北伐。

初夏，桓温亲率步骑五万自姑孰出发，第三次向北方进军。

出师前，桓温与当朝首辅会稽王司马昱进行了一次密谈，内容如何，无人知晓。

出师之日，满朝文武和南州百姓在大道旁为五万将士设祭送行，都邑为之一空。

本次北伐仍走水路，自兖州（镇治广陵）出发，溯中渎水、泗水北上。途中经过金城，少年时桓温曾在此地为官，如今见自己当年亲手种下的柳树已是枝叶累累、粗至十围，桓温心中翻滚感慨万千。他轻抚那斑驳龟裂的树干，长叹道："树犹如此，人何以堪！"

这年，他已经五十八岁了，多少青春时的梦想已被雨打风吹去？多少壮志豪情已被无休的政争和无情的现实消磨？那些谈玄论道、信口雌黄的所谓高士们，又怎能知道我的抱负与艰难！

罢！罢！罢！

大丈夫处世，纵不能流芳千古，亦可为遗臭万年！

桓温折柳为别，义无反顾地踏上了征程。

历来偏安江南的政权北伐，总是首选水路。因为南方多步少骑，河道纵横，走水路不但轻松快捷，且便于运输辎重。桓温自广陵北伐中原，最合适的路径是由汴入河。但由于中原多年战乱，汴水无人疏浚，河道狭浅难行，桓温不得不选择绕远，走汶水—济水一线。

桓温定于四月出师，本来是指望夏季到来后，充沛的雨水能使舟师行驶得更加顺利，不巧却连旱多日，等到船队开至金乡县（今山东金乡北）时，河道已然断绝。不过这没有难倒桓温，他命令冠军将军毛虎生率领工程兵，凿巨野泽三百里，引汶水入清水，将通往黄河的水路打通。巨野泽，即后来

的梁山"八百里水泊";而桓温凿开的运河,后世称之为"桓公渎"。

桓温登于楼船之上,放眼望去,四野苍茫,渺无人迹,不禁兴起了"神州陆沉百年丘墟"之叹(本书第二卷第六章曾提及此事)。这时,参军郗超建议,考虑到河道时通时绝,粮草的运输是个难题,如果到时接济不畅,敌人再坚壁清野,那我军可就危险了,不如入黄河后弃舟登陆,直趋邺城。如其出战,自可毕其功于一役,如其闭城坚守,那么当此盛夏之际,牲畜百姓遍布田野,将尽为我军所有;要是您认为此举过于冒险,那就阻河为固,专心于控引漕运,待明年资储充足后,再图进取。否则,进不能速战速决,退又不能无后顾之忧,迁延下去到了冬天,一来水道将更加滞涩,二来我们没带充足的过冬衣物,那我们的麻烦就不仅仅是缺乏粮食了。

平心而论,郗超的话很有道理。但桓温也有自己的想法。直趋邺城,毕其功于一役实在过于冒进。按他的行事风格,不论是对于政治斗争还是军事征伐,没有把握的事情向来是不去做的;而止步于黄河岸边,等待来年再说,又达不到既定的战略目的。所以,桓温没有采纳郗超的建议。

那粮储一事如何解决?桓温已经安排了预备方案。他命豫州刺史袁真为偏师,自寿春北伐,力图抢占荥阳附近的石门塞,这样运粮船就可以走睢水抵达黄河沿线。

闻听桓温来袭,前燕派下邳王慕容厉为征讨大都督,帅步骑两万迎战晋军于黄墟。但是桓温统帅的军队有五万之多,其中还包括骁勇善战的北府兵。结果不出所料,燕军大败,慕容厉单马逃归。

紧接着,桓温又打了几场胜仗,前燕的高平太守徐翻、故兖州刺史孙元相继投降。燕主慕容暐又派自己的哥哥乐安王慕容臧统兵进讨,仍然难以阻挡晋军兵锋。七月,桓温的军队踏上黄河北岸,于枋头集结。

第 ⑫ 章 祭由司马,政由桓氏

枋头即今河南淇县东南,向来是黄河上的重要渡口,据邺城不过二百余里。听说桓温大军已抵达枋头,邺城里的慕容评、慕容暐吓得够呛,已经动了弃城而逃的心思。危难之际,一直受到慕容评排挤、郁郁不得志的吴王慕容垂挺身而出,道:"臣请率军迎击,若此战不捷,陛下再走不迟。"慕容评知道,如果此时再不重用慕容垂,自己的地位也难保,于是便让他代替慕容臧为南讨大都督,与范阳王慕容德等率军五万拒敌,同时派遣使臣向前秦求救。

使臣来到长安,向秦主苻坚开出了价码:秦若出兵相救,前燕将割虎牢关以西之地相酬。苻坚召集群臣,商量该如何抉择。绝大多数人认为,当年桓温伐我之时,鲜卑人在一旁哈哈笑,现在轮到他们倒霉了,咱们干吗去趟这浑水?何况你前燕一不称臣,二不纳贡,仅凭空口白牙说要割地就忽悠我们出兵,哪有这等美事儿?

廷议之时,王猛未发一言。廷议结束,他踅至后殿,对苻坚道:"燕

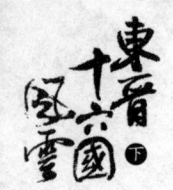

国虽强,但慕容评却不是桓温敌手。若桓温灭掉前燕,则其必收关东兵粮钱谷,而后图我崤函,如此则陛下大事去矣!当今之势,应与燕国合兵以拒桓温。待桓温退后,燕已疲弊,我们再乘其虚弱而取之,此为善之善者也。"

苻坚早已有图燕之心,王猛这番话更坚定了他的决心。

八月,前秦派邓羌、苟池率步骑两万出洛阳救燕。不过秦军并没有直接开赴枋头前线,而是向南绕到了颍川(今河南许昌)一带,准备抄桓温的后路。

与此同时,桓温在枋头的前景也不妙起来。

慕容垂出师后,与桓温军在黄河北岸打了两场小规模的战斗,都以获胜告终。这极大地稳定了前燕的人心,而打击了晋军的士气。更糟糕的是,随着深秋的来临,郗超的话不幸言中,眼看着河道越来越浅,桓温的补给也越来越困难。而被派去打通睢水补给线的袁真,虽然攻下了谯郡、梁国,却迟迟难以占据最为关键的石门塞。到了九月,慕容德带着一万五千骑兵增援石门,更是断绝了晋军由此路补给的希望。

粮草不济还是其次,更致命的是桓温事先并没有料到前秦会出兵。现在秦兵已经绕到了自己的身后,倘若不尽早撤退,稍有差迟便有全军覆没的可能。桓温虽然心有不甘,但也只能选择撤兵。

九月十九日,晋军放火烧毁了船只和辎重,自陆路退却。

由于担心敌人在河流上游投毒,桓温军一路凿井而饮,自东燕而至陈留,七百里安然无恙。晋军将士都以为,燕军已经放弃了追击,人人都松了一口气。他们并不知道,自己加快脚步走向的,正是慕容垂为他们精心选定的埋骨之所。

晋军刚刚撤退之时,部将们都争先恐后想追击立功,慕容垂却认为不可。他认为桓温鉴于当年自灞上撤军导致的失败,一定会严加戒备,拣选精锐将士断后,此时追击,未必能占得便宜;不如暂缓,让他们放松警惕,待他们精疲力竭之时再行出击。于是,老谋深算的慕容垂像一只狡猾的猫一样,率领着八千骑兵蹑手蹑脚地远远跟在晋军的后面,等待着这只肥硕的老鼠因疲累而松懈下来;同时,他还派慕容德带着四千轻骑,快马加鞭绕到晋军之前,设下了埋伏。

当士气低迷、又累又饿的晋军兵士们走至襄邑(今河南睢县)附近的一个山涧时,他们骇然发现,四面八方突然涌现出数不清的鲜卑骑兵,他们高呼着奔上前来,热情地为归去的客人送行——不过不是用牛酒,而是用弓箭、弯刀和铁蹄。

战斗很快就结束了。桓温军惨败,在山涧中留下了三万具狼藉的尸体。

然而他们的噩梦还没有结束,闻讯赶来的前秦军落井下石,在谯郡(今安徽亳州)再次痛击晋人。自广陵出征的五万将士,平安返回的没有几人。

这一次,桓温是彻彻底底地失败了——至少在军事上;然而在政治上,他却达到了自己的目的。

回朝之后,桓温将这次失败归咎于未能打通睢水补给线的袁真,奏免其为庶人。袁真不服,反向朝廷告桓温有罪。朝廷已在桓温的控制之下,当然对他不加理会。于是袁真索性据寿春叛乱,先向燕国投降,又向秦国求救。一年半之后,桓温才将寿春攻克,彻底控制了豫州。

如此一来,全国强藩尽被桓氏掌握,军事上已经没人能够对桓温构成威胁了。

但有一点对桓温不利,由于枋头之败损失惨重,其声威大大受损,即

使平定了豫州叛乱,也不足以助其在位望上更进一步。这对于北伐之前寄望九锡的桓温来说,可谓一次不小的挫折。

他的心腹郗超看出了桓温的忧虑。一天夜里,趁着四下无人,郗超小心翼翼地探问桓温道:"明公近日都无所虑乎?"桓温道:"卿欲有言邪?"有话请讲当面。

于是郗超开诚布公地说道:"明公既居重任,天下之责尽归于公。今虽克寿春,不足以雪枋头之耻。公以六十之年,若不能行废立大事、为伊霍之举者,不足镇压四海,震服宇内,岂可不深思哉!"桓温早有心效司马懿之故辙,郗超这番话可谓说到了他的心坎里。他当下便与郗超定计,细细商议了一番。

当时的东晋皇帝司马奕不到三十岁,在位六年来谨小慎微,基本上寻不出什么过错,要想找个堂而皇之的理由将其废掉也并不容易。好在宫闱事秘,外人极难获知真相,所以桓温最后决定在床笫之事上做文章将他搞倒搞臭。他派人四出散播谣言,诬蔑司马奕当年做藩王时便是个性无能的男人,不但办不成人事,还跟几个男宠乱搞同性恋,而他的姬妾所生的男婴都是那几个男宠的儿子!一时间建康城里街谈巷议,当今天子的龙根成了刷遍朋友圈的热点话题。

太和六年(371年)十一月十三日,桓温亲自赶往建康,向褚太后上奏要求废掉司马奕,转立会稽王司马昱为君。

这位褚太后芳名蒜子,乃是晋康帝司马岳的皇后,这一年四十八岁。当年晋康帝去世,太子只有两岁,褚蒜子便以太后的身份被群臣请出垂帘听政。再后来的哀帝司马丕和现今在位的司马奕也都是以褚太后令的名义所扶立,因此她虽然对外受制于权臣,在时人眼中却是地位极尊,甚有威信。这次面见褚太后能否顺利取得预期的结果,桓温自己心里也没底,故而呈罢章奏诏草在殿外等候消息期间，他难以掩饰焦躁紧张的情绪，脸色阴晴不定，不多时便出了一身白毛汗。

废帝的章奏呈进来时，褚太后正在佛堂烧香。直到内侍报说"外有急奏"，她才缓缓踱出。倚在门边只看了数行，她便明白了眼前发生之事。司马奕是成帝之子，与她并无血缘关系，只要自己的太后地位不致动摇，褚蒜子并没有反对此议的足够动力。何况此时军政大权尽在桓温之手，褚太后就是想反对也无济于事，倒不如做个顺水人情，卖桓温一个恩惠。于是她只看了一半便将奏章放下，说道："这上面说的，我早就有所怀疑了。"然后要过笔来，亲手将桓温带来的草稿抄了一份，宣布以"人伦道丧，丑声遐布""诬罔祖宗，倾移皇基"的罪名废司马奕为东海王（后来又改封海西公）。

晋朝自从开国以来，还从没有过废立皇帝这样如此巨大的变故。因此十五日桓温召集百官汇聚朝堂之时，群臣人人震惧，大气都不敢出一口。而因为仪典上并没有废立皇帝的程序和礼仪，包括桓温自己在内，大家都手足无措，不知该如何进行，场面一度十分尴尬。最后还是尚书左仆射王彪之见事情不好收场，劝桓温赶紧查阅《汉书》，照着霍光废海昏侯刘贺的故事定下了仪注。

于是先宣太后令，然后使百官入集太极前殿，桓温令督护竺瑶、散骑侍郎刘亨两人收回废帝司马奕的玺绶。司马奕倒是情绪比较平静，乖乖地穿着白帢单衣，徒步走下太极西堂，上了一辆犊车驶出神虎门，在一百名士兵的护送下奔东海王府而去。群臣于道旁拜辞，莫不歔欷流涕。接下来桓温带着文武百官具乘舆法驾，前往会稽王府迎司马昱入宫。司马昱先在朝堂换上天子冠服，向东而拜，面容悲戚地接受了皇帝玺授，既而登殿即位，改元咸安，算是完成了这次交接仪式，是为简文帝。

怕生出变故,当天桓温还不顾足疾在身,亲自驻守中堂,分兵严加警戒。后来简文帝特召他乘舆入殿,与他进行了会谈。桓温本来准备了一大套说辞,想要为自己废立皇帝的举动辩护,可是简文帝一见到他便哭出声来,眼泪啪嗒啪嗒掉个没完。桓温大感惶恐,最后一句话没说便退了出来。

简文帝司马昱的眼泪倒并非全都是逢场作戏。他是晋元帝第六子,为人清虚寡欲,最喜谈玄论道,本来便对争权夺利之事不甚感冒。奈何晋祚不昌,从晋明帝以来,连续五任皇帝没一个年寿能超过三十,成、穆二帝继位时更是不懂事的娃娃。后来褚太后虽然临朝称制,但毕竟是不方便抛头露面的妇道人家,于是司马昱只好以皇叔(后来是叔祖)之尊,以宰辅的身份主理朝政。当年正是他不顾刘惔的警告,将羽翼未丰的桓温安排到了荆州刺史的位子上。怎知此人才略过人、志向不凡,短短数年间迅速坐大于上流,日渐凌驾于朝廷之上,司马昱不得不借助殷浩之流与之相抗,为此没少跟桓温较劲斗心眼儿。可是事到如今,还是无法阻止他擅兴废立。自己已经五十好几,不知还能有几年好活,虽然被桓温推上了帝位,可明眼人都看得出来这只是他为篡夺晋室江山而行的过渡之举。真到那时,别说自己多半不能善终,就是能像汉献帝刘协和曹魏末帝曹奂那样寿终正寝,九泉之下也再无颜面去见列祖列宗!所以在桓温面前,司马昱才泪流不止。

很快,令简文帝担心的事情便发生了。

大概由于在这时,桓温本人的健康状况已经每况愈下,他在废立皇帝之后马上加快了清除异己的步伐。首先遭殃的是元帝第四子武陵王司马晞。他因为地位尊崇,又好习武事而成为桓温重点猜忌的对象。简文帝即位刚刚六天,桓温便诬蔑武陵王晞父子与袁真勾结,有意谋反,逼着简文帝先将司马晞免官，接着又要求将其诛杀。简文帝受逼不过，索性写了一封手诏给桓温，说："若晋祚灵长，公便宜奉行前诏；如其大运去矣，请避贤路。"意思是你要非逼着我杀我哥哥，那你干脆找别人当这个傀儡皇帝好了，老子不干就是！桓温见到这封手诏，吃惊不小，深思了许久，最后还是决定暂时对简文帝退让一步，只将武陵王晞父子废为庶人了事。此外，桓温还担心殷浩的子侄和庾氏一族对自己构成威胁，同样以谋反的罪名杀掉了殷涓、庾倩、庾蕴、庾柔等异己势力。

　　这时的东晋政权，祭由司马，政由桓氏，已经处在了江山鼎革的边缘。

第 13 章　简文帝遗诏

即位数月以来，简文帝担惊受怕，心情抑郁，深恐不知何时便会遭到桓温的废黜。此时虽然桓温已经返回了姑孰，但其弟桓秘却在朝把持禁军，其心腹郗超则以中书郎一职随侍左右，简文帝仍然感到自己无时无刻不处在桓大司马的威势笼罩之下。

据说在前任皇帝司马奕被废之前，曾发生过"荧惑入太微"的异常天象。近几日，这种预示着对国君不利的天象再度出现于夜空，简文帝更加忧惧不已。他迫切地想知道，桓温近期是不是就要有所行动。于是这天趁着郗超当值，他特意召其进来，小心翼翼地探问道："命之修短，本所不计，故当无复近日事邪？"我其实已经不在乎能活多久了，你坦白地告诉我，莫不是最近就要出事吧？

郗超这个人在青年才俊里是个相当出色的人物，而且功名心强烈，很希望将来能像自己的爷爷郗鉴一样位登三公，因此他自投身桓温帐下任参军以来，一直尽心尽力甘为谋主，而桓温也对他相当器重。因为郗超有一副好髭须，同事们将他跟桓温幕府中担任主簿的王珣并列，编了个顺口溜道："髯参军，短主簿（王珣个子矮），能令公喜，能令公怒。"对于桓温的野心，他自然是十分了解的，所以当初他才劝桓温早行废立之事。但是郗超也知道，包括自己的父亲郗愔在内，朝廷里对晋室忠心耿耿的仍大有人在，而老来越发谨慎持重的桓温在条件尚未成熟之时，并不会贸然倾移晋鼎。因此他宽慰简文帝道："大司马臣温方内固社稷，外恢经略，非常之事，臣以百口保之。"

见郗超用合门性命担保，简文帝这才稍稍安心。过了几天，郗超请假回家探望老父，简文帝又对他说，替我向令尊致意，就说国家到了这步田地，都是我的责任，我的愧疚之心无法用言语表达，接着便吟咏起了庾阐的诗"志士痛朝危，忠臣哀主辱"云云。此时郗愔任职会稽内史，都督浙江以东五郡，简文帝这番话的意思，大概是想激发他忠臣志士之心，希冀一旦朝危主辱，郗愔能为国尽忠吧。

简文帝本就上了年纪，这段时间又整日忧惧交加，寝食不安，身体状况自然更不理想。当年六月，北府重镇京口又发生了一起庾氏子弟声讨桓温的叛乱事件，京师震扰。虽然叛乱很快便被平定，但简文帝有足够的理由担心桓温会利用此事再搞一次政治清洗，不免又受一番惊吓。因而到了七月二十三日，他便一病不起，而且病势迅猛，眼看便要不久于人世。

这种情况下，最重要的就是安排接班人。

简文帝早年为会稽王时，本有世子。但在永和四年，因为"疏躁无行"，这位世子和其生母一起被废。而二子年十七而卒，其余三子尽皆早夭，内房诸姬妾又将近十年无人怀孕，以至于到了四十岁时，简文帝还是没有嗣子。他便找来一位名叫扈谦的术士，给自己算了一卦。结果扈谦说，后房里有一女子，将来定能诞育两贵子，其中之一终盛晋室。当时有个徐贵人贤德又美

貌,简文帝很是宠幸,满心希望她便是扈谦所说的女子,可是久久不见有娠。简文帝便又去问道士许迈。许迈说这事我可说不准,不过殿下您福德深厚,只须听从扈谦之言,在家里广泛播种便是。简文帝深以为然,回去后很勤奋地扩大了耕地面积。然而数年过去,还是生不出儿子。这下简文帝不耐烦了,干脆找来相面的先生把家里的姬妾挨个相了一遍,都说并非其人,于是又把奴婢丫鬟、陪嫁的老妈子也叫来相面。直到相到一个在织坊中干活、长得又黑又高、被人唤作"昆仑"①的宫女,相面的才大惊道:"正是此人!"这个名叫李陵容的粗使宫女虽然身份低微、相貌丑陋,但简文帝为了百年大计,只好勉为其难,替天行房。后来她果然生下了两个儿子,年长的生于旭日初升之时,因此取名曜,字昌明,年幼的取名道子。

这一年,司马曜刚刚十岁,虽然之前承袭了会稽王的爵位,但并未被册封为太子。简文帝十分担心自己撒手归西之后,桓温会对自己的儿子不利。因此他在病重之后,一日一夜连发四道诏书,想要召桓温入朝托以后事。

然而令人琢磨不透的是,桓温在接到诏书后上疏推辞,并没有赶赴京师。

按理说,皇帝的性命危在旦夕,牵一发而动全局,为了牢牢地掌控最高权力,桓温应该主动入朝才是。他拒绝的原因史籍无载,依我个人之见,多半有以下两层考虑:第一,简文帝病重之事事发突然,又一日一夜连发四诏急催,使得桓温对此事的真实性产生了怀疑。要知道不久前刚发生过庾氏子弟的叛乱,显示反对桓温的势力仍有力量。如果简文帝是以病重为名诓骗自己入宫,图谋对自己不利,此去不是太过冒险了么?第二,即便此事是真,

---

① 时人称来自南海的黑人奴隶为昆仑奴。

一旦入宫，简文帝势必会当面行托孤之举。到时迫于形势，桓温必须摆出一副忠心耿耿的样子表态辅保幼主。这样一来，无异于作茧自缚，给以后的篡权计划平添一处障碍。由于以上原因，桓温才选择了观望不动。

但是桓温没想到的是，自己这一迟疑，便给了异己势力从中斡旋的机会。

在军事上，桓温虽然经过二十余年经营，控制了国中全部强藩，形成了威压朝廷的态势，但是在政治上他却达不到同样的控制力。这一来是因为，桓家终究是后出门户，从其父桓彝过江后才开始发迹，在最高层的权力分享圈子里根基不深。而相比子弟众多的王、谢等族，桓家又门户单弱，堪当大任的人物有限，只是在桓温当权之后才提拔了诸弟桓云、桓豁、桓秘和桓冲。此时桓云已死，为了保证对上游的控制，豁、冲皆在外镇守，只有桓秘一人在朝。至于桓温自己的儿子，年龄大的庸碌非才，年龄小的尚不懂事，更是指望不上。而在党羽方面，虽然桓温很努力地延揽士族人才，尽可能将朝贤时彦纳入自己的幕府，如谢安、王坦之都曾在其府中任职，但是这些人大多只是表面上对桓温推崇尊敬，除了郗超之外，几乎无人真心愿意为他篡夺晋室江山尽心出力。个中原因，一方面是王、谢等大族自恃门第清华，内心深处瞧不起桓温这个以军功上位的"老兵"。就拿太原王氏来说吧，王坦之在桓温府中任长史时，桓温有意笼络，想为自己的儿子娶王坦之女为妻。王坦之回去跟老父王述一说，王述大怒，骂道："你是个白痴么？怎么能够因为畏惧桓温就把女儿嫁给兵家呢！"后来这门婚事就没成。另一方面，桓温得势之后诛杀自己的政治对手殷、庾两家，让其他大族物伤其类；而他在兴宁二年力推的"庚戌土断"①也损伤

---

① 兴宁二年（364年），桓温主持开展了一次全国人口普查，整理户籍，令侨居江南的北来人口一律在当地落户（以土为断）。此举加强了国家财政，却损害了侨姓士族的利益。

了侨姓大族的利益,更让这些大族意识到,如果桓温取代晋室,势必着眼于加强集权,而在一个强势君主的治下,远不比现在这般与司马氏"共天下"过得滋润舒服。因此不论从哪个角度而言,以王、谢为首的门阀大族都绝不愿意看到桓氏代司马氏坐上龙庭。

此时既然桓温不愿入朝,主动权便落在了在朝廷里担任要职的谢安、王坦之和王彪之的手中。而简文帝的病势又迅速恶化,不宜再拖延。于是在二十八日,也就是简文帝病发五天之后,他在王、谢诸人的劝说下先立司马曜为太子,既而颁下遗诏。

据史料记载,遗诏中原本有"大司马温依周公居摄故事""少子可辅者辅之,如不可,君自取之"的字句。时任侍中的王坦之一见,立刻拿着诏书回转入殿,当着简文帝的面将其撕毁。简文帝大概是临死前看破了红尘,见状心灰意冷地说道:"天下,傥来之运,卿何所嫌!""傥来"一词,出自《庄子》,是意料之外忽然得来的意思。简文帝是想表达,我司马氏的天下其实也不是正大光明地得来,就是让人夺了也没什么可惜,你何必如此嫌弃我的旨意呢!

王坦之道:"天下,宣、元之天下,陛下何得专之!"你自己不珍惜不要紧,你对得起祖宗司马懿、亡父司马睿么?

简文帝其实也不想拱手让出天下,只是对眼前的局势十分悲观,所以他认为比较理想的情况是桓温能够效仿周公行"居摄"之政,待司马曜成年后再归政于他。可如果桓温不愿"居摄",用力强取,简文帝也没辙,"少子可辅者辅之,如不可,君自取之"云云,就是这一心迹的坦露。王坦之以此指责他有负祖宗,简文帝也深感愧疚,再说他一个将死之人,也没有精力和情绪在此事上纠缠。只好任凭王坦之的意见,将遗诏重新更改为:"家国事一禀大司马,如诸葛武侯、王丞相故事。"当天简文帝就死了。

按照田余庆先生的说法，遗诏的这一更改是对桓温的一次重大打击。因为以桓温本人的野心，他最希望的状况是简文帝临终前直接禅位给自己，不然退而求其次，能像王莽那样取得"居摄"的地位也可接受。但在王坦之等人的操纵下，结果只是给了他一个"如诸葛亮、王导故事"的虚名，名分和地位都远不能与居摄相比。正因此，消息传到姑孰后，桓温大感怨愤，写信给弟弟桓冲说："遗诏只不过是让我依武侯、王公故事罢了！王、谢诸人处大事之际，一点也不感念我的好处。"便恨上了王坦之和谢安。

　　然而遗诏虽已颁布，一时间群臣畏于桓温威势，却不敢马上迎立司马曜。甚至有人建议，后事应该等桓大司马来处分。这时琅琊王氏的王彪之又站了出来，正色道："天子崩逝，自然太子代立，大司马何容得异！倘若先当面请示，反倒会被他斥责。"于是朝议乃定，请出年方十岁的司马曜，灵前即位为帝，是为孝武帝。

　　可是司马曜毕竟尚未成年，又在谅闇（音 àn）之期，无法治理国政。太皇太后褚蒜子同样忌惮桓温，便下令让桓温依周公居摄故事。令书已经下到尚书省，仆射王彪之又将其截留，上奏道："此等异常大事，大司马必当固让。将使万机停滞，稽废山陵，臣未敢奉令。谨具封还内，请停此令。"再次阻止了桓温摄政的企图。

第 14 章 功名本是身后事

孝武帝即位三个月后，朝廷与桓温之间因为简文帝遗诏一事变得紧张的关系尚未缓和，京师建康又发生了一起扰动人心的事变。

那时在我国东部沿海州郡，脱胎于原始道教的天师道信仰在民间广泛流行。上至王公显贵，下至贩夫走卒，都有众多天师道信徒。以至于某些有政治野心的人也经常利用天师道作为结党集会、培植势力的工具。例如本书前文提到的刘伯根、王弥，以及后来席卷大半个东晋的孙恩、卢循之乱，都有天师道背景。

这一年，有个彭城来的天师道徒名叫卢悚，自称大道祭酒，蛊惑了八百余家信众，而且他收的弟子当中有个叫许龙的人在宫里当差（殿中监）。可能是受了许龙的教唆，卢悚在废帝司马奕身上打起了主意。十一月初的一天，他派许龙赶到司马奕改封海西公后在吴县的居所，声称奉了太后密诏，要迎他复辟。一开始司马奕动了心，后来因为老保母劝阻，又改了主意，叫左右将许龙轰走。岂料卢悚并不死心。初五日清晨，他率领三百多徒众诈称海西公复辟,居然先攻入台城北门,又突入禁宫东门(可能有许龙等做内应),掠取武库里的武器甲胄,引发了宫中极大的混乱。最后游击将军毛安之、中领军桓秘等合力奋击,才将这场乱事镇压了下去。

之前朝廷屡次征桓温入辅,桓温都刻意推辞,甚至简文帝临死他都不肯前来相见,但这次事变的发生给了他借此立威、加强对朝廷控制的借口。于是在次年二月下旬,桓温从姑孰来朝。朝廷特派吏部尚书谢安、侍中王坦之率领百官到新亭奉迎。当时建康城内人情汹汹,都传言说桓温此来,很可能便要诛杀王、谢,然后篡夺晋室江山。王坦之本人也如临大敌,十分恐惧。倒是谢安神色如常,只道:"晋祚存亡,决于此行。"

二十四日,桓温赶到。百官在道路两旁拜倒迎接。桓温则大陈兵卫延见朝士,摆足了下马威。剑戟森严之下,不少官员都战栗失色。而王坦之一想到此时自己的身家性命尽决于桓温喜怒之间,全无了前日手撕遗诏的胆量,战兢兢汗出如浆,手版拿倒了都没发觉。谢安却飘然入席,从容坐定,对桓温道:"安闻诸侯有道,守在四邻,明公何须壁后置人邪!"言下之意,"壁后置人"是无道之人才干得出来的事。桓温笑道:"正自不能不尔。"遂命左右武士退下,与诸人谈笑风生,进行了一次亲切友好的会见。

桓温这次在建康停留了十四天。期间除了整治卢悚一案、罢免了一批官员之外,还拜祭了简文帝的陵墓,此外并无诛杀大臣、谋移晋鼎的举动。与此同时,史籍中出现了桓温感染"风患"(可能是中风)、"有疾"的记载。《晋书·桓温传》还说,在拜祭陵墓的时候,左右已经发觉桓温举止有异,口中不住念念有词,似乎是"臣不敢"等等。上车返回之时,桓温对随从透露,自己好像看见了简文帝的鬼魂,又问殷涓长什么样。听人描述之后,桓温说刚才在先帝身边的必定是他。而回到姑孰之后,他便

一病不起了。

病榻之上，桓温心心念念的事情仍是向朝廷求加九锡。九锡之赐，向来非人臣所能望。但我认为桓温在自知势将不久的情况下，此举已经不再是为了篡夺晋室江山，而是出于认为自己一生的功业完全配得上这份至高荣誉。

然而，尽管他数次派人前往催促，加九锡的诏书却迟迟不来。

原来，谢安、王坦之等得知桓温病重后，故意对此事设法拖延。大才子袁宏撰写了诏书草稿后，先拿给王彪之看。王彪之虽然大赞袁宏文辞之美，却暗示这篇文章政治上不正确，不可公开示人。谢安见了诏书，则吹毛求疵地挑错，今天这个地方要改，明天那个地方不对，一改改了十来天还是完不成定稿。袁宏被谢安弄得实在烦了，去向王彪之发牢骚。王彪之就劝他说，反正桓温病情日甚一日，听说活不长了，你就配合着拖延一下算了！

就这样，桓温至死也没有盼来加九锡的诏书。

七月十四日，他病逝于姑孰，时年六十二岁。

整个东晋一朝，桓温大概是最富争议的人物。而正如他那"既不能流芳百世，不足复遗臭万载"的名言一样，从他的名字被写入史籍的那一天起，对于他的评价就泾渭分明地分成两个阵营。

唐初官修的《晋书》将其传记与王敦的并列，明明白白地将其视为乱臣贼子，宣称像他这样的人"斧钺之所宜加，人神之所同弃"，居然还能在死后备享哀荣，可见朝廷实在是不成体统！明代以思想激进著称的大儒李贽编纂《藏书》，哪怕对陈胜、秦始皇推崇备至，却仍将桓温纳入《贼臣传》中的《逆贼》篇，迳与董卓、安禄山并列。台湾的柏杨先生更是认为，桓温并非真正的一流人才，而且他缺乏勇于冒险的胆量，面对不可预测的情况总是逃避;同样,他有篡位之心却无篡位之胆,缺乏自信,不配被称为枭雄,只是一个比王敦略高一筹的饭桶军阀而已!

另一方面,称赞桓温的也大有人在。例如同时代的袁宏赞其"虽奇功大勋未捷于一朝,而宏谟神略义高于天下";民国大学者章太炎也认为,桓温之才志与诸葛亮无异,其谋求禅代的野心乃是白璧微瑕,掩盖不了他的功绩,将其与王敦并列并不恰当;近年来,还有人大写翻案文章,断言桓温"满腔忠义,志在恢复中原",而东晋君臣的苟安腐败扯了他的后腿,对桓温谋求篡位的指责其实都是用心险恶的诬蔑和造谣;更有知乎大V动情地宣称,桓温兼具英雄本色与名士风流,是最能代表魏晋风骨的大写的男人!

在此,我无意于评说以上各家的观点孰是孰非,也不想就桓温的功过荣辱做出价值判断。因为横看成岭侧成峰,从不同的立场和角度出发,自然能够得出不尽相同的结论。尽管如此,我还是不能不承认,从现有史料出发,如果非要说桓温其实没有篡晋野心,那就是揣着明白装糊涂。我真正关心的是,为什么桓温在废立皇帝之后,在已经具备了倾移晋鼎的实力的条件下,放缓了篡位的脚步,以致最终没有迈过那最为关键的一道门槛。

也许有人会说,那是因为桓温身染重病、不久后便死去的缘故。

这当然是一个原因,因为倘若桓温能再多活十年,局势自然会有所不同。但是我们也能在历史上找到,有些人明知自己必将败亡或者命不久长,偏偏要当一把皇帝"过把瘾就死"的情况(如梁末的侯景、隋末的宇文化及)。桓温没有做出这样的选择,当然另有缘故。

此外,我考察他在废立皇帝后一年半内的种种举动之时,总感觉这时期的桓温有一种顾虑重重、心有余而力不足的无奈之感。既然宣称不惜遗

臭万年，那么他顾虑的到底是什么？这种无奈之感又来自何处？这才是值得思考的问题。

在桓温之前，历史上以流血相对较少的方式成功篡位者不外乎走两条路线：一种是像王莽那样，以极大的政治声望逐级抬升自身权位，由三公而宰衡，由宰衡而居摄，最后制造天命已移的舆论，取旧王朝而代之；一种是像曹操父子、司马懿祖孙那样，以霸府的形势扩充自身实力，逐渐建立一套独立于朝廷之外的政府机构，最后架空中央，取旧政府而代之。

对于桓温而言，他似乎有意参用这两种方式，但是到头来这两种方式都没有取得预期的效果：他灭蜀伐秦、三次北伐，试图建立不世之勋以获得巨大的政治声望，这是在效仿王莽。但是洛阳得而复失，枋头之战又败于慕容垂，使其望实俱损，最后不得不采用废帝的方式立威，说明这条路走不通。他从坐镇荆州之时便注意广纳贤才，尽量将名望之士网罗入自己的幕府，试图培植忠于自己的利益集团，这是在效仿曹操和司马氏。史称，"温在镇三十年，参佐习凿齿、袁宏、谢安、王坦之、孙盛、孟嘉、王珣、罗友、郗超、伏滔、谢奕、顾恺之、王子猷、谢玄、罗含、范汪、郝隆、车胤、韩康等，皆海内奇士"。然而这些海内奇士当中，忠于桓温的大多出身、地位都不高，而出身高贵、地位显赫如王、谢者又不忠于他。桓温也没能像后来的刘裕那样利用军功将忠于自己的部下推举到朝廷权要的位置上。这就导致了一个相当不利的后果：历来谋朝篡位要想顺利进行，往往需要朝廷内部有人配合，或营造舆论，或奉表劝进。例如辛毗、刘晔、许芝、陈群之于曹丕，何曾、裴秀、王沈、贾充之于司马炎；而当桓温的篡权行动需要来自朝廷内部的助力之时，不但缺乏这样的人物进行配合，当轴处中的王、谢之徒反而从中作梗、故意拆台，无怪乎桓温要发牢骚说"王谢处大事之际，日愦愦少怀"了。

这种情况下，桓温如果仍要强移晋鼎，那就只能运用自己手中的军事优势诛戮王、谢，制造"顺我者昌，逆我者亡"的局面。但是这样一来，势必引发士族阶层的自相残杀和江左政权的持续动荡，不但数十年的安定将付之东流，而且最终结果对桓氏一门来说也未必是好事（这一点后来桓温之子桓玄就没能考虑到）。更何况此时的北方，前秦已经在苻坚和王猛的治理下统一了黄河流域，正对江南虎视眈眈。当年西晋正是因为内部的八王之乱才丢失了半壁江山，不久前，强大的后赵也因为内乱而迅速亡国。这些血淋淋的事实都提醒桓温，分裂动荡的东晋是无法与北方相对抗的。如果衣冠华夏不幸因他的一己私欲而亡国灭种，那他的罪过又何止是遗臭万年！

正因此，桓温哪怕对自己一生的付出是如何地不甘，哪怕对至高皇冠是如何地渴望，他也终究是一个理智而有底线的政治家。人生在世，总要有所为，有所不为。

这一点，不但可以解释桓温最后一次入朝时何以对王、谢毫无动作，也可以从他去世之前将自己的部众交给了性情谦虚俭素的五弟桓冲一事上看得出来。当桓冲问他应该如何处置王坦之和谢安时，桓温答道："伊等不为汝所处分。"我没能干的事，你也办不了。

所以桓温去世之后，留给东晋的是一个比较稳定的政府，各藩镇亦能各司其职。这为十年之后各方戮力同心应对前秦大举入侵打下了良好的基础。

就这个意义而言，东晋能在淝水之战大破前秦百万雄兵，使江南免于生灵涂炭，其中也有桓温的一分功劳。

第 15 章 慕容垂出逃

历史的好戏永远不会落幕。现在我们回过头来，看看枋头之战结束后的北方政局。

虽然秦王苻坚出兵助前燕击退了晋兵，但其实从桓温撤离枋头的那一刻开始，前秦和前燕的对决便开始了。

问："两国相争，什么最贵？"

答："人才。"

在将帅级别的人才储备库里，前秦有王猛、邓羌、杨安和张蚝。

前燕有谁呢？枋头之战结束后，苻坚设宴招待燕国使臣梁琛，席间问道："东朝名臣为谁？"梁琛的答复是："太傅上庸王评，明德茂亲，光辅王室；车骑大将军吴王垂，雄略冠世，折冲御侮；其余或以文进，或以武用，官皆称职，野无遗贤。"

显然，梁琛在吹牛，慕容垂固然可称是"雄略冠世"，慕容评却无论如何都谈不上"明德茂亲"，至于"官皆称职，野无遗贤"则更是夸夸其谈。前燕朝野从龙兴辽东时的人才济济到如今的人才凋零，总共才不过三四十年。

而连唯一的顶级人才慕容垂，前燕居然都容不下了。

由于在枋头之战中力挽狂澜于既倒，慕容垂的威名更加煊赫，也招来了慕容评更深的忌恨，两人的矛盾在对参战将士的赏赐上暴露无遗。慕容垂说谁谁应该重赏，慕容评就拖延否决，两人一度在朝堂之上因此事争吵起来。慕容评又勾结素来跟慕容垂有仇的太后可足浑，两人密谋找机会将他除掉。

慕容垂的侄子慕容楷（慕容恪之子）得到消息，急忙通知叔叔，说你应该先发制人，只要杀了慕容评和乐安王慕容臧（少主慕容暐的哥哥），别的就不怕啦！没想到慕容垂却摇了摇头，道："骨肉相残，祸乱于国，不过一死了之而已，这种事我是不会做的。"

没过几天，慕容楷又来劝，说可足浑已经下了干掉你的决心啦。慕容垂黯然地说："如果真的不能消除我与他们的隔阂，我宁可远避他方，为逆之事，我绝不考虑。"

慕容楷摇着头走了。他怎么也不会明白，面对政治敌人的紧逼，为什么慕容垂宁可放弃自己的地位和生命，而绝不利用手中的权力除掉对手，"正当防卫"？

世界上总有这样一些人，他们有自己的信念和原则，在任何情况下也不会动摇和违背，即便是一无所有、利刃加身。

慕容垂就是这样的人。

慕容垂虽然拒绝了慕容楷的劝告，但他知道，杀身之祸近在眼前，自己虽死不足惜，但若不想些办法，自己的子孙亲戚势必会受此连累，是以忧从中来，一夜之间，额头鬓角不觉又添了几许白发。

父亲的痛苦被世子慕容令看在眼里。当室内只剩下父子二人之时,慕容令恭恭敬敬地说道:"父亲您近来面有忧色,可是因为主上冲幼、太傅嫉贤,让您功劳越高,越受猜嫌吗?"

慕容垂轻轻叹了口气,道:"不错。我竭力致命以破敌寇,本为保全家国,哪里知道功成之后,反致身无所容!你既知我心,可有良谋?"

慕容令思忖片刻,道:"如今主上暗弱,太傅掌权,一旦祸起肘腋,我们必猝不及防。若要保族全身,而又不失大义,我们不如逃往旧都龙城,然后再奉表请罪,以待主上明察。若主上能够悔悟,则是大幸;如其不然,我们可以内抚燕代,外怀群夷,凭卢龙塞据险自守,亦不失自存之道。"

好吧,为今之计,似乎也只有这条路可走了,慕容垂点头同意,父子二人遂商定了出逃的具体计划。

十一月初一,慕容垂向少主慕容暐请假,说要到巨鹿一带打猎,就带着儿子们微服出了邺城,一路向北疾驰。为保密起见,慕容垂没有告诉其他人此行的真正目的,但随行众人越来越感到奇怪,因为怎么看,大家都不像是要去打猎,反而像是逃跑。这时慕容垂才正式告知众人,你们的怀疑没有错,这的确是一次出奔。不过,并不是所有人都愿意抛妻弃子,跟着慕容垂到冰天雪地的东北喝风,路上不断有人溜号,过了邯郸后,连慕容垂的小儿子慕容麟也不见了。

原来,慕容麟由于是姬妾所生,向来不受老爸待见。这孩子正值青春期,叛逆心理严重,一时冲动,就跑回了邺城,向朝廷告发了慕容垂。慕容评一听,这还了得!急忙派了追兵,日夜兼程来捉拿慕容垂。

到了范阳附近,追兵终于赶了上来。当时天色已晚,慕容垂命慕容令断后,一时追兵倒也不敢靠近。入夜,慕容令道:"本来我们想回到旧都去，但消息已经走漏，即便逃得回去，机谋也难以实施。眼下秦王苻坚正在招揽四方英杰，我们不如去投。"

慕容垂负手望天，默然不语。如墨的苍穹上繁星闪烁，灰白的霜寒之气自地面缓缓升起，山村中的百姓早已进入梦乡，原野里的蛇虫鸟兽也已钻进它们的洞窟。难道天地苍茫，竟无我慕容垂安身之处？

到了这步田地，除了西去投秦，还能去哪里呢！

当夜，慕容垂命众人化整为零，隐去形迹，各自南返。他和慕容令等数人沿着太行山择小路而行，再次回到邺城，藏身于石虎的疑冢显原陵之中。几人正在此等候大家前来汇合，忽然四面出现数百骑兵，呼喝着朝藏身之处涌来。众人大惊，以为是有人叛变，朝廷派来了追兵，待骑兵逼近，才发现是出城打猎的豪族。他们的猎鹰飞了开去，于是众骑又一哄而散，消失于原野之上。

经过这么一番波折，慕容垂知道，现在留在自己身边的，是真正忠于自己的家人、朋友和部下。他斩白马祭天，与这些人歃血为盟。

紧接着，慕容垂一行自河阳津渡过黄河，经洛阳后，抵达了前秦。

秦王苻坚听说慕容垂来投的消息，简直不敢相信，难道冥冥之中，老天真的要让自己平定燕国、统一北方么？不然，何以慕容垂这样的英才竟会离弃了他的宗族骨肉，而来投奔自己呢！

苻坚亲自赶往长安郊外，迎接慕容垂的到来。二人见礼之后，苻坚拉着慕容垂的手，说出了这样一番话：

"上天降下贤杰之人，注定是要让他们共成大业。朕将与卿携手平定天下，在泰山之巅告慰上天，然后将你的祖国归还于你，世世代代封居幽州，使卿去国而不失为子之孝，归朕而不失事君之忠。这难道不是一件美事么！"

我不知道在那一刻慕容垂是何等的心情，也不知道他对苻坚的话相信与否，他只是淡淡地辞谢道："羁旅之臣，能够免罪已然为幸，封梓本邦之荣，非臣所敢奢望。"

我相信，慕容垂说的是真心话。作为一个在他人的忌妒和猜疑中度过半生的人，他深深地明白，客居异乡、寄人篱下而又不致让主人憎恶是多么困难！

实际上，慕容垂从踏上秦土的那一刻起，就已经引起了别人的猜嫌。这个人，正是王猛。

平心而论，王猛虽然性格不像苻坚那样宽和，但他对慕容垂的猜嫌却绝不仅仅是出于个人忌妒。出身贫寒的王猛比苻坚更了解现实的无情与冰冷，在他的设想中，凡是有可能威胁前秦利益的人都是需要防备的对象。慕容垂父子虽然落魄而来，却绝非池中之物，一旦风云际会，他们必定不甘于屈居人下。然而，当王猛对苻坚说出了自己的忧虑，建议早日除掉慕容垂的时候，苻坚却说："朕正当收揽英雄，以清四海，怎么能够无故杀之呢？况且他来的时候，我已推心置腹地接纳他了嘛。匹夫尚不可违背诺言，何况朕万乘之尊！"

王猛还想再说些什么，苻坚摆手制止了他，正色道："朕有更重要的事情交给你做。"

望着眼前这位踌躇满志的君王，王猛已经猜到，那究竟是一件什么事了。

慕容垂投秦还不到一月，秦王苻坚即派辅国将军王猛、建武将军邓羌、建威将军梁成率步骑三万，举兵伐燕。

燕秦之战正式开始。

从前秦的出兵数量和战争进程来看，这次战事只是大举攻燕的一次热身，其冠冕堂皇的理由是为了取得前燕承诺的"愿割虎牢以西地以退桓温"的酬劳。当王猛的军队抵达洛阳城下的时候，前燕由于猝不及防，并未在城中驻防足够的守军（何况洛阳久经战乱，早已残破不堪）。于是王猛没有攻城，而是给守城的前燕武威王慕容筑送去了一封信，信上说：我国已经占据了成皋关，堵塞了盟津渡，你的退路已被彻底切断；而我王御驾亲征，率领雄师百万，已经从轵关直取邺都。你现在内无足粮，外无救兵，我要是挥师攻城，你掂量掂量，能挡得了么！

结论是，这是一封恐吓信。信上说什么退路切断、雄师百万、直取邺都云云，都是王猛扯淡。结果慕容筑看过信后却信以为真，觉得自己没什么希望了，干脆投降得了！

这样，王猛不费一兵一卒，就取得了洛阳。沿黄河布防的乐安王慕容臧得到消息，率十万人马前来，想夺回洛阳，却被邓羌击败，只好严防死守石门塞，阻遏秦兵渡河北上。

留邓羌戍守洛阳后，王猛回到了长安。由于克洛之功，苻坚要升他为司徒、录尚书事，赐爵平阳郡侯。王猛说什么也不接受，说："我只不过取了一个城池，就给我三公这样的奖赏，要是平定了燕、晋，陛下您还拿什么封赏我呢！"苻坚笑着说："朕要是不暂且让让步，怎么能显出爱卿你的谦虚风范？好吧，官职这回就不升了，但平阳郡侯的爵位你还是受了吧！"

几个月后，苻坚再次任命王猛为总指挥，令其统帅邓羌、杨安、张蚝等十员猛将率步骑六万大举攻燕。考虑到慕容臧已在黄河北岸屯驻重兵，苻坚决定，这次出兵不走洛阳一线，而是由并州出师，攻取壶关后，直捣黄龙。

临行前，苻坚至灞上与王猛送别。时值盛夏，灞水边一片郁郁葱葱。

　　苻坚亲自斟满一杯水酒，道："今授以精兵，委以重任。爱卿可先破壶关，次平上党，长驱出潞川，直取邺城！此所谓迅雷不及掩耳也！朕当亲统大军以继卿后，舟车粮运，水陆俱进，卿勿以后援为忧。你我君臣二人到时邺城相见！"

　　王猛躬身将酒接过，心中颇为感触：我王景略本是一介寒士，而今得明主恩宠，内侍殿廷，外总六军，即将统领虎狼之师挥戈东进，建功立业指日可待，这一切又岂是当年沿街贩箕之时能够想得到的呢？他屈膝拜倒，道："臣奉我大秦宗庙之灵，仰陛下神妙之策，荡平鲜卑如风扫叶，不劳陛下銮驾远征。师出之后，陛下即可于京师之内部置容纳降胡之所。"——您就瞧好吧！

　　苻坚大悦。

　　王猛将酒一饮而尽，上马绝尘而去。

　　远处的地平线上，出征的队伍正蜿蜒向前。

第 16 章 王猛灭燕

公元 370 年夏的北方局势，前秦和前燕像两个并立的巨人夹河而峙。不过在黄河以东的并州，前秦却据有今山西西南部的一块地方，而苻坚为王猛设计的进攻路线，就是由此东进，力图打破壶关防线后，直捣邺城。

七月，王猛兵分两路，由杨安率领部分军队北攻晋阳，自己则去攻打壶关。

八月，王猛攻克壶关，擒获前燕上党太守南安王慕容越，所过郡县望风而降。壶关的战略地位前文早已讲过，它是太行山的一道门户，越过壶关，即可沿潞水（漳河上游）形成的川道东下，直抵邺都。

而此时的前燕邺城，经过一个月的集结，已经征召了大军三十万，由太傅慕容评率领，正向壶关方向开来。

对于总兵力只有六万的王猛来说，赶在慕容评到来之前解决晋阳，然后与杨安合兵一处，才能避免陷于不利境地。所以他指派了一个部将戍守壶关，自己带着全部主力赶往了晋阳。

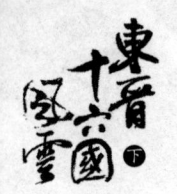

晋阳城兵多粮足，杨安已经攻了将近一个月，还是没能拿下来。王猛与杨安一商量，决定采取地下作业，偷偷挖地道，直通城内。地道战这个战术并不新鲜，《墨子》里面就有记载，称之为"穴攻"，后汉三国时期也曾被各路枭雄广泛使用。然而守城的东海王慕容庄明显军事理论课不及格，一没挖"天井"，二没搞"瓮听"，丝毫不知秦兵已经像鼹鼠一样把地道挖到了自己的脚下。

地道既通，王猛选了数百壮士当敢死队，由猛将张蚝率领。张蚝这个人，与邓羌并称"万人敌"，力气大到能拽着牛尾巴把牛倒拖着走。他本来是后赵末年割据并州的军阀张平的养子，有一次跟张平的小妾私通被发现，被张平狠狠地斥责了一顿。结果这位老兄一怒之下挥刀自宫，从此就告别了裆下烦恼。太监会武术，谁也挡不住。苻坚讨伐张平的时候，张蚝在秦军阵中左冲右突，无人可挡，最后吕光和邓羌二人合力，才将他生擒。降秦后，张蚝屡立战功，被封为虎牙将军。

张蚝带着这数百壮士当了一把土行孙，从晋阳城里钻了出来，狂呼之下冲向城楼，砍断吊桥。秦兵蜂拥而入，于九月初十拿下了晋阳。

而此刻的慕容评，居然畏于王猛的声势，屯驻在潞川不走了。

十月，王猛留将军毛当戍守晋阳，率领全军开赴潞川，与慕容评对峙。

就在大战一触即发之际，王猛军的内部却出了问题。

原来，为了知己知彼，王猛曾派将军徐成前往燕军阵营附近查探虚实。本来说好了是中午回来，结果一直到太阳落山，徐成才姗姗而归。王猛大怒，军令如山，就要把徐成砍了。作为徐成的老乡，副统帅邓羌不能见死不救，就来找王猛求情。王猛治军向以严明著称，自然不肯。邓羌坚持说自己愿与徐成共同戴罪立功，王猛还是不答应。邓羌这个人，本来就是牛脾气，苻生当皇帝的时候，他就当了将军，那时候王猛还在山里当隐士呢。如今见王猛无论如何都不给自己这个面子，他一张脸胀得跟紫茄子一般，二话不说，转头就走，到了自己的营帐就集合部众，准备来打王猛。

这下子事态严重，搞不好就要酿成兵变。王猛得知后，亲自找邓羌谈判，问他为何要这样做。邓羌道："我受陛下诏令诛除远贼，没想到却遇上了近贼，竟要杀自己人。我要先除近贼，再除远贼！"所谓近贼，自然指的是王猛。

王猛知道，眼下的邓羌吃软不吃硬，大战即将来临，自己只能以大局为重，暂且妥协。于是下令赦免了徐成。事后邓羌向王猛谢罪，王猛只是淡然一笑，道："将军你真是有情有义之人呐，对一同乡尚且如此，何况对国家呢！"

纠纷就此化解。同时，那位差点被砍了脑袋的徐成也带来了有价值的情报：一、慕容评不思进取，准备靠持久战拖垮悬军深入的王猛；二、燕军营地四周的山林和泉水都被一些兵将封锁了起来，普通士兵要想砍柴喝水，必须掏钱购买，一匹绢换水两石，而这项赚自己士兵钱的大买卖背后的主人恰恰是慕容评自己，所以燕军士兵们怨声载道，根本没什么斗志。

王猛听了这些事后，笑着说："慕容评可真是个不折不扣的蠢材，这样的人即便有亿兆之众也不足惧，何况才几十万兵呢！这一回我们赢定了！"

当夜，王猛派游击将军郭庆带着五千轻骑，从小道绕到燕军营后，放火烧掉了不少粮草辎重，熊熊大火从邺城里都能望见。少主慕容暐十分害怕，遣使臣责让慕容评说："眼下都什么时候了，你不以宗庙社稷为忧，反而不抚战士、榷卖樵水，把军营当成了专卖市场！国库里的钱粮，有朕

的就有你的,难道你还担心没有饭吃、没有钱花吗!要是贼兵杀了进来,国破家亡,你就是积攒下金山银山又往哪儿放!"传旨叫慕容评把赚的钱都发给士兵,并且速速出战,不许拖延!

见皇帝如此愤怒,慕容评也着了慌,急忙遣使向王猛递交了战书,说明日我要跟你一决雌雄。这一来,正中王猛下怀。

十月二十三日清晨,两军在川原上摆开了决战的架势。

当晨雾渐渐散去,王猛的眼前现出了燕军三十万之众的庞大军阵。慕容评无能归无能,三十万兵马在那摆着呢,你总不能指望他们像稻草人一样一捅就倒吧?所以王猛也不敢等闲视之,他知道,像邓羌、张蚝这样的"万人敌"发挥作用的时间到了。

王猛对邓羌道:"今日之事,非将军不能破敌,成败之机,在此一举,将军勉之!"就看老哥你的啦!

邓羌胸脯一挺,看样子信心百倍,但他接下来说的话却让王猛大跌眼镜:"要是你能把司隶校尉让给我做的话,我保证不让你担心!"司隶校尉执掌京师内外的禁军,相当于首都戍卫司令,当时王猛正兼着这个职位,没想到非常时刻邓羌竟说出这等话来,明摆着就是要挟嘛!

王猛强压怒气,道:"这件事我是做不了主的。不过我可以承诺让你做安定太守、万户侯。"安定是邓羌的老家,王猛能做出这样的让步已经很不错了。但邓羌脸色明显不悦,不再说话。

王猛并没有将这点不愉快放在心上,因为即将到来的决战才是他真正关注的事。他在马上扫视着自己的部队,高声道:"我王景略受国厚恩,任兼内外,此次与诸君深入贼地,当竭力致死,有进无退,共立大功,以报国家!封爵受赏,称誉乡里,只在今日!"

王猛手中的令旗扬起的一刹那,他的身后响起了排山倒海的呼喝声。

前秦的将士们破釜弃粮，大呼竞进，像决堤的洪水一般冲向了燕军。

决战开始了！

六万人对三十万人！

如果此刻你是一只飞过太行山上空的鹰，你的羽毛一定感觉到了空气的震颤，你的眼睛也一定望见：无数的旌旗随风激荡，无数的战马嘶鸣奔腾，无数的羽箭刺破长空，无数的刀矛闪亮纵横……

虽说秦军的斗志远比燕军旺盛，但燕军毕竟在数量上占有绝对优势，所以一时之间胜负难分，战场局势陷入了胶着。

王猛回头找邓羌，发现他没了踪影。叫人去找，回来报告说：邓将军在营帐里睡觉呢！王猛又好气又好笑，知道这位老兄犯了牛脾气，还在因为刚才的事怄气呢。大丈夫能屈能伸，王猛翻身上马，疾驰入帐说："邓将军，我答应你就是，还是快快出战吧！"

有了王猛这句话，邓羌好像上了弹簧般一跃而起，抱起酒坛狂饮数斗，然后与张蚝、徐成等人跨马运矛，驰赴燕阵。万人敌就是万人敌，这几个猛将在燕军阵中杀进杀出，旁若无人，转眼间数百敌人就成了他们的矛下之鬼。

战斗一直持续到正午时分，燕军终于支持不住，全线溃败，共有五万余人被秦兵俘斩。王猛乘胜追击，投降和被杀的又有十万余人。慕容评单骑逃回了邺城，潞川之战以前秦大胜而告终。

王猛挥师东进，于二十六日包围了邺城。捷报传来，苻坚实在不想错过灭燕的历史时刻，也担心邺城易守难攻，就留下太子苻宏监国，自己带着十万精兵日夜兼程前来赴援，七天以后，就赶到了距邺城四五十里的安阳。

在安阳，苻坚宴请了当年苻家住在邺城时的故老相识，谈及父祖之

事，不胜唏嘘。当夜，王猛潜至安阳来谒见苻坚。苻坚挺高兴，同时也有些意外，半开玩笑地跟王猛说："当年周亚夫屯细柳营不迎汉文帝，现在你却临敌弃军远来，这是为何呀？"

王猛道："周亚夫却人主是为了求名，臣觉得他不值得效仿。况且臣奉陛下威灵，击垂亡之虏，如同瓮中捉鳖，何足陛下为虑！如今太子年幼，陛下銮驾远征，万一有所不虞，悔之何及也！陛下难道忘了与臣在灞上的约定吗？"

君臣二人各将对方一军，相视莞尔。

正在苻坚与王猛相谈甚欢的时候，邺城里的前燕君臣却乱成了一团。慕容暐知道大势已去，如今就是把慕容评杀了也无济于事，战也不是，降也不是，整个邺宫里哀声一片。

十一月初七，燕散骑侍郎余蔚率领夫余、高句丽及上党质子五百余人趁夜打开邺城北门，迎纳了秦兵。慕容暐君臣仓惶出奔，在逃往龙城的路上被秦军追及。罪魁祸首慕容评打仗不怎么样，逃跑倒很在行，一口气逃到了高句丽。但高句丽不敢惹苻坚生气，把他绑了献给了秦军。

随即各地的州郡长官和六夷酋帅纷纷降秦。

苻坚进入邺宫后，将前燕留下的宫女、珍宝分赐全军将士，同时大赦天下。清点前燕户籍，共得户246万、人口999万。而据前燕自己的大臣申绍所说，前燕的户口数等于前秦和东晋的总和。

这样一个在人口和兵力上都占据绝对优势的、已经立国三十四年的庞大政权，宛如一个高大却虚弱的巨人，在前秦对其心脏的攻击下一击毙命，仅仅一年之内就亡了国。

第 17 章 一个皇帝的理想主义

为赏灭燕之功,苻坚封邓羌为使持节、征虏将军、安定太守,赐爵真定郡侯;封杨安为吏部尚书、博平县侯;封张蚝为前将军;其余将士各有封赏。

而立有殊勋的王猛,不但被升为使持节、都督关东六州诸军事、车骑大将军、开府仪同三司、冀州牧,进爵清河郡侯,苻坚还将慕容评府第中的财物尽数赐给他,并加赏美妾五人、上女伎十二人、中女伎三十八人,马百匹,车十乘。

王猛上疏坚决不肯接受,苻坚笑说:"当年魏绛和戎,犹有丝竹之赏;山甫翼周,亦有车马之荣①。现在你的功劳比他们俩都大,职责比管仲、曹参还重,赏你这点玩意儿算什么,给朕个面子,你就接受了吧!"

在我看来,苻坚的话一点儿也不夸张,王猛对于前秦政权的卓越贡

---

① 魏绛,晋国贤臣,辅佐晋悼公,曾主持与少数民族修好的"和戎"政策。仲山甫,周朝贤臣,辅佐周宣王。

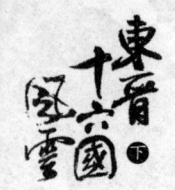

献,足可令管仲、魏绛等人汗颜。

燕亡之后,其王公贵戚、文武百官大都被苻坚迁往关中居住,原属其辖境内的关东六州急需建立新的统治秩序。这一重任自然落在了王猛的肩上。他坐镇邺城,考察民情,处理庶政,寻访人才,拣选六州各级官员,使河北地区很快就恢复了安定。

随后,王猛又被任命为丞相、中书监、尚书令、太子太傅、司隶校尉、都督中外诸军事,数年之后又加司徒,朝廷内外各种军国事务,事无巨细,都要经由王猛处理。史书记载,王猛执政刚正廉明,既高效又公平,他贬斥那些尸位素餐的无能官员,提拔德才兼备的实干者,对外勤修武备,招抚远夷,对内普及教育,劝课农桑,在他的治下,"无罪而不刑,无才而不任,庶绩咸熙,百揆时叙",前秦进入了国富兵强的黄金时代。

那时,中原地区出现了自晋末丧乱以来久违的清平岁月,"关陇清晏,百姓丰乐,自长安至于诸州,皆夹路树槐柳,二十里一亭,四十里一驿,旅行者取给于途,工商贸贩于道"。关中百姓也用歌声来描绘他们的幸福生活:"长安大街,夹树杨槐。下走朱轮,上有鸾栖。英彦云集,诲我萌黎。"而这一切,无不渗透着王猛的心血。

对此,感受最深的莫过于苻坚了。有一次,苻坚曾从容对王猛言道:"有爱卿宵衣旰食、忧劳万机,朕好比周文王得到了姜太公,可以整日优游以度余生啦!"王猛道:"没想到陛下对臣竟如此信任,臣怎么比得了古人!"苻坚笑道:"要让我来看,姜太公也比不了你呀!"苻坚还常常对儿子苻宏、苻丕等说:"你们对待王公,要像对待我一般。"足可见王猛在苻坚心目中的地位。

正是由于前秦国力的强盛,苻坚才得以不断对外扩张,向着一统天下的梦想迈进。自建元九年(373年)始,苻坚先后对东晋、前凉、拓跋鲜卑发动了三大战役：

建元九年九、十月间，苻坚命杨安、王统等兵分两路，自汉川南下，攻入东晋梁、益二州。在两个月内，拔汉中、克梓潼、下成都，取得了今四川、贵州的大片土地。

建元十二年八月，令梁熙、苟苌、姚苌等统步骑十三万渡河西征，月底即平定了盘踞河西走廊已七十多年的前凉政权。

同年十月，苻坚以幽州刺史行唐公苻洛为北讨大都督，帅幽冀之兵十万，征伐拓跋鲜卑；使邓羌、张蚝等七将统步骑二十万，东出和龙，西出上郡，与苻洛汇合。在前秦雄兵的打击下，拓跋鲜卑发生内乱，拓跋什翼犍被杀，代国覆亡。

至此，前秦一统北方。

其版图东起辽东，西至玉门（384年，大将吕光又征服了西域），南抵淮河，北越大漠。在中国大地上，只剩下了偏安江南的东晋尚未臣服于苻坚的脚下。

然而，就在前秦的国势如日中天之时，却有一些不祥的预兆频频显现，如同蔚蓝的天空里时而飘过的几朵乌云，让人陡增忧虑。

首先，是前燕灭亡后遗留下来的问题。

早在王猛刚刚攻克壶关、燕秦潞川决战尚未开始的时候，前燕的大臣申胤便做出了一个预言，他认为燕国必亡，但"福德在燕"，一纪之后，燕国必将卷土重来，恢复河山。一纪，即十二年。申胤之所以做出如此判断，根据的是神秘玄奥的星相。但在我看来，燕国真正的"福德"在于其统治基础。虽然由于末期慕容评等贵族的专权和腐化，其内部出现了分裂，削弱了抵御外敌的能力，但慕容氏经营河北已有三十多年。而前秦的征伐又仅仅是通过一场决定性的战役，在很短的时间内就摧毁了前燕的

统治核心。前燕就好比常山之蛇,虽然蛇头被斩,但蛇身尚在。更重要的是,苻坚并没有将蛇头彻底消灭,而是接收和控制了起来。

燕亡后,少主慕容暐以及前燕王公百官等四万余户鲜卑人被苻坚迁至长安居住,其待遇不但不是战俘,反而封官的封官、优待的优待,甚至连罪魁祸首的老糊涂慕容评也被封为给事中。即使慕容垂进谏,说慕容评这样的奸人不应该留着为祸人间,苻坚也仍然没有杀慕容评,只是贬其到外地当太守。

不能不承认,苻坚对前燕贵族臣僚的优待有利于在短时间内稳定关东六州的局势,但不论是在朝廷之中,还是京师之内,鲜卑降人的数量都实在是太多了。许多慕容氏子弟因才能被苻坚赏识,甚至官居军政要职。他们虽然表面上忠于苻坚,但内心深处无不怀有金庸小说里慕容公子那"兴复大燕"的执着理想。例如宜都王慕容桓的儿子慕容凤,虽然只有十一岁,但已"阴有复仇之志",与鲜卑、丁零各族有本领的豪杰结交;其余如慕容绍、慕容楷等,也在韬光养晦,等待时机;更不用说雄才大略的慕容垂了!

对此,英明的上天似乎早有预示,而前秦的一些有识之臣也颇以为忧。373年,一颗拖着长长尾巴的彗星显现于夜晚的天空,出尾箕,经太微,扫东井,从四月开始,一直持续到冬天仍未消失。前秦太史令张孟向苻坚分析道:"尾、箕是燕地的分野,东井则是秦地的分野,扫帚星起自尾、箕,横扫东井,这是十年之后燕当灭秦之象!"并劝苻坚早日诛除慕容一族以消天变,但苻坚并未听从。

苻坚的弟弟阳平公苻融也上疏说:"慕容氏父兄子弟在朝廷里势力强大,是养虎为患,上天的警示不可忽视,陛下应多加留意!"苻坚却说:"我正要混六合为一家。视夷狄为赤子,你们的心胸实在过于狭隘了。只要勤修德政，自然可以禳除灾祸，只要把自己的事办好，何必担心什么外患！"

次年冬天，灾异再次出现。有一个人不知怎地，竟溜入了禁宫重地，在明光殿前大呼道："甲申、乙酉，鱼羊食人，悲哉无复遗！"甲申，推算起来当是十年之后的公元384年；乙酉是385年；鱼和羊，加起来就是"鲜"字。这句话的意思明摆了是说：十年之后鲜卑人要大开杀戒，而且还悲惨到一个不剩的地步（无复遗）！如此恶毒的诅咒自然不能轻易放过，但当时虽然宫中卫士众多，却没抓到此人，甚至连他是什么相貌都没瞧见。所以坊间小民一度盛传，这是上天派来的"诗妖"，预示鲜卑人将要祸乱前秦。秘书监朱肜（音róng）、秘书侍郎赵整借此向苻坚苦谏应诛除鲜卑，苻坚还是不听。

实际上，苻坚对于过去的敌人、现在的降臣这种宽和到近乎纵容的态度，还不仅仅局限于对鲜卑人。例如，羌族豪酋姚苌（姚襄的弟弟）就被苻坚任命为将军，颇受重用；而被俘的前东晋梓潼太守周虓，不但当面骂苻坚为"氐贼"、污蔑前秦君臣为"犬羊"，而且还几次三番向东晋传递机密情报，甚至直接参与谋反，但苻坚就是不杀他，反而称赞他的忠贞品行；更有甚者，由于利益分配不均，前秦内部曾爆发过数次宗王谋反，而对于这些谋反的宗王，苻坚仍然善心大发，一个不杀，顶多发配边疆了事。凡此种种，甚至连编撰《资治通鉴》的司马光老头也按捺不住，跳出来大发感慨，指责苻坚有罪不诛，宽恕为逆之人，助长造反之心，这不是成心找死么！

按照司马光的逻辑，对此只可能有两种解释：

一、苻坚好坏不分，是个昏君。

二、苻坚同志有严重的受虐倾向，人家越不待见他，他越happy。

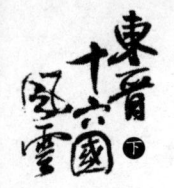

　　如果你对以上解释并不认同，那么你可以考虑一下邙山野人的第三种解释：

　　苻坚是一个理想主义者。

　　他是一个理想主义者，因为他受的是理想主义的教育，儒家经典中那些古代的圣王先贤们是他效法的对象，圣君贤相、六合一统、八方来朝、天下大治是他的终极理想；他相信天道，并对此抱有强烈的使命感；他坚信道德和仁义施予人心的力量，所以他宽恕自己的对手，容纳自己的敌人。

　　然而这个世界却是如此的残酷而冰冷，对理想主义者尤其如此。

　　一叶障目，不见泰山。

　　政治上的理想主义，是苻坚取得不世之功的原因，也是他最后悲剧结局的源泉。

第 18 章　虽千万人吾往矣

建元十一年初秋，苻坚治国平天下的圣王理想遭遇了严重打击：王猛病逝了。

多年的呕心沥血、日夜操劳无声无息地烧灼着他的生命，当前秦一步步地走向繁荣和鼎盛的时候，他的生命之泉也一滴滴地流走、枯涸。

王猛是累死的！

他既是百官之首、协理万机的丞相，又是处理中书、尚书二省全国政务的最高长官，他既担任京畿地区的卫戍司令和全国最高的军事统帅，又担任皇帝的高级顾问、太子的资深老师。这种种重大职责加之于身，一肩担负整个帝国，实在是过于沉重了！用他自己的话说："职责如此繁重，以伊尹、姜尚、萧何、邓禹之贤能，尚不能兼，何况我王猛呢！"

然而当苻坚对他说道"我正要统一四海，除了你我无可信任"的时候，王猛还是义不容辞地挑起了这副能将任何人压垮的重担。

因为这世上，还有一种东西叫作责任。

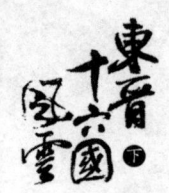

王猛染病之后，苻坚亲自为他到南北郊庙向上天祈祷，还分遣侍臣去全国各地的山川河岳向神灵求告。病情稍有好转迹象，苻坚便为此赦免国中殊死以下的罪犯。病榻之上的王猛得知后，上疏言道："没想到陛下竟以微臣之命而亏天地之德，自天地开辟已来，这是从来没有的事情啊。臣听说回报恩德的最好方式就是尽情直言，现在，就让我用即将完结的生命，向陛下最后再尽一点点忠诚吧！陛下自即位以来，丰功伟业震动八方，声望教化照耀天下，九州百郡十有其七，平燕定蜀易如反掌。但自古以来，创业不易，守业犹难，所以古代的圣王们，时常怀有战战兢兢、如临深渊的心境。臣盼望陛下能够追随前代的圣王，善始而又善终，如此则天下大幸。"

苻坚见到王猛的上疏，十分悲痛。他亲自来到王猛的府第，探视他的病情。

君臣二人执手相顾，泪水无声滑落。

"将近二十年了，时间过得真快，我们都老了！"

"不，陛下正春秋鼎盛，还有很多大事等着你去做。"

"能有你这样的臣下，是上天对朕的恩赐。"

"能辅佐您这样的明主，是臣一辈子的幸事。"

"今后没有你，我该怎么办？"

"眼下四海已定，唯有晋室尚在。虽然其僻居江南，但他们正朔相承，上下安和。臣死之后，愿陛下勿以晋国为图；鲜卑和羌人是我们的仇敌，迟早要成为祸患，陛下宜慢慢将其诛除，以保我大秦江山永固……"

说完这句话，王猛闭上了眼睛。那一刻，苻坚的心也被抽空了。

他伏床大哭，久久不去。

难道老天真的不愿让我一统六合吗？不然，他为什么这么早就夺走了我的景略啊！

王猛，北海人，三十三岁出山辅佐苻坚，四十六岁统兵灭燕，四十八岁为丞相，五十一岁病逝。

他的葬礼依照汉大将军霍光的高规格举行，苻坚亲自参加，入殓之时又多次恸哭。文武百官为之辍朝三日，长安的街巷里充满了百姓的哭声。

如今，王猛的墓冢还静静地躺在陕西省华阴市西南的山麓下。当年他就是从华阴出山，辅佐雄主苻坚统一了北方，魂归于此，也算一个圆满的归宿了。

两百多年前，清朝大才子袁枚路经此处，有感而发，曾留下这样一首诗：

渭南高冢象祁连，诸葛能支蜀几年？
一代君臣鱼得水，三秦宫殿鸟啼烟。
山河割据人才贵，华夏兴亡历数偏。
不叹沧桑叹遭际，为君流泪古碑前。

后世常将诸葛亮与王猛并提，视之为古之贤相。就贡献而言，如果没有诸葛亮，刘备很可能根本建立不了蜀汉政权，而自从诸葛亮去世，蜀汉也就一天天衰亡下去；对于前秦来说，如果没有王猛的经营，它绝不会如此迅速地强盛起来并一统北方，而王猛的死给前秦带来的不利影响，也很快显现了出来。

王猛去世后的第二年春天，苻坚在一封诏书中说道："当初丞相在日，我常常觉得帝王很容易当；而丞相离世才不过半载，我却操劳得头发都半白了！如今天下既无丞相，政事教化难免陷于停滞沦废，朕将分遣侍臣周

巡郡县，以问民间疾苦。"

在古代中国的人治社会里，高层统治者的才能如何，往往对一国兴衰影响极大，而正如前燕失去了慕容恪一样，王猛之死带给前秦的影响也是方方面面的，绝不仅仅只是"政教沦替"而已。

王猛死后第三年，苻坚受原石虎手下主管建筑的大臣熊邈的蛊惑，大修舟舰兵器，饰以精巧金银。慕容垂的三子慕容农为此私下里对他说道："自王猛之死，秦之法制日益荒废，如今奢侈之风又起，看来不久灾难就要临头了。父亲您应该结纳英杰，以承天意，兴复之机断不可失！"

慕容垂淡淡一笑，道："天下之事，可不是你们这些小儿能预见得了的！"

小儿辈预见不了，那么慕容垂自己能否预见呢？

他没有说。

当年，投奔前秦之后，慕容垂很是经历了一段艰难岁月。由于遭王猛所忌，尽管苻坚对他非常赏识，他仍然处处小心，低调做人。王猛伐燕之时，要带他的儿子慕容令随军为向导，慕容垂不能阻留，只好解佩刀相赠，送儿远行。不想慕容令这一去，父子间竟成永别。王猛早就重金收买了慕容垂身边的亲随，一到洛阳，就叫此人假传慕容垂口信给慕容令，说："我被王猛嫉恨，在秦国终究难以容身，听说主上（指慕容暐）已经悔悟，我决定再回到燕国去。你收到这个口信的时候，我已经出发了，你也快逃吧！"

慕容令信以为真，就从洛阳出逃，投奔了当时镇守石门的乐安王慕容臧。王猛见计策奏效，就向苻坚报告了此事。慕容垂得知，深恐苻坚震怒，惧而出逃，却被秦兵追回。苻坚却不但不怪罪，反而表示理解，对慕容垂待之如往日。然而慕容令回国后终究不被容纳，最后于燕亡前死于辽东。

建元十一年王猛的死对于慕容垂而言,仿佛移走了压在他胸口多年的巨石。他深知,若以智计韬略而言,在当时,普天之下唯有两人堪与自己匹敌,一人在南,一人在北。王猛既死,北方已无对手,他日自己兴复大燕河山,必然大为顺利。

建元十六年秋,苻坚做出了另一个影响后来历史发展的决定:迁徙关陇氐户十五万户,由苻氏各宗王率领,散居边镇要地,如同周代的诸侯一般,拱卫王畿。当时关东地区地广人繁,陇西一带的羌人种落人口也大量增加,确有镇靖的需要。但唯有根本强盛,枝叶才能繁茂,氐族的人口本来就不具优势,再拆散十五万户迁往全国各地,关中就显得十分空虚了。奉命镇守邺城的苻丕临行之时,苻坚亲自到灞上为他送别,随苻丕出镇的三千户氐人也将就此告别祖祖辈辈生活于此的家园,远赴他乡,一时间父子亲人抱头痛哭,哀切不舍之情感动路人。

面对此情此景,苻坚宠幸的太监赵整抚琴而歌:"阿得脂,阿得脂,博劳舅父是仇绥,尾长翼短不能飞。远徙种人留鲜卑,一旦缓急当语谁!"我们氐族男儿都远徙他方了,长安城里到处都是鲜卑人,万一发生不幸,我们还能找谁呢?

这首哀戚的歌谣传入了苻坚的耳中,他笑了笑,什么也没有说。

王猛死后第七年冬,苻坚在太极殿大会群臣。

一些大臣发现,皇帝陛下踌躇满志、表情异样,便猜到将有大事发生。

果然,苻坚道:"自朕统继大业以来,已将近三十载。如今四方略定,唯有东南一隅尚未臣服。每念及此事,朕时常饭都吃不下。前日料检国中士卒,可得九十七万之众。朕意欲统此大军,亲征江南,你们觉得如何?"

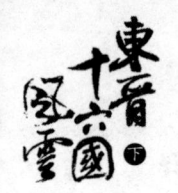

朝堂上静了片刻，紧接着秘书监朱彤出班进言，支持苻坚御驾亲征，认为大军一出，必有征无战，司马家皇帝不是衔璧出降就是走死江海，天下一统指日可待。

苻坚很高兴，朱彤所说的正是他心中所想。

但接下来几位大臣的话却并不符合苻坚的预期。他们都表示反对，理由也很充足：第一，东晋虽然国力弱，但一来皇上并非昏君暴君，二来朝中有谢安、桓冲这样的能臣，上下安和，内外同心；第二，象征福德的土星木星现今都守在吴地分野，天象对东晋有利，伐之不祥；第三，东晋据有长江天险，难以逾越。

刚开始，苻坚还耐着性子听众臣七嘴八舌地发言，慢慢地，他忍不住出言反驳了：

"你们说晋朝的国君不是昏君，难道朕就是昏君？秦始皇灭了六国，难道六国的君王全是昏君不成？"

"不错，岁星（木星）是守在晋地，我伐晋是犯岁，但当初我伐燕不也是犯岁嘛！燕国还不是被我灭了？天道幽远，老天爷到底啥想法，岂是你们这些凡人能猜得透的？"

"是，晋朝是有长江天险，但现在巴蜀尽在我手，我军可从上游顺流直下，又有何难？长江虽然广阔，但我有雄师百万，每人扔个鞭子下去，就能把江水截断（投鞭断流）！"

群臣议论纷纷，持不同意见的还是占大多数。苻坚心里不大痛快，觉得大臣们过于迂腐，真理毕竟是站在自己这一边。

散朝后，苻坚特意将阳平公苻融留下。这个亲弟弟很有才华，是苻坚的重点培养对象，王猛死后他更是备受器重。既然大臣们都反对自己，苻坚便想求得弟弟的支持，岂料苻融也不赞成伐晋，而且除了众臣提出的三点，苻融还补充了两条更重要的理由：一是这几年前秦灭凉平蜀，外征拓跋，内讨叛乱，成年累月地打仗，将士们都有了疲惫厌战之心；二是鲜卑、羌胡遍布关中，若空全国之力远征江南，却只留数万弱卒守卫京师，万一变生肘腋、祸起萧墙，那可怎么办？

苻坚脸色阴沉，说："你也不跟我同心，我还能指望谁呢！"

苻融眼泪都下来了，道："臣之愚见陛下可以不听，但王景略临终之时的遗言，难道陛下也忘记了吗？"

苻坚当然不会忘。然而，此时若王猛仍在，他也未必能使苻坚回心转意。如果说鞠躬尽瘁、死而后已是王猛的责任和使命，那么在苻坚的心里，混一宇内、平定天下就是他的责任和使命。这些年来，一统天下的政治理想始终煎熬着他的内心，作为一个出身少数民族的帝王，苻坚知道，自己不论如何推行礼制、崇尚儒学，在许多汉族人的眼里，自己仍然是一个夷狄，前秦也是不具合法统治权的篡逆，唯有灭掉代表华夏正统的东晋，统一全国，才能真正证明自己是天命所归的千古一帝！

理解了这一点，你就会明白，为什么平常从谏如流的明主苻坚，在南征东晋这个问题上完全无视群臣、弟弟、宠妃、太子等几乎身边所有人的反对意见，表现得如此刚愎自用，不可理喻。

在这一点上，苻坚和你我一样：一叶障目，不见泰山。

这片叶子，就是我们的理想。

为此理想，即便全世界都与我为敌，又能怎么样呢？

虽千万人，吾往矣！

第19章 安石不出,如苍生何

公元383年八月的中国大地上,出现了一幅亘古未见的壮绝景象:在西起巴蜀、东至幽冀的万余里广阔土地上,九十万大军正在调动集结,从长安出发的队伍前后千里,旗鼓相望;主力部队已经抵达了淮北前线的项城,凉州之兵才刚刚开到咸阳,幽冀之兵刚到彭城,而巴蜀汉中的水军还在顺流而下的中途;在黄河、汉水、颖水等水系的河道上,到处是向前线运送粮草的船队,黑压压密匝匝的船篷几乎遮蔽了水面。

这就是南征的前秦大军!

在这支浩浩荡荡望不到头的大军的前部,是三万骑气宇轩昂、盔甲闪亮的羽林郎;在羽林郎队伍的中心,则是由六匹雪白的骏马拉着的金根大辂云母车;在云母车里,坐着心雄万夫、意气风发的大秦天王苻坚。

苻坚的队伍是八月初八日自长安出发的,一共是戍卒六十余万、骑兵二十七万。临行前,满朝文武亲贵都劝阻苻坚不必御驾亲征,在劝阻无效的情况下,甚至撺掇了苻坚最宠幸的高僧释道安、最宠幸的妃子张夫人、最宠幸的小儿子苻诜来软磨硬泡，但苻坚就是铁了心一意孤行，仿佛一定要用实际行动证明举世皆浊我独清、众人皆醉我独醒！

唯一让苻坚感到欣慰的是，并非所有人都和自己唱反调，除了秘书监朱肜，起码还有两个有眼光的人支持自己。

然而不幸的是，这两个人一个是慕容垂，另一个是姚苌。

当苻坚被朝臣反对的声浪弄得心烦意乱时，慕容垂却说："以陛下的英明神武和我大秦的百万虎狼之师，灭掉晋室必如摧枯拉朽。当年晋武帝兴兵灭吴，满朝文武里支持他的也不过张华、杜预两三人而已，若他听从众臣之言，哪还有后来晋朝的一统天下？陛下圣心独断即可，别人的意见不必在意。"

苻坚听了这话，十分高兴，还赏了慕容垂锦帛五百匹。临行前，慕容恪的两个儿子慕容楷、慕容绍一起来找慕容垂，认为此次出征正是兴复大燕的好机会。至此，慕容垂终于不再遮掩自己的心意，并要求两位侄子助自己一臂之力。

而姚苌因为支持苻坚亲征，也被授予了龙骧将军的名号。苻坚还说："当年朕就是以龙骧将军之名号建立大业的，现在把它授给你，你可要努力喔！"当时左将军窦冲在场，脱口而出道："天子无戏言，此语不祥！"苻坚立刻明白了其中蕴含的意味，但话已出口，却也不便收回。

此刻，慕容垂和姚苌各自统领着自己的部众，正行进在南征的队伍里。

九月，征南大将军阳平公苻融统领着张蚝、慕容垂、慕容暐等前锋部队共二十五万，先期抵达了颍口。烟波浩淼的淮河对面，已经可以望见东晋的土地。

此时上距桓温之死已有十年。这十年之间，影响东晋朝局的人物主要

有两个,一个是桓温的弟弟桓冲,另一个则是与王猛齐名的风流宰相——谢安。

谢氏一门祖籍陈郡阳夏(今河南太康),谢安的祖父谢衡为西晋大儒,曾任国子祭酒、太子少傅和散骑常侍之职,永嘉之乱后谢氏举族渡江,寓居于建康、会稽、豫章等地。谢安的父亲谢裒在东晋官居侍中、太常卿、吏部尚书和吴国内史,其伯父谢鲲则跻身名士行列,为"江左八达"之一,长期效力于王敦幕府,曾任豫章太守。

谢安,字安石,是谢裒的第三子。他幼时即聪慧异常,有"风神秀彻"之称,更兼心地良善,懂得体恤他人。他七八岁的时候,曾经同当县令的大哥谢奕一起居住在剡县(今浙江嵊州)。一次有一老翁犯法,谢奕便罚他喝酒。老翁已然喝醉,谢奕还嫌不够。坐在一旁的谢安见状劝道:"阿兄,老翁甚是可怜,何必如此?"谢奕就问:"阿奴你想放了他吗?"见谢安点头,谢奕这才把老头儿释放。

谢氏本为书香门第,谢安自然从小便接受了传统的儒家教育。到了十来岁时,他又拜名满天下的大书法家王羲之为师,向其学习楷书。后来谢安的书法也相当有名。大概在这一时期,受王羲之、阮裕等名士影响,谢安亦开始精研玄学,成了清谈高手。据说他有一次请阮裕讲解《白马论》(即白马非马),阮裕讲授之后,谢安举一反三,不断发问,每个问题都问到关键点上。精于论难的阮裕不禁感叹说,会讲论的人难找,会问问题的人却更难得。经过这番玄学上的修炼,青年谢安正式步入大雅之堂,深得王导、王濛等士族领袖的赏识和赞誉。《世说新语》记载,谢安年少时曾去拜会王濛,两人清言良久。谢安走后,王濛的儿子问他对此人评价如何。王濛道:"向客亹(音wěi)亹,为来逼人。"亹亹,是持续而勤勉不倦的意思。王濛是说,刚才的来客侃侃而谈、孜孜不倦,实在气势逼人。

《晋书》也说，王导对谢安"深器之，由是少有重名"。

成年后，谢安名声更盛，俨然成为一代江南士子心中的文艺偶像。这一点有两件事可兹证明：一是谢安喜欢用中原正音歌咏诗词（洛下书生咏），但是因为有鼻疾，歌咏时带有浓重的鼻音。然而时人却都羡慕他吟咏的腔调，不少人甚至捏鼻子刻意效仿于他。第二件事是，曾经有一同乡从广州罢官回家，除了五万把蒲扇外别无盘缠，就在谢安家留宿。谢安随手挑了一把蒲扇，上街迈着方步转了一圈，就在京师时尚界兴起了一股"哈谢"潮流，人人都来抢购蒲扇，竟至脱销。

那个时代朝廷选任官员的标准，首重门望声名。像谢安这样一位出身世家、接受过精英教育、具备各方面优秀素质的知识分子，年纪轻轻又享有盛名，自然深得朝中各方大佬的青睐，都想将其罗致帐下。例如当时担任司徒的王导，就想征辟谢安入司徒府任职。但谢安不知出于何种原因，竟以身体健康为由拒绝了这次出仕的机会。而在此后的十余年里，不管是扬州刺史庾冰的征召还是吏部尚书范汪的举荐，谢安一概推辞；不论是著作佐郎、琅琊王友这样的清闲职位还是吏部郎这样的要职，谢安都不加理会。他反而回到了会稽老家，在东山盖起别墅，整日里与书圣王羲之、高僧支遁、名士许询等带着歌妓，游山玩水，吟诗作赋，钓鱼下棋，饮酒抚琴，过起了悠游惬意的隐士生活，压根看不出有做官从政之心。

自古以来，对于中国知识分子的人生道路而言，隐逸和出仕便是并行不悖的两个传统。儒家讲入世，讲知其不可而为之，但即使这样，孔夫子也说过"天下有道则见，无道则隐"；至于讲出世、讲逍遥于天地之间的道家，对隐士则更为推崇，老子、庄子本身便是隐者。而除老、庄之外，据说上古之时有许由、巢父，商周之际有伯夷、叔齐，汉代则有所谓的商山四皓和垂钓富春江的严光严子陵。到了魏晋时代，由于玄学的兴起和士

人个性的觉醒,隐逸之风更是盛行。例如竹林七贤中离经叛道、常以白眼示人的阮籍,狂放任性、不与司马氏合作的嵇康,以及归隐田园、不为五斗米折腰的陶渊明等人,都是这一时代著名的隐士逸民。

隐士之所以甘为隐士,虽然各有不同的原因,但归根结底,他们都认为为官从政是对人性的束缚,追名逐利是对生命的伤害,而人格独立和精神自由才是更值得珍视之物,只有摘下面具、回归自然才能实现道德的完善和生命的圆满。一句话,隐居只是手段,"做真正的自己"才是目的。

这一点,也是谢安屡次拒绝出仕、高卧会稽东山的主要原因。

在谢安的青年时代,除了老父谢裒在朝为官之外,其堂兄谢尚、长兄谢奕、胞弟谢万皆已先后出仕。谢家一门显宦,又在江南广置田产,门户兴旺之下,谢安并没有求官任职以保家族利益不坠的足够动力。加之他深染玄风,对历史上的隐逸高士颇为仰慕,自然也就乐得无官一身轻,与三两知交好友纵情于诗酒山水之中了。在这一时期,他曾经参加了历史上著名的兰亭诗会,与王羲之等四十一友曲水流觞、吟咏唱和;也曾经去往临安山中,坐石室,临深谷,悠然叹曰:"此亦伯夷何远!"他曾经放舟中流,但由小船或迟或速,或停或待,甚至触岸撞人也无所介怀;也曾经与孙绰等人乘槎浮海,任凭小舟在滔滔巨浪下颠簸浮沉,同行之人忧恐不已,他却吟啸自若,视风浪为无物。徜徉于"千岩竞秀,万壑争流,草木蒙笼其上,若云兴霞蔚"的会稽山水之间,仰观宇宙之大,俯察品类之盛,自足以游目骋怀,再加上悦耳的音乐、醉人的美酒、知心的朋友和解语的佳人,这样的人生难道不比居于庙堂之上勾心斗角、辗转公府之间案牍劳形更快乐、更有意义吗?

正因此,整个四十岁以前,谢安几乎都是在纵情山水、吃喝玩乐中度过的。任凭中央和地方数次征辟,他要么婉言谢绝,要么马马虎虎地履职几天便辞官而去，照旧回东山当他的逍遥派掌门人。

有趣的是，那年头知识分子越是隐居不出，名头越响。到了后来，谢安的名声已经超过了自己的老师王羲之。甚至王羲之本人也对刘惔说："故当共推安石。"刘惔深表赞同，道："若安石东山志立，当与天下共推之。"还有人总结说，后起之秀里最负盛名的人才有三位，"大才槃（音pán）槃谢家安，江东独步王文度（王坦之），盛德日新郗嘉宾（郗超）"是也。

这样的人才一直隐居不仕，而且屡次无视朝廷的征辟，一些政府官员不免感到很没面子。后来甚至有官员上奏说，既然谢安不想为朝廷服务，那干脆把他"禁锢终身"得了，以后永不叙用，省得大家麻烦。连谢安的老婆刘氏也数落他说："你叔伯兄弟都升官富贵了，身为大丈夫，你难道不应当也那样吗？"谢安听了，捏着鼻子笑道："恐怕以后也免不了喽！"

其实谢安在高卧东山之时，也未必对国事家事全不关心。对此，当时的执政会稽王司马昱就看得明白。他对人道："谢安石既能与人同乐，必不得不与人同忧。"故而做出断言，将来谢安必会出山。而正如谢安自己所说，数年后随着几个兄弟谢尚、谢奕、谢万或者亡故，或者遭贬斥，为家族利益考虑，谢安终于不得不告别了放情丘壑的逍遥生涯，走上了仕进之路。

永和十二年（356年），胞弟谢万出任吴兴太守，三十七岁的谢安陪他一同赴任。由于谢万有贪睡赖床的习惯，谢安怕他耽误公事，每天早上都来到他的床前，叩屏风唤他起来。两年后谢万调任豫州刺史，谢安素知这个弟弟矜豪傲物，不善绥抚部众，又赶到军中助他一臂之力。可后来谢万还是因为对自己的部下不够尊重，在北伐之时吃到败仗，单骑狼狈逃回，被罢官废为了庶人。这时谢尚、谢奕也已去世，谢家再无一

人在朝担任重要官职。为了谢氏一门的利益和声誉,四十一岁的谢安这才有了出仕的念头。

当时桓、谢两家关系尚好,而谢安的第一份工作就是当桓温的司马。去荆州赴任之前,众位朋友为谢安在新亭送别。大家喝了点酒,开了些半荤半素的玩笑,中丞高崧揶揄谢安道:"你屡违朝旨,高卧东山,众人都互相传说:'安石不肯出,将如苍生何!'现在你可算出山了,天下苍生又该把你如何呢?"谢安微有愧色,笑而不答。

那一刻大概没有人能够想到,正是谢安的出山,改变了晋朝的国运。

第 20 章 缔造北府兵

当年王猛走出华山，为前秦建立了不世功勋，而如今谢安也要走下东山，去追寻他的事业了。他笑而不答，因为正如王猛身兼数职不能辞一样，他的肩上也有责任。

谢安出山之时，正值桓温权势熏天之日。此后的十余年里，桓温打击殷、庾士族，发动第三次北伐，甚至废立皇帝，事件层出不穷，朝局风云变幻，然而史籍中与谢安有关的记载却寥寥可数，这说明，谢安深谙韬晦之道，尽量不去招惹桓温，甚至与桓温的关系一度还不错。桓温曾称许谢安说，自己帐下从没有过他这样的客人！谢安推荐的门生故旧，桓温也都尽量任用。但后来随着桓温对晋室的威逼越来越紧，不甚合作的王、谢等族便成了他必须要扳倒的绊脚石。这才有了前文交待的桓温在简文帝死后携兵入朝，王坦之、谢安在新亭迎接，后来又刻意拖延加桓温九锡的诏文等事。

桓温死时，谢安已经五十四岁。出山十余年来，他先由桓温司马迁转

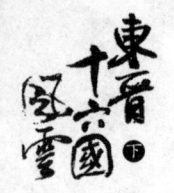

吴兴太守，后又担任侍中、吏部尚书和中护军等职。虽然官居显位，但摄于桓温的威势，同朝中群官一样基本上是尸位素餐，并无政绩可言。直到桓温死后，升迁为尚书仆射的谢安才迎来了一展长才的机会。

谢安主政的第一项谋划，是请出崇德太后褚蒜子，让她第三次临朝听政。

这一提议起初遭到了王彪之的反对，理由很简单：前朝凡是太后临朝，都是因为皇帝尚在襁褓，可现在咱家主上已经十来岁了，没两年便要加冠成婚，论起来褚太后又是皇帝的堂嫂，叔嫂临朝成何体统嘛！

但王彪之并不知道谢安另有深意。此时桓温虽死，但其弟桓豁、桓冲继承了他的权势，举国精兵尽在二桓之手，尤其是桓冲继承了桓温亲领的部众，身兼扬、豫二州刺史屯驻在近在咫尺的姑孰，倘若他有半点效仿桓温之心，眼下朝廷根本无力应对。褚太后毕竟德高望重，请她出来压制桓冲，于朝廷大为有利。此事最终在谢安的坚持下得以实行。

值得庆幸的是，桓冲为人甚识大体，而桓温临死前也嘱托他不能跟王、谢硬来。因此桓冲在接替兄长的地位后对朝廷表现得相当忠顺。到了宁康三年（375年），他甚至主动提出，可以将扬州刺史的职位让给谢安。当时包括郗超在内，许多桓氏亲党对此都表示严重反对，但桓冲却处之泰然。不久后，朝廷便降诏将桓冲改任徐州刺史出镇京口，而以谢安领扬州。

这似乎显示，桓冲某种程度上希望与谢安达成默契，即桓氏势力主动退出中央以换取对几大强藩的继续把持。而谢安也吃准了桓冲顾全大局的心态，不但拿回了对扬州的控制权，更在不久后利用为皇后之父王蕴安排要职的机会，解除了桓冲徐州刺史的职位，将其调回姑孰。

在谢安的侵逼之下，桓冲感到在下游不好落脚，便以抵御前秦南侵为辞，要求回镇荆州。而恰巧原荆州刺史桓豁亦在此时病故，朝廷便以桓冲领荆州，以桓冲的儿子桓嗣领江州。就这样，在桓温去世四年之后，桓氏势力又退回了荆、江二州，下游的徐兖北府则落到了谢安的掌控之下。

此时前秦已经夺取了东晋梁、益二州，时时刻刻都有大举南侵的可能。而在王坦之、王彪之相继去世后，位居中书监、录尚书事的谢安完全控制了朝局。他对内施以德政，对外镇以和靖，再加上上游的桓冲也能谦恭自处，东晋国内的局势一时间相当稳定。

在这段宝贵的时间里，正如谢安平素喜怒不形于色的行事作风一般，晋廷也在不易察觉的情况下进行着力量的调整和积蓄，以迎接那迟早要来的一场终极对决。

而这其中最关键的一步棋，就是北府兵的组建。

北府，是东晋人对徐州镇治京口（今江苏镇江）的称呼，乃因徐州位于京师建康之北的缘故。从东晋初年开始，江淮之间的徐、兖地区直到京口以南的晋陵（今江苏常州）一带都是北方南来的流民聚集之地。这些地方土地贫瘠，人来得多了，粮食不够吃，难免滋生些许争端，加以流民本来就是半武装集团，基本上都是从胡人占领区一路打着仗过来的，所以京口素以民风彪悍著称。

早在郗鉴任兖州刺史之时，流民便成为徐、兖二州镇兵的主要来源。这些流氓无产者实战经验丰富，斗志也比那些一边打仗，还一边惦记着家里啥时收粮食的农民兵强很多，稍加训练，就能形成一支颇具战斗力的队伍。在郗鉴的经营下，地当冲要的京口发展为拱卫建康、控制三吴的军事重镇。所以桓温常说："京口酒可饮，兵可用。"执掌京口兵的徐兖刺史自然被他视为眼中钉、肉中刺。郗氏家族经营京口四十多年，最后终于在郗愔的手里被桓温排挤了出去。而原来的京口兵，也在桓温的第三次北伐中

损失殆尽。

谢安执政后,知道不论是抵抗前秦,还是与上游的桓冲维持势力上的均衡,手里没有嫡系部队肯定是不行的。于是在太元二年(377年),借朝廷求文武良将以镇御北方的机会,谢安举荐了自己的侄子谢玄为兖州刺史(次年又兼领徐州刺史)。

后来的事实证明,谢玄确实没有辜负叔叔的举荐。到任后,他开始招募精勇,吸纳流民,重建北府兵。在谢玄招募的这一批人当中,一位名将脱颖而出,此人姓刘,名牢之。

刘牢之,彭城人,出身于"以壮勇称"的武将世家,虽然模样生得"面紫赤色,须目惊人",猛一看好像关羽张飞合体,但却并非有勇无谋之辈。谢玄重建北府兵,刘牢之与诸葛侃、何谦、田洛、孙无终等人以骁猛应选,被谢玄任命为参军。作战之时,刘牢之常率领精锐为前锋,百战百胜,所向披靡,北府兵的名头也越叫越响。

苻坚大举南侵前五年,即已命苻丕为征南大都督,统兵十七万进攻襄阳。襄阳地当汉沔要冲,是屏蔽长江上游的第一道防线,当年西晋筹划灭吴,就是以羊祜坐镇襄阳统筹全局的(金庸小说里郭靖郭大侠也是镇守襄阳十余载来抵抗蒙古兵的),所以苻坚对襄阳是势在必得。同年,为了与西线攻势相配合,以成"棋劫之势",苻坚又派彭超等率步骑七万进攻彭城、淮阴一线,从下游向东晋施加压力。

面对前秦东西两线二十四万大军的攻势,东晋的应付策略也不尽相同。当时上游的桓冲刚刚从江陵移镇上明(今湖北松滋西北),将防守战略调整为"全重江南,轻戍江北",所以面对苻丕对襄阳的围攻,仅有七万之众的桓冲惮秦兵之威,采取了观望的态度,指望襄阳凭借汉水和坚城,能多消耗消耗秦军。这一来,却害苦了镇守襄阳的梁州刺史朱序。

朱序的履历与刘牢之相似，也是将门之后。此时他来到襄阳刚刚一年，手底下也就两万多人，众寡悬殊之下，只好坚壁清野，收缴了全部船只，期望滔滔汉水能拦阻一下没有水师的秦军。哪知道，秦将石越居然带着五千精骑泅水过江，发动了突袭。仓促间，朱序只好放弃外城，被石越把船都缴了过去，于是秦军主力顺顺当当渡河，包围了襄阳内城。

这一围就是十个月，直到第二年春天，才由于部下的出卖，襄阳陷落，朱序被生擒送往长安。一向主张宽大为怀的秦王苻坚认为朱序是能守节的忠臣，不杀反赏，让他做度支尚书，而出卖襄阳的那位部将则被砍了脑袋。

苻坚在一生里，曾无数次饶恕自己的敌人，其中比朱序官位高、本领大的人有得是，他绝没有意识到，留下一个小小朱序的项上人头，将会对整个历史产生多么深远的影响！

西线战事以东晋襄阳失守告终，东线则是另一番景象。

前秦彭超领兵七万攻围彭城后，谢安派谢玄率领一万多人赴援。这是北府兵组建以来第一次与前秦交手。谢玄军赶到泗口后，想送信给彭城里的守军，却因秦兵阻截而道路不通。此时，一位名叫田泓的小将自告奋勇，从水中潜渡过去，不幸却被秦兵抓获。秦军将领给了他许多钱财，让他到城下喊"南军已败"。田泓假装答应，到了城下却高呼："救兵马上就到，我一个人来报信，被贼寇抓了，你们要守住！"遂被秦兵所杀。

从小将田泓的事不难看出，出身流民的北府兵对胡人怀有深切的仇恨，为此即便牺牲性命也在所不惜。

谢玄最后还是用计解了彭城之围。他放出假情报，说要去偷袭秦兵留在留城（今江苏沛县东南）的辎重。彭超担心辎重被劫，遂解围而去。但谢玄考虑到毕竟众寡悬殊，秦兵即刻去而复来，彭城仍不可守，于是便和

守军一道撤出了彭城。与此同时,秦将俱难攻克淮阴,并会合了彭超和从襄阳战场分兵前来的两万秦军,共攻盱眙,战场开始向淮河以南蔓延。

五月,盱眙失守,六万秦军进围三阿,距广陵(今江苏扬州)只有百里之遥。东晋朝廷大震,临江列戍,水军开入了建康北面的涂中(今滁河),并派右卫将军毛安之等领兵四万在堂邑(今江苏六合北)布防。

从毛安之的职务来看,这四万人马的主力很可能是东晋戍卫京师的禁军。但东晋时的禁军可不比西晋,不但数量少、兵源差,平时也难得有实战锻炼,战斗力实在是不怎么样。结果,当前秦派了两万骑兵来进攻之时,敌人的影儿还没瞧见,毛安之军就惊溃而逃。

东晋的局势更加险恶。

现在,能抵挡前秦铁骑的似乎只剩下浩浩长江了。

关键时刻,面对在自己家园内驰骋践踏的秦军,北府兵显现出了真正的战斗力。

就在堂邑的四万禁军望风而逃的时候,谢玄带着三万北府兵从广陵出发,向被围困中的三阿挺进。俱难、彭超闻讯,派将军都颜迎敌。两军于白马塘西大战,结果北府兵完胜,都颜被斩。谢玄乘胜进军,连战连捷,不但解了三阿之围,而且一口气把俱难、彭超撵回了淮阴。

此番连胜,固然有秦军数战兵疲、强弩之末的因素在内,淮南一带河汊纵横、泥塘遍地的地形不利骑兵作战,北府兵更能发挥本土优势也是重要原因。在接下来的战斗中,东晋又实施了两栖配合作战。谢玄派何谦、诸葛侃率领水军,利用淮河涨潮之势,上岸偷袭,烧毁了秦军搭建的河桥,刘牢之等则击沉了秦人的运输船;再趁秦军归路被断、军心动摇之时发动总攻,一举将其全歼。俱难、彭超仅以身免,狼狈不堪地逃回了淮北。

至此，北府兵初显身手，大胜而归。谢玄因功进号冠军将军，加领徐州刺史。

这场发生在378年和379年的秦晋交锋，可以视作是双方决战前的一次热身。前秦达到了攻占襄阳、彭城的战略目的，为之后发动大规模南侵打下了布局，算是抢了一招先手；而东晋虽然丧城失地，但军力损失却很少，尤其是刚刚组建的北府兵初战告捷，积累了经验，增强了信心，让谢安的手里有了一副好牌。

此后，直到383年苻坚御驾亲征，双方的战略态势都没有大的变化。

棋盘已经摆好，只待双方落子。

第21章 谢安的珍珑棋局

公元383年前秦倾举国之力实施的这一次大举南侵，按照苻坚的计划是分三路进兵：

西线，由龙骧将军姚苌统领梁、益之兵和巴蜀水军，从上游对荆州桓冲施加压力，使其不能分兵救援其他战场；东线，以幽、冀之兵自彭城向南进攻，以牵制东晋下游的武装力量；而苻坚自己，则统领大军自陈颖南下，以苻融的二十五万人马为前锋，主攻中路寿春（今安徽寿县）一带，突破淮河防线，进而威胁建康。

显然，三路进兵的计划是在模仿西晋灭吴。但与筹划了十多年的西晋灭吴之战相比，苻坚的前期准备过于仓促，由巴西、梓潼太守裴元略主持的巴蜀水军更是在总攻前一年才开始组建，而幽、冀两州由于受到三年前苻洛叛乱和氐户出镇的影响，也派不出很有战斗力的队伍（在这支队伍里，甚至没有名字足以载入史册的统帅）。所以苻坚的三路进攻当中，东线和西线至多能起到迷惑和牵制的作用，真正能对东晋产生威胁的还是苻坚、苻融统领的中路军。

九月,当苻融的二十五万前锋军浩浩荡荡抵达淮水之滨时,十万火急的军报也迅速传入了石头城,同时而来的还有"苻坚早已给咱家皇上和谢安石封了官,在长安城里盖好了公馆"的传言。一时间,建康人心惶惶,不可终日,会稽王司马道子甚至敲锣打鼓,请钟山山神下凡退敌,弄得城中百姓高度紧张。

在一片惶恐的气氛中,手里握有北府兵这一王牌的谢玄坐不住了。他来找叔叔谢安,想打探朝廷有何安排。谢安面色如常,只是淡淡地说了句"已别有旨意",就不再作声。谢玄不敢再问,回来请好友张玄[①]帮忙再去探探口风。

张玄来到谢府,耐着性子品了半盏清茶,还未开口相问,谢安却已命人备好车驾,拉着他出城直奔山中别墅。可是眼下强敌入寇,江左存亡难料,张玄忧心忡忡,哪里有心思欣赏这秋日山景?不多时,亲朋好友陆续而至,看得出他们碍于谢安的面子不得不来,却都跟张玄一样面色凝重,心不在焉。

谢安对众人的神色视若不见,还像往日一样谈玄论道、喝酒抚琴,末了又要跟张玄下棋。由于受即将来临的战争影响,近日建康房价大跌,两人干脆以别墅赌输赢。论棋艺,平常谢安不如张玄,但张玄心里有事,昏招频出,不多时,就被谢安赢了好几座"汤house"。以谢宰相的风度,自然不会将兴奋之情挂在脸上,他只是转头对外甥羊昙道:"这些别墅都给你了!"然后迈着方步踱了出去,和几个歌妓不知去了哪里,直到深夜方归。

[①] 张玄,一名张玄之,字祖希,有"吴中秀士"之称,谢家好友,曾与谢玄同郡为官,并称"南北二玄"。

与此同时，上游的桓冲深恐建康方面对付不了前秦大军，派人送来消息，准备急遣精锐三千入卫京师。谢安却婉言谢绝，只说朝廷处分已定，兵甲无缺，这三千人马您自己留着用便是。桓冲不由对部下长叹道，谢安石虽有庙堂之量，却不懂军旅之事，现在大敌当前，他却仍然像平时那样游谈不辍，只派几个不经事的少年前去迎敌，所统兵力又如此之少，不用问，这场战事肯定赢不了，到时咱们怕是都要沦为左衽的夷狄了呀！

平心而论，桓冲的担忧不无道理。谢安虽然久负盛名，但他毕竟不是一个拥有实际作战经验的军事统帅。就这一点而言，他与之前因北伐失败而身名俱裂的殷浩没什么分别。如果这场战争真的以失败而告终，那谢安就是亡国的罪臣，其历史评价将比殷浩还要差上百倍！然而谢安比殷浩高明的地方在于，他对自己的能力和特长有清醒的认知。他明确地知道，统军出征是将帅之事，而要想让本方军队充分发挥战斗力，身为执政者就必须在两件事上给予足够的重视。

这两件事，一是人才，二是人心。

所谓兵熊熊一个，将熊熊一窝。军队指挥官的素质如何是直接影响战争胜败的关键因素，因此能否选拔出合格的将帅人才便成了检验谢安执政能力的重要标准。他任命自己的侄子谢玄担任北府兵统帅，虽然有任人唯亲之嫌，但从谢玄的实际表现来看，这是相当成功的一个安排。对此，就连身为谢氏政敌的郗超也不能不服。他充满感叹地对人说道："谢安举贤不避亲，堪称为明。谢玄必不辜负于他，因其有才！"有人问郗超何以知之，他答道："当年我与谢玄同在桓公府中任职，见他部署工作，哪怕是鸡毛蒜皮的小事也能人尽其才，由此可知。"也就是说，谢玄是一个非常善于发现人才、使用人才的经理型统帅。这一点，其发掘了以刘牢之为首的一众北府悍将一事也可以证明。

可是，再优秀的军事将领，如果手下士卒毫无信心、意志动摇，军队还是发挥不出应有的战斗力。所以人心是否安定、将士们的思想是否统一也是影响战局的重要因素。大敌当前，自己首先不能乱。这种情形，正与谢安当年乘船出海遭遇狂风巨浪时的状况相同。那时他吟啸自若，毫不惊慌，直到小船在风浪中濒临覆没才转舵驶回；这时他同样表现得若无其事、胸有成竹，其目的就是要安定人心和军心。这一点，远在荆州的桓冲并没能体会到。

其实谢安对谢玄所说的"别有旨意"并非搪塞之辞，因为就在那天晚上，谢安便向上边递交了迎敌方略。不多时，朝廷发下诏旨，任命谢石（谢安之弟）为征讨大都督，谢玄为前锋都督，与辅国将军谢琰（谢安之子）、西中郎将桓伊等统兵八万，前去迎敌；又命龙骧将军胡彬率领水军五千，火速增援寿春。

秦晋决战，一触即发！

寿春，又名寿阳，坐落在淮河中游的南岸，地势上控扼淮颍，襟带江沱，为西北之要枢、东南之屏蔽。由寿阳至建康，陆路不过四百七十多里，可见，选择寿阳作为突破口，苻坚是经过深思熟虑的。

寿阳城西边六十里，是西北—东南走向的颍水注入淮河之处。苻融的前锋部队由洛阳顺流而下，正在此地集结。

紧靠城的东北角，一条并不算太宽的河流自南向北汇入淮水，当地人称之为淝水。淝水的对岸，一脉黑郁郁的山岭与寿阳城夹河相望，便是八公山。故老相传，喜好修仙的淮南王刘安家居寿春之时，忽有八位白发白须的老者求见。看门的对他们说："我家大王喜好长生不老之术，你们都老成这样了，还是别讨没趣了，走吧走吧。"话音未落，八个老头忽然变成了童颜少年。后来淮南王刘安就于山上立庙，号八公庙，此山也就成了

八公山。

越淝水往东七十里，有一条同样流向的支流注入淮河，名为洛涧。

这片方圆百里的土地，就是秦晋交锋的擂台。

最先出招的仍是前秦。

十月，渡过淮河的秦军开始攻打寿阳城。十八日城破，晋平虏将军徐元喜被俘。与此同时，负担阻截荆州兵东进的慕容垂部约三万人攻克郧城（今湖北安陆东北）。至此，淮河防线已被秦军撕开了一道缺口。

奉命增援寿阳的胡彬部水军救援不及，只好退保硖石山。硖石山位于淮河北岸、八公山的对面。对于这送上门来的五千水军，苻融不吃白不吃，立刻派兵将其包围，既而又命卫军将军梁成领兵五万，沿淮河向前推进，在洛涧西岸设防，并于淮河上竖起木栅，阻拦晋军水师前进。

这一来，胡彬就被秦军包了饺子。而谢石、谢玄率领的八万人马慑于秦兵之威，不敢轻进，西距洛涧二十五里顿兵设防。

这是淝水之战的第一阶段，前秦主攻，东晋主守。寿阳城并非不够坚固，却被秦军一举攻克，足证前秦攻势之猛，加以东晋五千水军被围，战局明显对前秦有利。

被围的胡彬困守硖石，眼瞅粮食就要吃光，只好一边扬沙唱筹，伪示粮足无忧，一边给谢石写了一封求援信。不料这封信却被秦军截获，苻融据此得知了晋军的兵力部署，通知还在项城的苻坚说："贼少易俘，惟恐其逃逸，宜速进众军，掎擒贼帅。"

由此可以推知，苻融的战略意图，是想趁晋军主力尽出的机会，一举将其歼灭在淮河一线，以减少日后在长江沿岸遇到的阻力，毕竟对于缺乏水军的前秦来说，战线越靠南，越不适应。苻坚闻报后也十分高兴，显然他同意苻融的判断，但他却等不及大军集结，没有"速进众军"，而是自己带了仅仅八千轻骑,日夜兼程,奔寿阳而来。

作为一国之君亲临前线,无论如何是过于冒险了,何况苻坚本人并没有多少沙场征战的实践经验,来到前线,除了增加无谓的风险成本外,实在没什么益处。而苻坚不但来了,还派了一个自以为合适的人选前往晋军劝降——历史的走向就此改变。

这个人选,正是朱序。

自从五年前在襄阳战役中被俘以来,朱序一直在前秦担任度支尚书(主管全国财政),正三品,比他在东晋当官时还高了一品。但此人秉承了自徐庶以来的优秀品质,身在秦营心在晋,没少跟老领导桓冲暗送秋波、眉来眼去。苻坚派他去劝降,意思是让他现身说法:我大秦政策宽大,保证你们投降后都有官当。但朱序不但没搞统战工作,反而把秦军的老底都透露给了谢石谢玄,还劝他们说:"应该抓住前秦百万之师尚未齐至的机会,抢先攻打其前锋。前锋若败,则秦军士气必衰,将不战自溃!"

这番话像电光石火一样点醒了众人。不错,苻坚将所有的精锐部队都给了苻融的前锋军,张蚝、梁成、石越等猛将皆集于此,若击败其前锋,对秦人的军心斗志将是毁灭性的打击!

不过既然是精锐,自然不好打,何况苻坚已亲自前来督战。总指挥谢石的心情好像打过关游戏时遇到了大 Boss,手心一阵阵出汗,犹豫半天,难下决定,最后终于在谢琰等人的劝说下咬牙拍了板。

好!就让我们看看,咱北府兵和你秦军的精锐到底谁更硬!

十一月,谢玄派刘牢之领精兵五千,趁夜色掩护直扑洛涧,意在攻其不备。但晋军距河边尚有十里,梁成即已发觉,迅速整军,阻河水列阵。这时北府兵再次发挥了他们极为擅长的两栖登陆作战,直接强渡洛涧,一通猛攻,阵斩梁成及其弟梁云,并且分兵截断了秦军的退路。由

于洛涧在此地与拐弯的淮河形成一个锐角,秦军步骑奔溃,都被赶下了淮河,淹死和被杀的有一万五千多人。此战,前秦共有十员将领被俘或被斩。谢石谢玄乘胜水陆并进,直抵淝水。虽然秦军张蚝部在淝水东岸击退了谢石军,但此时晋军的水师已经封锁了淮河,张蚝只好退回到西岸,与晋军夹河对峙。

至此,淮淝战役的第二阶段"洛涧之战"结束。梁成部全军覆没,东晋大胜,并且控制了淮河,硖石之围也迎刃而解。秦军只能阻淝水固守寿阳,攻守之势忽然逆转了过来。

苻坚登上城楼,终于第一次亲眼目睹了他想要征服的军队。

对岸的八万晋军正在井然有序地调动,他们号令鲜明、阵容严整,俨然是一支训练有素的威武之师;水面上狭长的艨艟斗舰正来往巡弋;山脚下一排排营帐次第相连;寒风起处,八公山上草木摇曳,依稀有千军万马隐藏其中……

苻坚倒抽一口冷气,心里吃惊不小。他回头望着苻融,道:"这是劲敌啊,怎么能说是弱旅呢!"兄弟俩面面相觑,不知如何是好。

第 22 章 史上最离奇的大决战

正在苻坚一筹莫展之际,谢石谢玄给他送来了好消息。一封文辞优美、书法挺秀的信递入了寿阳城,信中言道:"君远来我境,而置阵逼水,此持久之计也,岂欲战者乎?若移阵少退,令将士得周旋,吾与诸君缓辔而观之,不亦乐乎?"意思是:你不是要灭我们吗,堵着河岸自守算怎么回事呀!还是往后退退,腾个地方出来,让双方军队摆开了PK,咱们骑在马上悠然观战,那该有多爽啊!

从这封战书可以看出,谢石、谢玄是想速战速决,以免前秦后方的大军及时赶到,夜长梦多,但张蚝军逼水列阵,晋军不好过河,况且这一次面对的是二十多万秦军,要想像洛涧之战那样再搞一次强渡,恐怕不太现实,于是他们才写了这样一封信。

前秦阵营对此进行了讨论。许多将领认为,我众彼寡,阻淝水为固,让晋军过不来,可保万全,不应该答应二谢的要求。但苻坚的意见相反,他认为这恰恰是一个毕其功于一役的好机会,待晋军半渡之时,用铁骑

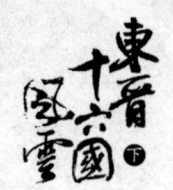

十万迎面冲杀,定可大获全胜!苻融对此表示同意。

平心而论,这确实是一个实用而合理的战术。晋军下船登岸、阵脚还没扎住的时候,若遇上大批骑兵的正面冲杀,取胜的机会微乎其微。但问题也来了,谢石谢玄难道不知道秦军很可能会采用这种战术吗?如果知道,他们为什么还要提此建议,送上门去让秦军宰割?

答案就在于秦军自己的队伍。

历史没有记载这一天的确切日期,只知道那是十一月的某一天,天气应该很冷,河水应该很凉,也许还刮着不小的西北风,骑着高头大马的指挥官苻融下了一道命令:全军后退,在河岸边腾出战场!

我不知道这道命令是如何下达到全军的,我也不知道这二十多万人马是如何执行这命令的,唯一知道的是,对任何一支军队来说,临敌退却都是对其战术纪律、心理素质和指挥系统等层面极为严峻的考验。何况这还是一支庞大而混杂的、由不同民族组成的、被强迫征发而来的军队,何况这支军队不久前刚吃过败仗,士气不振,何况这是在全军通讯除了旌旗金鼓之外只能靠吼的古代!

于是在全军阵营开始移动后不久,诡异的事情发生了。

最初,只是某些士兵的脚步迈得大了点,因为他们不知道河岸旁到底发生了什么事,庞大的人群遮蔽了他们的视线,嘈杂的声音弄懵了他们的耳朵,四周的人和自己一样,脸上露出狐疑惶惑的表情,于是他们想起了前两天从洛涧逃回的伤兵的痛苦呻吟,想起了家里的妻儿老小和一亩三分地,他们的步子下意识地越迈越大,越走越快……"秦兵败了!"身边不知从哪儿传来这么一句话,像一声霹雳震得他们心慌不已,于是在接连传来的"秦兵败了"的呼喊声里,他们从疾走变成了狂奔,为了跑得更快,还丢掉了武器和甲胄。他们没有回头,但他们知道身边的人都在逃跑;他们不敢回头,因为不知道身后的脚步声到底是属于战友还是属于敌人；好像有惨叫声响起，鬼才他妈的在乎别人是死是伤！跑！快跑！！玩命跑！！！离河岸越远越好！跑回关中老家才好！

于是，混乱变成了恐慌，退却变成了溃败，战争变成了赛跑！

对岸的谢石、谢玄将此情此景看在眼里，急令渡河进击。八千北府兵迅速乘舟登岸，追上去砍杀落在后面的秦兵。

正在指挥退军的苻融傻了，他纵马掠阵，想制止军队的溃败，却不幸被乱军冲倒，成了晋兵的刀下之鬼。

军后观战的苻坚也傻了，溃兵如潮水般涌来，他根本来不及思考到底是怎么回事，只好在亲兵的护持下弃车乘马，扬鞭狂奔，成了溃败大潮中的一员。

苻坚并没有注意到，在万千溃兵当中，有一人逆着人潮跑向了晋军。此人正是朱序，方才在军中大呼"秦兵败了"的人就是他。我们有理由相信，朱序是带着特殊使命回到秦营的。

此役，晋军一直追击到三十里外的青冈方回。被自己人踩踏而死的秦兵尸体塞川蔽野，溃逃的人如惊弓之鸟，闻风声鹤唳，皆以为追兵将至，草行露宿，昼夜不敢休息，冻饿而死者十之七八。

二十万大军刚才还在河岸边黑压压一片，转眼间如风吹云散，只留下了狼藉遍地的尸体、甲仗和旌旗。

淮淝战场全面溃败的消息伴着络绎于路的逃亡士卒飞速传播开来，前秦的整个战争体系也开始崩解，绝大多数尚未抵达前线的部队一哄作鸟兽散，纷纷扔掉武器，各回各家，各找各妈了。苻坚自称可以投鞭断流的百万雄兵，仅仅数天之内即灰飞烟灭，和他统一天下的梦想一起倏忽化作了泡影。

淝水之战便以这样一幅戏剧性的场景迎来了结局。

苻坚的悲剧，则是他人的喜剧。

当淮淝前线的战报传入建康城的时候，风流宰相谢安仍在从事他的

日常娱乐活动——下棋。他接过战报，看了看，随手放在床上，神色如常，继续对弈。对面的棋友问："前方到底战况如何？"谢安只是淡淡地说："小儿辈已破贼。"脸上却不见一丝喜色。棋友将信将疑，心中忐忑，估计又没少走臭棋（不知这次两人有没有赌别墅）。此局对弈究竟结果如何，史料未载，但未必就是谢安能赢，因为他虽然涵养功夫了得，表面淡定，心里头其实早 high 翻了天，下完棋回屋的时候，激动得一脚方步没踱准，木屐的屐齿被门槛磕折了都不知道。

这边东晋朝廷里一番欢天喜地自不待言，那边的苻坚却是凄风冷雨，别有一番滋味在心头。溃退时仪仗器用都丢了，金根云母车也没了，混乱中苻坚甚至中了一箭流矢，所幸伤势不重。在几个贴身侍从的扈随下，他狼狈不堪地单马逃回了淮北，路上甚至找不到吃的，这位帝王有生以来第一次尝到了饥饿的滋味。此时，有一小民向苻坚献上用猪肘子炖的汤饭，苻坚吃了以后大赞美味，当下决定赏赐他帛十匹、绵十斤（大概是打白条）。然而这个无名的小老百姓竟说出这样一番让苻坚吃惊的话来：

"传说天上的白龙厌倦了仙池中的生活，变成小鱼到人间来戏耍，却反被渔夫所获，没想到这白龙鱼服之事陛下您竟亲历目睹了（你不好好在皇宫待着，跑到前线来干吗呀！）。陛下饱受风尘之苦，难道是上天的错吗（是你自作自受！）？且妄施不为惠，妄受不为忠，陛下乃臣之父母，儿子赡养父母，还要什么回报！"说完转身而去。

这就是中国的小老百姓。他们世世代代在土地上辛劳，输纳沉苛的赋税，承担繁重的劳役，用自己的滴滴血汗维持着当权者对国家的统治，许多时候他们还要放下锄头，拿起武器，告别家园妻儿，远赴战场，用自己的头颅为帝王将相们铺就宏图霸业、名垂青史之路。末了，他们不求回报，连名字都没有留下。

在种种波澜壮阔的历史表象背后,他们才是恒久不变的基石。

望着这小民渐行渐远的背影,苻坚感到一阵阵的愧疚,转头对宠妃张夫人道:"朕若用朝臣之言,岂能有今日之事?朕还有何面目再为天下子民之君啊!"不觉潸然泪下。

苻坚一路北返,一边收集亡散,渐渐身边有了一千多人。听说附近有秦军大部队经过,苻坚前去投奔,没想到竟然是慕容垂的军队。

淝水战败之时,慕容垂所部三万人正在西边防备荆州的桓冲,加以他平素勒军严整,所以众军全线溃散,唯独他一军全师而退。

见苻坚来投,世子慕容宝劝慕容垂杀掉苻坚,进而起事兴复大燕。慕容垂却道:"你说得固然不错,但他现在一片赤诚来投奔于我,我怎能反而杀了他呢!如果天要亡秦,以后不愁没有机会,不如暂且护送他北还,再等待更好的时机。如此既可不负他年之恩,又能以义取天下。"慕容德也来劝,说两国相争,靠的是实力,你讲什么仁义嘛!再说了,秦国灭我大燕,是咱们的仇人,他苻坚对你又有什么恩情!

慕容垂又道:"当年我先被太傅(指慕容评)不容,后又被王猛所忌,秦主不但不疑,反而待我以国士之礼。近年虽立下些许战功,却难报此恩德于万一。假使秦运当终,天命归我,我当怀集关东,兴复先帝之业,关西之地非我辈所能有啊!"不但不同意杀掉苻坚,反而将军队的指挥权交给了他。

在此,不由得不佩服慕容垂的老谋深算、计高一筹。他之所以不杀苻坚,顾念昔日之恩义固然是光明正大的理由,但这理由在他心中有多大的分量就难以被外人所知了。更重要的原因是,虽然全线溃败已成定局,但北方的形势尚未明朗,大批败军包括慕容垂自己的军队都还在北归的路上,而慕容氏的根基是在河北,如果此时就起事,自己必然成为惹人注目的出头鸟,反而会陷入难以估量的危险境地;何况慕容垂当初叛逃前燕,

已经负有背主之名，此番若杀了苻坚，再戴上弑君的帽子，身为大丈夫，如何还能立足于世？至于那三万人马，虽然跟着他打了几年的仗，但毕竟不是鲜卑族的子弟兵，愿不愿意跟着他造反还是两说的事，倒不如做个顺水人情。所以他才有此决定。

在慕容垂的护送下，聚集到苻坚身边的亡散军队越来越多，当回到洛阳的时候，已经有了十余万之众。苻坚来不及休整，继续向关中西归。而此时，慕容垂却不想再往前走了，正如他的第三子慕容农所说，现在已经到了果熟自落的时候。队伍行至渑池境内，慕容垂请求苻坚准许自己返回邺城，理由是：河北人民听说咱们打了败仗，社会很不安定，有闹出动乱的苗头，我愿意拿着诏书去宣慰安抚他们的情绪，顺便拜谒一下慕容家祖宗的陵庙。

那一瞬间，苻坚未必就没对慕容垂起怀疑之心，但想到此人护送自己北还确是赤胆忠心，如果他真的有为逆图谋，留在身边岂不更是祸害？天要下雨，娘要嫁人，由他去罢！于是苻坚就答应了。

大臣权翼进谏，认为不可纵虎归山，但苻坚认为天子说话算话，不能自食其言。不过，他毕竟对慕容垂和关东局势不是完全放心，就派了李蛮、闵亮等率三千人马护送慕容垂，同时命骁骑将军石越率精卒三千戍邺城，骠骑将军张蚝率羽林五千戍并州，镇军将军毛当率众四千戍守洛阳，再加上南征前已奉命镇守三地的宗王的军队，差不多可以指望关东的局势不会发生大的动荡。

于是，慕容垂上路了。这时，像当年投奔苻坚一样，他的身边只有几个家属和朋友。轻轻地，他走了，正如他轻轻地来，挥一挥衣袖，不带走半点军队。但慕容垂这一去，带来的势必是一个国家的解体，和另一个国家的复兴。

（第七卷完）

卷八 群雄逐鹿

第 ① 章　慕容垂兴复大燕

离开苻坚之后，慕容垂一行来到了黄河边。

河水滔滔东流，逝者如斯，这一晃，离开故土已经十几年了。此时的慕容垂已是鬓发斑白，他生命中最灿烂的年华早已逝去，留给他的只有一颗在无情的政治斗争中越来越冰冷的心。如今他就要渡过河去，用这副衰老之身和不多的余年去开创属于自己的事业，弥补过去的遗憾，实现未了的心愿！

所幸的是，心中的思绪并没有使慕容垂放松对周边的警惕。他很快就发现，河桥旁的货仓里隐约有寒光闪现，似乎设有埋伏。原来，权翼不甘心苻坚放走慕容垂，偷偷派了一些死士藏在此处，准备趁慕容垂过桥之时将其刺杀。却不料慕容垂已窥破这一机关，命手下程同穿上自己的衣服和仆从过桥，自己则带着家人从另一处结草筏过了河。（程同靠着马快，最终也顺利逃脱。）

十二月，慕容垂终于顺利抵达了邺城。镇守此地的长乐公苻丕（苻坚

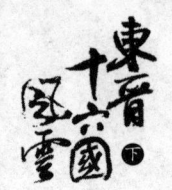

长子）听说慕容垂来了，起先也怀疑他没安好心，想先杀了他。但身边人说现在还没有慕容垂造反的真凭实据，就这么杀了他恐怕不合适，还是在待以上宾之礼的同时严加防卫，然后向皇上请示请示再说吧。于是苻丕就安排慕容垂在城西的馆驿住了下来。

而这时的苻坚，也已经回到了长安。进城前，他先是放声大哭，祭奠死去的弟弟苻融和将士。入城后，又至太庙向祖先告罪，继而抚恤三军，大赦天下。苻坚明白，此次惨败已经动摇了国本，自己此时能做的，唯有收拾人心，以安天下。

然而仅凭抚恤金和赦免令是不会让世界和平的，苻坚刚回到长安没有几天，该来的终究还是来了。不过最先扯旗造反的却不是关东，而是陇西。

前面我已经介绍过，魏晋时的鲜卑族大体分为东部、北部、西部三大群落，慕容氏、宇文氏、段氏属东部鲜卑，拓跋氏属北部鲜卑，西部鲜卑的大姓则是秃发氏和乞伏氏。魏晋初年，西部鲜卑两姓都居于阴山一带，此后逐渐沿贺兰山南下；至十六国时期，秃发氏已迁入河西，乞伏氏则盘踞于陇右。之后，前秦一统北方，两部自然也成了苻坚治下的臣民。不过，两部也各有自己乘时而动的枭雄人物。苻坚淝水战败的消息刚一传来，乞伏鲜卑的头领乞伏国仁就按捺不住，先当了第一只出头鸟，他对周边的部落连打带拉，很快就聚集了十几万人马。然而，陇西毕竟地方偏僻，人口稀少，在历史上从来也没有起到过举足轻重的作用，所以乞伏国仁这只鸟虽然抢了第一，却没有马上招来飞翔的子弹。对苻坚来说，真正要命的地方还是在关东。

继乞伏国仁之后的第二只鸟是丁零人翟斌。丁零这个古老民族，本来游牧于贝加尔湖一带，跟中国八竿子打不着，可后来匈奴人在汉朝的打击下降的降、跑的跑，丁零人也就慢慢向南迁徙，逐渐被卷入了中原王朝的政治漩涡中。十六国前期，丁零人主要居住于中山（今河北定县）一带，苻坚灭前燕，又将一部分迁到了中原腹地的新安、渑池附近，此时造反的翟斌就是这一带的丁零人。苻坚的败军刚经由此地回归长安，翟斌就带着部众反了，没几日就聚拢了数千人，气势汹汹要去攻打洛阳。

苻坚闻报，一纸敕书发到了苻丕手里，命他遣慕容垂统军前往平叛。对于这道命令，我实在不知道苻坚到底是真的信任慕容垂，还是有别的想法。与苻丕同镇邺城的骁骑将军石越就认为，眼前正是民心易乱之时，慕容垂有龙虎之志，这时再给他兵权，不是让他如虎添翼么？苻丕想了想，回答道："慕容垂虽然很有嫌疑，但眼前有陛下敕令在此，又不能杀了他，他留在身边反而是肘腋之害，还不如派他出去（跟他老爹一个思维模式）。况且翟斌这种凶悖之徒，肯定不甘心居于慕容垂之下，等他们二虎相争，斗个两败俱伤，我们再来个卞庄刺虎，不是更好？"

于是，苻丕给了慕容垂两千老弱残兵和破旧兵甲，又派心腹苻飞龙带一千氐族骑兵当副手，对他加以监视。临行前，慕容垂请求入城参拜宗庙，苻丕没允许，他就干脆微服入城，私自拜庙，结果守卫宗庙的小吏愣是不让他进去。慕容垂大怒，老夫先忍慕容儁、慕容评，后忍王猛、苻丕，如今一个看大门的竟然都来刁难自己！是可忍，孰不可忍！慕容垂一时冲动，挥剑斩了门吏，扬长而去。

都说冲动是魔鬼，慕容垂这冲冠一怒，险些坏了大事。石越据此认为他反状已露，劝苻丕立刻下手将他除掉。好在苻丕终究目光短浅，又有妇人之仁，觉得淝水之败后慕容垂护卫乘舆有功，眼下没有苻坚的旨意，还是不动手为妙。

对于苻丕的种种猜忌和防备，慕容垂岂能不知？他刚离开邺城，就故

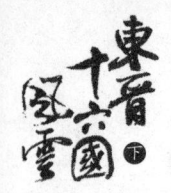

意激怒手下的兵众说："我父子尽忠于苻氏,苻丕却反有图我之心,事到如今,我虽想罢手,又岂可得乎?"就以兵少为托辞,在河内(今河南焦作)大张旗鼓地招募兵勇,旬日间就征集了八千人。

河内与丁零人翟斌造反的新安只有一河之隔,眼见慕容垂停顿不前,被围困在洛阳的苻晖着了急,派使者前来催促,叫慕容垂赶快过河。慕容垂便对苻飞龙说:"现在我们距反贼很近,应该夜间行军,这才能攻其不备。"苻飞龙心说此言有理,丝毫没想到他的死期已近。

腊月二十七日夜,慕容垂令氐兵五人一排,行进在队伍中间,世子慕容宝带兵居前,自己和少子慕容隆居后,一声鼓响,前后夹击,尽杀苻飞龙和一千氐兵。继而招募远近,将队伍扩大至三万。济河焚桥后,慕容垂颁下军令,说:"我慕容垂外以扶秦为名,实际上行的却是复燕大业。听从我命令的有赏,天下既定后封官拜爵;违逆我的,自有军法处置!"河北之人本来就是燕民,再加上他这么一番威逼利诱,纷纷表示拥护。至此,慕容垂就算有了自己的嫡系部队。

与此同时,慕容垂派人偷偷送信给被扣留在邺城的三子慕容农、侄子慕容楷和慕容绍,叫他们秘密起兵,与自己呼应。三人盗取骏马后微服出逃,于列人县(今河北肥乡北)斩木为兵,列裳为旗,并联络四周的屠各胡、乌桓等反秦势力,攻武库,略军马,一月之内就发展为数万人的队伍。

慕容垂的子侄当中,世子慕容令死于辽东(事见前文,后慕容宝继为世子),三子慕容农最有干略,而慕容楷、慕容绍兄弟由于是被河北人民深切怀念的慕容恪的嫡子,也有很大的号召力。慕容家的这些后生们,青少年时期即经历亡国之痛,悲愤之余多所奋发,如今已慢慢成长为独当一面的栋梁之才了。

卷八｜群雄逐鹿

除此三人之外，还有一位慕容麟不得不提。当年慕容垂出逃之时，这个叛逆少年因为得不到父亲宠爱，一时冲动就向慕容评告了密，险些使慕容垂被追兵拿获。后来燕国灭亡，慕容垂回到邺城，杀了慕容麟的母亲，却不忍将这孽子杀掉，只是从此便将他冷落一旁。这使得慕容麟养成了孤僻阴鸷的性格。杀苻飞龙之时，慕容麟正随在慕容垂身边，此后他屡屡进言献策，渐渐让慕容垂另眼相看起来，加之庶业草创，正在用人之际，慕容麟的地位遂慢慢蹿升。

慕容农等人在北边发展得如火如荼，慕容垂在南边发展得也蛮顺利。

丁零翟斌的阵营里有不少前燕的旧臣，他们都劝翟斌投靠慕容垂，加之慕容垂过河后军容甚盛，翟斌估摸着自己八成打不过。历史经验告诉我们，如果打不过你的敌人，那么最好的方式就是加入他。于是翟斌率部投了慕容垂。但正如苻丕所说，翟斌不是甘居人下的主，鲜卑人和丁零、屠各等其他民族之间也有矛盾，不过到目前为止，他们要对付的还是共同的敌人——苻秦。

虽然洛阳近在眼前，镇守的兵力也不多，但慕容垂认为洛阳四面受敌，不像邺城能够控御整个河北。于是在淝水战役结束仅仅两个月后，慕容垂即于荥阳称燕王，承制行事，遍封百官，既而率领二十多万大军长驱而进，包围了邺城。

后燕政权自此始。

前秦帝国已经崩塌，群雄逐鹿的乱世又来临了。

我不知道长安的苻坚听到慕容垂举兵的消息后作何感想，是愤怒，悔恨？还是自责，惋惜？又抑或是失望和忧惧？恐怕这种种情绪是兼而有之吧！然而事态的发展如此迅猛，容不得他有片刻的冷静。除了慕容垂围困邺城之外，淮淝战事中大获全胜的东晋也乘势北侵，收复失地，

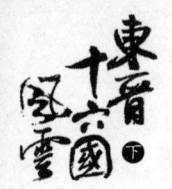

刘牢之攻陷谯城，桓冲收复荆州北部，杨佺期进兵汉中，淮汉以北的大片领土眼看不复秦有；更要命的是，时任北地长史的原前燕济北王慕容泓（少主慕容暐的弟弟）闻听河北兵起，出奔关东，招集鲜卑数千屯据华阴，在击败秦将强永之后军势大盛，自称大将军、雍州牧，号称要杀进长安，迎回慕容暐为帝；与此同时，任平阳太守的慕容冲也起兵反秦，有众两万，南攻蒲坂。

蒲坂是关中的门户，而华阴已然位于关内，距长安不过二百里。战火已经烧到了家门口，苻坚终于开始为宽恕自己的敌人而付出惨重的代价。他颇为无奈地对权翼说："悔不该不用卿言，遂使鲜卑至此。关东之地我不再与之争了，可该拿慕容泓怎么办呢？"

由于淝水战事的失败，守卫关中的兵力已大为削弱，苻坚只好派儿子苻睿统兵五万，以窦冲、姚苌两人为副，前去征讨。后来的事情证明，这又是一个重大的失误。

第 2 章 关中混战

问题出在姚苌身上。

南侵之时，姚苌以龙骧将军之职，被苻坚安排在西线，统领梁、益二州兵众和巴蜀水军，但这支西路军在整个战役中似乎没发挥任何作用。淮淝前线溃败，姚苌也就溜回了长安。作为在关中有很大势力的羌族首领，姚苌像父兄一样，也有一颗奔腾的心，此时苻坚派他出征实在并不合适。（不过前秦能征惯战的将领至此也死得差不多了，苻坚手里也实在没什么更好的牌。）

出征后，苻睿分兵给窦冲，让他去救蒲坂打慕容冲，自己则与姚苌来攻慕容泓。慕容泓屯据华阴其实并不是真的对关中有什么非分之想，他只是以迎回慕容暐为借口来招引关中的鲜卑人，壮大自己的实力，所以听说前秦派了大军前来，他就想撤到关东去。但苻睿这个人年轻气盛，鲁莽轻敌，听说鲜卑人要跑，那还能成？就率领骑兵前去截击。姚苌劝阻说："鲜卑人思归心切，驱赶他们出关就是，何必再去截杀呢？这不是逼着他

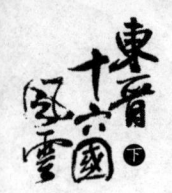

们拼命嘛！"（鲜卑人退出关中对姚苌也有好处。）苻睿不听，结果华泽一战，兵败身死。统帅阵亡，姚苌只好派使者回去向苻坚解释。老年丧子，苻坚自然怒不可遏，当即就把姚苌的使者给斩了。这同时也反映出，经过淝水战事的失败和慕容垂等人的背叛，苻坚的性格变得不再宽容。

苻坚这一怒不打紧，姚苌知道自己已无退路，干脆老子也反了吧！于是跑到渭水北岸的军马场，招集关中羌豪旧部，自称大将军、大单于、万年秦王，史称后秦。以北地（今陕西耀县）、安定（今甘肃泾川、平凉）为根据地，旬月间，也拉起了一支十几万人的队伍。

与此同时，攻蒲坂的慕容冲被窦冲击败，带领人马投奔了慕容泓。慕容泓的军队此时也已经扩充至十多万，洋洋得意的他派人对苻坚说："趁早赶紧把我哥哥（慕容暐）送回来，然后我们返回河北，大家以虎牢为界，从此井水不犯河水，永为邻好，你看如何？"苻坚气得大骂，把慕容暐叫来，道："我待你们兄弟如何，如今慕容泓竟说出这等话来！你要想回去，我立刻相送。只是你宗族可谓人面兽心，不可再以国士之礼相待！"

慕容暐无话可说，唯有一个劲叩头，涕泣谢罪。

半响，苻坚又脸色铁青地道："父子兄弟，罪不相及。这是他们三人的罪过，和你没有关系。"其实慕容暐早就暗中派宗党与慕容泓联络，和他大有关系。但苻坚觉得此刻他还有利用价值，就叫慕容暐写信招抚慕容垂、慕容泓。慕容暐虽然懦弱，却也不是全无骨气之人，他秘密派人告知慕容泓，说我已是笼中之人，必无生还之理，你可为大将军、司徒，以中山王冲为大司马、太宰，以吴王垂为相国，勉力兴复大业，听我死讯，你即可继承尊位。

其实，苻坚也知道不可能凭着慕容暐的三言两语就能让慕容垂、慕容泓息兵，但眼下腹背受敌，趁着慕容泓的军队距长安还远，得先腾出手来对付姚苌。

384年六月,苻坚亲统步骑两万,开赴北地,攻打姚苌。这一次,苻坚显示了他的军事才能。他先命护军将军杨璧以游骑三千截断姚苌归路,然后命徐成、窦冲、毛当等将轮番进攻。姚苌虽然号称有十几万人马,但都是刚刚招集来的乌合之众,屡战屡败,遂被苻坚围困。苻坚又利用地势,在同官水上筑起大坝,断了姚苌军的水源。姚苌营地地势偏高,挖不出井来,此时正值盛夏,全军饥渴异常,最后连尿都没得喝,不少人中暑脱水而死。无奈之下,姚苌命弟弟姚尹买统领两万精锐拼死一搏,企图溃坝放水,结果守候多时的窦冲将其扑个正着,阵斩姚尹买,获首一万三千余级。眼看姚苌就要被活活困死,这一天,忽然天降怪雨。说其怪,是因为这雨拣着地方下,姚苌军营中水涨三尺,营周百步之外却只有细雨靡靡。当时苻坚正在吃饭,见此情形不禁撤案长叹:"苍天无眼,为何偏偏降大雨于贼营啊!"经此一事,姚苌军旱情得解,双方士气逆转。姚苌乘势发动反攻,一举击破秦军,俘虏杨璧、毛盛、徐成等将校数十人。

而这时,慕容泓阵营内又发生了变故。由于慕容泓德望不足,又用法严苛,底下的部众发动兵变,杀了他后,立慕容冲为主。

慕容冲是慕容泓的弟弟,当年得封中山王。这位仁兄生来面目俊美,小字凤皇,前燕灭亡时,他还只有十二岁,他的姐姐清河公主当时芳龄十四,也是一个娇滴滴的小美人,而那时,苻坚正是三十多岁的壮年,一见这对金童玉女之后大为倾倒,当下将姐弟俩打包,一并纳入了宫。一时间两人宠冠后庭,令六宫粉黛全无颜色,长安城里甚至传开了一首歌谣:"一雌复一雄,双飞入紫宫。"

其实帝王贵胄喜爱娈童男宠之风自古已然,早一点的有战国时候的卫灵公和魏国的不知哪个王(待考),汉代诸帝包括高祖、文帝、武帝在内

也大多都有自己宠幸的正太（籍孺、邓通、韩嫣等），此风至民国时期依然经久不衰，而如今又有复苏之迹象（君不见诸伪娘乎？），所以苻坚此举大可不必感到奇怪。何况在王猛切谏之后，苻坚已经忍痛割爱，将慕容冲贬去地方当太守了。

然而十余年后，命运却让这两位老情人兵戎相见了。慕容冲上台后，承制行事，遍封百官，发兵十万，杀奔长安而来。

听说慕容冲即将兵临长安，苻坚只好留苻方戍守骊山，自己率军引回。好在这时洛阳的苻晖弃城而走，带着关东的七万人马回到了长安，而巴蜀汉中方面也派来了三万援军。

苻坚即刻派二子苻晖统兵五万前去拒敌，以五子苻琳将三万之众为后继。

苻晖与慕容冲在郑县之西展开了殊死搏斗。

通过这场战斗，慕容冲证明了自己除了颜值逆天以外并非一无是处。他事先找来许多女子（估计是他的女粉），让她们穿上花花绿绿的彩衣，骑牛，执长槊，于阵后督战，每人再拿一个口袋，口袋里装满了沙土。两军兵刃始交，慕容冲大喝一声："班队何在！（娘子军给我冲啊！）"于是这些红粉佳人们纷纷驱牛向前，把口袋里的土都扬了出来。一时间燕军阵后尘埃蔽天，好像刮了十级沙尘暴。秦军一看，额地神啊！这到底有多少人！当即军心大乱，溃败而回。

慕容冲乘胜挺进，又于灞上大战苻琳。结果再次得胜，苻琳中流矢而亡。慕容冲遂屯驻于阿房城，准备克日攻围长安。

阿房城在长安西南十余里，即当年秦始皇修建阿房宫之处，传说秦亡后被项羽一把火烧个精光。不过考古专家在发掘阿房宫遗址的时候，并没有找到大面积焚烧的证据，而且还主张阿房宫尚未完工，并不像杜牧在《阿房宫赋》中描写的那般恢弘豪奢。不管怎么说，汉魏时期阿房城还是有一些建筑的,并且由于地势较高,常成为驻军之所。当年民谣盛传:"凤凰,凤凰,止阿房。"如今慕容冲这凤凰终于栖止于此了。

九月,慕容冲整军,准备攻城。苻坚登楼而观,不禁长叹:"此虏何从出也,竟如斯之强!"而对面大军之中众人簇拥之下的俊俏男人,竟然是当年那个给自己梳头弄枕的玲珑少年!苻坚又气又恨,高声骂道:"你们这些鲜卑奴才,只配赶牛放羊,何苦竟来城下送死!"

慕容冲答道:"奴则奴矣,正因作奴苦,我才要取你而代之。"这句话既饱含仇怨、决心,似乎又有一丝暧昧情愫在内,个中种种意味,恐怕只有他们两人才能明白。

苻坚又派人给慕容冲送去一副锦袍,还以皇帝的口吻说:"古人交兵,使在其间。卿远来草创,得无劳乎?今送一袍,以明本怀。朕于卿恩分如何,而于一朝忽为此变!"我待你如何你心里清楚,这么做你对得起我么?此情此景,让我不禁想起《断背山》里两件衬衫套在一起的经典镜头,莫非苻坚也想表达类似的意思?

然而慕容冲早就不是原来的慕容冲了,他答道:"孤今心在天下,岂能在乎这一袍小惠?你若能顺天知命,趁早束手投降,把我家皇帝送还,那我自会对你们苻氏宽大处理,以报答当初的恩惠,大家有来有往嘛!"苻坚闻言大怒,道:"只恨当初不用王景略、阳平公之言,遂使白虏(秦人对鲜卑的蔑称)敢至于此!"

可如今说什么也晚了。大家谈不拢,那就打吧!

就在苻坚与慕容冲夹城相峙之时,北边的姚苌正在抓紧时间扩充他的实力。他知道,鲜卑人思归关东心切,即便打下长安,也难以久留,现在发展才是硬道理,到时秦亡燕去,关中唾手可得。遂留长子姚兴守北地,自己率军攻略新平、安定等岭北诸城。

当时在新丰县南的倒虎山之中住着一位隐士,名叫王嘉,相貌长得傻不拉唧,却言语聪辩,举止滑稽,而且传说他有异术在身,是半仙之体,能够预言过去未来。苻坚南征东晋之前,曾经派人向他询问前秦的国运如何,王嘉只说了两个字:"未央。"未央者,没有尽头之意,时人有长乐未央的吉祥话。所以苻坚听了很高兴。结果后来淝水战败,那一年正是癸未年,人们才恍然大悟,原来王半仙的意思是说"未年遭殃"啊!对他的本领更是深信不疑。这么一位有号召力的精神领袖,自然大家都要争取,于是苻坚、姚苌和慕容冲都派人进山去请。结果王嘉最终还是进了长安。这一来,关中的百姓都认为苻坚有福,神人才来相助,一时间三辅堡壁和四山氐羌竟有四万多人投归了苻坚。

有了这么一个宝贝,苻坚自然不敢怠慢,每天巡视城防之余,有什么大事小情都要向王嘉咨询个一二。这天,两人正在聊天,忽然慕容晖求见,先是磕了一通头,说我弟弟慕容冲忘恩负义是个混蛋,臣罪该万死云云,末了又说我儿子昨天结婚,为表示臣的赔罪之意,请陛下屈尊到舍下喝杯喜酒。苻坚答允了。前脚慕容晖刚走,王嘉就说了一句莫名其妙的话:"椎芦作蓬莪,不成文章①,会天大雨,不得杀羊。"苻坚和群臣都不懂是啥意思。结果第二天下起大雨,苻坚就没去慕容晖家。后来苻坚才知道,自己竟因此躲过了一场杀身之祸。

原来,慕容晖早就和城里的其他鲜卑人串通好,要趁苻坚到他府里的机会杀他起事,与慕容冲内外呼应。事情败露,苻坚将长安城中剩余的一千多鲜卑人不论男女老幼统统杀死,只有慕容垂的小儿子慕容柔和孙子慕容盛趁乱逃出,投奔了慕容冲。

① 用芦草编席子,编不出花纹。

第 3 章　日落五将山

在一片腥风血雨和重重围困中，长安城迎来了一个前所未有的新年。

不论怎样，总得过年不是？

当时城里已经闹起了大饥荒，正月朝会之时，许多官员将领不顾礼仪，当着苻坚的面狼吞虎咽，甚至有人将肉含在口中不吞，回家后吐出来给妻儿吃。面对此情此景，苻坚情何以堪！

城里面凄凄惶惶，城外面却是张灯结彩。在一片鼓乐声中，慕容冲登坛称帝，改元更始，史称西燕。

目睹这位堂叔一副洋洋自得的样子，年仅十三岁的慕容盛悄悄对慕容柔说："做十个人的头领，也要才过九人才能自安。现在中山王才未过人，功未有成，就骄侈如此之甚，恐怕将来不会有什么好结局。"

年过完了，接着打吧。

在接下来的数月当中，燕秦双方互有胜负，并且战事越来越趋于惨烈。白渠一战，苻坚身陷重围，全靠邓氏兄弟（邓羌之子）等禁军将领拼

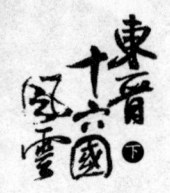

死奋击,才幸免于难;慕容冲遣高盖等人夜袭长安南门,突进城后被窦冲、李辩击败,被杀死的一千八百人全被饿疯了的秦军分尸而食;三月,苻坚大破慕容冲于城西,追奔败兵一直杀到阿房城;慕容冲又亲自带兵去攻骊山,守卫此地的苻方败亡;继而秦左将军苟池为了抢收青麦,被燕征西将军慕容永击斩,苻坚大怒,派自己的女婿杨定率精骑两千五百突入燕军阵营,俘获一万多鲜卑人而还,而这些战俘全部被苻坚坑杀。

那时,长安四周随处可见累累白骨,天空中数不清的乌鸦在盘旋悲鸣,道路断绝,千里无人烟。

五月,慕容冲亲自率众攻城,而苻坚也顶盔贯甲在城墙上督战,史载其"飞矢满身,流血遍体",真是拼上了老命,好在其甲胄精良,没有受到重创。

苻坚苦心治秦近三十年,毕竟是关中百姓民心所向,除了新平县全城五千余口面对姚苌的围攻誓死不降外,冯翊郡(今蒲城、大荔、韩城一带)也有三十多个壁堡相约结盟,每天派人穿越封锁线,向长安城里送粮食,因此被燕兵杀死的不在少数。苻坚知道后,感叹道:"当今寇难纷纭,非一人之力能够挽救。你们何必白白为此牺牲性命啊!"

也许,仅凭这些百姓的热血确实难以挽狂澜于既倒,但他们却心甘情愿为这样一位好皇帝赴汤蹈火,在所不辞。被慕容冲阵营掳掠进去当民夫的一些百姓送出信来,请求苻坚约定日期进攻,他们愿在内纵火为呼应。苻坚不同意,说:"你们的忠诚我十分感激。可我帐下这些精兵猛将尚且无可奈何,你们手无寸铁,我怎么忍心见你们徒然送死!"报信的人再三请求,苻坚只好勉强同意。结果当日在慕容冲营中纵火的百姓反被风火所烧,幸存的只有十之一二。苻坚为此大哭一场,亲自设祭为亡灵招魂:"有忠有灵,来就此庭。归汝先父,勿为妖形!"回来吧,我大秦忠勇的子民！你们的英灵不远,当与我苻坚同在！在场众人无不唏嘘落泪。三辅百姓知道后,都说:"愿与陛下同生共死,誓无贰心！"

然而战争是如此的残酷,并不会总以民心为转移。

经过长达半年多的攻杀围困、饥饿疾疫,长安城内无粮草,外无救援,兵将死伤殆尽,已经到了山穷水尽的地步。人到了绝望的境地,往往特别迷信,何况苻坚从小接受的就是儒家教育,对谶纬之说向来颇为信奉。当时有一本流行的谶书《古符传贾录》,里面写道:"帝出五将久长得。"先前也有童谣说:"坚入五将山长得。"在无尽的忧虑和一次次思索中,苻坚认为,这可能是上天的一个启示,指示自己唯有出奔长安西北的五将山,才能破解此番劫难。于是苻坚对太子苻宏说道:"天意很可能在引导我外出。现在我留你坚守,不要与敌军争利,我到陇西一带收兵运粮给你,如此可挽救危局。"

这一天,苻坚带着张夫人、幼子苻诜等数百骑突围而出,向西疾驰而去。一路宣告诸州郡,相约以初冬共救长安。

时值盛夏,渭水岸边杨柳葱郁,野花盛开,大自然好像对人间的纷争根本无动于衷,死者的血肉浇灌了土壤,只会让这些花草生得更恣肆绚烂。如果不是身上的伤口隐隐作痛,苻坚几乎就要产生错觉,相信这不是一次亡命的出逃,而是一次畅快的游猎了。其实苻坚自己也知道,到了五将山也不会有什么奇迹发生,但他却仍然需要一个目标,一个有明确方向的目标,无论如何,总好过困坐愁城,度日如年。

即便那里是终点。

七月,苻坚抵达五将山。但随后而至的,却是姚苌派来的骑兵。五将山接近姚苌的势力范围,而这个人是非常善于把握机会的。

数千甲骑向山坡围了上来,苻坚身边的兵众纷纷惊恐地逃散,只剩下

十几个近侍还随立在旁。他们发现,秦王陛下神色如常,他坐在一块青石上,说自己饿了,快取酒食来。

苻坚一边饮酒用膳,一边欣赏着美丽的山景。

远处,正残阳似血。

坚出五将,姚苌得之。

一个月后,姚苌屡求传国玉玺不得,遣人缢杀苻坚于新平佛寺中。时年四十八岁。

那个曾经叱咤风云的一代雄主,缔造大秦帝国的千古圣君,在追求自己理想的道路上功败垂成,被一个自己当年宠幸的佞臣攻逼而走,最后死于一个曾被自己饶恕的人之手。

而留守的太子苻宏,只坚持了月余即弃城而走,辗转投入东晋,最后因参与桓玄篡晋而败亡。

秦失其鹿,天下共逐之。

苻宏弃城出逃后,长安自然落入了慕容冲之手。进城后他纵兵大掠,死者不可胜数。然而这位大美男也只比苻坚多活了几个月而已。

当时慕容垂已经在河北建立了自己的后燕政权,慕容冲知道自己难以和这位叔叔相争,就想留在长安优哉游哉地做他的西燕皇帝。但跟随他的鲜卑人都不乐意了,俺们老家都在河北,跟着你玩命打长安是想解救皇帝和亲友,顺便抢点儿金银花花,现在长安打下来了,银子也到手了,你自己反倒成了皇帝,不回老家赖在关中算干吗的呀!

386年二月,手下部将韩延等叛乱,慕容冲被杀。紧接着西燕内部诸势力互相攻杀,乱成了一团。新皇帝带着男女老幼四十万口东返,路上又发生了新一轮动乱,先后有四个皇帝刚一上台就被杀。直到六月,慕容永登位后,局面才总算稍稍稳定。慕容永听说慕容垂已经称帝,也不敢再回河北，就和剩余的鲜卑人在河东闻喜定居下来。此后，西燕政权在今山西南部又存在了七八年。

鲜卑人既撤出长安，关中自然成了姚苌的天下。此时，他早已利用苻坚和慕容冲鹬蚌相争的机会攻占了北方各郡。同年四月，姚苌自安定进军，击败了趁乱盘踞长安的两个小毛贼后卷甲入城，称帝改元，尊父亲姚弋仲为景元皇帝，兄姚襄为魏武王。羌人这个同华夏一样古老的民族，经过千余年的忍辱负重、艰难图存，至此，终于在中国历史上刻下了浓墨重彩的一笔。

当上了皇帝，姚苌很高兴。

他大宴群臣，和这些同甘共苦的弟兄们喝酒。喝着喝着，姚苌问道："诸位当年和朕一起北面朝秦，今日忽然我为君，诸位为臣，你们一点儿都不感到羞耻吗？"

一人答道："天既不耻以陛下为子，臣等又何耻为臣呐！"

马屁拍得如此政治正确，姚苌大笑不已。

不过，此时后秦面临的周边形势却难以让姚苌感到开心。

苻坚虽然死了，但他的巨大影响力还在。不但长安四周有许多百姓结寨自保，不愿投降，而且北方、西方都有强劲的苻氏残余势力在试图收复河山。

守邺城的苻丕在慕容垂的围困下，凭借牢固的城池和充足的粮储坚持了一年多，到后来粮草耗尽，只能削松木来喂马；而慕容垂阵营也是缺衣少食，士兵多饿死，慕容垂不得不禁民养蚕，而以桑椹为军粮。由于燕秦在河北相持经年，乃至"幽冀大饥，人相食，邑落萧条"，"百姓几死绝"。最后苻丕实在撑不下去，只好带着男女六万余口奔了晋阳。当时大将张蚝和并州刺史王腾正据晋阳自保。直到此时，苻丕才得知苻坚的死讯，于是

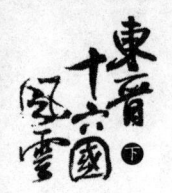

在众人的拥戴下称帝，继续领导苻氏集团抵抗姚苌和鲜卑。

但是苻丕并没有坚持太久，一年多后，在一次与西燕的战斗中苻丕的主力损失殆尽，他在逃亡的路上死于拓地至陕城的东晋将军冯该之手。在那之后，抵抗姚苌的领导者变成了苻登。

第 4 章 食人部队登场

苻登，字文高，宗室旁支，虽然只比苻坚小了五岁，论辈分却是苻坚的族孙。他们家父子两代都在较偏远的陇山一带为官，文化修养不是太高，因而也不怎么受苻坚重视。苻登曾经担任过禁军将军和长安令，但他明显不适应繁琐的行政工作，不久即因过被贬到边荒之地（狄道，今临洮）去当县长。

但也正因为如此，苻登的身上反而较多地保留了氐族先民的勇猛与血性。

关中乱起，苻登弃官来投镇守枹罕（今甘肃临夏）的河州牧毛兴，在毛兴手下任司马一职。那时陇西一带聚集了多支苻秦抵抗势力，除毛兴之外，还有左将军窦冲、秦州刺史王统、益州刺史王广、南秦州刺史杨璧、苻坚的女婿卫将军杨定等等，每人手里都有几万人，按说是很强大的力量。但他们内部却不团结，杨定自称陇西王，遣使向东晋称臣，而王统则和弟弟王广联手，想要吞并毛兴。

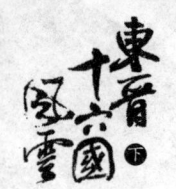

这种情况被苻登看在眼里,每当毛兴召开军事会议,他都迫不及待地发表意见,急切之情溢于言表。他哥哥苻同成因此劝说,不在其位,不谋其政,你这么能说,还让领导发言不让啦,你应该持重一点,以后等你掌权了,自然有施展本领的机会。苻登听了哥哥的劝,以后再开会果然很少插嘴。搞得毛兴挺纳闷,反而常常点名叫苻登发表意见,而苻登往往一语中的,把事情分析得明明白白。毛兴因而对他颇为看重。

后来毛兴击走了王广,但姚苌却派了他的弟弟姚硕德来攻略陇右。此人能征惯战,是姚苌颇为倚重的大将。毛兴手下兵众因疲于兵革,一起将毛兴杀了,推举他手下将领卫平为主。但卫平这个人年老体衰,难成大事,众人都想废了他再立新主,却一连数日形不成统一意见。此时,一个名叫啖青的氐酋利用七夕大宴的机会抽剑而前,朗声道:"今天下大乱,我辈休戚与共,非贤主不可以成大事。卫公年老,理应把位置让给更贤德之人。狄道长苻登,虽然是王室疏属,但他志略雄明、有胆有识,请与诸位共立之!不知谁有异议?"说着奋剑攮袂,看样子,谁要有不同意见非被他当场砍了不可。众人吓得低头看地,不发一词,于是苻登便当上了这支武装的头领,帅众五万东进,攻下了南安(今甘肃陇西),被当时的秦主苻丕封为南安王。

当时王统已经降了姚苌,于是苻登率兵去打守天水的姚硕德。姚苌闻讯,自安定亲统兵来救,两军于胡奴阜(今甘肃天水西)大战。这是姚苌与苻登的第一次交手。战斗中,啖青一箭射中姚苌,秦军随之大败,被斩两万多人。姚苌伤势甚重,只好回去养伤,留下姚硕德代统部众。

姚硕德算开了眼,因为在他面前出现的,是一支真正的食人部队。

陇西之地,本来就是贫瘠之所,加以战火连年、旱灾频频,田地里收不来几粒粮食,饿死的人随处可见。面临军粮严重匮乏的问题,苻登的解决办法是——吃掉你的敌人。在他的部队里,打仗不叫打仗,叫"熟食";冲锋不叫冲锋,叫"开饭"。苻登这样教导他的战士:"跟着老子,你们早上打仗,晚上就能吃到肉,还怕什么饿肚子!"于是他的部队一上战场那是相当地能打,因为每个士兵眼里见到的不是敌人,而是送上门来的大餐。他们的眼里放着绿光,嘴里流着口水,面目狰狞,白牙森森,呼吼着扑向敌军阵营。见了这样的食人魔,跑还来不及,哪里还能拿起武器对抗?所以姚硕德屡战屡败。

到了晚上,当后秦士兵饥肠辘辘、难以入眠之时,对面的苻登阵营却点起了篝火,吃起了烧烤。

"哥,你要大腿不要?"

"谢了,我还是爱吃排骨。"

"这厮太老,不好吃,明天找个年轻的。"

"要再有点蒜就更好啦……"

史载苻登军因而"饱健能斗",你说这仗叫姚硕德还怎么打?姚苌听说后,急忙派人对他说:"你再不回来,就要让苻登吃光啦!"姚硕德于是弃了秦州,奔姚苌而去。

再后来苻丕身亡,他的大臣奉着苻丕的儿子苻懿来投。苻登欲立苻懿为主,众人都说:"苻懿虽然是先帝之子,但年纪幼小,怎么能够带领我们平定寇难呢?为了宗庙社稷,非大王您即位不可!"于是苻登便登坛称帝,成了前秦的第五任君主。

苻登明白,自己虽然名义上是皇帝,但兵少力微,若要与姚苌相抗,唯有借助苻坚的影响壮大声势,并联合其他的反姚势力才行。

于是他在军中立起了苻坚的神位,以黄旗青盖的辒车乘载,并配虎贲三百人护卫,每次作战,或者做出什么决策,都要先启禀神主而后行。

出兵之前，苻登身穿缟素，率全军将士在苻坚神位前祷告誓师："今合义旅，众余五万，精甲劲兵，足以立功，年谷丰穰，足以资赡。即日星驰电掣，直造贼庭，奋不顾命，不死不休！唯愿太皇帝在天之灵保佑臣等，报仇雪耻，立枭羌贼之首！"言毕已是泪流满面，泣不成声。三军将士无不悲恸，纷纷在铠甲上刻上"死""休"二字，誓以战死为志。

苻登还对步兵战术进行了改进，他令士兵执长槊弯刀，组成方圆大阵，根据战斗形势调整疏密厚薄，人自为战，长短结合，所向无前。

带着这支复仇之师，苻登挥师东进，直指姚苌的根据地安定。

当时关中的局势，除了苻登在西，还有苻纂兄弟带着苻丕的余部屯据在北边的杏城，此外，窦冲、杨定等也服从苻登的指挥，互相之间首尾呼应，一时间弄得姚苌顾此失彼，颇为狼狈。

起初长安将陷之时，前秦中垒将军徐嵩和屯骑校尉胡空，各聚众五千，据险筑堡以自守；后来苻坚被害，两人向姚苌称臣，并迎回苻坚遗体，以王礼将其安葬在两人寨堡之间。此刻听说苻登起兵，两人立刻遣使归顺，苻登命以天子之礼将苻坚重新安葬。不久，徐嵩的寨堡被后秦将军姚方成攻破，徐嵩被擒，他大骂道："姚苌反贼，罪该万死！当年苻黄眉要杀他之时，是我家先帝救他于刀斧之下，让他位列将帅，恩宠至极。牛马犬羊尚知主人所养之恩，姚苌不但不知恩图报，反而弑君篡逆！你们这些羌贼连畜生都不如！快快杀我，让我早见先帝，取姚苌人头于地下！"

姚方成大怒，先斩断徐嵩的双手双脚，再斩断他的腰和脖颈，又把他的头涂上漆当尿壶；而其士卒被全部坑杀，妻子则被赏给了军士当奴隶。姚苌闻听此事，觉得光如此不足以泄愤，就派人把苻坚的尸身从坟墓里掘了出来，先狠抽一顿鞭子，再剥去衣服裹以荆棘，随便刨个坑埋了。

苻登知道后，大哭一场，带着他的食人部队翻越陇山，直抵朝那（今宁夏固原东南）。姚苌则据武都与之相峙。姚苌可比姚硕德能打，两人大大小小打了十几仗，互有胜负。最后两军都矢尽粮绝，姚苌退回了安定，苻登军则到新平境内去"就食"（看来人肉也不是顿顿都能吃得上啊）。

期间苻登还恶心了姚苌一回，他把大部队留在胡空堡，自己带着一万多骑兵绕着姚苌的营地四面大哭，哀号之声响彻云霄，弄得姚苌心里要多晦气有多晦气，最后他干脆命令自己的士兵以毒攻毒，也大哭不止以示还击。于是在中国古代战争史上出现了极为荒诞的一幕：双方的士兵不打仗，而是对着哭，看谁哭得过谁。最终到底是先哭的苻登一方没了气力（哭也是相当费体力的），撤军而回。

一来二去，姚苌屡战不利，他不禁暗暗怀疑，难道真的是苻坚的在天之灵在保佑苻登向自己复仇么？这种鬼神之事，宁可信其有，不可信其无。于是姚苌居然在自己的军中也立起了苻坚的神像，向着神像跪拜祷告说："往年新平佛寺那档子事儿您不能怪我。当初我哥哥姚襄北渡黄河，只不过是想狐死首丘回老家，您却和苻黄眉半道截击，把我哥杀了。是我哥托梦给我，叫替他报仇的，不是我的本意。您想，苻登只不过是陛下您的远房亲戚，还想着要报仇，我给我哥报仇，这于情于理都说得过去吧？再说了，当年您封我龙骧将军的时候怎么说的？不是叫我效法您以龙骧建业嘛！我现在不正按照您的指示办事么？现在我给您立神像于此，让您魂灵有归，早晚供奉不缺，我的过错您就原谅了吧！"

苻登率军来攻，听说此事后，登上楼车对姚苌大呼："自古以来，哪有弑君的臣子反立君主神像以求福报之事？弑君贼姚苌快快出来，你我二人阵前单挑，何必枉害无辜！"

这要是刘邦，定会抻出脖子回应："吾宁斗智不斗力！"但姚苌自知理亏，啥也没说。这一来，后秦军的士气更为消沉，不但仗打不赢，反而无

缘无故一夕数惊,连姚苌派去行刺苻登的刺客也没有成功。大概觉得苻坚的鬼魂无论如何也不像要原谅自己的样子,神像留在军中反而不吉利,姚苌干脆把神像的头斩了下来,给苻登送了过去。

不过虽然苻登有他的优势,姚苌也有自己的强项。有一次,打了胜仗,姚苌和部下们置酒高会,一些将领就说:"这事要是搁在魏武王(指姚襄)身上,不会让苻登闹到今天这地步,陛下您是太过于谨慎了。"

姚苌笑道:"我不如亡兄有四:他身长八尺五寸,臂垂过膝,令人望而生畏,一也;当十万之众,与天下争衡,望麾而进,前无横阵,二也;温古知今,讲论道艺,驾驭英雄,收罗俊异,三也;统帅大众,履险如夷,上下同心,人尽死力,四也。之所以能够建立功业,号令群贤,我正是靠算略中有一片之长罢了。"于是群臣咸称万岁。

正如姚苌自己所言,他行军打仗精于算计,有足够的谨慎和耐心,极少打没把握的仗,所以,虽然时有丧城失地、临敌失利,但从来不曾伤筋动骨,常常是今天吃了败仗,明天就能赢回来。例如389年五月,由于与苻登连战皆败,为了扭转劣势,姚苌派中军将军姚崇前往大界偷袭苻登的粮草辎重,结果被苻登半路截击,俘斩两万五千余人;但三个月后,姚苌亲率大军三万再次夜袭大界,终于得手,不但俘掠男女五万余口、辎重无数,而且还杀了苻登的皇后和两个皇子,生擒名将数十,基本上端了苻登的老巢。

苻登和姚苌两人一刚一柔,一个拥有勇气、信念和坚韧的毅力,一个则富于谋略、耐心和对战机的洞察;一个能以报仇雪耻、同仇敌忾,鼓舞士卒斗志,一个擅用赏罚分明、抚恤得体,收揽三军之心。两人棋逢对手,相持不下,这场仗一打就是五六年。

第 5 章　羌族独霸关中

然而时间一长，局面对苻登越来越不利起来。

因为持久战归根到底拼的是人口和经济，八百里秦川，姚苌占了十分之七八，而苻登拥有的地盘大多是偏远山区，对苻登来说，同样的损耗恢复起来要比姚苌困难得多；况且天长日久下来，复仇之念在激起士兵斗志上的效果也在日益减弱；此外还有一个不利因素是，利用战局相持不下的间隙，姚苌逐渐翦除了关中其他地方的反抗势力，尤其是杏城一战，他以一千六百人大破魏褐飞三万之众，一举扫清了长安东北的寇乱，使苻登最后不得不陷入孤军奋战的境地。

眼瞅着形势越来越好，用不了多久，即可剿灭苻登，彻底平定关中，然而这时，姚苌却病了。

病中，他昏昏沉沉，不辨昼夜，总觉得眼前似乎有鬼影幢幢。而这鬼披头散发，浑身被荆棘缠裹，鲜血淋漓，俨然就是苻坚的模样！

苻登得知后大喜，厉兵秣马来告苻坚神主，说太皇帝之灵今日既给姚

苌降下灾祸,他一定活不长了,臣苻登将顺行天罚,迎回您老人家的梓宫。于是率军进逼安定,在九十里外扎营。

姚苌强支病体,亲自统兵迎敌。苻登离营逆击,姚苌却不待两军正面冲突,早就派了一支偏师绕到苻登后方去劫营。苻登一朝被蛇咬,十年怕井绳,听说敌人又要端他的老巢,急忙撤军回保。姚苌于是趁夜引军越过苻登营三十余里后驻扎。苻登夜不能寐,枕戈待旦,准备明日与姚苌一决雌雄。可天亮后侦察兵回来禀告,说敌人的营地早已空无一人,不知去向了。苻登大惊,叹道:"这到底是什么人呐!去令我不知,来令我不觉,说是要死了,忽然又复来。朕与此老羌同生于世,何其不幸!"于是退师而还。

我相信,如果身体允许,姚苌一定也愿意与苻登决一胜负,而不是悄然引遁。但不幸的是,他没有这个机会了。

回长安的路上,姚苌的病势越来越重。躺在颠簸的马车里,他似睡非睡,似醒非醒,不知不觉仿佛又回到了戎马一生的战场。忽然间,只见苻坚率领数百鬼兵,杀气腾腾向自己扑来。姚苌大惧,急忙逃入皇宫。宫中将士上前护驾,慌乱之下却一矛戳中了姚苌的那话儿。众鬼兵拍手称庆,道:"正中命门。"上前拔矛,血流不止,足足一石有余。姚苌吓得从梦中惊醒,只觉得胯下胀痛,低头一看,子孙根已经肿得像个紫茄子。御医上前诊治,以银针刺之,流血如注,和梦里一模一样。姚苌于是神智迷乱,嘴里发疯一般说着"臣苌,杀陛下者兄襄,非臣之罪"之类的言语,渐渐人事不省。

次日,姚苌崩于长安,时年六十四岁。

听说姚苌病死,太子姚兴即位,苻登十分高兴地说:"姚兴小儿,我将折杖而笞之!"于是留儿子苻崇守城,亲统全军倾巢而出。古往今来,轻敌向来是许多战争致败的主因。苻登怎么也没有想到，大风大浪自己都挺过来了，最后竟在阴沟里翻了船。394年四月，苻登大败于马毛堡，单马逃回，士众奔溃。苻崇闻败，居然也弃城而走。苻登无处可归，只好逃入平凉马毛山，最后被后秦军击斩。

在抵抗了九年后，苻秦政权终于彻底覆亡。关中进入了后秦姚兴的时代。

姚兴虽然在军事才能上比不上乃父，但在治国方面却是一把好手。他重视农业，厉行节俭，整顿吏治，提拔人才，使关中很快从战乱的动荡中恢复过来。而随着国力日益强盛，他开始将注意力转向西方，谋求降服占据了河西陇右的几个割据小国。

前文提到，前秦在淝泗战场全面溃败后，乞伏鲜卑的头领乞伏国仁在陇西举兵叛乱，自称大将军、大单于，有众十余万，吞并周边诸部，占据了现今兰州以东、以南的数百里土地，史称西秦。四年后乞伏国仁亡故，群臣推举其弟乞伏乾归继任。乞伏乾归一边向强邻苻登称藩，一边收伏左近羌胡部落，实力又有增长，并先后击败了氐王杨定和后凉吕光的进犯，俨然已经成了关陇西部一支不可小觑的力量。之后苻登被后秦消灭，姚兴便将平定西秦一事提上了日程。

后秦弘始二年（400年）五月，姚兴派遣姚硕德统兵五万，自南安峡穿越陇山，攻伐西秦。乞伏乾归亲率诸将至陇西拒敌，并分兵去断姚硕德的粮道。姚硕德军樵采路绝，便向长安请援，于是姚兴尽率国中精兵倾巢而出，准备一举将西秦剿灭。乞伏乾归闻报，召集众将道："我国家自开建以来，屡摧强敌，算无遗策。现今姚兴尽发关中之兵，军势甚盛，阵地战于我军不利。我军的优势在骑兵，但此地山川阻狭，骑兵无所施展，应该将敌军引至平野，伺其疲怠而击之。存亡之机，在此一举，卿等戮力勉

之!若能枭首姚兴,关中之地尽吾有也。"

为了达到将敌军引至平野的目的,乞伏乾归派慕容允领中军两万移屯柏阳,罗敦领外军四万迁于侯辰谷,自己则带着数千轻骑前去诱敌。柏阳和侯辰谷这两个地点今已不可考,料想乞伏乾归的计划,应该是由自己佯败诱使敌军深入,然后中、外两军自旁截击。然而人算不如天算,当天突然刮起了沙尘暴,战场上昏天黑地,什么也看不清。混乱中,乞伏乾归没能按原计划与中军汇合,而是直接被姚兴的军队追逼退回了外军。次日天明,双方一场大战,乞伏乾归完败,率残部逃回了苑川(今甘肃兰州东)。姚兴则进逼枹罕。

乞伏乾归深感不妙,对手下臣僚部酋说道:"我才非命世,德非时雄,被诸君谬推为主,年逾一纪,不想今日竟丧败至此!眼下士众已散,势不能久支,我准备向西去投武威王利鹿孤,暂避其锋。若举国同去,势必被追兵所及。卿等不如留在此地,安土降秦,以保全妻子宗族。"当时鲜卑秃发部占据西宁、乐都一带,史称南凉,首领秃发利鹿孤跟乞伏乾归是姻亲,所以他才有意去投。

乞伏乾归的臣属们听了,都说不愿与他分离,情愿与陛下生死与共。

乞伏乾归甚是感动,落泪道:"自古无不亡之国,废兴,命也!倘若天未亡我,他日定能克复旧业。那时还能与卿等相见,眼下何必一同送死!"于是与众人大哭而别,带数百骑西奔而去。

秃发利鹿孤见亲家来投,待他还挺客气,将其安置在晋兴(今青海乐都东南)居住。但没过多久,乞伏乾归便跟利鹿孤产生了矛盾。他怕被利鹿孤所杀,只好又逃走投降了后秦。姚兴得知乞伏乾归来降,十分高兴,不但封其为归义侯、河州刺史,还放他回归苑川,继续统领旧部。

陇西之地既归于秦,通往河西走廊的道路便再无阻碍。恰在此时,割据河西的后凉吕氏政权发生了内乱，嗜酒好猎的凉王吕纂被其堂兄弟吕隆、吕超所杀，吕隆继位为王后多以杀罚立威，引起了凉州官民的不满。有人便送信给后秦陇西公姚硕德，劝他乘吕氏人心离散之机攻取凉州。姚硕德一向朝廷汇报，姚兴当即批准，命他统兵六万，以乞伏乾归为向导，西征后凉。

秦军自金城（今甘肃兰州）渡过黄河后，顺利逼近了后凉首都姑臧（今甘肃武威）。吕隆派吕超、吕邈出城拒战，被姚硕德一举击破，俘斩万计。吕隆婴城固守月余，眼见粮储将尽，叛逃的臣下却越来越多，最后只好在吕超的劝说下向姚硕德递交了降书顺表。

后凉这一归降，割据酒泉、敦煌一带的西凉李暠，以张掖为首都的北凉沮渠蒙逊，还有南凉的秃发利鹿孤都感到无力与后秦相抗衡，纷纷遣使向姚兴纳贡称臣。因此至少在名义上，这时的后秦成为独霸关陇以西的宗主。再加上从东晋手里夺取的洛阳、南乡一带，后秦的疆土"南至汉川，东逾汝颍，西控西河，北守上郡"，国势达到了鼎盛。

在攻伐后凉的战事中，姚兴还收获了一份意外之喜，那就是寓居凉州的西域高僧鸠摩罗什。

鸠摩罗什乃是天竺国相与龟兹王妹所生之子，年纪轻轻便精通佛法，妙达吉凶，声名远播于西域诸国。当年秦王苻坚之所以派大将吕光统兵七万西征龟兹，目的之一便是要迎鸠摩罗什入秦。吕光攻破龟兹城后，带鸠摩罗什东返，半路得闻苻坚淝水战败，又被姚苌所杀，于是便割据凉州，建立了后凉政权。期间鸠摩罗什屡次预言吉凶祸福，都能一一应验，深得吕光器重。姚兴本人对儒学和佛教都十分推崇，早就听说过鸠摩罗什的大名，这次降服后凉，立刻便命姚硕德将他迎至长安，待以国师之礼，还专门组织人手，助鸠摩罗什翻译佛教经典。

  有一次鸠摩罗什在草堂寺讲经，姚兴亲率文武百官前去听讲。鸠摩罗什忽然走下高台，对姚兴道："有两小儿登攀我的肩膀，要想破此魔障，唯须妇人。"后来姚兴便送了个宫女给他。结果年近花甲的鸠摩罗什只跟这宫女春宵一度，她便生了两个小儿。姚兴见大法师如此勇猛精进，便道："大师聪明超悟，天下无二，何可使法种少嗣？"又赐给他女伎十人，逼他接受。之后鸠摩罗什便不住僧坊，搬到了自己的住处。这一来，许多和尚效仿鸠摩罗什，也讨来女人作家室。鸠摩罗什知道后，在自己的钵盂里装满钢针，召来众僧道："你们如果能像我这样进食，就可以跟我一样营畜家室。"说完用勺子舀起钢针，一勺接一勺都吃了下去。众僧既惊且愧，后来就再也不敢私养女人了。

  鸠摩罗什在长安译经十余年，翻译经文数百卷，其中包括《金刚经》《妙法莲华经》《维摩诘经》等不朽经典。他创造的诸多汉语词汇，例如"世界""刹那""方便""净土"等，已经成了直到今天仍在广泛使用的日常用语，对中国文化影响深远。

第 6 章 慕容垂奇计定关东

说罢关中，再来说说关东。

当姚苌和苻登杀得不亦乐乎之时，慕容垂也没闲着。只不过苻秦对关东的影响力要小得多，因而真正对后燕的统治产生威胁的，反而都是"自己人"。

首先，就是那个当初投靠了慕容垂的丁零人翟斌。

那时候翟斌奉慕容垂为主，本来就是迫于形势，后燕政权建立后，由于利益分配问题，丁零人很快就和鲜卑人发生了矛盾。起初，慕容垂封翟斌为建义大将军、河南王，其地位与慕容德、慕容楷等人相同，可翟斌这个人恃功骄纵，贪求无厌，对手头的权力并不满足。慕容宝、慕容德等人都劝慕容垂早点把他除掉，但慕容垂老谋深算，认为现在杀他证据不足，充其量其罪名也就是个态度不端正，方今正在招揽人才，这么做，将来不利于统战工作，还是稍等一等，让他"多行不义必自毙"比较好。

不出所料，没多久，翟斌果然露出了马脚。他让自己的党羽向慕容垂

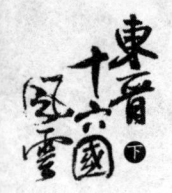

暗示，自己想当尚书令。这可是个执掌行政大权的要职，慕容垂自然不愿给他，就搪塞道："以你的功劳，当这个官自然是没问题的，但现在尚书台不是还没设置嘛，此时就任命尚书令，这个这个，不大合适吧……"翟斌很不高兴。当时，苻丕还没撤出邺城，翟斌就秘密与苻丕通谋。殊不知，慕容垂已经盯着他很久了，马上便以"通敌叛变"为借口，将翟斌和他的两个弟弟处死。

翟斌的侄子翟真得到消息，连夜带着部众逃了出去。从此，丁零与鲜卑正式决裂，从盟友变成了敌人。丁零人先在太行山北部与慕容垂周旋，几年后，南迁至黄河南岸的滑台（今河南滑县），阻河为固，时服时叛，动不动就过河去骚扰一下，给后燕造成很大的困扰。

至392年，慕容垂已经消灭了苻定、苻谟、徐岩等割据势力，终于可以腾出手来专心对付丁零人。

此时丁零人的首领已经变成了翟真的孙子翟钊。面对慕容垂的进逼，翟钊向西燕求救，西燕主慕容永就召群臣商议。有的人说不该救，等他们斗个两败俱伤，咱们再来个卞庄刺虎。有的人说必须救，翟钊根本不是慕容垂的对手，怎么可能两败俱伤？翟钊在，尚可以互相呼应，三足鼎立；他要是被灭了，咱们就是慕容垂的下一个目标！双方吵了半天，搞得慕容永头都大了，干脆一拍桌子：不救！爱咋咋地！

于是，后顾无忧的慕容垂把大军开到了黄河岸边的黎阳津。

"哥哥面前一条弯弯的河，对岸翟钊临河置戍不让你过，众将心中荡起层层的波，不知怎样才能渡过眼前的河……"

后燕军可不是北府兵，一无浮桥，二无战船，在对岸严防死守的情况下，如何渡河确实是个棘手的问题。众人都一筹莫展，慕容垂却抚髯而笑道："翟钊竖子，何能为尔。看老夫为诸位破之！"

六月十六日，翟钊忽然发现，对岸的燕军拔营而起，直奔黎阳西边四十里的另一个渡口而去。一打探，燕军士兵正在热火朝天地赶制牛皮筏子。翟钊急忙率领全军赶赴西边渡口，殊不知这一来，正中了慕容垂声东击西之计。当夜，慕容垂派慕容镇率精兵从黎阳津偷偷渡河，到天亮时，已经在南岸扎起了营盘。翟钊闻讯，又急忙赶回，向慕容镇发起了进攻。但慕容镇早已得了慕容垂的命令，坚守不出。翟钊军往来奔波，水都没喝一口，此刻又攻营不下，人人累得要死，这时他们却惊恐地发现，燕军的大部队突然出现在他们的后方。原来，趁翟钊在这边与慕容镇相持的时候，慕容垂不慌不忙地率军乘着早已扎好的牛皮筏子，从西边的渡口过了河。当下与慕容镇前后夹击，大破翟钊军。翟钊夺路逃回滑台，带着老婆孩子和几百人钻进了白鹿山（今河南焦作云台山）。慕容垂道："翟钊无粮，必不能久居山中。"就在山下安排了人马守候。没几日，翟钊果然下山，燕军掩击，尽俘其众。翟钊单骑逃往西燕，不久即被慕容永所杀。

料理完丁零人，慕容垂把目光转向了自己的本家。

几年前，慕容永将苻丕从并州击走后，已经将都城从河东的闻喜北迁到了上党的长子，与后燕隔太行山相对峙。慕容永是慕容家旁支的后裔，与皇族关系疏远，甚至连个封爵都没有。当年，前燕灭亡，他全家随着慕容暐一起被苻坚迁到了长安，一时落魄困窘，夫妻俩甚至在街头当起了小贩。谁知后来因缘际会，他竟然摇身一变，成了西燕的一国之君。当皇帝可比当小贩滋润多了，所以即便所处的长子县穷山恶水，慕容永却毫无东归回老家之心。

此人为人如何，史书无载，大概并非善于收拢人心之辈。因为就在他称帝后不久，当初从长安城里逃奔西燕的慕容盛和慕容柔就有了再次出奔之心。慕容盛对慕容柔道："主上（慕容垂）如今已龙飞幽冀，我慕容氏

东西未一,你我处是非之地,不可久留,以免日后遭不测之祸。"于是二人结伴东奔,回到了后燕。

一个是自己的小儿子,一个是嫡亲的皇孙,见二人劫后余生、无恙归来,慕容垂十分高兴,为之大赦天下。不久,慕容永尽诛流寓西燕的慕容僑、慕容垂子孙。男女无遗的消息传来,慕容垂哀怨之余,问慕容盛西燕人情如何,可取与否。这个十四岁的少年朗声道:"西军扰扰,人有东归之志,陛下只须勤修仁政以待之。大军一临,彼必投戈而来,若孝子之归慈父也。"接着又画地为图,讲述西燕的山川形势,哪哪可屯重兵,哪哪是必经之路,条分缕析,头头是道,直说得慕容垂喜上眉梢。他爱抚地摸了摸慕容盛的头,道:"当年曹操这么摸了他的孙子曹叡一下,就封他做侯。看来爷爷疼爱孙子,自古以来就是如此。"于是就封慕容盛为长乐公。

393年冬,中山城(今河北定县。当初邺城久攻不下,慕容垂遂定都中山)里,慕容垂召集众将,商议攻取西燕之事。

许多将领都认为,现在并不是西伐的好时机,一来,西燕内部没有什么变乱;二来,我方连年征讨,士卒疲弊。但范阳王慕容德却说:"慕容永不除,则民心不一,此战势在必行,而且拖延不得。"慕容垂支持弟弟的意见,道:"我虽然老了,但凭着肚子里这点儿压箱底儿的智谋,足以取此贼,终不能留着他累及后世子孙。"

当时的西燕,占据了几乎整个并州,虽然国力比后燕弱,但满打满算也有十万人马。而太行山山高路狭,易守难攻,也是慕容垂必须要克服的问题。不过对于进攻方来说,也并非没有好处。前面已经介绍过,太行山脉中的主要通道,是所谓的"八陉",八条通道北起幽州,南达轵关,延袤千里,要想全部守得滴水不漏,显然不太可能。所以,选择哪里作为突破口就成了问题的关键。(对西燕来说,就是在哪里重兵设防。)

十一月，慕容垂先是发中山步骑七万，兵分两路，北路由镇西将军慕容瓒率领，出井陉口，进攻晋阳，其目的显然是要让晋阳自顾不暇，难以救援长子；南路由征东将军平规率领，占据邺城西南的沙亭，以作为发动总攻的前哨。

慕容永闻报，派尚书令刁云、车骑将军慕容钟帅众五万屯守潞川，防备南路军。至此，双方各自落子，完成了开局。

次年二月，抵达邺城的慕容垂发司、冀、青、兖四州之兵，遣太原王慕容楷出滏口，辽西王慕容农出壶关，自己则统军出沙亭，也就是将南路军再次分为了三路。三路人马各居一陉，直指长子。这下慕容永慌了，三路一块儿来，哪个也不能不守，只好把大军拆开来分道拒守，同时聚粮草辎重于台壁，并命征东将军小逸豆归（西燕有两个逸豆归）、镇东将军王次多、右将军勒马驹三将带一万余人戍守。

然而，让慕容永感到意外的是，足足等了一个多月，愣是什么动静也没有，三路通道哪一路也没见到半个敌军。这可怪了，慕容垂不是早扣了扳机么，难道他的子弹还在飞？不对，这里面一定有猫腻！派探马出去侦察，回报说山那边的慕容垂军一个月来寸步不动，怎么看也不像是要进兵的样子。这他娘的到底是怎么回事？慕容永越想越糊涂，越糊涂就越害怕，难道……难道对面的只是疑兵，慕容垂已经带着主力绕道，从别处进军了？对，一定是这样！南边的轵关和太行陉道路宽阔，这老不死的一定绕到那儿去了！

想到这里，慕容永惊出一身冷汗，心说好险，差点儿上了慕容垂的当。连忙调兵遣将，把原来分兵戍守的人马集合起来，除了守台壁的那一万人之外，全都调往了南方数百里外的轵关和太行陉。

翟钊要是没被慕容永杀掉，此情此景他一定感到十分熟悉。因为和灭

翟钊一样，慕容垂又把慕容永当猴耍了一回，你以为我在西，我却偏偏在东，你以为我会绕远走大路，实际上老子哪儿也没去！

慕容永的大部队前脚刚调走，后脚慕容垂就发动了总攻。四月二十日，慕容垂率大军出滏口天井关，长驱直入，五月一日就包围了西燕屯聚辎重的台壁。

慕容永大呼上当，一边派太尉大逸豆归救台壁，一边急招大部队回来。慕容垂派平规出战，击破大逸豆归。台壁守军想突围，结果勒马驹被斩，王次多被生擒。而且，果然如慕容盛所言，西燕人心不稳，尚书令刁云和车骑将军慕容钟都率部投降。

五月十六日，慕容永集结召回的五万人马，与慕容垂在台壁南展开决战。事先，慕容垂早已在战场旁的山涧中埋伏了千余骑兵。激战片刻后，后燕军诈败，慕容永大喜，全军追击，毫不迟疑地钻进了慕容垂的圈套。鼓声一响，伏兵四出，前后夹击，西燕军大败，被斩八千余人，慕容永跑回了长子。

晋阳方面听说慕容永战败，守将弃城出逃，北路军兵不血刃，卷甲入城。

长子的慕容永其实也想跑，这时一位大臣挺身而出说："当年石虎进攻棘城之时，太祖皇帝（慕容皝）就曾动摇过，但最后终于坚守不弃，这才成就了大燕基业。您应该向太祖学习，一定要挺住！"

慕容永一咬牙，当了一把爷们儿，同时火速派人向东晋和拓跋鲜卑求救。还真别说，两国都发来了救兵。然而，慕容永想学慕容皝，他手下的将士却未必愿学慕舆根，救兵还没到，大逸豆归的部将就叛变，打开了城门。

此时再想跑，已经晚了。慕容永被俘斩，西燕就此灭亡。

同年十月,慕容垂乘胜略地青、兖,临海置戍而还。

起兵十一年后,慕容垂终于平定关东,恢复了旧时前燕的国土。

他派使者至龙城,向列位先帝的在天之灵告捷。

然而,慕容垂绝不会想到,这片完整的国土只维持了不到三年。

因为,一个远比后秦和东晋更为可怕的对手已经在北方崛起。

第 7 章 拓跋鲜卑崛起

太平真君四年（443年），从遥远北方一个名叫乌洛侯的小国来的使者，抵达了北魏首都平城（今山西大同）。

这些使者穿着猪皮衣服，头发用绳子胡乱扎起，脖子上挂着一串串骨珠，进贡的是一些毫无价值的东西。不过，他们操着生硬的汉话所说的一件事情却引起了皇帝拓跋焘的兴趣。他们说，在乌洛侯国西北的大山里，有一间石室，故老相传是拓跋部的先人们祭祀神灵的地方，当地人现在还常去祈祷求福，多有神验之事。

拓跋焘于是派中书侍郎李敞前去查看，发现果然如此。几百年来岁月洪荒，流离迁徙，到最后入主中原，拓跋部人只依稀记得他们的祖先来自一个名叫幽都的地方，却早已忘记了它具体的所在。至此，他们终于明白，先民们就是从那座莽莽榛榛的大山中走出，走向了一望无垠的草原，走上了霸者征服之路。

李敞在石室中献牲设祭，刻祝文于石壁而还。

那座山，被称作大鲜卑山，位于今大兴安岭北段；那间石室，于1980年被考古工作者发现，当地人称之为嘎仙洞。

像许多古代的游牧民族一样，拓跋鲜卑人没有自己的文字，在进入中原之前，那一代代传唱的歌谣、一个个动人的传说就是他们的历史。

歌谣里唱到，他们的始祖是黄帝的少子昌意，他受封于遥远的北方，世世代代统治幽都之北、广漠之野，畜牧迁徙，射猎为业；

他们说，昌意的后裔始均，在尧帝时当过大官，曾经把带来旱灾的女妖驱逐到弱水之北，让人们得以乐业安居；

后来，什么猃狁啊匈奴啊来了，他们凶暴残忍，隔绝草原，使拓跋人再也听不到南方的消息；

直到匈奴人走了，拓跋人在首领诘汾的带领下向南迁徙，路上历经九难八阻，好不容易才到了阴山南北的匈奴故地；

力微首领英睿神武，他是诘汾首领和下凡的天女所生的儿子，人们都说"诘汾首领无妇家，力微首领无舅家"，他活了一百零四岁，他降服诸部，拥有控弦之士二十余万，拓跋人开始成为草原的霸主……

拓跋力微之后，由于拓跋部频繁与中原王朝接触，史籍中对于他们的记载日益增多。西晋末年，他们参与过中原的纷争，多次受司马腾、刘琨之邀，派兵与刘渊、刘聪作战，并趁机将势力发展至陉岭以北的雁门和代郡。338年，传至拓跋什翼犍时，他称代王，定都盛乐（今内蒙古和林格尔县西北），拓跋鲜卑第一次建立了自己的政权。

后来，石虎死后，中原大乱，拓跋什翼犍便有乘机南侵之意。他召集各部商议，各部大人却都表示反对，认为中原现在已经乱成了一锅粥，山头林立，难以一劳永逸，拖久了反而会有危险。于是什翼犍就打消了这个想法。

岂不知天予不取,反受其咎。

在王猛的辅佐下,苻坚大帝很快统一了北方,并于376年发三十万大军,由行唐公苻洛率领,兵分数路,直指代都而来。

此时,什翼犍已经老病缠身,难以亲自御敌,只好先后派白部、独孤部和南部大人刘库仁去抵御秦兵,结果两战皆败。无奈,只好率诸部北逃于阴山之北。这时草原帝国的弱点暴露无遗,那就是一旦统治核心发生动摇,其松散的社会权力结构使下层极易发生叛乱。什翼犍一离开代都,原已降服的高车等杂种部落纷纷叛离,并在草原上四处寇掠。什翼犍所部连日常放牧都难以进行,什翼犍只好又迁回了漠南。

在外有大军压境、内有诸部叛乱的情况下,血腥的自相残杀终于在拓跋家族内部爆发开来。

和许多草原部族相同,在统治权力的继承这个问题上,早期的拓跋鲜卑并没有形成固定不变的规矩,时传兄弟,时传子侄,在其过程中也往往伴有争斗和杀戮。并且,由于拓跋部常常利用与其他强大部落(如贺兰部、独孤部)联姻的方式来巩固统治,因此,那些有外戚势力支持的后妃往往能在继承人的选立上发挥巨大的影响。

什翼犍自己的继位过程就是一例。当年,排行老二的什翼犍在后赵朝廷当人质。他的哥哥代王翳槐病死后,几个部落大人杀掉了老三拓跋屈,想立老四拓跋孤为王,正是在母亲平文王后的干预下,拓跋孤才派人接回了什翼犍,并将王位让给了他。出于感激,什翼犍在即位后"分国之半"给了弟弟拓跋孤。但拓跋孤死后他就收回了这个权力,没有传给拓跋孤的儿子拓跋斤。而这成了新一轮动乱的导火索。

在什翼犍诸子当中,本来最有资格继承王位的是慕容后(慕容皝之女)所生的嫡长子拓跋寔(音 shí),但这位世子早年因保护父亲免遭行刺而牺牲了性命，只留下了年轻貌美的世子妃贺氏和她肚子里的遗腹子。这位贺氏是贺兰部大人贺野干的女儿，生下孩子后，她又被自己的公公什翼犍纳为王妃（父死、儿子娶后母的收继婚在游牧部族中常见，儿子死了父亲娶儿媳妇的倒很少有）。这一年，那个遗腹子刚刚六岁，显然并不适合作为继承人。而什翼犍的其他儿子里，庶长子寔君久掌兵权，再加上慕容妃（另一个慕容部女子，非慕容皝之女）所生的窟咄等六子，谁都有可能接班。

当时秦军压境，什翼犍安排诸子轮流在帐外站岗宿卫，一时还没有轮到寔君。没有得到老爸权位的拓跋斤心怀怨恨，挑拨寔君说："大王想杀了你，把王位传给慕容妃诸子，所以才叫他们拿着武器每天晚上在外面晃，找着机会就要对你下手了！"寔君心眼直，到了晚上一看，可不是么，我岂能束手待毙！就带着部众把几个弟弟杀了。一时间部众逃溃，国中大乱。秦军前锋得到消息，也乘势杀来。这时，很可能是出于自保的原因（怕被寔君所杀），王妃贺氏在自己娘家部众的支持下，绑缚了有病在身的什翼犍，并以那个六岁王孙的名义向秦军投降。代国就此灭亡。

国家虽然灭了，但善后却颇不容易。自来对付这些边疆游牧民族，中原王朝都没有什么太好的办法。打不赢的时候不说了，除了和亲通市，就是修起长城；打得赢的时候更麻烦，一来不能把他们都杀光（就算真的杀光了，大草原深处不久还会出现新的强大部落），二来又不好把他们都迁到内地来管理（晋末天下大乱就是明证）。所以，如何处理拓跋部的遗民让苻坚一时颇为踟躇。

苻坚依其对敌人宽大处理的一贯风格，先是把包括什翼犍在内的拓跋王族迁到长安控制了起来。不过，那个杀死弟弟的寔君和教唆他造反的拓跋斤，则被向来重视以德治国的苻坚判了车裂之刑，而那个胆敢绑缚自己

祖父的不孝王孙（其实是代母受过），也被流放到了巴蜀。

这个生下来就没有父亲，年仅六岁即饱受亡国、流放之苦的孩童，名叫拓跋珪。

当然，由于这个娃娃后来一不小心成了北魏的开国皇帝，史书上关于他的出身自然多了一些玄而又玄的"鬼话"。

据说，一次世子妃贺氏出去野游回来，睡觉的时候，梦见偌大一个太阳在室内冉冉升起，醒来后，又看见一道光芒从窗户上连天际，于是"歘然有感"，怀上了。371年七月初七，她在参合陂北生下了一个巨婴，体重比寻常婴儿足足大了一倍。第二年，埋这个婴儿胎衣的地方居然长出了一棵榆树，天长日久竟成了树林。既有如此神异，这娃娃一定差不了，他不但很聪明，很早就学会了说话，而且双目有神、方额大耳，有"嶷然不群"之风。

不过，就算他再牛，此时也只是一个被流放荒域的落魄王孙而已，如果不是因为某人的一席话，拓跋珪一辈子籍籍无名、老死蜀中也并不让人意外。

此人名叫燕凤，原在什翼犍朝中为臣，曾数次出使前秦，颇受苻坚赏识。什翼犍迁到长安后不久即病死，在今后如何管理拓跋部众这个问题上，苻坚征询了他的意见。燕凤建议，现在草原上部落离散、局面混乱，可令独孤部首领刘库仁和铁弗部首领刘卫辰分别统领，黄河以西归刘卫辰，以东归刘库仁。这两人素有仇怨，互相制约，谁也不敢轻易发动叛乱。至于什翼犍的嫡孙，陛下可听其北返，待其年长之后再相机立之。如此，则陛下对拓跋部有存亡继绝之德，其子子孙孙将永为不侵不叛之臣。

苻坚闻言大悦，采纳了燕凤的建议。于是拓跋珪又回到了代北，并跟母亲贺氏一起投身于独孤部，在刘库仁的羽翼下度过了七八年。

后来，苻坚淝水战败，天下复又大乱。而刘库仁死后，他的儿子刘显想谋害拓跋珪，贺氏不得不带着儿子投了自己的娘家贺兰部。他舅舅贺讷见拓跋珪已经长成了一个英武少年，不禁又惊又喜，道："大王有孙如此，复国之后，你可别忘了老臣！"拓跋珪笑道："若果真如舅舅所言，甥不敢忘也。"

第二年（386年）春天，在贺兰部和拓跋部旧臣长孙嵩、叔孙普洛等人的支持下，拓跋珪大会于牛川，即代王位，不久又改国号为魏，北魏政权自此始。

这时，拓跋珪还未满十六岁。

第 8 章 腥风血雨参合陂

虽然拓跋珪建立了北魏,但这时他的实力还很弱小。即位不久,独孤部刘显就从西燕慕容永那里迎来了他的叔叔窟咄[1],发兵前来争位。一时间诸部骚动,又有内乱爆发的迹象。关键时刻,拓跋珪一边远避于阴山之北,再次依托于贺兰部,一边派人急速向中山的慕容垂求救。

拓跋珪当年被俘至长安之时,慕容垂也在长安,两人是否有过会面不得而知,不过既然大家都是鲜卑人,又有亲戚关系,若有来往也不奇怪[2]。况且当时西燕既支持刘显和窟咄,则慕容垂从战略上理应支持拓跋珪。

于是慕容垂派赵王慕容麟帅军入援,燕魏合兵一处,大败窟咄。窟咄逃奔铁弗部刘卫辰,后被刘卫辰所杀。之后数年,燕魏结成了短暂的盟友关系,共同击破了独孤刘显,慕容垂得到了部众和成千上万的牛羊,拓跋

---

[1] 什翼犍诸子当中,只有他没被寔君所害,也被苻坚迁至长安;长安破后,又随慕容永到了并州。

[2] 拓跋珪的奶奶是慕容垂的姐妹,所以他可以管慕容垂叫五舅爷。《南齐书·魏虏传》甚至称拓跋珪曾"随舅慕容垂据中山",后来是从中山返回了代北。此事存疑待考。

珪则清除了夺权对手，得到了发展空间。

不过，这种基于对付共同敌人的盟友关系是极不稳固的。刘显刚刚败亡，拓跋珪就有了图燕之心，他派堂兄九原公拓跋仪出使中山，以探后燕虚实。

慕容垂见到拓跋仪，责问他道："魏王怎么不自己来？"好歹我也是他五舅爷嘛！

拓跋仪道："先王与燕曾共同侍奉晋室，世为兄弟。臣今奉使前来，于理未失。"（咱们搞的是平等外交，你少来那套！）

慕容垂又道："我大燕如今威加海内，岂能以昔日为比！"

拓跋仪回答："燕若不修文德，而欲以兵威凌人，此乃将帅之事，非使臣所知也。"不卑不亢，颇有外交家风范。

回到盛乐后，拓跋仪对拓跋珪道："燕主衰老，太子宝暗弱，范阳王慕容德自负材气，非少主所能驾驭。慕容垂百年之后，必有内难，到时即可乘机图之，现今则未可。"

于是在慕容垂讨伐翟辽、西燕之时，拓跋珪则在大草原上东征西讨，先后降服了东方的库莫奚、解如部，漠北的高车诸部、叱突邻部、纥奚部，西方的柔然，西南的铁弗匈奴刘卫辰等游牧部族。他在稳定后方、扩充实力的同时，还向自己的母族贺兰部、妻族独孤部下手，命他们离散部落、分土定居，将权力从各部大人那里集中到自己一人手中，使北魏从早期的部落联盟国家迅速向中央集权的帝国过渡。

在这一场场征战中，拓跋珪迅速成长为一位优秀的将领。他曾经在铁岐山一战中，以五六千人大破刘卫辰八九万之众，并乘胜渡河，直捣黄龙，一举荡平了铁弗匈奴。当年，苻坚灭亡代国就是应刘卫辰之请，为报此仇，拓跋珪将刘卫辰子弟宗族五千余人一律杀死，尸体投入黄河。只有

其少子刘勃勃侥幸逃出。

391年,魏燕之间貌似友好的关系出现了第一道裂痕。

这年,拓跋珪派弟弟拓跋觚到燕国出使。本来这是一次平常的外交活动,但后燕由于多年征战,战马短缺,就把拓跋觚扣留在了中山,以此向北魏索取良马。拓跋珪马上用行动表示了对这种勒索行为的不满,他不但与后燕绝交,并且转而与以往的敌人西燕结好。

既而慕容垂伐西燕。长子被围,慕容永就向北魏求救。拓跋珪派了五万骑兵前去相救,虽然未及抵达西燕就已灭亡,但这种举动无疑宣告了两国已进入敌对状态。

其实,拓跋珪的日益坐大必将威胁到后燕的统治,这一点慕容垂岂能不知?只是当时碍于翟钊、慕容永这些心腹之患未除,慕容垂不愿多启战端而已。而在灭掉西燕后不到一年,双方之间的大战即开始了。

五月,由于拓跋珪不断侵逼后燕保塞诸部,慕容垂决定派太子慕容宝率领辽西王慕容农、赵王慕容麟等,统步骑八万北伐,并以范阳王慕容德、陈留王慕容绍领一万八千人马为后继。散骑常侍高湖为此进谏说:"魏与燕世为婚姻,两国交好已久,前次因为战马一事扣留其使,是我们理亏,怎么能够贸然兴兵击之呢?况且拓跋珪幼历艰难,沉勇有谋,兵精马强,未可小视。而太子虽然富于春秋,但临敌经验少,好胜心又强,现在给他统帅大权,难免有轻敌之心,万一出点儿什么差错,于国于己都大为不利。陛下应该再考虑考虑。"

高湖的话说得很有道理,慕容宝虽然也老大不小了,但自从当上太子以来,多年留守京城,很少参与征伐之事,加以此人行事轻浮,又不爱听不同意见,并不是合适的统帅人选。慕容垂的皇后段氏就曾经对他说:"要是赶上承平之世,太子宝倒是个守成之主,可现在国步艰难,他恐怕不是合适的继承人。你不如从辽西王农、高阳王隆两人中选一个来托付大业；至于赵王麟嘛，生性狡诈阴狠，迟早将为国家之患，还是趁早防备点儿好。"岂料慕容宝早已将老爸身边的近侍打点好了，他们没事就在慕容垂耳边说他的好话，所以慕容垂一向认为慕容宝没那么差劲，就申斥段皇后说："你挑拨我父子关系，难道是想让我当晋献么？①"段氏只好含泪而退。

实际上，慕容垂也知道慕容宝欠缺统兵打仗的经验，但他也有苦衷：一来自己年事已高，身体有病，不宜亲自出征；二来若总不让慕容宝带兵，则自己百年之后，他势必威望不足，难以服众。自晋末以来，朝代忽兴忽亡，大多都因为继承人问题而导致内乱，慕容垂实在不想更换太子，重蹈前代覆辙。所以对于慕容宝，他只能尽量去扶持去帮助，至于能不能扶得起来，就得看他自己的造化了。

高湖的话恰好说中了慕容垂内心的隐忧，可他又不能承认。高湖不依不饶，陈词切谏，惹得慕容垂大怒，当即把他罢官了事。

按照慕容垂的想法，太子虽然不比自己文韬武略，但有慕容农、慕容德这两位久经沙场的名将辅佐，慕容麟又久与拓跋珪共同作战，熟悉他的战法，再配以精兵强将、坚甲足粮，应该不会有太大的差错。

然而，他是过于乐观了。

慕容宝的十万大军从幽州出发，一路向西，直指五原（今内蒙古包头西）。路上走了将近两个月，蹊跷的是，除了偶尔见到几只羊在吃草，竟见不到一个放牧的部落。原来，拓跋珪得到燕军来攻的消息后，为助长对方轻敌之心，以逸待劳，早已将部落畜产尽数迁徙到了黄河以西。

---

① 晋献公杀太子申生，导致晋国内乱。

开到五原后,慕容宝终于见到了人畜。燕军在此降服了拓跋别部的三万余家,并获稆田百余万斛。这下子粮草充足,慕容宝更踏实了,他进军黄河岸边,大造渡船,准备过河发动攻击。

此时已是秋高马肥的季节,养足了精神的拓跋珪集合麾下铁骑也开至河边,并在岸旁筑起高台,大阅士马,祷告河神,旌旗连绵东西沿河千里有余。

五原位于黄河"几"字形河套的北部,双方于此夹河相峙。

历来中原王朝征伐北方游牧民族,由于考虑到他们来去迅捷、行踪不定,大多采取兵分多路、互为犄角的战略,如汉武帝时多次北击匈奴、苻坚灭代时都是如此。但这一次似乎局面全然掉转了过来,后燕军孤军深入,拓跋珪则分兵数路,除了自己率领主力列阵河南,还事先派猛将拓跋虔率五万骑屯于河东,以扼慕容宝左翼,派拓跋仪率十万骑于河北,摄其前路,派拓跋遵率七万骑于后,断其归中山之途。实际上,战争还未开始,燕军就已经钻进了拓跋珪的口袋。

而慕容宝似乎浑然不觉。九月,渡船打造完毕,慕容宝整军,准备渡河。这时,忽然来了一阵暴风,将数十艘渡船吹到了南岸,船上三百余人被魏军轻松俘获。但拓跋珪把他们全部释放。(带着是累赘,杀了反而会激起燕军士兵们的斗志。)

遇上如此不吉利的事情,是否还要继续渡河?慕容宝心里正在犯嘀咕,忽见对岸的魏兵推出几个人来。仔细一看,是自己派去向中山报信的使者。临行之时,父亲已经染病,这几个月来音讯全无,不知近况如何,谁想自己的使者原来竟都被魏军拿住了!

没等慕容宝再想下去,那几个使者却喊出一句让人心惊肉跳的话来:"你父已死,何不速速归去!"

包括慕容宝、慕容德等人在内，燕军将士闻言大哗，不知这话到底是真是假，一时间群情耸动，斗志全无。术士靳安劝慕容宝道："天时不利，种种凶兆已经显现，我军必大败。唯有速速离去，方能免难！"慕容宝不听。可事已至此，渡河作战已不可能。于是两军各自归营，又相持了十来天。

这十几天当中，关于慕容垂已死的传言迅速在燕军中传播发酵。尤其是慕容麟一党，素来与慕容宝、慕容德等人不谐，此时慕容麟的几个部将乘机作乱，想杀了慕容宝等人，拥立慕容麟为主。虽然阴谋败露，乱事未成，但燕军的几个主将之间却已生出互相猜忌之心。（何况这件事到底是不是慕容麟指使的，也很难说。）

这种情况下，无论如何不能再久留于此。于是在十月二十五日晚，慕容宝下令烧掉全部船只，乘着夜色拔营而去。当时黄河尚未封冻，慕容宝认为魏军必定难以过河，因此连侦察兵也没有在军后布置。

岂料北方寒气早降，一周后突然大风降温，一夜间把河面冻得跟铁板相似。拓跋珪立刻率军渡河，留下辎重后，挑选了两万精骑，日夜兼行，追燕军而来。

十一月初九日，燕军已经行至参合陂附近。

北魏初年的参合陂，位于今山西大同市以东、阳高县以南。如同前文介绍过的葛陂一样，参合陂不是山坡，而是一个小型的内陆湖。在参合陂以东，有一座山名叫蟠羊山，一条小河从山中蜿蜒流出，注入湖中，当然，此时河水早已冰冻。不过，面对凛冽的寒风，山南背风之处倒是个理想的扎营之所。于是慕容宝下令在此宿营过夜。

这时忽然狂风大作，地平线上，一排状如堤坝的黑气裹挟着沙土，如潮水般从军后翻滚而来，转眼间黄雾四塞，不见天日（估计是沙尘暴）。

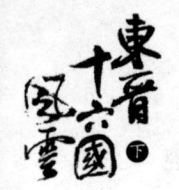

一个叫支昙的和尚马上跑来,对慕容宝说:"暴风迅疾,又从军后而来,这是追兵将至之象,太子应早加提防!"慕容宝不惊反笑:"我们都走了十四五天了,眼看前面就是幽州,他拓跋珪要能来早就来了,还用等到今日"!对其置之不理。

支昙再三劝告,旁边的慕容麟恼了,道:"以殿下之神武、士马之强盛,足以横行沙漠,索虏①何敢远来!"还是慕容德老成持重,劝慕容宝听从支昙的建议。慕容宝于是叫慕容麟带三万人在军后防备非常之事,但慕容麟认为那秃驴纯属胡说,根本就没放在心上。而派出去侦察的游骑,走了十几里即下马解鞍,打起了瞌睡。

燕军将士丝毫不知道,大难已经近在眼前了。

当天傍晚,拓跋珪已经率军赶至参合陂西。他连夜调兵遣将,为东西犄角之势,命全军人衔枚、马勒口,悄然潜行,天不亮就登上了蟠羊山。

次日一早,燕军士兵相继醒来。正当他们收拾行囊,准备继续前行之时,忽然有人惊恐地发现,在山上晨雾散去的地方,竟赫然是全副武装的魏军!

燕军士卒们顿时大惊,乱成了一团。拓跋珪一声令下,全军如猛虎下山,直扑敌营。一众燕军将士根本来不及穿戴甲胄、上马作战,更别说整军列阵迎敌了!战场局势迅速呈现为一边倒的屠杀。溃退到河面上的燕军士兵,有的掉到冰水中淹死,有的被滑倒的马压在身下,自相踩踏而死的数以千计。早已受命截断燕军归路的拓跋遵自后掩击,四五万燕兵扔掉武器,束手就擒。

此战,陈留王慕容绍被杀,数千文武将吏和五万士兵被俘,无数姬妾

---

① 中原人对拓跋鲜卑的蔑称。因其索头,即留辫子。

宫人兵甲资财被缴获，慕容宝、慕容德等单骑逃生。后燕十万大军，回到幽州的只有数千人。

战后，拓跋珪从俘虏中挑选了一些有用之人，剩下的他本打算统统放还，以此招怀中原士民。但中部大人王建再三劝说，应该趁此大胜之机削弱燕军的有生力量，使其国力空虚，以后攻取将会大为容易。

于是，五万战俘尽数被魏军坑杀。

第 9 章 拓跋珪马踏中州

参合陂之败后不到四个月,慕容垂调镇守龙城、蓟城和冀州的大军齐集中山,以七十一岁高龄的抱病之身亲统全国之兵,再次杀奔代北而来。

这一次,慕容垂是真的拼了!

他深知,对于后燕来说,真正可怕的不是破军杀将,不是那被坑杀的战俘,而是那个精力和野心一样蓬勃、智谋和胆略不输自己的北魏国主。如果自己不能在有生之年降服此人,恐怕今后慕容家再也不会有人是他的对手。

所以,就让我这把老骨头再一次跨上战马吧!

396年三月二十六日,慕容垂兵发中山。

这一次,为了出其不意,慕容垂没有选择绕道幽州,而是逾青岭,经天门,在太行山上凿山开道,直指云中。时至今日,在河北定州和山西大同之间直达的只有一条省道(这还是托了煤矿的福),高速和火车只能从北京或太原绕行,可以想象在当时太行山区是多么的险峻难行。

正因为如此，当燕军在平城以南的桑干河谷出现的时候，完全出乎了守将拓跋虔的意料。慕容垂命慕容农、慕容隆为前锋领军突袭，手下只有三万人的拓跋虔仓促迎战。此人在代北号称武力绝伦，打仗时最爱干的事就是把敌人当糖葫芦用长矛插起来玩。但这次他既遇上慕容垂，龙城兵又人人奋勇争先，被插在长矛之上的人头只能是他自己的了。此战，拓跋虔兵败身死，燕军尽收其部落。

消息传到数百里外的盛乐，听说慕容垂亲自前来，大将拓跋虔战死，拓跋珪震恐，各部落也是人心惶惶，又想着是不是要到阴山北边避避风头了。

这时，取得胜利的燕军再度行经参合陂。

原野上，到处可见被豺狼和乌鸦啃食过的累累骸骨；河岸边，坑杀降卒的地方堆起了高耸的小山；树枝间，偶尔还残留着一两块褪色的写着"燕"字样的战旗碎片……当日的惨烈情景如在目前，怎能不落泪心酸？

士兵们不知不觉停下了脚步。

慕容垂命在此设吊祭之礼，祭奠那些往生的大燕英灵。本次出征的将士当中，许多人的父子兄弟都阵亡于此，一时间哀号哭泣之声响遏行云。

恸哭六军俱缟素，冲冠一怒为参合。

听着山谷中回荡的哭声，想起阵亡的数万鲜卑子弟，想到他们的妻儿老小，想到严峻的军事形势，想到自己老迈的身体和不成器的儿子，想到这七十多年来的是是非非成败得失……慕容垂胸中气血翻涌，忽然哇的一声吐出一口鲜血来。

谋事在人，成事在天。我慕容垂半生苟且隐忍，半生戎马奔波，难道……难道这就是天意？

停顿平城十天后，慕容垂病重。四月初十日，病死于回师途中。

按照他的遗言，燕军密不发丧，直到抵达中山后才全国举哀。

魏王拓跋珪得知此讯，深深地松了一口气，可随后心底里又莫名地涌起一丝哀愁。

大丈夫在世，没能与慕容垂这样的高手一较高下，大概也是一件难以释怀的憾事吧！

四个月后，拓跋珪尽发国中步骑四十万大举伐燕。魏兵势如破竹，二十天内即取得了并州，两个月后河北郡县皆降，唯有中山、信都、邺城三个重要城市尚在后燕手中。

平地合战是北魏骑兵所长，攻城拔寨却并非他们的强项。而且由于参合陂杀俘带来的恶劣影响，城里的将士往往誓死不降。所以在这三个城市身上，魏军颇吃了一些苦头。一个小小的信都，就攻了六十多天未克，最后，还是拓跋珪亲自来攻，守将慕容凤弃城而逃，才拿了下来。

到了次年二月，由于将帅不和，北魏内部还发生了叛乱。拓跋珪急于平叛，就派人向慕容宝讲和。没想到，慕容宝听说魏有内乱之后，竟然不许，还带着全部兵力共十二万步兵、三万七千骑兵发动了反击。这一战，慕容宝尽散宫中珍宝，募得了一万多名敢死队员，派他们乘夜渡河，前去劫营。有钱能使鬼推磨，这些人平日都是城市里的流氓无赖、黑恶势力，此刻却成了人人争先的勇士。他们闯入魏营，乘风放起火来，一时间魏军大乱。拓跋珪从梦中惊起，光着脚丫就弃营逃了出去，后燕将军乞特真杀进帐来，只找到了拓跋珪的衣服和皮靴。

此时，似乎后燕胜局已定，可忽然间，局势发生了难以预料的逆转。后燕派来劫营的一万多敢死队员毕竟是雇来的临时工，既没经过训练，彼此又不熟悉，黑夜中不辨敌我，不知怎的竟自相攻击起来。

逃出去的拓跋珪见营里面乱成一团，急忙击鼓收众，中军将士听到鼓声,纷纷聚到了主帅身边。他又命在营外多点火炬,然后整军,率骑兵发起冲击。劫营的燕军都是步卒,当即大败,退回了本营。

这一战,拓跋珪展示了临危不乱的大将风度和洞察战局、把握战机的高超能力;而慕容宝军则反胜为败,士气大受影响,此后连战连败,最后带着两万骑逃回了中山。

更致命的是,面对敌人的侵寇,慕容家内部不是同心拒敌,反而四分五裂,争权夺利,终于又上演了一幕幕父子兄弟自相残杀的丑剧。

先是镇守龙城的清河王慕容会(慕容宝第二子)由于记恨自己没有被立为太子,接到入援中山的诏令后故意推诿拖延,从龙城走到蓟城竟花了四个多月。继而中山城里的慕容麟终于发动了叛乱,弑慕容宝未遂后逃往太行山。但慕容宝并不知道慕容麟的真正去向,由于担心他跑到蓟城,夺走龙城方面军的领导权,慕容宝决定放弃中山,抢先赶往蓟城。于是在三月十四日夜里,慕容宝带着慕容农、慕容隆、慕容盛等一万余骑出奔,于十六日抵达了蓟城。

此时,从中山跟出来的一万多人都跑得差不多了,只有慕容隆所领几百骑尚能充当宿卫。清河王慕容会率军至城外出迎,但见了自己的父叔兄弟,他不但不高兴,反而眉眼间有怏怏不平之色,肚子里有情绪,表情姿态就不恭敬,慕容农、慕容隆再对他训斥几句,更让他心里怒火熊熊。再加上担心回到龙城后兵权被削,半路上,慕容会就动手造反了,慕容隆当场被杀,慕容农则遭受重创,脑浆都露了出来。还是他爹慕容宝跑得快,一见大事不好,一溜烟先进了龙城(没白跟拓跋珪作战,都跑出经验来了)。慕容会攻城未果,反被慕容宝所破,落荒逃奔中山而去。

说来蹊跷,慕容宝一干人出奔东北老家后,中山竟然没有失陷。

原来,那天晚上中山城里一片混乱,城中无主,百姓惶惧,连城门都

没有关。本来正是拓跋珪入城的好时机，但那个在参合陂建议杀俘的王建此时又提了个馊主意，说大晚上的进城，恐怕士兵们会趁乱盗取国库里的财物，还是等天亮再入城比较好。拓跋珪以为皇帝都跑了，应该不会再有什么抵抗，就答应了。岂料这一来，煮熟的鸭子竟然飞了。一位叫慕容详的皇族腿脚功夫不好，没来得及跟慕容宝出奔，就被百姓们截了下来。山中无老虎，猴子称霸王，得，就是你了！百姓们宣布立慕容详为主，继续领导大家抵抗魏兵。

第二天早上，拓跋珪一看，城门又关上了，只好再次攻城，可一连几天也没拿下来。拓跋珪派人登上楼车，对城里面喊话："你们的皇帝都滚蛋了，你们还死守城池，这是为嘛呀？"城里人道："俺们没别的想法，就是怕像参合陂那样再被你们活埋了，能活一天算一天吧！"听了这话，拓跋珪气得回头就吐了王建一脸唾沫星：要不是你，老子能白费这么大劲！

城里面有这样的觉悟，拓跋珪就很难办了。而且战争打到这个份上，拼的就是肚皮，谁肚子里有粮食，谁就能坚持下去。游牧民族作战，向来不重视辎重，都是每人带自己的口粮，用不了十天就会吃光，实在不行了，还可以吃掉副马（他们通常每人有两匹马，一匹作战骑，一匹平常骑），而攻入敌境后他们的策略就是以战养战，抢敌人的粮食。眼下战争已经持续了一年，不管是自己的还是敌人的，能吃的早已吃光，周围的老百姓再也榨不出一粒粮，拓跋珪无奈，只好暂时撤掉对中山的包围，派人四处去督缴各郡"义租"。

这下城里的慕容详乐坏了，敢情还是我本事大，慕容宝、慕容农他们都没用，我一上台立刻就把拓跋珪赶跑了。于是此公宣布称帝，还把那个因为战马问题一直被扣留在中山的使臣拓跋觚给砍了。没想到老子竟也能当上皇帝，眼下这乱世，混一天算一天吧，能享的福抓紧享，讨厌的人统统杀（逃到中山来的慕容会也被他杀了）！短短几个月，慕容详在一城之内过了一把暴君的瘾。而且由于害怕魏兵杀入城来，他还不让城里人出去采野菜。这下百姓们遭了殃，饿死的人填满街巷。躲在太行山里的慕容麟利用民愤进了城，杀死慕容详，宣布今后野菜随便采，不采白不采。但终究，野菜也吃光了，况且此时已是秋末冬初，大自然不再随意提供免费的午餐。于是慕容麟终于弃城而出，带着两万饥民，来到了百里之外的新市（今河北新乐）。

其实，这时拓跋珪也已经到了极限，除了没有粮食，军中还流行起了瘟疫，将士们都怀念起大草原，生出了厌战之心。拓跋珪问现在疫情如何，诸将都说："活着的人只有十分之四五，不如速归。"拓跋珪狠狠咬了咬牙，道："这本是天意，我又能如何！四海之内皆可为国，全在我们如何统治而已，我又何患天下无民！"众将才不敢再说。

听说慕容麟已经出城，拓跋珪整军出击。太史令晁崇说不可，因为这天正好是甲子日，当年殷纣王就是在甲子日亡国丧身的，十分不吉，向来为兵家所忌。岂料拓跋珪道："纣王若以甲子而亡，那周武王岂不是以甲子而兴么？"晁崇登时无言以对。

十月初十日，拓跋珪在新市附近大破慕容麟，斩首九千余级。慕容麟带着老婆孩子逃往邺城，后来被镇守邺城的慕容德所杀。

十月二十日，北魏终于攻克中山。这个曾经拥有几十万人口的大燕国都，此时只剩下了两万人。

独守邺城的慕容德深感大势已去，弃城南迁至滑台，阻河为固，自称燕王，建立了南燕政权。

第 10 章　王子复仇记

慕容垂死后不到两年,他费尽心血建立的后燕帝国就已经在拓跋珪的铁蹄践踏下分崩离析。

不过,这场战争也让北魏付出了巨大的代价,不但士卒死亡过半,而且后方极度不稳。所以在拿下邺城后,拓跋珪马上北还,并准备迁徙山东六州十余万人口来充实代北。中原之人,自然不愿到边塞去吹西北风,所以一时间群盗蜂起,河北的局势也发生了动荡。

好不容易才逃回龙城的慕容宝听到这个消息,做出了一个让人大跌眼镜的决定:召集军队,准备打回中原去!

最初,我怎么也不理解慕容宝为什么要这样做。后来一想,老蒋刚到台湾那会儿,不是也天天叫嚣要"反攻大陆"么?估计此时慕容宝的心态,就像一个拉斯维加斯赌输了的赌徒,只要兜里还有半毛钱,就一门心思地想要翻本。

可人家老蒋只是说说,毕竟反攻是要看实力的,但慕容宝本事不大、胆子不小,慕容农、慕容盛怎么劝都不听。398 年二月,慕容宝留慕容盛守龙城，以抚军将军慕舆腾为前军，慕容农为中军，自己亲统后军，三军各相距三十里，即日启程。

来到龙城的时候，慕容宝只带了几百个人，本次出征靠的全是本地戍边的军队。这些人是鲜卑人里汉化程度最小的群体，平日里过的大多是苦哈哈的日子，对慕容宝之流早有不满在心。喔！当初打下江山的时候，你们跑到中原去享福，留我们在冰天雪地里受苦挨冻，现在中原守不住了，你们屁滚尿流地回来，又要拉我们去当炮灰卖命。哪有这美事儿？老子又不是二百五！

刚走了三天，慕容宝的后军就在段速骨、宋赤眉等几个军官的领导下发动了兵变。段速骨等都是慕容隆的老部下，他们宣布拥立慕容隆的儿子慕容崇为主，尽杀宗室诸王。一向跑得快的慕容宝这次也不例外，他带着十几个人去投了中军的慕容农。慕容农和前军的慕舆腾倒是很想平息叛乱，可两人手下的兵跟段速骨他们是一样的心思，当下军队溃散，慕容宝、慕容农只好往回跑。

留守龙城的慕容盛听说发生了变乱，赶忙带兵把父叔二人接了进去。可这时城里没有多少守兵，慕容盛就把近城的百姓都迁了进来，凑齐一万民夫上了城楼。但屋漏偏逢连阴雨，曾长期镇守龙城的顿丘王兰汗（慕容垂的堂舅）也加入了叛军的阵营，与段速骨合兵一处，前来攻城。当夜，又一件令人费解的事情发生了，向来以忠勇著称的辽西王慕容农也许是担心城破无法自保，也许是受了兰汗的劝诱，竟偷偷越城而出投靠了兰汗（看来上次受重伤"骨破见脑"后，慕容农的脑子也不好使了）！次日一早，叛军攻城，城上守军正在奋力抵御之时，忽然看见慕容农竟现身于敌营，顿时人心涣散，逃溃而去。段速骨、兰汗引军入城，慕容宝、慕容盛等数人轻骑向南逃走。

显然兰汗加入叛乱是早有预谋的。五天之后，兰汗袭杀段速骨，诛其党羽，废掉他们拥立的慕容崇，还派人来迎慕容宝，说自己其实是打入敌人内部

的卧底,从来就对陛下您忠心不二。慕容宝就想回去,慕容盛急忙劝道:"兰汗究竟是忠是奸,尚难得知,现今若单骑而回,万一他有异心,岂不悔之莫及?不如向南去投范阳王德(二人此时尚不知慕容德已经建立南燕)。"于是两人凄凄惶惶,一路南下,来到了黎阳,并派人过河,去向慕容德通风报信。

滑台的慕容德一听,什么什么?慕容宝来了?还是落难投奔老夫来了?赶忙召开御前会议,对群臣说:"是你们当初劝我以社稷为重,登此大位的,我也考虑到皇帝远迁、人民无主,才不得不行此权宜之计。现在好了,皇帝自己回来了,我准备接他回来逊位谢罪,你们看怎么样啊?"

领导都说话了,还不赶紧表态?于是黄门侍郎张华(非西晋名臣张华)道:"方今天下大乱,非雄才大略之主不能挽救天下苍生,他慕容宝懦弱无能,怎么能够继承大统!陛下您如果为了顾及个人小节而舍弃天授的大业,威权一去,身首尚且难保,还谈什么江山社稷!"将军慕舆护也说:"慕容宝是自作自受,自取灭亡,此人不堪磨难,世人共知。当年卫国的太子蒯聩流亡在外,他的儿子当了国君,后来蒯聩想要回国,儿子不让,《春秋》对这件事还表示了赞同。儿子拒绝父亲都可以,您是慕容宝的叔叔,拒绝他有什么不行?再者说了,这送信人说的是真是假还很难说,我愿为陛下走一趟,去探探虚实。"

爱卿言之有理!

于是慕容德流着眼泪,派慕舆护带着数百士兵,杀气腾腾去"探探虚实"了。

慕舆护还没到,幸亏慕容宝向当地的樵夫打听了一下,这才知道慕容德早已自称燕王,另起炉灶了。得了,做人要识趣,还是别去凑热闹了吧。

于是,慕容宝、慕容盛父子两人又回到了冀州,准备联络当地豪杰,自己扯旗开堂口。可怜当年的天潢贵胄,如今竟落得如同丧家的野狗,无家可归，辗转江湖，眼看就要落草为寇了。

慕容宝正在郁闷中，忽然北方传来了好消息，听人说，兰汗不但奉自己的太子慕容策为主承制行事，还照样祭祀大燕的宗庙，看样子不像是有篡位之心。慕容宝就想回去看看。

快到国境的时候，慕容盛劝父亲等等，先派人再去打探打探。恰在此时，兰汗派来迎接的使者到了，说将军日也盼夜也盼，总算盼得陛下归来云云。说得慕容宝心里无比温暖，无比感动，唉，哪儿也不去了，还是家里好啊！就要跟着使者回去。慕容盛流着泪苦劝，慕容宝却认为，他兰汗既是先帝的舅舅，又是你慕容盛的岳父，一定不会有什么要紧，就是不听。

眼看龙城将近，兰汗又派了弟弟加难率五百人前来迎接。慕容盛心知不妙，悄悄落在队伍后面，找机会躲入了道旁的草丛。

而执迷不悟的慕容宝，不久即被加难杀死于城外的邸舍中。

兰汗尽诛慕容宝子弟，自称大将军、大单于、昌黎王，改元青龙。这一事件，史称兰汗之乱。

慕容盛知道后，大哭一场，就闯进城来奔丧。兰汗颇为意外，可真是天堂有路你不走，地狱无门自来投啊，我还想找你呢，你竟然自己送上门来了！给我拿下！

披头散发的慕容盛一被绑至兰汗面前，立刻放声大哭，磕头求饶，说自己已走投无路，唯求岳父大人开恩，让我苟且余生。那模样要多可怜有多可怜。兰汗的女儿也哭哭啼啼地向父亲和几位叔叔哀求，说自己年纪轻轻，可不想成为寡妇。连慕容盛的丈母娘也出来说情，搞得兰汗顿时没了脾气，心想：眼前这个男人一副吓破了胆的熊包样，留下他的性命也没什么大不了。于是不但没杀他，还给了官职，让他在宫中居住。

就这样，身负血海深仇的慕容盛就在兰汗身边潜伏了下来。他每天恭

谨地侍奉岳父岳母，别的事情仿佛全不在心。

君子报仇，十年不晚，何况这个机会很快就来了。

慕容盛发现，兰汗和他的弟弟兰堤、兰加难之间表面上和睦友爱，其实却存在着不小的矛盾。两个弟弟恃功骄纵，对兰汗时常无君臣之礼。他像个小人一样，偶尔再在兰汗耳边说上几句不冷不热的话，兰汗兄弟之间的嫌隙就更大了。

但光是离间他们兄弟还不行，慕容盛还需要找几个帮手。慕容楷的儿子慕容奇，由于是兰汗的外孙，也没有被杀，几次会面之后，慕容盛成功地劝说慕容奇加入了自己的复仇计划。与此同时，他还暗中联络自己的旧交和部下。一张致命的网已经无声无息地撒开。

不久，慕容奇逃出龙城，在外地起了兵，一时有数千之众。兰汗就派兰堤出去平叛。慕容盛乘机对兰汗道："他慕容奇只是个小孩，怎么能自己干得成这种大事，说不定就是您身边的人指使的；太尉（指兰堤）平常就十分骄横，还是不要过分相信他为好。"说得兰汗心里咯噔一下，赶忙罢了兰堤的兵权，另派将军仇尼慕前去。

这件事已经让兰堤心怀忿恨，另一件事则更是火上浇油。原来，从初夏开始，龙城地区就一连四个月没有下雨。按照那时人们的思维，这一定是某些怨鬼死后作祟（就像冉闵死后一样）。于是兰汗就跑到燕室宗庙里，对慕容宝的神位说："当初我并不想杀你，是加难擅自动手的，要索命你去找他，可没我什么事。"没有不透风的墙，这话马上传到了兰加难耳朵里。好哇，我辛辛苦苦为你卖命，你却咒老子死！当下兰堤、兰加难两人一拍即合，反了！

七月十五日，两人各率所部袭破仇尼慕的军队。兰汗大惧，急忙派儿子兰穆前去镇压。兰穆此时已经觉得事情蹊跷，对老爸说："慕容盛是我们的仇人，说不定是他与慕容奇串通好了内外呼应，这是腹心之疾，应该趁早除掉。"兰汗若有所悟，心生杀机，就派人去叫慕容盛，准备先审问一下再做处置。但这事不知怎的，让他的女儿知道了，此女胳膊肘子朝外拐，马上通知了自己的老公。慕容盛立刻装病，作神智不清状、羊癫疯状、高烧不退状。兰汗一时没有证据，只好叫人先把慕容盛软禁起来。

很快，兰穆击破了两个叔叔的军队，得胜回朝。而慕容盛的几个部下旧交也利用探病的机会，和他商定了计划。七月二十日夜，兰汗、兰穆在东宫大摆庆功宴，喝得烂醉如泥。慕容盛假装上厕所，光着膀子从后院翻墙而出，带着部下潜入东宫，杀兰穆、夺其兵权后，又攻杀了兰汗，既而尽诛兰氏党羽，兰堤、兰加难也先后被斩（只有兰汗的女儿没有被杀，但终究不得立为皇后）。慕容盛至宗庙告捷，兰汗之乱终于被平。

王子慕容盛复仇的故事到此就结束了。之后，他成了后燕的第三个皇帝。

他有勇有谋，人品也不坏，又正在壮年，本来很有可能成为中兴国家的一个好君主。但不幸的是，从幼年开始，他耳闻目睹、亲身经历的尽是些勾心斗角、骨肉相残之事；父兄的鲜血告诉他，什么亲情、友爱、仁义、恩德，统统都是无耻谎言，这个世界上除了自己，没有人可以信任；他认为周公、伊尹这些所谓的圣贤都是大奸若忠的伪君子；他相信权力存在的目的就是让别人对自己产生恐惧，而只有通过恐惧和刑罚，才能使臣子们安分守己。

于是，他从一个忍辱负重、为父报仇的哈姆雷特王子，变成了多疑、猜忌、御下无恩、诛戮旧臣的麦克白皇帝。

最终，在一次禁军军官发动的叛乱中，慕容盛被人在背后暗算而死。在位三年，时年二十九岁。

第 11 章 情癫大圣慕容熙

慕容盛的死把十六国时期一个极其另类的君王推向了历史的前台。

他在位七年,在治国施政方面的事迹几乎等同于零,但却凭借感情生活中登峰造极的行为而名垂千古,或者说,遗臭万年。

此人名叫慕容熙,字道文,小名长生,是慕容垂的少子。

在生命轨迹的前十几年里,他的生活一无足观,唯一值得提的是这小子命大运气好。拓跋珪打中山、慕容宝北逃的时候,他和两个弟弟年幼上不得马,被落在了城里,是慕容隆回城亲自驾车,才把他们救了出来;后来段速骨作乱,拥立慕容崇、尽杀宗室诸王的时候,他又因为和慕容崇是好友,慕容崇以身体相护佑,才保得活命;兰汗篡位,又因为要效法周得天下、封夏商后人于杞宋的故事,也没有杀他,反而封他为辽东公;慕容盛拨乱反正之后,宗室已经所剩无几,于是这哥们儿还未成年就被封为了都督中外诸军事、骠骑大将军、尚书左仆射、领中领军。

不过,似乎他也不是徒有虚名。十六岁时,慕容熙以前锋的身份随慕容盛东征高句丽，打起仗来勇冠三军，慕容盛夸赞他道："叔父勇猛果敢，颇有世祖之风，唯宏略稍有不如。"世祖，指的是慕容垂。能在某些特长上与慕容垂相比，可见慕容熙倒也不是个庸碌之人。

就这样，到了十七岁这一年，改变他整个人生的事情发生了。

而造成这种改变的，是一个女人。

慕容盛被刺身亡。生前，他虽然指定了太子慕容定，但朝臣们觉得方今国家多难，实在不适合立一个还穿着开裆裤的娃娃当新君，于是大臣们来征求太后丁氏的首肯。丁氏欣然同意，大臣们满意而归。可是第二天上朝的时候，他们却惊讶地发现，那个大殿上穿着龙袍的人，不是群臣事先商定的平原公慕容元，而是河间公慕容熙。

原来，丁太后和慕容熙这个强壮英武的小叔子之间一直存在着不正当的肉体横向联系。大臣们前脚刚走，后脚丁氏就派人把慕容熙接进了宫，弄成一个既成事实。大臣们无奈，只好三叩九拜，默认了事。而慕容定、慕容元成了这次宫廷政变的牺牲品，两人不久即先后被赐死。

丁氏一定以为，这下子可以和郎君比翼双飞，做长久夫妻了。岂不知，这时的慕容熙早已不是青春发育期对女人一知半解的懵懂少年，徐娘半老的熟女丁氏已经不再让他感兴趣，何况他现在是皇上，更要随心所欲地寻找符合自己取向的女人，很快他就找到了。

一年后，慕容熙把原前秦宗族苻谟的两个女儿纳入了后宫，大女儿娀娥封为贵人，小女儿训英封为贵嫔。两位苻家小姐马上占据了慕容熙的全部宠爱，而丁太后只能夜夜独守空房，以泪洗面。空虚寂寞冷、羡慕嫉妒恨，被抛弃的丁太后暗地里咬牙切齿地发誓：我得不到的东西，谁也别想得到！

然而，慕容熙却不是笨蛋，很快他就发现了丁氏正在策划谋反的阴

谋,立刻下令逼自己这位老情人自杀,末了还给了她一个"献幽皇后"的谥号。

丁氏既死,慕容熙就更没有顾虑了,他开始肆无忌惮地用手中的权力来博取两位美人的欢心。

古往今来,男人都是一样,现代的富豪送房子来取悦二奶,慕容熙则大修宫殿来取悦二苻。他征发两万民夫,修筑了广袤十余里的私家花园龙腾苑,花园里筑起了"基广五百步,峰高十七丈"的假山,假山旁则是逍遥宫、甘露殿等楼盘,连房数百,观阁相交;又凿天河渠,将纯净无污染的山泉水引入宫来;他还专门为大苻开凿了曲光海、清凉池两座池塘,为小苻比照当年邺都的凤阳门来修建弘光门,起承华殿。大热天里,修筑各项工程的士卒民夫不得休息,热渴而死的竟有一半。

也许是红颜薄命吧,没多久,大苻得病死了。起先,有个叫王荣的江湖术士宣称自己能治大苻的病,慕容熙就让他治了,结果还是回天乏术。愤怒的慕容熙下令将王荣在宫门前肢解而死,挫骨扬灰。之后的日子,他就将一腔柔情全都系在了小苻身上,不久就封她为皇后。

这位小苻妹妹比她姐姐更难伺候,任性起来常常"季夏思冻鱼脍,仲冬须生地黄",那时候可没有冰箱,地黄又只有二、八月才有。慕容熙不管,既然娘娘说了,你们不管用什么方法都得给我弄来!什么,弄不到?给我推出去,砍了!

小苻妹妹觉得宫里太闷,慕容熙就带着她出去旅游,什么白鹿山啊、青岭啊、大海边啊,哪儿风景好去哪儿,就差新马泰七日游了。两人柔情蜜意,游山玩水,只可怜随行护驾的士卒却有五千多人被野兽所害和冻饿而死。

可日子一久,辽西就那么大,能玩的地方都玩腻了,小苻妹妹的樱桃小口又噘了起来。还玩什么呢？要不……要不咱们打仗玩吧！那一瞬间，我不知道慕容熙是不是受了周幽王的启发，总之，他也决定用烽火狼烟刀光剑影来哄美人一笑了。但以当时后燕的实力，慕容熙是无论如何也不敢去摸拓跋珪的老虎屁股的，好在旁边有两个相对好欺负的老邻居：契丹和高句丽。

于是，慕容熙集合三军，拥着美人，雄赳赳气昂昂，直指鸭绿江。其实照我看来，女人对战争这种东西一向不感冒（有特殊口味的除外），也就是看个新鲜而已。但慕容熙却蛮认真，一招一式地摆开了打，到了地点，围城——攻城——上冲车——挖地道，着着实实地给小苻普及了一下军事理论课。我要是高句丽王，一定特郁闷，敢情你带着千军万马来打俺，就是为了哄一娘们开心！终于，在慕容熙的指挥下，燕军将士们眼看就要攻上城楼。这时，慕容熙却下了一道让人吐血的命令："谁也不准抢先登城！待将城墙铲平，朕与皇后要乘辇而入。"得，将士们的心里呀，是哇凉哇凉地啊！你说这仗还怎么打？而城里的守军也利用燕军攻势大减的机会加强了城防，再打，怎么也打不下来了。慕容熙只好灰头土脸收兵而回。

一次不行，还有第二回。后来，慕容熙又带着小苻去打契丹。可人家契丹是游牧民族，不像高句丽有城可攻，打不过你的时候拍马就跑，回头集合了大批部众，再跟你玩猫鼠游戏，一个不注意，很容易像刘邦当年那样来个白登之围。所以慕容熙到了地方后，没怎么敢打就要回去，小苻美眉不干，这才出来几天呀，没劲没劲！慕容熙只好调转枪口，又去找高句丽的麻烦。大冷天的，燕军在辽东平原上穿行三千多里，慕容熙和苻后在温暖如春的车里喝着美酒，外面的士卒却又累又冻，死者络绎于路，而活着的人许多也被冻掉了手指脚趾。这样的军队，还谈什么战斗力？于是这

一次，慕容熙又没有取得胜利。

爱情这东西，有时真是不讲道理。怪不得人们都说，男人征服世界，女人却通过征服男人来征服世界。为了让小苻妹妹开心，慕容熙可以说是想尽了一切办法，甚至不惜耗竭国力，牺牲无辜百姓的生命。也许是因为欢乐总是用他人的血泪来换取的吧，苻训英终究折损阳寿、香消玉殒了。

小苻死的那天，慕容熙哭得昏天黑地。他把小苻抱在怀里，感觉到她身体的温度正一点点褪去，只痛苦地喊了一句："体已就冷，命遂断矣！"便倒在地上昏死过去，很久才苏醒过来。

黯然销魂者，唯别而已矣；而所有离别当中，最痛苦的则是爱人之间阴阳两隔。但不论慕容熙多么痛苦，多么不舍，死亡都已经是不可逆转的事实。他呆呆地望着宫人们为死者擦拭身体、穿上寿衣，呆呆地望着他们打开棺木，将她放了进去。那明眸善睐的眼神、那巧笑倩兮的红唇，难道再也见不到了吗？那软玉温香的身体、那盈盈可握的腰肢，难道从此就要变成冢中枯骨吗？

等一等，朕要与皇后告别。

于是，史书中出现了骇人听闻的记载，苻训英的尸体入殓后，慕容熙"复启其棺，而与交接"。

交接什么，你懂的。

我不知道该如何解释慕容熙这种行为，我想，这项工作还是交给心理学家去做吧。

总之，慕容熙对苻训英的死表现出的悲痛超越了常规，也超越了伦理。他不但穿上只有父母死时才应该穿的高规格丧服（斩缞），每天只喝稀粥，还强迫别人跟自己一样悲痛。

他下令文武百官每天在宫内哭临，还指定了专门的督察官，凡是掉眼泪的就是忠孝，没眼泪的统统治罪。这下大臣们倒了血霉，演技好的培养培养情绪，还能哭出几滴，演技差的可怎么办？那时候又没眼药水，许多大臣只好在嘴里含上生姜、芥末之类，真是名副其实的悲催。还有比大臣们更悲催的，就是慕容隆的妻子张氏，也就是慕容熙的另一个嫂子。由于她长得好看，手也巧，慕容熙觉得小苻在另一个世界需要有人侍奉，就把她杀了殉葬。有几个大臣担心自己也可能是殉葬的对象，就洗完了澡在家等死。慕容熙还下令，不管是文武公卿，还是平头百姓，全家统统去给皇后修坟墓，其规格比照皇陵，国库为之一空。他郑重其事地交待道："你们好好营造，朕将随后入此陵。"显然，这句话十分不祥。

出殡那天，慕容熙披头散发，光着双脚，徒步走在丧车的后面。由于丧车的规格实在高大，不得不拆毁了皇宫北门才出得去。上了年纪的百姓们因此窃窃私语，说慕容氏自毁其门，必将不久于世啊。

不能不佩服，老百姓的眼睛就是雪亮。慕容熙绝不会想到，这次送葬将是他人生最后的旅程。因为对二苻来说，他是痴心一片的情郎；对百姓臣僚来说，他却是不折不扣的暴君。

送葬的队伍出城的同时，政变也就发生了。

禁军将军冯跋等二十二人推夕阳公慕容云为主，发动服役刑徒五千人闭门距守。慕容熙得知后返回攻城，兵败后，藏身于龙腾苑树林当中，被叛军擒获。慕容云申斥其罪后将他杀死，其时年二十三岁。

他的皇帝生涯因一个女人开始，也因一个女人结束。同时终结的，是慕容垂建立的后燕王朝。

因为慕容云是高句丽人的后裔，他即位后，恢复了本名高云。这个政权，历史上称为北燕。

第 12 章 金刀太子慕容超

虽然后燕亡了国，但慕容氏政权还存在。那便是慕容德于滑台建立的南燕。不过滑台这个地方实在不怎么样，夹在北魏、后秦、东晋三大强国之间，地狭民贫，在此建国充其量也就是个权宜之计。于是在399年，慕容德引军而南，先取琅琊，再回师北上，掠取了今山东省大部地区，定都广固（今山东青州）。至此，他总算在这扰攘乱世里有了自己的一亩三分地。

慕容德是慕容恪、慕容垂这一辈皇族里面的小弟弟，据说他娘公孙氏怀他的时候白天睡午觉，睡着睡着娃娃就生出来了，旁人叫醒她她才发觉。他爹慕容皝知道后说："这个娃娃跟郑庄公一样（庄公也是寤生），日后必有大德。"就给他起名叫慕容德。

虽然在才略计谋上，慕容德比不了两个哥哥慕容恪、慕容垂，但长年累月看高手下棋，自己的棋艺也差不到哪儿去，加以因缘际会，这才成了南燕的一国之主。对此，慕容德自己倒也有清醒的认识。

一次，慕容德大宴群臣于延贤堂，酒酣之余问道："你们看朕可比古代何等君王？"

青州刺史鞠仲道："陛下乃中兴圣主，堪比夏朝之少康、汉朝之光武。"

慕容德听了，叫左右赏给鞠仲锦帛千匹。鞠仲没想到说了一句话就能得到一千匹帛，这赏赐实在太多，慌忙推辞。慕容德笑了，说："你以为我真能赏你这么多呐，你刚才那话是忽悠我呢，所以我也忽悠忽悠你。"

殿前君臣言笑晏晏，回到后宫，慕容德却夜不能寐。人这一生可短暂了，两眼一闭一睁，一天就过去了；一闭不睁，一辈子就过去了。这时，慕容德已经六十五岁了，对于一个六十五岁的老人而言，生命中最痛苦的事情是什么呢？是人死了钱没花完？错！是人没死，膝下却无人侍奉，人死了，偌大的家业却无人继承！

慕容德本来是有子嗣的，可当年他随苻坚南征东晋，将老母公孙氏、哥哥慕容纳和儿子都留在了张掖（南征前，慕容德在前秦任张掖太守），后来他又跟随慕容垂回到了河北。这一晃十七八年过去了，关中河西乱事频生，也不知自己的亲人还在不在世。

不久，慕容德即派杜弘西行入关，探听音讯，但此人却在去张掖的路上被盗贼所杀。直到403年，一个名叫赵融的人从长安而来，慕容德才知道，原来当年他跟慕容垂起兵后不久，镇守张掖的苻昌就杀了他全家，只有老母公孙氏因年过八十得免，哥哥慕容纳还留下了一个遗腹子。现今，老母也早已归西，而那个遗腹子则流落长安，又疯又傻，沦为了一个乞丐。这些不幸消息使慕容德深受打击，他恸哭呕血，大病了一场。病中，他还不忘派出人去，到长安寻找自己的傻侄子。

此刻，长安城里的人们并没有注意到，那个疯疯癫癫，经常向他们要饭吃的小乞丐，怀里正揣着一把金光闪闪的弯刀。

这个乞丐，名叫慕容超。

当初慕容德、慕容纳全家被杀的时候，慕容纳的老婆段氏正怀着孕，按规矩，应推迟到临盆之后再问斩，段氏就暂且被囚于监狱之中。恰好狱吏呼延平以前曾被慕容德所救，他为了报恩，私下里放出段氏，带着她和公孙氏逃到了羌中（今青海），不久段氏即生下了慕容超。小孩长到十岁，公孙氏病死，临终前，她把一把金刀颤颤巍巍地交给了小孙孙，说这是当年你叔叔慕容德留下的信物，你可要保管好了，以后天下太平、道上安全了，你就拿着它到东方找你叔叔去（当时姚苌、苻登还在关中相攻）。此后，呼延平带着慕容超母子又投奔了后凉吕光。后来姚兴降灭后凉，娘儿俩又随着凉州百姓被迁到了长安。这时慕容超已经成年，段氏就安排他和呼延平的女儿成了亲。虽然慕容德当时已经建立了南燕，但后秦与南燕的关系并不好，慕容超想去投奔叔父，又怕后秦羁留，所以才装疯卖傻，行乞于市。

慕容超出此下策，倒也并非多虑，实际上，姚兴的叔叔姚绍早就注意到了他。在姚绍的推荐下，姚兴把慕容超找来见了见。慕容超装傻充愣，满嘴胡言乱语，让姚兴大为厌恶。事后姚兴对姚绍说，俗话说"妍皮不裹痴骨"，可别看这慕容超长得一表人才，简直就是个白痴。于是就不再控制他的人身自由。恰在此时，慕容德派的使者也到了，慕容超来不及带上母亲妻子，就随着使者赶往了南燕。

一入南燕之境，慕容超先到了梁父（今山东泰安东南）。镇守此地的兖州刺史慕容法对这个不知从哪里冒出来的野小子十分不感冒，对人说道："汉朝的时候，有人诈称自己是卫太子，一时谁都分不出真假，怎么知道这小子就一定是皇族？"慕容超得知后怒形于色，而慕容法也不客气，干脆把他安顿到了低等招待所。两人从此交恶。

等慕容超进入广固，见到慕容德，献上金刀，证明自己是他货真价实的亲侄子后，慕容德又惊又喜，悲从中来，抚着他的背放声大哭，并立刻封他为北海王、侍中、骠骑大将军。慕容德自己已无子嗣,一见之下,发现慕容超不但不疯不傻,反而潇洒英俊,心中已有了立他为储之意。而慕容超自己也蛮知趣,每天"入则尽欢承奉,出则倾身下士",赢得了不少印象分。

不久,慕容德再次病重。在病榻之上,他下诏立慕容超为太子,当晚即病逝于显安殿之中。于是,在离秦入燕半年之后,慕容超摇身一变,从长安城中的疯乞丐变成了九五至尊的一国之君。

我想,这就是所谓的命运吧。

起初我以为,像慕容超这样幼年多经磨难,品尝过民间疾苦的人一旦当上皇帝,理应成为奋发有为的治世明君,就像汉宣帝刘询那样。但后来我发现,我不但错了,而且错得离谱,慕容超不但不是明君,反而和他的堂兄慕容熙一样,是个不折不扣的败家子。

由于这个便宜捡得太大,幸福来得太突然,慕容超表现得十分不自信。像一个中了亿元彩票大奖的人时刻担心别人觊觎自己的财富那样,他担心慕容德留下的旧臣会威胁到自己的地位。为此,他即位不久,就提拔了一个叫公孙五楼的人做自己的亲信,而把慕容钟、段宏等前朝重臣派到边地去任藩镇。慕容钟、段宏十分不安,再加上早就与慕容超结下了梁子的慕容法,三个人一块发动了叛乱。虽然后来叛乱被平,但南燕已元气大伤,国势开始江河日下。

另一方面,慕容超像一个缺乏教养的暴发户,开始肆无忌惮地享受到手的荣华富贵,仿佛唯有如此,才能弥补他以前受过的苦。他每天出去游猎,政事全都交给公孙五楼处理,老百姓编起段子唱道:"欲得侯,事五楼。"他又想恢复肉刑,增加烹轘之类的残忍刑罚,被大臣封孚视为桀纣之主。

不过败家子慕容超倒还有一个优点,就是他挺孝顺,没光顾自己享福而忘了还在长安的老娘和媳妇。于是他派出使臣入秦,想接回她们娘儿俩。

后秦主姚兴一听,什么什么?那个傻子慕容超现在当了南燕皇帝,还

想要回他老娘？看来你当初是装傻忽悠我呢！小子，真有你的！这回我要不让你吐点血，那我不成傻子了么？于是姚兴开出了条件：当年苻氏败亡，长安城里的太乐乐队全都落进了你们慕容家手里，要老娘可以，第一，你要称藩，此外，还要拿乐队来换，要不然，拿南方百姓一千口交换也行。

在号称以礼乐治天下的古代，音乐也是分等级的，而最高等级的太乐是国家统治的象征，只有在举行祭祀和重大典礼的时候才能演奏。整套太乐班子是一个庞大的乐队，非心灵手巧又兼具乐思的人不能胜任。晋末丧乱以来衣冠南渡，北方各胡族政权都缺乏音乐人才，姚兴又是一个特别崇尚文治的君主，所以才提出了这么个条件。

慕容超最初只答应称藩，但姚兴坚持要太乐诸伎。慕容超无奈，只好把一百二十人的乐队送给了后秦，姚兴这才把他母妻放还。慕容超率后宫嫔妃亲至马耳关迎接。母子见面，抱头痛哭，免不了又是一番感慨唏嘘。

按理说，一家人团圆美满，慕容超也给自己博得了一个孝子的名声，这件事到此就应该结束了。但转过年来，到了正月，照例要举行朝会大典，太乐甫一演奏，慕容超就觉得不对味，怎么这音乐这么难听！于是他开始后悔，不该把乐伎都送给了姚兴，但事已至此，又能怎样？所谓亡羊补牢，犹未晚也，慕容超的办法是，俺家的羊没了，我就去抢别人家的羊！

409年二月，慕容超派骑兵入寇东晋宿豫（今江苏宿迁南），掠走百姓无数，从中挑选了两千五百男女交给太乐训练；当月，慕容超再次派兵寇掠淮北，掳走了一千多口百姓。

有了这些南方百姓，再好好调教一番，明年正旦大典时，应该不愁听不到悦耳的音乐了。然而，慕容超想不到的是，到那时，在他耳边回响的将不是黄钟大吕，而是喧天战鼓之声。

因为，他惹恼了一个绝不该惹的猛人。

第13章 刘裕来了

这位猛人，就是刘裕。

刘裕，字德舆，小名寄奴，彭城人，家居京口。

由于他后来一不留神成了宋武帝，史官们自然给他的身世附会上了种种神奇，据说他是西汉楚元王刘交之后，出生时有神光满室，祖坟降甘露，经常有两条小龙在他屁股后头晃悠，曾经一箭射死一条会说话的蛇神啦，等等，仿佛他来到世间唯一的任务就是当皇帝，而且还命中注定，避之不及。

我不说，你也知道以上说法纯属扯淡。实际上，刘裕与刘邦、朱元璋类似，也是从草根阶层干起，凭着自己的努力和机遇，才一步步地爬上了权力的顶峰。

刘裕的父亲刘翘，据说是一位低级公务员，但他家里却很穷，而且刘裕一出生，他娘就死了。多一张嘴，就多一份负担，何况还没有奶水喂养，所以小刘裕差点儿就成了弃婴。幸亏一位姨妈关键时刻敞开胸脯，用甘甜的乳汁把他养大。由于幼年一直寄养在亲戚家，刘裕才得了小名叫

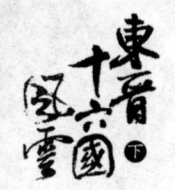

"寄奴"。

在这样的家庭长大,刘裕能变成什么样的人呢?答案如下:

文化程度:仅识文字。

职业:卖草鞋、砍柴、打渔等临时工作。

嗜好:赌博。

在当时,这样的人要想混出个好前途,大概也只有当兵这一条路可走了,何况刘家所住的京口正是北府重镇,何况名将刘牢之还跟咱们刘寄奴是同宗,何况东晋那会儿正在闹孙恩、卢循之乱,需要大量炮灰。于是,已经三十好几的刘寄奴毅然扔掉扁担、柴刀和渔网,告别妻女,踏上了从军之路。

刘裕当没当过小兵不知道,史书中,刘裕第一次在讨伐孙恩的战斗中闪亮登场时,已经是一名下级军官。那是一次遭遇战,刘裕带着几十个人,本来是去侦察敌情,不想却遇上了大批敌军。跑是跑不掉了,干脆拼了吧!于是刘裕等几十个北府兵冲向了数千敌人。不多时,其他人纷纷阵亡,只有刘裕自己背靠河岸且战且退,没留神,脚下一滑,摔到了河岸底下。敌人纷纷聚拢过来,探出脑袋向下观看。冷不防刘裕抄起长刀,一刀削下了好几个脑袋,剩下的人吓得够呛,赶忙向后闪躲。刘裕大吼一声,跳上岸舞刀就追,仿佛一尊血染的金刚下凡。恰在此时,北府兵的大部队赶到,于是人们看到了刘裕一个人追赶数千人的诡异场面。领军的刘敬宣(刘牢之之子)连忙挥师进攻,斩获一千余人,取得了这场战斗的胜利。

刘裕一战成名,一颗闪亮的将星从此冉冉升起。

守句章,他以数百兵击退了孙恩几万人的进攻;战海盐,他又用空城计狠狠涮了孙恩一回;接着入援丹徒、护卫京师、领水军三战三捷,一直把孙恩撑到了大海里。到402年孙恩之乱基本平定的时候,刘裕已经官拜建武将军、下邳太守。

也正是在这一年，发生了对刘裕的后半生影响深远的重大事件。此前，桓温的儿子桓玄利用东晋主相争权和孙恩之乱的机会步步进逼，兼并了长江上游的殷仲堪和杨佺期，迫使执掌朝权的会稽王世子司马元显在这年年初对其发兵征讨。而司马元显的主力军便是刘牢之掌控下的北府兵。但刘牢之在政治斗争的漩涡中进退失据、彷徨无措，居然临阵倒戈，投靠了桓玄，桓玄才得以顺利诛杀司马元显，篡夺了晋室江山，而一代名将刘牢之最后却落得个兵权被夺、自杀身亡的凄惨下场。

刘牢之的死像一支鲜血染就的路标，为刘裕指明了方向，但他明白，现在还不是时候。所以他只是默默地脱下戎装，回到了老家京口。刘裕的以退为进使他躲过了杀身之祸，得势之后的桓玄尽诛北府旧将，只有刘裕得以幸存。

两年后，篡晋为楚的桓玄人心尽失，刘裕在京口与何无忌、魏咏之、檀凭之、檀道济、刘毅、孟昶等二十七人结盟起事，兴义兵诛讨桓玄。从此，这支由下等士族和军官组成的崭新的政治力量迅速崛起，一举打破了南渡以来东晋的门阀政治格局。在刘裕的领导下，仅仅数天，义兵就攻入了建康。一年后，迎回晋安帝，平定桓玄之乱，而刘裕也凭借再造晋室之功被封为镇军将军、徐兖刺史、都督十六州诸军事，掌握了朝廷大权。（本来晋安帝要封给刘裕更大的官职，但刘裕坚决不受，还是实权要紧。）

此后几年，对外刘裕一边对付割据巴蜀的谯纵，一边与后秦的姚兴大玩外交牌，居然从姚兴那里白白讨来了南乡、新野等十二郡之地；对内，他则铲除政敌殷仲文，并与另一位政敌刘毅周旋。正在这时，慕容超这个愣小子不知深浅，竟敢派兵来捋他的虎须。自古以来，"攘外"与"安内"常常是相辅相成的有效手段。通过对外军事斗争的胜利，进一步抬升自己、打压政治对手，早有桓温的先例在前，既然你慕容超没事找抽，那我

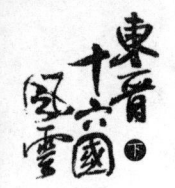

刘裕就只好不客气了!

于是在409年四月,刘裕兵发建康,开始了他人生中的第一次北伐。

由于上游的军队在防备巴蜀的谯纵和广州的卢循,所以这次北伐的主力是刘裕亲领的徐兖刺史所辖军队,也就是北府兵系统。这支军队的数量史籍无载,有人推算说是三万,有人说是十万,我们去掉一个最高分和一个最低分,姑且算是六万左右吧。带领这支军队,刘裕先走水路,自淮入泗,五月到达下邳后,舍船登陆,步行前进到了琅琊(今山东临沂北)。为防止后路被断、粮草不济,刘裕还沿路筑城,派小部军队驻守。此时,已经进入南燕国境,由此出发沿沂水北上,穿越沂蒙山区后经临朐,便可直抵南燕都城广固。这在当时是路程最短、最为便捷的进军路线,但走这条路线势必要翻山越岭,尤其要经过堪称天险的大岘关,不能不说有相当的风险。

身边的参谋提醒刘裕说:"我们一旦走这条路线,回头燕军要是把大岘关堵上,再坚壁清野,固守不出,那我们可就进了死胡同,别说难以取胜,恐怕连老家都回不去了!"刘裕微微一笑,道:"我已经考虑很久了。慕容超那小儿目光短浅、贪婪好利,一个为了几个乐伎就敢掳掠邻国、开启战端的人,怎么能够舍得割掉自己尚未成熟的禾苗呢!他肯定希望我们孤军深入而不能持久,最多也就进据临朐,其次则退守广固,必定不会守险清野。我敢和你们打赌。"

所谓知己知彼,百战不殆,刘裕不愧是赌徒出身,他极为准确地判断到了对手的心理。后来的事实证明,整个战争进程与他的判断完全吻合。

首先,就是南燕的防御策略问题。慕容超闻报后召开了军事会议,会上他的宠臣公孙五楼提交了御敌的上中下三策:一,据大岘之险打持久战,待其锐气尽失之时,再遣两路奇兵,一路断粮道,一路绕到背后前后夹击,这是上策;二,下令各郡县坚壁清野,各自据守,待其粮尽人疲,再发动反击,这是中策;三,把敌人让进大岘关来,在城下决战,这是下策。

能提出这三策,看来公孙五楼倒也并非全然是个草包。真正的草包是他的主子,根据前文交待,我们知道慕容超老兄一没受过军事教育,二没有实战经验,他在脑袋里自以为是地进行了一番沙盘推演,觉得自己有三大优势:第一,今年岁星守齐,天时在我;第二,我主彼客,他刘裕远来疲弊,地利在我;第三,我有数万铁骑,而刘裕大多是步兵,平地合战,步不胜骑,这又是一大优势。有这三大优势,我怕他何来?何必打什么持久战、坚什么壁、清什么野?如果粮食都割了,那我明年还怎么收税!

于是,果然如刘裕所言,慕容超走了下策,弃险不守,而是把戍守边境的军队都调回到广固,大修城池,准备和刘裕摆开决战。

这个决策一做出,许多南燕的大臣自己都没了信心。辅国将军贺赖卢苦谏不从,私下对公孙五楼说:"真这么打,就离亡国不远了。"太尉慕容镇也跟人发牢骚道:"延敌入腹、坐等围攻,这不跟当年的刘璋一样么!"

当刘裕率军提心吊胆地穿过大岘山谷,果然没有遇到一个燕军。刘裕知道,自己又赌赢了。他举起手来指了指天,不禁喜形于色。身边的人问:"您怎么这么高兴啊?"刘裕道:"兵已过险,士有必死之志;余粮栖亩,人无匮乏之忧。北虏已尽在我掌握中矣!"

六月,刘裕军已经抵达临朐以南。此前,慕容超派了段晖、贺赖卢、公孙五楼三将领步骑五万,镇守临朐。听说晋兵军容强盛后,他又亲率四万人前来增援,以形成对刘裕的数量优势。至此,南燕可说是倾全国之兵,生死存亡就看这一把了!

双方的前锋在一条河边发生了短暂的冲突后,决战的时刻终于到来了。这时,慕容超惊讶地发现,呈现在他面前的不是普通的步兵方阵,而竟然是一座会移动的城堡!

第14章 平原上的移动城堡

自来在中国的战场上，步兵面对骑兵，总难免处于劣势，不外乎是因为骑兵机动性好，且冲击力强。而由于众所周知的原因，北方政权在拥有骑兵的数量和质量上也总是强于南方。特别是十六国时期，由于马镫的普及和马铠的使用，骑兵对步兵的优势还有扩大的趋势，如著名的乌桓突骑和鲜卑铁骑，都是威名赫赫，让敌人闻风丧胆的狠角色。所以，慕容超准备用优势骑兵与刘裕展开平地野战的想法，并非全无道理。

但连慕容超都能想到的事，刘裕又岂能想不到？

所以问题来了，如何才能以南朝步兵战胜北族的铁甲骑兵呢？

参考答案一：像《勇敢的心》里威廉·华莱士领导的苏格兰起义军一样，用如林的长枪把冲过来的骑兵扎成蜂窝煤。

参考答案二：像岳家军大破兀术拐子马那样，训练出特种兵协同作战，不砍人，专门在底下砍马腿。

参考答案三：像李陵以五千步兵大破三万匈奴骑兵那样，前排持戟盾，后排持弓弩，"千弩俱发，应弦而倒"。

以上成功战例各有特点，但都是特殊条件下的产物，并不完全适合此时的刘裕军。何况刘裕同学也不知道华莱士和岳武穆，真正对他有启发的，还是与匈奴血拼的李陵和之前的卫青使用过的战术。

卫青北击匈奴之时，曾经以一种名叫"武刚车"的大车结成环形防御阵。《孙吴兵法》曰："有巾有盖，谓之武刚车。"如此看来，武刚车应是以运载辎重的大车罩以牛皮、盾牌等改装而成的古代"装甲车"，其用途是防止敌人的骑兵突击我方军阵。而李陵命前排步兵持戟盾而行，也是出于同样的防御目的。至于进攻，由于西汉的匈奴战士装备极差，几乎没有装甲，所以汉军的强弩能够发挥极大的杀伤力。

不过，由于十六国时期骑兵铠甲的普及和改进，此时弓弩对骑手的杀伤力已经降低了不少。但另一方面，南燕的骑兵却也早非鲜卑人入主中原之前那样精良，在数量上也未必能在九万人的总兵力中占有很高的比例。

这是刘裕生平第一次与擅长骑射的北族交战，他不可能不考虑到步骑兵种各自的优缺点。所以，此刻出现在慕容超眼前的，是这样一个场面：

四千辆大车分成两翼，排成纵列，缓缓前行（"方轨徐进"），将晋军军阵的左右完全防护了起来；车厢上铺展开厚重的帷幔（"车悉张幔"），车内的士兵都手持长矛（"御者执矟"），前后又有小队骑兵不断游走，加以保护（"以轻骑为游军"）；号令严肃，行列森然，远远望去，如同一个正在移动的庞大城堡。

乖乖！刘裕搞的这是什么东西？

慕容超很纳闷。其实他应该感到荣幸才是，因为这套战术是刘裕专门为他量身定做的，货真价实，童叟无欺。

至于产品质量如何？放马过来，你就知道了。

  战斗在临朐之南数里的地方打响了。慕容超自己留守城池，而派段晖等率主力出战。段晖果然按照既定部署，先出动了一万多铁骑突击晋军。燕军骑兵从四面八方向刘裕的移动城堡扑来，面对进攻，晋军军阵停止了前进，士兵们迅速结成紧密队形，以大车为屏障，与燕军展开战斗。刘裕命刘藩、刘道怜等七将合力抵御军阵正面，命沈林子率精勇防御军后。激烈的对战进行了很长时间，直到日头偏西，依然胜负未分。

  胜负未分，说明刘裕的军阵抵抗住了燕军骑兵的冲击。

  胜负未分，意味着任何一块新的砝码都会改变胜利的天平。

  战机已到，刘裕的砝码出手了。他采纳参军胡藩的建议，派三员将率领部分军队从阵后悄悄撤出，兜了个圈后，直抵临朐城下，作势攻城，攻城前还大肆喧嚷，说俺们是从海路来增援的晋军！留守临朐的燕军本来就又少又弱，听说晋人还派来了大批援军，更是惶恐无斗志。晋军再一通猛攻，临朐就被打下来了。慕容超大惊失色，单马来投正陷于苦战中的段晖。前边的燕军一看，我去，城都丢了，还打个屁啊！刘裕乘机纵兵发动总攻，一举将燕军击溃，阵斩段晖等十员大将。还是慕容超跑得快，连皇帝的玉玺都扔了，总算跑回了广固城。

  可刘裕不打算给他喘气的工夫。慕容超前脚刚跑进去，晋军后脚就杀到了，没怎么费劲就攻克了外城。慕容超继续搬家，收余众退守内城。此时已成瓮中捉鳖之势，于是刘裕不再进攻，而是在城外筑起了长墙。墙高三丈，下面还有三道壕沟，看你还怎么跑！而慕容超舍不得割的庄稼，此时就成了晋军的军粮，江淮漕运一并罢省。同时，刘裕还抚慰百姓，招降纳叛，有合适的人才就给官做，还真没把自己当外人！

  惨败而回的慕容超这才明白，自己在刘裕面前简直就是三岁小孩。现在，城里只剩下几万老弱残兵，士气低沉，无论如何不能再战，为今之计，只有向后秦求援。秦燕共据中原，唇齿相依，他姚兴若是个明白人，就不能见死不救！

一批批使者从广固缒城而下，火急火燎地赶往了后秦。

不到半月，慕容超就得到了消息：使者回来了——不过，不是在城内，而是在城外。

慕容超登楼而观，只见他派去求援的尚书郎张纲此刻站在晋军的楼车上，正在大声疾呼："援兵来不了啦，里面的人快投降吧！"慕容超的鼻子差点儿气歪了，叫人取过弩机来，抬手就是一弩。不过他的射击技术也不怎样，没射中。张纲见势不妙，赶忙叫人把楼车推了回去。

原来，这位老兄确实到了后秦，但回来的时候就被晋军拿住，投降了。而且这位张纲不是一般人，还是个高科技人才，最擅长的就是制造各种攻城器械。刘裕不但叫他到城下劝降，还命他发挥专长，现场督造攻城器具。此外，刘裕还玩了一招小把戏，每当东晋朝廷派来使者或是少量援兵，他都派大批部队夜里悄悄前去迎接，到了白天，再张旗鸣鼓、耀武扬威地回来。城里的人一看，不但我们没有援军，刘裕的援兵倒是源源不绝，而且张纲还给晋军打工去了，顿时人心惶惶，投降的人接踵而至，连慕容超的几个心腹大臣都逾城降了刘裕。

刘裕叫那几个大臣给慕容超写信，劝他也早日投降。慕容超回信说：自己愿意割大岘以南之地，向东晋称臣，并送好马千匹。刘裕当然不许，你小子现在还讲什么条件！要么无条件投降，要么你就等着玩完吧！

不久，后秦派来的一位使者来到了晋军军营。他带来了姚兴的口信："慕容氏与我大秦一向交好，今穷困来告，我已派铁骑十万屯于洛阳。若不退军，我将挥师东进！"刘裕把这位使者叫到面前，道："回去告诉你主子姚兴，我灭燕之后，息兵三年，然后就去取你的关中洛阳。现在你要想

自己找死，就快快前来！"

刘裕的心腹刘穆之（此人善理内政，好比刘邦的萧何）听说有后秦使者，连忙赶来，但使者刚刚离去。刘裕把自己如何应对的情况告诉了他，刘穆之顿时大惊失色，道："你怎么能这么说呢，这不是激怒姚兴么！现在广固未下，万一秦兵再来了，那可怎么办？"

刘裕笑了，拍了拍刘穆之的肩膀，说："这是兵机，你不懂的。兵贵神速，他姚兴要真能来救，早就来了，而且一定怕我知道，怎么能事先派人通知，说下这些话呢！这是他故意装腔作势，夸大其辞，秦兵一定不会来的。"

刘裕猜得不错，几个月过去了，秦兵还是没有来。

围城还在继续，一晃到了第二年正月。

大年初一，慕容超登上城楼，接受群臣朝见。说是群臣，实际上由于大臣们不断外逃投降，现在已经稀稀落落，没多少人了。而且此时，广固城已经闹起了饥荒，慕容超只好下令杀马来慰劳将士。按照规矩，乐伎们再次奏起了丝竹之声，可此刻慕容超听到耳里，却只有满腹的苦涩、悔恨与哀伤，他握着宠妃魏夫人的手，不觉相对而泣，一曲已终，泪犹未尽。

这时，尚书令董锐劝慕容超出降，不幸的是董锐没挑准时机——你怎么能当着一个男人的心爱女人的面叫他去当孬种呢！慕容超很愤怒，立刻下令把董锐关进了监狱。

二月，慕容超命贺赖卢和公孙五楼统领城中余兵，穿地道而出，发动了最后一次反击。但刘裕没给他一点机会，这次反击仍然以失败告终。

刘裕明白，广固城已经坚持不了多久了。然而就在这时，大后方却传来了不利的消息：孙恩的继承人卢循在广州起兵，正要向建康挺进。

这场战事不能再拖了，必须立刻拿下广固，回师江南！

于是，刘裕一改围困战略，发动了总攻。张纲打造的那些攻城器械，现在终于派上了用场，什么冲车、飞楼、悬梯、木幔，统统向城墙上招呼。慕容超大怒，把张纲的老娘吊在城楼上，寸寸肢解，以泄心头之恨。但泄愤归泄愤，这时城内的守军由于长期营养不良，大多得了软脚病（因微量元素缺乏而导致的四肢无力），站都站不稳，还怎么守城？

慕容超明白，他的命运已无可更改。尚书悦寿这时走了过来。当初，慕容超刚刚踏上燕土，就是这位悦寿最先对他表示了善意，但现在，他却是来劝慕容超早日投降的。

慕容超苦笑一声，叹道："废兴，命也！我宁奋剑而死，不能衔璧而生。"无论怎样，我身上流的都是慕容家的血，忍辱出降，我做不到。

悦寿不再说话，悄然退了下去。几天后，他打开城门，把晋军迎了进来。慕容超与数十人上马突围，被追兵擒获，带到了刘裕面前。

望着眼前这个面色苍白的年轻人，刘裕大声训斥，数其不降之罪。慕容超则神情漠然，一语不发，只是把老母托付给了老相识刘敬宣（刘敬宣曾投奔南燕）。这位曾经的金刀太子后来被押往建康，斩于闹市之中，结束了他短暂而又传奇的一生，时年二十六岁。与他的头颅同时坠落的，则是慕容家的皇胤。

事后，刘裕恼恨广固城经久不下，曾想将城中余口尽数坑杀，受韩范谏阻，才未能实施。不过他仍然将鲜卑王公以下三千人斩首，其妻女资财则全部赏给了晋军将士。此后，慕容氏虽仍有不少遗民散落于中原，却再也未能恢复过自己的政权，慕容鲜卑作为一个民族共同体，渐渐消失于历史长河之中。

仲春时节，灭掉南燕的刘裕拔营启程，返回了南方。

用不了多久，他还会再来。

那时，他将走得更远。

第15章 最后的匈奴：赫连勃勃

不知道人头落地的一刹那，慕容超有没有埋怨姚兴见死不救。

其实在广固被围的九个月里，姚兴是很想发兵救援的，而且他也确实发来了救兵，只不过数量少了点，不是十万，而是一万。并且这杯水车薪的一万人马到了洛阳就不往前走了，与其说是救燕，不如说是防范自保更合适。

姚兴这么做，是有苦衷的。

因为他也遇到了麻烦，而且这麻烦与慕容超遇到的相比，一点也不小。

慕容超的麻烦从南而来，他的麻烦则自北而至。

他的麻烦叫匈奴。

不知你是否记得，前文提到拓跋珪讨伐铁弗部首领刘卫辰，将他子弟宗族五千余人一律处死，只有其少子刘勃勃侥幸逃走。

这位刘勃勃，就是最后的匈奴。

汉晋以来的匈奴，除了入塞而居，后来跟随刘渊建立了汉赵帝国的那部分以外，仍有一部分居于塞外草原上，过着千百年来祖祖辈辈不曾改变的游牧生活，并与随后进入草原的鲜卑、柔然、丁零等民族通婚杂居，形成了新的部族。铁弗部就是其中最大的一支。所谓"铁弗"，是北方人称呼"胡父鲜卑母"之意，显然，这部分匈奴人与鲜卑人之间存在着频繁的通婚关系。

铁弗部传到刘卫辰手里，本来颇为强盛，可惜遇上了更为强盛的拓跋鲜卑，刘卫辰身死国灭，年仅十一岁的刘勃勃只好四处流亡，过着寄人篱下的日子。

一开始，他投奔了驻牧于三城（今陕西延安附近）的薛干部首领太悉伏，后来又去投靠了盘踞于高平（今宁夏固原西）的前秦将军没奕干。没奕干对刘勃勃不错，还把女儿许配给他为妻。392年，没奕干降于后秦，刘勃勃自然也就成了姚苌、姚兴父子的臣民。

此后的十几年里，史籍中再不见刘勃勃的事迹。这段时期，作为后秦将军、高平公的没奕干东征西讨，常年与西秦、后凉和北魏作战，刘勃勃跟在这位岳父身边，势必接受了不少军事教育和实践。

成年后的刘勃勃身高在两米以上（八尺五寸），膀阔腰圆，不但相貌堂堂，而且聪明辩慧。秦主姚兴一见之下为之倾心，觉得这是个可以重用的人才，常常与他讨论军国大事，还任命他为安远将军，助没奕干镇守高平。

在这里，我们发现刘勃勃的经历与他的前辈刘渊何其相似。作为归顺的异族，两人都靠出众的谈吐和仪表吸引到了最高统治者的注意，也同样招来了旁人的戒备和毁谤。姚兴的弟弟姚邕就认为刘勃勃不可亲近，当听说姚兴要把三城、朔方一带的杂夷和原刘卫辰部众三万人交给刘勃勃统领

时,他几次三番地劝阻。姚兴很是奇怪,问弟弟:"你何以知其为人?"姚邕道:"刘勃勃这个人,对待上级倨傲怠慢,对待下属残忍无恩,贪婪狡猾,不讲仁义,反复无常,毫无忠信。这样的人您过分宠幸,恐怕将来终究会成为心腹大患。"如此可怕的论断,倒还真让姚兴琢磨了些日子。但当时后秦在北方正面对北魏的巨大压力,尤其是柴壁一战,四十多员将领被俘,四万人马全军覆没,姚兴很需要有合适的人选统领河套草原上的游牧部落,作为抵御北魏的缓冲地带。刘勃勃既是铁弗部后人,又与北魏有血海深仇,姚兴实在想不到比他更合适的人了。所以,尽管有姚邕的告诫之语,他还是冒险让刘勃勃担任了安北将军、五原公,统三交五部鲜卑及杂虏二万余落,镇守朔方。

这一年,刘勃勃二十七岁。

他终于摆脱了寄食于人的生活,回到了天野苍茫、父祖勃兴于此的河套大草原。

狼崽子吃了狗奶,仍旧是狼。

野性之血在他的体内翻滚,远方的风送来了死亡的味道。

不久,一件事给了刘勃勃与后秦主子闹翻的借口。

当初,后秦与北魏之间之所以爆发柴壁之战,其实起因颇为荒唐:本来两国交好,拓跋珪还派人带着千匹好马来向后秦求婚,姚兴也答应了,谁料这时,却传来了拓跋珪已立皇后的消息。根据拓跋鲜卑的古怪风俗,在皇帝的老婆里面选哪个当皇后,要经过一次类似占卜的选拔——铸金人,哪个女人亲手把金人铸成了,就是大吉,就立她为皇后(如此看来,北魏皇后都是铁匠),慕容氏(慕容宝之女)此时就因铸金人成功而得立为拓跋珪的皇后。姚兴这才明白,敢情我姚家的女人嫁给你只能做小,当然不肯,不但悔了婚,还扣押了来求婚的使臣,两国自此交恶。

但国际政治从来都是波谲云诡,这一年,两国的紧张关系又有缓解迹象。先是拓跋珪把柴壁之战中俘虏的将领唐小方放了回来,而姚兴也将被扣的求婚使臣并良马千匹遣还,以示回应。可这一来,却惹恼了刘勃勃,北魏乃是我家世仇,你姚兴竟然与其通好,是可忍,孰不可忍!恰好此时游牧漠北的柔然向后秦进贡战马八千匹,经过刘勃勃的防区,他就把这些战马全部截留,以备叛秦之用。

刘勃勃的岳父没奕干成了他祭旗起事的第一个牺牲品。407年五月,刘勃勃率领部众三万余人,以会猎为名,聚集于高平川,乘机袭杀没奕干,吞并了他的部众。六月,刘勃勃自称大夏天王、大单于,建元"龙升",国号"大夏",建立了历史上最后一个匈奴族政权。

刘勃勃虽然建了国,但他所谓的国家一无国都,二无百姓,三无田土,所拥有的只不过是数万种族各异的游牧战士罢了。所以,在袭破了鲜卑薛干等三部后,部下们劝勃勃说:"陛下,您要想主宰关中,总得有个根据地不是,老这么漂着,人心也不容易稳定嘛!高平那地方不错,山川险固,土地肥沃,挺适合当国都的。"

刘勃勃笑道:"你们只知其一,不知其二。我现在大业草创,兵马不多,他姚兴又不是饭桶,麾下诸将用命,还不到我取关中的时候。我要是用心经营一城,他就能够集中力量来对付我,敌强我弱,岂不是自取灭亡?不如以我如风之骁骑,出其不意,攻其必救,救前则击后,救后则击前,使之疲于奔命,而我则游食自若。不出十年,岭北、河东尽为我有。等姚兴一死,嗣子暗弱,再慢慢夺取长安不迟。"

千百年来,游牧民族之所以总是让中原王朝无计可施、头疼不已,很大程度上要归功于他们神出鬼没、来去如风的骑兵,以及他们居无定所、随时转移的文化特质。他们总是突然出现,抢了就跑,等农耕民族

的戍防部队赶到，只剩下一片片斑驳狼藉的焦土；你集合大军深入草原大漠，又往往连个人影儿都见不到。空手而归、劳民伤财还算是好的，更让你吃不消的是，在你撤退的路上，冷不防他又四面而至，用如蝗的箭雨为你送行，所以农耕民族与游牧民族作战，老是你打得着我，我打不着你，一来二去，国力虚耗。而刘勃勃这番话就是对游牧民族自身优势和战术特点的经典表述，它标志着一代骑兵游击战大师的诞生，也意味着后秦噩梦的开始。

此后，按照这既定战略，刘勃勃开始用游击战术不断寇掠蚕食后秦北方诸城，弄得岭北诸城大白天都不敢开门。姚兴知道后长叹道："我不用黄儿（姚邕小名）之言，以至于此啊！"

次年五月，姚兴派将军齐难统兵两万征讨刘勃勃。听说秦兵已近，勃勃迁徙部众退保河曲（今内蒙古东胜一带），避其锋芒。齐难以为敌人去远，就想捞点战利品回去交差，于是放纵士兵在原野上四处劫掠。当秦军士兵以轻松愉快的心情驱赶着牧民留下的牛羊的时候，刘勃勃也带着精兵悄悄接近了他们。鼓角响处，匈奴骑兵猛然发动突袭，秦军大败，七千余人阵亡。齐难引军败退至木城（今陕西榆林），被刘勃勃生擒，余下的一万三千人马也被吞并。此战结束，刘勃勃声威大振，"岭北夷、夏附于勃勃者以万数"。

面对日益严重的边患，姚兴选择在第二年御驾亲征，但这次，他又犯了与当年刘邦亲征冒顿时同样的错误。他先是自己带一部分军队到了贰城，而派姚详、敛曼嵬、彭白狼等各军出去分督粮运，却没想到匈奴人来得如此之快，趁后秦分兵四出、大军未集之际，刘勃勃便统领铁骑，将贰城围了个结结实实。

当年白登之围，刘邦是靠陈平的"奇计"，做通了冒顿老婆的工作，才得以脱身，眼下贰城被围，姚兴身边没有陈平，也搞不掂刘勃勃的老婆，于是他十分恐惧，就想舍弃步军，率轻骑突围，逃奔姚详的军营。

仗还没打，皇帝就要逃跑，这种行为无异于自杀，所以群臣纷纷加以劝阻。右仆射韦华道："一旦銮驾轻动，六军惶恐，必不战自溃，详营亦未必可至，陛下您一定要三思啊！"姚兴做了半天心理斗争，终于决定暂时留下，而派左将军姚文宗率禁兵出城拒战，中垒将军齐莫统氐兵为后继。姚文宗和齐莫都是勇力兼人的悍将，二人拼死力战，匈奴兵终于退了下去。姚兴大喜，派姚榆生等追击。岂料刘勃勃原来是诈败，早已在半路设好了伏兵，秦军一到，伏兵尽出，与刘勃勃前后夹击，将这些追兵全部吃掉，姚榆生也被生擒。

见识到刘勃勃厉害之处的姚兴不敢再战，留禁兵五千配姚详镇守贰城，自己灰头土脸地回了长安。这一战是后秦与大夏之间战争的转折点，失利而回的姚兴从此放弃了主动进攻，面对匈奴人的蚕食纯取守势。前文所讲到的慕容超前来求援正在此时，姚兴自顾尚且不暇，哪里还有余力去救援南燕？而在此战过后，那派往洛阳的一万人马也被姚兴调回了长安。

此后，刘勃勃持续不断地对平凉、定阳、杏城等后秦领土寇掠蚕食，匈奴铁骑所到之处，往往将当地人畜全部掠走，只剩下一座座残破空城。尤其是411年，刘勃勃攻克了雍州重镇安定（今甘肃泾川县北）。安定是当年姚苌借以攻克长安的基地，失去安定，匈奴骑兵即可沿着泾河河谷长驱而入关中，八百里秦川已近在刘勃勃眼前。除此之外，曾在后秦担任镇北参军的王买德也在此时投奔了刘勃勃。此人狡猾多智，成为刘勃勃身边的第一谋臣。

在建国后的数年时间里，刘勃勃将匈奴人游击寇掠的战术发挥得淋漓尽致，先后消灭秦军近十万人，掳掠人口两万多户、牲畜资财不计其数，

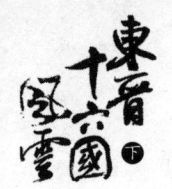

其统治区域也向南扩张到杏城、安定一线，夏秦之间的力量对比出现了明显转变。这时，刘勃勃开始改变以前不专一城、游击作战的策略，而于413年任命叱干阿利为总工程师，征发岭北夷夏十万人，于朔方水北、黑水之南修筑都城。

这便是至今仍然屹立于毛乌素沙漠中的大夏国都——统万城。统万者，"统一天下，君临万邦"之意也。

与此同时，刘勃勃宣布放弃"刘"这个得自于汉人的姓氏。

我大匈奴乃天之骄子，其徽赫（指美好而显赫）与天相连，即日起改姓"赫连"。

赫连勃勃这个令许多人联想到恐怖与死亡的名字，自此见于史册。

第 16 章 拓跋珪之死

就在赫连勃勃与姚兴相峙、刘裕攻围南燕之时，北魏的政局也出现了重大变化。造成这一变化的主要原因不在萧墙之外，而在宫闱之内。

自从396年进军中原，取得幽并冀三州之后，北魏暂时停止了对外扩张，这其中除了有柔然、高车等草原部族不断骚扰后方的因素外，其政权内部的重重矛盾更是症结所在。作为汉化程度最低、进入中原最晚的少数民族政权，如何从一个部落联盟国家转变为中央集权的帝国，是一个自我手术的痛苦过程。此时，这副重担就压在了道武帝拓跋珪的身上。

平定河北后，拓跋珪于398年迁都平城（今山西大同），建宗庙、立社稷、正封畿、制郊甸、校准度量衡；任命汉族士人邓渊典官制，董谧掌礼仪，王德定律令，晁崇考天象，而由吏部尚书崔玄伯总而裁之。至此，封建制的国家机器初步建立。同年十二月，拓跋珪正式称帝，是为北魏道武皇帝。

然而，对拓跋鲜卑而言，从部落联盟变为封建集权，从游牧漂泊变为

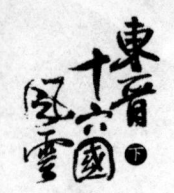

安土定居，这一翻天覆地的变化不但与千百年来草原社会的传统习俗相抵触，也触犯和伤害到了许多部落贵族的现实利益。这就好比把一匹生长在大草原上的野马驯服成任人驾驭的坐骑一样，势必要有一番挣扎和搏斗。由于登国年间（386—396年）部落战争的胜利，这一时期明目张胆的军事叛乱减少，但朝廷内部或有形或无形的抵制和不满则越来越多。对此，拓跋珪别无良策，只能报以铁腕。所以，从皇始年间（396—398年）开始，许多朝臣勋旧被拓跋珪以各种罪名加以诛戮废黜，仅有史可查的就有二十六人之多，其中不乏拓跋仪、拓跋遵这样的亲贵宗王和庾岳、穆崇这样的功勋老臣。

除此之外，另一种不良嗜好也在腐蚀着拓跋珪的身心，那就是嗑药。

不知从什么时候开始，拓跋珪迷恋上了服食寒食散。

寒食散，又称五石散，其主要配料是紫石英、白石英、石硫黄、赤石脂、钟乳石这五种矿物质，服后体内燥热，须以各种方式发散药性，尤其要吃冷食，喝温酒，洗冷水浴，穿衣服要薄露透，故又得名寒食散。据传寒食散之方始于汉代，但真正流行起来还是魏晋时期，代表人物自然是那些风流名士，其中著名者有何晏、嵇康、王羲之等。这种药十分珍贵，发散起来又特别讲究，所以非富贵之家不能承受，服食之风主要盛行于上流社会。不知何时，此方竟也随着华夏文化，传入了胡族统治者的宫廷。

唐朝药王孙思邈认为，寒食散"大大猛毒"，遇上此方的人赶紧烧掉最好；经常自己服食的晋朝名士皇甫谧也认为它药性猛烈，极难驾驭，服食和发散过程中稍有差错，很容易留下各种后遗症，严重者舌缩入喉、痈疮陷背、脊肉溃烂，甚至当场丧命。我们常说"是药三分毒"，何况是吃这些稀奇古怪的矿石呢！即便服食得法，长期使用，也会给人体造成严重的伤害。

那么，既然寒食散跟毒药差不了多少，为什么他们还要天天吃、月月吃呢？这就跟现代人吸毒类似，饮鸩止渴，欲罢不能。时人相信，寒食散有多种功效，吃了以后，不但可以身轻体健、延年益寿，而且还能催情壮阳、增强快感。长生和纵欲，不论何人都是想要的，帝王之身更是如此，所以拓跋珪爱吃寒食散，实在不值得奇怪。

本来拓跋珪服寒食散，有太医令阴羌的精心调理，最初并没有太多的不良反应，但后来这位太医被拓跋珪以"视疗不尽术"的罪名给杀了。于是到了天赐六年（409 年），药性发作后的不良反应越来越严重起来。史料记载，这时的拓跋珪常常忧懑不安，一连几天不吃饭，整夜整夜不睡觉，一个人在空房间里自言自语，好像在和鬼魂说话一般，说的都是灾异天变、自己以往的成败得失诸事，时时担心身边的人都不可信，有祸起肘腋之虞；见到旁人则喜怒无常，不但常常归咎于群下，还跟大臣们算陈年旧账，把以前得罪过自己的统统诛杀，甚至有些人仅仅因为神情变动、喘息不调、行步错乱、言辞失当，就被拓跋珪亲手殴击至死，尸体皆陈于天安殿前。

一句话，这时的拓跋珪简直就是个精神分裂加高度神经质的疯子。

本来朝廷里的政治空气就够紧张的了，如今皇帝又变成了这副模样，于是朝野上下人人危惧、各怀异心，政府各部门无人统摄、消极怠工，京师内外盗贼公行，巷里之间人迹稀少。这种种情形拓跋珪自己也有耳闻，他说："那是朕过于放任所致，待此灾年一过，再重新整治便是。"

说这句话的时候，拓跋珪一定没有想到，他再也没有等到重新整治的机会。

这年十月，拓跋珪召长子拓跋嗣进宫，准备向他宣布一个重要决定。

这个决定已经藏在他心里很久了，拓跋珪明白，一旦付诸行动，它必

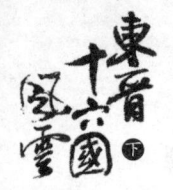

将改变整个国家的历史,所以他曾经犹豫、摇摆,慎之又慎,斟酌再三。但现在他不想再拖下去了,他要趁着自己年富力强、神智清醒的时候,彻底解决这个困扰了拓跋部千百年来的难题。

这便是皇位继承问题。

前文提到过,在统治权力的继承上,早期的拓跋部实行的是兄终弟及和父死子继并行,而且兄终弟及制往往更占优势。什翼犍和拓跋珪父子虽然都是子承父业,但他们都是通过政变、战争等非正常方式才取得帝位,并且还要借助母家的支持。什翼犍上台,是在平文王后的干预下弟弟拓跋孤让位于他的结果;拓跋珪复国,是母亲贺氏护翼和贺兰部拥戴的产物,他的帝位直到击败了叔叔窟咄后才得以稳固。所以直到此时,兄终弟及这个古老的传统在拓跋部中依然有很深的影响。

我们知道,拓跋珪是他爹拓跋寔的遗腹子,因此没有同父兄弟。但后来他娘贺氏上嫁给了他爷爷什翼犍,倒给他生了几个同母异父的兄弟,这其中就包括卫王拓跋仪、秦王拓跋觚和阴平公拓跋烈①。这三人中,拓跋觚在中山之围时被慕容麟所杀,拓跋仪则不久前因涉嫌谋反被拓跋珪赐死,只有拓跋烈还在世,虽然他仍有资格继承皇位,但不论威望和资历都要差一些,何况拓跋珪的意愿本就是要将皇位传给自己的子嗣。

拓跋珪总共生了十个儿子,两儿早夭,八人尚在。这一年,长子拓跋嗣十八岁,次子拓跋绍十六岁,余子更加年幼。在拓跋珪看来,自幼"明睿宽毅"的拓跋嗣正是继承自己的合适人选。于是他把拓跋嗣召进宫来,向他宣布自己的决定。

---

① 拓跋仪、拓跋觚、拓跋烈三人在《魏书》中均说成是秦明王拓跋翰之子,这是后来国史之狱后,史官为了遮掩贺氏公媳之间婚配的"丑事"而加以篡改所致,此事已被周一良、李凭等学者证明。

从父亲的口中，拓跋嗣同时听到了一好一坏两个消息。

好消息是：不久，朕将立你为太子。

坏消息是：为了防止日后母后干政、外戚为乱，朕效法汉武帝杀钩弋夫人，已经将你的母亲刘贵人赐死了！

这便是北魏历史上著名的"子贵母死"制度：立太子之前，必先杀其母。

拓跋珪从自己的亲身经历出发，为了杜绝拓跋部政治生活中长期存在的母权干政现象，并借此抑制与皇室联姻的部落贵族势力，才不得不矫枉过正，创立了这灭绝人性的残忍制度。当年汉武帝杀钩弋夫人，只是一时的权宜之计，而拓跋珪设立的这一制度，却伴随了北魏政权一百多年，正如拓跋珪自己所说，他做出这个决定是"为国家长久之计"考虑。

但十八岁的拓跋嗣此时还想不到这一点，他也不愿去想。这位少年天性仁厚，事母至孝，猛然听到这个噩耗，无论如何不能接受。他当着父亲的面哀哭不已，让拓跋珪很是恼怒。有什么可哭的，你马上就是要当太子的人了！要以国家大事为重，是男人就应该对自己狠一点！回到自己家里，拓跋嗣仍是日夜恸哭。拓跋珪知道后大发脾气，又要召他进宫。左右都劝阻拓跋嗣道："皇上十分生气，入宫恐有不测，不如暂时到外面避一避，等皇上气消了再回来。"于是拓跋嗣选择了孩子与家长赌气时的常见方式——离家出走。

这下子拓跋珪更火了，他大发雷霆，骂拓跋嗣是逆子。你小子走了就不要回来！太子你不当，自有人来当！于是拓跋珪又想立次子清河王拓跋绍为太子。可按照他自己立的规矩，要立拓跋绍，也先要杀了他的生母贺夫人。这位贺氏是拓跋珪生母贺氏的亲妹妹，也就是他的姨妈，容貌美艳无比，当年拓跋珪一见之下，就想把这位小姨妈娶了当媳妇，他娘贺氏不

干,说她过于美丽,纳之必有不善,况且人家已经有丈夫了嘛!可拓跋珪实在喜欢这位佳人,愣是叫人把她丈夫杀了,然后纳入后宫,后来就生了拓跋绍。眼下要处死这位心肝宝贝,拓跋珪还真是有点舍不得,所以他只是把贺夫人关押了起来,自己犹豫不决。

他犹豫不决,可贺氏却吓坏了。有拓跋嗣生母刘贵人的例子在前,她自然知道等待自己的将是什么结局。于是她偷偷派人给儿子拓跋绍送信,说我就要被杀了,你还不想办法救我!这位拓跋绍虽然年纪小,但自幼凶狠无赖,平常最喜欢干的事是带着手下在京城的街巷里转悠,以劫掠勒索行人为乐。听说自己的老娘命在旦夕,立刻来了好勇斗狠的流氓脾气,当天晚上买通了宫里的太监,带着帐下壮士翻墙入宫,直奔天安殿而来。由于这些日子拓跋珪喜怒无常,屠戮近臣,宫里的警卫并不甚严,见到有人闯进殿来,皇帝身边的太监大呼"有贼"!拓跋珪一惊而起,慌乱中却找不到自己的弓箭佩刀。拓跋绍手下一拥而上,于是这位叱咤风云的一代枭雄,就这样死在了自己十六岁的儿子手里,时年三十九岁。

次日,宫门直到中午仍然未开,大臣们十分奇怪,不免议论纷纷。这时,一纸诏书传来,叫文武百官至端门前肃立。众臣聚集后,清河王拓跋绍的声音从门后响起:"我有叔父,亦有兄,诸位公卿欲从谁?"

此言一出,众臣愕然变色,才知道皇帝已经晏驾,可没人知道到底是何缘故,都低着头不敢作声。

此前拓跋珪立太子的诏令还未及做出,生前他也没有明确的意向,按照老规矩,有资格继承皇位的人包括阴平公拓跋烈和齐王拓跋嗣,也就是拓跋绍口中所称的"叔父"和"兄"。可拓跋嗣此时去向不明,拓跋绍的言外之意又显然是自己想当皇帝。此时此刻,发言表态稍有不慎,必将招致杀身之祸,所以宫门外群臣一言不发,气氛既紧张又诡异。

但拓跋绍已然发问,一直沉默下去也不是办法,于是,过了许久,众臣之首的南平公长孙嵩才说了两个字:"从王。"

这可以理解为"请你当皇帝",也可以理解为"由你来决定",这个模棱两可的回答似乎让拓跋绍颇为满意。但还没等他有新的动作,群臣中却有一人大哭着离去。

此人正是他的叔父阴平公拓跋烈。他的哭声,究竟有几分是痛悼拓跋珪的死亡,有几分是痛心自己失去继承权,并忧惧进而会受到拓跋绍的迫害,则只有他自己才知道了。

第17章 天下第一才子

拓跋绍虽然杀死父亲后暂时控制了皇宫，但他发动政变只是一时冲动、仓促为之，事先在朝臣中既无党羽，又没有掌握军权，虽然大臣们在宫门外迫于形势说了句"从王"，却并不代表他们已经承认他就是新皇帝。实际上，政变发生后朝野恟恟，人怀异志，贺兰部大首领贺护甚至在安阳城北燃起了烽火，贺兰部民们都前来汇聚，其他诸部也各自屯聚自保，整个国家即将陷入动乱之中。

出亡在外的拓跋嗣听说宫中有变，带着贴身近侍车路头、王洛儿两人悄悄回了平城，白天在山里藏身，晚上就住在王洛儿家里。王洛儿的邻居李道为他供奉衣食，王洛儿自己则奔走于诸大臣之间，为拓跋嗣通风报信。不久，消息走漏，拓跋绍派人杀了李道，又悬赏捉拿拓跋嗣。执掌狩猎的小官叔孙俊和宗室疏属拓跋磨浑自称知道拓跋嗣的藏身之处，拓跋绍就派帐下两人跟他们一同去抓。谁知一出城，叔孙俊和拓跋磨浑就把这两人的脑袋砍了，来向拓跋嗣效忠。

此时大臣们已渐渐得知了拓跋绍弑父的真相，自然不愿拥护于他。十月十四日夜，在王洛儿的引导下，安远将军安同等一众大臣翕然响应，纷纷赶往城外迎接。等拓跋嗣在群臣的簇拥下来到城西，早有禁军卫士将拓跋绍拿获前来请功了。

经过这一劫难，拓跋嗣终于开始担当起他应负的责任。他下令将拓跋绍、其生母贺氏及参与谋逆的十余人一律处死，最先刺死拓跋珪的凶手，则剁成肉泥，由群臣分而食之。

十月十七日，拓跋嗣即皇帝位，是为北魏明元皇帝。而他登基后的第一件事，就是拨乱反正，将拓跋珪末年贬黜的大臣们都召了回来，还任命长孙嵩、安同等八位重臣共听朝政，时人谓之"八公"。一度濒临动乱的政治局势迅速稳定了下来。

作为一个热爱汉族文化的皇帝，拓跋嗣的登基还将一个超级牛人推上了前台。

他就是十六国时期的天下第一才子——崔浩。

崔浩，字伯渊，小名桃简，出身于北方大族清河崔氏，是北魏白马公崔宏（字玄伯）的长子。崔浩家学渊远，祖上世代为官，曾祖崔悦在石虎一朝任司徒右长史，祖父崔潜则在前燕担任过黄门侍郎，父亲崔宏更是了得，自小就有"冀州神童"之名，先后侍奉过苻坚、翟钊和慕容垂，最后在北魏做到天部大人，位列八公，爵封白马。

崔家既是儒学世家，又是书法世家。出生在这样的书香门第，加以自小聪慧好学，崔浩年纪轻轻即已博览经史，玄象阴阳百家之言，无不综览，精研义理，时人莫及。

崔浩的才学是多方面的，用史书上的话说，就是"才艺通博，究览天人"。他是书法大家，时人以得其片纸只字为宝，常常裁割缀连，以为楷模，而且他还注过六经、《汉书》，编过《赋集》，写过《食经》，修过北魏国史，制定过《五寅元历》，通晓阴阳五行，堪称是文学家、经学家、史学家、美

食家、天文学家、阴阳学家，放在现在，那就是宗师级别的神人。

不止如此，我之所以称他为"天下第一才子"，还因为他的才能不仅仅局限于学术方面，其在政治、军事领域的谋略和建树更是令人称奇。如崔浩一般，在众多领域皆有非凡造诣和成就的牛人，古往今来恐怕不出十个，在十六国时期，则更是只此一家，无人可比，所以这"天下第一才子"之名，崔伯渊实在当之无愧。

崔浩不但有如此大才，而且生得"纤妍洁白，如美妇人"，还是个玉树临风的翩翩公子，要是他愿意风流一些，什么潘安、宋玉之流怎能望其项背？但崔浩生性谨严，既不好炫耀，又不闹绯闻，在为人处事上并不像何晏、王衍之类名士那样哗众取宠，所以到了二十岁，他依旧默默无闻。这时，另一个北方大族太原郭氏把女儿嫁给了他，但不久这位新婚妻子得病死了，崔浩的丈母娘王氏不顾丈夫的反对，又把小女儿嫁给了他，因为老太太相信，崔浩有绝世才华，必将飞黄腾达。

老太太没有猜错，崔浩的机会很快就来了。

拓跋珪在位时，崔浩只是个小小的秘书郎，每天的工作就是随侍左右，抄抄诏令公文。后来拓跋珪嗑药发疯，屠戮近臣，身边的人都避之唯恐不及，只有崔浩每天恭勤不息，还常常自愿加班。不久拓跋嗣即位，感念崔浩忠于职守，就提拔他当博士祭酒（大致相当于中央大学首席教授），抽空给自己念念书、讲讲课。

这位新君和崔浩有一个共同的爱好，那就是阴阳五行术数之学，每天处理军国大事之余，若是碰上些疑惑不决的事，就常常叫崔浩卜个卦、算个命啥的。崔浩牛刀小试，一算就准。例如，有一次后宫庭院里凭空出现了一只兔子，守门的都说没看见，不知道从哪里跑来的。拓跋嗣很奇怪，就叫崔浩推算一下。崔浩说，这是吉兆，乃是邻国将进献妃嫔之象。第二年，姚兴果然将自己的女儿西平公主嫁给了拓跋嗣。

能掐会算、预测凶吉这类玄妙东东，本来就容易得到帝王们的关心，当年佛图澄就是靠此得到石勒宠幸的，何况拓跋嗣自己也十分喜爱这一套，于是崔浩越来越受到拓跋嗣的信任，渐渐参与到一些重大决策中来。

神瑞二年（415年），由于连年霜旱，北魏平城一带发生了饥荒，云中、代郡之民多有饿死，太史令王亮、苏坦就劝拓跋嗣迁都邺城，还引谶书说，若迁都邺城，将得五十年平安康乐。拓跋嗣拿不定主意，就与众臣商讨。崔浩与特进周澹同时表示反对。崔浩的意见是，迁都于邺虽可救今年之饥，却非长久之计；更重要的是，现今北魏在中原的统治根基并不牢靠，山东百姓之所以不敢反叛，是因为他们以为我们地盘大、人畜多、国力雄厚，要是我们真的分批南徙，水土不服不说，还暴露了人口少、国力弱的真相，会助长叛乱之心；此外，一旦迁都，则平城留守的兵力必少，赫连勃勃和柔然要是知道了，一定会举国来攻，那云中、平城可就危险了，那时朝廷距恒、代有千里之遥，又有山川阻隔，难以救援，这不是声实俱损么！现在我们的统治重心在北方，假如山东有变，我军轻骑南下，遍布林莽之间，谁能确知我们军力多少！百姓一见，必将望尘降服，这正是我国能够威制中原的关键所在，所以不可迁都。同时，崔浩还建议挑选饥贫之家到中原就食，以度过这次饥荒。

拓跋嗣遂按崔浩的意见从事，并亲自带头耕种藉田，开展大生产运动。转过年来，粮食丰收，北魏遂平安地度过了这次危机。为此，拓跋嗣特意赏给崔浩、周澹每人姬妾一个、御衣一袭。

不久，发生了一件更糟糕的事。这次不是地上的庄稼歉收，而是天上的星星失踪了！主管天文观测的太史奏报，昨晚上火星走到鲍瓜五星的区域时，忽然瞬间消失，满天找不见所在，照常例推占，一定是星宿下凡，跑到哪个国家去了！

拓跋嗣一听很紧张，赶忙把崔浩等名儒十余人找来，和太史们一起参

悟这火星到底落哪儿了。你也许会问，星星消失就消失呗，又不是太阳月亮不见了，他们干吗这么重视？

前文我已经多次介绍过，在古代中国人的世界观里，火星（荧惑）可不是什么好东西，通常情况下，它意味着灾祸和不祥。《晋书·天文志》中说："荧惑为乱，为贼，为疾，为丧，为饥，为兵，所居国受殃。"火星落在哪个国家，说不定就是亡国之征，拓跋嗣当然紧张了，万一这灾星跑到我脑瓜顶上，可怎么办？

十几个白胡子硕儒太史会诊了半天，都觉得天道幽远，实在不知道火星去哪儿出差了。这时，崔浩缓步而出，娓娓说道："根据《春秋左传》'神降于莘'的典故，可知据神灵下界的时间，便能够推知他所在的地点，请让我试着推算一番。本月庚午日（19日）的夜间和辛未日（20日）的清晨，气候阴沉，天上有云，火星的失踪当在这两天之间。午者，于星辰为鹑火，在柳九度至张十二度之间，乃周地之分野；未者，于星辰为鹑首，在东井十六度至柳八度之间，是秦地之分野；如今洛阳关中这些周秦故地尽在姚兴之手，庚、辛又都象征西方民族，火星一定落往秦国去了。"（以上天文术语不必深究，知道崔浩很牛就可以了。）

此言一出，白胡子先生们纷纷大怒，道："天上失星，人间又怎能知道它的去向！"

面对指责，崔浩笑而不应。

八十多天后，火星重现于天上，在东井星宿（东井仍是秦地分野）附近徘徊往复，闪烁不定，很久才离去。

同年，后秦境内大旱，长安西南的昆明池干涸见底，妖言四起，国人不安，一切似乎都在验证崔浩的预言：后秦大难临头了！

（第八卷完）

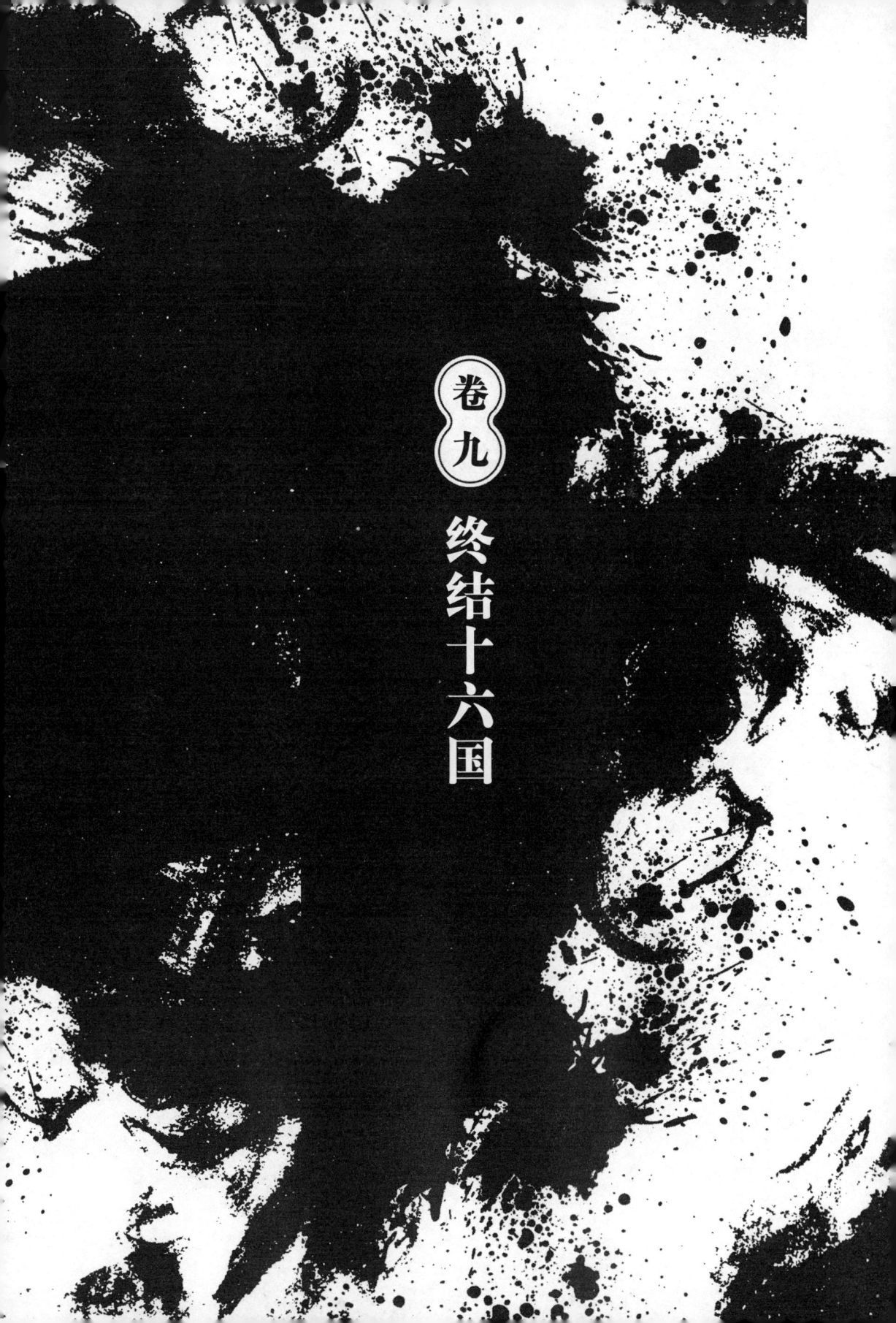

卷九 终结十六国

第❶章
气吞万里如虎

崔浩的判断不错,在立国三十年后,后秦的统治已呈江河日下之势。

其实姚兴是一个蛮不错的君主,在位期间没少为老百姓办事。但他文治有余,武功则不足,在这样一个弱肉强食的丛林时代,身边又都是如狼似虎的嗜血对手,姚兴就难免有些左支右绌、力不从心了。在西方,西秦乞伏鲜卑,仇池氐杨盛叛服无常;在北方,赫连勃勃的匈奴骑兵不断掳掠人口,蚕食城镇;在东方,自柴壁一战受挫于北魏后就停止了扩张,为了结好魏主,姚兴还把自己的爱女嫁给了拓跋嗣。

更重要的是,外患尚未平息,内乱又祸起萧墙。而内乱的起因,依然是剧情颇为老套的继承人问题。

都说富不过三代,姚兴比之乃父姚苌在智计宏略上已颇为不如,到了他的长子姚泓这一辈,则更为不堪。姚泓这个人,史书对他的评语是"孝友温和,而无经世之略,又懦弱多病",基本上是一个老好人加窝囊废。当年,姚兴犹豫了好几年,才最终将他立为太子。虽然如此,姚兴仍然不

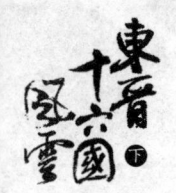

喜欢这个文弱无能的儿子,而更喜欢第三子广平公姚弼。姚弼因何得宠,史籍无载,不过从他在诸子当中最早参与对外征伐来看,大概姚兴觉得此子确是个可造之材。

就算是普通人家,父母偏心往往都会导致兄弟阋墙,何况是一国之内各拥雄兵的宗王之间呢?于是,一方面姚弼由于父亲的宠幸越来越飞扬跋扈,想将太子姚泓取而代之,一方面姚懿、姚洸等宗王和朝臣们对此状况越来越不满,加之姚兴自己晚年多病,优柔寡断,到了416年他病重之时,内乱终于发生了。

自从本书开篇讲述八王之乱以来,各政权内部发生了无数的变乱,无非都是你杀我、我杀你,难免会搞得读者们有些审美疲劳,所以在此,我不打算详细叙述后秦的这次内乱。总之,先是姚弼的党羽进攻皇宫,既而姚兴强支病体,击败了进攻并将姚弼赐死,然后姚兴病死,姚泓即位,成为后秦的第三个皇帝。

不幸的是,他也是后秦的最后一个皇帝。

因为,那个气吞万里如虎的刘裕又来了!

自从六年前灭掉南燕后,刘裕又讨平了卢循之乱,灭掉了割据巴蜀的谯纵,铲除了政治对手刘毅和司马休之,官拜太尉、中外大都督、都督二十二州诸军事,功勋盖世,声威远播,是当之无愧的朝野第一人。不过,虽然他可以享受剑履上殿、入朝不趋、赞拜不名的礼遇,但上朝时,五十四岁的刘裕仍然要向比他小将近二十岁的司马德宗三叩九拜、行礼如仪,因为在名义上,这个口不能言、冷热不分的白痴仍然是他刘裕的顶头上司——东晋皇帝。

但这时的东晋早已不是一百年前"五马渡江"后的东晋,这时的刘裕也早非京口聚义征讨桓玄之时的刘寄奴。这十几年来的东征西讨、辛苦操劳,如果说都是为了他司马家,傻子都不相信。现在,朝廷里已经没有了能够直接威胁到刘裕的对手,全国的军队也尽在他的掌握之中,将领们更加忠于他刘裕,而不是早已式微的司马氏政权。通天大道九百九十九,只差一步,他就可以跨入龙门,从而名实俱符地成为这个国家真正的主人。然而这最后一步却又最是艰险,多年以前的王敦和桓温都不敢走,鲁莽的桓玄则走过了头,还没站稳,就滚下了坡。他刘裕如果想登上顶峰、站稳站牢,成为天上地下唯我独尊的非常之人,那就非得立下名垂千古、震烁古今的非常之功不可!

恰在此时,不争气的后秦发生了内乱,姚兴死去,兄弟相图。对刘裕来说,又有什么功业能比夺回两京、光复河山更辉煌呢?

于是,这年八月,刘裕留下世子刘义符和老部下刘穆之留守后方,亲统五路大军,挥师北伐,直指中原。

五路大军自东而西分别是:

第一路,由老将王仲德为前锋,其任务是凿通巨野泽与黄河间的运河①,而刘裕本人统领大军为后继,从彭城出发,沿泗水入清水、济水,经巨野泽后进入黄河,逆流而上,直抵洛阳。当年桓温伐燕,走的正是这条路线,不同之处在于,徐兖之地现在尽为晋朝所有,刘裕一路行来,远较桓温当年顺利。

第二路,由建武将军沈林子和刘裕的族弟彭城内史刘遵考指挥,也从彭城出发,沿汴水西上,略地谯郡、梁郡,经石门塞入黄河,与第一路汇合后共同进军洛阳。

第三路,由龙骧将军王镇恶、冠军将军檀道济指挥,从寿阳出师,逆

---

① 即当年桓温北伐前燕时开凿的"桓公渎"。

着当年苻坚南侵的路线,沿颖水、汝水北上,攻略陈郡、颖川、许昌,目标仍然是洛阳。

第四路,由新野太守朱超石、宁朔将军胡藩指挥,从襄阳出发,经南阳后进入秦境,直抵阳城(今河南登封东南)。

第五路,由振武将军沈田子、建威将军傅弘之率领,出襄阳后,向西北进军,沿丹水而上,越秦岭,入武关,经上洛(今陕西商洛),直指关中。

此外,还有别将姚珍、窦霸两人各领数千人马,从汉中出发,在子午谷、骆谷一带制造进攻长安的假象,以为疑兵。

九月,刘裕来到了北伐的大本营彭城(今江苏徐州)。彭城是楚霸王项羽的旧都,也是刘裕的祖籍所在。许多年前,他的曾祖父刘混由此避难过江,迁居京口,这才有了后来的刘寄奴。适逢重阳佳节,刘裕与一干文武登上南山戏马台,举目远眺,饮酒赋诗。当年京口市井中的一介游民兼赌徒,如今已成了坐断东南的第一人。此去若成,我刘裕亦当锦衣还乡,横槊唱大风!

与此同时,淮泗水面上百舸争流,北伐的大军正在破浪前行。

从这次北伐的布局和兵力配置来看,刘裕的战略意图是以前四路为主力,分进合击,先取洛阳,修复园陵,然后再合兵一处,挺进关中;而以第五路和姚珍、窦霸两支偏师牵制骚扰关中的秦军主力,使之不能分重兵救援洛阳。由于出色的情报工作,刘裕对关东秦军的情况了如指掌,知道他们兵力既少,指挥官又是无能之辈,是以敢于将十余万部队分为四路,同时前进。

果然,进入秦境后,晋军势如破竹,没有遇到什么强劲的抵抗。尤其是王镇恶、檀道济指挥的第三路军,所到之处,漆丘、项城等城邑纷纷投降，只有新蔡太守董遵据城不下。没说的，檀道济三下五除二攻下新蔡，将董遵斩首，既而进克许昌，俘获了后秦颍川太守姚垣及大将杨业。

第二路沈林子部的进展也很顺利。入秦境不久，襄邑（今河南睢县）的地方大土豪董神虎聚众一千余人响应晋军，沈林子便以董神虎部为向导，合兵攻克仓垣（今河南开封北）。后秦兖州刺史韦华见势不妙，立刻投降。

第一路王仲德部由于一路行来都是本国国土，基本上等于观光旅游，直到来到滑台附近，才算见到了敌人。滑台这个地方原来是慕容德建立的南燕的都城，后来南燕迁到广固，这地方就被北魏占了去，成了北魏在黄河以南的桥头堡。王仲德本来很紧张，生怕弄不好把北魏也拉入了战局，谁知守滑台的北魏兖州刺史尉建竟然是个胆小鬼，见晋军阵容强盛，居然弃城渡河而逃。王仲德捡了个大便宜，他还想卖个乖，冲着魏军远去的背影嚷道："我晋国本来想用布帛七万匹向贵国借道，没想到贵国守将如此好客，钱还没收，就自己跑了！"魏主拓跋嗣得到报告，觉得大丢面子，立刻调刚刚在河内平定了叛乱的叔孙建、公孙表军向左转，去与晋军交涉。

叔孙建、公孙表引军来到滑台城下，当着晋兵的面，将畏敌而逃的尉建斩首，尸体扔进黄河。接着叫王仲德出来，说滑台是我大魏神圣不可侵犯的领土，我们对东晋的侵略行为表示严正的抗议和强烈谴责。王仲德的答复是："俺们此来是上洛阳上坟扫陵的，不敢侵略贵国。贵国守将自己走了，我们只是暂且借个空城歇歇脚，马上就走。"拓跋嗣对这个回答很不满意，叫叔孙建直接去找刘裕。刘裕的答复虽然冠冕堂皇、言辞谦逊，但跟王仲德说的基本一样，说我们只是路过打个酱油，绝没有对北魏不利的意思。

不管怎么说，确实是北魏的人自己弃了城池，双方并没有发生直接的军事冲突，刘裕又给足了拓跋嗣面子，拓跋嗣也就顺台阶下，暂时不再理会，只是派"黑矟将军"于栗磾在北岸筑垒，以防晋军进一步侵逼。

随着晋军在关东迅速推进，破城失地的告急文书一份份传入了长安城。为此，新任皇帝姚泓召开了一次重要会议，讨论御敌方略问题。会上，东平公姚绍（姚泓的叔祖）提出，应该将镇守西北国境安定的军户调回关中，全力对付刘裕；而左仆射梁喜的意见相反，认为关中的兵力已经足够，安定的军队一旦调回，赫连勃勃一定会南下，到时腹背受敌，岂不更糟？姚泓觉得梁喜说得更有道理，安定边防军不宜轻动。但关东的危难也不能不救，只好扳着指头挤出了骑兵三千、步兵一万，分别交给越骑校尉阎生和武卫将军姚益男，叫他们前去支援洛阳；同时，又命弟弟姚懿自蒲坂南屯陕津（今山西运城南，与河南陕县隔黄河相望），为阎、姚二将声援。

会后，心事重重的姚绍找来一位胡僧，问国家休咎如何。这胡僧啥也没说，只是要了一袋面粉，不慌不忙烙起饼来。这饼越擀越大，烙好后直径竟有一丈来宽。胡僧翻身坐在饼上，开始一口一口吃起来，先吃西边，再吃北边，最后吃南边，剩下的饼卷了卷，一口吞下，扬长而去。

姚绍似乎明白了什么，他长叹一声，老泪纵横。

第 2 章 金戈铁马却月阵

也许天上的妖星真的降入了人间为灾，后秦的厄运还远远没有到头。先是洛阳落入晋军之手，紧接着，镇守蒲坂的姚懿和镇守安定的姚恢相继造反，一个要自己当皇帝，一个挥师长安，号称要"清君侧"。姚泓只好把国家的命运全托付给了老将东平公姚绍，让他扮演"救火队长"东西两头跑，最后总算将后院的这两把熊熊大火先后扑灭。

而雄踞岭北的赫连勃勃也趁着姚恢放弃安定、回长安造反的机会，到关中大抢了一把，等到"救火队长"姚绍带兵来打他，他又马上退了回去。赫连勃勃当然不是畏惧姚绍，而是得知了刘裕北伐的消息，他笑对群臣道："刘裕水路俱进，又有高世之略，他姚泓岂能自保！更何况内部还有兄弟叛乱，他拿什么来抵御晋兵！刘裕必破秦无疑。然而，刘裕攻下长安之后，不久定会南返，至多留其子弟和诸将把守关中。待刘裕走后，我取长安如拾草芥，现今不必多劳累士卒。"于是赫连勃勃厉兵秣马，养精蓄锐，兴致勃勃地坐山观起了虎斗。

与此同时，拿下洛阳的王镇恶、檀道济和沈林子得知后秦内部有变的

消息,决定放弃在洛阳等待与刘裕会师的原定战略,抓住战机,趁虚直捣潼关。可计划赶不上变化,没想到造反的姚恢那么不经打,马上就被姚绍摆平了,等晋军来到潼关之时,姚绍已带着五万人马赶回增援,于是原定的突袭战被迫变成了旷日持久的攻坚战。

在姚绍与王镇恶等于潼关相持不下之时,从彭城出发的刘裕军已进入黄河,正在向洛阳挺进。这次可不是毛德祖那万八千人的前锋部队,而是刘太尉亲统的北伐主力军,虽然具体兵力不详,但已足够给对岸的北魏造成强大压力。虽然刘裕几次三番声言是借道,可拓跋嗣感觉自己像是被人拿刀子顶着借钱,心里既担心又怀疑,十分别扭,再加上自己的大舅子姚泓的求救信也到了(姚泓妹西平公主嫁给了拓跋嗣,虽然因铸金人不成,没被立为皇后,但却十分受宠),拓跋嗣就与群臣商议,到底该拿刘裕怎么办。

对此,北魏的大臣们意见比较一致,认为潼关乃是天险,刘裕用水军来攻打,十分困难,但上岸侵略我国则相对容易,他刘裕口口声声说是伐秦,谁知道肚子里到底安的什么心!万一他攻打河北怎么办?再说秦国又与我国有婚姻之好,不能不救,最好发兵阻断黄河上游,让刘裕无法前进。

但崔浩这时发表了不同意见,他说:"刘裕谋划攻秦已经很久了。现今姚兴已死,姚泓庸懦无能,国家内乱频生。刘裕乘其危难而伐之,那是志在必得。我们如果阻断上流,就是跟刘裕结仇,到时刘裕怀恨在心,一定会上岸北侵,那我们不是白白替秦国当了一回挡箭牌么。近来柔然寇掠北方,国内收成又不好,此时如果再与刘裕为敌,恐怕南北难以兼顾。不如暂且让出水道,待刘裕西进后,我们再屯兵断其后路。这样做的好处是:假使刘裕得胜,一定会感谢我们借道的恩德;他要是失败了,我们也没有失掉救秦之名。即便刘裕得到了关中,其势悬远隔绝,必不能久守,迟早总要落到我们手里。况且南北之间水土习俗大有不同,刘裕绝不能用吴、越之兵与我国争夺河北之地，沿水路西伐才是他的真正目的。为国家大计考虑的人，应以社稷为重，怎么能够顾及一个女子的感受呢？"

看来崔浩的预想与赫连勃勃相同，都希望本方在刘裕与后秦的争斗中置身事外，以图将来得到渔翁之利。而且他们都认为，刘裕就算得了关中，由于地势悬远、风土迥异的缘故，也不能久守，只需要多一点耐心，苹果就会自己从树上掉下来。

从个人感情而言，拓跋嗣倒真是想拉那个没出息的大舅子一把，可崔浩说得不错，自己没必要代人受过；不过其他大臣的话似乎也有道理，万一刘裕担心后路被断、腹背受敌，调转枪口来打我们，怎么办？

拓跋嗣思前想后，决定采取中庸之道：派司徒长孙嵩统领振威将军娥清、冀州刺史阿薄干等步骑十万，出屯黄河北岸，密切监视刘裕的动静。

长孙嵩也是北魏的功勋老将了，从十四岁时即统军打仗，虽然崔浩给他的断语是"有治国之用，无进取之能"，但执行这巡河的任务对他来说，无异于小菜一碟。长孙大将军带着十万大军信心满满而来，将营盘扎在了畔城（今山东聊城一带），另指派几千骑兵为游军，每天如影随形一般，陪着水里的晋军：刘裕你坐船头，哥哥在岸上走，浪花滚滚，纤绳荡悠悠啊荡悠悠……

但刘裕的运粮船实在太重，又是逆水行舟，时值春末夏初，刮的都是南风，有时候风大水急，纤绳绷断，不免有几只船被吹到了北岸。面对这送到嘴边的肥肉，向来以劫掠为乐的鲜卑骑兵岂能不吃？当下蜂拥而上，将为数不多的晋兵杀掉，东西抢个精光。人家当着你的面抢你的东西杀你的人，要是坐视不理，你刘裕还怎么带兵？可这帮鲜卑骑兵简直跟苍蝇一般，等刘裕派大军登陆，他们就"风紧扯乎"，跑得远远的，一旦你退了兵，他们又去而复来。反正两条腿跑不过四条腿，你又能奈我何？一来二去，搞得刘裕不胜其烦。由于北魏骑兵的持续骚扰，晋军的行军进度大受

影响，水路补给也不通畅，一个问题就摆到了刘裕面前：怎样才能狠狠地教训一下魏军，让他们再不敢轻易靠近呢？

此时，一个偶然发生的小插曲点醒了刘裕。

这天，一艘大船受暴风吹袭，不幸漂到了北岸。五六百鲜卑骑兵扑上来正抢得兴起，忽见一艘小舟载着十二三人奔岸边划来。鲜卑人都笑了，你这么点人过来，是要干吗，是要搞饭后娱乐活动么？哪知这十几人不是来娱乐的，而是来杀人的。登岸后，为首一将弯弓就射，箭不虚发，应弦而倒，眨眼就射杀了十来个敌人。毫无心理准备的几百魏军大惊，顿时一哄而散，此人夺回大船，潇洒而回。

这位神射手，正是宁朔将军胡藩。他天生一副火暴脾气，眼见自己麾下的船被魏兵抢掠，气愤难忍，这才脱离船队，上岸一显身手。

胡藩的这一行为让刘裕意识到，要想痛打魏军，首先就不能派出过多的军队，因为那会把他们吓跑。

一个计划已在他的心里形成。

四月的一天，刘裕派自己的亲兵队长丁旿率领七百壮士，拉着一百辆兵车上了岸。远处的魏兵看着蹊跷，不知道晋军又要玩什么花样，一时观望未动。这丁旿是著名的大力士，一直担任刘裕的贴身保镖，大概是个跟许褚差不多的人物。时人有一句顺口溜，叫"勿跋扈，付丁旿"，可见此人素有威勇之名。丁旿指挥这七百人将兵车沿河岸摆开，呈一向北凸出的弧形，两端直抵河边，若从高空俯视，宛如一弯新月正展现于河岸之上。

列阵完毕，丁旿举起了一杆白羽战旗。早在船上准备多时的宁朔将军朱超石[①]率两千人迅速登岸，进入战斗序列。加上原来的七百人，每辆兵车

---

① 朱超石与胡藩同为宁朔将军。

上已增至二十七人。而且朱超石不是空着手来的，他还带来了一百张巨弩、一千多支矟、数十把大铁锤和许多面中间留有缝隙的木排。晋兵立刻紧张施工，将所有的木排都装设在车辕之上，这就形成了一个个挡箭牌，对面的箭矢难以射进车里，车上的人却可以透过缝隙发射弓弩。至此，一个在中国战争史上赫赫有名的军阵布列完毕，这便是刘裕精心打造的"却月阵"。

却者，缺也，抱残守缺，大巧不工。

而在晋军列阵期间，魏兵们的表现不像是来打仗，倒像是来参观。他们如同步入卢浮宫的游客，以极为克制的理性态度欣赏着眼前的行为艺术。他们早看明白了，敢情眼前是个军阵。可长孙大人原来的指示是人少了就砍，人多了就跑。如今晋兵正好两千七百人，跟本方差不多，到底是打是跑，还真拿不定主意。于是魏兵们只好一边继续参观，一边派人快马向长孙嵩请示。不多时，领导的指示到了：给我打！长孙大人带着三万骑兵马上就来！

于是鲜卑人不再作矜持状，而是换上狰狞面目，四面纵马而来（准确地说是三面，因为南边靠河，晋军无后顾之忧）。朱超石等的就是这个，他传令下去，先用软弓小箭来射。一开始，鲜卑人还像第一次见了黔之驴的老虎一般心存忌惮，可眼瞧着晋军射出来的箭没飞多远就落在了地上，有一两支射到身上，也跟挠痒痒差不了多少，于是他们就更加放肆大胆，越靠越近。片刻后，长孙嵩的三万大军也到了。面对兵力上的压倒性优势，长孙嵩不再废话，下令立刻总攻，把这帮南蛮子赶下水去喂黄河鲤鱼！

肉搏战开始了。

三万鲜卑铁骑以撼天动地的气势奔腾而至，正面冲击却月阵，但一辆辆厚重兵车紧密相连，像铜墙铁壁一般岿然不动，更重要的是，这时车内的晋军早已换上了万钧巨弩，一时间千弩俱发，每一次齐射，冲到前排的魏兵就像割庄稼一般倒下一片，却月阵前立刻人仰马翻、尘沙滚滚。但鲜卑

骑兵也不是吃干饭的,前排刚刚倒下去,后排又冲上前来,仿佛汹涌的潮水,一浪一浪地拍打着岸边的礁石。弩机不是机关枪,每发射一次都要上弦,晋军使用的万钧巨弩虽然杀伤力大,但上弦所用的时间也更长,再加上魏兵的人数实在太多,总有不怕死的人冲到近前,车阵渐渐难以支撑下去。

关键时刻,朱超石带来的一千支槊发挥了用场。所谓槊,就是特别长的矛。他下令将这些铁槊全部折断,每三四尺为一截,然后"以锤锤之,一槊辄洞贯三四虏"。在此,如何理解史书中的这句话成了问题的关键。晋军到底是怎样使用铁锤和槊的,难道是像雕刻家一样一手持槊,一手用锤敲击?考虑到断槊飞出去造成的巨大破坏力———一槊洞穿三四人,上述方法显然不可能。有学者认为,朱超石是用断槊代替巨弩所使用的大箭,由于上弦的力量实在太大,所以需用铁锤击打巨弩的发射机关(弩牙),使断槊射出杀敌。我认为这种推测相对合理,因为宋代《武经总要》记载的"床弩"就是"以槌发其牙",即用锤子敲击来发射的。断槊比之大箭,虽然射程短、准确性差,但此时鲜卑骑兵已经成批涌到了阵前,恰恰弥补了这一缺点。于是这些勇敢冲到近前的鲜卑们就不幸成了晋军实验穿甲弹的牺牲品,他们只觉一阵冷风扑面,就发现自己与战友前胸贴后背地串到了一起,好像正要下锅的麻辣串。这场面不论在视觉上还是在心理上造成的震撼都实在惊人,魏军再也不顾长孙嵩的督战,惊骇万分地向后退去,一时自相践踏,死者相积。北魏冀州刺史阿薄干也死于乱军之中。此后,朱超石又带领胡藩、刘荣祖这两位神射手乘胜追击,再次击败魏军,杀获千余人。

这期间,刘裕只是坐在楼船之上,静静地看着整个战斗过程。

他无需指挥,因为一切尽在掌握中。

第 3 章 崔浩的预言

却月阵之战结束后,刘裕没有乘势上岸北侵,相反却给长孙嵩送去了江南的特产美酒美食。损兵折将的拓跋嗣这才放心,知道刘裕确实醉翁之意不在酒(北魏),而是在山水之间(后秦),于是便叫长孙嵩答以厚礼。两国之间在黄河边发生的军事冲突,就这样暂时消于无形。

不过,拓跋嗣还是对战局的发展十分关心。一次,崔浩崔教授入宫来讲课,这位年轻的皇帝没举手就发言,问崔老师道:"刘裕西伐,前锋已至潼关。爱卿你看他能成功么?"

这位同学的问题很好。

"刘裕能成。"说着,崔教授合上了手中课本,开始就时事政治和国际形势发表即兴演讲,"当年姚兴治国,崇尚虚名而少实用,如今姚泓又懦弱多病,兄弟乖争,众叛亲离。刘裕乘人之危,兵精将勇,又有何不克!"

"那刘裕的才能比慕容垂如何?"拓跋嗣继续问道。

"刘裕略胜一筹。"

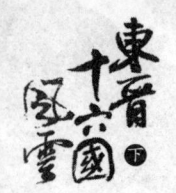

"为何?"

"慕容氏三世经营河北,慕容垂凭借父兄之资,修复旧业,河北之人归之,如夜虫之就灯火,少加倚仗,便易成功。刘寄奴奋起寒微,不阶尺土,讨灭桓玄,兴复晋室,北擒慕容超,南枭卢循,所向无前,若非才能过人,又怎能如此!"

他刘裕真有此能?拓跋嗣心里并不服气,道:"待刘裕入关之后,我若以精骑直捣彭城、寿春,断其后路,刘裕又能如何?"

"此计虽好,然现今西有赫连勃勃,北有柔然寇边,陛下绝不可亲御六师。我大魏兵马虽盛,可惜却无韩信、白起那样的良将;长孙嵩长于治国,短于用兵,不是刘裕的对手。兴兵远攻未必就有好处,不如暂且耐心等待。刘裕灭秦而归,必篡其主。然而关中华夷杂错,风俗劲悍,刘裕要用治理南朝的经验来经营北方,无异于解衣包火、缘木求鱼,即便派重兵留守,关中人情未洽,风俗不同,恐怕到头来终究是为他人作嫁衣裳。愿陛下按兵息民,以观其变,秦地迟早将为国家之有。"

"哦?这么说,你已经考虑得很成熟了嘛!"拓跋嗣笑道。

崔浩也笑了,此时二人既是君臣,又是师友,这种融洽的气氛让崔浩抑制不住想要倾吐的冲动,他说道:"臣曾经私底下评论近世人物,不敢不说给您听。若王猛之治国,苻坚好比得了管仲;慕容恪之辅少主,慕容暐如同有了霍光;而刘裕之平逆乱,正是他司马德宗(晋安帝)的曹操。"

"那先帝如何?"

"微臣管中窥象,何能见苍穹之广大。先帝能用漠北淳朴之人,南入中原,变风易俗,化洽四海,功业自与伏羲神农并列,臣又岂能妄论?"

"那赫连勃勃又怎样?"

"赫连勃勃国破家亡,孤子一身,穷途末路之下,寄食于姚氏。此人不思树党强邻，报仇雪耻，反而结怨于柔然，背德于姚兴，这种无耻小人，无大经略，虽能纵暴一时，终当为人所吞食耳。"

拓跋嗣越听兴致越高，两人不知不觉聊到了半夜。事后，拓跋嗣专门赐给崔浩陈年老酒十觚、水晶盐一两，还说："朕体味你的话，就像品尝这盐、酒一般，越想越有味道。"

后来的事实证明，崔浩的分析丝毫不差。

417年四月，在潼关与晋兵对峙了五个月的老将姚绍由于数战不利，忧愤发病，呕血而死，后秦失去了最后的支柱。

七月，沿河西进的刘裕大军开至陕城（今河南三门峡陕县）。而沈田子、傅弘之率领的第五路北伐军攻入武关，进屯青泥（今陕西蓝田），直接威胁长安。后秦守将纷纷弃城而逃。

八月，无计可施的秦主姚泓决定御驾亲征，与刘裕决一死战，可又担心被沈田子在后夹击，于是带着数万人马先来找沈田子的晦气。沈田子部本是疑兵，只有一千余人，危急关头，晋兵发扬了一不怕苦二不怕死的大无畏精神，在沈田子的带领下与秦军肉搏玩命。后秦的国运也真是到了头，几万人居然被这一千晋兵打得屁滚尿流，姚泓狼狈不堪地逃回了灞上。

紧接着，刘裕抵达潼关，自领陆军在华县一带与秦军相持，而派王镇恶率水军溯渭河而上，直扑长安。

王镇恶是王猛的孙子，十三岁时前秦灭亡，他跟着叔叔王曜辗转流落到了东晋，后来做了一个小县的县令。刘裕北伐南燕之时，有人向他推荐王镇恶。此人虽然骑马射箭都很烂，连个稍强一点儿的弓都拉不开，但自幼读了不少兵书战策，讲起行军打仗头头是道。刘裕一见之下，十分惊喜，认为将门出将，就留他在身边当个参谋。此后讨平刘毅和司马休之，

王镇恶数战有功。本次北伐,刘裕便让他以龙骧将军之职担任前锋。临行之前,刘穆之曾对王镇恶说道:"主公如今将伐秦重任托付给你,你可要好好干啊!"王镇恶当下拍胸脯打了包票,道:"我若拿不下关中,不复过江!"颇有当年祖逖击楫中流的风范。(王镇恶后来也确实没能再过江。)

之后王镇恶克许昌、破虎牢、下洛阳,连战连捷,本次又受命率水军避过后秦防线,直捣长安。这次进攻属于突袭,晋兵乘坐的都是速度奇快的蒙冲小舰。所谓蒙冲(又名艨艟),是一种狭长的小型多桨船,船舱上蒙有生牛皮,以防止敌方箭矢对舱内士兵造成伤害,船舱两侧开有桨孔以及射击孔,行驶起来机动灵活,常用于侦察、冲撞、登陆等快速反应任务。当年三国赤壁大战,周公瑾同学就是用这种蒙冲船放火,才烧跑了曹操数十万大军。由于关中地区平常只有羊皮筏子、摆渡舟,绝少有战船出现,而蒙冲行驶之时,乘坐和划桨的人又都在舱内,所以当王镇恶的水军在渭河水面上悄然行进,船上又瞧不见一个人影儿之时,岸边的老百姓们少见多怪,还以为见了幽灵船。一传十,十传百,都说晋兵是有神仙相助。

八月二十三日凌晨,在熹微的晨光中,晋军船队抵达了长安城北三里处的渭桥。王镇恶下令就在船上饱餐战饭,吃完后立即登陆,有后登陆者一律斩首。上岸后,由于水流湍急,那些蒙冲小舰一眨眼的工夫就被冲得见不着影了。当时,秦主姚泓屯兵于长安城下,犹有数万之众,而王镇恶手头兵力多少,史籍无载,按常理推测,最多也就几千人。敌众我寡,狭路相逢,士兵们的勇气和斗志就成了关键。此时此刻,王镇恶拿出了看家本领——他的口才[①],对众人发表了一番颇具煽动性的演讲:"士兵们!多年的战争使你们踏遍了整个中原。现在这里就是长安北门,而我们的家乡

[①] 也许是得自祖传,王镇恶口才极好。不久前攻打潼关之时,由于晋军缺粮,他跑到弘农,愣是靠着三寸不烂之舌和王猛之孙的身份,鼓动当地百姓捐粮捐物,解决了军粮危机。

却远在万里之外！如今船只衣粮俱已随波漂走，我们已经没有退路了！此战得胜，我们将功成名就，衣锦还乡；不胜，就将尸骨无存，死了都埋不进祖坟！是生是死，在此一战！"说着，王镇恶身先士卒，冲在了最前面。士兵们一看，这位平常连强弓都拉不开的王大人居然都不怕死，那我们还怕什么？拼了！

此战，晋军士卒人人奋勇争先，而后秦军由于连战连败，士气已到了最低点。结局毫无悬念，王镇恶军大破把守渭桥的姚丕部队；前来救援的姚泓军被本方败退的士卒冲散，不战自溃。晋军一鼓作气，自北门杀入长安城。姚泓带着数百人逃往了石桥。

当夜，穷途末路的姚泓想到了投降。但有慕容超的例子在前，投降恐怕仍然难逃一死。他的儿子——十一岁的姚佛念因此劝父亲自杀殉国。姚泓不应。这位小小少年于是独自登上宫墙，自投而死。

次日，姚泓带着剩下的宗族群臣至王镇恶垒门前请降。立国三十二年后，后秦帝国正式灭亡。而最终，姚泓的结局也和慕容超一样，被斩首于建康街头。

九月，刘裕来到长安，王镇恶亲自到灞上迎接。刘裕挽着王镇恶的手，慰劳道："成我霸业者，是将军你呀！"王镇恶连忙拜倒辞谢："这都是仰仗明公之威名、将士之死力，镇恶何功之有！"

其实刘裕成就的不只是霸业。自从西晋末年洛阳、长安陷于匈奴刘聪后，一百年来，这是汉族政权第一次同时收复两京，其功业彪炳青史、万古流芳自不必说；更重要的是，五胡建立的十六国政权，先后有两国亡于刘裕之手，虽然此时北方仍有六国并立（北魏、胡夏、北燕、西凉、北凉、西秦），但新的时代已然显露端倪。

如果刘裕以关中为基地，继续征伐胡夏和北魏，那他会不会统一中

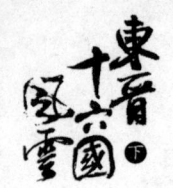

国,从而提早结束后来南北朝近一百七十年的分裂状态呢?

这个问题,每个读者的心中都有自己的答案。

但历史的真实情况是,刘裕在长安仅仅待了不到四个月,便留下次子刘义真和王镇恶、沈田子、王脩诸将镇守关中,自己率水军自洛入河,开汴渠而归。刘裕之所以如此匆匆而回,除了将士们思家心切之外,留守建康的老部下兼老朋友刘穆之病死、后方出现了权力真空才是重要原因。

听说刘裕要走,三秦父老聚集到军营门外,流涕挽留道:"我们这些残民遗老,不沾王化已经有一百年了!如今又见华夏衣冠,皆人人相贺。长安十陵是你们刘家的坟墓,咸阳宫殿是你们刘家的宅邸,刘公您舍此而去,又要去哪里啊!"闻听此言,刘裕不觉颇为伤感。他劝慰百姓道:"我受命于朝廷,不敢擅自久留。感谢诸位乡亲怀念故国的诚意,现在我留次子在此,与文武贤才共同镇守,愿你们能够携手共治。"

两年后,回到建康的刘裕从晋恭帝司马德文手中接过了传国玉玺,一个新的王朝由此诞生。

时年五十八岁的刘裕,史称宋武帝。

第 4 章 髑髅台

听说刘裕走了,有一个人特别高兴。

此人正是大夏天王——赫连勃勃。

他立刻把自己的狗头军师王买德找来,说自己想要进取长安,有什么好的征伐策略,快快道来。

王买德道:"刘裕灭秦,是所谓的以乱平乱,对三秦百姓没有什么德政可言。关中形胜之地,刘裕却以弱才小儿守之,绝非经远之长策。他之所以匆匆而返,是为了要早日篡晋的缘故,今后数年,必无暇于中原。我们掠取关中,正当其时。依微臣看来,青泥、上洛两地,乃南北交通之冲要,可以派游兵前去断其归路;然后再堵塞潼关、崤陕谷道,扼其水陆咽喉;陛下再传檄三辅,施以威德。则刘义真这个黄口小儿将困守空城、逃窜无所,一旬之内,必面缚请降!"

潼关、崤陕一线自不必说,青泥(今陕西蓝田)、上洛(陕西商洛)两地则是由荆州越秦岭、武关直抵关中的必由之路,刘裕伐秦之时,沈田

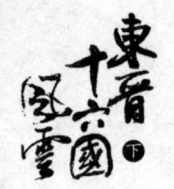

子的第五路军走的正是这条路线,而其他四路主力走的则是潼关一线。这两条路线一旦堵死,就成了关门打狗、瓮中捉鳖之势,任你多大本事,也是插翅难逃。所以赫连勃勃毫不犹豫,立刻采用了王买德的建议,派三子赫连昌率兵趋潼关;王买德统游军屯青泥;长子赫连璝(音 guī)率骑兵两万,进攻长安;自己则亲统大军,以为后继。

当时镇守长安的安西将军刘义真不过十二三岁,只是名义上的最高长官,实际的权力则由任长史的王脩、任司马的王镇恶、任参军的沈田子等人分掌。实际上,这个权力组合内部矛盾重重,尤其是王镇恶和沈田子两人,都自觉在攻克长安时立了大功,互相看对方,怎么看怎么不顺眼。王镇恶还有个最大的缺点,就是爱财如命,他利用最先攻入长安的机会,大肆盗取后秦府库中的财物珍宝。主将如此,下边的小兵就更放肆了。所以其他诸将对王镇恶的意见都很大。有人当时就在刘裕面前告了王镇恶一状,说他私藏姚泓的御辇,有不轨之心。皇帝坐的车子你都敢私藏,那不是想造反么?这事要是坐实,性质将十分严重,所以刘裕立刻派人去调查。调查报告一递上来,刘裕乐了。原来王镇恶是拿了御辇没错,可他根本没藏,只是把车辇上镶嵌的金银珠宝统统用刀剔了下来,然后就把车扔了。像这种贪鄙行径,岂是心怀大志者所为?刘裕自然便放下心来。

但刘裕放心,其他的将领却不放心。刘裕临走前,沈田子、傅弘之等人几次三番对他说:"王镇恶的家乡就在关中,而关中人由于王猛的缘故,十分拥戴王镇恶,留他镇守,恐怕不太保险。"刘裕虽然相信王镇恶胸无大志,但也知道形势往往比人强,有时你本不想造反,形势却非逼着你造反(最典型的如后世的黎元洪),这一点他不能不考虑。于是刘裕便对沈、傅二人道:"我留你们文武将士和精兵万人在此,他王镇恶若果真图谋不轨,那是自取其祸。常言道:'猛兽不如群狐。'你们十几个人,难道还怕他一个王镇恶?"

不管刘裕本意如何,但这句话的潜台词显然是:王镇恶若有异心,你们可相机行事,将他除掉。因此,当刘裕撂下这句话南返之时,内乱的种子已然种下。

418年正月,匈奴赫连璝的两万大军已开至渭水之北,关中百姓降附者络绎不绝。刘义真先是派沈田子率军前去抵御。由于敌众我寡,沈田子采取了保守策略,退屯刘回堡,并派人向王镇恶报告,意思是请求支援。谁知王镇恶却回道:"主公把十岁小儿交给我等,我们应当尽心竭力,如今沈将军却拥兵不进,照这么个打法,敌寇如何能平!"沈田子本来就跟王镇恶不对付,听了这个回答后,当即就恼了:哦,敢情是我没尽心竭力,我不愿意敌寇得平!你王镇恶他妈的怎么不自己来试试!不久,王镇恶还真来了。按计划,两人要共同进军北地,抵御夏兵,这时军中却忽然盛传,说王镇恶要尽杀南人,然后占据关中谋反。谣言的具体来源不明,从作案动机来看,沈田子的嫌疑自然最大。

这一天,正好是正月十五上元节,沈田子便想邀请王镇恶一起喝酒议事,为怕王镇恶起疑,他还特意将聚会的地点安排在了傅弘之的营帐。王镇恶不疑有他,前去赴会。席间,沈田子假装有机密相商,把王镇恶诳到了帐幕后。早已埋伏在此的壮士沈敬仁手起刀落,当场斩王镇恶于幕下。

突然间发生此喋血事件,事先并不知情的傅弘之大为震惊。虽然沈田子宣称自己是受了刘裕的密令,但傅弘之还是急忙跑回长安,向刘义真报告。刘义真闻讯,与王脩全副武装登上城楼,以观其变。不久,沈田子带着数十人前来汇报,说王镇恶要谋反,所以自己才把他杀了。但沈田子没想到的是,迎接自己的命运居然和王镇恶一样,长史王脩立刻将他拿下,以未经上级允许、擅自杀戮大臣的罪名将其斩首。王、沈这两位冤家对

头,便在同一天共赴黄泉去了。

匈奴人的铁骑已经杀到眼前了,晋军内部却爆发出这样的内乱,自然对战局大大不利。幸亏傅弘之领军于池阳和寡妇渡两次大败赫连璝,才暂时缓解了长安的危局。

但好景不长,新的矛盾又在晋军内部爆发了。这次的祸首不是别人,正是少帅刘义真。与他出身寒微的老爸不同,小小年纪的刘义真既没吃过苦,也没经历过世事历练,这回突然间成了坐镇西北的一方藩镇,为人处事有时难免不知轻重,特别是在赏赐亲近手下方面,小孩对钱财没什么概念,常常随口乱赏,毫无节制。深受刘裕托付重任的长史王脩看不下去,屡次对其加以限制,这自然就得罪了刘义真身边那些等着领赏钱的手下。于是,就有人忽悠刘义真说:王镇恶想造反,所以沈田子才杀了他;王脩杀了沈田子,所以他也想造反。刘义真没学过逻辑学,小脑袋瓜转不过弯来,被这个似是而非的伪命题一下子给蒙住了,觉得好像是那么回事,就派了手下亲信刘乞等人,将王脩也杀了。

王脩这一死,当初刘裕留下的领导班子就算是彻底报废了,晋军内部更加乱套,一时间将士离心,人人自危,各部队互不统属,各自为政,这仗基本没法打了。刘义真干脆把驻守外地的军队全调进城里,关上城门,严防死守。于是关中郡县尽降于夏,赫连勃勃率大军进驻咸阳,长安樵采路绝,成了一座孤城。

这种情况,远在江南的刘裕得知后不能不管,他决定把儿子刘义真召回,另派爱将朱龄石为都督关中诸军事、雍州刺史,代镇长安。临行前,刘裕对朱龄石道:"你到了以后,叫义真即刻轻装速发,直到出关之后,方可徐徐而行。如果关中确实守不住,你就与义真一块回来。"既而,刘裕担心洛阳一带的局势受到连带影响,又命龄石之弟超石巡行河洛。

朱龄石一来，刘义真算是解放了。他立刻打点行装，准备回老家，不过他的"行装"可不是几个包裹一个铺盖卷，王脩死后，无人管束的晋军将士大掠长安，启程时队伍中装满了一车车的金银财宝、姬妾奴隶，宝货之重使得车辙深陷半尺有余。载着这么多东西，队伍走得快，那就有鬼了。赫连璝得到消息，立刻带三万人马前来追击。傅弘之十分着急，劝刘义真道："主公明明叫我们快速前进，可眼下带了这么多辎重，每天还走不到十里地，追兵马上就到，咱们不能再磨蹭了！应该把这些车辆统统丢弃，轻装前行，这样才能够早日脱险！"正可谓"人为财死，鸟为食亡"，要把这一车车的金银财宝都扔了，别说刘义真不肯，就是他肯，底下的将士也未必肯啊。

结果不出所料，匈奴人的骑兵转眼即至。傅弘之、蒯恩等只好在后力战，且战且退。大概就在此时，为了尽快摆脱追兵，晋军调整了行进路线，从走潼关道转南走武关道。双方连战数日，晋军虽未击退追兵，但也没有蒙受重大损失。直到走到青泥附近，早已在此等候多时的王买德部与赫连璝前后夹击，晋军众寡不敌，终于惨败，傅弘之、蒯恩、毛脩之等被擒。刘义真因为走在最前，天色将黑，夏兵不再穷追，方才逃脱，独自一人滚落在道旁荒草中藏身。所幸被中兵参军段宏找见，将他绑在自己背上，两人共骑一马，狼狈逃归。

刘义真走后，独自留守长安的朱龄石也没能坚持多少天。由于此前晋军对长安的大肆掠夺，百姓们民怨沸腾，一起发动暴乱，要把朱龄石逐出城去。朱龄石知道守住长安已无可能，就一把火烧了城中宫殿，引余军逃往潼关。

在冲天的火光里，夏王赫连勃勃骑着高头大马，身披血红披风，以胜利者的姿态进入了长安。

而此时距离刘裕的离去，仅仅一年。

志得意满的赫连勃勃置酒高会，大宴将士。席间，他举杯对王买德道："爱卿往日之言，仅仅一年就全部实现了，真可谓是算无遗策啊！这杯酒，不敬你还能敬谁呀！"便封王买德为都官尚书，封河阳侯。

与此同时，不愿归顺的晋将傅弘之被赫连勃勃剥光衣服，暴于隆冬郊野之中。傅弘之痛骂不屈，冻饿而死。

而阵亡的万千晋军将士则统统被匈奴人割下了头颅。这些人头被收集起来，堆积加固，筑成了一座高耸的京观。赫连勃勃一向喜欢以此来炫耀他的赫赫战功，这个用森森白骨搭构起来的建筑物被他得意地称作——髑髅台。

第 5 章 老英雄谢幕

长安沦陷、关中失守的战报传到了彭城,虽然刘裕早已料到可能如此,但自己才回来不到一年,北伐的成果就丧失了大半,感情上他实在难以接受,何况这时刘义真的生死存亡刘裕还不知道,于是他立刻击鼓升帐,准备择日亲统大军,再度北伐。

这个计划马上受到了侍中谢晦(刘裕的心腹谋士)和奉常郑鲜之的反对,理由很简单:第一,连年用兵,士卒疲弊;第二,各州水灾,三吴盗起,后方不稳;第三,赫连勃勃知道您亲征的消息,必竭力守潼关,搞不好,反而骑虎难下,进退失据。

其实除了以上三点,还有一点更重要的,两人都没好意思说:主公您取代晋室天下的计划已经到了最关键的时期,这种时候,怎么能分心去干别的事呢?

一时冲动过后,刘裕冷静了下来,知道两人所言不错,现在确实不是再度兴兵的好时机。恰好这时,段宏派人送来消息。知道自己的儿子安然

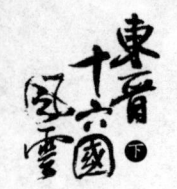

无恙,刘裕遂打消了第三次北伐的念头。

虽然如此,自己辛辛苦苦收复的大好河山,难道就此白白放弃吗?刘裕登城北望,慨然涕下,久久不能释怀。

在历史规律的滔滔洪流面前,即便是刘裕这样不世出的英雄人物,个人的力量也是极其渺小的。刘裕深知这一点,所以他选择了顺流而下,而不是逆流而行。通常,史书上称这条不可抗拒的奔腾河流为"天命"。正如深谙天人之道的崔浩所做的预言,关中的得而复失是天命,晋宋禅代也是天命。

天命如此,还有什么可说的?

一个月后,刘裕命中书侍郎王韶之伺机缢杀晋安帝司马德操,立晋恭帝司马德文。

次年七月,刘裕由宋公进爵为宋王。

又过了不到一年,在刘裕的授意下,中书令傅亮将早已拟好的"禅让"诏书草稿递到了晋恭帝司马德文手中。司马德文欣然操笔,对身边人说道:"当年桓玄篡逆之时,晋室已经没有了天下,后来多亏了刘公,国祚才又延续了将近二十年。今日之事,我心甘情愿。"当下笔走龙蛇,原样照抄了一份。(有哥哥司马德操之死在前,他不"心甘情愿"可也得成啊!)

公元420年六月,在举行了象征性的禅让仪式后,刘裕正式即皇帝位。在延续了104年、11位帝王后,"天命"放弃了司马氏,刘宋南朝政权由此开始。

而在皇帝的位置上,刘裕只坐了两年。422年五月,刘裕病逝于建康西殿,享年六十岁。

对于这位奋起微寒而又成就了千古功业的烈烈雄主,清初大儒王夫之赞道:"自从刘渊称乱、中原沦丧以来,祖逖、庾翼、桓温、谢安等人经营百年,却没人比得上刘裕。""汉代之后,唐朝以前,只有刘宋堪为中国之主。"

尤其难能可贵的是,刘裕在大富大贵乃至成为皇帝之后,仍然过着清简寡欲的质朴生活:他乘坐的车马没有珠玉金宝之饰,他的后宫里听不见纨绮丝竹之声;他"游宴甚稀,嫔御至少",钱财全部存于国库,自己没有私房钱;宁州进贡来的琥珀枕,他捣碎了分给将士们治疗刀伤;公主出嫁,他只送二十万钱的嫁妆,而没有一件锦绣金玉之物;他把自己当年穷苦之时穿过的旧衣、用过的农具保留下来,让后世子孙知道稼穑之艰难、创业之不易……正是在刘裕苦心经营的基础上,后来的宋文帝刘义隆才迎来了南朝国力最为强盛的"元嘉之治"时代。

作为连接新旧两个时代的人物,刘裕的离去似乎打开了一扇门,旧时代的英雄豪杰们鱼贯而出,向历史舞台挥手作别。

紧跟在刘裕之后的,正是他的对头拓跋嗣和赫连勃勃。拓跋嗣的事我们稍后再说,先来看看从刘裕手里抢到关中的匈奴人赫连勃勃。

攻克长安后,赫连勃勃不再称大夏天王,而是正式称帝。群臣都劝他就此定都长安,但他却认为,眼下真正的敌人不是南朝,而是近在咫尺的北魏。北魏距统万城不过数百里,如果迁都长安,北方必然不守,反不如自己坐镇统万,东可抗北魏,南可御关中。于是,赫连勃勃在长安设置了一个临时政府(南台),自己率军回了统万城。

自从413年开始修筑以来,统万城已经修了整整七年,至此方才大功告成。我曾在2008年有幸参观了这座大夏国都的考古遗址,它坐落在陕西靖边县红柳河的北岸,厚重的城墙通体雪白,角楼巍然高耸,马面既长且密,"统一天下,君临万邦"之风依稀可见。当年在修筑这座白色都城

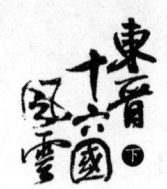

之时，为使城墙坚不可摧，主管官员叱干阿利采用了神秘的"蒸土筑城"法。民间传说，是把筑城用的土全部蒸熟。实际上，所谓"蒸土"，是将砂、粘土、生石灰加水混合，制成硬度和黏度极佳的三合土，生石灰遇水后白气蒸腾，远望之人不解其法，就误以为是将土蒸熟了。相传，为了保证工程质量，叱干阿利执行了极为严苛的检测法，若某段城墙能让锥子扎进去一寸，就杀掉建筑者，将尸体筑入墙内。然而目前的考古发掘，并没有发现墙体中存在任何骨骸，叱干阿利是否真的这么做过，还无法证实。现在我们唯一知道的是，统万城的墙体确实坚如铁石，想用锥子扎进去一寸，基本是不可能的事儿。

赫连勃勃还让这位叱干阿利督造兵器，每次完工之后，工匠都要死掉一半：射甲不入，就将造弓的人斩首；如果被射穿，就杀掉制铠的工匠。又造百炼钢刀，名曰"大夏龙雀"。为此有数千工匠死于非命，而大夏甲兵之精良亦冠于北方。

统万城竣工后，"城高十仞，基厚三十步，上广十步，宫墙五仞"，"台榭高大，飞阁相连，皆雕镂图画，被以绮绣，饰以丹青，穷极文采"。赫连勃勃十分高兴，为此大赦国中，还专门叫人写了一篇骈四俪六的《统万城颂》，刻在城南的巨石上。如此恢弘的殿宇都城，自然得有响亮的名字相匹配才行，于是赫连勃勃将四个城门分别命名为"朝宋""招魏""服凉""平朔"。意思是不管是北魏、刘宋、北凉还是别的国家，统统将成为我赫连勃勃的臣民。其狂妄自负，由此可见一斑。

除了自大狂妄之外，赫连勃勃还以残暴嗜杀著名。每次征伐战胜，常积尸为髑髅台，自不必说；他还常常拿着弓矢刀剑在统万城上转悠，看谁不顺眼，远了箭射、近了刀斫，拿杀人当休闲娱乐；大臣们哪个敢对他怒目而视，就剜出眼睛，哪个敢嘲笑他，就撕裂嘴唇，要是有人直言犯谏，就以诽谤为名，先割掉舌头，再砍掉脑袋。其残忍狠毒，直比石虎和苻生，一时间搞得夷夏嚣然，民不聊生。

所幸，这个暴君的统治时间并不很长。425年八月，也就是刘裕去世后三年多，赫连勃勃也撒手归西了。在他死前一年，赫连勃勃曾想废掉太子赫连璝，转立少子赫连伦，于是引发了赫连璝的叛乱。最后，三子赫连昌袭杀赫连璝，成为新的夏国国君。

这件事似乎显示出，同以前诸多忽兴忽亡的少数民族国家一样，皇位的继承问题也是困扰胡夏的魔咒。然而此前，就在赫连勃勃为此大伤脑筋之时，他的邻居和世仇——北魏，却靠着一项制度的发明，顺利地完成了皇权的过渡。

这便是太子监国制度。

以今人的眼光来看，古人的有些行为实在不可理喻。就拿北魏明元帝拓跋嗣来说吧，他明明知道自己老爸拓跋珪晚年的乱政与服食寒食散有莫大的关系，却偏偏步其后尘，对这种慢性毒药照吃不误。吃来吃去，才刚刚三十出头，拓跋嗣就觉得自己身体不行了。加以连年出现灾异，不是日食就是星变，拓跋嗣十分忧惧，就派人秘密问崔浩道："今年的日食正对应我赵、代之分野，而朕的病又多年不愈，我担心我一旦去世，皇子们还都年幼，那可如何是好？盼爱卿你多为我考虑考虑身后之事。"

大才子崔浩这时已经袭了父亲的爵位，为白马公。对于当今皇帝的个人情况，他是十分了解的，于是他一边宽慰拓跋嗣，说陛下您春秋鼎盛，又广施德政，老天爷一定不会降灾于我国的，一边又提出了十分重要的建议："自从我国创建以来，不甚重视储君的培养，所以永兴初年，才发生了危及社稷的动乱事件（指拓跋绍弑父篡位之事）。如今，我们应该吸取教训，早立东宫太子，并选择忠诚贤良的公卿为师傅、谨厚可靠的大臣为

宾友，入朝则总理万机，出京则统领军政，监国抚军，大权在手。这样的话，陛下您就可以优游无为，颐神养寿。即便您万岁之后，国家已经有了确定的君主，百姓也有了可以归附的主人，那些奸佞之徒自不敢再心生歹念，灾祸自然也就消于无形了。"

崔浩以上的建议，实质上就是叫太子监国。太子监国之事，在中原王朝早有先例，但从来都是临时设置的权宜之计，而不曾成为常设的长期制度。原因很简单，所谓太子监国，就是把皇帝的专制权力分一部分（甚至是很大一部分）给太子，而这在一个"天无二日，民无二主"的封建社会里是不被长期允许的，尽管这个分权的人是自己的儿子，搞不好，反而会酿成父子争权的祸患。但崔浩基于对时下政治局势的准确判断和对拓跋嗣父子的了解，认为现在正是实行太子监国制度的好时机。

而且，崔浩不但设计了该项制度，还更进一步，推荐了自己心目中合适的太子人选。

"臣以为，皇长子焘已经年满十二岁，为人聪慧通达，温良谦和，有人君之度。自古立子以长，乃礼法之常例，如果等到诸皇子长大成人之后再行选择，那就很可能导致废长立幼之事发生，这是很容易招致祸患的啊！"

听了崔浩的建议，拓跋嗣心里已经有了谱。之后，他又征求了老臣长孙嵩的意见。长孙嵩也同意崔浩的推荐。于是，伴随着太子监国制度的实施，一位将要亲手终结十六国的新霸主登场了。

第6章 新霸主登场

422年五月,北魏皇长子拓跋焘正式以太子身份监国,居正殿临朝听政。同时,拓跋嗣还安排了六位重臣对他加以辅佐:以长孙嵩及山阳公奚斤、北新公安同为左辅,坐在大殿的东侧;以崔浩与太尉穆观、散骑常侍丘堆为右弼,坐在大殿的西侧;其余文武百官,则居于左右辅官之下,听候差遣。

这个崭新的制度刚刚实施,拓跋嗣还不大放心。他虽然避居于西宫之中,但常常溜到正殿,藏身于暗处偷偷观瞧,听太子和六大臣如何处理政事。没想到效果出奇地好,拓跋嗣十分高兴,对左右侍臣道:"长孙嵩是四世老臣,功存社稷;奚斤辩捷智谋,名闻遐迩;安同晓解俗情,明练于事;穆观深通政务,明了朕心;崔浩博闻强识,精察天人;丘堆虽然没有大本领,但办起事来忠诚严谨。以这六个人辅佐太子,我就可以放心地和你们巡行四境,伐叛柔服,足以得志于天下矣。"

一来人逢喜事精神爽,二来政事都交给了太子和辅政大臣,再也不用

亲自操劳，拓跋嗣的病似乎好了不少，他便不再居于深宫，颐养天年，而是亲自带兵"伐叛柔服"，趁刘裕去世的机会，发动了对南朝的战争。经过一番苦战，北魏攻占了黄河以南包括洛阳在内的大片领土，刘裕的北伐成果进一步被蚕食。

就在这次战争结束后不久，423年十一月，拓跋嗣病死，时年三十二岁。这时实施了一年半的太子监国制度充分发挥了作用，十六岁的太子拓跋焘顺理成章过渡为国家的新主，朝局一如往常，没有发生任何波动。这在十六国时期的北方少数民族政权中是极为罕见的情形。

拓跋焘，小字佛（音 bì）狸，生母杜氏乃是汉人。由于拓跋嗣最宠爱的姚夫人（即姚兴女西平公主）并未生子，拓跋焘遂以长子身份，成为北魏历史上的首位太子。然而，根据道武帝拓跋珪制定的"子贵母死"制度，拓跋焘得立，必然意味着杜氏的不幸。杜氏在拓跋焘十三岁时死去，其死因史籍未载，我推测很可能是成了这残忍制度下的又一个牺牲品。不过拓跋焘并不缺乏母爱，因为在他的幼年生活中，身为保母（奶妈）的窦氏完全取代了其生母的作用。这位窦氏，后来被拓跋焘册封为保太后，从而在北魏的宫廷政治中又衍生出了"子贵母死"制度的一个反面效应，即保母干政。当然，这是后话，且与本书内容无关，所以不再多说。

作为一个刚刚即位的少年天子，拓跋焘虽然已经有了一年半的实习经验，但毕竟年龄尚轻，资历和威望也不够，所以在上岗的头一年里，他表现得像个乖宝宝，不但对辅政大臣们言听计从，甚至还迫于鲜卑亲贵的压力，将自己十分欣赏的崔浩贬了官，叫他以公爵的身份回家待业。崔浩不急不恼，反而像当年退休后的张良一样，学起了修仙养生之术。

但大臣们很快就发现，这位新皇帝实在不是个安分守己的主。

424年八月，漠北游牧民族柔然的首领大檀（又称纥升盖可汗）听说

卷九 | 终结十六国

北魏老皇帝翘了辫子、新皇帝年少,就率领六万骑兵攻入云中,杀人抢东西,还烧了旧京盛乐的皇宫。在拓跋珪、拓跋嗣时期,柔然在与北魏交手的时候没少吃亏,经常被追得满草原乱跑。大檀本以为这次能够大捞一笔,可没想到北魏不但派兵来打,而且带兵的就是新上任的皇帝拓跋焘。

从平城到云中约五百里,拓跋焘亲率轻骑昼夜兼行,三日二夜而至云中。魏军虽然来得快,但兵力却少。大檀全军出动,如汹涌而至的潮水,霎时将魏军裹挟起来,史书上甚至说包围圈有五十多层!敌人的马头冲撞着拓跋焘的马头,包围圈密不透风,身陷其中的拓跋焘如同滔天巨浪下的一叶孤舟,随时都有倾覆的可能。

北魏将士们大为恐惧,既为自己,也为这个未经世面的少年皇帝。要知道,此前拓跋焘从未有过带兵打仗的经历,第一次进入战场就遭遇如此险境,哪怕是吓得尿了裤子也并不奇怪。可将士们只须回头看上一眼,他们的心里就立刻踏实不少。只见拓跋焘的神情平静如常,不见一丝惊惶,眼神中七分坚毅、三分兴奋,似乎对面前的场景十分欣赏。既然初登战场的皇帝都不怕,那我们还怕什么?魏军将士都安下心来,虽然陷入包围,却并不慌乱。

战斗很快迎来了转机,柔然大将于陟斤被魏军射手一箭穿脑,大檀十分震恐,遂收兵撤退。拓跋焘的人生第一战,就这样有惊无险地结束了。在这场战事中,年纪轻轻的拓跋焘显示出了早熟的大将风度。对他而言,战争只是个勇敢者的游戏罢了,有什么可怕的呢?在此后的一生里,拓跋焘无数次地显露出,他不但欣赏战争,而且乐在其中。与那些坐在皇宫里"垂衣拱手治天下"的传统帝王形象相反,他总是跨上战马东征西讨,甚至披坚执锐,亲冒矢石。用他的敌人南朝史官的记载来说,拓跋焘"壮健有筋力,勇于战斗,忍虐好杀,夷宋畏之。攻城临敌,皆亲贯甲胄"。

在一次次的战斗里，拓跋焘找到了自己的人生价值，实现了征服梦想。

他是天生的战争狂人。

此前，崔浩曾断言，北魏国内缺少韩信、白起那样的良将，而拓跋焘的横空出世，让这句断语从此成了历史。

已经不需要什么良将，皇帝自己就是韩信、白起。

这一年，拓跋焘十七岁。

当时的中国，除了僻居边地的北燕、北凉、西秦这三个不成气候的小国，能和北魏有一打的也就是南方的刘宋、北方的柔然和西方的胡夏。而要想攻打南朝，首先要解决身边的祸患。在柔然和胡夏这两个对手里，本来北魏的优先战略目标是柔然。

425 年初冬，拓跋焘大举北伐，五路并进。五路大军自东向西分别为：平阳王长孙翰等统军出黑漠；汝阴公长孙道生（长孙嵩之子）出于黑白两漠之间；拓跋焘亲统大军走中道；东平公娥清在他的西部，走栗园道；宜城王奚斤、将军安原等位于最西，出尔寒山。黑漠、白漠（想来是根据塞北戈壁的颜色加以命名）、栗园、尔寒山这些地名，今天已经无人知晓，动用的总兵力，史籍也没有记载。若以每路军队两万人计，则本次北伐，至少出动了十万人马。诸军开至大漠以南后（大致在今中国内蒙古边境），拓跋焘下令放弃辎重，每个骑兵携带十五天的粮食，长驱直入，穿越大漠，直捣龙庭。

面对这气势汹汹的五路大军，柔然可汗大檀吓得够呛，一缩脖子当了乌龟，带着部众仓惶北逃，大规模的战斗楞是没打起来。拓跋焘深感无趣，掳掠了些牛羊牲畜，扫兴而归。

就在拓跋焘亲征柔然的同时，赫连勃勃一命呜呼，诸子争位，关中不稳。拓跋焘感到，似乎到了调整对外战略方针的时候。与此同时，割据陇西的乞伏鲜卑也遣使朝贡，请求北魏出兵讨伐胡夏。究竟应该继续北伐柔然，还是转而西征赫连呢？对这个涉及国家战略的重要问题，拓跋焘本着民主集中制的原则搞了一个民意调查，向文武公卿遍发问卷。结果，长孙嵩、长孙翰、奚斤这些亲贵重臣都认为："赫连氏虽与我国是世仇，但近来很少和我们有边境冲突，倒是柔然动不动就前来寇边。不如先伐柔然，如果追及并击败之，可以获得大量的牛马牲畜；就是没追上，也可以到阴山一带围猎，取其禽兽皮角，以充军实。"当时，崔浩已经被拓跋焘提拔为太常卿，他的意见正相反："柔然在草原上像鸟兽一样聚散，大举发兵，常常会追不到，轻兵追之，又不足以克敌制胜。而赫连氏土地不过千里，政刑残虐，人神所弃，宜先伐之。"

对于朝臣的分歧，拓跋焘倒不急于发表意见。因为不管征伐哪国，他都想等到秋高马肥之时，现在还有的是时间。于是他在这年的六月出巡北境，自云中一直向西抵达五原，并在阴山会猎。这一行动一来方便获取一些事关柔然动向的情报，二来也是向柔然可汗示威，使其震慑不敢入寇。到了秋天，拓跋焘返回了平城。可能是获知柔然主力并不在附近，拓跋焘这时定下了暂时中止北伐、转而全力西征赫连的战略方向。对这一决定，一直主张先伐柔然的老臣长孙嵩仍然是反对的。理由很简单：统万城修得跟金城汤池一般，岂是容易攻得下来的？要是敌人固守不出，以逸待劳，而柔然得信，又乘虚入寇，我们不是腹背受敌，自取危亡么！此言甚是有理，一众老臣纷纷点头附和，皆曰不可不可。

拓跋焘正没辙，只见崔浩迈步而出，他的心里顿时豁亮，便知这位崔大才子必有不同于旁人的意见。果然，崔浩道："臣夜观天象，发现近几年来，荧惑两次据守于羽林众星一带，其运行轨迹皆成钩己之状，这是秦

地将有亡国之兆。"

所谓羽林众星,是位于北方天空中的四十五颗小星星(一说三十五颗),因其处于象征帝王的紫微星(北极星)附近,好像禁卫军保护皇宫一般,故称之为羽林。象征战争和灾祸的荧惑(火星)入侵羽林,而且徘徊往复,轨迹成"己"字形,显示将有刀兵逼宫,对皇帝来说,实在是大凶之象。

可如今天下的皇帝不只他赫连昌一个,怎么知道这灾祸主的是胡夏,而不是我北魏呢?崔浩继续说道:"今年五星同时出现于东方,大利我国,西伐必胜。"

五星,指的是金木水火土这五大行星。现在这哥五个搞聚会,同时在东方天空中出现了。对于勤奋的天文观测工作者崔浩而言,这种奇特的天象自然不会逃过他的法眼。《史记·天官书》和之后历代正史的天文志中都说:五星积于东方,中国大利;积于西方,外国用兵者利。当年,前汉将军赵充国讨伐西羌的叛乱,就遇到了"五星出东方"的奇观,结果汉军大胜。后来,"五星出东方利中国"甚至成了汉魏时期的一句吉祥话,在1995年新疆尼雅遗址的汉晋墓葬中,就出土了一块绣有这句话的织锦。

不管是荧惑守羽林也好,还是五星出东方也罢,崔浩的意思总之就是一句话:有老天爷罩着你,还怕个屁啊!

听了崔浩这番话,拓跋焘龙心大悦,当即拍板决定出兵,要灭了贼厮鸟的匈奴人。

卷九｜终结十六国

第 ❼ 章 拓跋焘灭夏

公元426年的胡夏，当家的是赫连勃勃的三子赫连昌。他这个帝位，是杀了大哥赫连璝之后得来的。往年，赫连璝造反，一下子带走了镇守关中的七万大军去打统万城，后来他兵败身死，长安就再没有补充守军。针对关中空虚的局面，拓跋焘决定兵发两路，左右开弓，同时进攻统万城和长安，让赫连昌首尾不能兼顾。

这年九月，拓跋焘命司空奚斤统领并州之兵四万五千南袭蒲坂，宋兵将军周几、黑矟（音shuò）将军于栗磾统洛州之众一万人西攻陕城。这是进攻长安的军队，姑且称之为南路军。

十月，拓跋焘亲统大军自京师平城出发，经云中后抵达了黄河上的重要渡口君子津。这是进攻统万城的北路军。

君子津位于云中城西南二百余里，在今内蒙古托克托县东南，这里地势平坦、水流和缓，黄河由此转而向南，形成一个天然的渡口。当年，拓跋焘的曾祖什翼犍讨伐赫连勃勃的老爸刘卫辰；后来，秦王苻坚发兵灭

代,都是从此渡河。

也许老天爷真的在罩着拓跋焘吧。魏兵刚到不久,便连着几天降温,河面冻得结结实实,连渡船和浮桥都省了,于是拓跋焘率领两万轻骑在十一月初三乘冰渡河,直扑统万城。(当年拓跋珪也是在十一月初乘冰渡河,才成就了参合陂一战。看来行军打仗,知晓天时实在是太重要了!)

十一月初七,这一天正好是冬至日,当两万魏军出现在统万城附近时,夏主赫连昌正在和群臣饮宴歌舞、吃饺子,欢度这个在当时重要程度仅次于除夕的节日。听说敌人杀到,赫连昌惊得心里也好像煮开了一锅饺子,慌慌张张整军迎敌。拓跋焘在城外三十里的黑水旁扎营。赫连昌得到确切的情报,大概觉得魏军只有两万人,没必要固守不出,于是就统军出城,向魏军营地进攻。

赫连昌虽然身高八尺、伟岸魁梧,相貌生得颇像是赫连勃勃的克隆版,但真打起仗来,离他老子实在差得太远,当即被拓跋焘一顿迎头痛击,带着数千残兵败将仓惶而回。结果城门还没来得及关上,就被北魏的一个军官内三郎豆代田(别误会,这位老兄不是日本人,内三郎是禁军军官的名称,他本人姓豆名代田)带人杀了进去。豆代田像钻进了铁扇公主肚子的孙大圣,胡砍乱杀一通后,还想放火烧毁赫连昌的宫门。最后,等赫连昌调集了军队来打他,这小子又像猴子一般翻墙逃了回来。因为以上长本方志气、灭敌人威风的表现,他被拓跋焘封为勇武将军。

当夜,魏军在城北宿营。第二天则分兵四出,杀掠城外的夏国民众和牛羊牲畜,共掳得百姓一万余家、马牛羊十余万头。而任由魏兵在城外杀人放火、肆意妄为,赫连昌却无动于衷,看来他摆明是要凭城坚守了。考虑到统万城确实是坚如磐石,强行攻城必然会导致重大伤亡,拓跋焘对诸将道:"统万暂不可拔,明年咱们再来。"便带着得来的民畜班师而回。

卷九｜终结十六国

　　与此同时，南路军取得了更大的进展。守陕城的夏国弘农太守曹达听说魏军来攻，弃城而逃，周几和于栗䃾乘胜长驱，攻入三辅地区。而守蒲坂的赫连乙斗闻奚斤将至，自忖兵微将寡，就派人向统万城告急。等这位使者抵达统万城时，正赶上魏军围城，此人显然不够敬业，也没把情况摸清楚，就匆匆而回，对赫连乙斗说："统万城完了！"一听老窝都没了，那还守个屁？于是赫连乙斗弃了蒲坂，向西跑到长安。守长安的是赫连昌的弟弟赫连助兴，这位仁兄也是个怂货，和乙斗一商量，觉得长安也不保险，干脆再往西跑吧！两人又不战而逃，溜到了安定。负责攻略关中的北魏司空奚斤捡了超级大便宜，一仗没打，就连下蒲坂、长安，占据了大半个关中。关中氐羌等少数民族纷纷请降，割据北凉的河西王沮渠蒙逊和盘踞仇池的氐王杨玄也见风使舵，都派来使者向北魏表示臣服。

　　这么随便就把关中丢了，赫连昌自然心有不甘。第二年刚刚开春，他便派五弟赫连定领兵两万，前去收复长安。拓跋焘闻讯，叫人在阴山大举伐木，制造攻城器具，又令执金吾桓贷在君子津上建筑浮桥，准备再度西征。

　　到了四月，守长安的奚斤已经和赫连定交上了手，而浮桥和攻具皆已造好，于是拓跋焘调兵遣将，命司徒长孙翰统三万骑为前驱，常山王拓跋素统步兵三万为后继，南阳王拓跋伏真等率步兵三万，专门护送攻城器具，而将军贺多罗则领三千精骑，负责在前侦候。五月初，拓跋焘兵发平城。

　　初九，魏军大部队渡过君子津，既而经过拔邻山（在今内蒙古准格尔旗境内）。这时，拓跋焘突然作出了一个令人颇为意外的决定：留全部步兵、攻具和辎重在后，自己率三万轻骑倍道兼行，突袭统万城。群臣都表示反对，您当初费劲打造了这么多攻城设备，是为嘛呀，还不是因为统万

城不好打么,现在您率领轻骑进攻,万一攻又攻不下来,退又没有粮草辎重,那不就麻烦了嘛!还是全军一块儿走最保险。"

拓跋焘道:"用兵之道,攻城最下,不到万不得已时,尽量不要使用。我虽然打造了这些攻具,只是以防万一。如今若带着步兵、攻具同时前进,赫连昌必惧而坚守,那样就会变成持久的消耗战。反不如以轻骑直抵城下,敌人见步兵攻具未至,一定会如释重负,到时若能诱敌出击,则可一战成擒。之所以如此,是因为我们的军队离家二千余里,又有大河相隔,利于速战,短于相持,以之攻城则不足,决战则有余,此所谓'置之死地而后生'者也。"

这番话有理有据,深得兵法精髓,仿佛是出自一位久经沙场的老将之口。而实际上,此时的拓跋焘还不满二十岁。

六月初一,三万魏兵已经接近了统万城。盛夏时节的河套草原一片郁郁葱葱,急行军的骑士们个个汗流浃背,忽然间,天色阴了下来,不久即暗如黑夜一般,原来是发生了日食。在古人的心目中,太阳是君主的象征,而日食则是不祥之兆,《晋书·天文志》曰:"日蚀,阴侵阳,臣掩君之象,有亡国。"随军的太史立刻卜了一卦,占曰:"诸侯非其人。"这诸侯一定指的是他赫连昌了,拓跋焘这才放了心。

很快,魏军抵达黑水河边,拓跋焘在此誓师,向士兵们宣布了上天以日食传达的旨意:"赫连氏必亡,我军必胜!"全军将士欢呼雀跃,士气高涨。

为了减轻赫连昌的心理压力、引蛇出洞,拓跋焘只带了小部分军队开至统万城下。可赫连昌似乎吸取了上次失败的教训,对魏兵的挑衅置之不理。倒是他手下一名叫狄子玉的将领屁颠屁颠地前来归降。从狄子玉口中,拓跋焘得知,赫连昌已经派人去将进攻长安的赫连定召回,准备到时哥俩前后夹击魏军,所以他才选择了坚守不出。这对拓跋焘来说可不是个好消息,要是赫连昌铁了心当缩头乌龟,他一时半会儿还真拿眼前这个城高墙厚的混凝土龟壳没辙。为此,拓跋焘想了几个办法,一是退军以示弱,二是派五千骑兵在城外掳掠居民,看你赫连昌出不出来!

历史上一些籍籍无名的小人物有时也能改变局势的走向,不管他是有意还是无意,这次也是如此。史书上说,这时有一个获罪的魏军士兵逃到了赫连昌那里,并向他泄露了军事机密:魏军其实已经没有粮食了,士卒们都挖野菜而食,而粮草辎重却远在千里之外,攻城器具和大批步兵也还没有来。赫连昌一听,觉得自己先前实在是过于谨慎了,他拓跋焘也不过如此嘛,自己现在要是不出击,等他后继部队来了,就更没机会了。于是第二天,赫连昌集合城中步骑三万,出城迎敌。拓跋焘引蛇出洞的战略目的,就这样被一个名字都没留下的小兵达成了。(我甚至怀疑,这个逃兵是拓跋焘自己安排的无间道,可惜真相到底如何,已经永远成为历史之谜了。)

现在赫连昌出城了,三万对三万,你拓跋焘不打,他不会自己垮掉。可这仗该怎么打呢?司徒长孙翰等都说:"夏国的步兵军阵森严牢固,难以攻陷,我们应该暂且避其锋锐。"拓跋焘当即反驳道:"我们大老远跑来,就怕敌人不出来。现在既然赫连昌出来了,怎能避而不打,减损我军的士气呢?"不过长孙翰的话并非没有道理,面对夏军的密集阵形,正面硬拼显然不是合理选择。

《孙子兵法》曰:"善动敌者,形之,敌必从之。"我不知道拓跋焘有没有读过《孙子兵法》,但他这时采用的方法正与书中的原理相合:既然眼前的形势对我军不利,那就调动敌人,创造对我们有利的形势!

于是魏军集合起来,装腔作势地向夏军鼓噪了一阵,居然集体向后

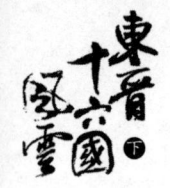

转——跑了!

赫连昌大喜,心说那逃兵所言不错,魏军确实已经到了山穷水尽之时,"宜将剩勇追穷寇,不可沽名学霸王",弟兄们,给我追!夏军阵形一变,分为左右两翼,像张开翅膀的大雁一般,自后追击上来。如此一退一追,片刻间就行出五六里,这样一来,夏军原有的密集阵型在快速追击中再难保持,其优势已荡然无存。

拓跋焘觉得已经到了反戈之时,正待发令,忽然一阵大风从东南方而来,霎时间飞沙走石、天昏地暗。军中有一太监名叫赵倪,平时颇懂一些方术之学,这时急忙跑来对拓跋焘道:"这风雨从敌人后面袭来,我们逆风,敌人顺风,这表示天不助我!愿陛下暂时收军回避,更待来日。"崔浩当时正在左近,闻言怒斥道:"这是什么话!我们千里而来,战略已经实施了大半,怎能一日之中说变就变!夏军轻敌冒进,后军已绝,正应分军掩击,怎可避之!风道如何,全在人怎样利用,岂能拘泥于书中教条!"

崔浩之言,正与拓跋焘所想相同:战机就在眼前,岂能失之交臂,然后抬首怨天?

于是拓跋焘策马扬鞭,指挥全军分为左右两队,调转马头,迎风逆击!同以往的战斗一样,这次他仍是一马当先,冲在最前。在皇帝的率领下,北魏将士们呼号怒吼,如下山虎豹一般冲入敌阵。战斗中,拓跋焘马失前蹄,坠落在地,险些被夏兵擒获,幸亏近侍拓跋齐以身捍御,拼死力战,夏兵才稍稍退远。拓跋焘乘机腾马而上,一槊刺死了冲至近前的夏国尚书斛黎文,胸中余怒未消,又手杀骑兵十余人,甚至乱战中被一支流矢贯掌而过,他仍兀自奋击不止。夏军步阵已散,与北魏骑兵打起来本就十分吃亏,又遇见了如此猛悍的皇帝和士兵,不多时,终于全线溃败,万余人被斩。赫连昌入城不及,与数百人逃往了上邽(今甘肃天水)。

到这时,其实战局已定,但年轻气盛的拓跋焘杀得性起,居然换上普通士兵的服装,带着拓跋齐等区区数人,追奔败兵入了城!赫连昌虽然跑了,但城里还有不少军兵,眼见闯进来几个不怕死的魏军小兵,当即关上城门,一阵围追堵截。最后,拓跋焘等人跑进皇宫,得了几件宫女穿的长裙,拓跋齐把这些裙子系在槊上,制成个简易的飞钩,几人借此爬上城墙,才总算逃了出来。

当天傍晚,城内的夏国尚书仆射问至保着赫连昌的老母出逃,城中再无人主持局面。次日,魏军入城,俘获王公卿将及嫔妃宫女以万数,马三十余万匹,牛羊数千万头,府库珍宝、车旗、器物不可胜数。曾经烜赫一时、坚不可摧的统万城,就这样落入了北魏的手中。

第 8 章 赌局永不停止

攻下统万城后，接下来的事情就简单了。

还在长安与奚斤相持的赫连定听说统万城陷落，也退兵逃往了上邽。奚斤遂乘势进据安定，赫连昌来攻，兵败被擒。赫连定逃往平凉（今甘肃平凉市华亭县西），自称为帝，便是胡夏的末代国君。

为避免亡国灭种，赫连定的政策是与南朝宋文帝刘义隆结盟，双方约定共攻北魏，灭魏之后，恒山以东划给刘宋，恒山以西则属夏（基本上是以太行山为界），至不济也弄个鼎足三分之势。可惜他赫连定不是刘皇叔，三年后，宋文帝发动第一次元嘉北伐，赫连定趁机寇掠魏境。面对东西两线同时作战的形势，拓跋焘决定东守西攻，御驾亲征赫连定，于430年底，攻克平凉、安定，赫连定狼狈逃往上邽。与此同时，北魏河北镇将利用冬季黄河封冻的机会发动反击，刘宋守将到彦之、王仲德等奔败而回，不等拓跋焘亲自出手，第一次元嘉北伐就以草草失败而告终。

搞笑的是，虽然赫连定衰到了只剩下一个城池、一两万人，但旁边还有比他更衰的。自从前秦末年就盘踞陇西四十多年的乞伏鲜卑政权——西秦，由于内有饥荒叛乱，外有北凉侵逼，至此也走到了穷途末路。早就向北魏表示臣服的乞伏暮末（这名字咋起的，又是暮年又是末日，不亡国才怪！）向拓跋焘上表，请求举国内迁，拓跋焘同意了，还把安定以西、平凉以东的二百里土地划给了他。乞伏暮末把城池房子都烧了，带着老婆孩子走到半路，却被赫连定拦住过不去，无奈，只好退守南安（今甘肃陇西东南）。到了431年春天，城中大饥，人相食，赫连定派了一万人来打，乞伏暮末舆榇出降。赫连定在被别人灭掉之前，居然先过了一把灭亡他国的瘾。

仅仅半年之后，迫于北魏的压力，赫连定想继续向西方寻求安身之处，就挟持西秦百姓十余万口西渡黄河，准备抢夺北凉的地盘。哪知道"螳螂捕蝉，黄雀在后"，以青海为根据地的另一个游牧民族吐谷浑半路杀出，趁其半渡之时从旁截击，生擒赫连定。最后的匈奴政权——胡夏就这样窝窝囊囊地亡了国。

至此，十六国时期的少数民族政权，如果不算游牧边荒的吐谷浑和柔然，则只剩下了北魏、北燕、北凉这三个国家。北燕和北凉皆僻居边地，国穷民少，中原大乱之时，他们尚可割据一方以自保，现今北魏士马雄强，拓跋焘勇武盖世，这两个小国是无论如何也无法与之相抗的。436年，北魏灭燕，三年后灭凉。经过五十多年的分裂状态，中国北方复又统一在了一个政权之下，形成了与南方刘宋政权两相对峙的局面，历史上称之为南北朝。

自西晋末年，匈奴人刘渊起兵于离石，至北魏太武帝拓跋焘一统北方，这一百三十多年里，除了极少数的清平年月，大部分时间里北方地区——尤其是以洛阳、长安为核心的中原地区——都处在刀兵四起、狼烟

遍地的动乱、战争状态，包括汉族、匈奴、鲜卑、羯胡、氐人、羌人在内的各族英豪纷纷登台，以如山的尸骨、如海的鲜血为筹码，以皇冠权杖、项上人头、合族性命为赌注，以神州大地、万里河山为赌场，展开了一轮欲望与权力交织、阴谋与阳谋纵横、华夏与夷狄竞进的旷古豪赌；一个个国家建立又倒掉，一位位帝王登极又垮台，其兴也勃焉，其亡也忽焉；曾经的王图霸业，转眼间如灰飞烟灭，不尽的恩怨情仇，只余下些雪泥鸿爪；到头来，那些叱咤风云的英雄豪杰毕其一生所建立的显赫功业，却大多是为他人作嫁衣裳；最终，一个来自大草原深处的，时人眼中最为野蛮、最为落后的鲜卑部族——拓跋部乘时崛起，凭借他们的弓马铁蹄削平群雄，统一北方。

个中缘由，除了他们较晚加入赌局得以"后发制人"之外，拓跋鲜卑建立了一套符合自身特点的行之有效的统治制度才是关键。这其中既包括本书中提到的子贵母死、太子监国制度，也包括未及提到的宗主督护制、从拓跋珪时期便开始实行的各种汉化制度，乃至后来孝文帝改革时期的三长制、均田制等等。正是在这些制度的保驾护航之下，拓跋鲜卑的统治核心才保持了相对的稳定与活力，从而一边完成自身的封建化，一边仍有余力持续对外扩张。

毋庸置疑，不论从哪个角度而言，五胡十六国都是中国历史上破坏性远大于建设性的一段倒退时期——如果历史可以用"进步"与"倒退"的标准来衡量的话。英雄豪杰们荡气回肠的故事背后，却隐藏着无数小老百姓的痛苦与血泪，每一次的江山易手、政权更迭，总要出现"白骨露于野，千里无鸡鸣"的凄惨景象。然而，我们又不能简单地将这些过错归咎于本书中的那些主人公们，因为他们自己也只不过是滔滔洪流中的一滴水、滚滚红尘中的一粒沙罢了。汉晋以来悬而未解的诸多边疆民族问题，像一根根堆积起来的枯枝干柴，到了晋末八王之乱后，终于引发了链式反应，燃起了一把熊熊烈火，把整个中原灼烧成了特大号的高温熔炉。五胡英豪们竞逐天下霸权的同时，也身不由己地投入其中，熔化其内，到拓跋焘平定北方之时，这熔炉内的铁水早就混杂了数不清的民族成分，只是尚未成固定之形而已。

虽然拓跋鲜卑最终将这些不同的民族成分包容其中，但要想将其完全消化，却绝非一朝一夕之事，更何况，拓跋部自身的转型也远未完成。套用唐德刚先生的著名譬喻，北魏这条大船正在穿越狭窄凶险的"历史三峡"，而包容其中的匈奴、羯胡、氐族、羌族，甚至其治下的汉族，都只不过是船上的乘客罢了。这趟旅程之所以凶险艰难，是因为作为一个曾经最为野蛮、最为落后的游牧部族，拓跋鲜卑每向汉化和封建化的方向前进一步，就意味着对过去自我的一次解剖和否定，也就必然会带来血肉剥离、灵魂撕裂的痛苦。拓跋珪时期的部落战争和他制定的残忍的子贵母死制度，便是这剥离、撕裂的一个典型。直到后世经过孝文帝时期的汉化改革，以及北魏末年的六镇大起义，这转型才算完成了大半，而最终彻底驶出"历史三峡"，则更是降及隋唐之世了。

在本书的叙述行将结束之际，有必要再对两位主人公的最后命运做一下交待。

首先谈谈崔浩。

作为十六国时期的天下第一才子和拓跋焘身边的头号谋士，白马公崔浩对于北魏的统一北方做出了不可磨灭的贡献，不论是北伐柔然、西讨赫连，还是后来翦灭北凉、平定卢水胡盖吴的叛乱，崔浩的谋划和计策都起到了至关重要的作用；而除了军事谋略之外，他对北魏的典章制度、内政建设也同样居功至伟，对此，顶头上司拓跋焘先生的心里最为清楚不过，

所以后来他不但授予了崔浩司徒、侍中、特进、抚军大将军等位极人臣的官位，而且命皇家乐队谱曲歌颂崔浩："智如崔浩，廉如道生（长孙道生以清廉简朴著称）。"

一次，拓跋焘作推心置腹状，对崔浩道："爱卿你才智渊博，侍奉朕的父祖至今，忠诚著名于三朝，所以朕才如此亲近重用于你；希望你尽心辅佐，进言劝谏不必隐瞒，即便朕有时难免会迁怒于你，对你的意见或许也不会采纳，但久而久之，朕终究会明白你的金玉良言。"

还有一次，拓跋焘指着崔浩，对新近降附的高车酋帅们道："你们别看此人是个文弱书生，力不能弯弓、手不能持矛，然其胸中所怀，不下于十万雄兵。朕常有征伐之意而不能自决，之所以前前后后取得那么多功绩胜利，全是因为有此人在旁指导啊！"拓跋焘甚至还对尚书各部门颁下诏令："凡是军国大事，你们自己决定不了的，就去向崔浩请教，然后再实施。"其对崔浩的信任和重用，达到了如此程度。

然而到了太平真君十一年（450年），拓跋焘却突然下令将崔浩处死，而且还是"族诛"，连带被杀的除了清河崔氏满门老幼，还包括范阳卢氏、太原郭氏、河东柳氏这些崔浩的姻亲，其株连之广、影响之深，在北魏历史上堪称空前绝后。行刑之日，崔浩被置于囚车之内游街过巷，由几十个卫士轮流向他的身上脸上撒尿，其哀号惨呼之声一路可闻。在北魏历史上，从来没有哪一位大臣像崔浩这样遭受到如此残忍的屈辱和刑罚。

那么，对于这位曾立下无数功勋的股肱之臣，拓跋焘为何要痛下杀手呢？

这便是北魏历史上著名的"国史之狱"。

早在拓跋珪时期，他就曾效法中原王朝的惯例，命邓渊等史臣修撰关于拓跋部早期事迹的史书。不幸的是，后来邓渊被拓跋珪所杀，其罪名语焉不详，其实很可能与后来的崔浩一样，正源于笔头获罪。邓渊死后很长一段时间，修史工作停滞不前，直到太武帝拓跋焘即位后第六年，才恢复了修史机构——史馆，但此后仍然进展缓慢，这当然是由于史臣担心因文获罪而束手束脚的缘故。拓跋焘平定北方后，颇为不满自己建立的千秋功业无史籍记载以流传后世，这才授权崔浩全面主持修史工作。为此，拓跋焘还专门下诏，命崔浩撰史一定要实事求是，"务从实录"。

邓渊被杀之时，崔浩也在朝中为官，前车之鉴，历历在目，他岂不知这是一条充满了机关陷阱的险途？然而，一则为了回馈拓跋焘的信任，二则出于知识分子文以载道、通古今之变的使命感，他还是用自己瘦弱的肩膀将这副重担挑了下来。十年后，国史修成，崔浩将其与自己批注的五经一起刊刻于石板之上，立于京师通衢之所，却不料终究为自己招来了杀身之祸。

原来，在这部记载从拓跋部先祖至"今上"拓跋焘时期的国史中，出现了太多令包括拓跋焘在内的鲜卑贵族们颇为忌讳的事迹。虽然这部史书的具体内容早已无人知晓，但我们可以想像，像拓跋珪生母贺氏曾上嫁其"公公"什翼犍并又生下子嗣这类汉人看来逆天理、乱人伦的丑事，其中恐怕免不了的。烝母报嫂、翁媳婚配这些游牧社会特有的传统习俗，在拓跋部并未入主中原之时，尚属稀松平常之事，而到了渐染汉风的拓跋焘时期，再回头去看，就未免有些不合时宜、耸人听闻了。崔浩将这些丑闻秽事如实记录于史书也就罢了，居然还刻在石头上公开出版，供人浏览，让这些不愿正视自身历史的鲜卑人们情何以堪啊！于是朝野大哗，纷纷指责崔浩的史书"暴扬国恶"、"备而不典"，摆明了是要扯下咱们老祖宗的遮羞布，给咱们难堪嘛。

国史事件正如打开了一道闸门，崔浩从政数十年来树立的敌手、得罪

的人们纷纷借此宣泄他们的仇恨和不满，而他得罪的人又实在太多了些：他推崇士族、分明族姓的政治理想让他得罪了大部分鲜卑亲贵；他提倡道教、诋毁佛教让他得罪了那些信佛之人；他直言不讳、好议人短的性格使他在朝野中树敌甚多；他高超的才智、卓越的功勋也引起了无数人的妒忌之心；他尽心辅佐、维护君权，更是招来了包括太子拓跋晃在内的东宫集团的仇恨。可以说，在崔浩政治生涯的晚期，除了皇帝拓跋焘的支持之外，放眼望去，朝野上下全都是他的敌人。而现在，这唯一支持他的人也因为国史事件被严重地激怒了。尤其是此时北方已然平定，不由得让人怀疑拓跋焘是否已有了兔死狗烹、鸟尽弓藏之心。

所以，之后的结局已然注定：崔浩罪大恶极，不杀不足以平民愤——杀！！

一代才子贤臣、白马公崔浩就这样走完了他人生最后的旅程。

至于太武帝拓跋焘，也没有比崔浩活得太久。452年三月，他死于自己宠幸的太监宗爱之手。而宗爱之所以弑君，乃是因为前一年正是由于他的告发，拓跋焘才处死了太子拓跋晃，事后拓跋焘又颇为后悔，宗爱担心自己被清算的缘故。再向前推想，拓跋焘之所以杀死自己的儿子，又是因为太子监国十二年之久，东宫集团膨胀坐大，乃至威胁到了拓跋焘自己的帝位。

如此看来，拓跋焘的死实与太子监国制度脱不了干系，而太子监国制度的发起者又正是崔浩。虽然当初崔浩的本意并非如此，但天理循环、报应不爽，冥冥之中，也可算崔浩为自己的惨死向拓跋焘报了仇吧。

东晋十六国风云大事年表
（公元纪年）

约 251 年　　汉赵政权创建者匈奴人**刘渊**出生。时晋文帝**司马昭**在位，天下太平。

265 年　　晋文帝**司马昭**卒，晋武帝**司马炎**登基。

约 274 年　　羯族人**石勒**出生。

280 年　　西晋灭吴，自汉末三国以来分裂的天下重又复归一统。

290 年　　晋武帝**司马炎**卒，他的傻儿子**司马衷**即位，是为晋惠帝。皇后**贾南风**擅政。

291 年　　八王之乱起，司马氏自相残杀。

295 年　　十六国时期著名暴君**石虎**出生。

304 年　　匈奴人**刘渊**于左国城称大单于、汉王，建立起十六国时期第一个少数民族政权。**石勒、王弥**等先后归附**刘渊**，刘汉政权日益强大。

306 年　　八王之乱结束，太傅**司马越**掌权。时西晋元气大伤，天下大乱。

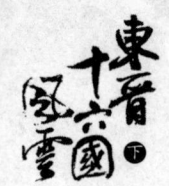

307年	晋惠帝疑似被太傅**司马越**毒死，晋怀帝**司马炽**即位。
	琅琊王**司马睿**、**王导**渡江至建邺，为东晋的建立打下基础。
	慕容廆称鲜卑大单于，慕容部渐兴于辽河流域。
310年	**刘渊**病死，太子**刘和**继立。四子**刘聪**攻杀**刘和**，即皇帝位。
311年	**司马越**病卒。宁平城一战，西晋主力全军覆没，**王衍**等名士被**石勒**俘杀。
	刘聪派**刘曜**等攻陷洛阳，俘虏晋怀帝。晋室日薄西山。
312年	**石勒**自葛陂北还，以襄国为基地，攻取邺城等冀州郡县，羽翼益丰，与**刘聪**渐生嫌隙。
313年	**刘聪**鸩杀晋怀帝。宠幸后宫，日渐荒淫。
	司马业于长安即位，称晋愍帝。
314年	**石勒**奇袭幽州，俘杀太守**王浚**，占据中原半壁。
316年	**刘曜**攻陷长安，晋愍帝出降，西晋灭亡。
	司马睿于建康即位，是为晋元帝，东晋开国。
318年	**刘聪**卒，子**刘粲**即位。**靳准**作乱，尽杀诸刘。**刘曜**、**石勒**东西夹攻，杀**靳准**。
319年	四月，**刘曜**于长安即位，改国号为赵，史称"前赵"。
	十一月，**石勒**与**刘曜**决裂，建都襄国，自称赵王，史称"后赵"。
	中原大地出现两赵并立之格局。
322年	**王敦**举兵东下，攻入建康，是为**王敦**之乱。
323年	晋元帝**司马睿**卒，子**司马绍**即位，是为晋明帝。
324年	**王敦**病死，其部将被朝廷军队击败，**王敦**之乱结束。
325年	晋明帝卒，子**司马衍**即位，是为晋成帝。**庾亮**秉政。

327 年	**苏峻**、**祖约**以讨伐**庾亮**为名起兵进攻建康，是为**苏峻**之乱。
328 年	**石勒**亲征洛阳，俘杀**刘曜**。
	苏峻叛军攻占建康，挟持晋成帝。
329 年	**石勒**军杀入关中，擒杀前赵太子**刘熙**，前赵灭亡。**石勒**统一北方，正式称帝。
	陶侃、**郗鉴**、**温峤**联合击败叛军，**苏峻**之乱结束。
333 年	**石勒**卒，子**石弘**立，**石虎**掌握实权。
	氐帅**蒲洪**、羌酋**姚弋仲**降于**石虎**，迁于关东。
	慕容廆卒，子**慕容皝**继立。
334 年	**石虎**废杀**石弘**，自称居摄赵天王。
335 年	**石虎**迁都邺城。
337 年	**石虎**、**石邃**父子相疾。**石虎**虐杀太子**石邃**。
338 年	**石虎**亲征辽东慕容部，败于棘城。
342 年	晋成帝卒，弟**司马岳**即位，是为晋康帝。
344 年	晋康帝卒，**司马聃**即位，是为晋穆帝。
345 年	东晋**桓温**出任荆州刺史。
346 年	**桓温**出兵伐蜀，次年攻灭成汉。
348 年	**慕容皝**卒，子**慕容儁**立。
349 年	**石虎**卒。后赵内乱，**冉闵**尽杀诸胡羯。
350 年	**冉闵**称帝于邺城，改元永兴，国号大魏，与石赵残余势力相攻。
	慕容儁乘机三路发兵，南下攻赵。
	蒲洪击败**姚弋仲**，改姓苻氏。其子**苻健**西据长安，建立前秦。
352 年	**慕容恪**败**冉闵**于廉台。

	五月初三，**冉闵**被斩于龙城遏陉山，谥曰"武悼天王"。
	鲜卑军攻克邺城，尽得冀州。
	姚弋仲卒，子**姚襄**奔东晋。
353年	东晋**殷浩**主持北伐，因**姚襄**倒戈而失败，被废为庶人。
354年	东晋**桓温**北伐前秦，距长安咫尺不渡灞水，粮尽而退。
	姚襄降于前燕，自东晋北还。
355年	前秦**苻健**卒。独眼**苻生**即位，残忍好杀。
357年	**苻坚**发动政变，杀**苻生**。
	苻坚重用王猛，前秦大治。
	姚襄攻秦，败亡，其弟**姚苌**降秦。
360年	前燕**慕容儁**卒，子**慕容暐**幼弱，**慕容恪**、**慕容评**主政。
361年	晋穆帝卒，无嗣，成帝子**司马丕**即位，是为晋哀帝。
365年	晋哀帝卒，无嗣，弟**司马奕**即位。
367年	**慕容恪**卒。
368年	东晋**桓温**再次北伐前燕，先胜后败。
369年	**慕容垂**受忌于**慕容评**，出奔前秦。前秦日盛而前燕渐衰。
370年	**苻坚**命**王猛**攻燕，俘燕主**慕容暐**。前燕灭亡。
372年	东晋**桓温**废**司马奕**，立会稽王**司马昱**，是为简文帝。
	简文帝卒，子**司马曜**即位，是为孝武帝。
373年	前秦攻东晋，得梁、益二州。
	东晋**桓温**卒，**谢安**渐掌权。
375年	一代贤相**王猛**病卒。
376年	前秦出兵灭前凉，一统北方。
383年	前秦发兵九十万，南下攻晋。东晋**谢安**以八万北府兵迎敌。

东晋十六国风云大事年表

	十一月，秦晋交战于淝水之滨，前秦大败。
	慕容垂集兵于河内，叛前秦。
384 年	**慕容泓**反于华阴，是为西燕。
	慕容垂称燕王于荥阳，是为后燕。
	姚苌反于北地，建立后秦。
	前秦天下复分崩离析。
385 年	西燕**慕容冲**攻围长安。**苻坚**出奔五将山，被**姚苌**俘杀。
	秦人以**苻登**为主，与后秦**姚苌**相攻。
386 年	鲜卑族**拓跋珪**称代王于盛乐，复称魏王。北魏政权自此始。
393 年	**姚苌**卒，子**姚兴**继立。
394 年	**姚兴**擒斩**苻登**，苻秦政权彻底覆亡。关中进入后秦**姚兴**时代，推崇佛教。
	后燕**慕容垂**攻灭西燕。黄河以北复成后燕、后秦双雄并立之势。
395 年	**慕容垂**之子**慕容宝**领兵攻北魏**拓跋珪**军，惨败于参合陂，魏军坑杀五万战俘。
396 年	**慕容垂**亲征北魏，病卒于道。**慕容宝**即位。**拓跋珪**乘机大举攻燕。
	东晋孝武帝卒，子**司马德宗**即位，是为晋安帝。
397 年	慕容家内乱，**慕容宝**北逃于龙城。**慕容详**、**慕容麟**相继为主。北魏攻克中山，后燕帝国分崩离析。
398 年	**慕容德**于滑台自称燕王，建立南燕。
	慕容宝及其子弟多被**兰汗**诛杀，史称"兰汗之乱"。
	慕容宝长子**慕容盛**用计诛杀**兰汗**，成为后燕的第三个皇帝。

	北魏**拓跋珪**迁都平城（今山西大同）；十二月，正式称帝，是为北魏道武皇帝。
399 年	南燕**慕容德**迁都广固。
	东晋爆发**孙恩**、**卢循**之乱。
401 年	后燕发生兵变，**慕容盛**被叛军所杀。**慕容熙**继位，宠幸苻氏姐妹。
402 年	东晋**桓玄**于上游起兵，攻入建康，是为**桓玄**之乱。
403 年	**桓玄**逼晋安帝禅位于己，建立桓楚政权。
404 年	**刘裕**起兵讨伐桓玄。
405 年	**慕容超**自后秦潜归南燕，**慕容德**封其为太子。
	慕容德卒，**慕容超**继为南燕之主。
	刘裕消灭桓氏势力，迎回晋安帝。
407 年	铁弗匈奴首领**刘勃勃**叛于**姚兴**，自称大夏天王、大单于，建元"龙升"，国号"大夏"，建立了历史上最后一个匈奴族政权。
	后燕内乱，禁军将军**冯跋**奉高丽人**慕容云**为主，杀**慕容熙**。
409 年	**拓跋珪**晚年昏乱，为次子**拓拔绍**所杀。长子**拓跋嗣**杀绍，即北魏帝位。
	慕容云被宠臣**离班**等杀害，**冯跋**称帝，建立北燕。
410 年	东晋**刘裕**攻灭南燕，斩**慕容超**。自此慕容氏再也未能恢复自己的政权，慕容鲜卑作为一个民族共同体，渐渐消失于历史长河之中。
413 年	**刘勃勃**宣布放弃"刘"这个汉人姓氏，改姓"赫连"，并于朔方水之北、黑水之南筑大夏国都——统万城。

416年	东晋**刘裕**发五路大军,北伐后秦。
417年	三月,**刘裕**统水军自黄河西进,进入北魏境内,以2700人之"却月阵"大破北魏3万骑兵。
	八月,晋军将领**沈田子**大破后秦军于青泥。**王镇恶**等攻入长安,**姚泓**请降,后秦亡。
418年	**赫连勃勃**攻走晋军,关中尽入其手。
419年	**刘裕**杀晋安帝,立其弟**司马德文**,是为晋恭帝。
420年	**刘裕**称帝建宋,史称宋武帝。东晋灭亡。
423年	北魏**拓跋嗣**卒,子**拓跋焘**即位,重用"天下第一才子"**崔浩**。
425年	**赫连勃勃**卒,子**赫连昌**立。
426年	北魏大举攻夏,克长安。
428年	北魏擒获夏主**赫连昌**。余众以**赫连定**为主,复据长安。
431年	北魏尽得关中之地。**赫连定**进退失据,为吐谷浑所俘,赫连夏亡。
435年	北魏攻北燕。
436年	北燕主**冯弘**出逃高句丽,北燕亡。
439年	北魏进军割据河西的北凉沮渠氏政权。**沮渠牧犍**出降,北凉亡。
	北魏、刘宋南北并立。十六国时期结束,南北朝时期开始。